Märtyrerliteratur

Berlin-Brandenburgische Akademie der Wissenschaften

Texte und Untersuchungen zur Geschichte der altchristlichen Literatur (TU)

Archiv für die Ausgabe der Griechischen Christlichen
Schriftsteller der ersten Jahrhunderte

Begründet von
O. von Gebhardt und A. von Harnack

Herausgegeben von
Christoph Markschies

Band 172

Märtyrerliteratur

―

herausgegeben, eingeleitet, übersetzt und kommentiert
von Hans Reinhard Seeliger und Wolfgang Wischmeyer

DE GRUYTER

Herausgegeben durch die
Berlin-Brandenburgische Akademie der Wissenschaften
von Christoph Markschies

ISBN 978-3-11-063682-6
e-ISBN (PDF) 978-3-11-032178-4
e-ISBN (EPUB) 978-3-11-038982-1
ISSN 0082-3589

Library of Congress Cataloging-in-Publication Data
A CIP catalog record for this book has been applied for at the Library of Congress.

Bibliografische Information der Deutschen Nationalbibliothek
Die Deutsche Nationalbibliothek verzeichnet diese Publikation in der Deutschen
Nationalbibliografie; detaillierte bibliografische Daten sind im Internet über
http://dnb.dnb.de abrufbar.

© 2018 Walter de Gruyter GmbH, Berlin/München/Boston
Dieser Band ist text- und seitenidentisch mit der 2015 erschienenen
gebundenen Ausgabe.
Satz: Dörlemann Satz GmbH & Co. KG, Lemförde
Druck und Bindung: Hubert & Co. GmbH & Co. KG, Göttingen

♾ Gedruckt auf säurefreiem Papier
Printed in Germany

www.degruyter.com

MEMORIAE

Magdalena Seeliger

11. Juli 1953 – 4. Oktober 2011

IN PACE

Vorwort

An Sammlungen von Märtyrerliteratur fehlt es nicht und die einschlägigen Texte erfreuen sich nicht nur im Theologiestudium einer gewissen Beliebtheit als historische Quellen. Doch als Beispiele eines Typos von christlicher religiöser Literatur der Spätantike kommen diese Texte selten in den Blick. Dabei besitzen die einzelnen Texte wie das literarische Genus höchst interessante und charakteristische Eigenschaften wie ihre Veränderlichkeit als immer wieder umgeschriebene „Fließtexte" und die wachsenden Ausgestaltungsmöglichkeiten, die die Autoren dieser Literatur mit dem Stilempfinden und den schriftstellerischen Möglichkeiten ihrer Zeit ausnutzen.

So sind die Herausgeber dem leider früh verstorbenen Wilhelm Geerlings (1941–2008) sehr dankbar, der ihre Ideen und Ansätze ernst nahm und förderte, die leitenden Intentionen und die große Bandbreite dieser Literatur aufzuzeigen und eine unserer Ansicht nach sowohl paradigmatische als auch in ihrer Unterschiedlichkeit weit gefächerte Auswahl vorzulegen. Sie sind in der chronologischen Reihenfolge ihrer Entstehung angeordnet, wie sie sich unserer Ansicht nach ergibt. Dabei fehlen bewusst klassische Texte wie das *Martyrium Polycarpi* und die *Passio Perpetuae et Felicitatis*, da für sie nicht nur moderne Einzelausgaben, sondern auch eine abundante Sekundärliteratur vorliegen.

Christoph Markschies ermöglichte es, dem Vorhaben im Rahmen der „Texte und Untersuchungen" der Berlin-Brandenburgischen Akademie der Wissenschaften einen traditionsreichen Platz zu geben, der für Texte auch solcher Art seit den Anfängen der Kirchenväterkommission reserviert war. Der hierdurch erhofften breiten Diskussion der Einzeltexte möge die Spezialliteratur dienen, die am Ende des Viererschemas steht, mit dem wir an jeden Text herangehen: A. Bemerkungen zum Text und seiner handschriftlichen Überlieferung, B. Regest, das den Inhalt summarisiert, C. der Text (mit textkritischen Anmerkungen) und seine deutsche Übersetzung (mit einem Sachkommentar) und D. ein kurzes Resumée historischer und literarischer Aspekte.

Die Fertigstellung des Werkes erfolgte als ein echtes Gemeinschaftswerk in Wien und Tübingen, dessen amikabler Geist nicht hier zu rühmen ist. Es sei den vielen Helfern gedankt, die durch Recherche und gestaltende Technik mit viel Akribie zur Vollendung beigetragen haben: Florence Berg, Peter Diemer, Marianne Fliegenschnee, Bernadette Frey-Dupont, Nestor Kavvadas, Jutta Tloka, Martin Steinmüller, Florian Wekenmann und Joachim Werz. Die abschließenden Redaktionsarbeiten ermöglichte die Fritz-Thyssen-Stiftung.

Rottenburg am Neckar, den 19. Oktober 2014
Hans Reinhard Seeliger   *Wolfgang Wischmeyer*

Inhalt

Vorwort —— VII
Abkürzungen —— XI
Einleitung —— 1

Märtyrer von Lyon und Vienne 177 —— 47
    Epistulae de martyribus Lugdunensibus et Viennensibus / Briefe über die Märtyrer aus Lyon und Vienne —— 49

Märtyrer von Scilli —— 87
    Passio Scillitanorum / Passion der Scillitaner —— 89

Justin, Chariton, Charito, Euelpistos, Hierax, Paion, Liberianos und andere Märtyrer —— 103
    Martyrium Iustini et sociorum A–C / Martyrium Justins und seiner Gefährten A–C —— 105

Pionios —— 129
    Martyrium Pionii / Martyrium des Pionios – 133

Cyprian —— 181
    Acta Cypriani / Die Akten Cyprians —— 185

Fructuosus, Augurius und Eulogius —— 203
    Passio Fructuosi, Augurii et Eulogii / Passion des Fructuosus, Augurius und Eulogius —— 205

Phileas —— 223
    Apologia Phileae / Verteidigung des Phileas —— 227

Acacius —— 273
    Acta disputationis sancti Acacii martyris / Protokoll der Disputation mit dem heiligen Märtyrer Acacius —— 275

Vierzig Märtyrer —— 291
    Testamentum sanctorum XL martyrum Christi Sebastorum / Testament der heiligen vierzig Märtyrer Christi von Sebaste —— 293

Dativus, Saturnius und andere Märtyrer aus Abitinae —— 307
    Abitinensium martyrum confessiones et actus / Confessionen und Akten der abitinischen Märtyrer —— 311

Areadne —— 361
        Martyrium Areadnes / Martyrium der Areadne —— 363

Maximilian —— 387
        Acta Maximiliani Thebestensis / Die Akten Maximilians von Thebessa —— 389

Aberkios —— 407
        Vita Abercii / Leben des Aberkios —— 413

Quellen, Hilfsmittel und Literatur
        1. Antike nichtchristliche Autoren und Werke —— 469
        2. Antike christliche Autoren und Werke —— 472
        3. Sammeleditionen und Übersetzungen —— 487
        4. Hilfsmittel —— 488
        5. Literatur —— 489

Index
        Prosopographie —— 535
        Geographie —— 540
        Biblische, apokryphe, rabbinische Schriften —— 542
        Antike Autoren und Werke —— 548

Abkürzungen

Die allgemeinen und bibliographischen Abkürzungen folgen der Theologischen Realenzyklopädie. Abkürzungsverzeichnis (hrsg. v. S. M. Schwertner) überarb. u. erw. Berlin ²1994. Antike pagane griechische Autoren und Werke werden abgekürzt nach LIDDELL–SCOTT, Lexicon (1996); christliche nach LAMPE, Lexicon (1961), lateinische nach ThesLL.

Abkürzungen für Märtyrerliteratur

AAcac.	Acta Acacii
Abit.	Confessiones et actus Saturnini, Dativi et sociorum Abitinensium
Actus Vercell.	Actus Vercellenses
ACypr.	Acta Cyprian
AMarc.	Acta Marcelli
AMaximil.	Acta Maximiliani
APaulThecl.	Acta Pauli et Theclae
ApPhls	Apologia Phileae
	Be PapChester-Beatty
	Bo PapBodmer
	La lateinische Übersetzung
	Ae äthiopische Übersetzung
A.purg.Fel.	Acta purgationis Felicis
Lugd.	Epistulae de martyribus Lugdunensibus
MApoll.	Martyrium Apollonii
MAread.	Martyrium Ariadnes
MCarp.	Martyrium Carpi, Papyli et Agathonicae
MCon.	Martyrium Cononis
MIust.	Martyrium Iustini et sociorum
MPaesThecl.	Martyrium Paesis et Theclae
MPion.	Martyrium Pionii
MPol.	Martyrium Polycarpi
PBon.	Passio Bonosi et Maximiliani
PFel.	Passio Felicis episcopi
PFruct.	Passio Fructuosi, Auguri et Eulogi Tarraconensium
PPerp.	Passio Perpetuae et Felicitatis
PScill.	Passio Scillitanorum
PTheag.	Passio Theagenis
PVict.	Passio Victoris Massiliensis
Test.Seb.	Testamentum sanctorum XL martyrum Sebastorum
VAberc.	Vita Abercii

Abkürzungen im textkritischen Apparat

add.	addidit, addunt, addendum
cet.	ceteri
cfr	confer
cod(d).	codex (codices)
coni.	coniecit, coniecerunt
corr.	correxit
del.	delevit
ed(d).	editor, editio (editores), edidit (ediderunt)
em.	emendavit, emendaverunt
lac.	lacuna
om.	omisit, omiserunt
secl.	seclusit
susp.	suspicor, suspicit, suspicatus
suppl.	supplevit, suppleverunt

Sonstige lateinische Abkürzungen

Inc.	Incipit
Init.	Initium
tit.	titulus

Bibliographische Abkürzungen soweit nicht in TRE.Abk (= IATG²)

AcA	Antike christliche Apokryphen in deutscher Übersetzung (hrsg. v. CH. MARKSCHIES – J. SCHRÖTER – A. HEISER), Tübingen 2012 ff.
AnTard	Antiquité tardive. Revue internationale d'histoire et d'archéologie (IVe–VIIIe s.) 1 ff, Turnhout 1993 ff.
BAUER/ALAND	Griechisch-deutsches Wörterbuch zu den Schriften des Neuen Testaments und der frühchristlichen Literatur von W. BAUER, 6. völlig neu bearb. Aufl., hrsg. v. K. UND B. ALAND, Berlin 1988.
BHGⁿ	Halkin F., Novum auctarium bibliothecae hagiographicae graecae (SHG 65), Brüssel 1984.
CIG	Corpus inscriptionum graecarum (hrsg. v. A. BOECKH – J. FRANZ), Berlin 1818–1877.
DNP	Der Neue Pauly. Enzyklopädie der Antike (hrsg. v. H. CANCIK – H. SCHNEIDER – M. LANDGESTER) 1–15/3, Stuttgart 1996–2003.
GIGNAC	F.TH. GIGNAC, A Grammar of the Greek Papyri of the Roman and Byzantine Periods 1–2 (Testi e studi per lo studio dell'Antichità 55), Mailand 1976–1981.
HABES	Heidelberger althistorische Beiträge und epigraphische Studien, Stuttgart 1986 ff.
HOFMANN/SZANTYR	HOFMANN J. B. – SZANTYR A., Lateinische Syntax und Stilistik (HAW 2/2, 2), München 1965.
HLL 4	Handbuch der lateinischen Literatur der Antike 4: Die Literatur des Umbruchs. Von der römischen zur christlichen Literatur (hrsg. von K. SALLMANN = HAW 8, 4), München 1997.

HLL 5	Handbuch der lateinischen Literatur der Antike 5: Restauration und Erneuerung. Die lateinische Literatur von 284 bis 374 n. Chr. (hrsg. von R. HERZOG = HAW 8, 5), München 1989.
JECS	Journal of Early Christian Studies 1 ff, Baltimore Md., 1993 ff.
LACL³	Lexikon der antiken christlichen Literatur (hrsg. v. S. DÖPP – W. GEERLINGS), Freiburg ³1998.
LIETZMANN/ALAND	LIETZMANN H. – ALAND K., Zeitrechnung der römischen Kaiserzeit, des Mittelalters und der Neuzeit für die Jahre 1–2000 nach Christus (SG 1085), Berlin ³1956.
MA 1	Sancti Augustini sermones post Maurinos reperti (hrsg. v. G. MORIN = Miscellanea Agostiniana 1), Rom 1930.
MLAA	Metzler Lexikon antiker Autoren (hrsg. v. O. SCHÜTZE), Stuttgart 1997.
PECS	The Princeton Encyclopedia of Classical Sites (hrsg. von R. STILLWELL – W. L. MACDONALD – M. HOLLAND MCALLISTER), Princeton N. J. 1976.
PIR²	Prosopographia imperii romani. Saec. I, II, III (hrsg. v. E. GROAG – A. STEIN – L. PETERSEN) 1 ff, Berlin-Leipzig 1933 ff.
PLRE	The Prosopography of the Later Roman Empire (hrsg. von A. H. M. JONES – J. R. MARTINDALE – J. MORRIS) 1–3, Cambridge 1971–1992 = 2000.
PMBZ	Prosopographie der mittelbyzantinischen Zeit. Erste Abteilung (641–867) 1–6 (hrsg. v. R.-J. LILIE u. a.), Berlin 1999–2002.
PREISIGKE/ KIESSLING	Wörterbuch der griechischen Papyrusurkunden. Mit Einschluß der griechischen Inschriften, Aufschriften, Ostraka, Mumienschilder usw. aus Ägypten (hrsg. v. F. PREISIGKE – E. KIESSLING u. a.), Berlin-Amsterdam-Wiesbaden 1927–2000.
STAC	Studien und Texte zu Antike und Christentum, Tübingen 1998 ff.
VLBeu	Vetus latina. Die Reste der altlateinischen Bibel (hrsg. v. d. Erzabtei Beuron) 1 ff, Freiburg 1949 ff.
VLJül	Itala. Das Neue Testament in altlateinischer Überlieferung (hrsg. v. A. JÜLICHER – W. MATZKOW) 1–4, Berlin 1938–1963, 2. verb. Aufl. 1–3, Berlin 1970–1976.
VLSab	Bibliorum sacrorum latinae versiones antiquae seu vetus Italica (hrsg. v. P. SABATIER) 1–3, Paris 1743–1749 = Turnhout 1991.
Vg.	Biblia sacra iuxta vulgatam versionem (hrsg. v. R. WEBER – R. GRYSON), Stuttgart ⁴1994.

Einleitung

Zu Inhalten, Formen und Gestaltung der Märtyrerliteratur

I. Liturgische *memoria* und Geschichtsschreibung
Memorialtexte und ihr liturgischer Leitrahmen
Vom liturgischen Text zur historischen Quelle

II. Genera, Motivik, Historizität
Die Ordnung des Materials nach typologisch-genetischen Modellen
Märtyrerliteratur als Teil antiker rhetorischer Geschichtsschreibung
Erzählmotive und ihre Traditionen
Historizität als Problem
Exkurs zum Polykarpmartyrium

III. Die Geschichte der Christenverfolgungen und ihre Geschichten
Das *crimen* der Christen in der rechtshistorischen Forschung
Märtyrerliteratur als Spiegel der verschiedenen Typen staatlicher Maßnahmen gegen Christen
Das *crimen* im Prozess und seine literarische Präsentation

IV. Märtyrerverehrung
Märtyrerliteratur und Memorialarchitektur: Parallelen in der Monumentalisierung
Märtyrerliteratur als ein Zeugnis vielfältiger Rezeptionsgeschichte

I. Liturgische *memoria* und Geschichtsschreibung

Memorialtexte und ihr liturgischer Leitrahmen

Als Kaiser Theodosius einst, so heißt es in dem ersten der beiden Briefe, die in der Überlieferung dem *Martyrologium Hieronymianum* vorangestellt sind[1], in Mailand eine Bischofsversammlung gegen arianische Bischöfe abhielt, habe der Kaiser nach Abschluss der Geschäfte den Bischof Gregor von Cordoba sehr gerühmt, weil dieser in allen Metten und Vespern viele Tagesheilige kommemorierte. Darauf beschlossen die versammelten Bischöfe, dass die anwesenden Bischöfe Chromatius von Aquileia und Heliodorus an den ihnen persönlich bekannten Hieronymus in Bethlehem schreiben sollten. Dieser möge im Archiv des heiligen Bischofs Eusebius von Caesarea Palaesti-

---

[1] Ps.Chromat.epist. ad Hier. (CPL 633 epist. 48: ActaSS Nov. 2/2, 1931, 1 Delehaye).

nae nach dem *famosissimum feriale*, dem Verzeichnis der Tagesheiligen, suchen und es schnell schicken.

Der dem Martyrologium vorangestellte Brief der beiden Bischöfe will also die Authentizität des *Martyrologium Hieronymianum* aufgrund eines älteren christlichen Festkalenders sichern. Ein Beispiel eines solchen alten Kalenders mit den Festdaten von Märtyrern haben wir z. B. in der sog. *Depositio martyrum* des Chronographen von 354[2], die eine wichtige Quelle für die Hagiologie und Frömmigkeitsgeschichte der Stadt Rom darstellt. Der Brief nennt hier als Vorbild, ja gewissermaßen als Original und als Basis für alle Erweiterungen „das hochberühmte Feriale" des Eusebius, sonst unbekannt und dem Vater der Kirchengeschichte wohl wegen seines Werkes „Über die Märtyrer von Palästina" zugeschrieben. Wichtig ist die Überzeugung, dass es ein solches Feriale gebe und dass dieses eine ökumenische Dimension besitze, also anders als die *Depositio martyrum*, die nur für eine Ortskirche bestimmt war, nicht lokal begrenzt sei.

Zu dem erwähnten Brief aus Mailand tritt dann der fiktive Antwortbrief des Hieronymus an die beiden Bischöfe.[3] Er ist zugleich Begleit- und Einleitungsschreiben des folgenden Martyrologiumtextes: Die Suche nach dem Feriale sei von Erfolg gekrönt worden. Für wie wichtig der „gefundene" Text eingeschätzt wird und dass er unter keinen Umständen als ein „erfundener" gesehen werden will, wird mit einer apokryphen Geschichte aus dem Leben des Eusebius unterstrichen: Dieser habe, als ihn in Caesarea Kaiser Konstantin besuchte, um nichts anderes für seine Kirche oder für sich gebeten, als dass auf kaiserlichen Befehl im ganzen Reich, in allen Provinzen und Städten, die Gerichtsakten und alle anderen öffentliche Dokumente nach Zeugnissen über Märtyrer und ihre Passionen durchforscht und diese ihm mitgeteilt würden. Er selbst sei dann auch der geeignete Berichterstatter (*relator*), eine Geschichte der Kirche als Geschichte der Märtyrer zu schreiben.

Nach dieser Ursprungslegende betont Ps.-Hieronymus nun aber seine über Eusebius hinausgehende eigene Arbeit an der zuvor unüberschaubar großen Masse der Dokumente, nämlich:

1. Er habe das Feriale eingerichtet, also die Ordnung der Quellen nach Monaten und Tagen vorgenommen und ein praktikables liturgisches Arbeitsinstrument geschaffen, damit an jedem Tag für das ganze Jahr die Namen der zu feiernden Heiligen feststünden[4].

---

2 WISCHMEYER W., Depositio episcoporum – Depositio martyrum, LACL³, 189 f; SEELIGER H. R., Depositio episcoporum/martyrum, RGG⁴ 2, 1999, 670; Kalenderhandbuch (Divjak – Wischmeyer) 2, 499–522.
3 Ps.HIER.epist. 49 de opere Martyrologii colligendo (CPL 633 epist. 49: ActaSS Nov. 2/2, 1931, 1–2 Delehaye).
4 Dabei scheint das gesuchte und als vorhanden vorausgesetzte Feriale Eusebs dem Autor aus dem Sinn gekommen zu sein.

2. Dabei habe sich aber das Problem ergeben, dass bei einer Konzeption der Kirchengeschichte als Geschichte der Märtyrer die Zahl der Namen unendlich wäre. Jeder Lektor im Gottesdienst wäre binnen eines Monats erschöpft, wenn täglich normalerweise um die 800 Namen genannt werden müssten und es keinen Tag unter 500 Namen gäbe außer an den Kalenden des Januars, wo traditionell Gerichtsferien waren und deshalb Christen nicht verurteilt und auch nicht hingerichtet werden konnten. So habe er eine repräsentative Auswahl vornehmen müssen und kurz und bündig die Namen der Hauptheiligen an ihren Orten ausgewählt, die für all die anderen Märtyrer stehen und auch an diese erinnern sollen.
3. Schließlich habe bei allem Eifer für die Märtyrer dieser Enthusiasmus etwas beschnitten werden müssen, damit überhaupt ein Buch entstehen konnte. Gemeint ist damit eben das sich im Text anschließende *Martyrologium Hieronymianum*.

Es kommen hier also zwei Problemkreise zusammen: die liturgische Gestaltung des kirchlichen Jahres und die Überlieferung der Märtyrerliteratur. Letztere interessiert uns hier. Von diesen beiden fiktiven Briefen mit ihren zahlreichen legendarischen Elementen ist der Weg nicht weit zu den vielen stark legendarisch geprägten späten Märtyrertexten. Sie erfreuen sich lange in der einschlägigen Forschung eines schlechten Rufes, den etwa auch der Altmeister der neueren hagiologischen Forschung, Henri Delehaye, mit seinem ebenso despektierlichen wie autoritären Urteil zu den koptischen Märtyrerakten bekräftigt hat: „cette misérable littérature"[5]. Neuere Arbeiten hinterfragen dieses Urteil nicht nur hinsichtlich der dahinterstehenden Kriterien und lehren uns, solche Einschätzungen als unsachgemäß oder zumindest als fraglich für diese narrativen und „epischen" Texte anzusehen. Voraussetzung eines solchen Urteils ist die einseitige Betonung des Zusammenhanges der Märtyrerakten mit der sog. Protokollliteratur, wie bereits durch Ps.-Hieronymus vorgegeben. Jedes Abweichen von diesem Schema führt zur Etikettierung mit dem zweifelhaften Attri-

---

5 DELEHAYE, Martyrs (1929) 148. Ausgeprägt ist ein solches Urteil etwa auch bei LIETZMANN H., Martys, PRE 14/2, 1939, 2044–2052, hier 2047, der es auch auf die späte lateinische und griechische Märtyrerliteratur überträgt: „Wenn man die Entwicklung der ‚echten', d.h. wesentlich dem Martyrium gleichzeitigen Akten verfolgt, so ist ein Nachlassen der alten enthusiastischen Kraft und ein Wachsen wortreicher Rhetorik unverkennbar. Aber die Produktion der Akten hörte mit den Verfolgungen nicht auf. Alte Akten fanden immer wieder neue Umarbeitungen (...) Aber noch viel mehr neue Akten wurden angefertigt, die meist ohne historische Basis der freischaffenden Phantasie ihren Stoff und der Rhetorik ihre Form verdankten. Breite Schilderungen der Martern in wahnwitziger Steigerung und immer erneute Heilungen der Wunden durch göttliches Eingreifen sind die stetig auftretenden charakteristischen Motive. Die Märtyrerakten münden damit in den Strom der Legendenliteratur ein, den die Asketenvita ausgiebig gespeist hat und der fortab das Mittelalter beherrscht. Delehaye redet hier von ‚Industrieprodukten'". Lietzmann beruft sich für dieses Urteil bes. auf DELEHAYE, Légendes (³1927), seinen Lehrer USENER, Schriften 1–4 (1912–1914) sowie auf seinen Berliner Fakultätskollegen HOLL, Aufsätze 2 (1928) 68–114.

but „unecht" und damit zu einer Verwerfung jeglicher Aussagekraft der Quelle. Dabei bleibt die Frage, was denn eigentlich unecht sei: der Märtyrer oder der Text oder beide.

Vielmehr sollte die Märtyrerliteratur als religiöse Literatur stärker vor dem Hintergrund der gesamten Bandbreite der antiken Literatur betrachtet werden, wie der Brief- und Predigtliteratur, der Apologien, der Dialoge und Traktate, des Enkomions, des Romans, des Dramas und gelegentlich sogar der Satire. Damit zeigt sie sich im Zusammenhang von Religion und Kultur der Autoren und ihres Lesepublikums als erbauliche Literatur. Ihre Texte, die teilweise auf eine rhetorisch höchst elaborierte Art und Weise von speziellen Aussageintentionen bestimmt sind, wollen ganz andere Antworten auf andere historische Fragen geben als nach der durch ein wörtliches Protokoll gesicherten Authentizität eines Gerichtsverfahrens der Vergangenheit.[6]

Es bleibt eine offene Frage, wieweit diese Texte Quellen zur Geschichte der Christenverfolgungen sind. Das sind sie grundsätzlich natürlich und bleiben es auch. Doch muss der rezeptionsgeschichtliche Gesichtspunkt zur Genese, Entwicklung und Tradierung der Märtyrerliteratur deutlich stärker als bisher betont werden. Dann finden wir vielleicht in diesen Texten neben wichtigen historischen und juristischen Details zu den Verfolgungen und Verhandlungen und ihrer Dokumentation vieles andere: Wir werden zu den späteren Vorstellungen vom Phänomen des Martyriums geführt und gelangen damit zu sehr unterschiedlichen Aussagen zum christlichen Selbstverständnis und zu dem, was das Verhältnis zum Staat und zur Heimatstadt, zur antiken Kultur und zum christlichen Kerygma angeht.

Wenn die am 8. Oktober 393 auf dem Konzil von Hippo versammelten Bischöfe beschließen, dass „die verlesenen kanonischen Schriften, aber auch die Passionen der Märtyrer, und zwar die eines jeden Ortes, in den Kirchen gepredigt werden sollen"[7], und im *Breviarium Hipponense* festgehalten ist, dass am Jahrestag der Märtyrer ihre Passion gelesen werden kann,[8] so tritt erst einmal ein lokaler Bezug in den Vordergrund. Dabei lassen sich für die jeweiligen Ortsgemeinden regionale und zeitliche Unterschiede feststellen, die durch eine Differenzierung der Liturgie bedingt sind.[9]

---

6 Zum Folgenden vgl. außer WISCHMEYER W., Märtyrerakten, RGG⁴ 5, 2002, 873–875 etwa REYMOND – BARNS, Martyrdoms (1973) 1–19.

7 CONC.Hippon. 393 can. 5 (CChr.SL 149, 21 Munier): *Ab universis episcopis dictum est: Omnibus placet ut scripturae canonicae quae lectae sunt, sed et passiones martyrum, sui cuiusque locis, in ecclesiis praedicentur.* Zur gottesdienstlichen Lesung von Märtyrerakten vgl. auch URNER, Lesung (1952) 25–48.

8 BREV.Hipp. tit. 36d (CChr.SL 149, 43 Munier): *Liceat autem legi passiones martyrum cum anniversarii dies eorum celebrentur*, vgl. REG.eccl. Carthag. excerpta tit. 46 (ebd. 186).

9 In Rom unterscheidet man Anfang des 6. Jhs. zwischen der Verlesung der Passio am Märtyrergrab und der nach dem *Decretum Gelasianum* strengen Vorschrift für die binnenstädischen Kirchen: *secundum antiquam consuetudinem gesta sanctorum (...) in sancta romana ecclesia non leguntur*, vgl. BASTIAENSEN, Atti (1987) XXII. Für Kleinasien s. LEEMANS, Celebrating (2001) Für Ägypten vgl. zum wohl ältesten koptischen Märtyrerbericht über einen Presbyter Stephanus aus einem Dorf namens Lenaios: VAN MINNEN, Account (1995) 17; WIPSZYCKA, Jurisdiction (2000); DIES., Papyrus (2001) 1309.

Zugleich aber findet eine *memoria* statt, eine Erinnerung, die verschiedene Zeiten zusammenbringt, damit die Zeit relativiert, wenn nicht aufhebt, und die Zeit des Martyriums in der Zeit der feiernden Gemeinde präsent.[10] Aber auch die Präsenz der Ewigkeit Gottes ist gleichzeitig, da der gefeierte Märtyrer bei Gott ist.[11] Die den Martyriumsbericht hörende Gemeinde hat also ein Instrumentarium, um aus ihrer Weltzeit, der Gegenwart mit ihren religiösen und sozialen Problemen, Kriegen, Unruhen und Krankheiten, also jenen bedrängenden Mächten, die alle Lebensbereiche in der Spätantike zunehmend bestimmen[12], heraus und in eine partizipatorische Beziehung zur himmlischen Friedenswelt bei Gott einzutreten. Paradoxerweise soll das durch Texte geschehen, die von Gewalt und Grausamkeiten strotzen. Elizabeth Castelli hat hier die Formel geprägt von einem „memory-work embedded in the ongoing Christian ‚spectacularization' of martyrdom: the cultural production of Christian martyrdom as performance and spectacle transforms the seer into the seen, the testifier into the testimony. And it transforms the readers and consumers of this tradition into uneasy voyeurs of the suffering of others even as it calls them into identification with that suffering"[13].

Dabei lebt die Märtyrerliteratur von ihrer Intertextualität. Sie bezieht dabei vor allem die biblischen Texte in den verschiedensten Formen von Zitat und Allusion[14] ein. Solche Verweise begegnen sowohl im Bekenntnis[15] und in den Reden des Märtyrers[16] wie auch in der Erzählung selbst[17]. Dazu kommt, dass die Verflechtung einzelner Märtyrertexte untereinander erstaunlich eng ist, was zudem teilweise durch wuchernde Verwandtschaftsbeziehungen der Märtyrer in verschiedenen Texten ver-

---

Westliche, besonders spanische Beispiele einer liturgischen Lesung von Märtyrertexten bei GAIFFIER, Lecture (1954), für Africa bei SAXER, Morts (1980) 108–114.
10 Für den Westen liegt der Versuch einer Analyse dessen, worin die Bedeutung der liturgischen Verwendung von Martyriumsberichten im Gottesdienst besteht, in der pseudo-cyprianischen Predigt *De laude martyrii* vor, die in nach 250 in Rom oder Karthago entstand: Ps.CYPR.laud.mart. 4 (CSEL 3/3, 28,15–17 Hartel): *Igitur quoniam res summa martyrium, tria sunt quae ex nobis proposuimus esse dicenda, quid sit, quantum sit, cui rei prosit.* Zur Datierung vgl. DOIGNON J., HLL 4, 1997, 577: § 480.1.
11 Vgl. die sehr nützliche Zusammenstellung der Texte zur postmortalen Aufnahme des Märtyrers in den Himmel bei HELLMANNS, Wertschätzung (1912) 37–67 und KELLERMANN, Danielbuch (1989) 75.
12 Auch wenn es historiographisch nicht richtig ist, von „der Krise des Römischen Reiches in der Spätantike" zu sprechen, lassen sich doch auf vielen Gebieten „Substanzverluste" festhalten, vgl. SOMMER, Geschichte 2 (2009) 422–435.
13 CASTELLI, Persecution (2005) 136, vgl. auch schon KYLE, Spectacles (1998) 242–264.
14 MOSS, Nailing (2013) weist auf methodische Schwierigkeiten hin, die es zu beachten gilt: Auf Seiten des Autors und des Lesepublikums ist grundsätzlich mit einer „possibility of multiplicity of meanings" zu rechnen (134), so dass zwar die „identification of the intertext" eindeutig ist, nicht aber die Bedeutung (136).
15 Vgl. ACypr. 1,2 mit PFruct. 2,4; MIust. [A] 2,5; MPion. 8,2; 9,6; 16,3; 19,8.11; ApPhls. Be 6; weitere Beispielen und Lit.: SELINGER, Persecutions (²2004) 22 Anm. 30.
16 Vgl. PScill. 11 mit ACypr. 3²,3.
17 Vgl. PScill. 14, ACypr. 3¹,6 mit AMaximil. 3,1.

deutlicht wird.¹⁸ Dies scheint mit der Erwartungshaltung der Auditorien zusammenzuhängen, die ein sicheres und besonders engmaschiges Netz der Hilfe in einer sich steigernder Bedrängnis erwarteten.

Dafür scheint nicht nur ein entsprechendes Publikum in liturgischen Feiern am Märtyrergrab oder anderenorts, vielleicht bei erbaulich-asketischer Privatlektüre, vorhanden gewesen zu sein, sondern ebenso eine seelsorgerliche Verpflichtung, vielleicht sogar ein kommerzieller Markt, der die lokalen Bedürfnisse befriedigen konnte.¹⁹ „Everything seems to point to the existence of scriptoria where martyrologies were produced to order, and, one suspects, paid for by yard; they were padded out with stock passages to the requisite size"²⁰.

Ein ganzes Ensemble der bisher genannten Aspekte führt uns ein Abschnitt des Martyriums des Heiligen Paese aus Bousiris und seiner Schwester Thekla²¹ vor, mit deren Name ja schon ein hagiologisches Geflecht beginnt, indem die Verbindung zur berühmten Paulusfreundin assoziiert wird²². Die Bewohner von Bousiris²³ und die Mönche des Michaelklosters²⁴ in Phantow im Fayum, die wohl alle in einer gewissen, uns unbekannten Verbindung zu dem Märtyrergeschwisterpaar standen, konnten also über von ihnen verehrte Mitbürger und Verwandte aus der Zeit Diokletians, „des gesetzlosen Kaisers, der Gott und seine Engel herausgefordert hatte", am 8. Kihak rückblickend hören, wie diese nach unendlichen Qualen im Gefängnis von Alexandria eine Vision hatten:

> Um Mitternacht kam der Herr Jesus Christus mit seinen Engeln vom Himmel hernieder, und er kam zu dem heiligen Paese und seiner Schwester, und er sagte zu ihnen: Gegrüßt seid ihr (χαῖρε), meine Miterben des Himmelreichs! Gegrüßt seid ihr (χαῖρε), die ihr so gut für euren Herrn gekämpft habt! Gegrüßt seid ihr (χαῖρε), die ihr von meinem Vater gesegnet seid, ihr, die ihr erben sollt die guten (ἀγαθός) Früchte des Baumes des Lebens!
> Als der heilige Apa Paese und seine Schwester Thekla dies hörten, waren ihre Herzen sehr froh. Der Herr sagte dann zu ihnen: Fürchtet euch nicht, sondern seid stark und findet Kraft, denn ich

---

18 Für den kleinasiatischen Raum vgl. hier die Ausführungen zu den historischen und literarischen Aspekten von Test.Seb. Dies ist ebenso der Fall in Rom, besonders in den *Gesta Martyrum*, wie in Ägypten, vgl. dazu die im folgenden besprochene Akte des Heiligen Paese aus Bousiris und seiner Schwester Thekla; vergleichbar sind auch die Namenswucherungen durch Konstruktionen wie die Thebäische Legion, dazu SEELIGER, Ausbreitung (2005) sowie NÄF, Städte (2011), und die 11.000 Jungfrauen der heiligen Ursula in Köln, dazu STAAB F., Ursula, LThK³ 10, 2001, 488.
19 Vgl. die Ausführungen zu AMaximil.
20 REYMOND – BARNS, Martyrdoms (1973) 3. Zum Skriptorium als entscheidend wichtiger Größe für den religiösen Wandel bes. in Ägypten: FRANKFURTER, Religion (1998) 238–264.
21 MPaesThecl.: Edition: REYMOND – BARNS, Martyrdoms (1973) 31–79, englische Übersetzung 151–184.
22 Vgl. APaulThecl. (AAAp 1, 235–272 Lipsius).
23 So die in den Papyri überlieferte Form des Ortsnamens; vgl. KRUMEICH – SEELIGER, Bischofssitze 1 (2007) 6.8.17.
24 Aus dessen Bibliothek stammt der Kodex, heute Pierpont Morgan Codex M 591 T. 28; das Martyrium des Heiligen: fol. 49ʳ–88ʳ.

bin bei euch! Und Thekla warf sich zu Füßen des Erlösers und sagte zu ihm: Mein Herr, möge deine Gnade uns erreichen und unsere Körper schützen (σκεπάζω), sodass die Unfrommen sie nicht den wilden Tieren vorwerfen und unsere Knochen nicht finden. Der Erlöser sagte zu ihnen: Fürchtet nicht! Ich bin es, der eure Körper (σῶμα) schützen wird (σκεπάζω), und ich werde den Bau eines Martyrions (μαρτύριον) für euch in meinem Namen veranlassen und den, der für euch ein Martyrion (μαρτύριον) bauen wird, werde ich euch als Sohn schenken (χαρίζω) in meinem Reich, und ich werde das Haus dessen, der eine Spende (προσφορά) für eure Kultstätte (τόπος) geben wird, mit allen Wohltaten (ἀγαθός) der Erde füllen. Und ich werde meine Engel veranlassen, ihre Leiber zu schützen und ihre Seelen in den Äonen des Lichts. Wer auch immer das Buch über euer Martyrium schreiben wird, dessen Namen werde ich in das Buch des Lebens schreiben. Und ich werde meinen Segen und meinen Frieden an den Ort geben (κω)[25], wo eure Leiber hingelegt (κω) werden. Und siehe, ich habe den Engel Raphael gesandt (κω), eurer Kultstätte (τόπος) zu dienen. Und große Scharen kranker Leute, die an verschiedenen Krankheiten leiden, werden zu eurer Kultstätte (τόπος) kommen, Heilung erhalten und in Frieden heimgehen. Und wer einem Armen ein Almosen gibt oder einem Fremden oder einer Witwe am Tage eures Gedächtnisses, den will ich nichts Gutes je entbehren lassen. Fürchtet euch nicht, seid stark und findet Kraft, denn ich bin bei euch! Denn ihr habt noch einen ganzen Monat auf Erden, bevor ihr zu mir kommt und von euren Leiden ruht und eure Ruhe findet für immer. Als der Erlöser das zu ihnen gesagt hatte, grüßte er sie (ἀσπάζω) und stieg in den Himmel auf in Herrlichkeit.[26]

Der schwer zu datierende Text zu dem sonst unbekannten Märtyrergeschwisterpaar aus der ägyptischen Chora, der wohl dem 4. oder 5. Jh. angehören dürfte, zeigt uns exemplarisch auf sehr eindrückliche Weise, welche Rolle Märtyrerakten und Passionen über ein Jahrtausend lang gespielt haben und was für vielfältige und unterschiedliche Bedürfnisse sie bedient haben.

Zu den Verheißungen Christi an die Märtyrer Paese und seine Schwester Thekla gehört, wie hier einmal deutlich ausgesprochen wird, der Bau einer Kultstätte (τόπος, μαρτύριον) über ihren Leibern, in der ihr Gedächtnis gefeiert wird. In der gottesdienstlichen Versammlung findet ihre *memoria* statt.[27] Architektonische Konstruktion und liturgische Feier sind Verheißungen Christi an seine Märtyrer. Beides

---

25 κω: setzen, stellen, legen (sahidisch).
26 MPaesThecl. 85ʳ I–86ʳ I; Revision der Übers.: Dimtrij Bumazhnov, Göttingen, dem herzlich gedankt sei.
27 Deshalb ist es auch das große Anliegen in Test.Seb., dass die Märtyrer zusammen und in einem Kultzentrum bestattet werden. Allgemein vgl. GRABAR, Martyrium (Nachdruck 1972) und LIMBERIS, Architects (2011). Die Bedeutung der Martyria für die jeweilige Ortskirche zeigt etwa ein ägyptischer Stoff, Anfang des 6. Jhs. (?), Berlin, Skulpturensammlung und Museum für Byzantinische Kunst, Inv. 9659, auf dem im oberen und unteren Randstreifen, eine Danieldarstellung rahmend, Kirchenbauten dargestellt sind. Durch die Beischriften erfahren wir, dass es sich im oberen Streifen bei den fünf Kirchen um vier Martyrien handelt (Michael, Stephanus, [?], Susanna), die die Große Kirche rahmen. Im unteren, teilweise zerstörten Streifen sind drei Kirchen erhalten, darunter zwei Martyria; vgl. SCHRENK, Friese (2002) und STEIN, Inschriften (2002) und SEG 52, 2002, 1814. Das Nebeneinander von Martyria und Grosser Kirche auf dem ägyptischen Wandbehang entspricht neben vielen anderen Beispielen vielerorts auch der archäologischen Situation in Anasartha/Syrien: FEISSEL, Martyria (2002) und SEG 52, 2002, 1542–1545.

bedingt einander und gehört wie Form und Inhalt zusammen. In der Perspektive der Erzählung betreffen sie Zukünftiges, das jedoch zur Gegenwart der Hörer während der liturgischen Feier wird.

Die Gemeinde wird also „gleichzeitig" mit den Märtyrern der diokletianischen Zeit, kann sich dadurch mit der Kirche der Märtyrer identifizieren und so auch sich selbst als diese betrachten. Dabei partizipiert sie auch an deren himmlischer *doxa*, deren Wahrheit und Realität sich in einer opaken Mischung aus Weihrauch und Kerzenlicht[28], von Wohlgeruch[29] und den Schwaden der Beräucherung, den liturgischen Installationen, später einschließlich der Ikone der Märtyrer, zeigen, also einem mit allen menschlichen Sinnen rezipierbaren und zu rezipierenden Ereignis. Mag der Hörsinn mit dem Lauschen auf einen Text scheinbar zurücktreten, so müssen wir uns darüber klar sein, dass bald zusätzlich die Dichtkunst sich der Texte bemächtigt[30] und auch die Töne des Gesanges der nun verfassten Hymnen dazu gehören, die von Instrumenten unterstützt werden[31].

Dazu kommt im Paese-Martyrium, dies alles überhöhend, die Anwesenheit des Erzengels Raphael, die garantiert, dass die durch ihn gegebene Verbindung zum Himmel ihre transzendierende Tendenz zur nachhaltigen „Ganzhaftigkeit" offenbart. So wird aus der Heiligkeit auch wirklich Heilung.[32] Dabei wird aber ebenso auch eine biblisch fundierte soziale Dimension der *memoria* im Rahmen der Werke der Barmherzigkeit an Kranken, Fremden und Witwen betont.[33]

---

28 Zum Thema Märtyrerkult und Kerzen: KAY, Epigrams (2006) 80 f zu Nr. 84 (95R).
29 Vgl. HARVEY, Scenting (2006) 65–83 zum liturgischen Gebrauch von Weihrauch; allgemein zur Beschreibung von Märtyrerfesten: LEEMANS – MAYER, Homilies (2003) sowie LEEMANS – METTEPENIGEN, Memory (2005). Speziell für Ägypten vgl. auch SCHMELZ, Amtsträger (2002) 110–112 (Weihrauchgefäße) und 121–123 (Lampen und Lampenständer).
30 Aus der großen Fülle der Märtyrerdichtung sei hier nur PRVD.perist. (CChr.SL 126, 251–389 Cunningham) genannt; speziell zum Zusammenhang dieser Dichtungen mit ihren Quellen: SCHMIDT, Liber (2003).
31 SAXER, Morts (1980) 197–229.
32 VAberc. 30–32.44–65.69.74 zeigt den Heiligen als einen vielgesuchten Heiler im gesamten römischen Reich, der in seiner Heimatstadt ebenso tätig ist wie in Rom, wohin er vom Kaiser gerufen wird, um dessen Tochter zu heilen. Das Thema Heilung findet seinen christlich-religiösen Ausdruck besonders in der weitverbreiteten Verehrung der heiligen Ärzte(paare): SEELIGER H. R., Anargyroi, LThK[3] 1, 1993, 597 f; zuletzt DÉROCHE, Anargyres (2006) 153–156. Für Ägypten vgl. CRISLIP, Monastery (2005) 123 mit Hinweisen auf die Neuweihe des Isistempels von Menouthis an die diokletianischen Märtyrer Cyrus und Johannes, einen Arzt und einen Soldaten, und die häufig begegnende Neuweihe von Asklepieia an die Ärztemärtyrer Kosmas und Damian. Zu Menouthis (Kanopos) vgl. die ausführliche historische und archäologische Darstellung bei GROSSMANN, Architektur (2002) 216–221. In diesem Zusammenhang muss auch die Inkubation in Kirchen und Martyrien erwähnt werden, dazu PARMENTIER, Incubatie (1988) und MARKSCHIES, Gesund werden (2006). Zu Hintergrund und Nachgeschichte KLINGSHIRN, Defining (2002). Direkt in den Bereich der Magie führen die *sortes sanctorum*, vgl. PAPINI, Fragments (1998).
33 Den Zusammenhang von Märtyrerkult und den Werken der Barmherzigkeit schildert Augustinus anhand des neuen Verhaltens seiner Mutter Monnica in Mailand: AVG.conf. 6, 2,2 (CChr.SL 27, 74 f

Erstaunlich ist, dass nicht nur das Auditorium der gottesdienstlichen Versammlung hier angesprochen wird, sondern auch der Autor: „Wer eine Märtyrerakte, wer eine Passion schreibt, der schreibt seinen Namen ins Buch des Lebens"[34]. Liegt hier ein zusätzliches Motiv für die ungeheure Menge und Breite hagiologischer Produktion durch die Jahrhunderte vor? Können wir das Verfassen von Märtyrerliteratur als Pfad zur Erlösung für den schreibkundigen Mönch ansehen, Literatur als Soteriologie? Auch wenn diese Fragen offen bleiben müssen, so kann doch gesagt werden, dass der Autor und wohl stärker noch das hörende als das lesende Publikum daran interessiert sind, zusammen mit den gefeierten Heiligen an der himmlischen Herrlichkeit zu partizipieren.[35]

Ein so verstandener liturgischer Zugang zur Märtyrerliteratur kann ohne weiteres eine große Bandbreite zusätzlicher spezieller Intentionen unterschiedlicher Natur einschließen.[36] Genannt seien hier bei Außerachtlassung kontextueller Motive wie der christlichen Todesverachtung und einer *virtus*, die der von Soldaten und Gladiatoren durchaus vergleichbar ist, als theologische und pastorale Intentionen der Autoren etwa:

1. Sozialkontrolle und -disziplinierung[37] von Gemeinden, die nicht mehr unter den Repressionen der vorkonstantinischen Zeit leben.
2. Der aufgrund paulinischer Gedanken[38] von christlichen Apologeten, besonders Tertullian[39], entwickelte und narrativ ins Religiöse transformierte philosophische Freiheitsgedanke. So schildert der gelehrte donatistische Redaktor der Confessionen und Akten der abitinischen Märtyrer (Abit.) etwa Victoria: „Sofort stürzte sie in christlicher Freiheit vor."[40]
3. Asketische Protreptik, die der Märtyrer als Athlet Christi auf eine besondere Weise verkörpert. Hier seien die „Blumenkohlohren" des Pionius genannt, die den Kampfspuren am Leib der zeitgenössischen Athleten der Arena entsprechen.[41]

Verheijen). S. auch die Vorrede von Evs.m.P. (syr) 2 (Cureton, History [1861] 2) mit dem Bezug auf Röm 8,35–39; deutsche Übersetzung: Violet, Märtyrer (1896) 2; vgl. Castelli, Persecution (2005) 103.
34 MPaesThecl. 85ᵛ II (Reymond – Barns, Martyrdoms [1973] 74 f, vgl. 182).
35 Baumeister, Anfänge (1980) 282 betont in seiner Darstellung sowohl die präsentische wie die futurische Heilserfahrung des seit Ignatius „mit dem Tod beginnende(n) Auferstehungsleben(s)", denn „man war ja der festen Überzeugung, dass die Märtyrer im Moment des Todes zur Vollendung bei Gott gelangen": Ders., Märtyrer (2003) 35 [= Martyrium (2009) 293].
36 Grig, Making Martyrs (2004) 4 betont die Vielzahl der Themen, die im „process of construction, of fictionalisation" vorkommen.
37 Vgl. Riddle, Martyrs (1931); Tilley, Scripture (1990).
38 Bes. Gal 5,1–2.
39 Z. B. Tert.nat. 1, 4,15 (CChr.SL 1, 16 Borleffs). Generell zum Freiheitsgedanken in der hagiologischen Literatur: Chapot, Liberté (2003).
40 Abit. 7,3. Die Charakterisierung des Redaktors geht auf Baluze zurück, vgl. PL 8, 688. Vgl auch Dolbeau, Passion (2003) und Dupuis, Hagiographie (2003).
41 MPion. 22,3. Allgemein zum Zusammenhang von Martyrium und Agon: Dehandschutter, Martyrium (1989) und Février, Chrétiens (1990); dazu von juristischer Seite: Ebner, Hinrichtungen (2012).

4. Eine Art individueller Vorbereitung auf den eigenen Tod, um der Christusförmigkeit der Märtyrer, die während des Martyriums zunehmend hervortritt, selbst nahe zu kommen.[42]
5. Der Ruhm und die Tradition einer bestimmten Ortsgemeinde[43], die von der apostolischen Gründungslegende, aber auch von ihren Märtyrern leben. Zur Konstruktion einer christlichen Urzeit dienen nicht nur die Apostel und ihre Schüler, sondern auch die Märtyrer. Gerne wurden auch beide Vorstellungen verbunden.
6. In vielen Märtyrertexten findet man antijudaistische Bemerkungen[44], die ein noch unabgeschlossenes *parting of the ways* und damit ein durch Proselytismus immer wieder getrübtes Nahverhältnis von Judentum und Christentum reflektieren, das in beiden Gruppen für Irritationen sorgte und in unserer Literatur die Juden als „die Bösen" auftreten lässt.
7. Innerchristlich-konfessionalistische Tendenzen: Ebenso treten auch die Vertreter getrennter christlicher Gruppen als „die Bösen" auf, die natürlich nicht würdig sind, das Martyrium zu erleiden. Dies gilt ebenso für Montanisten und Donatisten in Texten der Großkirche wie für Katholiken etwa in donatistischen Texten.[45]

Vom liturgischen Text zur historischen Quelle

All das, was für die Texte primär eine Leserlenkung darstellt, die dem Literaturgenus entspricht, wurde erst in Frage gestellt, als im Zusammenhang von Renaissance, Humanismus, Reformation und katholischer Reform zur Sicherung und Bestätigung von Tradition und Kontinuität die Frage nach den *acta sincera* auftauchte. Nun wurden die Texte als historische Quellendokumente zu den Christenverfolgungen gelesen und als Bestätigung von Orthodoxie, Tradition und Frömmigkeitsformen verstanden.

Dies geschah für den Bereich der katholischen Reform vor allem auf zwei Traditionslinien: im Bereich eines frommen Späthumanismus im römischen Oratorium bei Cesare Baronio[46], und im Zusammenhang der Gesellschaft Jesu bei den Bollandisten[47]. Die *Annales Ecclesiastici* und das Martyrologium des Baronio sowie besonders das aus verdienstvollen historisch-philologischen Arbeiten hervorgegangene opus

---

42 KELLEY, Philosophy (2006).
43 Diese Tradition kann in sehr unterschiedlicher Weise zum Ausdruck gebracht werden: In Hierapolis ist es der Bezug auf die Grabstele des verehrten Bischofs, vgl die historischen und literarischen Aspekte zu VAberc., in Test.Seb. dürfte es um den Zusammenhang der Reliquien und die Sicherung eines Wallfahrtszentrums gehen.
44 MPion. 4,5.7.11; 13,3; 14,1.
45 Vgl. in Abit. 19,1 die Polemik gegen die schismatische Großkirche und in Lugd. 5, 3,2–5 die antimontanistischen Tendenzen.
46 SODI – FUSCO, Martyrologium (2005); SMOLINSKY H., Baronius, RGG[4] 1, 1998, 1135.
47 BARONIUS, Martyrologium (1613); BUTTERWECK CH., Bollandisten, RGG[4] 1, 1998, 1675, vgl. auch PHILIPPART, Hagiographie (1998).

grande der *Acta Sanctorum* durch die Bollandisten können hier nicht im Einzelnen in ihrer Bedeutung für die Erforschung der Märtyrerliteratur dargestellt werden[48]. Es muss aber auf die geschichtstheoretisch und methodisch reizvolle Ironie hingewiesen werden, dass die gegen die Reformation und ihre Ablehnung des Heiligenkultes gerichteten Bemühungen dazu geführt haben, diese Literatur zu den Märtyrern zu „säkularisieren", sie aus dem liturgischen Leitrahmen herauszunehmen und als historische Texte zu lesen, um das apologetische Argument zu erhalten: „Historisch unbestreitbar gehen wir und unsere Traditionen auf den Anfang zurück." Damit musste sich die Märtyrerliteratur auch unter die zunehmend kritischer werdenden historischen Methoden beugen. Sie wurden wie andere historische Texte der Antike gelesen und galten als historiographische Quellentexte.

Dies führte, wie die Diskussion um das 1684 als 11. Dissertation über Cyprian erschienene Werk des Anglikaners Henry Dodwell[49] „Über die geringe Zahl der Märtyrer" zeigt, letztlich zu einer zunehmenden Selektion und damit zu einer Reduktion ihrer Zahl.[50] Es entstand eine paradoxe Situation. Einerseits musste nicht nur gegenüber protestantischen kirchengeschichtlichen Ansätzen, sondern viel stärker noch gegenüber einem historischen Pyrrhonismus der Aufklärung die große Zahl der Märtyrer, die die Kirchen in den Martyrologien, Synaxarien, Menäen oder in sonstigenden hagiologischen Sammlungen feiert, verteidigt werden, wie es der Mauriner Theodor Ruinart[51] tat. Er war Mitarbeiter des für die Entwicklung der Geschichtswissenschaften bedeutenden Jean Mabillon[52] und veranstaltete 1689 eine erste Ausgabe[53]. Erfolgreich blieb er mit der posthum erschienen zweiten und erweiterten Ausgabe der *Acta Martyrum* von 1713, die Johann Albert Tumerman 1731 mit Erweiterungen neu auflegte[54], welche im Regensburger Nachdruck von 1859 bis heute benutzt wird[55] und den kritisch edierten Sammlungen von Märtyrertexten bis in die jüngste Zeit zugrunde liegt. Mit einer Neuausgabe von Ruinart befasste sich auch Albert Ehrhard (1862–1940)[56] Er bekam deshalb von Harnack 1897 die Anfrage und dann auch den Auftrag zu einer Edition der Märtyrerakten der drei ersten Jahrhunderte im Corpus der Griechisch-Christlichen Schriftsteller (GCS).[57] Doch trat für Ehrhard im Laufe der Jahrzehnte immer stärker die Fülle der griechischen hagiographischen Überlieferung ins Zentrum seiner Arbeit

---

[48] DELEHAYE, Oeuvre (^{2}1959).
[49] DODWELL, Dissertationes (1684).
[50] Vgl. dazu BARNES, Pre-Decian Acta (1968); SEELIGER, Geheimnis (2009) bes. 349 f.
[51] LECLERCQ H., Ruinart, Dom Thierry, DACL 15, 1950, 163–182; PETZOLT S., Ruinart, Thierry, OSB, LThK³ 8, 1999,1352; ausführlich: LENAIN, Histoire 2 (2008) 442–469.
[52] BUTTERWECK CH., Mabillon, Jean, RGG⁴ 5, 2002, 634. Vgl. auch RUINART, Abrégé (1709).
[53] RUINART, Acta (^{1}1689).
[54] RUINART, Acta (^{2}1731).
[55] RUINART, Acta (^{3}1859).
[56] SCHÖLLGEN G., Ehrhard, Albert Joseph Maria, LThK³ 3, 1995, 513.
[57] WINKELMANN, Albert, Ehrhard (1971) 8 f.

und besonders die Menäen bzw. Menologien und Synaxarien,[58] weit verbreitete, der Liturgie dienende, monatlich geordnete Sammlungen des gesamten hagiologischen Materials.[59] So drohte die einschlägige Arbeit einerseits angesichts der Fülle der Überlieferung in einer – als solche natürlich sehr wichtigen – Bestandsaufnahme stecken zu bleiben. Anderseits schrumpfte aufgrund geschärfter historischer Kritik die Zahl der als „echt" angesehenen Texte bis ans Ende des 20. Jhs. immer mehr.[60]

Durch Berücksichtigung der papyrologischen Forschung zur antiken Protokollliteratur verschärfte sich die Frage. Es zeigte sich deutlich, dass jeder einzelne Text für sich untersucht werden musste, weil die jeweiligen Autoren individuell auf die mit dem Sujet verbundene konzeptionelle Herausforderung des juristischen Protokolls antworteten. Trotzdem wurde das Konzept der an der aus den Papyri bekannten Protokollliteratur[61] orientierten *acta sincera* in fast alle kirchengeschichtlichen Darstellungen der Gegenwart übernommen.[62]

Dabei gilt aber auch für in diesem Zusammenhang immer wieder angeführte Texte wie die PScill.[63], dass sie so, wie sie uns vorliegen, keine originalen Prozessprotokolle sein können. Es stellt sich daher die Frage, ob es sich bei solchen Texten um eine christliche Redaktion von Originalprotokollen oder um originale christliche Kompositionen des Verfassers der jeweiligen „Akten" handelt. Vielleicht ist diese Frage aber unter literaturwissenschaftlichen Gesichtspunkten obsolet. Muss nicht die Märtyrerliteratur als ein eigenes christliches literarisches Genus und Thema gesehen werden, das je nach historischem Kontext und situativen Bedürfnissen an viele Textformen der christlichen und nichtchristlichen Umwelt anzuknüpfen vermochte und sich entsprechend reich entwickelte?

---

58 Vgl. zu diesen AIGRAIN, L'hagiographie (1953) 69–90; GRÉGOIRE, Manuale (1996) 131 f.
59 EHRHARD, Überlieferung 1–3 (1937–1952) mit dem elektronischen Handschriften-Register zu Albert Ehrhard von F. PASCHKE in: GCS-Texte zum download der Berlin-Brandenburgischen Akademie der Wissenschaften.
60 Vgl. z. B. BARNES, Pre-Decian Acta (1968); BARNES, Hagiography (2010) 343–365 gibt einen Überblick zu den in modernen Sammlungen für echt gehaltenen Texten der Märtyrerliteratur.
61 Zur juristischen Protokoll-Literatur vgl. COLES, Reports (1966); LANATA, Atti (1973); DIES., Processi (²1989); BISBEE, Acts (1983); DERS., Pre-decian Acts (1988). HAENSCH, Statthalterarchiv (1992) handelt im Einzelnen 219–237 von der Archivierung der *commentarii*, 245–254 der Korrespondenz der Kaiser und Statthalter und 281 der Buchführung über Gefangene und Strafen, bes. die Todesstrafe.
62 DROBNER, Lehrbuch (2011) 132: „Bei den Akten handelt es sich um Protokolle des üblicherweise vor dem Prokonsul stattfindenden Gerichtsverfahrens, die von Gerichtsschreibern festgehalten wurden und das Verhör wörtlich wiedergeben. Das schließt nicht aus, daß sie später ein christlicher Redaktor ergänzte und überarbeitete (...)". Differenzierter dagegen FRANK, Lehrbuch (2002) 86 f. – Paradigmatisch für diese Sicht der Katechismus der Katholischen Kirche: „Mit größter Sorgfalt hat die Kirche Erinnerungen an jene, die in ihrer Glaubensbezeugung bis zum äußersten gegangen sind, in den Akten der Märtyrer gesammelt. Sie bilden die mit Blut geschriebenen Archive der Wahrheit." (Katechismus [2005] 621 Nr. 2474).
63 BEECK, Problemen (1971); RUGGIERO, Scilitani (1991).

Was die literarische Bestimmung der Form und der Terminologie für diese hybride Märtyrerliteratur angeht, so ist immer schon die Schwierigkeit einer Abgrenzung von Märtyrerakten und Passionen aufgefallen. Eine Bemerkung wie „l'elemento narrativo è preponderante"[64] wird man schwerlich als ein eindeutiges Kriterium für das literarische Genus „Passion" nehmen können. Die Märtyrerliteratur lässt sich am ehesten beschreiben mit „Akten und Passionen der Märtyrer", wie es die Ausgabe von Bastiaensen als Titel hat, wobei dieser selbst aber schreibt, dass „Akten" als allgemeiner Terminus zu empfehlen sei und von ihm daher in der Regel gebraucht werde[65].

Dabei kann man, so wichtig die literarische Analyse ist,[66] auch schon deshalb nicht einfach von *einer* literarischen Form reden, weil es sich, wie die Überlieferung zeigt, um „Fließtexte" handelt (MIust. A – C, PFruct., ACypr. und ApPhls). Diese können bei ihrer Tradierung eine Reihe unterschiedlicher Erweiterungen mit verschiedenen Intentionen von der Apologetik bis zur konfessionellen Polemik aufnehmen, wenn sie nicht zufällig auf einer Überlieferungsstufe „eingefroren" in einem literarischen Werk auf uns gekommen sind, wie die Ereignisse von 177 in Lyon durch Eusebs Kirchengeschichte. Ebenso muss bei diesen Texten auch die Inkongruenz der Überlieferungsstufen beachtet werden: Donatistische Märtyrerakten in Aquileia verraten zwar etwas über Fluchtbewegungen aus Nordafrika, sagen aber nichts über die Kontinuität des Donatismus in Aquileia.[67]

II. Genera, Motivik, Historizität

Die Ordnung des Materials nach typologisch-genetischen Modellen

Schaut man darauf, wie die Verfasser bzw. Kopisten von Märtyrertexten diese Literatur selbst bezeichneten, so trifft man eine erstaunliche Vielfalt an: Der Phileas von Thmuis gewidmete Text heißt im Papyrus Bodmer „Apologie" (Bo 1), in seiner lateinischen Überlieferung *passio* und beim Äthiopen „Martyrium", obwohl er von einer Hinrichtung gar nicht berichtet. Die Handschriften mit dem Verhör und der Hinrichtung Cyprians von Karthago, die sog. *Acta Cypriani*, bezeichnen diesen Text in seinem Incipit wie Explicit als *passio*. Der von den Bollandisten *Acta disputationis* genannte Text über Acacius heißt im Incipit der Handschriften *passio*, bezeichnet sich aber selbst als *altercatio* (AAcac. 5,5). Am erstaunlichsten aber ist wohl, wenn eine Epitome der *Vita Abercii* als μαρτύριον firmiert[68], ohne jedoch ein solches zu enthalten,

---

64 BASTIAENSEN, Atti (1987) X.
65 BASTIAENSEN, Atti (1987) X: „la parola *acta* come termine generico è da raccomandarsi".
66 Ihren Gewinn zeigt deutlich das methodische Vorgehen zum Fragehorizont der biographischen Beschreibung in der Märtyrerliteratur: BERSCHIN, Biographie (1986) 33–87.
67 GONZATO – PONCINA, Passioni (2002) 27–231.
68 HALKIN, Inédits (1963) 24.

und den friedlichen Tod des Bischofs schildert. Dies alles beweist deutlich, dass die immer wieder ergebnislos diskutierte Frage nach der Gattung der altchristlichen Märtyrerliteratur schon in früheren Zeiten alles andere als klar zu beantworten war.

Den forschungsgeschichtlich wichtigsten Ansatz, um die große Zahl der hagiographischen Texte zu ordnen, hat Hippolyte Delehaye im Jahre 1903 vorgelegt.[69] Sein typologisch-genetisches Modell umfasste sechs Gruppen oder „Klassen" von Texten, die nach dem „Grad der Wahrheitsliebe" und der „Historizität des Dokuments"[70] eingeteilt sind:

1. Offizielle Protokolle des Märtyrerverhörs. Vorausgesetzt wird, „dass kein Protokoll aus der Zeit der Verfolgung in isoliertem Zustand auf uns gekommen ist", in den Texten aber „der offizielle Text des Verhörs, freilich gewissenhaft rein erhalten, den Kern der Erzählung bildet."[71]
2. Berichte von Augenzeugen: a. Dokumente, in denen der Zeuge in eigener Person spricht; b. zeitgenössische Niederschriften des Zeugnisses anderer; c. Kombinationen von eigenen Zeugnissen mit denen anderer.
   Gemeinsam ist hier allen, „dass sie unmittelbar, d. h. ohne Vermittlung einer geschriebenen Quelle auf das lebende und zeitgenössische Zeugnis zurückgehen."[72]
3. Bearbeitungen geschriebener Quellen, „von der einfachen stilistischen Verbesserung [...] bis zu den freien Umarbeitungen."[73] In diese Gruppe ordnet Delehaye einen Großteil der hagiographischen Texte ein bis hin zu dem ausdrücklich von ihm genannten Symeon Metaphrastes.
4. Texte, die nicht auf schriftlichen Quellen beruhen, sondern die „phantastische Kombination einiger der Wirklichkeit entnommenen Elemente in rein imaginären Rahmen" darstellen. Delehaye nennt sie „historische Romane": „ein Gewebe von literarischen Reminiszenzen, von volkstümlichen Überlieferungen und von erfundenen Situationen", wie z. B. die Texte des stadtrömischen Legendenkreises.[74]
5. Die „erfundenen Romane", z. B. die Geschichte von Barlaam und Josaphat.[75]

---

69 Zunächst als: Les Légendes hagiographique, RQH 74 = N. S. 30, 1903, 56–122, dann monographisch DELEHAYE, Légendes (1905 = ⁴1955) 106–109. Das Werk wurde ins Italienische, Englische und Deutsche übersetzt [vgl. DERS., Legenden (1907) 111–115]. Zustimmend übernahm Delehayes Klassifikation HARNACK, Chronologie 2 (1904 = ²1958) 464 f.
70 „Le dégré de sincérité et d'historicité du document". Die Klassifikation ebd. 106–109 [= 111–115].
71 Ebd. 106 [= 111].
72 Ebd. 107 [= 113].
73 Ebd. 108 [= 113].
74 Ebd. 108 [= 114]. Zum stadtrömischen Legendar vgl. DERS., Étude (1936).
75 DELEHAYE, Légendes (⁴1955) 109 [= DERS., Legenden (1907) 114]. Zu Barlaam und Josaphat vgl. STUDER B., Barlaam und Joasaph, LThK³ 2, 1994, 8.

6. Eigentliche Fälschungen, wobei angenommen wird, dass oftmals „der Schreiber nur eine Version, die schon vor seiner Zeit umlief, zu Papier gebracht hat",[76] weshalb auch eine Einordnung in die anderen Kategorien möglich erscheint.

Die Kategorien Delehayes wurden durch ihn selbst und andere in der Folge nochmals vereinfacht. Delehaye teilte den Stoff später auf in
1. historische Passionen,
2. Märtyrerpanegyriken,
3. epische Passionen und
4. sekundäre Formen (hagiographische Romane) und Mischgenera.[77]

Hinsichtlich der ältesten Formen hob er voneinander ab:
1. Erzählungen in Form von Rundschreiben,
2. Prozessprotokolle und
3. Märtyrererzählungen.[78]

Johannes Quasten unterschied in seiner einflussreichen „Patrology":
1. offizielle Gerichtsakten (*acta* oder *gesta martyrum*),
2. Berichte von Augenzeugen oder Zeitgenossen (*passiones* und *martyria*),
3. Märtyrerlegenden.[79]

Victor Saxer unterteilte die Texte in
1. narrative Passionen
2. Gerichtsakten und
3. epische und romanhafte Legenden,[80]

Glen W. Bowersock in
1. angebliche (alleged) Aufzeichnungen der Märtyrer selbst,
2. Augenzeugenberichte, eventuell verbunden mit der ersten Kategorie, und
3. offensichtlich offizielle Transkripte von Verhören.[81]

---

[76] DELEHAYE, Légendes (⁴1955) 109 [=114 f].
[77] DELEHAYE, Passions (²1966) 13.330–332.
[78] Ebd. 109; diese Aufteilung findet sich übernommen im ausgezeichneten Forschungsbericht von SCHMIDT, Liber (2003) 7–44, hier 9.
[79] QUASTEN, Patrology 1 (1950 = 1995) 176.
[80] SAXER V., Martirio III, DPAC 2, 1983, 2141–2149. Vgl. zum Ganzen auch die Übersicht bei DEHANDSCHUTTER, Hagiographie (1995) 295–301 [= (2007) 113–120].
[81] BOWERSOCK, Martyrdom (1995 = 2002) 27; vgl. allerdings zu Bowersock die kritische Rez. von J. W. HALPORN: Bryn Mawr Classical Review 96.04.28.

Unschwer ist zu erkennen, dass in all diesen Modellen die Vorstellung von „offiziellen Gerichtsakten" bzw. „historischen Passionen" eine leitende Funktion hat. Indes hat die jüngere formgeschichtliche Forschung zu den durch Papyri belegten Gerichtsprotokollen (*commentarii* / ὑπομνηματισμοί) ergeben, dass solche als Grundlage von Märtyrertexten nicht vorausgesetzt werden können. Die Abweichungen zwischen dem Formular solcher Protokolle und dem in der Märtyrerliteratur geschilderten Verfahren sind zu groß.[82] Eine Ausnahme bildet eventuell MIust. B, doch auch dies ist nicht völlig sicher.[83]

Der Zugang zum reichen Material der Märtyrerliteratur muss also anders gewählt werden. Dabei soll der Blick auf die überwiegende Masse der Texte, welche im Grunde den Kategorien 2 und 3 Delehayes zuzurechnen ist, gelenkt werden. Indes darf nicht irritieren, dass die Märtyrerliteratur im 2. Jh. den Formen nach mit einem untypischen Präludium im Rahmen der Epistolographie beginnt. Die beiden frühesten Zeugnisse, das Polykarpmartyrium (MPol.) sowie der Brief der Gemeinden von Lyon und Vienne (Lugd.) sind durch die Quellenzitate in Eusebs Kirchengeschichte erhalten. Die ursprüngliche Textgestalt des MPol. ist freilich nach wie vor umstritten.[84] (Vgl. den Exkurs zum MPol.)

Märtyrerliteratur als Teil antiker rhetorischer Geschichtsschreibung

Klaus Berger betont für die neutestamentlichen Briefe ihre Zugehörigkeit zu „vorliterarischen Gattungen" und stellt dabei eine „starke gattungsmäßige Zusammengesetztheit"[85] heraus, welche überhaupt ein Merkmal frühchristlicher Literatur sei. Als solche Briefe zeigen MPol. wie Lugd. eine narrativ-epideiktische (demonstrative) Grundtendenz, durchsetzt mit symbouleutischen Elementen.[86] Die Erzählung ist also einerseits angereichert mit Anleihen an Epitaphien (*laudatio funebris*), an Panegyriken bzw. Enkomien, die Ekphrasis und die Aretalogie, in der es um den unschuldigen Tod der Gerechten geht, die vor ihrem Tod noch besonderen Mut bewei-

---

82 S. dazu die Untersuchungen von COLES, Reports (1966), bes. 29–54 und BISBEE, Pre-Decian Acts (1988). Prägnante Zusammenfassung der Ergebnisse von Coles bei BERGER, Gattungen (1984) 1248 f. – In früherer Zeit wurde die Frage des Zusammenhangs mit „echten Protokollen" wesentlich günstiger beurteilt: vgl. NIEDERMEYER, Protokoll-Literatur (1918). Skepsis äußerten indes deutlich LAZZATI, Sviluppi (1956) 27 f und an ihn anschließend PEZZELLA, Atti (1965) 32. – Zum Unterschied zwischen ἄκτα und *commentarii* vgl. HAENSCH, Statthalterarchiv (1992) 223 f Anm. 39.
83 Vgl. BISBEE, Pre-Decian Acts (1988) 117 f. Dabei ist BARNES, Hagiography (2010) 58 Recht zu geben: „protocoll style provides no guarantee of authenticity, historicity or derivation from an official record".
84 Vgl. dazu THÜMMEL, Polykarp (2012).
85 BERGER, Gattungen (1984) 1326 f.1339.
86 So auch der Ansatz von BUSCHMANN, Martyrium (1994) 96 passim; vgl. zu dieser Diss. jedoch die Rez. von SEELIGER (1997).

sen.⁸⁷ Hierbei spielt die Technik der *sermocinatio* / προσωποιία⁸⁸ eine Rolle, das sachgemäße Erfinden von Reden und Aussprüchen (Chrien, Sentenzen, Apophthegmen). Diese sind den symbouleutischen Elementen zuzurechnen, welche die Märtyrerliteratur andererseits kennzeichnen. In dieser Hinsicht ist sie den Kynikerbriefen ihrer Zeit verwandt,⁸⁹ die ebenfalls paränetisch-mahnende und protreptisch-werbende Charakteristika enthalten, die dem *genus deliberativum* / γένος συμβουλευτικόν, der Beratungsrede, zuzurechnen sind. Wir haben in diesen Briefen „personifizierte Proganda und Paränese"⁹⁰ vor uns – und als solche lässt sich auch die Märtyrerliteratur insgesamt treffend beschreiben. Es sind jedenfalls die innerhalb der Märtyrerbriefe⁹¹ entwickelten bzw. kombinierten Elemente, welche die hagiographische Gattung als „Mischgattung" konstituierten, kennzeichneten und künftig bestimmten, und nicht die *acta*-Form.⁹² Statt dessen spielt, wie wir sehen werden, die literarische Kleinform des „Dialogs zwischen Herrscher und Weisen" eine grundlegende Rolle.

Die Briefliteratur war zwar für die Märtyrerliteratur grundlegend, dennoch ein vorübergehendes Phänomen. Dies teilt sie mit dem quasi autobiographischen Bericht der PPerp.,⁹³ welcher eher der Gattung der Hypomnemata⁹⁴ zuzurechnen ist, freilich zusätzlich sehr deutlich gekennzeichnet ist durch hineingewobene Wundergeschichten (Erscheinungsberichte, Prodigien)⁹⁵. Auch dieser Typ fand keine Fortsetzung,⁹⁶ wirkte aber dennoch motivbildend.

Die prägenden epideiktischen (demonstrativen) Elemente der Märtyrerliteratur sind überwiegend den erzählenden Genera zuzuordnen (Aretalogie, Biographie, Hypomnemata und Apomnemoneumata, Roman, Reisebericht), und ihr Gesamt bildet eine spezielle Form von Geschichtsschreibung.

Narratio / διήγημα gehörte freilich in der Antike zu den niederen der *partes orationis*.⁹⁷ Oberstes Ziel der *narratio* war die Wahrscheinlichkeit der Erzählung: *veri similis narratio erit, si, ut mos, ut opinio, ut natura postulat, dicemus* (eine Geschichte wird

---

87 Vgl. BERGER, Gattungen (1984) 1227.
88 Vgl. zur antiken Theorie der Prosopoiie VILLANI, Origenes (2008) 130–133.
89 Zu diesen Briefen vgl. ebd. 1132–1138 und KLAUCK, Briefliteratur (1998) 140–146.
90 Ebd. 140. Den werbenden Charakter der Märtyrerliteratur betont besonders der im Detail jedoch erstaunlich unkritische Aufsatz von LIEBS, Umwidmung (2002).
91 Ein formkritischer Vergleich von MPol. und Lugd. bei BUSCHMANN, Martyrium (1994) 103–120.
92 So auch schon SEELIGER H. R., Märtyrerakten, LACL³, 2002, 470 f.
93 SChr 417 Amat; zur neueren Lit.: BREMMER, Perpetua (2002); HABERMEHL, Perpetua (2004); KITZLER, Passio (2007); FORMISANO, Passione (2008); MERKT, Gewaltverarbeitung (2011); BREMMER-FORMISANO, Perpetua (2012).
94 Zu diesen BERGER, Gattungen (1984) 1245 f.
95 Zu diesen ebd. 1212–1216.
96 SCHMIDT, Liber (2003) 16 f diskutiert die Verwandtschaft mit der *Passio Mariani et Iacobi* (MUSURILLO, Acts [1972] 194–212) und der *Passio Montani et Lucii* (ebd. 214–238), weist allerdings auch auf deutliche Unterschiede hin.
97 Vgl. dazu den Aufbau der klassischen rhetorischen Lehrbücher der Kaiserzeit und der Spätantike: KENNEDY, Progymnasmata (2003) XIII. Vgl. auch STUDER, Schola (1998) 76–78.

wahrscheinlich, wenn sie sagt, was das Sittengesetz, die Vermutung und die Weltordnung fordern).[98] Sie steht damit im Gegensatz zu *fabula* / μῦθος, *in qua nec verae nec veri similes res continentur* (eine Fabel ist das, worin weder wahre noch wahrscheinliche Dinge enthalten sind).[99] Das Christentum hat im Blick darauf die Schriften des biblischen Kanons konsequent als *historia* verstehen wollen.[100] Daran partizipiert bis ins späte 4. Jh. auch die Märtyrerliteratur.

Die sich bei Augustinus meldende Kritik an zu sehr illustrierenden Märtyrererzählungen, die weit hinausgehen über das, was in den *gesta publica* steht,[101] ist aber Indiz dafür, dass die Hagiographie in dieser Zeit allmählich einen Wandel von der *historia* zur *fabula* vollzieht. Augustinus ist sich durchaus nicht sicher, wie weit man über die Wiedergabe dessen, was sich in den *gesta* findet, beim *illustrare* der Märtyrergeschichten gehen kann.[102]

Sein Konflikt findet eine Parallele in der Kritik Kaiser Julians an ἱστορίαι, welche, wie Liebesromane, erfundene Geschichten (πλάσματα / *fictiones*) enthalten. Nur solche, in denen geschehene Taten niedergeschrieben sind, sollten seine Priester künftig lesen.[103]

Augustins methodisches Credo angesichts dieses für die Geschichtsschreibung notorischen Problems formuliert er in den *Quaestiones evangeliorum* so: *Non enim omne quod fingimus mendacium est; sed quando id fingimus quod nihil significat, tunc est mendacium. Cum autem fictio nostra refertur ad aliquam significationem, non est mendacium sed aliqua figura veritatis.*[104] (Nicht alles nämlich, was wir fingieren, ist Lüge; sondern dann, wenn wir fingieren, was nichts bezeichnet, dann ist es Lüge. Wenn aber unsere Fiktion sich auf etwas Bezeichnetes bezieht, ist es keine Lüge, sondern eine andere Gestalt von Wahrheit.) Nur das, was ohne bezeichenbares *fundamentum in re* ist, ist reine Fiktion und Lüge; das aber, was stattgefunden hat, die *res gesta*, kann als Zeichen einer über sie hinausweisenden Wirklichkeit in ihrer Darstellung fingierend ausgeschmückt werden.[105]

---

98 Rhet.Her. 1, 9,16 (BSGRT 12 Marx).
99 Cic.inv. 1, 19,27 (BSGRT 24b Stroebel).
100 Vgl. Seeliger H. R., Erzählende Literatur III. Kirchengeschichtlich, Lexikon der Bibelhermeneutik, 2009, 157 f.
101 Augustinus meinte dabei wahrscheinlich Martyriumserzählungen, wie sie bei Ambr.virg. 2, 4,22–33 (FC 81, 236–256 Dückers) zu finden sind, welche, ohne sie namentlich zu nennen, die Passion der Theodora von Alexandria oder der Pelagia von Antiochia in rhetorischem Stil ausschmückend verarbeitet.
102 Vgl. Avg.epist. 29* (BAug: Oeuvres de Saint Augustin 46 B, 414–416 Divjak); zu diesem Brief Schäublin, Bemerkungen (1984) 57–61.
103 Jvl.epist. 89 b, 301 b (169 Bidez); zu dieser Stelle vgl. Bowersock, Fiction (1994) 16 und Nesselrath, Julian (2013) 109. Zu Julians Mythenverständnis vgl. Thome, Historia (2004) 35–46.
104 Avg.quaest.euang. 2, 51,1 (CChr.SL 44B, 116,3–6 Mutzenbecher).
105 Zur Interpretation der Stelle ist die Zeichenlehre des Augustinus wichtig: vgl. Pollmann, Doctrina (1996) 184–191.

Der Bischof von Hippo zeigt sich hier durchaus beeinflusst von der „mimetischen" Geschichtsschreibung, deren Ideal es war, „um der [...] ἡδονή des Lesers willen die ‚nachahmende Schilderung' der Wirklichkeit anzustreben und dies Vorhaben durch möglichst lebensnahe Wiedergabe des den historischen Ereignissen innewohnenden πάθος zu befördern hatte."[106] Ziel des Historikers war es, „auf diese Weise die Emotionen seiner Leser anzusprechen und sie wie die Zuschauer einer Tragödie in den Bann des dargestellten Geschehens schlagen zu können"[107], was am besten durch die Aufbereitung der Geschichte zu einer „Sensationshistorie", durch τερατεία,[108] das Erzählen von ungeheuren wunderbaren Dingen und abenteuerlichen, ja fabulösen Begebenheiten geschehen konnte, die sich natürlich dem μῦθος annäherten. Die Regeln des Erzählens verlangen nach Quintillian *evidentia* (Veranschaulichung), *repraesentatio* (Vergegenwärtigung) und *perspicuitas* (Durchsichtigkeit), letztere auf ein in Worten gemaltes Gesamtbild hin. Dies ist nur zu erreichen, wenn das Ganze wahrscheinlich wirkt, und dazu ist es erlaubt, auch Falsches hinzu zu erfinden (*licebit etiam falso adfingere*).[109] Zu den Historiographen diesen Typs sind, wenn auch in unterschiedlich intensiver Weise, Cicero, Sallust, Livius, Tacitus, Josephus in den *Antiquitates*, aber auch der Verfasser von 2 Makk und Lukas zu rechnen.[110]

Doch auch da, wo solcher Art Darstellung abgelehnt wurde, wie bei Polybius oder Lukian[111], folgte die antike Historiographie nicht den Denkmustern historisch-kritischer Quellenforschung, wie sie sich seit dem 18. Jh. etablierte. Es ist also in der Märtyrerliteratur mit einem mehr oder weniger großen Anteil fiktionaler Darstellung zu rechnen, was in der Kaiserzeit und der Spätantike jedoch eine legitime Methode der Geschichtsschreibung darstellte. Ihr Ziel war es nicht, darzustellen, wie es eigentlich gewesen sei, sondern das Geschehene so zu plausibilisieren,[112] dass seine Verlesung „eine gewisse Vergegenwärtigung der Dinge" (*quasi repensatio rerum*)[113] zur Auferbauung der Hörer bewirkte. Was in dieser Weise im Proömium der PPerp. formuliert wird, kann als klassischer Ausdruck der Maximen mimetischer Geschichtsschreibung angesehen werden.

Es liegt auf der Hand, dass sich die an Gerichtsprotokollen orientierende *acta*-Form besonders für die sich aus diesen Prinzipien ergebenden „Plausibilisierungsstrategien"[114] der Märtyrerliteratur eignete. Sie etabliert sich deshalb auch ab der Zeit um 200 als das das Genus beherrschende, jedoch nicht ausschließliche formale Gestaltungs-

---

106 PLÜMACHER, Τερατεία (2004) 35.
107 Ebd.
108 Ebd. 42.
109 QVINT.inst. 8, 3,61–70 (TzF 3, 176–178 Rahn).
110 PLÜMACHER, Τερατεία (2004) 36 f.
111 Vgl. dessen *Quomodo historia conscribenda sit* (Luciani opera 3, 287–319 MacLoed).
112 Sehr nützlich zum Ganzen der Aufsatz von BACKHAUS, Spielräume (²2009).
113 PPerp. 1,1 (98).
114 BACKHAUS, Spielräume (²2009) 19 Anm. 62.

element. Ein Vergleich der Versionen des MIust. zeigt deutlich, dass die Version B im Gegensatz zu A mehr an prozessualen Details interessiert ist und diese offenkundig dazu dienen, den Text zu plausibilisieren. Die These, dass das Vorbild der *acta*-Form die sog. Heidnischen Märtyrerakten (*Acta Alexandrinorum*) gewesen seien, hat die Forschung inzwischen fallen gelassen.[115] Die symbouleutischen Anteile der Darstellung drängten freilich insbesondere auf die Herausarbeitung von *exempla* / παραδείγματα.[116] In stets ähnlicher Situation, die in zunehmender Weise idealtypisch gestaltet wird, wird ein christliches Vorbild konzipiert, mit dem sich zu identifizieren der Text auffordert.[117]

Dies geschieht mit einem Bündel von Motiven, das auf den ersten Blick unübersichtlich erscheint. Angesichts dessen hat Marc van Uytfanghe vorgeschlagen, von einem „hagiographischen Diskurs" zu reden.[118] Konzept und Begriff haben sich allerdings nicht durchgesetzt. Die literarischen Formen des „hagiographischen Diskurses" (Biographie, Panegyricus, Leichenrede, Roman und Novelle, Aretalogie, Wundererzählungen sowie die „Kleinformen" Chrie, Anekdote und Apophthegma) fungieren bei van Uytfanghe als „Träger" eines „hagiographischen Diskurses", den es nicht allein in christlichen Texten gibt. Er wird als etwas Vorgängiges rekonstruiert, während doch Form und Inhalt – nicht nur in der Antike – miteinander in einer engen Wechselwirkung stehen und – besonders in der Antike – die *forma tractatus* den Inhalt des Werks (mit)bestimmt sowie die *forma tractandi* bzw. den *modus agendi*, in der das Werk ausgeführt wird.[119] Hierzu sind nicht nur die (großformatigen) Gesetzmäßigkeiten der Gattungen zu beachten, sondern auch die entsprechenden (kleinformatigen) Topoi zu finden,[120] die ihrerseits wieder untereinander in Wechselwirkung stehen. Zu den Themen der Stilisierung, den Darstellungsmotiven und den – in seiner Nomenklatur – „Archetypen" bleiben die Beiträge van Uytfanghes allerdings recht blass.[121]

---

115 Edition: MUSURILLO, Pagan maryrs (1954). Grundlegende Kritik der These bereits bei BAUER, Märtyrerakten (1900) 44 f und DELEHAYE, Passions (1966) 117–125.
116 Vgl. dazu insgesamt KLEIN J., Exemplum, HWRh 3, 1996, 60–64.
117 Vgl. ALAND, Märtyrer (2003).
118 VAN UYTFANGHE M., Heiligenverehrung II (Hagiographie), RAC 14, 1988, 155–183; DERS., Hagiographie (1993). Der Begriff des „hagiographischen Diskurses" stammt von CERTEAU M., Hagiographie, EncU 8, 1968, 207–209. Einen ähnlichen Versuch wie Van Uytfanghe hat GUMBRECHT, Faszinationstyp (1979) vorgelegt, bezieht sich dabei aber vornehmlich auf spätmittelalterliche Texte.
119 Vgl. dazu KELLY D., Forma tractandi, Forma tractatus, HWRh 3, 1996, 399–403.
120 Vgl. OSTHEEREN K., Topos, HWRh 9, 2009, 630–597, bes. 642–649.
121 Vgl. VAN UYTFANGHE M., Heiligenverehrung II (Hagiographie), RAC 14, 1988, 156.178. Anders als für die mittelbyzantinische Zeit mit der Studie von PRATSCH, Topos (2005) liegt allerdings für die kaiserzeitlich-spätantike Phase keine zusammenfassende Darstellung der hagiographischen Topik vor. Wertvolle Ansatzpunkte bieten jedoch die materialreiche Studie von RICCI, Topica (1964) sowie PETRUCIONE, Prudentius (1985) 8–49: Martyrological topoi.

Innerhalb der Erzählung folgt die antike Prosopographie einem Kanon von Topoi (*attributa*), mittels dessen Personen beschrieben werden. Cicero zählt sie in klassischer Weise auf: Namen, Naturanlage, Lebensweise (*victus*), Glücksgaben bzw. Schicksal (*fortuna*), Erscheinung (*habitus*), Stimmung (*affectio*), geistige Betätigungen (*studia*), Überzeugungen (*consilia*), Taten (*facta*), Vorfälle (*casus*) und Reden.[122] Hier war ein weites Feld, um im Bereich von *victus, habitus, affectio, studia* und *consilia* das jeweilige Wertesystem des Autors zum Ausdruck zu bringen. Natürlich mussten die klassischen Attribute in christlichen Texten aber zumindest teilweise eine Neustilisierung erfahren. In Abit. kann man recht deutlich sehen, wie der rhetorisch begabte Autor sich solcher prosopographischer Muster bedient, um die einzelnen donatistischen Märtyrer vorzustellen.

Ziel solcher Personenbeschreibungen war allerdings nicht ein möglichst individuelles Bild der Person. Der moralische Gesichtspunkt war der ausschlaggebende. Es ging darum, in der Schilderung und Charakteristik eines Menschen ihn zu loben oder zu tadeln. Hierfür sind zwei der wichtigsten rhetorischen Techniken, die Dinge zu steigern und auszuschmücken (*amplificare et ornare*)[123] und den zu Lobenden zu kontrastieren mit tadelnswerten Beispielen.[124] Die oft scharfe Gegensätzlichkeit zwischen den Märtyrern und ihren Richtern, vor allem auch in moralischer Hinsicht, erklärt sich so leicht.

Erzählmotive und ihre Tradition

Um den erwähnten Gegensatz literarisch zu gestalten, gab es Muster, auf die man zurückgreifen konnte. Bereits in der Auseinandersetzung mit Adolf von Harnacks Thesen „zum ursprünglichen Motiv der Abfassung von Märtyrer- und Heilungsakten"[125] hatte Johannes Geffcken geltend gemacht, dass auch „ein heidnisches Genos" in den Märtyrertexten nachwirke: das Motiv des Philosophen vor dem weltlichen Richterstuhl. Es sei aber bereits auch in jüdischen Schriften zu finden, wie ein Blick in 2 Makk zeige.[126] Die jüngere Forschung hat diesen Ansatz eindrucksvoll bestätigt: Schon in den Auseinandersetzungen zwischen Antiochus bzw. seinen Beamten und den makkabäischen „Märtyrern" nach 2 Makk 6,18–7,42 LXX und in den Dialogen zwischen Eleazar und Antiochus bzw. seinen Beamten in 4 Makk 5 und 6 LXX sowie dem Rededuell zwischen Antiochus und den sieben Brüdern in 4 Makk 8,1–9,9 LXX[127] finden sich alle Merkmale des τόπος κατὰ τυράννου, für den es zahlreiche Beispiele gibt und

---

122 Cic.inv. 1, 24,34–25,3b (32b f); ganz ähnlich Qvint.inst. 3, 7,10–18 (352–354).
123 Ebd. 3, 7,6 (350).
124 Rhet.Her. 4, 49,62–50,63 (179–181).
125 Harnack, Motiv (1910).
126 Geffcken, Martyrien (1910) 493–501; vgl. auch Holl, Vorstellung (1914) 531 f [= (1964) 78 f].
127 Vgl. dazu die Analysen von Holtz, Herrscher (1996) 52–97.

der hier deutlich abgefärbt hat[128] und eine Untergattung des Dialogs darstellt. Die Rededuelle weisen dabei stets die gleiche Struktur auf: Gekennzeichnet sind sie durch einen fundamentalen Gegensatz zwischen dem Herrscher bzw. seinen Beamten und dem Weisen, Philosophen oder Märtyrer, der sich vor ihm behauptet. Der Gegensatz ist grundsätzlich und nur graduell dadurch vermindert, dass sich der Herrscher bzw. sein Vertreter (scheinbar) wohlgesonnen oder verständnisvoll zeigt. Der Gesprächsverlauf zeigt stets ein einheitliches Muster: Der Herrscher bzw. Richter eröffnet, der Weise oder Märtyrer beschließt ihn.

Es war dieser Abschluss, der zu der inzwischen aber wieder fallen gelassenen These geführt hat, das Gestaltungsprinzip der Märtyrerakten sei das der Aufzeichnung von *ultima verba* im Zusammenhang der Gattung der *exitus illustrium virorum*.[129] Natürlich gibt es ein Interesse an den *ultima verba*. Es sind dabei im Grundsatz zwei Typen festzustellen: Das teilweise sehr ausführliche Gebet um Aufnahme der Seele in den Himmel (MPion. 21,9; ApPhls Be 12f; MAread. 14) und die Doxologie (ACypr. 3^2,6).[130] Aber gestaltend war dieses Element nicht durchgängig, denn alles, was der Märtyrer vor Gericht sagte, war interessant. Der Heilige Geist nämlich gab ihm ein, was notwendig war, vor den Machthabern und Gewalten zu sagen (vgl. Lk 12,11f). Besonders wichtig waren dabei die Glaubensbekenntnisse, die oftmals redigiert und zeitgenössisch angepasst wurden (vgl. MIust. A 2,5 mit B 2,5 und C 2,3f; MPion. 9,6; 16,3; 19,8; PFruct. 2,4).[131]

Dementsprechend ist die „Topik des unerschrockenen Wahrheitsfreundes" unter Christen schon im 2. Jh. anzutreffen. Justin interpretiert den verfolgten Christen als vom Tyrannen bedrohten Philosophen.[132] Die im Dialog[133] zwischen Herrscher und Weisen in 2 Makk und 4 Makk zu findenden „martyrologischen" Motive haben deutlich auf die frühe Märtyrerliteratur eingewirkt.[134] Das allgemein anerkannte Ideal des den Tod nicht fürchtenden und seinen Widersachern trotzenden Philosophen nach

---

128 Zu den Beispielen s. GEFFCKEN, Martyrien (1910) 494–500; ALFÖLDI, Philosoph (1958); BERGER, Gattungen (1984) 1251–1254. – Nur im Bereich dieses Topos weisen die *Acta Alexandrinorum* (Anm. 109) einen Berührungspunkt mit der späteren Märtyrerliteratur auf: vgl. die Belege ebd. 1252.
129 Vgl. GNILKA, Verba (1979); zu dieser Gattung vgl. auch BERGER, Gattungen (1984) 1257–1259. Später rückte GNILKA, Sinn (1992) 43 f [=(2001) 337] von seiner These wieder ab. Ablehnend indes bereits SIMONETTI, Osservazione (1956).
130 Vgl. die Zusammenstellung bei RICCI, Topica (1964) 95–117.
131 Dazu HAMMAN, Confession (1972).
132 IVST.dial 9,1 (Par. 47/1, 206 Bobichon); vgl. BAUMEISTER, Anytos (1983) 60 [= DERS., Martyrium (2009) 25].
133 VOSS, Dialog (1970) 13f zählt Verhördialoge nicht zu den literarischen Dialogen im engeren Sinne. Anders HOFFMANN, Dialog (1966) 41–56, der sie jedoch aufgrund ihrer Gestaltung nach dem Muster von Prozessprotokollen als eigenständige „Kleinliteratur" einstuft.
134 Vgl. die Belege für MPol. und Lugd. bei PERLER, Makkabäerbuch (1949) 66–69 [= (1990) 160–163] und BAUMEISTER, Anfänge (1980) 295–298 für das MPol sowie ausführlich SCHNEIDER, Erbe (2000) 149–215, die den Gebrauch der Makkabäerbücher im Rahmen der christlichen Verehrung der makkabäischen Märtyrer und der damit verbundenen Literatur untersucht; vgl. auch TRIEBEL, Synagoge (2005).

dem Vorbild des Sokrates wurde zum Ausgangspunkt für die Entwicklung einer reichen Motivik innerhalb der Märtyrerliteratur.[135] ApPhls Be 7,1–5 zitiert es direkt. In der Gestaltung der Dialoge führte dies mitunter zu großen Reden des angeklagten Märtyrers, wofür MPion. 2 ein gutes Beispiel bildet.

Mitunter freilich nimmt der „Dialog zwischen Herrscher und Weisen" in den Märtyrerakten auch deutlich ironische oder parodistische, ja fast satirische Züge an. Schon in 4 Makk 11,12 finden sich davon Spuren. Katharina Waldner hat dies sehr treffend beschrieben: „Die Verhörberichte (arbeiten) mit dem ‚neuen Sinn der Worte' (Gnilka[136]), indem die von den paganen Autoritäten geäußerten Begriffe von den christlichen Dialogpartnern aufgegriffen und in einer Semantik verwendet werden, die nur den *Christiani* verständlich sein kann. Es gelingt so, eine von Missverständnissen geprägte Kommunikation darzustellen, wobei das Missverständnis immer als ein einseitiges gekennzeichnet ist: Die *Christiani* verstehen sehr wohl die Sprache der anderen, diesen aber muss die durch die christliche Sichtweise veränderte, ‚neue' Bedeutung der Wörter erklärt werden"[137]. Typisch für einen in dieser Weise asymetrisch konstruierten Dialog sind die „dummen" Fragen des *praeses* in ApPhls und insgesamt die AAcac.[138]

Nimmt hier der Freimut (παρρησία) des Märtyrers fast humoreske Züge an, so wirkt er sich in „ernsteren Texten" in scharfen apologetischen Argumentationen aus, wie sich denn auch in den Dialogen der Märtyrerliteratur eine insgesamt apologetische Grundtendenz findet.[139] Gegen den Vorwurf „thyesteischer Mahlzeiten" verteidigen sich die Christen von Lyon (Ludg. 1,14), in den AAcac. 2 findet sich die klassische Götterpolemik der frühen Christen und sogar die Sklavin Areadne/Maria verteidigt die *ratio* ihres Glaubens (MAread. 9).

Philosoph wie Märtyrer stellen im Verhör und unter der Folter ein *exemplum* für *fortitudo* / ἀνδρεία, *patientia* / ὑπομονή,[140] *prudentia* / φρόνησις und *constantia* / ἀταραξία dar, während sich der Herrscher bzw. sein Vertreter durch *crudelitas* / ὠμότης, *saevitia* / δεινότης und *insania* / μανία auszeichnen.[141] Der Märtyrer wird im Gegensatz dazu zum *beatus* / μακάριος bzw. später *sanctus* / ἅγιος,[142] während sich

---

135 Vgl. BENZ, Christus (1950/51); DÖRING, Exemplum (1979) bes. 143–161.
136 Vgl. GNILKA, Sinn (1992).
137 WALDNER, Topographie (2003) 72.
138 Dazu ausführlich WISCHMEYER, Vtip (2003).
139 Vgl. ENGBERG, Truth (2009). Apologetische Reden von Märtyrern hat bereits GEFFCKEN, Apologeten (1907) 246–249, zusammengestellt, die er freilich als einen Beweis für die mangelnde Historizität der betreffenden Martyriumsberichte wertete.
140 Speziell dazu SHAW, Body (1996) 291–300 und PERKINS, Space (2001).
141 Vgl. DIEFENBACH, Sorge (2000).
142 Gut abzulesen an den Epilogen des MPol.: Während 1,1 und 22,3 (LINDEMANN-PAULSEN, Väter [1992] 284) Polykarp als μακάριος bezeichnen, nennt ihn der später anzusetzende *Epilogus Mosquensis* 3 ἅγιος. Lugd. 1,55 kennt lediglich die „selige Blandina", Abit. 7,1 aber die *sanctissima martyra Victoria*. Zur Begriffsgeschichte: DELEHAYE, Sanctus (1927) 1–73.

die Stilisierung des Tyrannen (MIust. C 1,3) ins Diabolische entwickelt: Er wird zum „Sohn" oder „Diener" des Teufels (vgl. MIust. C 1,2), gar zum Teufel selbst, erscheint wie eine Schlange oder im Dämon, ist blind und dumm, zornig (Abit. 5,4; 8,1; 9,1; 13,1; 17,14), unbeherrscht und Muster der κακία.[143] Den *virtutes* des Märtyrers entspricht über die stoische Haltung hinaus seine christliche *modestia* / ταπεινοφροσύνη und die innere Freude, die *hilaritas*, mit der er dem Leiden zustrebt (vgl. PPerp. 18,1; AMaximil. 3,3).[144] Dies konnte bis zum Lachen über den Tod ausgestaltet werden.[145]

Aus dem Gegensatz von Tyrann und unschuldigem Opfer entwickelte sich dann zusätzlich das Motiv des bestraften Verfolgers; schon in 4 Makk 17,21 und 18,5 sowie in ACypr. 4,3 taucht dieses Motiv auf.[146]

Tapferkeit (*fortitudo*), Disziplin (*disciplina*), Festigkeit (*constantia*), Ausdauer (*patientia*), Todesverachtung (*contemptus mortis*) sowie Siegeswille und Ruhmsucht (*amor gloriae*) waren aber auch die Eigenschaften, die von Gladiatoren erwartet wurden.[147] Sie decken sich weitgehend mit den Tugenden des standhaften Philosophen und Märtyrers. Von daher liegt es nicht fern, das Martyrium auch als *certamen* / ἀγών zu verstehen, zumal Hinrichtungen immer wieder auch als *ludi circenses* oder *ludi bestiarii* stattfanden. Das Motiv ist freilich alt. Es entstammt 4 Makk 17,1ff[148] und hat selbstverständlich seinen Hintergrund auch bei Paulus (Phil 1,29 f; 1 Tim 6,12; 2 Tim 4,7). Deutliche Züge dieser Vorstellung finden sich z. B. in MPion. 22,2f (die zerstörten Ohren des Pionius) sowie in Test.Seb. 1,1.

Der *athleta Christi*[149] konnte allerdings auch im Gewande des *miles Christi*[150] auftreten; der für Christus geleistete Kriegsdienst (vgl. AMaximil. 2,8; Abit. 1,2; 2,2.5; 13,1; 16,2; 18,9) galt hier insbesondere dem Kampf gegen den Teufel[151] (vgl. Lugd. 1,25.42). Daraus konnte in späten Texten mitunter ein Bild des Märtyrers als christlicher Heroe entwickelt werden, der aktiv heidnische Tempel und Götterbilder zerstört (vgl. VAberc. 4).[152]

In welcher Weise die Motivik ausgearbeitet wird und wächst, lässt sich gut an einen Vergleich von 2 Makk 5–7 mit 4 Makk 8–18 zeigen. Beide Texte überliefern das „Martyrium" des Eleazar sowie der sieben makkabäischen Brüder und ihrer Mutter. 2 Makk

---

143 Vgl. das von RICCI, Topica (1964) 40–76 zusammengestellte Material, sowie PETRUCIONE, Prudentius (1985) 8–12.16–19 und BINDER, Semen (2005) 126–128; zu dieser Diss. vgl. allerdings die kritische Rez. WEISS (2006).
144 Vgl. RICCI, Topica (1964) 76–89; PETRUCIONE, Prudentius (1985) 37 f und BINDER, Semen (2005) 142–144.
145 Vgl. EDWARDS, Death (2007) 207–220.
146 Weiteres Material bei RICCI, Topica (1964) 89–98; PETRUCIONE, Prudentius (1985) 24 f.
147 Vgl. MÜLLER, Schlachtfest (2006) 39.
148 Vgl. DEHANDSCHUTTER, Martyrium (1989).
149 Vgl. PETRUCIONE, Prudentius (1985) 30–33.
150 Vgl. ebd. 25–30.
151 Vgl. DELÉANI-NIGOUL, Utilisation (1985) 315–319; BINDER, Semen (2005) 136–139.
152 Vgl. KÖTTING, Martyrium (1988) 238.

gehört in der Form seiner Endredaktion wohl der 2. Hälfte des 1. Jhs. v. Chr. an (teilweise wird 2 Makk 7 aber auch ans Ende des 1. Jhs. n. Chr. gesetzt), 4 Makk ist der Zeit um 100 n. Chr. zuzuweisen und setzt 2 Makk voraus. Beide Texte entstammen dem hellenistischen Diasporajudentum: 2 Makk in seiner ersten Schicht der Kyrene, 4 Makk wohl aus Antiochia. Beide Texte finden sich im Zusammenhang der christlichen Septuagintahandschriften überliefert.[153]

In 2 Makk ist Eleazar ein edles Beispiel (ὑπόδειγμα γενναῖον), tapfer und edel (6,27), ein Denkmal der Tugend (μνημόσυνον ἀρετῆς: 6,31[154]). In 4 Makk ist aus ihm ein edler Athlet (γενναῖος ἀθλητής) geworden (6,10). Entsprechend der Tendenz des Werkes als philosophischem Tugendtraktat[155] werden nun seine ἀρηταί ausführlich aufgezählt (6,22–24): Besonnenheit (σωφροσύνη), die Beherrschung der Lüste und Begierden, Tapferkeit (ἀνδρεία), das bereitwillige Ertragen von Schmerzen (ὑπομονή), Gerechtigkeit (δικαιοσύνη) ohne Ansehen der Person (ἰσονομεῖν), und Frömmigkeit (εὐσέβεια), die allein den lebenden Gott verehrt. Das ganze Set, welches auch den späteren christlichen Märtyrer kennzeichnet, ist hier bereits beisammen.

Im Gegensatz zum Adel (γενναιότης) des Märtyrers[156] ist der βασιλεύς Antiochus in 2 Makk 7,3 zornig (ἔκθυμος: 7,39) und wird als „grausamer Tyrann" (7,27) bezeichnet. In 4 Makk ist er dann in steigernder Weise grausamst und abscheulich geworden (9,30; 10,10), ein Hasser der Tugend und ein Menschenfeind (μισάνθρωπος: 11,4). Erst in 4 Makk verfügt er über ein Arsenal an Folterwerkzeugen: Räder und Gliederverrenker, Streckbänke und Haken, Schwingen und Kessel, Pfannen und Daumenschrauben, eiserne Hände und Keile sowie Blasebälge für das Feuer (8,13). Er setzt sie ein, um den Brüdern unermessliche Qualen zu bereiten (10,5–10; 11,10 f.17–19), die sie jedoch schmerzunempfindlich ertragen (9,12; 21) und als Gunsterweise (χάρισται) ironisieren (11,12). In 2 Makk wird der Tyrann beschimpft und verspottet (7,9; 39), in 4 Makk aber werden ihm unaufhörliche Qualen wegen seiner Gottlosigkeit als Strafe angedroht (10,11).

Ähnliches wie in der Entwicklung von 2 Makk zu 4 Makk lässt sich im Vergleich der Versionen A und B des MIust. mit dessen Version C beobachten.

Lucy Grig hat die in der Märtyrerliteratur zunehmende Drastik der Foltern und Strafen auf die in der Spätantike anwachsende Grausamkeit im Strafvollzug und bei Exekutionen zurückführen wollen.[157] Angesichts dieser bereits gegen Ende des 1. Jhs. festzustellenden literarischen Darstellungstendenzen muss allerdings die Frage erlaubt sein, ob diese sich nicht primär der rhetorischen Kontrastvergrößerung zwi-

---

153 Zu den Einleitungsfragen vgl. SCHUNCK K.-D., Makkabäer/Makkabäerbücher, TRE 21, 1991, 740.742; HABICHT, 2. Makkabäerbuch (1976) 175–177; KLAUCK, 4. Makkabäerbuch (1989) 665–669; zur Überlieferung TILLY, Einführung (2005) 21–23.109.
154 Der Vers ist möglicherweise interpoliert.
155 Vgl. SPIECKERMANN, Martyrium (2004).
156 Vgl. PETRUCIONE, Prudentius (1985) 33–35.
157 GRIG, Making Martyrs (2004) 61–63; vgl. auch KRAUSE, Gewalt (2009).

schen dem Weisen und dem Märtyrer auf der einen Seite und dem Herrscher bzw. seinem Vertreter auf der anderen Seite verdankt.

Als Voraussetzung für die Märtyrerliteratur des 4. Jhs. ist weiterhin die Einwirkung der Martyriumsschilderungen im achten Buch der Kirchengeschichte des Eusebius sowie seines Werks über die palästinischen Märtyrer in Rechnung zu stellen. Auch bei ihm ist das Vorbild der Makkabäerbücher deutlich greifbar.[158] Bedingt durch den historischen Hintergrund der tetrarchischen Verfolgung bzw. der Unterdrückungsmaßnahmen des Licinius tritt allerdings das Dialogmotiv zurück, die Kampfesmetaphorik jedoch massiv in den Vordergrund, verbunden mit einer in ihrer Drastik deutlich gesteigerten Darstellung der Foltern.[159] Diese in einen biblischen Zusammenhang stellend übernimmt die Märtyrerliteratur gern und an vielen Stellen das typologische Motiv der Drei Jünglinge im Feuerofen (Dan 3 LXX) als Topos für die Märtyrer (z. B. PFruct. 4,2; MAread. 14),[160] das auch schon in 4 Makk 13,9 f; 16,3.21 zu finden ist. Neben die aus der paganen und jüdischen Motivik übernommenen Topoi tritt jedoch die Gestaltung des Martyriums als *imitatio Christi* als wichtigstes christliches Motiv.[161] Wie alt es ist, hängt wesentlich von der Einschätzung des MPol. ab (s. dazu den Exkurs) sowie des *Corpus Ignatianum*, besonders IgnRom (z. B. 6,3). In Lugd. findet es sich zwar deutlich (1,31.41; bes. 2,2), aber weniger als durchgängiges Gestaltungselement; ihm gegenüber bleibt der topische Vergleich des Martyriums mit dem Tod des Stephanus[162] durchaus zweitrangig (z. B. Lugd. 2,5). Deutlich greifbar ist dieses in Abit. 6,5 und 9,4.

Aus der „Passionsspiritualität" der Märtyrerliteratur, aber auch der pagan allgemein verbindlichen *cura pro mortuis gerenda* erwächst die Sorge um den Leichnam der Hingerichteten, die ja auch schon die Passion Jesu abschließt (Mt 27,57–61 par; Joh 19,38–42). Bereits in MPol. 18 findet sich dies sowie an vielen anderen Stellen (ACypr. 4,3; MIust. C 6,2; PFruct. 6).[163] Der eigentümlichste Text zu diesem Motiv ist das Test.Seb. Damit eng verknüpft ist die Vorstellung von der sofortigen Aufnahme des Märtyrers in den Himmel,[164] die ihre Basis in der Anschauung von der Unsterblichkeit (ἀθανασία) bzw. der Unvergänglichkeit (ἀφθαρσία) der gefolterten Makkabäerbrüder hat (4 Makk 9,22; 14,5; 17,13; 16,13) und sich in der Auferstehungshoffnung der Märtyrer (Lugd. 1,55) fortsetzt. Auf Erden bleibt dann nur noch der „Wohlgeruch der Heiligkeit"

---

158 Vgl. CORKE-WEBSTER, Mothers (2013).
159 Evs.h.e. 8, 2,3–13,7 (GCS 9/2, 742–774.784 Schwartz); Evs.m.P. (ebd. 907–950 Schwartz); s. dazu MENDELS, Revolution (1999) 96–109.
160 Dazu SEELIGER, Palai martyres (1983). In MAread. 14 zusätzlich die Daniel- und Jona-Typologie.
161 Vgl. DELÉANI-NIGOUL, Utilisation (1985) 330–338; ausführlich: TAVEIRNE, Martyrium (2014).
162 Zu diesem MATTHEWS, Perfect Martyr (2010).
163 Die Stelle wird auch bei Evs.h.e. 4, 15,24 f (352) zitiert, ist also unbezweifelbar alt.
164 Die beste Darstellung der Entstehung des Motivs ist immer noch HELLMANNS, Wertschätzung (1912) 37–67.

übrig, welcher in paradoxer Weise statt des Brand- und Leichengeruchs wahrgenommen wird.[165]

Dies alles spielt sich jedoch in einem apokalyptischen Rahmen ab (vgl. Lugd. 1,4–6.32; MAread. 16; Abit. 22,2; MPion. 4,17; Test.Seb. 2,1 f), der mit der Interpretation des Geschehens als θλῖψις (Bedrängnis) oder διωγμός (Verfolgung) einen deutlich neutestamentlichen Hintergrund hat.[166] Er verzahnt sich über das Verständnis der Endzeit als Zeit des πόλεμος (Krieg, Schlacht: vgl. Offb 9,7; 16,14; 20,8) mit der schon bekannten Motivik des Kampfes, insbesondere des Kampfes gegen den Teufel.[167] Erstaunlich ist dabei die Vorstellung, dass mit dem Kampf des Märtyrers die Verfolgung beendet wird, dies also gleichsam ein Endkampf ist (MAread. 18).[168]

Historizität als Problem

Auch wenn diese Motive und Topiken reichlich in einem Text aufscheinen, muss dies jedoch kein Anzeichen dafür sein, dass es ihm an historischer Authentizität mangelt. Diesbezüglich gilt nämlich die Feststellung Klaus Bergers: „Die Frage nach der *Historizität* des Berichteten ist (...) *formgeschichtlich* nicht zu entscheiden. Denn einmal kann auch in einer fiktionalen Gattung Berichtetes ‚historisch' sein, zum anderen aber ist die Frage danach, was man als historisches Faktum (...) anzusehen habe, am Ende eine Frage der Weltanschauung bzw. der Religionsgeschichte. Formgeschichte kann dieses überhaupt nicht klären."[169]

Dieser Grundsatz gilt umso mehr, wenn man die Charakteristika der mimetischen Geschichtsschreibung der römischen Kaiserzeit und Spätantike in Rechnung stellt.

Die Frage der Historizität ist mithin nach den klassischen Kriterien der historischen Kritik zu beantworten. Ist der Text frei von Anachronismen? Stimmen die geographischen Details? Sind die verwendeten Amtsterminologien zeitgemäß, typisch und richtig? Gibt es eine schriftliche Parallelüberlieferung und wie ist das Verhältnis zu ihr? Wie verhält sich der Text zu eventuellen archäologischen Zeugnissen? Erst das Gesamtbild wird hier zu Ergebnissen führen, die allerdings recht häufig nur zu einem Wahrscheinlichkeitsurteil über die Historizität zusammengefasst werden können.

---

165 Vgl. PETRUCIONE, Prudentius (1985) 18 f; HARVEY, Scenting (2006) 11–56.
166 Zusammengestellt von BAUMEISTER, Genese (1991) 9–21.
167 Vgl. dazu DÖLGER, Kampf (1932).
168 Dies mag einen millenaristischen Hintergrund haben. Die Vorform dieser Vorstellung findet sich in 2 Makk 7,38. Die weitere Entwicklung führt dazu, dass Märtyrer als Schlachtenhelfer angerufen werden.
169 BERGER, Einführung (1987) 185. – Diesen Grundsatz beachten die Dissertationen von BUSCHMANN, Martyrium (1994) und BINDER, Semen (2005) zu wenig.

Exkurs zum Polykarpmartyrium

Der abgesehen von den Eusebiuszitaten ausnahmslos in den Menologien überlieferte Text des MPol.[170] findet sich in seiner ältesten Handschrift[171] verbunden mit der späten Polykarpvita des Pseudo-Pionios[172]. Gleichzeitig ist er durch zwei wörtliche Zitate bei Eusebius bekannt (Briefadresse – 1,1a; 8,1–19,1a = Evs.h.e. 4, 15,3; 15,15–45), der zudem aber auch längere Passagen des Martyriums (1,1b–7,3) referiert (h.e. 4, 15,4–14). Die Abweichungen zwischen den Zitaten Eusebs und der Textüberlieferung dieser Stellen in den Menologien[173] zeigen nur geringe Spuren späterer Erweiterungen theologischer und hagiographischer Art.[174] Hingegen haben Eusebs Referate Fragen nach dem ihnen zugrunde liegenden Text aufgeworfen und zu komplizierten Redaktionshypothesen geführt.[175] Hierbei spielten einerseits Details, die Eusebius im Unterschied zum Text aus den Menologien nicht berichtet, andererseits die inhaltlichen Abweichungen dieses Textes selbst eine Rolle.

Nimmt man die Auskunft Eusebs ernst, dass dem Schreiben der Gemeinde von Smyrna noch andere Martyrien beigegeben waren[176], sowie die Angaben der in beiden Texttraditionen übereinstimmenden Briefeinleitung, so handelte es sich um einen Bericht über mehrere Märtyrer „und den seligen Polykarp" (1,1). Insgesamt waren es zwölf Märtyrer (19,1); erwähnt werden im Text jedoch nur ein gewisser Germanicus (3,1) und in einem Nachtrag bei Eusebius noch der markionitische Priester Metrodoros[177]. Kürzungen durch Eusebius liegen also auf der Hand, doch offen ist nach wie vor die Frage, ob Eusebius durch seine Referate einen längeren, uns unbekannten alten Text kürzt bzw. den in den Menologien überlieferten Text, oder ob dieser die literarische Ausgestaltung des bei Eusebius vorfindlichen Materials darstellt[178], möglicherweise durch den Autor der Polykarpvita, Pseudo-Pionios.[179] Die Diskussion darüber ist nicht abgeschlossen. Grundlegend bleibt aber die Beobachtung, dass der

---

170 Nach wie vor wichtig ist die Ausgabe von BIHLMEYER, Väter (³1970) 120–132, erneut in: LINDEMANN – PAULSEN, Väter (1992) 260–284. Eine weitere Ausgabe legte DEHANDSCHUTTER, Updated Edition (2007) vor.
171 Paris, Bibliothèque Nationale, Cod. graec. 1452 (ca. 10. Jh.).
172 BHG 1561: DIEKAMP, Patres 2 (1913) 402–450.
173 In MPol. 8,2 (268,10f); 9,2 (270,7); 11,2 (272,2); 13,2 (274,10); 14,1.3 (274,17f; 275,6); 15,2 (275,14f); 16,1 (275,20), im Apparat jeweils als E gekennzeichnet. Vgl. auch die Synopsen bei CAMPENHAUSEN, Bearbeitungen (1957) 5–48 = DERS., Frühzeit (1963) 293–301 und DEHANDSCHUTTER, Martyrium (1979) 112–129, diese erneut bei BUSCHMANN, Martyrium (1998) 19–34. Dehandschutter edierte den Text 2007 ebenfalls synoptisch.
174 Die Menge der „gesetzlosen Heiden" (3,2), der Vergleich der Verbrennung Polykarps mit dem Backen von (eucharistischem?) Brot (15,2), die Taube (16,1).
175 Vgl. insbesondere CAMPENHAUSEN, Bearbeitungen (1957).
176 Evs.h.e. 4, 15,46 (352).
177 Ebd.; 4, 15,8 (338) spricht Eusebius zusätzlich „von den andern" vor dem Richterstuhl.
178 So mit Nachdruck THÜMMEL, Polykarp (2012).
179 Zu diesem vgl. SEELIGER H. R., Pionios 2, LThK³ 8, 1999, 309.

Menologientext auf der sachlichen Ebene nichts bietet, was nicht auch bei Eusebius zu finden wäre, während die Theologie des Menologientextes deutlich entfalteter erscheint.

Was die Beurteilung der literarischen Gestalt des Polykarpmartyriums anbelangt, tut man jedenfalls zunächst einmal gut daran, nur die wörtlichen Zitate bei Eusebius heranzuziehen.[180] Dies hat freilich zur Konsequenz, dass eine Reihe hagiographischer Motive, die sich lediglich in den Textpassagen des Menologientextes finden (1,1b–2,2a; 2,2c–3; 6,2–7,1a) und keine Entsprechung bei Eusebius haben, aus der Diskussion ausscheiden. Insbesondere sind dies: die Motivik des „Martyriums nach dem Evangelium" (1,1b; 4,1[181]; 19,1) und der damit verbundene Nachahmungsgedanke (2,1), die Vorstellung vom engelgleichen Zustand der Gefolterten, mit denen der Herr redet wie mit den Drei Jünglingen im Feuerofen[182] und die auf wunderbare Weise außerhalb ihres Körpers weilen (2,2f), ihr Adel (γενναῖον), und ihre stoische Standhaftigkeit (ὑπομονή: 2,2a).

Diese in ihrer Motivik reiche Märtyrertheologie findet zwar gewisse Anhalts-, und wenn man so will, Anknüpfungspunkte bei Eusebius wie den Esel, auf dem Polykarp wie Jesus reitet, sowie die Datierung des Vorgangs auf den „Großen Sabbat" (8,1). Auch der Name des Eirenarchen Herodes mag eine Evangeliumsanspielung sein (8,2). Es ist jedoch davor zu warnen, derlei im Lichte des Menologientextes vorschnell im Sinne der Parallelisierung der Passion Jesu mit dem Martyrium des Polykarp zu lesen. Diese trifft man explizit nur in den nicht bei Eusebius zu findenden Textpassagen an. Unbezweifelbar gemeinsam kennzeichnet den von Eusebius zitierten und in den Menologien enthaltenen Text die Prädikation Polykarps als μακάριος (1,1), die Anschauung von der Ataraxie des Märtyrers (7,2; 13,3), der mit gnadenerfülltem Antlitz vor der Kontrastfigur des außer sich geratenden Prokonsuls steht (12,1), und beiden Überlieferungssträngen gemeinsam ist auch das Motiv vom „Kranz der Unsterblichkeit" (17,1; 19,2)[183], den der Märtyrer erhält. Moss[184] verweist noch einmal nachdrücklich auf die Schwierigkeiten einer Datierung von MPol., wenn die „historicity" und die „authenticity" des Textes nicht gegeben sind, und betont als Datierungskriterium die Nähe von MPol. zu MPion. Es muss aber offenbleiben, ob diese Argumente für eine Spätdatierung von MPol. in die erste Hälfte des 3. Jhs. hinreichend sind. Unzutreffend ist als historisches Gesamturteil die Rolle, die Moss MPol. für die Entwicklung der Märtyrergeschichten zuschreibt, wenn auch ihre Beobachtungen wissenschaftge-

---

180 ZWIERLEIN, Urfassungen (2014) hat jüngst ebenfalls den Wert des eusebianischen Textes herausgestrichen (1,2f), auf dessen Basis er unter Berücksichtigung der altarmenischen Version des MPol. eine Urfassung rekonstruiert hat, die er vor 178 n. Chr. datiert (2,263).
181 Das οὐχ οὕτως διδάσκει τὸ εὐαγγέλιον fehlt auch im Referat des Evs.h.e. 4, 15,7 (338).
182 Vgl. dazu SEELIGER, Palai martyres (1983).
183 Gewöhnlich wird diese Stelle als erster Beleg für das Kranzmotiv in der Märtyrerliteratur gewertet; vgl. BREKELMANS, Märtyrerkranz (1965) 57.
184 MOSS, Dating (2010).

schichtlich zutreffend sind, weil immer wieder aus praktischen Gründen dieser Text als Paradigma für diese Literatur zugrunde gelegt wurde.[185]

III. Die Geschichte der Christenverfolgungen und ihre Geschichten

Das *crimen* der Christen in der rechtshistorischen Forschung

Die Märtyrerliteratur lieferte wesentliche Elemente bei der Konstruktion eines christlichen Welt- und Geschichtsbildes. Das findet seinen charakteristischen Ausdruck etwa in der koptischen Kirche, in der nach der islamischen Eroberung die als *Ära der Märtyrer* bezeichnete Jahreszählung ab Diokletian verstärkt benutzt wurde und bis heute gültig geblieben ist.[186] Eine Möglichkeit bei dieser geschichtstheologischen Aufgabe bestand darin, von Verfolgung zu sprechen und diese als einen eschatologischen Kontinuitätsfaktor zu betrachten, der zur irdischen Kirche gehört. Es sei nur daran erinnert, dass Augustinus in *De civitate Dei* damit rechnet, dass jederzeit Verfolgungen wieder einsetzen können,[187] und auch der neuzeitlichen Kirchengeschichte ist der Gedanke nicht fern. Diese Idee einer immerwährenden Verfolgung der wahren Christen überbieten noch die altkirchlichen apokalyptischen Zahlenspekulationen über die Anzahl der Verfolgungen,[188] teilweise typologisiert mit den zehn Plagen in Ägypten.[189] Bezeichnenderweise haben sich diese Zahlenspekulationen an die Urteile der nichtchristlichen kaiserzeitlichen Geschichtsschreibung zu guten und bösen Herrschern angelehnt.

Wenn nun aber, wie es das Konstrukt der *acta sincera* nahelegt, die historische Glaubwürdigkeit den entscheidenden Stellenwert zum Verständnis dieser Literatur erhält, so hat man die Tatsache in Betracht zu ziehen, dass es in der historischen Literatur der römischen Kaiserzeit keine weiteren unmittelbaren Nachrichten über Verfolgung von Christen gibt außer bei Tacitus und Plinius. Der Bericht des Tacitus über Neros Vorgehen nach dem Brand Roms[190] muss in seiner Tendenz als Teil der kaiserkritischen sog. senatorischen Geschichtsschreibung gesehen werden.[191] Der

---

185 Moss, Polycaphilia (2013).
186 Vgl. MacCoull – Worp, Era (1990); Meimaris – Kritikakou – Bougia, Systems (1992) 314–318.
187 Vgl. Tornau, Rhetorik (2006) 182, der auf Augustins Gedanken verweist, „dass eine neue Verfolgung jederzeit wieder eintreten könne (civ. 18,52)".
188 Ulrich, Euseb (1996) und Städele, Einleitung (2003) 19.
189 Oros.hist. 7, 2,9–27,14 (CSEL 5, 435–499 Zangemeister).
190 Tac.ann. 15, 44,2–5 (BSGRT 369 Heubner); dazu Liebs, Prozesse (2007) 105–113.
191 Mehl, Geschichtsschreibung (2001); zu Nero: Waldherr, Nero (2005); Krüger, Nero (2012); Buckley – Dinter, Companion (2013).

Briefwechsel zwischen dem jüngeren Plinius und Trajan[192] ist ebenso von literarischen Interessen wie von Karriereabsichten geprägt und gipfelt in einem mit dem Brief des Kaisers raffiniert gestalteten Eigenlob. Bei Plinius finden wir aber das wichtige und immer gültig gebliebene Prinzip des Testopfers, das Straffreiheit gewährte. Von hier ausgehend können wir immerhin eine bis zum Ende der Christenverfolgungen gültige Maßregel zur Entkriminalisierung der Christen feststellen; freilich ordnete Plinius zusätzlich an, dass die Christen Christus verfluchten (*male dicerent Christo*)[193].

Selbst die immer wieder für die Christenverfolgungen in Anspruch genommenen Opferbescheinigungen der decischen Zeit[194] erlauben nicht, zum Thema einer speziell gegen Christen gerichteten Verfolgung eine Aussage zu machen. Andere Dokumente kennen wir nur aus christlichen Quellen. Dies gilt insbesondere für die die Christen betreffenden Gesetze, die vom Senat oder vom Kaiser erlassen sein sollen, oder die Opfergesetze mit teilweise antichristlicher Intention von Decius[195] bis zur Tetrarchie[196].

Unsere Schwierigkeiten hier sind vielfältig, beginnend mit der grundsätzlichen Frage, ob es solche Gesetze überhaupt gab und unter welchen juristischen Bezeichnungen wir sie finden. Damit verbunden sind weiter die Fragen, wie solche „Anweisungen und Vorschriften" auf der Ebene des Reiches und der Provinzen einzustufen sind, welchen Gesetzesrang und -charakter sie besitzen, und schließlich wie ihr allein in den christlichen Texten zu findender Wortlaut zu beurteilen ist. Das sind grundsätzliche Fragen, aber sie müssen je im Einzelfall beantwortet werden. Dabei spielt, allein schon was die rechtsgeschichtliche Entwicklung angeht, die Chronologie eine entscheidende Rolle. Aber auch der lokale Rahmen ist wichtig, wie Louis Robert etwa anhand von Perpetua und Felicitas für Karthago und von Pionios für Smyrna zu zeigen vermochte.[197]

Die Beschäftigung mit den sich hier auftuenden Problemen ist nicht neu, sondern geht, zumindest was die moderne Diskussion betrifft, auf das letzte Viertel des 19. Jhs. zurück. Von rechtshistorischer Seite her hat damals Theodor Mommsen einen von Teilen der Forschung akzeptierten Lösungsversuch vorgelegt. Um die frustrierende Suche nach nicht zu verifizierenden Gesetzen beenden zu können, verstand Momm-

---

192 PLIN.epist. 10, 96–97 (338–340 Mynors). Vgl. FISHWICK, Pliny (1984).
193 PLIN.epist. 10, 96,5 (338).
194 KNIPFING, Libelli (1923); BLUDAU, Libelli (1931); KERESZTES, Libelli (1975); LEADBETTER, Libellus (1982); SELINGER, Persecutions (2004) 137–155 [kennt 45 *libelli*; 2014 wurde ein weiterer Libellus im Luther College, Decorah, Iowa bekannt]. Wichtig bleibt: WESSELY, Monuments (1908) mit dem ersten Kapitel: Les actes rédigés à l'occasion de la persécution de Dèce.
195 RIVES, Decree (1999); VOISIN, Capitole (2000).
196 SCHWARTE, Christengesetz (1994); CHRISTOL, Piété (2000); KUHOFF, Diokletian (2001) 346–297; KOLB, Praesens Deus (2004); AUBREVILLE, Motivation (2009) 415–429.
197 ROBERT, Vision (1982); ROBERT, Martyre (1994); den geographischen Kontext betont auch auch MOSS, Martyrdom (2012).

sen die Christenprozesse als *cognitio extra ordinem*[198]. Er rezipierte dabei einen in der Rechtgeschichte des 19. Jhs. geschaffenen modernen Terminus, den er vom Polizeistrafrecht des Statthalters oder eines anderen hohen Beamten mit *imperium* ableitete.[199]

Joseph Streeter[200] hat versucht, ausgehend von einer Diskussion über die Christenverfolgungen zwischen William Hugh Clifford Frend[201] und Geoffrey Ernest Maurice de Ste. Croix[202], die einschlägigen Richtungen der Historiker zu ordnen. Dabei folgt Streeter der Ordnung der Forschungsmeinungen, die Paul Keresztes vorgab.[203] Neben der vor allem deutschsprachigen Gruppe auf den Spuren Mommsens[204] lässt sich eine vornehmlich frankophone Schule beobachten[205], die ein spezielles Gesetz, sei es ein Kaisergesetz oder ein *senatus consultum* gegen die Christen, voraussetzt, und eine dritte, besonders anglophon bestimmte Ansicht, die betont, dass Christen lediglich verfolgt wurden, weil sie normale Strafgesetze brachen[206].

„The modern bibliography on the subject of the juridical basis of the persecution of the Christians in the Roman empire is vast, contentious – and in large part worthless." Mit diesen wuchtigen Worten schaltete sich Timothy D. Barnes 1968 in die Debatte ein und versuchte durch eine Aufarbeitung sämtlicher textlicher Hinweise zu Rechtsumständen eine neue Methodik in der Darstellung der Gesetzgebung gegen die Christen vor 250 einzuführen. Bisher habe sich die Forschung nicht genügend an den einzelnen überlieferten *decreta* und *rescripta* orientiert. Dabei betonte er, dass sich in seiner Perspektive anhand einer Bemerkung von Laktanz zum verlorenen siebten Buch des Juristen Ulpian „Über die Pflichten des Prokonsuls" die Abweichung vom *mos maiorum* als das eigentliche *crimen* darstelle.[207] Für Barnes zählt zu den Schriften, die uns Auskunft über die Gründe, die zur Verurteilung von Christen führten, auch die Märtyrerliteratur.[208]

---

198 MOMMSEN, Religionsfrevel (1890) bes. 413 [409]; DERS., Christianity (1893); vgl. auch BAUMAN, Crime (1996); DERS., Human Rights (2000). BUTI, Cognitio (1982); PAULUS CH., Cognitio, DNP 3, 1997, 59; vgl. jetzt auch NOGRADY, Strafrecht (2006) 40–75 zu den Religionsprozessen.
199 Kritisch zu Mommsen: ORESTANANO, Cognitio (1980) hat gezeigt, dass der Begriff *cognitio extra ordinem* eine moderne deutsche Prägung ist, die im 19. Jh. von den Savigny-Schülern Keller und Rudorff als „categoria storiografica" benutzt und von Bekker, Mommsen und Pernice aufgenommen wurde.
200 STREETER, Introduction (2006) 3–34, bes. 12–15.
201 FREND, Failure (1959).
202 DE STE. CROIX, Early Christians (1963) [= DERS., Persecution (2006) 105–152].
203 KERESZTES, Government (1979) 279–287.
204 Vgl. SHERWIN-WHITE, Persecutions (1952) und WLOSOK, Rechtsgrundlagen (1959).
205 Vgl. die Literatur bei KERESZTES, Government (1979) 279 f Anm. 182.
206 LAST, Study (1937); DERS., Christenverfolgung II (juristisch), RAC 2, 1954, 1208–1228.
207 BARNES, Legislation (1968) 32. Vgl. LACT.inst. 5, 11,19 (BSGRT 478 f Heck): *Domitius [Ulpian] de officio proconsulis libro septimo rescripta principum nefaria collegit, ut doceret quibus poenis adfici oporteret eos qui se cultores dei confiterentur.*
208 BARNES, Legislation (1968) 44–48.

Märtyrerliteratur als Spiegel der verschiedenen Typen staatlicher Maßnahmen gegen Christen

Wenn also die christliche[209] Märtyrerliteratur aus Texten besteht, in denen
1. christliche Autoren und Gemeinden ihre rückblickende Erfahrung von Verfolgungen und charismatischen Märtyrergestalten dargestellt und dies
2. mit bestimmten Absichten, die die Gegenwart und Zukunft der Gemeinden betreffen, erzählt haben und
3. dabei die Fülle der vorhandenen literarischen Formen und Techniken ausgenützt wird[210] und
4. ein großer Teil dieser Texte erst aus der mit Konstantin beginnenden Friedenszeit stammt,

dann gilt: Diese Texte sind ein „powerful polemical and performative discourse"[211]. Sie sind zunächst einmal als historische Quellen für die Zeit ihrer Entstehung von großer Bedeutung, insbesondere was Theologie, Frömmigkeit und Gottesdienst angeht. Es ist bedeutsam, dass sie uns zudem einen Blick eröffnen auf Bereiche spätantiker Lebenswelt, für die wir sonst wenige oder keine Quellen zur Verfügung haben. Darüber hinaus stehen uns diese Texte für die oben angeschnittenen Probleme der Christen im römischen Reich und besonders der Christenverfolgungen als Quellen zur Verfügung, wenn die erwähnten historischen und methodischen Vorbehalte gesehen werden und bei der Interpretation unserer Texte Berücksichtigung finden.

In der konstantinischen und nachkonstantinischen Zeit wird die Märtyrerliteratur stark angereichert mit literarischen Techniken und Motiven. In Abschnitt II wurde beschrieben, wie uns Augustinus einmal in die Werkstatt solcher Texte führt und in die Diskussion um „ausschmücken (*aliorum sermone narrare*) oder vereinfachen (*solis gestis forensibus*)", um die *gesta forensia*, die *gesta publica* und das, von dem erzählt wird, dass es dem Märtyrer in der Einsamkeit seines Kerkers widerfuhr. Dabei stellt Augustinus als Vorbild eines solchen erbaulichen Erzählers und als sein Ideal die ACypr. heraus, neben uns heute verlorenen martyrologischen Schriften des Ambrosius.

Einfacher vielleicht war es noch zu noch zu Cyprians Lebzeiten selbst. Noch zu Zeiten seiner Flucht, Frühjahr 250 bis Frühjahr 251, schreibt er seinen Presbytern und Diakonen[212], dass diese den Todestag festhalten sollten, „damit wir die Erinnerung an sie beim Gedächtnis der Märtyrer feiern können: Obwohl unser treuer und frommer

---

209 Eine ähnliche Problematik findet sich bei jüdischen Märtyrerakten, vgl. BOYARIN, Martyrdom (1998), der erstens überzeugende Beispiele für späte „theologisierende" Textualisierungen von jüdischen Märtyrerakten bringt (609.613) und zweitens darauf insistiert, in diesen Texten eine gemeinsame kulturelle Entwicklung bei Juden und Christen zu sehen (620–627).
210 Vgl. Teil II.
211 LEEMANS, Rez. GRIG (2006).
212 CYPR.epist. 12, 2,1 (CChr.SL 3B, 69 f Diercks).

Bruder Tertullus dort nichts an Sorge für den Leib fehlen lässt unter all der übrigen Sorgfalt und Sorge, die er den Brüdern mit vollkommenem Gehorsam zuwendet, so hat er mir auch noch geschrieben und soll mir weiter schreiben und anzeigen die Tage, an denen im Gefängnis unsere seligen Brüder zur Unsterblichkeit eines ruhmreichen Todes sterben, damit hier von uns Gaben und Opfer zu ihrer Erinnerung dargebracht werden, die wir schnell mit euch unter dem Schutz Gottes feiern werden."

Der geflohene Bischof Cyprian scheint hier zunächst an einem Kalender interessiert zu sein, an dem sich die verfolgte Gemeinde jährlich für ihre Gottesdienste orientieren kann.[213] Wir stehen also trotz der schon langen Vorgeschichte von afrikanischen Märtyrern seit Scilli im der Mitte des 3. Jhs. immer noch am Anfang der Geschichte eines „very special dead man".[214] Dabei scheint Nordafrika für den lateinischen Sprachraum bei der Entwicklung der literarischen Formen zur Ehre der Märtyrer eine entscheidende Rolle gespielt zu haben:[215] Die wenigen Texte aus Afrika werden zum Vorbild für die spätere lateinischsprachige Märtyrerliteratur des gesamten Westens: PScill. für die Protokollliteratur, die PPerp. für das romanhafte Genus und die ACypr. für das Bischofsmartyrium. Dabei zeigt die Aufnahme von Perpetua, Felicitas und Cyprian in das römische Feriale von 354 als einzige nichtrömische Märtyrer mit Sicherheit den Einfluss dieser Texte außerhalb des afrikanischen Raums.[216]

Das Beispiel Cyprians führt uns in die decisch-valerianische Zeit. Angesprochen wurde schon die große Veränderung, die es hier in der Geschichte der Christenverfolgungen gegeben hat. In der Mitte des 3. Jhs. zeigt sich in der Tat mit Decius[217] eine neue Dimension der Verfolgung,
1. was die geographische Reichweite betrifft, nämlich reichsweit,
2. was die Zahl der Christen angeht, und
3. in Bezug auf die vornehmlich betroffenen Christen, nämlich Verfolgung durch Eliteselektion.
4. Dazu kamen Sequester und Konfiskation von kirchlichen und privaten Vermögen und Immobilien.

Dadurch, dass man sich, zumindest in einem ersten Schritt, gegen die Bischöfe und den Klerus wandte, unter Decius unsystematisch, seit Valerian[218] systematisch, und

---

213 CYPR.epist. 39, 3,1 (189,49–51): *Sacrificia pro eis semper, ut meministis, offerimus, quotiens martyrum passiones et dies anniuersaria commemoratione celebramus.*
214 FLUSIN, Martyrs (1999) 568.
215 SAXER V., Martirio, DPAC 2, 1984, 2142; DERS., Zweck (1984).
216 *Depositio martyrum* des *Chronographus anni CCCLIV* (MGH.AA 9/1, 71f Mommsen); Kalenderhandbuch (Divjak – Wischmeyer) 2, 500 f.
217 CLARKE, Observations (1969); DERS., Measures (1973); RIVES, Decree (1999); SELINGER, Persecutions (²2004).
218 SCHWARTE, Christengesetze (1989).

zugleich die kirchlichen Immobilien, vor allem kirchliche Versammlungsgebäude[219] und die Friedhöfe, unter Sequester stellt, glaubte man aus der Sicht der nun erstmals eingreifenden staatlichen Zentralverwaltung, mit den Christen fertig zu werden. Dazu kam die Einziehung des in den Gemeinden vorhandenen mobilen Vermögens, was auch über eine normale Strafmaßnahme hinaus durch Büchervernichtung und Verkauf der liturgischen Geräte zur Zerstörung der geistigen Grundlagen der Christen führen sollte.[220] Erst jeweils in einem zweiten Schritt kam das Vorgehen gegen Standespersonen in der Form der Verbannung (Exil) und gegen die einfachen Mitglieder der Gemeinden durch Deportation oder Kapitalstrafe. Dabei stellte die mit Zwangsarbeit in den Bergwerken oder Steinbrüchen verbundene Deportation sehr oft die Verurteilung zu einem langsamen Tod dar. Das Vorgehen in zwei voneinander zeitlich getrennten Schritten dürfte zudem den Sinn besessen haben, durch Abschreckung Zeit zum Abfall zu geben. Oft wurden christliche Standespersonen, im Allgemeinen dem Stadtrat angehörige Persönlichkeiten, von der ersten Welle des Vorgehens erfasst, so dass diese für ihre Mitchristen keine Schutzfunktionen als Patrone mehr ausüben konnten.[221]

Das alles gilt für die beiden großen Verfolgungen, die staatlicherseits als Maßnahmen inszeniert wurden, die das Verschwinden des Christentums zur Folge haben sollten, nämlich für die Verfolgung unter Valerian und während der Tetrarchie.

Die erste reichsweite Verfolgungswelle ist wegen der kurzen Herrschaft des Decius (249–251) etwas anders in ihrem Verlauf. Vor allem aber ist ihre Genese anders. Sie entwickelte sich aus einer reichsweit angeordneten *supplicatio*[222], die der neue Herrscher angesichts von überhand nehmenden Usurpationen, schnellem Dynastienwechsel und Misserfolgen bei der Grenzsicherung bei Antritt seiner Herrschaft nach altrömischer Sitte für notwendig hielt. Zu diesem allgemeinen Opfer[223] waren alle römischen Bürger verpflichtet. Dabei fehlen uns die Quellen, um sagen zu können, wo, wann und wie dieses Opfer zu leisten war. Es ist auch nicht vorstellbar, dass das Opfer von Wein, Weihrauch und manchmal auch Opferfleisch[224] überall auf gleiche Weise durchgeführt wurde, denn nach der *Constitutio Antoniniana*[225] von 212 besaß der weitaus überwiegende Teil der Reichsbevölkerung das römische Bürgerrecht.

---

219 Auf die rechtlich komplizierte Frage des Rechtstitels am Eigentum braucht hier nicht eingegangen zu werden, vgl. WISCHMEYER, Golgatha (1992) 80–85. Da wir von einem fiskalischen Interesse am kirchlichen Vermögen wissen, dürften die in Frage stehenden Vermögenswerte nicht unbeträchtlich gewesen sein.
220 SPEYER, Büchervernichtung (1981) 34–36.
221 Die breite Skala der nicht zuletzt vom gesellschaftlichen Rang abhängigen Strafmaße bei LACT. mort.pers. 21,3–22,5 (FC 43, 146–152 Städele).
222 CLAUSS, Kaiser (1999) 320–328.
223 Zu Opferformen: FISHWICK, Imperial Cult 2/1 (1991) 527 f.
224 Vgl. SEELIGER, Geheimnis (2009) 346–348.
225 PFERDEHIRT – SCHOLZ, Bürgerrecht (2012); zur Bedeutung der *constitutio* für die Ausbreitung des Christentums vgl. DIES., 88.

Ein solches Massenopfer musste organisiert werden. Die Organisationsformen dürften lokal sehr unterschiedlich gewesen sein in den divergierenden sozialen und religiösen Kontexten des Imperiums vom Kaukasus bis zum Atlantik und jeweils noch dazu je nach Stadt und Land. Römische Verwaltung und römisches Militär mögen eine gewisse Vorbildwirkung besessen haben, doch wie diese im Einzelnen umgesetzt wurde, wissen wir nicht. Zudem können wir bei den römischen Soldaten wiederum sehr unterschiedliche religiöse Traditionen beobachten, die sie aus Heimatländern und Garnisonen mitgebracht haben.

Bei all diesen Unterschieden muss jedoch der Widerstand oder eine gewisse Resistenz von Christen so aufgefallen sein, dass sich aus ihnen eine gelenkte Reaktion der zentralen Verwaltung ableiten lässt, die sich bis in die Außenstellen durchsetzt. Das erlaubt es uns, von der ersten reichsweiten Christenverfolgung unter Decius zu sprechen, die im Nachhinein während der laufenden *supplicatio* mit Eliteselektion und Eliteeliminierung bei Christen einsetzte, also den Klerus und vor allem die Bischöfe zu beseitigen suchte, um sich dann die Loyalität der führungslos gewordenen Christen sichern zu können. Das war zumindest einigen betroffenen Bischöfen durchaus klar. So konnte Cyprian in Brief 55 über das Schicksal des römischen Bischofs Cornelius, der „den letztendlich mit Waffen und Krieg besiegten Tyrannen zuvor schon mit seinem Priestertum besiegt hat"[226], mit einem bemerkenswerten bischöflichen Selbstbewusstsein formulieren[227]: „unerschütterlich habe er (Cornelius) in Rom auf seiner bischöflichen Kathedra gesessen zu der Zeit, als der den Bischöfen[228] Gottes feindliche Tyrann Heiliges und Unheiliges bedrohte und mit viel größerer Geduld und Nachsicht davon hörte, dass gegen ihn (Decius) ein Usurpator erhoben worden sei, als dass in Rom ein Bischof Gottes eingesetzt werde."

Es ergibt sich, dass die beiden Typen von Christenverfolgung, vor und seit Decius, typologisch zu unterscheiden sind. Gleichwohl gab es in der Durchführung von Verfolgung, Verhaftung, Prozess, Urteil und Tod Kontinuitäten, und vor allem evozierten christliche Geschichtskonzeptionen solche Kontinuitäten, manchmal auch um die – überwundende – gegengöttliche Macht zu steigern, damit der Sieg umso eindrücklicher wirken konnte.

Dabei dürfte der charakteristische Unterschied darin bestanden haben, dass es in der ersten Phase unterschiedliche Bevölkerungsgruppen waren, die ein mehr oder weniger pogromartiges Vorgehen gegen die Christen veranlassten, das dann zur Anklage und zu einem entsprechenden Vorgehen der lokalen Behörden führte. Bei

---

226 CYPR.epist. 55, 9,2 (267,165 f): *tyrannum armis et bello postmodum victum prior sacerdotio suo vicit.*
227 CYPR.epist. 55, 9,1 (266 f,150–154): *sedisse intrepidum Romae in sacerdotali cathedra eo tempore cum tyrannus infestus sacerdotibus Dei fanda atque infanda comminaretur, cum multo patientius et tolerabilius audiret levari adversus se aemulum principem quam constitui Romae Dei sacerdotem.*
228 Durch die *sacerdotalis cathedra*, den Bischofsthron, legt sich hier die Übersetzung „Bischof" nahe, obwohl bei Cyprian im Gebrauch von *sacerdos* eine große termonologische Bandbreite zwischen Bischof und Priester zu beobachten ist.

diesen pogromhaften Inszenierungen war das Verschwinden der Christen aus der Öffentlichkeit, oft auch deren Tod intendiert. Deshalb war immer auch in irgendeiner Weise die römische Verwaltung impliziert.

Das *crimen* im Prozess und seine literarische Präsentation

Für die neuere Forschung zu dieser ganzen Periode bis ins 3. Jh. unter Valerian[229] und in gewisser Weise darüber hinaus bis zu Konstantin wurde wichtig, was Trajan im Brief über die Christen an den jüngeren Plinius festgehalten hat:[230] Das Bekenntnis zum Christentum war ein „Verbrechen besonderer Art" (*crimen extraordinarium*[231]), bei dem bei der Verhandlung im Gegensatz zu anderen Fällen das Verbrechen nicht in der Vergangenheit lag, sondern im Moment der Verhandlung durch das christliche Bekenntnis geschah.

Dadurch zeigten sich die Christen vor dem römischen Beamten als „troublemakers"[232], die ihre Strafe verdienten, denn sie störten den Frieden der Provinz (*quies provinciae*), den zu erhalten die Aufgabe des Beamten war: *Congruit bono et gravi praesidi curare ut pacata atque quieta provincia sit* (ein guter und ehrenwerter Provinzstatthalter muss dafür sorgen, dass seine Provinz befriedet und ruhig ist).[233]

So war es Pflicht und galt als eine vorausgesetzte persönliche Haltung des Statthalters, diejenigen zu bestrafen, die die „established religions" angriffen. Hier handelte er, ohne auf eine juristische Ermächtigung durch Senat oder Kaiser zu warten. „Mos maiorum was the most important source of Roman law, and it was precisely mos maiorum in all its aspects that Christians urged men to repudiate (...) It is in the minds of men, not in the demands of Roman law, that the roots of the persecution of the Christians in the Roman Empire are to be sought."[234] Dieses gestörte Rechtsemp-

---

[229] Vgl. auch SCHWARTE, Intentionen (1983); DERS., Christengesetze (1989); DERS., Christengesetz (1994) sowie SELINGER, Religionspolitik (1994).
[230] PLIN.epist. 10, 96–97 (338–340). REICHERT, Konfusion (2002) 248, sieht im Pliniusbriefwechsel mit der „Bestrafung um des bloßen Christennamens willen und d(em) Verzeihungsangebot an Apostaten" eine neue und lange gültige Praxis. Dies bestätigt die eindrückliche Analyse von THRAEDE, Plinius (2004), bes. 128, demzufolge die primäre Intention des Pliniusbriefes sei, die „Irregeführten möglichst en gros in den Schoß der jeweils angestammten *religio* zurückzuholen". Auf den *error*, den es zu korrigieren gilt, verweist schon WLOSOK, Rechtsgrundlagen (1959) 14–32 und DIES., Rom (1970) 27–39; vgl. LIEBS, Prozesse (2007) 115–126.
[231] SCHIEMANN G., Crimen, DNP 3, 1997, 221–223.
[232] BARNES, Legislation (1968) 49. ROBINSON, Repression (1990/92) 290 unterscheidet deutlich die Anklagen wegen „hooliganism" in den beiden ersten Jahrhunderten von den durch das Wachstum der christlichen Gemeinden bedingten Christenverfolgungen der folgenden Zeit, die die römischen Behörden eine Bedrohung empfinden ließen, vgl. DIES., Criminal Law (1995) 95–98.
[233] Dig. 1, 18,13 (CIC[B].I 1/2, 16 Mommsen). Siehe dazu die Diss. von NOGRADY, Strafrecht (2006) 24–32.
[234] BARNES, Legislation (1968) 50.

finden lässt den Magistraten, der wie der Prokonsul ein *imperium* besitzt, von seinem Coercitionsrecht[235] Gebrauch machen[236].

Bei der erwähnten Gesetzgebung durch Dekrete, beginnend mit Decius, lag natürlich die Initiative bei der römischen Verwaltung, die das strafgerichtliche Verfahren mit ihrer *cognitio*-Gewalt durchführte.

Dabei fällt in den Texten eine Besonderheit auf, die für die ganze Zeit der Christenverfolgungen ihre Gültigkeit besaß: der ausgedehnte Dialog und die immer wieder neu angebotene Bedenkzeit. Die langen Dialoge geben dem Märtyrer nicht nur die Gelegenheit, seine Sicht des Christentums zu verteidigen, erfüllen also eine apologetische Funktion, sondern auch eine protreptisch-persuasive den christlichen Gemeinden gegenüber.

Hinter diesem literarischen Anliegen, das in langen Reden und Dialogen gestaltet wird, steckt auch eine doppelte juristische Verlegenheit. Zum einen ist deutlich ersichtlich, dass der betreffende Magistrat kein Interesse an einer Verurteilung besitzt[237], da eine solche Verurteilung, die ja im Normalfall der Rechtspraxis auf ein Todesurteil hinausläuft, mit all ihren Nebenumständen und der Unruhe, die in der Bevölkerung entstehen kann, durchaus nicht karrierefördernd ist. Aus diesem Grund taucht in den Akten auch immer wieder das vom Märtyrer natürlich brüsk abgelehnte Angebot auf – wobei die soziale Position des angeklagten Christen zusätzlich eine entscheidende Rolle spielt –, Bedenkzeit zu nehmen und sich schließlich gegen das Christsein zu entscheiden.[238]

Das dürfte mit dem anderen juristischen Grundproblem der Christenverfolgungen zusammenhängen.[239] Es handelt sich in römisch-rechtliche Termini gefasst um einen Prozess gegen Leute, die die Ordnung der Gemeinschaft mit einer Mischung von Starr-

---

[235] Nützlich bleibt die Definition des Terminus *coercitio* durch GRASMÜCK, Coercitio (1964) 10: „bezeichnet die Machtvollkommenheit der römischen Kaiser und hohen Beamten, die ihnen auf Grund des *imperium* zukam, sowie die kraft dieser Gewalt geübte Form der Bestrafung bzw. Züchtigung, die sich von der strafrechtlichen Ahndung des Verbrechens (*iudicatio*) dadurch unterschied, daß sie denjenigen, der dem Befehl einer rechtmäßig eingesetzten Behörde den Gehorsam verweigerte, nach freiem Ermessen strafte oder zur Beobachtung der Gesetze zwang."

[236] Der immer von der Strafjustiz unterschiedenen *coercitio* des Statthalters folgt ein reguläres gerichtliches Verfahren gemäß dem Polizeistrafrecht in der Form der *cognitio extra ordinem*, vgl. auch NOGRADY, Strafrecht (2006) 26 f; GIZEWSKI CH., Coercitio, DNP 3, 1997, 58 f. Zu den unterschiedlichen Abschnitten eines Verfahrens und den Vollmachten dazu: PAULUS CH.P., Iurisdictio, DNP 6, 1999, 88 f, der auf Dig. 50, 1,26 (843) verweist: *Ea quae magis imperii sunt quam iurisdictionis magistratus municipalis facere non posset.* Städtische Würdenträger besitzen kein solches *imperium*, das die Gewalt über Leben und Tod impliziert, vgl. auch LIEBS, Ius gladii (1981).

[237] Vgl. TERT.Scap. 4,3 (CChr.SL 2, 1130 Dekkers): Der Statthalter sagt dem Angeklagten, was er antworten solle, um frei zu kommen.

[238] SEELIGER, Geheimnis (2009) 345 f.

[239] VITTINGHOFF, Christianus (1984).

sinn und Wahnsinn[240] gestört haben und so zu Außenseitern und damit Verbrechern an der Gesellschaft geworden sind.[241] So verständlich dies aus römischer Sicht gewesen ist, so ist doch rätselhaft und juristisch völlig ungeklärt geblieben, wie ein solches Verbrechen bei einem Sinneswandel des Angeklagten unbestraft bleiben konnte.[242]

Denn der mit dem Opfer bezeugte Sinneswandel schuf einen Schuldlosen, der im gegenteiligen Fall, also durch die Opferverweigerung und das Bekenntnis im Prozess, unbedingt schuldig geworden wäre und die schwersten Strafen zu erwarten gehabt hätte. Im Prozess gegen die Christen aber gilt bei Apostasie, wie sie es nannten,[243] dass durch das Opfer gewissermaßen eine *restitutio in integrum,* die Wiederherstellung der Unschuld, erfolgte, was die Christen aber als eine Todsünde betrachteten. Das Verbrechen galt von vornherein als bewiesen. Die Opferverweigerung war dafür der Beweis. Die erwähnte Bedenkzeit, der Dialog zwischen Magistrat und Märtyrer sollten also helfen, die Unschuld wieder herzustellen. Diese Wiedereingliederung in die Gesellschaft erfolgte ohne Sühne und Strafe.

Dem Ziel der Resozialisierung gilt auch die Folter mit ihren Grausamkeiten[244], ein „Fest der Martern" nach Foucault[245], die den heutigen Leser, dem durch die neuere Geschichte und die zeitgenössische Literatur und Medien das Gewaltthema nicht fremd sein kann, vielleicht am meisten abstößt. Dies gilt umso mehr, wenn sich gewisse sadomasochistische Tendenzen bei der literarischen Darstellung nicht leugnen lassen, obwohl diese teilweise in der Rezeptionsgeschichte in den bildenden Künsten noch viel stärker ausgeprägt sein mögen.[246] Dabei muss aber die christliche

---

240 *obstinatio*: Abit. 15,6; vgl. TERT.apol. 50,15 (CChr.SL. 1,171 Dekkers): *ipsa illa obstinatio, quam exprobatis, magistra est,* ähnlich 27,2 (138). Dabei ist die *obstinatio* dem Statthalter gegenüber, die schon Plinius als für Christen charakteristisch heraussreicht (PLIN.epist. 10, 96,3 [338]), und mit ihr die Verweigerung der Integration in die römische Welt aus römischer Sicht die grundlegende Eigenschaft christlicher Märtyrer. Wenn die Rückkehrmöglichkeit zur *bona mens* (PScill. 1) wegen *amentia* oder *dementia* abgelehnt wird, so ist die Liquidierung um der Ordnung von Himmel und Erden willen für den Richter unumgänglich.
241 Vgl. das *odium generis humani* bei TAC.ann. 15, 44,4 (369). Dazu VITTINGHOFF, Christianus (1984). und FLACH, Plinius (1998).
242 TERT.apol. 2,8 (88) formuliert das juristische Problem aus der Sicht der Christen. Auch das mag die unendliche und in der Tat ungewöhnliche Geduld der römischen Magistraten beim Christenprozess erklären. Dazu und besonders zur sozialgeschichtlichen Bedeutung des Ermessensspielraumes: RIESS, Gnade (2001).
243 Cyprian spricht interessanterweise nur von den Gefallenen (*lapsi*) und verbindet den Begriff der Apostasie mit der Häresie., die er als noch schlimmer als den Abfall in der Verfolgung beurteilt und auch aufgrund der neutestamentlichen Zeugnisse stärker in einem apokalyptischen Zusammenhang sieht, vgl. SATO, Martyrdom (1992).
244 GRIG, Torture (2002) mit Verweis auf die grundlegende Untersuchung von PERKINS, Suffering (1995).
245 FOUCAULT, Überwachen (2008) 734–772.
246 Vgl. z. B. die Darstellungen des Sebastiansmartyriums (dazu Literatur bei SEELIGER H. R., Sebastian, LThK³ 9, 2000, 361 f) oder die gemalten Kataloge der Martyrien wie in S. Stefano Rotondo, vgl. MONSSEN, Martyrdom (1982/83).

Konzentration auf Gewalt in der Märtyrerliteratur im Kontext einer sehr römischen Vorliebe gesehen werden: Folter und Todesstrafe als Unterhaltung.[247] Die Grausamkeiten und das Leid, die man so gerne ansah, sollte man mit Mitleidslosigkeit betrachten: „non-identification was crucial"[248]. Ja man sah Gewalt und Grausamkeit als „Dekoration" des alltäglichen Lebens und des dazugehörenden Entertainment an.[249]

Kritik daran galt als altmodisch und elitär.[250] Die Märtyrer stehen so eher in der schmalen philosophischen Tradition, deren Helden mit der Gewalt des Wortes über die Gewalt der Tyrannen triumphieren und die Gewalt des Geistes zeigen; so „halten Märtyrer wie die Sophisten den Einwohnern der großen Städte den Spiegel vor"[251] (vgl. Abschnitt II). In der Märtyrerliteratur jedenfalls kommt es gleichsam zu einem Wettstreit der Gewalten, den der Vertreter der staatlichen Gewalt gar nicht gewinnen kann, denn in seiner peinlichen Befragung (*quaestio*) kommt es zum Zeugnis. Das wird etymologisch stärker noch als durch den Wortstamm *martyr durch das griechische βασανίζω deutlich, das, wohl ein Lehnwort aus dem Orient, sowohl Folter wie Prüfstein und Zeugnis bedeutet.[252]

Für diese dunkle Seite der römischen Rechtspflege, in der von der frühen Kaiserzeit zur Spätantike eine gewisse Barbarisierung fortschreitet, die sich gerade in der vermehrten Anwendung der Folter zeigt,[253] bleibt die Märtyrerliteratur die beste historische Quelle trotz aller Panegyrik auf die christlichen Heroen[254] und der damit verbundenen älteren literarischen Technik der Kontrastgestaltung (vgl. II). In der römischen

---

247 Dies wurde auf der Grundlage von Foucault und HOPKINS, Death (1983) gerade in Bezug auf die Gladiatorenspiele vielfältig untersucht: HINARD, Spectacle (1984); HUMPHREY, Circuses (1986); BARTON, Scandal (1989); DIES., Sorrows (1993); FUTRELL, Blood (1997); KYLE, Spectacles (1998); vgl. auch CLAVEL-LÉVÊQUE, Rituels (1984); COLEMAN, Charades (1990); VISMARA, Sangue (1987); DIES., Supplizio (1990); RIESS, Apuleius (2001) 226–236; CARFORA, Cristiani (2009) 51–71 zur politisch-sozialen Funktion der *ludi*.
248 GRIG, Torture (2002) 323.
249 BROWN, Death (1992); POTTER, Martyrdom (1993); DERS., Performance (1996); KYLE, Spectacles (1998).
250 GRIG, Torture (2002) 323.
251 BOWERSOCK, Martyrdom (1995) 47.
252 Vgl. die Häufigkeit des Wortes im *Synaxarium ecclesiae Constantinopolitanae* nach TLG.
253 BRUNT, Evidence (1980); MACMULLEN, Savagery (1986); PETERS, Torture (1985); HARRIS, Law (1999); DIES., Judge (1999). – Dabei darf man nicht vergessen, dass im Normalfall die Anwendung der *quaestio per tormenta* wiederum sehr stark von der sozialen Stellung des Angeklagten abhängt; dazu RIESS, Gnade (2001). Bei Hochverratsprozessen ist es anders, obwohl diese vor allem Angehörige der Oberschicht betrafen. Aber auch sonst kann richterliche Willkür gegen Angehörige der Oberschichten auf Folter zurückgreifen, vgl. ApPhls. Zur Folter in der Rechtsprechung der römischen Kaiserzeit: BRUNT, Evidence (1980) und RUFFING, Körperstrafen (2012).
254 HEIM, Panégyriques (1987) macht darauf aufmerksam, dass der Aufstieg der Märtyrerpanegyrik besonders in den Homilien zu ihrem Jahrestag zusammengeht mit dem Niedergang der höfischen Panegyrik und so zu einer Transformation des alten literarisch-rhetorischen Genus führt, vgl. CASTELLI, Persecution (2005) 123 und die Sammlung griechischsprachiger Märtyrerpanegyriken bei LEEMANS – MAYER, Homilies (2003).

Kaiserzeit soll Gewalt zunehmend zur Korrektur des *error* im Kultus führen, in der christlichen Spätantike dann zur Wahrheit und zu einem der Gemeinschaft nicht länger schädlichen Ethos und Bios. Dabei stellt das Prinzip der Wahrheit, im Sinne der Glaubenswahrheit, eine ebenso große Neuerung dar wie der dadurch gekennzeichnete, gewaltbestimmte christliche Umgang mit Häresie und Schisma.

Lucy Grig hat darauf hingewiesen, dass zumal in der nordafrikanischen Märtyrerliteratur der Verfolger unter dem gegenwärtigen und zukünftigen Gericht Gottes steht. Wenn einerseits in der Absicht der römischen Behörde der Sinn der Folter war, das Verbrechen des Christseins ungeschehen zu machen, dann gilt andererseits: „Martyr and martyrologist transform the whole process, so that the *confessio* produced by torture is the confession, the witness to Christ. Torture is the centre of the martyr story. The torture makes the martyr in the original sense of the word, as witness. A further irony, of course, is that the confession that is produced is one that is, in any case, offered willingly."[255] Damit ist der jeweilige Gebrauch, den man von „der Möglichkeit, sich vom Christsein loszusagen (*facultas redeundi*[256])", macht, entweder als der – vorläufige und bitter zu bezahlende – Sieg der widergöttlichen Gegenmacht gekennzeichnet oder als der entscheidende Prüfstein für wahres Christentum.

IV. Märtyrerverehrung

Märtyrerliteratur und Memorialarchitektur: Parallelen in der Monumentalisierung

Märtyrerverehrung ist eine charakteristische Form spätantiker Religiosität und nicht nur im christlichen Raum zu finden[257], auf den sich unsere Ausführungen im Folgenden aber beschränken. Die Märtyrerliteratur selbst ist ein Zeugnis der Verehrung. Zugleich gibt sie Auskunft über deren nach Ort und Zeit unterschiedliche Formen und die damit zusammenhängenden christlichen Mentalitäten.[258] Dabei bringt die Literatur zu Leiden und Tod der Märtyrer aber nur einen Teil der mit dem Phänomen Märtyrerverehrung zusammenhängenden Probleme zum Ausdruck. Ergänzend muss die einschlägige Denkmälerüberlieferung mit ihren archäologischen und epigraphischen Belegen hinzutreten.[259]

---

255 GRIG, Torture (2002) 328.
256 PScill. 14.
257 BOYARIN, Martyrdom (1998); DERS., Dying (1999); BONNER M., Märtyrer VII. Islam, RGG⁴ 5, 2002, 871f.
258 Vgl. die unseren Texten beigegeben Abschnitte „Historische und literarische Aspekte". Im Folgenden soll kurz eine multidimensionale Perspektive auf das Phänomen der kaiserzeitlich-spätantiken Märtyrerverehrung versucht werden.
259 Dies geschieht freilich nicht problemlos. Für viele archäologische Zeugnisse eines Märtyrerkultes gibt es keine literarischen Nachrichten. So garantiert etwa die Identität eines Namens noch nicht die Identität des Märtyrers, vgl. den Fall des Presbyters Saturninus in Abit. und auf der Mosaikinschrift in

Das führt unmittelbar zu dem Aspekt, der als Monumentalisierung des Märtyrergrabes beschrieben werden kann.[260] Der Gedächtnisort Märtyrergrab als kultisches Zentrum zieht andere Gräber an,[261] Privatgräber[262] und unter Umständen auch weitere Märtyrergräber[263], und verlangt gegebenenfalls nach Architekturen, die in Verbindung stehen mit der Gestaltung eines Coemeterialbezirkes[264] oder der Christianisierung der spätantiken Stadt[265]. Kern und Ausgangpunkt einer solchen Monumentalisierung vor allem im Coemeterialbereich bildet oft ein Privatgrab. Das weist uns auf die für die christliche Sozialgeschichte bedeutsame Rolle der Patrone hin, die auch im Kontext der Märtyrerverehrung als Stifter eine große Rolle spielen.[266]

In Karthago können wir ein solches Zentrum eines Coemeterialbereiches mit dem Cypriangrab ausmachen, dessen Lokalisierung heute jedoch unbekannt ist. ACypr. 4 nennt präzise den Ort des Grabes als die *area* des Prokurators Macrobius Candidatus, der vielleicht ein Patron der Gemeinde gewesen ist. Dabei wird die Lage des verehrten Grabes genau in die Topographie der Stadt eingezeichnet: in der Via Mappalensis neben den Fischteichen. So ist der Zugang zum verehrten Grab deutlich beschrieben.

Upenna, Duval, Loca 1 (1982) 64–67: *Hec sunt nomina martirum Petrus | Paulus Saturninus presbiter.* Bei Saturninus dürfte es sich um den für die Neugestaltung der Anlage in byzantinischer Zeit zuständigen Presbyter handeln. Durch die Einbeziehung der beiden Apostel und römischen Erzmärtyrer gibt der Bauherr so seiner Memoria der dreizehn lokalen Märtyrer einen über Nordafrika hinausreichenden ökumenischen Bezug, der dort durchaus einen antidonatistischen oder antihomöischen Akzent besessen haben kann.

260 Grabar, Martyrium 1–2 (1946) bleibt ein Fundament für die sich immer stärker differenzierende Forschung; vgl. auch Ward-Perkins, Memoria (1966); dazu wiederum Grabar, Martyrium (1969).
261 Duval, Saints (1988).
262 Vgl. die Ausgestaltung der Anastasius-Memoria in Salona-Manastirine: neben der älteren Darstellung bei Dyggve, History (1951) 103–117, jetzt Marin, Recherches (1995).
263 Vgl. in Rom, SS. Marcellino e Pietro, und Latium: Guyon, Cimetière (1987) 361–415; Seeliger, Geschichte (1987) 67–69 und Fiocchi Nicolai, Riflessi (1995) 197–232.
264 Ein weiteres Beispiel ist die Situation in der Westnekropole von Tipasa, wo wir zuerst frühe verehrte Gräber finden, zu denen im Laufe der Zeit viele andere Begräbnisse treten, bis schließlich Bischof Alexander um 400 dort seine Basilika baute, vgl. Leschi, Rapport (1940); ders., Tipasa (1942); Baradez, Tipasa (1952) 48–53; für Rom: Leipziger, Basiliken (2006).
265 Beispielhaft Löx, Monumenta (2013) zum Thema Märtyrerkult und Kirchenbau in Rom und Mailand in der zweiten Hälfte des 4. Jhs.
266 Vgl. die Mosaikinschrift aus Haidra, Kirche des Candidus: Duval, Églises (1974) 201–209: Basilique II und fig. 111 f; ders., Loca 1 (1982) 105–115: *Gloriosissimis beatissimisq(ue) martyribus qui persecutione(m?) Diocletiani et Maximia[ni] / divinis legibus passi sunt, quorum corpora hoc loco deposita aput Deum in aeternum mane[nt];/ his, cui divinitus inspirare hoc in animo dignatus est, nomina eorum venerandaque / corpora anaclitis lapideis cum hermulis adque mensa conclusit. Unde divine clemen/tiae cum suis omnibus gratias agit, qui memoriae martyrum merita exoptata / vota complevit. Felix semper vivat qui intentissime legerit, / felicior qui Deo omnipotenti per Christum eius tota fide craederit.* Zur Situation in Haidra auch: Duval, Chrétiens (2000) 436. – Allgemein zum Thema der „neuen Patroni" Rebenich, Wohltäter (2001) 27–36.129–131.

Wir erfahren dann durch AMaximil. 3,4, wie dieses kultische Zentrum wächst, indem zusätzlich ein Privatkult[267], nun durch eine andere Patronin, angesiedelt wird „am Hügel neben Cyprian, dem Märtyrer, nahe dem Palast". Solche Kultkonzentration lässt sich nicht nur in Nordafrika, sondern in der ganzen Ökumene anhand des archäologischen Materials oft beobachten, zumal wenn im Laufe der Zeit entweder Kirchenbauten in einem Coemeterium errichtet oder Translationen zu innerstädtischen Bauten durchgeführt worden sind. Die Monumentalisierung der Fructuosusverehrung in Tarragona gibt etwa davon Zeugnis (PFruct.): Das Märtyrergrab wird zu einem Pilgerzentrum.[268] In diesem Zusammenhang gilt es, mehrere einander entgegenstehende Tendenzen zu beachten: Konzentration, wie besonders in den Hauptstädten Rom[269] und Konstantinopel[270], steht neben Reliquienteilung[271], Lokalstolz neben Translation. Alle diese unterschiedlichen Phänomene hängen aber zusammen mit dem Machtpotential, das den Reliquien der Märtyrer zugewiesen wird[272] und das vom Vertrauen auf private Phylakterien[273] bis zur Vorstellung des städtebeschützenden Märtyrers wie etwa Demetrios von Thessaloniki[274] reicht.

---

[267] Der anfänglich sehr stark verbreitete Privatkult von Reliquien wird in der zweiten Hälfte des 4. Jhs. zunehmend kirchlich diszipliniert und in das liturgische Leben der Ortskirchen eingebaut, vgl. BROWN, Heiligenverehrung (1991) 40–49; von den Schwierigkeiten einer Integration eines Privatkultes in die normalen Gemeindegottesdienst gibt das Beispiel der Lucilla in Karthago Zeugnis mit ihrem Bedürfnis, über einem Märtyrerknochen die Kommunion zu empfangen. Der Streit mit Bischof Caecilian darüber dürfte ein nicht unwesentlicher Faktor für den Ausbruch des donatistischen Streites gewesen sein; dazu McGOWAN, Discipline (2003).
[268] KÖTTING, Peregrinatio (1980) passim; MARAVAL, Lieux (1985); ELSNER, Piety (2005). Vgl. auch die archäologische Aufarbeitung des Chrispina-Heiligtums in Tebessa: CHRISTERN, Pilgerheiligtum (1976).
[269] Vgl. die *Depositio martyrum* im *Chronographus anni CCCLIV* (MGH.AA 9, 71 f; Kalenderhandbuch [Divjak – Wischmeyer] 2, 500 f), dem ältesten Feriale der lateinischen Kirche: WISCHMEYER W., Depositio episcoporum – Depositio martyrum, LACL³, 2002, 189 f; SEELIGER H. R., Depositio episcoporum/martyrum, RGG⁴ 2, 1999, 670. Die römischen Traditionen arbeitet DIEFENBACH, Erinnerungsräume (2007) auf in Zusammenschau des *memoria*-Paradigmas mit dem archäologischen Kontext und einer religionswissenschaftlichen Perspektive, die stadtrömischen Gruppenidentitäten nachgeht. Zu den christlichen Erinnerungsorten im spätantiken Rom vgl. auch die Beiträge in: BEHRWALD – WITSCHEL, Rom (2012).
[270] DAGRON, Naissance (1974) 392–401.
[271] Drastische Schilderung der Hoffnung auf Reliquienteilung, wie sie in PFruct. und TestSeb. abgewehrt wird, im Leben Tychons p. 28,2–26: gierig wie die „Adler auf Aas" sammelte sich das Volk beim Tode des Heiligen, um Reliquienteile zu erhalten, doch die Wachsamkeit der Geistlichen betrog sie: USENER, Tychon (1907) 10; 138 f.
[272] So begegnet man den Reliquien *cum magno metu*, PFruct. C2. Zur *potentia* der Heiligen: BROWN, Heiligenverehrung (1991) 104–122.
[273] Vgl. die Übersicht über Reliquiare aus Serbien bei MILINKOVIĆ, Reliquiare (2013) 27–39.
[274] BAUER, Stadt (2013).

Dabei spielt der Ortsbezug eine besondere Rolle, sei es dass es darum geht, ein ländliches Pilgerzentrum gegen den Verlust an Bedeutung durch Reliquienzerstückelung[275] zu sichern (Test.Seb.), manchmal auch in der Antike schon durch Reliquienraub[276], sei es dass therapeutische Anstalten einer Ortsgemeinde herausgestellt werden sollen, wie in VAberc.[277] Diese Vita geht zudem auf eine lebendige Überlieferungsgeschichte zurück, die sich am epigraphischen Material am Ort orientiert und die bischöfliche Sukzessionsreihe begründet, zugleich aber eine ökumenische Dimension narrativ gestaltet in einer Erzählung, die ebenso ins Zentrum des Imperiums und in den Kaiserpalast führt wie an die Grenzen des Reiches. Einzelne Reliquien wie etwa die Tuchreliquie in MAread. können eine Rolle gespielt und als Kultätiologie gewirkt haben. Acacius ist zudem ein Beispiel dafür, dass die Verehrten auch Confessoren gewesen sein können, über deren Tod und Begräbnis nichts gesagt wird.

Märtyrerliteratur als ein Zeugnis vielfältiger Rezeptionsgeschichte

Es ist bemerkenswert, wie heterogen die Rezeption der einzelnen Märtyrer sein konnte; langzeitgeschichtlich können sehr divergente Bewegungen festgestellt werden. Für die so verschiedenartige Beliebtheit lassen sich unterschiedliche Gründe anführen. Ein Beispiel ist etwa der Sprachenwechsel, dem wohl in Rom beim Übergang zur lateinischen Kirchensprache Justin zum Opfer gefallen sein dürfte, der aber im Osten als kaiserlicher Schlachtenhelfer beliebt blieb. Im Zusammenhang damit stehen die seit dem 6. Jh. im Zuge der byzantinischen Militärpolitik in der Ostkirche immer beliebter werdenden Soldatenheiligen.[278] Auch die Zahl scheint für den Grad der Beliebtheit eine Rolle zu spielen: Als Gruppe zählen die Vierzig Märtyrer von Sebaste zu den beliebtesten Märtyrern der orthodoxen Welt. Von einer besonders intensiven Verehrung zeugt es, wenn, wie im merowingischen Gallien, Märtyrer in die

---

275 LIMBERIS, Architects (2011) 18–20 verweist mit vielen Beispielen auf die Praxis der Reliquienteilung und -privatisierung im kappadokischen Raum. LANE FOX, Pagans (1986) 446f spricht von „the race for bones and skin". – Zu den Reliquiaren als Behältnisse für die verehrten Teile vgl. NOGA-BANAI, Trophies (2008) und KALINOWSKI, Reliquiare (2011).
276 Der älteste Reliquienraub, den wir kennen, dürfte in der *Depositio martyrum* im Kalender von 354 zu finden sein, wo es zum 10. Juli heißt: *et in Maximi Silani. Hunc Silanum Novati furati sunt* (Kalenderhandbuch [Divjak – Wischmeyer] 2, 500). COD.Theod. 9, 17,7 (Mommsen) zählt Reliquienraub zu den Grabfreveln (*De sepulchris violatis*): *Nemo martyrem distrahat, nemo mercetur*. In späteren Zeiten wird er oft als Reliquientranslation stilisiert; vgl. GEARY, Furta (1990).
277 Darüber hinaus dürfte ein Wahlfahrtszentrum auch finanziellen Gewinn für die Gemeinschaft abwerfen, worauf Test.Seb. hindeutet. Dies gilt erst recht für mit Heilungen verbundene Zentren bei einem Märtyrergrab, so etwa am Felix-Grab in Nola-Cimitile, vgl. LEHMANN, Paulinus (2004); dabei wird die Kontinuität zu antiken Heiligtümern deutlich: DERS., Wunderheilungen (2006).
278 Zu den östlichen Soldatenheiligen: KAZHDAN A. P., Military Saints, The Oxford Dictionary of Byzantium 2, 1991, 1374; für den Westen vgl. SEELIGER H. R., Thebäische Legion, LThK³ 9, 2000, 1386.

Stammbäume großer Familien aufgenommen werden. Das ist bei den Märtyrern von Lyon und Vienne der Fall, worauf Gregor von Tours hinweist.[279]

Texte wie Abit., die ein specimen donatistischer Gruppenreligiosität darstellen, können Aufnahme in die Großkirche finden. Neben dem Lokalkolorit, das den Kontext einer Ortsgemeinde spiegelt, dürfen wir also mit einer von allen Christen geteilten gruppenspezifischen Verehrung rechnen, die konfessionelle Grenzen überschreitet. Das belegen etwa auch die ACypr. mit ihrer donatistischen Fassung. So gründet sich die Verehrung der Märtyrer nicht zuletzt darauf, dass ihr Machtpotential ein wichtiges Instrument darstellt, die Gemeinschaft zu sichern.[280] Das kann eine kleinere Gruppe sein, etwa die Ortsgemeinde, das kann eine von der Großkirche abweichende Gruppe sein wie die Donatisten, es kann aber auch die Großkirche selbst sein, wie die Rolle der Märtyrerin Euphemia 451 auf und nach dem Konzil von Chalkedon (451) zeigt,[281] oder sogar die Gesamtheit der spätantiken Christianismen.

Diese beachtlichen Unterschiede hinsichtlich der Rezeption der Märtyrerliteratur in der Spätantike verdeutlichen, dass die Überlieferung unserer Texte nicht als ein einfacher Spiegel des Grades an Verehrung des Verfolgungsopfers oder sonst ausgezeichneten Heiligen Mannes genommen werden darf. Auch die Intensität des Lokalkolorits im Text indiziert nicht den Grad einer weit verbreiteten Verehrung, wie MPion. zeigt. Dabei muss unsere Überlieferung natürlich kritisch auf Verluste hin hinterfragt werden, während Übersetzungen wie bei Phileas auf eine weitere Verbreitung des Kultes verweisen, als das erhaltene originalsprachliche Quellenmaterial zunächst nahelegt. Wenn die Überlieferung zu Fructuosus ein schönes Beispiel für die Entfaltung und geographische Ausbreitung eines Kultes darstellt, so lassen doch viele erhaltene Texte zu wenig verbreiteten Kulten erstaunen. Darüber hinaus kennen wir auch zahlreiche bedeutende archäologische Stätten, zu denen keine literarische Überlieferung vorhanden ist.[282]

Die kaiserzeitlich-spätantike Märtyrerliteratur wird jedenfalls nur dann richtig verstanden, wenn sie als Teil des komplexen Phänomens der Märtyrerverehrung insgesamt aufgefasst wird. Dabei ist diese Literatur im Kontext der kulturellen Möglichkeiten ihrer Zeit zugleich Produkt und Initiator der Märtyrerverehrung.

---

279 Auch in Kleinasien ist das Motiv der Verwandtschaft mit dem Märtyrer in aristokratischen Familien häufig belegt, vgl. LIMBERIS, Architects (2011) 97–156. Die Frage sei erlaubt, ob es sich bei der Intergration des Märtyrers in den eigenen Stammbaum um eine besondere Form der Transformation des Privatkultes handelt.
280 Zu neueren regionalen christentumsgeschichtlichen Ausführungen über den Märtyrerkult Nordafrikas vgl. BURNS – JENSEN, Christianity (2014) 519–551.
281 Vgl. SCHNEIDER, Euphemia (1951); SEELIGER H. R., Euphemia v. Chalkedon, LThK³ 3, 1995, 991 f.
282 Allgemein zu den christlichen *areae* Nordafrikas: SAXER, Saints (1979); DERS., Morts (1980); DUVAL, Chrétiens (2000) 425–457; speziell zu Karthago: REBILLARD, Religion (2003) 17–23.

Märtyrer von Lyon und Vienne 177

A. Zum Text

Der Text (BHG 1573) folgt der Edition der Kirchengeschichte des Eusebius von SCHWARTZ[1] unter Berücksichtigung von ORBÁN, Martyrium Lugdunensium (1987). Da dessen textkritischer Apparat nicht durchsichtig und in Teilen unzuverlässig ist, ist hier jedoch selektiv der Apparat von Schwartz zugrundegelegt.

Mit Schwartz unterscheiden wir zwei Gruppen von Handschriften in der Überlieferung der eusebianischen Kirchengeschichte.

1. Gruppe: Sie stellt Eusebs Ausgabe letzter Hand dar, auf die auch die lateinische (Rufinus = Λ) und die syrische (Σ) Übersetzung zurückgehen:
B   Paris, Bibliothèque nationale de France, cod. graec. 1431 (11./12. Jh.)
    Kopien:
    b Venedig, Biblioteca nazionale Marciana, cod. graec. 339 (Athos; 14. Jh.),
    β Paris, Bibliothèque nationale de France, cod. graec. 1432 (13./14. Jh.), kopiert in: cod. Vat. graec. 2205 (1330/1)
D   Paris, Bibliothèque nationale de France, cod. graec. 1433 (11./12. Jh.): beginnt (5) 2,6
M   Venedig, Biblioteca nazionale Marciana, cod. graec. 338 (frühestens 12. Jh.)
L   München, Bayerische Staatsbibliothek, cod. lat. 6375 (Freising; 9./10. Jh.)
Σ   WRIGHT – MACLEAN – MERZ, Eusebius (1898).

2. Gruppe: Hier handelt es sich um eine sehr alte, aber nacheusebianische Rezension:
A   Paris, Bibliothèque nationale de France, cod. graec. 1430 (11. Jh.) Kopie:
    a cod. Vat. Graec. 399 (11. Jh.)
T   Florenz, Biblioteca Medicea Laurenziana, cod. graec. 70,7 (11./12. Jh.)
E   Florenz, Biblioteca Medicea Laurenziana, cod. graec. 70,20 (10. Jh.)
R   Moskau, Synodalbibliothek, cod. graec. 50 (Athos, Dionysiou; 12. Jh.)
Π   *Consensus* aller griechischen Handschriften

c   alte, aber vom Schreiber zu unterscheidende *correctores*
r   *recentiores* (jüngere) *correctores*
m   *in margine* (am Rand)

Der Erstdruck erfolgte 1544 durch Robert Estienne, die erste kritische Ausgabe durch Henri Valois[2]. Wertvoll bleibt auch die Ausgabe von Albert Schwegler.[3]

---

[1] GCS 9/1 Schwartz 400–435; diese auch bei LANATA, Atti (1973) 123–130.
[2] Vgl. EGGER – LANDFESTER, Geschichte (2007) 245.
[3] Eusebii Pamphili historiae ecclesiasticae libri X, accedit brevis adnotatio critica, recognovit ALBERTUS SCHWEGLER, Tübingen 1852.

B. Zum Text

177, Lyon: Aus Briefen, welche die Gemeinden von Lyon und Vienne an Gemeinden in den Provinzen Asia und Phrygia sowie an Bischof Eleutherus in Rom schreiben, gehen folgende Nachrichten über Verfolgungen in Südgallien hervor: Nach antichristlichen Ausschreitungen, die den Hintergrund von populären Vorwürfen wie thyesteischen Mahlzeiten, ödipodeischem Umgang und Ähnlichem haben, nach Disziplinierungsmaßnahmen (diskriminierende Verbote und Ausweisungen) und Verhören durch den Militärtribun und städtische Beamte kommt es zu Verhaftungen und im Zusammenhang des gallischen Landtages von 177 zur Verhandlung vor dem *praeses* gegen eine große Anzahl von Christen sowie heidnischen Sklaven christlicher Eigentümer. Die Verurteilung ist in der verbrecherischen Handlung begründet, dem *nomen christianum* aus Starrsinn nicht abzuschwören. Das Verhör mit seinen blutigen Foltern, die schon den Tod einiger Christen brachten, führt einerseits aufgrund eines vom *praeses* bezüglich der Vielzahl römischer Bürger, die angeklagt sind, erbetenen Reskriptes von Marc Aurel zu spektakulärer öffentlicher Folter und Hinrichtung im Amphitheater von Lyon, andererseits auch zu vielen Apostaten gerade unter den montanistischen Charismatikern. Als Märtyrer werden neben dem vornehmen Bürger Vettius Epagathus, wohl einem Patron der Gemeinde, der Bischof Pothinus, der Diakon Sanctus von Vienne, der neugetaufte Maturus sowie der römische Bürger Attalus aus Pergamon genannt, der im Gefängnis die asketischen Montanisten Alcibiades und Theodotus zurechtweist. Ferner werden die Sklavin Blandina und ihre Herrin, ihr Bruder Ponticus sowie Biblis erwähnt, die zuerst verleugnet, dann aber bekennt. Die Leiber der Märtyrer werden verbrannt und ihre Asche in die Rhone gestreut. Es wird aber auch von überlebenden Confessoren berichtet.

C. Epistulae de martyribus Lugdunensibus et Viennensibus

Briefe über die Märtyrer aus Lyon und Vienne

(5) 1. Γαλλία μὲν οὖν ἡ χώρα ἦν, καθ' ἣν τὸ τῶν δηλουμένων συνεκροτεῖτο στάδιον. Ἧς μητροπόλεις ἐπίσημοι καὶ παρὰ τὰς ἄλλας τῶν αὐτόθι διαφέρουσαι βεβόηνται Λούγδουνος καὶ Βίεννα, δι' ὧν ἀμφοτέρων τὴν ἅπασαν χώραν πολλῷ τῷ ῥεύματι περιρρέων ὁ Ῥοδανὸς ποταμὸς διέξεισιν. 2. Τὴν οὖν περὶ τῶν μαρτύρων γραφὴν αἱ τῇδε διαφανέσταται ἐκκλησίαι ταῖς κατὰ τὴν Ἀσίαν καὶ Φρυγίαν διαπέμπονται, τὰ παρ' αὐταῖς πραχθέντα τοῦτον ἀνιστοροῦσαι τὸν τρόπον, παραθήσομαι δὲ τὰς αὐτῶν φωνάς.

3. „Οἱ ἐν Βιέννῃ καὶ Λουγδούνῳ τῆς Γαλλίας παροικοῦντες δοῦλοι Χριστοῦ τοῖς κατὰ τὴν Ἀσίαν καὶ Φρυγίαν τὴν αὐτὴν τῆς ἀπολυτρώσεως ἡμῖν πίστιν καὶ ἐλπίδα ἔχουσιν ἀδελφοῖς· εἰρήνη καὶ χάρις καὶ δόξα ἀπὸ θεοῦ πατρὸς καὶ Χριστοῦ Ἰησοῦ τοῦ κυρίου ἡμῶν." 4. Εἶτα τούτοις ἑξῆς ἕτερα προοιμιασάμενοι, τὴν τοῦ λόγου καταρχὴν ποιοῦνται ἐν τούτοις. „Τὸ μὲν οὖν μέγεθος τῆς ἐνθάδε θλίψεως καὶ τὴν τοσαύτην τῶν ἐθνῶν εἰς τοὺς ἁγίους ὀργὴν καὶ ὅσα ὑπέμειναν οἱ μακάριοι[1] μάρτυρες, ἐπ' ἀκριβὲς οὔθ' ἡμεῖς εἰπεῖν ἱκανοὶ οὔτε μὴν γραφῇ περιληφθῆναι δυνατόν. 5. Παντὶ γὰρ σθένει ἐνέσκηψεν ὁ ἀντικείμενος, προοιμιαζόμενος ἤδη τὴν ἀδεῶς μέλλουσαν ἔσεσθαι παρουσίαν αὐτοῦ, καὶ διὰ πάντων διῆλθεν, ἐθίζων τοὺς ἑαυτοῦ καὶ προγυμνάζων κατὰ τῶν δούλων τοῦ θεοῦ, ὥστε μὴ μόνον οἰκιῶν καὶ βαλανείων καὶ ἀγορᾶς εἴργεσθαι, ἀλλὰ καὶ τὸ καθόλου φαίνεσθαι ἡμῶν τινα αὐτοῖς ἀπειρῆσθαι ἐν ὁποίῳ δήποτε τόπῳ. 6. Ἀντεστρατήγει δὲ ἡ χάρις τοῦ θεοῦ, καὶ τοὺς μὲν ἀσθενεῖς ἐρρύετο, ἀντιπαρέτασσε δὲ στύλους ἑδραίους δυναμένους διὰ τῆς ὑπομονῆς πᾶσαν τὴν ὁρμὴν τοῦ πονηροῦ εἰς ἑαυτοὺς ἑλκύσαι[2] οἳ καὶ ὁμόσε ἐχώρουν[3], αὐτῷ πᾶν εἶδος ὀνειδισμοῦ καὶ κολάσεως ἀνεχόμενοι οἳ καὶ τὰ πολλὰ ὀλίγα ἡγούμενοι ἔσπευδον πρὸς Χριστόν, ὄντως ἐπιδεικνύμενοι ὅτι· Οὐκ ἄξια τὰ παθήματα τοῦ νῦν καιροῦ πρὸς τὴν μέλλουσαν δόξαν ἀποκαλυφθῆναι εἰς ἡμᾶς.

7. Καὶ πρῶτον μὲν τὰ ἀπὸ τοῦ ὄχλου πανδημεὶ σωρηδὸν ἐπιφερόμενα γενναίως ὑπέμενον, ἐπιβοήσεις[4] καὶ πληγὰς καὶ συρμοὺς καὶ διαρπαγὰς[5] καὶ λίθων βολὰς καὶ συγκλείσεις καὶ πάνθ' ὅσα ἠγριωμένῳ πλήθει ὡς πρὸς ἐχθροὺς καὶ πολεμίους φιλεῖ γίνεσθαι. 8. Καὶ δὴ ἀναχθέντες εἰς τὴν ἀγορὰν ὑπό τε τοῦ χιλιάρχου καὶ τῶν προεστηκότων τῆς πόλεως ἐξουσιῶν ἐπὶ παντὸς τοῦ πλήθους ἀνακριθέντες καὶ

---

[1] μακάριοι *om.* Τ
[2] ἐκλύσαι Τ
[3] ΒΜΣΛ, ἐχώρουν αὐτῷ ATER
[4] ἐπιβοήσεις καὶ *om.* Σ
[5] καὶ συρμοὺς καὶ διαρπαγὰς *om.* Τ'ΣΛ

(5) 1. Gallien nun war das Land, in dem das Stadion für die nun Vorzustellenden errichtet wurde. Seine Metropolen sind berühmt und zeichnen sich vor den anderen Städten dort aus – sie heißen Lyon[1] und Vienne. Durch beide fließt der Fluss Rhone, der das ganze Land wasserreich durchströmt. 2. Das Schreiben über die Märtyrer haben die dortigen, hell erleuchteten Gemeinden an diejenigen in der Asia und in Phrygia[2] geschickt, indem sie das, was bei ihnen geschehen war, auf diese Weise schilderten. Ich werde also ihre Worte zitieren:

3. „Die in Vienne und Lyon in Gallien lebenden Diener Christi an die in der Asia und Phrygia, die als unsere Brüder denselben Glauben an die Erlösung und die Hoffnung haben: Friede und Gnade und Herrlichkeit von Gott, dem Vater, und Jesus Christus, unserem Herrn." 4. Nach längeren Ausführungen in der Briefeinleitung lassen sie den Bericht dann folgendermaßen beginnen: „Die Größe der hiesigen Bedrängnis[3], der riesige Hass der Heiden gegen die Heiligen, und was die seligen Märtyrer ertrugen, sind wir weder geeignet, genau wiederzugeben, noch ist es möglich, dies schriftlich vollständig darzustellen. 5. Denn mit aller Gewalt stürmte der Widersacher[4] heran und leitete seine schreckliche Ankunft[5] in der Zukunft schon jetzt ein. Er durchdrang alles, indem er die Seinen gegen die Diener Gottes anleitete und einübte, so dass wir nicht nur von unseren Wohnhäusern, den Bädern und dem Marktplatz ferngehalten wurden, sondern auch verboten wurde, dass sich irgendeiner von uns überhaupt vor ihnen an irgendeinem Ort jemals sehen ließ[6]. 6. Aber die Gnade Gottes kämpfte dagegen, rettete die Schwachen aus der Gefahr und stellte standhafte Säulen[7] auf, die die Kraft hatten, durch ihre Geduld jeden Ansturm des Feindes auf sich zu ziehen. Sie rückten gemeinsam vor und hielten jeder Form von Beschimpfung und Züchtigung stand.[8] Dies alles achteten sie gering und eilten zu Christus und zeigten so auf, ‚dass die Leiden der jetzigen Zeit nicht vergleichbar sind mit der zukünftigen Herrlichkeit, die an uns offenbar werden wird'[9].

7. Zunächst ertrugen sie edel die Angriffe des zusammengerottet auftretenden gemeinen Volkes, die Pöbeleien und die Schläge, die Peitschenhiebe, die Plünderungen, die Steinwürfe, die drangvolle Enge und alles, was eine zornige Menge gegen Feinde und Gegner tut. 8. Und nachdem sie schließlich auf den Marktplatz geführt und von dem Militärtribun[10] und den Vorstehern der städtischen Behörden vor dem

---

1 HIRSCHFELD, Geschichte (1895).
2 Zur Verbindung von Asia und Gallien vgl. BOWERSOCK, Martyrdom (1995) 85–98.
3 θλῖψις: biblisch-apokalyptische Terminologie, vgl. BAUER/ALAND 735 f.
4 ἀντικείμενος, vgl. 2 Makk 10,26; 2 Thess 2,4; Phil 1,28.
5 Παρουσία: biblisch im negativen Kontext nur in 2 Thess 2,9.
6 Hinweis auf eine erste Coercitionsmaßnahme gegen die Christen, die Ausweisung aus der Stadt (vgl. die Vertreibung der Juden aus Rom, SVET.Claud. 25,4 [BSGRT 209 Ihm]).
7 Vgl. Gal 2,9.
8 Vgl. Hebr 10,32 f.
9 Röm 8,18.
10 In Lugdunum war die *cohors I urbana* stationiert, vgl. ECHOLS, Cohorts (1961).

ὁμολογήσαντες, συνεκλείσθησαν εἰς τὴν εἱρκτὴν ἕως τοῦ ἡγεμόνος τῆς παρουσίας. 9. Μετέπειτα δὲ ἐπὶ τὸν ἡγεμόνα ἀχθέντων αὐτῶν, κἀκείνου πάσῃ τῇ πρὸς ἡμᾶς ὠμότητι χρωμένου, Οὐέττιος Ἐπάγαθος, εἷς ἐκ τῶν ἀδελφῶν, πλήρωμα ἀγάπης τῆς πρὸς τὸν θεὸν καὶ πρὸς τὸν πλησίον κεχωρηκώς, οὗ[6] καὶ ἐπὶ τοσοῦτον ἠκρίβωτο ἡ
5 πολιτεία[7], ὡς καίπερ ὄντα νέον συνεξισοῦσθαι τῇ τοῦ πρεσβυτέρου Ζαχαρίου μαρτυρίᾳ. Πεπόρευτο[8] γοῦν ἐν πάσαις ταῖς ἐντολαῖς καὶ δικαιώμασι τοῦ κυρίου ἄμεμπτος καὶ πάσῃ τῇ πρὸς τὸν πλησίον λειτουργίᾳ ἄοκνος, ζῆλον θεοῦ πολὺν ἔχων καὶ ζέων τῷ πνεύματι. Τοιοῦτος δή τις ὤν, τὴν οὕτως καθ' ἡμῶν ἀλόγως γινομένην κρίσιν οὐκ ἐβάστασεν, ἀλλ' ὑπερηγανάκτησε καὶ ἠξίου καὶ αὐτὸς ἀκουσθῆναι ἀπολογούμενος[9]
10 ὑπὲρ τῶν ἀδελφῶν ὅτι μηδὲν ἄθεον μηδὲ ἀσεβές ἐστιν ἐν ἡμῖν. 10. Τῶν δὲ περὶ τὸ βῆμα καταβοησάντων αὐτοῦ, καὶ γὰρ ἦν ἐπίσημος, καὶ τοῦ ἡγεμόνος μὴ ἀνασχομένου τῆς οὕτως ὑπ' αὐτοῦ δικαίας προταθείσης ἀξιώσεως, ἀλλὰ μόνον τοῦτο πυθομένου, εἰ καὶ αὐτὸς εἴη Χριστιανός, τοῦ δὲ λαμπροτάτῃ φωνῇ ὁμολογήσαντος, ἀνελήφθη καὶ αὐτὸς εἰς τὸν κλῆρον τῶν μαρτύρων, παράκλητος Χριστιανῶν χρηματίσας, ἔχων δὲ
15 τὸν παράκλητον ἐν ἑαυτῷ, τὸ πνεῦμα[10] πλεῖον τοῦ Ζαχαρίου, ὃ διὰ τοῦ πληρώματος τῆς ἀγάπης ἐνεδείξατο, εὐδοκήσας ὑπὲρ τῆς τῶν ἀδελφῶν ἀπολογίας καὶ τὴν ἑαυτοῦ

---

6 ὥς TER
7 τῇ πολιτείᾳ TER
8 πεπόρευται M
9 ABM, ὑπεραπολογούμενος TER
10 τὸ πνα. πλεῖον ΑΣ, *cfr* HARNACK, Bemerkungen (1903) 201

ganzen Volk befragt worden waren und bekannt hatten, wurden sie bis zur Ankunft des *praeses* zusammen im Gefängnis in drangvoller Enge eingeschlossen. 9. Als sie dann vor den *praeses* geführt wurden und er uns mit aller Grobheit behandelte, war einer unter den Brüdern, Vettius Epagathus[11], der der Fülle der Liebe zu Gott und zum Nächsten in seinem Herzen Platz gegeben hatte, dessen Lebensführung so perfekt war, dass sie, obwohl er jung war, trotzdem mit dem Zeugnis über den Presbyter Zacharias[12] gleichgesetzt wurde. Er wandelte also tadellos in allen Geboten und Satzungen des Herrn[13] und war eifrig bereit zu jedem Dienst für den Nächsten, denn er hatte großen Eifer für Gott und war glühend im Geist. Jemand, der so beschaffen war, konnte natürlich die gegen uns derart unvernünftig erlassene Entscheidung[14] nicht ertragen, sondern er war sehr aufgebracht und verlangte, dass er selbst gehört werde, wenn er für die Brüder zu Verteidigung vorbrächte[15], dass es bei uns nichts Gottloses und keinen Religionsfrevel gebe. 10. Die um das Gerichtspodium Stehenden schlugen ihn nieder, obwohl er einer der Vornehmen[16] war, und der *praeses* ließ die von ihm so gerecht aufgestellte Forderung nicht zu, sondern fragte ihn nur, ob er auch ein Christ sei. Als er dies mit klarer und deutlicher Stimme bekannte, wurde auch er in den Stand der Märtyrer aufgenommen, er, der Beistand der Christen hieß, der er selbst den Beistand[17] in sich hatte, den vollkommenen Geist des Zacharias, was er durch die Fülle der Liebe zeigte, als er dazu entschlossen war, für die Verteidigung der

---

11 Vettius ist ein römischer Gentilname, der hier mit einem griechischen Namen verbunden ist, der den Besitzer als „über-gut" ausweist. – Nach FREND, Martyrdom (1965) 3.6.15.19 ist er ein griechischer oder kleinasiatischer Freigelassener, dessen Darstellung derjenigen des Rasis in 2 Makk 14,37–46 folgt; ausführliche Erörterung der sozialen Stellung bei THOMAS, Condition (1978) 102–106. Gregor von Tours wird ihn über den Senator Leocadius zu seinen Vorfahren zählen: *Hi vero, non obtentam a quo petierant domum, Leocadium quendam et primum Galliarum senatorem, qui de stirpe Vecti Epagati fuit, quem Lugduno passum pro Christi nomine superius memoravimus, repererunt*: GREG.TVR.Franc. 1,31 (MGH.SRM 1/1, 24 Krusch – Levison).
12 Vgl. Lk 1,5: Der ἱερεύς Zacharias ist hier zum πρεσβύτερος geworden. Zacharias war also weder ein „martyr fantôme" noch ist mit einem Namen *Vettius Epagathus qui et Zacharias* zu rechnen, noch mit einer Zugehörigkeit dieser Person als Presbyter oder Bischof zum Klerus: MARTIN, Liste (1900); QUENTIN, Liste (1921) 134 f; THOMAS, Condition (1978) 105 f.
13 Vgl. Lk 1,6.
14 Es ist also schon eine κρίσις ergangen, s. o. 5, 1,5.
15 Technischer Gebrauch von ἀπολογεῖσθαι in einem Gerichtsverfahren unter Beteiligung eines Verteidigers.
16 ἐπίσημος ist wohl im technischen Sinn zu verstehen, d. h. bei Vettius Epagathus handelt es sich um einen ritterlichen Munizipalbürger Lyons, vgl. WISCHMEYER, Golgatha (1992) 78.
17 Wahrscheinlich wird hier mit einer doppelten Bedeutung von παράκλητος gespielt: Zum einen im Sinne des Sprachgebrauches im Johannesevangelium, vgl. Joh 14,16.26; 15,26; 16,7; zum anderen ist hier auf die Funktion des Epagathus innerhalb der christlichen Gemeinde angespielt: Er vertritt die Gemeinde als ihr Repräsentant, was auf eine Tätigkeit als *patronus* sowohl innerhalb des antiken Klientelsystems als auch der christlichen Wohltätigkeit hinweist, vgl. WISCHMEYER ebd.

θεῖναι ψυχήν· ἦν γὰρ καὶ ἔστι γνήσιος Χριστοῦ μαθητής, ἀκολουθῶν τῷ ἀρνίῳ ὅπου ἂν ὑπάγῃ.

11. Ἐντεῦθεν δὴ διεκρίνοντο οἱ λοιποί, καὶ φανεροὶ καὶ ἕτοιμοι ἐγίνοντο πρωτομάρτυρες, οἳ καὶ μετὰ πάσης προθυμίας ἀνεπλήρουν τὴν ὁμολογίαν τῆς
5 μαρτυρίας, ἐφαίνοντο δὲ καὶ οἱ ἀνέτοιμοι καὶ ἀγύμναστοι καὶ ἔτι ἀσθενεῖς, ἀγῶνος μεγάλου τόνον[11] ἐνεγκεῖν μὴ δυνάμενοι, ὧν καὶ ἐξέτρωσαν[12] ὡς δέκα τὸν ἀριθμόν, οἳ καὶ μεγάλην λύπην καὶ πένθος ἀμέτρητον ἐνεποίησαν ἡμῖν καὶ τὴν προθυμίαν τῶν λοιπῶν τῶν μὴ συνειλημμένων ἐνέκοψαν· οἳ καίπερ πάντα τὰ δεινὰ πάσχοντες, ὅμως συμπαρῆσαν τοῖς μάρτυσι καὶ οὐκ ἀπελείποντο αὐτῶν. 12. Τότε δὴ οἱ πάντες μεγάλως
10 ἐπτοήθημεν διὰ τὸ ἄδηλον τῆς ὁμολογίας, οὐ τὰς ἐπιφερομένας κολάσεις φοβούμενοι, ἀλλὰ τὸ τέλος ἀφορῶντες καὶ τὸ ἀποπεσεῖν τινα δεδιότες. 13. Συνελαμβάνοντο μέντοι καθ' ἑκάστην ἡμέραν οἱ ἄξιοι, τὸν ἐκείνων ἀναπληροῦντες ἀριθμόν, ὥστε συλλεγῆναι ἐκ τῶν δύο ἐκκλησιῶν πάντας τοὺς σπουδαίους καὶ δι' ὧν μάλιστα συνειστήκει τὰ ἐνθάδε· 14. συνελαμβάνοντο δὲ καὶ ἐθνικοί τινες οἰκέται τῶν ἡμετέρων, ἐπεὶ δημοσίᾳ
15 ἐκέλευσεν ὁ ἡγεμὼν ἀναζητεῖσθαι πάντας ἡμᾶς· οἳ καὶ κατ' ἐνέδραν τοῦ σατανᾶ, φοβηθέντες τὰς βασάνους, ἃς τοὺς ἁγίους ἔβλεπον πάσχοντας, τῶν στρατιωτῶν ἐπὶ τοῦτο παρορμώντων αὐτούς, κατεψεύσαντο ἡμῶν Θυέστεια δεῖπνα καὶ Οἰδιποδείους μίξεις καὶ ὅσα μήτε λαλεῖν μήτε νοεῖν θέμις ἡμῖν, ἀλλὰ μηδὲ πιστεύειν εἴ τι τοιοῦτο πώποτε παρὰ ἀνθρώποις ἐγένετο. 15. Τούτων δὲ φημισθέντων, πάντες
20 ἀπεθηριώθησαν εἰς ἡμᾶς, ὥστε καὶ εἴ τινες τὸ πρότερον δι' οἰκειότητα ἐμετρίαζον, τότε μεγάλως ἐχαλέπαινον καὶ διεπρίοντο καθ' ἡμῶν· ἐπληροῦτο δὲ τὸ ὑπὸ τοῦ

---

[11] τὸν ὄγκον M, pondus Λ
[12] ταχέως ἐξέπεσαν M

Brüder sein eigenes Leben zu geben.[18] Denn er war und ist ein echter Jünger Christi, der dem Lamm folgt, wohin es auch geht.[19]

11. Von da an teilten sich die übrigen[20]: Die einen wurden offen und bereitwillig zu Protomärtyrern[21], die das Bekenntnis des Martyriums mit allem Eifer erfüllten. Die anderen aber erschienen nicht bereit, ungeübt und noch schwach. Des großen Kampfes Anstrengungen zu ertragen waren sie nicht fähig. Von ihnen waren ungefähr zehn an der Zahl Fehlgeburten[22]. Sie verursachten bei uns große Trauer und unermesslichen Schmerz und schwächten den Eifer der übrigen, die nicht gefangen genommen worden waren, die aber, obwohl sie viele Schrecken erlitten, trotzdem mit den Märtyrern zusammen waren und sie nicht allein ließen. 12. Damals waren wir alle sehr in Furcht und unseres Bekenntnisses nicht sicher, nicht, weil wir die drohenden Züchtigungen fürchteten, sondern weil wir den Blick auf das Ziel richteten und zugleich fürchteten, es könne jemand abfallen. 13. Jeden Tag wurden freilich diejenigen verhaftet, die würdig waren, die Zahl jener (Märtyrer) zu vergrößern, sodass alle aus den zwei Kirchen[23] versammelt wurden, die eifrig waren und durch die die hiesigen (Gemeinden) am meisten Bestand hatten. 14. Es wurden aber auch einige Heiden verhaftet, die unseren Leuten als Sklaven gehörten, denn der *praeses* hatte öffentlich befohlen, uns alle aufzuspüren. Diese erdichteten durch die List des Teufels – denn sie fürchteten die Folterqualen, die sie die Heiligen erleiden sahen, und die Anstachelungen der Soldaten – gegen uns thyesteische Mahlzeiten und ödipodeischen Umgang[24] und weiteres, was uns weder zu sagen noch zu denken erlaubt ist, sondern von dem wir nicht einmal glauben, dass solches jemals unter Menschen geschehen ist. 15. Als dies aber verbreitet wurde, wurden alle wild gegen uns, sodass einige, auch wenn sie sich zuvor aufgrund von Freundschaft gemäßigt hatten, dar-

---

18 Vgl. 1 Joh 3,16.
19 Vgl. Offb 14,4.
20 Die große Scheidung, die hier beschrieben wird, ist ein Zeichen der Endzeit, vgl. Mt 25,31–46 und Lk 17,34 f. In unserem Text ist interessant, dass es sich nicht um eine einmalige Scheidung handelt, sondern um wiederholte Stufen, die – wie bei der zweiten Buße – den Gefallenen eine neue Möglichkeit der Bewährung eröffnet.
21 Das Wort begegnet hier und in vielen Handschriften der APaulThecl. in der Titelangabe, AAAp 1, 235 (Lipsius); hier in 5, 1,11 wird es wohl zum ersten Mal und im Plural gebraucht. In 5, 2,5 wird Stephanus als „vollkommener" bezeichnet und nicht mit dem später üblichen Epitheton „Protomärtyrer".
22 S.u. 5, 1,45.
23 Lyon und Vienne.
24 Vgl. ATHENAG.leg. 3 (PTS 31, 26 f Marcovich); 32 (101–103); TERT.apol. 7,1 (CChr.SL 1, 98 Dekkers); MIN.FEL. 9 (BSGRT 7 Kytzler); OR.Cels. 1,1 (FC 50/1, 194–196 Fiedrowicz –Barthold). Bei dem Vorwurf der thyesteischen Mahlzeiten geht es nicht nur allein um den des Kannibalismus, sondern darüber hinaus um den Vorwurf des Verspeisens von (eigenen) Kindern; vgl. SPEYER, Vorwürfe (1963).

κυρίου ἡμῶν εἰρημένον ὅτι· Ἐλεύσεται καιρὸς ἐν ᾧ πᾶς ὁ ἀποκτείνας ὑμᾶς δόξει λατρείαν προσφέρειν τῷ θεῷ. 16. Ἐνταῦθα λοιπὸν ὑπεράνω πάσης ἐξηγήσεως ὑπέμενον κολάσεις οἱ ἅγιοι μάρτυρες, φιλοτιμουμένου τοῦ σατανᾶ καὶ δι᾽ ἐκείνων ῥηθῆναί τι τῶν βλασφήμων· 17. ὑπερβεβλημένως δὲ ἐνέσκηψεν ἡ ὀργὴ πᾶσα καὶ
5 ὄχλου καὶ ἡγεμόνος καὶ στρατιωτῶν εἰς Σάγκτον τὸν διάκονον ἀπὸ Βιέννης καὶ εἰς Μάτουρον, νεοφώτιστον μὲν ἀλλὰ γενναῖον ἀγωνιστήν, καὶ εἰς Ἄτταλον Περγαμηνὸν τῷ γένει, στῦλον καὶ ἑδραίωμα τῶν ἐνταῦθα ἀεὶ γεγονότα, καὶ εἰς Βλανδῖναν, δι᾽ ἧς ἐπέδειξεν ὁ Χριστὸς ὅτι τὰ παρὰ ἀνθρώποις εὐτελῆ καὶ ἀειδῆ καὶ εὐκαταφρόνητα φαινόμενα μεγάλης καταξιοῦται παρὰ θεῷ δόξης διὰ τὴν πρὸς αὐτὸν ἀγάπην τὴν ἐν
10 δυνάμει δεικνυμένην καὶ μὴ ἐν εἴδει καυχωμένην. 18. Ἡμῶν γὰρ πάντων δεδιότων καὶ τῆς σαρκίνης δεσποίνης αὐτῆς, ἥτις ἦν καὶ αὐτὴ τῶν μαρτύρων μία ἀγωνίστρια, ἀγωνιώσης μὴ οὐδὲ τὴν ὁμολογίαν δυνήσεται παρρησιάσασθαι διὰ τὸ ἀσθενὲς τοῦ σώματος, ἡ Βλανδῖνα τοσαύτης ἐπληρώθη δυνάμεως ὥστε ἐκλυθῆναι καὶ παρεθῆναι τοὺς κατὰ διαδοχὰς παντὶ τρόπῳ βασανίζοντας αὐτὴν ἀπὸ ἑωθινῆς ἕως ἑσπέρας καὶ
15 αὐτοὺς ὁμολογοῦντας ὅτι νενίκηνται, μηδὲν ἔχοντες μηκέτι ὃ ποιήσουσιν αὐτῇ, καὶ θαυμάζειν ἐπὶ τῷ παραμένειν ἔμπνουν αὐτήν, παντὸς τοῦ σώματος περιερρωγότος καὶ ἠνεῳγμένου, καὶ μαρτυρεῖν ὅτι ἓν εἶδος στρεβλώσεως ἱκανὸν ἦν πρὸς τὸ ἐξαγαγεῖν τὴν ψυχήν, οὐχ ὅτι γε τοιαῦτα καὶ τοσαῦτα. 19. Ἀλλ᾽ ἡ μακαρία ὡς γενναῖος ἀθλητὴς ἀνενέαζεν ἐν τῇ ὁμολογίᾳ καὶ ἦν αὐτῆς ἀνάληψις[13] καὶ ἀνάπαυσις καὶ ἀναλγησία τῶν
20 συμβαινόντων τὸ λέγειν ὅτι· Χριστιανή εἰμι καὶ παρ᾽ ἡμῖν οὐδὲν φαῦλον γίνεται.

20. Ὁ δὲ Σάγκτος καὶ αὐτὸς ὑπερβεβλημένως καὶ ὑπὲρ πάντα ἄνθρωπον πάσας τὰς ἐξ ἀνθρώπων[14] αἰκίας γενναίως ὑπομένων, τῶν ἀνόμων ἐλπιζόντων διὰ τὴν ἐπιμονὴν[15] καὶ τὸ μέγεθος τῶν βασάνων ἀκούσεσθαί τι παρ᾽ αὐτοῦ τῶν μὴ δεόντων, τοσαύτῃ ὑποστάσει ἀντιπαρετάξατο αὐτοῖς ὥστε μηδὲ τὸ ἴδιον κατειπεῖν ὄνομα μήτε ἔθνους
25 μήτε πόλεως ὅθεν ἦν μήτε εἰ δοῦλος ἢ ἐλεύθερος εἴη ἀλλὰ πρὸς πάντα τὰ ἐπερωτώμενα

---

13 ἀνάνευσις M
14 ex ἐξ ἀνθρώπων in codd. coni. ἐξανθρώπους Schwartz
15 ὑπομονὴν BM

aufhin sehr wütend wurden und gegen uns ergrimmten. Es erfüllte sich aber das Wort des Herrn, dass eine Zeit kommen werde, in der jeder, der euch tötet, meint, einen Dienst für Gott zu tun.[25] 16. Von nun an ertrugen die heiligen Märtyrer Züchtigungen jenseits jeder Beschreibung, denn der Satan setzte seinen Ehrgeiz darein, dass auch von ihnen irgendeine Gotteslästerung ausgesprochen würde. 17. Aber der ganze Zorn des Volkes, des *praeses* und der Soldaten richtete sich maßlos gegen Sanctus[26], den Diakon aus Vienne, und gegen Maturus[27], der zwar erst gerade getauft, aber ein edler Kämpfer war, und gegen Attalus[28] aus Pergamon, der für die hiesigen immer eine Säule und ein Fundament[29] gewesen war, und gegen Blandina[30], durch die Christus zeigte, dass, was bei den Menschen billig, unansehnlich und verächtlich erscheint, bei Gott in großer Ehre gehalten wird[31] wegen der Liebe zu ihm, die sich in der Kraft zeigt und sich ihrer Schönheit nicht rühmt. 18. Während wir alle, auch ihre irdische Herrin[32], die auch selbst unter den Märtyrern eine Kämpferin war, fürchteten, dass das Bekenntnis der Kämpfenden aufgrund der Schwäche des Körpers nicht freimütig gesprochen werden könne, wurde Blandina von einer derartigen Kraft erfüllt, dass diejenigen, die sie von morgens bis abends der Reihe nach auf jegliche Weise folterten, entkräftet und ermüdet wurden und bekannten, dass sie besiegt seien, denn sie hatten nichts mehr, was sie ihr antun konnten, und wunderten sich, dass sie noch weiter atmete, obwohl ihr ganzer Körper zerrissen und aufgerissen war. Und sie bekannten, dass eigentlich eine einzige Art der Folterung ausreichend wäre, das Leben zu verlieren, ganz zu schweigen von derartigen und so vielen. 19. Aber die Selige wurde in ihrem Bekenntnis wieder jung wie ein edler Athlet, und ihre Genesung, ihr Friede und ihre Schmerzunempfindlichkeit dem Geschehen gegenüber[33] beruhten darauf, dass sie sagte: ‚Ich bin eine Christin und bei uns geschieht nichts Böses.'

20. Auch Sanctus selbst ertrug edelmütig und über alles menschliche Maß hinaus alle Misshandlungen, die von Menschen geschehen können, während die Frevler hofften, durch die Dauer und die Intensität der Folterungen etwas Unerlaubtes von ihm zu hören. Er stellte sich ihnen mit einer solchen Kraft entgegen, dass er weder seinen eigenen Namen sagte noch aus welchem Volk oder welcher Stadt er stamme, weder ob er ein Sklave, noch ob er frei sei. Auf alle Fragen antwortete er auf Latein:

---

25 Joh 16,2.
26 FREND, Martyrdom (1965) 2.4.6 f.19 und 25 Anm. 57; THOMAS, Condition (1978) 102.
27 FREND, Martyrdom (1965) 7 f; THOMAS, Condition (1978) 100.
28 FREND, Martyrdom (1965) 7 f.12.15.25 Anm. 50.98 f.
29 Vgl. 5, 1,6 und 1 Tim 3,15; die Wortwahl weist zugleich darauf hin, dass es sich auch bei dem römischen Bürger Attalus (s. u. 5, 1,44) um einen Patron der Gemeinde handelte. Seine große Autorität innerhalb der Gemeinde zeigt auch 5, 3,2, vgl. WISCHMEYER, Golgatha (1992) 79.
30 FREND, Martyrdom (1965) 4.7–10.15.19.275; GUILLAUMIN, Blandine (1972); THOMAS, Condition (1978) 99 f. – Ferner zu Blandina: 5, 1,54–57 mit Komm.
31 Vgl. 1 Kor 1,27 f.
32 Sie bleibt namenlos.
33 S. u. 5, 1,56.

ἀπεκρίνατο τῇ Ῥωμαϊκῇ φωνῇ· Χριστιανός εἰμι. Τοῦτο καὶ ἀντὶ ὀνόματος καὶ ἀντὶ πόλεως καὶ ἀντὶ γένους καὶ ἀντὶ παντὸς ἐπαλλήλως ὡμολόγει, ἄλλην δὲ φωνὴν οὐκ ἤκουσαν αὐτοῦ τὰ ἔθνη· 21. ὅθεν δὴ καὶ φιλονεικία μεγάλη τοῦ τε ἡγεμόνος καὶ τῶν βασανιστῶν ἐγένετο πρὸς αὐτὸν ὥστε ὁπότε μηκέτι μηδὲν εἶχον ὃ ποιήσουσιν αὐτῷ,
5 τὸ τελευταῖον χαλκᾶς λεπίδας διαπύρους προσεκόλλων τοῖς τρυφερωτάτοις μέλεσι τοῦ σώματος αὐτοῦ. 22. Καὶ ταῦτα μὲν ἐκαίετο, αὐτὸς δὲ παρέμενεν ἀνεπίκαμπτος καὶ ἀνένδοτος, στερρὸς πρὸς τὴν ὁμολογίαν ὑπὸ τῆς οὐρανίου πηγῆς τοῦ ὕδατος τῆς ζωῆς τοῦ ἐξιόντος ἐκ τῆς νηδύος τοῦ Χριστοῦ δροσιζόμενος καὶ ἐνδυναμούμενος· 23. τὸ δὲ σωμάτιον μάρτυς ἦν τῶν συμβεβηκότων, ὅλον τραῦμα καὶ μώλωψ καὶ
10 συνεσπασμένον καὶ ἀποβεβληκὸς τὴν ἀνθρώπειον ἔξωθεν μορφήν, ἐν ᾧ πάσχων Χριστὸς μεγάλας ἐπετέλει δόξας, καταργῶν τὸν ἀντικείμενον καὶ εἰς τὴν τῶν λοιπῶν ὑποτύπωσιν ὑποδεικνύων ὅτι μηδὲν φοβερὸν ὅπου πατρὸς ἀγάπη μηδὲ ἀλγεινὸν ὅπου Χριστοῦ δόξα.

24. Τῶν γὰρ ἀνόμων μεθ' ἡμέρας πάλιν στρεβλούντων τὸν μάρτυρα, καὶ νομιζόντων
15 ὅτι οἰδούντων καὶ φλεγμαινόντων τῶν σωμάτων, εἰ τὰ αὐτὰ προσενέγκοιεν κολαστήρια, περιέσοιντο αὐτοῦ ὁπότε οὐδὲ τὴν ἀπὸ τῶν χειρῶν[16] ἁφὴν ἠνείχετο ἢ ὅτι ἐναποθανὼν ταῖς βασάνοις φόβον ἐμποιήσειε τοῖς λοιποῖς, οὐ μόνον οὐδὲν περὶ αὐτὸν τοιοῦτο συνέβη ἀλλὰ καὶ παρὰ πᾶσαν δόξαν ἀνθρώπων ἀνέκυψε καὶ ἀνωρθώθη τὸ σωμάτιον ἐν ταῖς μετέπειτα βασάνοις καὶ τὴν ἰδέαν ἀπέλαβε τὴν προτέραν καὶ
20 τὴν χρῆσιν τῶν μελῶν ὥστε μὴ κόλασιν ἀλλ' ἴασιν διὰ τῆς χάριτος τοῦ Χριστοῦ τὴν δευτέραν στρέβλωσιν αὐτῷ γενέσθαι.

25. Καὶ Βιβλίδα δέ τινα μίαν[17] τῶν ἠρνημένων ἤδη δοκῶν ὁ διάβολος καταπεπωκέναι, θελήσας δὲ καὶ διὰ βλασφημίας κατακρῖναι, ἦγεν ἐπὶ κόλασιν ἀναγκάζων εἰπεῖν τὰ ἄθεα περὶ ἡμῶν ὡς εὔθραυστον ἤδη καὶ ἄνανδρον. 26. Ἡ δὲ ἐν τῇ στρεβλώσει ἀνένηψε
25 καὶ ὡς ἂν εἰπεῖν ἐκ βαθέος ὕπνου ἀνεγρηγόρησεν, ὑπομνησθεῖσα διὰ τῆς προσκαίρου τιμωρίας τὴν αἰώνιον ἐν γεέννῃ κόλασιν καὶ ἐξ ἐναντίας ἀντεῖπε τοῖς βλασφήμοις[18]

---

16 χειρῶν ARB χειρῶν αὐτοῦ TE χειρῶν αὐτῷ M
17 T¹BM τινα A τινα μίαν TᶜT'ER
18 βασανισταις ERB *ad populum* Λ

‚Ich bin ein Christ.'³⁴ Dies bekannte er ununterbrochen anstatt seines Namens, seiner Stadt, seiner Herkunft und statt allem anderen; kein anderes Wort hörte das Volk von ihm. 21. Deshalb wurde nun der Hass des *praeses* und der Folterknechte gegen ihn so groß, dass sie, als sie sonst nichts mehr hatten, was sie ihm antun konnten, glühende Eisenteile auf die empfindlichsten Stellen seines Körpers legten. 22. Zwar brannten diese, er blieb aber unbeugsam und unnachgiebig und standhaft bei seinem Bekenntnis, denn er wurde von der himmlischen Quelle des Wassers des Lebens, das aus dem Leib Christi fließt, benetzt und gestärkt.³⁵ 23. Die Leibesgestalt jedoch war Zeuge dessen, was geschehen war. Sie war eine einzige Verletzung und Wunde und ganz geschrumpft und hatte das äußere Ansehen einer Menschengestalt verloren.³⁶ In ihr litt Christus und wirkte große Herrlichkeit, er vernichtete den Widersacher und er zeigte zum Vorbild³⁷ für die übrigen, dass nichts zu fürchten sei, wo die Liebe des Vaters, und nichts schmerzhaft, wo die Herrlichkeit Christi ist.

24. Als nämlich die Frevler nach einigen Tagen den Märtyrer wieder folterten und meinten, dass sie (zum einen) über ihn die Oberhand gewinnen könnten, weil die Leiber noch angeschwollen und entzündet waren – er konnte nämlich noch nicht einmal das Betasten durch Hände ertragen – und dass (zum anderen) sein Tod durch die Folter den übrigen Furcht einflößen würde, da trat das nicht nur nicht ein, sondern gegen alle menschliche Vorstellungskraft hob er seinen Kopf, richtete seinen Leib in den folgenden Folterungen auf und nahm wieder seine frühere Gestalt an und den Gebrauch seiner Gliedmaßen auf, so dass ihm die zweite Streckfolter nicht zur Züchtigung, sondern zur Heilung durch die Gnade Christi wurde.

25. Biblis³⁸ aber, eine von denen, die geleugnet hatten, glaubte der Teufel schon verschlungen zu haben und wollte sie auch durch Gotteslästerungen verdammen. Er führte sie zur Züchtigung, um sie zu zwingen, Gottloses über uns zu sagen, denn sie war leicht zu zerbrechen und feige. 26. Sie kam aber unter der Streckfolter wieder zur Besinnung und erwachte, wie man sagt, aus einem tiefen Schlaf, denn sie wurde durch die zeitliche Strafe an die ewige Qual in der Hölle erinnert. Entgegen aller Erwartungen widersprach sie den Frevlern und sagte: ‚Wie können die Kinder ver-

---

34 Oft wurden in Christenprozessen von den Angeklagten sämtliche Angaben zur Person verweigert, außer dem christlichen Bekenntnis; vgl. AMaximil. 1,2 und die Stellen bei Frend, Martyrdom (1965) 25 Anm. 57. Zur Bekenntnisformel vgl. Bremmer, Christianus (1991); zum Gebrauch und den spätantiken Formen von χριστιανός: Montevecchi, Nomen (1979).
35 Vgl. Joh 7,38.
36 Vgl. Jes 53,2.5; der Gottesknecht wird zum literarischen Vorbild bei der Gestaltung der neutestamentlichen Passionsgeschichte und entsprechend auch für den Märtyrer (vgl. außerdem den Philipperhymnus in Phil 2,6–8).
37 Vgl. 1 Tim 1,16.
38 Rufinus identifiziert Biblis mit Blandina, was unwahrscheinlich erscheint, denn die Sklavin Blandina hat eine christliche Herrin, deren Name nicht genannt und deren Mann überhaupt nicht erwähnt wird, der also wahrscheinlich Heide ist. Vgl. Guillaumin, Blandine (1972); Frend, Martyrdom (1965) 3.18.275; Thomas, Condition (1978) 96 nennt sie Byblis.

φήσασα· Πῶς ἂν παιδία φάγοιεν οἱ τοιοῦτοι οἷς μηδὲ ἀλόγων ζῴων αἷμα φαγεῖν ἐξόν. Καὶ ἀπὸ τοῦδε Χριστιανὴν ἑαυτὴν ὡμολόγει καὶ τῷ κλήρῳ τῶν μαρτύρων προσετέθη.

27. Καταργηθέντων δὲ τῶν τυραννικῶν κολαστηρίων ὑπὸ τοῦ Χριστοῦ διὰ τῆς τῶν μακαρίων ὑπομονῆς, ἑτέρας μηχανὰς διάβολος ἐπενόει, τὰς κατὰ τὴν εἱρκτὴν ἐν τῷ σκότει καὶ τῷ χαλεπωτάτῳ χωρίῳ συγκλείσεις καὶ τὰς ἐν τῷ ξύλῳ διατάσεις τῶν ποδῶν ἐπὶ πέμπτον διατεινομένων τρύπημα[19] καὶ τὰς λοιπὰς αἰκίας ὅσας εἰώθασιν ὀργιζόμενοι ὑπουργοὶ καὶ ταῦτα διαβόλου πλήρεις διατιθέναι τοὺς ἐγκλειομένους. Ὥστε ἀποπνιγῆναι τοὺς πλείστους ἐν τῇ εἱρκτῇ, ὅσους γε ὁ κύριος οὕτως ἐξελθεῖν ἠθέλησεν ἐπιδεικνύων τὴν αὐτοῦ δόξαν. 28. Οἱ μὲν γὰρ βασανισθέντες πικρῶς ὥστε δοκεῖν μηδὲ τῆς πάσης θεραπείας τυχόντας ἔτι ζῆσαι[20] δύνασθαι παρέμενον ἐν τῇ εἱρκτῇ ἔρημοι μὲν τῆς παρὰ ἀνθρώπων ἐπιμελείας, ἀναρρωννύμενοι δὲ ὑπὸ κυρίου καὶ ἐνδυναμούμενοι καὶ σώματι καὶ ψυχῇ καὶ τοὺς λοιποὺς παρορμῶντες καὶ παραμυθούμενοι. Οἱ δὲ νεαροὶ καὶ ἄρτι συνειλημμένοι ὧν μὴ προκατήκιστο τὰ σώματα τὸ βάρος οὐκ ἔφερον τῆς συγκλείσεως ἀλλ' ἔνδον ἐναπέθνησκον.

29. Ὁ δὲ μακάριος Ποθεινός, ὁ τὴν διακονίαν τῆς ἐπισκοπῆς ἐν Λουγδούνῳ πεπιστευμένος, ὑπὲρ τὰ ἐνενήκοντα ἔτη τῆς ἡλικίας γεγονὼς καὶ πάνυ ἀσθενὴς τῷ σώματι μόλις μὲν ἐμπνέων διὰ τὴν προκειμένην σωματικὴν ἀσθένειαν, ὑπὸ δὲ προθυμίας πνεύματος ἀναρρωννύμενος διὰ τὴν ἐγκειμένην τῆς μαρτυρίας ἐπιθυμίαν καὶ αὐτὸς ἐπὶ τὸ βῆμα ἐσύρετο[21], τοῦ μὲν σώματος καὶ ὑπὸ τοῦ γήρως καὶ ὑπὸ τῆς νόσου λελυμένου, τηρουμένης δὲ τῆς ψυχῆς ἐν αὐτῷ ἵνα δι' αὐτῆς Χριστὸς θριαμβεύσῃ[22]. 30. Ὃς ὑπὸ τῶν στρατιωτῶν ἐπὶ τὸ βῆμα κομισθείς, παραπεμπόντων αὐτὸν τῶν πολιτικῶν ἐξουσιῶν καὶ παντὸς τοῦ πλήθους, ἐπιβοήσεις παντοίας ποιουμένων ὡς αὐτοῦ ὄντος τοῦ Χριστοῦ[23], ἀπεδίδου τὴν καλὴν μαρτυρίαν. 31. Ἀνεταζόμενος δὲ ὑπὸ τοῦ ἡγεμόνος τίς εἴη Χριστιανῶν ὁ θεός, ἔφη· Ἐὰν ᾖς ἄξιος, γνώσῃ. Ἐντεῦθεν

---

19 septimo ut dicunt puncto Λ
20 ἐπιζῆσαι TER
21 ἐφέρετο B
22 θριαμβευθῇ TᵛB
23 κυρίου ATER

speisen, denen nicht das Blut unvernünftiger Tiere erlaubt ist?'³⁹ Daraufhin bekannte sie sich als Christin und wurde in den Stand der Märtyrer eingereiht.

27. Nachdem die tyrannischen Folterqualen von Christus durch die Geduld der Seligen wirkungslos gemacht worden waren, ersann der Teufel andere Mittel: die Dunkelhaft im Gefängnis am widerlichsten Ort und qualvolle Enge, die Einspannung der Füße im Marterholz, die bis zum fünften Loch gezogen wurden, und die übrigen Misshandlungen, die die Folterknechte, wenn sie zornig und deshalb vom Teufel besessen sind, üblicherweise den Gefangenen antun.⁴⁰ Auf diese Weise kamen die meisten im Gefängnis um, nämlich diejenigen, von denen der Herr, der (so) seine Herrlichkeit zeigte, wollte, dass sie so starben. 28. Die anderen jedoch, die so hart gefoltert waren, dass es unmöglich schien, dass sie noch weiterleben konnten, auch wenn sie alle Pflege erhielten, mussten im Gefängnis bleiben. Zwar verlassen von aller Fürsorge durch Menschen, aber gestärkt und gekräftigt an Körper und Seele durch den Herrn, trösteten und ermutigten sie den Rest. Die jungen Leute allerdings, die eben erst gefangen genommen worden waren, konnten die Last der drangvollen Enge nicht tragen, sondern starben dort, ohne dass ihre Körper zuvor misshandelt worden waren.

29. Der selige Pothinus⁴¹, der mit dem Dienst des Bischofsamts⁴² in Lyon betraut war, ein Greis von über neunzig Jahren und körperlich ganz schwach, der wegen seiner offensichtlichen körperlichen Schwäche kaum atmen konnte, wurde aufgrund seiner drängenden Sehnsucht nach dem Martyrium durch den Mut des Geistes gestärkt. Auch er wurde auf das Gerichtspodium gezerrt, er, dessen Körper durch Alter und Krankheit gebrochen war. Die Seele in ihm aber war behütet, damit Christus durch sie triumphiere. 30. Als er von den Soldaten vor das Gerichtspodium gebracht wurde und ihn die städtischen Behörden und das ganze Volk begleiteten, die ihn auf alle mögliche Weise anpöbelten, als ob er selbst Christus wäre, legte er das schöne Zeugnis ab. 31. Von dem *praes* befragt, wer der Gott der Christen sei, antwortete

---

39 Vgl. Frend, Martyrdom (1965) 18 f mit seinem Hinweis darauf, dass die Märtyrerin die strengen apostolischen Speisegebote aus Apg 15,20.29 vertreten habe (die sog. Jakobusklauseln, die Paulus eventuell nicht kannte und die jedenfalls härter sind als das, was er Gal 2,2–10 schrieb).
40 Die Inhaftierungsbedingungen der Märtyrer werden erschwert, sodass auch die übliche Fürsorge durch die christliche Gemeinde (s. o. 5, 1,11) nicht mehr möglich ist (s. u. 5, 1,28). Krause, Gefängnisse (1996) 279–283 macht am Beispiel von PPerp. 16 (SC 417, 158–160 Amat) darauf aufmerksam, dass zwischen der Verkündigung des Urteilsspruches und dem Vollzug der Strafe die Haftbedingungen durch den Entzug von Nahrung und Licht verschärft wurden.
41 Frend, Martyrdom 2 f.12.19; Thomas, Condition (1978) 96.
42 Die Formulierung ist hier nicht eindeutig, aber nach der eindeutigeren Formulierung in 5, 5,8 ist Pothinus Bischof von Lyon. Bei Ign.Philad. 1,1 (SUC 1, 194 Fischer) findet sich eine Verbindung von διακονία und Bischofsamt, wobei er im Proömium des Briefes sehr wohl Diakonat und Episkopat unterscheidet. Greg.Tvr.Franc. 1,29 (21 f) bezeichnet Pothinus als ersten Bischof von Lyon.

δὴ ἀφειδῶς ἐσύρετο καὶ ποικίλας ἔπασχε πληγάς, τῶν μὲν σύνεγγυς χερσὶ καὶ ποσὶν
ἐνυβριζόντων παντοίως μηδὲ τὴν ἡλικίαν αἰδουμένων αὐτοῦ, τῶν δὲ μακράν, ὃ
μετὰ χεῖρας ἕκαστος εἶχεν, εἰς αὐτὸν ἀκοντιζόντων, πάντων δὲ ἡγουμένων μεγάλως
πλημμελεῖν καὶ ἀσεβεῖν εἴ τις ἀπολειφθείη τῆς εἰς αὐτὸν ἀσελγείας· καὶ γὰρ τοὺς θεοὺς
5 ἑαυτῶν ᾤοντο οὕτως ἐκδικήσειν. Καὶ μόγις ἐμπνέων ἐρρίφη ἐν τῇ εἱρκτῇ καὶ μετὰ δύο
ἡμέρας ἀπέψυξεν.
   32. Ἐνταῦθα δὴ μεγάλη τις οἰκονομία τοῦ θεοῦ ἐγίνετο καὶ ἔλεος ἀμέτρητον
ἀνεφαίνετο Ἰησοῦ, σπανίως μὲν ἐν τῇ ἀδελφότητι γεγονός, μὴ ἀπολειπόμενον
δὲ τῆς τέχνης Χριστοῦ. 33. Οἱ γὰρ κατὰ τὴν πρώτην σύλληψιν ἔξαρνοι γενόμενοι
10 συνεκλείοντο καὶ αὐτοὶ καὶ μετεῖχον τῶν δεινῶν· οὐδὲ γὰρ ἐν τῷ καιρῷ τούτῳ ὄφελός
τι αὐτοῖς ἡ ἐξάρνησις ἐγίνετο, ἀλλ' οἱ μὲν ὁμολογοῦντες ὃ καὶ ἦσαν συνεκλείοντο
ὡς Χριστιανοί, μηδεμιᾶς ἄλλης αἰτίας αὐτοῖς ἐπιφερομένης, οὗτοι δὲ λοιπὸν ὡς
ἀνδροφόνοι καὶ μιαροὶ κατείχοντο, διπλότερον παρὰ τοὺς λοιποὺς κολαζόμενοι.
34. Ἐκείνους μὲν γὰρ ἐπεκούφιζεν ἡ χαρὰ τῆς μαρτυρίας καὶ ἡ ἐλπὶς τῶν ἐπηγγελμένων
15 καὶ ἡ πρὸς τὸν Χριστὸν ἀγάπη καὶ τὸ πνεῦμα τὸ πατρικόν[24], τούτους δὲ τὸ συνειδὸς
μεγάλως ἐτιμωρεῖτο ὥστε καὶ παρὰ τοῖς λοιποῖς ἅπασι κατὰ τὰς παρόδους διαδήλους
τὰς ὄψεις αὐτῶν εἶναι. 35. Οἱ μὲν γὰρ ἱλαροὶ προῄεσαν, δόξης καὶ χάριτος πολλῆς
ταῖς ὄψεσιν αὐτῶν συγκεκραμένης ὥστε καὶ τὰ δεσμὰ κόσμον εὐπρεπῆ περικεῖσθαι
αὐτοῖς, ὡς νύμφη κεκοσμημένη ἐν κροσσωτοῖς χρυσοῖς πεποικιλμένοις, τὴν εὐωδίαν
20 ὀδωδότες ἅμα τὴν Χριστοῦ, ὥστε ἐνίους δόξαι καὶ μύρῳ κοσμικῷ κεχρῖσθαι αὐτούς.
Οἱ δὲ κατηφεῖς καὶ ταπεινοὶ καὶ δυσειδεῖς καὶ πάσης ἀσχημοσύνης ἀνάπλεοι, προσέτι
δὲ καὶ ὑπὸ τῶν ἐθνῶν ὀνειδιζόμενοι ὡς ἀγεννεῖς καὶ ἄνανδροι, ἀνδροφόνων μὲν
ἐγκλήματα ἔχοντες, ἀπολωλεκότες δὲ τὴν πάντιμον καὶ ἔνδοξον καὶ ζωοποιὸν
προσηγορίαν. Ταῦτα δὲ οἱ λοιποὶ θεωροῦντες ἐστηρίχθησαν, καὶ οἱ συλλαμβανόμενοι
25 ἀδιστάκτως ὡμολόγουν, μηδὲ ἔννοιαν ἔχοντες διαβολικοῦ λογισμοῦ."

---

24 παράκλητον Σ

er: ‚Wenn du würdig bist, wirst du es erkennen.'⁴³ Daraufhin wurde er schonungslos weggezerrt und erlitt viele Schläge. Die Umstehenden misshandelten ihn mit Händen und Füßen auf jede Art und Weise, ohne sein Alter zu achten. Die entfernter Stehenden warfen auf ihn, was jeder in den Händen hielt. Alle aber glaubten einen Fehler zu machen und etwas Gottloses zu tun, wenn es jemand an Frechheit gegen ihn fehlen ließe. Denn sie dachten, so ihre Götter zu rächen. Kaum noch atmend wurde Pothinus in das Gefängnis geworfen und hauchte nach zwei Tagen seine Seele aus.

32. Daraufhin zeigte sich der große Heilsplan Gottes und die unermessliche Barmherzigkeit Jesu offenbarte sich, was, auch wenn es nur selten in der Bruderschaft geschieht, doch nicht die Möglichkeiten Christi übersteigt. 33. Diejenigen, die bei der ersten Verhaftung geleugnet hatten, wurden wieder gefangen genommen und bekamen Anteil an den Schrecknissen. Auch zu diesem Zeitpunkte brachte ihnen die Verleugnung keinen Nutzen. Während aber diejenigen, die bekannten, was sie waren, als Christen verhaftet wurden und keinerlei andere Beschuldigung ihnen zur Last gelegt wurde, wurden diese von nun an wie Mörder und mit Blutschuld Befleckte behandelt, doppelt gezüchtigt im Vergleich zu den anderen. 34. Jene nämlich erleichterte die Gnade des Martyriums, die Hoffnung auf die Verheißungen und die Liebe zu Christus und der Geist des Vaters, diese aber beschwerte das Gewissen sehr, sodass ihre Gesichter schon bei der ersten Begegnung von allen übrigen unterscheidbar waren. 35. Die einen gingen nämlich heiter nach vorn, Herrlichkeit und große Gnade verbanden sich auf ihren Gesichtern, so dass die Fesseln sie wie prunkvoller Schmuck umschlossen, wie für eine Braut⁴⁴ geschmückt mit farbenprächtigen, goldenen Quasten,⁴⁵ und sie strömten den Wohlgeruch Christi aus,⁴⁶ sodass einige glaubten, sie seien mit Duftöl gesalbt.⁴⁷ Die anderen aber waren niedergeschlagen, verzagt, entstellt und voll von Hässlichkeit; darüber hinaus wurden sie von den Heiden wie Ehrlose und Feiglinge beschimpft; sie standen (nun) unter der Anklage, Mörder zu sein, nachdem sie (ihren) ehrenvollen, angesehenen und lebensspendenden Namen vernichtet hatten. Die übrigen jedoch, die dies sahen, wurden gefestigt, sodass sie,

---

43 Der staatliche Würdenträger zeigt in der unmenschlichen Entwürdigung des Märtyrers seine eigentliche Würdelosigkeit, während der Märtyrer gemäß dem jesuanischen und paulinischen Paradox in seiner Erniedrigung seine Würde findet.
44 Wie das „hochzeitliche Kleid" die Zulassung zur Hochzeitsfeier erlaubt (Mt 22,11–13), so ist hier die Heiterkeit der Opfer eine Bedingung für das Martyrium. Das Thema der Braut weist zugleich apokalyptische Konnotationen auf, vgl. Offb 21,2.
45 Vgl. Ps 44,14 LXX: πᾶσα ἡ δόξα αὐτῆς θυγατρὸς βασιλέως ἔσωθεν ἐν κροσσωτοῖς χρυσοῖς περιβεβλημένη πεποικιλμένη.
46 Vgl. 2 Kor 2,15. Dem „Duft der Märtyrer" gehen nach: LALLEMAND, Parfum (1985) und HARVEY, Scenting (2006) 11–30, zu unserer Stelle bes. 46f.
47 Vgl. Lk 7,36–50.

36. Τούτοις μεταξύ τινα ἐπειπόντες αὖθις ἐπιφέρουσι. „Μετὰ ταῦτα δὴ λοιπὸν εἰς πᾶν εἶδος διῃρεῖτο τὰ μαρτύρια τῆς ἐξόδου αὐτῶν. Ἐκ διαφόρων γὰρ χρωμάτων καὶ παντοίων ἀνθῶν ἕνα πλέξαντες στέφανον προσήνεγκαν τῷ πατρί. Ἐχρῆν γοῦν τοὺς γενναίους ἀθλητάς, ποικίλον ὑπομείναντας ἀγῶνα καὶ μεγάλως νικήσαντας, 5 ἀπολαβεῖν τὸν μέγαν τῆς ἀφθαρσίας στέφανον. 37. Ὁ μὲν οὖν Μάτουρος καὶ ὁ Σάγκτος καὶ ἡ Βλανδῖνα καὶ Ἄτταλος ἤγοντο ἐπὶ τὰ θηρία εἰς τὸ δημόσιον καὶ εἰς τὸ κοινὸν τῶν ἐθνῶν τῆς ἀπανθρωπίας θέαμα, ἐπίτηδες τῆς τῶν θηριομαχιῶν ἡμέρας διὰ τοὺς ἡμετέρους διδομένης. 38. Καὶ ὁ μὲν Μάτουρος καὶ ὁ Σάγκτος αὖθις διῄεσαν ἐν τῷ ἀμφιθεάτρῳ διὰ πάσης κολάσεως, ὡς μηδὲν ὅλως προπεπονθότες, μᾶλλον δὲ 10 ὡς διὰ πλειόνων ἤδη κλήρων ἐκβεβιακότες[25] τὸν ἀντίπαλον καὶ περὶ τοῦ στεφάνου αὐτοῦ τὸν ἀγῶνα ἔχοντες· ὑπέφερον πάλιν τὰς διεξόδους τῶν μαστίγων τὰς ἐκεῖσε εἰθισμένας καὶ τοὺς ἀπὸ τῶν θηρίων ἑλκηθμούς, καὶ πάνθ' ὅσα μαινόμενος ὁ δῆμος ἄλλοι ἀλλαχόθεν ἐπεβόων καὶ ἐπεκελεύοντο, ἐπὶ πᾶσι τὴν σιδηρᾶν καθέδραν, ἐφ' ἧς τηγανιζόμενα τὰ σώματα κνίσης αὐτοὺς ἐνεφόρει. 39. Οἱ δ' οὐδ' οὕτως ἔλεγον[26] ἀλλ' 15 ἔτι καὶ μᾶλλον ἐξεμαίνοντο, βουλόμενοι νικῆσαι τὴν ἐκείνων ὑπομονήν. Καὶ οὐδ' ὣς παρὰ Σάγκτου ἕτερόν τι εἰσήκουσαν παρ' ἣν ἀπ' ἀρχῆς εἴθιστο λέγειν τῆς ὁμολογίας φωνήν. 40. Οὗτοι μὲν οὖν, δι' ἀγῶνος μεγάλου ἐπιπολὺ παραμενούσης αὐτῶν τῆς ψυχῆς, τοὔσχατον ἐτύθησαν[27] διὰ τῆς ἡμέρας ἐκείνης ἀντὶ πάσης τῆς ἐν τοῖς μονομαχίοις ποικιλίας αὐτοὶ θέαμα γενόμενοι τῷ κόσμῳ. 41. Ἡ δὲ Βλανδῖνα ἐπὶ ξύλου 20 κρεμασθεῖσα προὔκειτο βορὰ τῶν εἰσβαλλομένων θηρίων, ἣ καὶ διὰ τοῦ βλέπεσθαι σταυροῦ σχήματι κρεμαμένη, διὰ τῆς εὐτόνου προσευχῆς πολλὴν προθυμίαν τοῖς ἀγωνιζομένοις ἐνεποίει, βλεπόντων αὐτῶν ἐν τῷ ἀγῶνι καὶ τοῖς ἔξωθεν ὀφθαλμοῖς διὰ τῆς ἀδελφῆς τὸν ὑπὲρ αὐτῶν ἐσταυρωμένον, ἵνα πείσῃ τοὺς πιστεύοντας εἰς αὐτὸν ὅτι πᾶς ὁ ὑπὲρ τῆς Χριστοῦ δόξης παθὼν τὴν κοινωνίαν ἀεὶ ἔχει μετὰ τοῦ ζῶντος

---

[25] ἐκβεβηκότες TER
[26] ἤλγουν AT¹
[27] ἐτύφθησαν R

wenn sie verhaftet wurden, ohne Zögern und ohne einen teuflischen Gedanken zu haben, ihr Bekenntnis ablegten."

36. Sie fahren nach weiteren Ausführungen zu diesen dann fort: „Danach erfolgten die Zeugnisse ihres Todes auf jede denkbare Art und Weise. Aus verschiedenen bunten und mannigfaltigen Blumen flochten sie einen einzigen Kranz und brachten ihn dem Vater dar. Es sollten nun die edlen Kämpfer, die den vielfältigen Kampf überstanden und großartig gesiegt hatten, den großen Kranz der Unsterblichkeit erhalten. 37. Maturus[48], Sanctus, Blandina und Attalus wurden zu den Tieren in die *carceres* geführt und zum allgemeinen Schauspiel der Unmenschlichkeit für die Heiden, da eigens für uns ein Tag mit Tierhetzen angesetzt war.[49] 38. Maturus und Sanctus durchlitten im Amphitheater wiederum jede Art von Züchtigung, als ob sie vorher überhaupt noch nicht gelitten hätten. Als ob sie bereits in mehreren unterschiedlichen Kampfarten[50] den Widersacher bezwungen hätten und den Kampf nun um den Siegeskranz selbst austrügen, ertrugen sie wieder die dort üblichen Peitschenschläge und das Fortschleppen durch Tiere und alles, was die tobende Menge, die einen hier, die anderen dort, schrien und forderten; schließlich den eisernen Stuhl, auf dem ihre gebratenen Körper sie mit dem Fettdampf[51] einhüllten. 39. Aber selbst damit hörten sie nicht auf, sondern wollten noch mehr, weil sie die Geduld jener besiegen wollten. Dennoch hörten sie von Sanctus nichts anderes als das, was er von Anfang an als Wort (seines) Bekenntnisses andauernd sagte.[52] 40. Diese nun, nachdem ihre Seele während des großen Kampfes erhalten geblieben war, wurden schließlich getötet und sie wurden anstatt der Vielgestaltigkeit in den Einzelkämpfen[53] an jenem Tag zum Schauspiel für die Welt.[54] 41. Blandina aber wurde an dem Holz aufgehängt und den hereingelassenen Tieren zum Fraß vorgeworfen. Dadurch, dass man sie in der Form des Kreuzes aufgehängt sah, und durch ihr eindringliches Gebet flößte sie den Kämpfenden großen Mut ein, denn sie sahen während des Kampfes und mit den

---

[48] FREND, Martyrdom (1965) 7 f; THOMAS, Conditions (1978) 100; kein römischer Bürger, vielleicht ein Sklave.

[49] Mit der Theorie, dass verurteilte Verbrecher und besonders verurteilte Christen zum Tod im Amphitheater bei Tierhetzen oder mythologischen Darstellungen anlässlich von größeren Festen überwiesen wurden, um die Kosten für Gladiatoren zu reduzieren, wird seit langem ein *senatus consultum de pretiis gladiatorum minuendis* vom Jahre 177 verbunden, das allein durch zwei Bronzeschriften mit einem Senatsprotokoll (ILS 5163) bekannt ist, vgl. KERESZTES, Imperial Government (1979) bes. 303 f; MOTSCHMANN, Religionspolitik (2002) 257–260; speziell zu den Kosten von Gladiatoren: CARTER, Ranking (2003).

[50] κλῆρος: Offensichtlich der Fachsprache für Wettkämpfe entnommen, da der Kampfrichter die Gegner per Los zuordneten.

[51] κνίσα: hier das in der christlichen Literatur nur selten, etwa DIOGN. 2,8; 3,5 (SUC 2, 314; 316 Wengst), verwendete Wort, das seit Homer besonders den Duft der fettigen Opfer beschreibt.

[52] S.o. 5, 1,20.

[53] μονομαχία: der ursprünglich militärische Terminus technicus (Zweikampf) wurde in der Kaiserzeit zunehmend auch für Gladiatorenwettkämpfe verwandt.

[54] Vgl. 1 Kor 4,9.

θεοῦ. 42. Καὶ μηδενὸς ἀψαμένου τότε τῶν θηρίων αὐτῆς, καθαιρεθεῖσα ἀπὸ τοῦ ξύλου ἀνελήφθη πάλιν εἰς τὴν εἰρκτήν, εἰς ἄλλον ἀγῶνα τηρουμένη ἵνα διὰ πλειόνων γυμνασμάτων νικήσασα τῷ μὲν²⁸ σκολιῷ ὄφει ἀπαραίτητον ποιήσῃ τὴν καταδίκην, προτρέψηται δὲ τοὺς ἀδελφοὺς ἡ μικρὰ καὶ ἀσθενὴς καὶ εὐκαταφρόνητος, μέγαν καὶ
5 ἀκαταγώνιστον ἀθλητὴν Χριστὸν²⁹ ἐνδεδυμένη, διὰ πολλῶν κλήρων ἐκβιάσασα³⁰ τὸν ἀντικείμενον καὶ δι' ἀγῶνος τὸν τῆς ἀφθαρσίας στεψαμένη στέφανον.

43. Ὁ δὲ Ἄτταλος καὶ αὐτὸς μεγάλως ἐξαιτηθεὶς ὑπὸ τοῦ ὄχλου (καὶ γὰρ ἦν ὀνομαστός) ἕτοιμος εἰσῆλθεν ἀγωνιστὴς διὰ τὸ εὐσυνείδητον, ἐπειδὴ γνησίως ἐν τῇ Χριστιανῇ συντάξει γεγυμνασμένος ἦν καὶ ἀεὶ μάρτυς ἐγεγόνει παρ' ἡμῖν ἀληθείας. 44. Καὶ
10 περιαχθεὶς κύκλῳ τοῦ ἀμφιθεάτρου, πίνακος αὐτὸν προάγοντος ἐν ᾧ ἐγέγραπτο Ῥωμαϊστί· Οὗτός ἐστιν Ἄτταλος ὁ Χριστιανός, καὶ τοῦ δήμου σφόδρα σφριγῶντος ἐπ' αὐτῷ, μαθὼν ὁ ἡγεμὼν ὅτι Ῥωμαῖός ἐστιν, ἐκέλευσεν αὐτὸν ἀναληφθῆναι μετὰ καὶ τῶν λοιπῶν τῶν ἐν τῇ εἰρκτῇ ὄντων, περὶ ὧν ἐπέστειλε τῷ Καίσαρι, καὶ περιέμενε τὴν ἀπόφασιν τὴν ἀπ' ἐκείνου.

15 45. Ὁ δὲ διὰ μέσου καιρὸς οὐκ ἀργὸς αὐτοῖς οὐδὲ ἄκαρπος ἐγίνετο ἀλλὰ διὰ τῆς ὑπομονῆς αὐτῶν τὸ ἀμέτρητον ἔλεος ἀνεφαίνετο Χριστοῦ. Διὰ γὰρ τῶν ζώντων ἐζωοποιοῦντο τὰ νεκρά, καὶ μάρτυρες τοῖς μὴ μάρτυσιν ἐχαρίζοντο καὶ ἐνεγίνετο πολλὴ χαρὰ τῇ παρθένῳ μητρί, οὓς ὡς νεκροὺς ἐξέτρωσε τούτους ζῶντας ἀπολαμβανούσῃ. 46. Δι' ἐκείνων γὰρ οἱ πλείους τῶν ἠρνημένων ἀνεμητροῦντο³¹ καὶ ἀνεκυΐσκοντο καὶ
20 ἀνεζωπυροῦντο καὶ ἐμάνθανον ὁμολογεῖν, καὶ ζῶντες ἤδη καὶ τετονωμένοι προσῄεσαν τῷ βήματι (ἐγγλυκαίνοντος τοῦ τὸν μὲν θάνατον τοῦ ἁμαρτωλοῦ μὴ βουλομένου, ἐπὶ δὲ τὴν μετάνοιαν χρηστευομένου θεοῦ), ἵνα καὶ πάλιν ἐπερωτηθῶσιν ὑπὸ τοῦ ἡγεμόνος. 47. Ἐπιστείλαντος γὰρ τοῦ Καίσαρος τοὺς μὲν ἀποτυμπανισθῆναι, εἰ δέ τινες ἀρνοῖντο, τούτους ἀπολυθῆναι, τῆς ἐνθάδε πανηγύρεως (ἔστι δὲ αὕτη πολυάνθρωπος
25 ἐκ πάντων τῶν ἐθνῶν³² συνερχομένων εἰς αὐτήν) ἀρχομένης συνεστάναι ἀνῆγεν ἐπὶ τὸ βῆμα θεατρίζων τοὺς μακαρίους καὶ ἐμπομπεύων τοῖς ὄχλοις. Δι' ὃ καὶ πάλιν ἀνήταζε. Καὶ ὅσοι μὲν ἐδόκουν πολιτείαν Ῥωμαίων ἐσχηκέναι τούτων ἀπέτεμνε τὰς

---

28 τῶν μεν M
29 Χριστὸν *om.* Σ
30 Σ Schwartz, ἐκβιβάσασα Π
31 *fortasse* ἀνεμαιοῦντο *secundum* Schwartz
32 ἐκ πασῶν τῶν Γαλλιῶν *suspicit* Schwartz

leiblichen Augen durch die Schwester den für sie Gekreuzigten, sodass sie die an ihn Glaubenden davon überzeugte, dass jeder, der für die Herrlichkeit Christi leide, für immer Gemeinschaft habe mit dem lebendigen Gott. 42. Da keines der Tiere sie berührt hatte, wurde sie von dem Holz heruntergenommen, wieder in das Gefängnis geworfen und für einen anderen Kampf aufbewahrt, damit sie, indem sie in mehreren Wettbewerben siegte, der hinterlistigen Schlange die unvermeidliche Strafe zukommen ließe und die Brüder ermunterte – sie, die Kleine, Schwache und Verachtete, die mit dem großen und unbezwinglichen Kämpfer Christus bekleidet war[55] und die in vielen Kampfarten den Widersacher bezwungen hatte und die im Kampf mit dem Siegeskranz der Unsterblichkeit gekrönt werden sollte.

43. Aber nach Attalus selbst verlangte die Menge heftig, denn er war berühmt.[56] Er trat als entschlossener Kämpfer auf, er hatte nämlich ein gutes Gewissen, denn er war vollkommen in der christlichen Kampfordnung eingeübt und war bei uns immer ein Zeuge der Wahrheit. 44. Er wurde im Amphitheater im Kreis umhergeführt, während eine Tafel vor ihm hergetragen wurde, auf der in Latein geschrieben stand: ‚Dies ist Attalus, der Christ' und das Volk platzte fast vor Wut über ihn. Als nun der *praeses* erfuhr, dass er Römer war, befahl er, ihn wieder einzuschließen mit den übrigen, die im Gefängnis waren. Über die hatte er dem Kaiser berichtet und erwartete sein Antwortschreiben.[57]

45. Inzwischen aber war die Zeit für sie [die Märtyrer] weder vergebens noch unfruchtbar[58], sondern wegen ihrer Geduld offenbarte sich ihnen die unermessliche Barmherzigkeit Christi. Denn durch die noch Lebenden wurden die schon Toten[59] auferweckt und die Märtyrer erwiesen denen, die noch keine Märtyrer waren, eine Gunst. Und große Freude widerfuhr der jungfräulichen Mutter, denn ihre Fehlgeburten erhielt sie lebendig zurück. 46. Denn durch jene konnten sich die meisten, die verleugnet hatten, noch einmal messen lassen, und die eine Fehlgeburt waren wurden neu belebt und sie lernten, zu bekennen. Lebendig und gestärkt traten sie nun vor das Gerichtspodium, um noch einmal vom *praeses* befragt zu werden, und Gott, der den Tod des Sünders nicht will,[60] sondern der sich aufgrund der Buße gnädig erweist, nahm dabei alle Bitternis hinweg. 47. Als aber der Kaiser brieflich befahl, die einen hinzurichten, die anderen aber, wenn sie geleugnet hätten, freizulassen, führte der *praeses*, als der hiesige Landtag[61] – das ist eben jene Massenveranstaltung, zu der alle Heiden zusammenströmen – zusammenzutreten begann, die Seligen öffentlich

---

55 Vgl. Röm 13,14; Gal 3,27.
56 S.o. 5, 1,17.
57 Es gab also noch mehr römische Bürger, die namentlich nicht genannt sind.
58 Vgl. 2 Petr 1,8.
59 Bei den Toten handelt es sich um die Totgeburten aus 5, 1,11, die geleugnet hatten.
60 Vgl. Ez 33,11.
61 Zur Einrichtung des Landtags der drei gallischen Provinzen am 1. August 12 v. Chr. in Lyon und zu seinen Funktionen vgl. DEININGER, Provinziallandtage (1965) 22 f.104–107.

κεφαλάς, τοὺς δὲ λοιποὺς ἔπεμπεν εἰς θηρία. 48. Ἐδοξάζετο δὲ μεγάλως ὁ Χριστὸς ἐπὶ τοῖς πρότερον ἀρνησαμένοις, τότε παρὰ τὴν τῶν ἐθνῶν ὑπόνοιαν ὁμολογοῦσι. Καὶ γὰρ ἰδίᾳ οὗτοι ἀνητάζοντο ὡς δῆθεν ἀπολυθησόμενοι, καὶ ὁμολογοῦντες προσετίθεντο τῷ τῶν μαρτύρων κλήρῳ. Ἔμειναν δὲ ἔξω οἱ μηδὲ ἴχνος πώποτε πίστεως μηδὲ αἴσθησιν
5 ἐνδύματος νυμφικοῦ μηδὲ ἔννοιαν φόβου θεοῦ σχόντες ἀλλὰ καὶ διὰ τῆς ἀναστροφῆς αὐτῶν βλασφημοῦντες τὴν ὁδόν, τουτέστιν οἱ υἱοὶ τῆς ἀπωλείας.

49. Οἱ δὲ λοιποὶ πάντες τῇ ἐκκλησίᾳ προσετέθησαν, ὧν καὶ ἀνεταζομένων Ἀλέξανδρός τις, Φρὺξ μὲν τὸ γένος, ἰατρὸς δὲ τὴν ἐπιστήμην, πολλοῖς ἔτεσιν ἐν ταῖς Γαλλίαις διατρίψας καὶ γνωστὸς σχεδὸν πᾶσι διὰ τὴν πρὸς τὸν θεὸν ἀγάπην καὶ
10 παρρησίαν τοῦ λόγου. Ἦν γὰρ καὶ οὐκ ἄμοιρος ἀποστολικοῦ χαρίσματος. Παρεστὼς τῷ βήματι καὶ νεύματι προτρέπων αὐτοὺς πρὸς τὴν ὁμολογίαν, φανερὸς ἦν τοῖς περιεστηκόσι τὸ βῆμα ὥσπερ ὠδίνων. 50. Ἀγανακτήσαντες δὲ οἱ ὄχλοι ἐπὶ τῷ τοὺς πρότερον ἠρνημένους αὖθις ὁμολογεῖν κατεβόησαν τοῦ Ἀλεξάνδρου ὡς ἐκείνου τοῦτο ποιοῦντος. Καὶ ἐπιστήσαντος τοῦ ἡγεμόνος καὶ ἀνετάσαντος αὐτὸν ὅστις εἴη, τοῦ δὲ
15 φήσαντος ὅτι Χριστιανός, ἐν ὀργῇ γενόμενος κατέκρινεν αὐτὸν πρὸς θηρία.

Καὶ τῇ ἐπιούσῃ εἰσῆλθε μετὰ καὶ τοῦ Ἀττάλου. Καὶ γὰρ καὶ τὸν Ἄτταλον τῷ ὄχλῳ χαριζόμενος ὁ ἡγεμὼν ἐξέδωκε πάλιν πρὸς θηρία. 51. Οἳ καὶ διὰ πάντων διελθόντες ἐν τῷ ἀμφιθεάτρῳ τῶν πρὸς κόλασιν ἐξηυρημένων ὀργάνων καὶ μέγιστον ὑπομείναντες ἀγῶνα, τοὔσχατον ἐτύθησαν καὶ αὐτοί, τοῦ μὲν Ἀλεξάνδρου μήτε στενάξαντος μήτε
20 γρύξαντός τι ὅλως, ἀλλὰ κατὰ καρδίαν ὁμιλοῦντος τῷ θεῷ. 52. Ὁ δὲ Ἄτταλος, ὁπότε ἐπὶ τῆς σιδηρᾶς ἐπετέθη καθέδρας καὶ περιεκαίετο, ἡνίκα ἡ ἀπὸ τοῦ σώματος κνῖσα ἀνεφέρετο, ἔφη πρὸς τὸ πλῆθος τῇ Ῥωμαϊκῇ φωνῇ· Ἰδοὺ τοῦτό ἐστιν ἀνθρώπους ἐσθίειν, ὃ ποιεῖτε ὑμεῖς[33]. Ἡμεῖς δὲ οὔτε ἀνθρώπους ἐσθίομεν οὔθ' ἕτερόν τι πονηρὸν πράσσομεν. Ἐπερωτώμενος δὲ τί ὄνομα ἔχει ὁ θεός, ἀπεκρίθη· Ὁ θεὸς ὄνομα οὐκ ἔχει
25 ὡς ἄνθρωπος. 53. Ἐπὶ πᾶσι δὲ τούτοις τῇ ἐσχάτῃ λοιπὸν ἡμέρᾳ τῶν μονομαχιῶν ἡ

---

33 ὁποῖοι ἐστὲ B ἐσταὶ M

auf das Gerichtspodium und stellte sie der Menge zur Schau. Deshalb befragte er (sie) erneut und ließ denjenigen, die anscheinend das römische Bürgerrecht erhalten hatten, die Köpfe abschlagen, die übrigen aber den Tieren vorwerfen. 48. In großartiger Weise aber wurde Christus durch diejenigen verherrlicht, die zuvor verleugnet hatten, dann aber gegen die Erwartung der Heiden bekannten. Sie wurden nämlich besonders verhört, um sie dann natürlich freizulassen, aber als sie bekannten, wurden sie in den Stand der Märtyrer eingereiht. Draußen aber blieben diejenigen, die weder jemals eine Spur von Glauben, noch ein Verständnis für das Hochzeitsgewand[62] noch eine Vorstellung von der Gnade Gottes besessen hatten, sondern die durch ihren Lebenswandel den (wahren) Lebenswandel lästerten, das sind die Söhne des Verderbens[63].

49. Alle übrigen aber schlossen sich der Kirche an. Während sie verhört wurden, stand ein gewisser Alexander[64] neben dem Gerichtspodium, ein Phrygier von Herkunft, von der Ausbildung her ein Arzt, der viele Jahre in Gallien gelebt hatte und bei fast allen wegen (seiner) Liebe zur Gott und der Freimütigkeit seiner Rede angesehen war. Er war nämlich nicht ohne Anteil am apostolischen Charisma.[65] Da er sie durch Zunicken zum Bekenntnis ermunterte, erschien er für die um das Gerichtspodium Stehenden wie ein Geburtshelfer[66]. 50. Die Menge aber wurde zornig darüber, dass die, die zuvor geleugnet hatten, nun wieder bekannten, und sie beschimpfte Alexander, weil er dies bewirkt hatte. Als der *praeses* dies erkannte und ihn befragte, wer er sei, und (Alexander) ‚Christ' antwortete, geriet er in Zorn und verurteilte ihn zu den Tierhetzen.

Und am nächsten Tag ging er mit Attalus zusammen (in die Arena)[67], denn um der Menge eine Gunst zu erweisen, übergab der *praeses* den Attalus noch einmal den Tieren. 51. Nachdem sie im Amphitheater durch alle zur Züchtigung ersonnenen Maschinen gegangen waren und den größten Kampf überstanden hatten, wurden sie am Ende getötet. Alexander klagte weder noch gab er überhaupt einen Laut von sich, sondern sprach in seinem Herzen mit Gott. 52. Als Attalus auf den eisernen Stuhl gesetzt und verbrannt wurde[68] und der Dampf seines Fleisches aufstieg, sagte er zu der Menge in lateinischer Sprache: ‚Seht, das was ihr tut, heißt Menschen fressen; wir aber fressen weder Menschen noch tun wir überhaupt etwas Schlechtes.' Als er aber gefragt wurde, was der Name Gottes sei, antwortete er: ‚Gott hat keinen Namen wie ein

---

62 Vgl. Mt 22,2–14; s. o. 5, 1,35.
63 Vgl. Joh 17,12.
64 Frend, Martyrdom (1965) 9.15; Thomas, Condition (1978) 98; zu Alexander als griechischem Arzt in Lyon: Bruhl, Médecine (1958).
65 Vgl. Apg 4,31; Reinbold, Propaganda (2000) 295 stellt fest, dass mit der παρρησία τοῦ λόγου des Alexander nicht die Heidenmission, sondern der Freimut gemeint sei, den er selbst als Christ praktiziert und zu dem er andere Christen aufgefordert habe.
66 Vgl. 5, 1,45 f. „Wie ein Geburtshelfer" ist natürlich auch eine Anspielung auf den Beruf als Arzt.
67 Zum ersten Kampf des Attalus s. o. 5, 3,2.
68 Obwohl er römischer Bürger ist (s. o. Anm. 28), wird Attalus nicht enthauptet. Schimpfliche Strafen, wie etwa auch die Kreuzigung, konnten auch Angehörige aus den gehobenen *ordines* treffen.

Βλανδῖνα πάλιν εἰσεκομίζετο μετὰ καὶ Ποντικοῦ παιδαρίου ὡς πεντεκαίδεκα ἐτῶν, οἳ καὶ καθ' ἡμέραν εἰσήγοντο πρὸς τὸ βλέπειν τὴν τῶν λοιπῶν κόλασιν καὶ ἠναγκάζοντο ὀμνύναι κατὰ τῶν εἰδώλων αὐτῶν, καὶ διὰ τὸ ἐμμένειν εὐσταθῶς καὶ ἐξουθενεῖν αὐτοὺς ἠγριώθη πρὸς αὐτοὺς τὸ πλῆθος ὡς μήτε τὴν ἡλικίαν τοῦ παιδὸς οἰκτεῖραι μήτε τὸ
5 γύναιον αἰδεσθῆναι. 54. Πρὸς πάντα δὲ τὰ δεινὰ παρέβαλλον αὐτοὺς καὶ διὰ πάσης ἐν κύκλῳ διῆγον κολάσεως, ἐπαλλήλως ἀναγκάζοντες ὀμόσαι ἀλλὰ μὴ δυνάμενοι τοῦτο πρᾶξαι. Ὁ μὲν γὰρ Ποντικὸς ὑπὸ τῆς ἀδελφῆς παρωρμημένος ὡς καὶ τὰ ἔθνη βλέπειν ὅτι ἐκείνη ἦν ἡ[34] προτρεπομένη καὶ στηρίζουσα αὐτόν, πᾶσαν κόλασιν γενναίως ὑπομείνας ἀπέδωκε τὸ πνεῦμα. 55. Ἡ δὲ μακαρία Βλανδῖνα πάντων ἐσχάτη, καθάπερ
10 μήτηρ εὐγενὴς παρορμήσασα τὰ τέκνα καὶ νικηφόρους προπέμψασα πρὸς τὸν βασιλέα, ἀναμετρουμένη καὶ αὐτὴ πάντα τὰ τῶν παίδων ἀγωνίσματα, ἔσπευδε πρὸς αὐτοὺς χαίρουσα καὶ ἀγαλλιωμένη ἐπὶ τῇ ἐξόδῳ ὡς εἰς νυμφικὸν δεῖπνον κεκλημένη ἀλλὰ μὴ πρὸς θηρία βεβλημένη. 56. Καὶ μετὰ τὰς μάστιγας, μετὰ τὰ θηρία, μετὰ τὸ τήγανον, τοὔσχατον εἰς γυργαθὸν βληθεῖσα ταύρῳ παρεβλήθη, καὶ ἱκανῶς ἀναβληθεῖσα πρὸς
15 τοῦ ζῴου μηδὲ αἴσθησιν ἔτι τῶν συμβαινόντων ἔχουσα διὰ τὴν ἐλπίδα καὶ ἐποχὴν τῶν πεπιστευμένων καὶ ὁμιλίαν πρὸς Χριστόν, ἐτύθη καὶ αὐτὴ καὶ αὐτῶν ὁμολογούντων τῶν ἐθνῶν ὅτι μηδεπώποτε παρ' αὐτοῖς γυνὴ τοιαῦτα καὶ τοσαῦτα ἔπαθεν.

57. Ἀλλ' οὐδ' οὕτως κόρον ἐλάμβανεν αὐτῶν ἡ μανία καὶ ἡ πρὸς τοὺς ἁγίους ὠμότης. Ὑπὸ γὰρ ἀγρίου θηρὸς ἄγρια καὶ βάρβαρα φῦλα ταραχθέντα δυσπαύστως[35]
20 εἶχε, καὶ ἄλλην ἰδίαν ἀρχὴν ἐπὶ τοῖς σώμασιν ἐλάμβανεν ἡ ὕβρις αὐτῶν. 58. Τὸ γὰρ νενικῆσθαι αὐτοὺς οὐκ ἐδυσώπει διὰ τὸ μὴ ἔχειν ἀνθρώπινον ἐπιλογισμόν, μᾶλλον δὲ καὶ ἐξέκαιεν αὐτῶν τὴν ὀργὴν καθάπερ θηρίου καὶ τοῦ ἡγεμόνος καὶ τοῦ δήμου

---

34 ἡ coni. Schwartz
35 δυσαποσπάστως E^cR

Mensch.' 53. Nach all dem wurde am letzten Tag der Kämpfe noch einmal Blandina herbeigeschafft, zusammen mit Ponticus[69], einem Sklaven von ungefähr fünfzehn Jahren; jeden Tag waren sie hereingeführt worden, um die Züchtigungen der anderen zu sehen. Sie sollten gezwungen werden, bei den Götterbildern jener zu schwören. Dadurch, dass sie standhaft blieben und jene geringschätzig behandelten, wurde die Menge zornig gegen sie, sodass sie sich weder des Alters des Sklaven erbarmte, noch das weibliche Geschlecht in Ehren hielt. 54. Sie setzten sie jedem Schrecken aus und führten sie der Reihe nach durch alle Arten der Züchtigungen, wobei sie sie ununterbrochen aufforderten zu schwören, sie aber nicht dazu bringen konnten, das zu tun. Ponticus, so ermuntert von seiner Schwester, dass auch die Heiden sahen, dass sie es war, die ihn antrieb und stützte, gab (seinen) Geist auf, nachdem er alle Züchtigungen edel überstanden hatte. 55. Nachdem die selige Blandina wie eine Mutter von Stand[70] (ihre) Kinder ermuntert und sie als Sieger zum König vorausgeschickt hatte, wiederholte sie selbst als letzte von allen alle Kämpfe der Kinder und eilte zu ihnen, freudig und jubilierend über den Tod, als ob sie zu einem Hochzeitsmahl eingeladen wäre[71] und nicht vor die Tiere geworfen würde. 56. Nach den Peitschenhieben, den Tieren und dem Feuertopf steckte man sie zuletzt in eine Reuse und warf sie einem Stier[72] vor. Nachdem sie von dem Tier kräftig hin und her geworfen worden war und sie bei dem, was ihr widerfuhr, aufgrund ihrer unerschütterlichen Hoffnung auf das, was sie glaubte, und ihrer Gemeinschaft mit Christus keine Schmerzen mehr empfand[73], wurde auch sie getötet. Und die Heiden selbst gaben zu, dass unter ihnen niemals eine Frau so vieles und derartiges erlitten hatte.

57. Dennoch hatten damit ihr Wahn und ihre Grausamkeit gegen die Heiligen keine Sättigung erfahren. Denn eine von einem wilden Tier aufgestachelte wilde und barbarische Menge ist schwer zu besänftigen und ihre Zügellosigkeit brach in einer ganz eigenen Weise gegen die Leichen aus. 58. Dass sie besiegt worden waren, beschämte sie nicht, weil sie keinen menschlichen Verstand hatten, vielmehr fachte es ihren

---

[69] FREND, Martyrdom (1965) 3.9; THOMAS, Condition (1978) 100 f sieht in ihm einen jungen Sklaven aus einer Familie vom Schwarzen Meer, der der leibliche Bruder von Blandina sein dürfte; es liegt also wohl kein kirchlicher Sprachgebrauch von Bruder bzw. Schwester vor.
[70] Zur Mutterfigur vgl. 2 Makk 7,20–41. Bemerkenswert ist hier auch die Wortwahl: Die Sklavin Blandina wird geadelt!
[71] Vgl. Mt 22,2–14.
[72] Das Wort γυργαθός bedeutet Weidenkorb oder Fischerreuse. Letzteres kommt dem Netz (*reticulum*) nahe, mit dem bekleidet Perpetua mit einer wilden Kuh (*ferocissima vacca*) kämpfen muss. Auf den Unterschied zwischen dem nur in PPerp. 20,1 f (170–172) geschilderten Kampf mit der Kuh und dem anhand der archäologischen Denkmäler häufig nachzuweisenden Kampf mit einem Stier macht aufmerksam BREMMER, Felicitas (2012) 47.
[73] S.o. 5, 1,19.

τὸ ὅμοιον εἰς ἡμᾶς ἄδικον ἐπιδεικνυμένων μῖσος, ἵνα ἡ γραφὴ πληρωθῇ· Ὁ ἄνομος ἀνομησάτω ἔτι, καὶ ὁ δίκαιος δικαιωθήτω ἔτι. 59. Καὶ γὰρ τοὺς ἐναποπνιγέντας ἐν τῇ εἰρκτῇ παρέβαλλον κυσίν, ἐπιμελῶς παραφυλάσσοντες νύκτωρ καὶ μεθ' ἡμέραν μὴ κηδευθῇ τις ὑφ' ἡμῶν· καὶ τότε δὴ προθέντες τά τε τῶν θηρίων τά τε τοῦ πυρὸς λείψανα, πῃ μὲν ἐσπαραγμένα[36], πῃ δὲ ἠνθρακευμένα, καὶ τῶν λοιπῶν τὰς κεφαλὰς σὺν τοῖς ἀποτμήμασιν αὐτῶν ὡσαύτως ἀτάφους παρεφύλαττον μετὰ στρατιωτικῆς ἐπιμελείας ἡμέραις συχναῖς. 60. Καὶ οἱ μὲν ἐνεβριμῶντο καὶ ἔβρυχον τοὺς ὀδόντας ἐπ' αὐτοῖς ζητοῦντές τινα περισσοτέραν ἐκδίκησιν παρ' αὐτῶν λαβεῖν· οἱ δὲ ἐνεγέλων καὶ ἐπετώθαζον μεγαλύνοντες ἅμα τὰ εἴδωλα αὐτῶν καὶ ἐκείνοις προσάπτοντες τὴν τούτων τιμωρίαν, οἱ δὲ ἐπιεικέστεροι καὶ κατὰ ποσὸν συμπαθεῖν δοκοῦντες ὠνείδιζον πολὺ λέγοντες· Ποῦ ὁ θεὸς αὐτῶν καὶ τί αὐτοὺς ὤνησεν ἡ θρησκεία ἣν καὶ πρὸ τῆς ἑαυτῶν εἵλοντο ψυχῆς; 61. Καὶ τὰ μὲν ἀπ' ἐκείνων τοιαύτην εἶχε τὴν ποικιλίαν, τὰ δὲ καθ' ἡμᾶς ἐν μεγάλῳ καθειστήκει πένθει, διὰ τὸ μὴ δύνασθαι τὰ σώματα κρύψαι τῇ γῇ. Οὔτε γὰρ νὺξ συνεβάλλετο ἡμῖν πρὸς τοῦτο οὔτε ἀργύρια ἔπειθεν οὔτε λιτανεία ἐδυσώπει, παντὶ δὲ τρόπῳ παρετήρουν ὡς μέγα τι κερδανοῦντες εἰ μὴ τύχοιεν ταφῆς."

62. Τούτοις ἑξῆς μεθ' ἕτερά φασι· „Τὰ οὖν σώματα τῶν μαρτύρων παντοίως παραδειγματισθέντα καὶ αἰθριασθέντα ἐπὶ ἡμέρας ἕξ, μετέπειτα καέντα καὶ αἰθαλωθέντα ὑπὸ τῶν ἀνόμων κατεσαρώθη[37] εἰς τὸν Ῥοδανὸν ποταμὸν πλησίον παρρρέοντα ὅπως μηδὲ λείψανον αὐτῶν φαίνηται ἐπὶ τῆς γῆς ἔτι. 63. Καὶ ταῦτ' ἔπραττον ὡς[38] δυνάμενοι νικῆσαι τὸν θεὸν καὶ ἀφελέσθαι αὐτῶν τὴν παλιγγενεσίαν ἵνα, ὡς ἔλεγον ἐκεῖνοι, μηδὲ ἐλπίδα σχῶσιν ἀναστάσεως, ἐφ' ᾗ πεποιθότες ξένην τινὰ καὶ καινὴν[39] ἡμῖν εἰσάγουσι θρησκείαν καὶ καταφρονοῦσι τῶν δεινῶν, ἕτοιμοι καὶ μετὰ χαρᾶς ἥκοντες ἐπὶ τὸν θάνατον. Νῦν ἴδωμεν εἰ ἀναστήσονται καὶ εἰ δύναται βοηθῆσαι αὐτοῖς ὁ θεὸς αὐτῶν καὶ ἐξελέσθαι ἐκ τῶν χειρῶν ἡμῶν ".

---

36 ἐσπαργανωμένα R
37 κατερράνθη ERT[cm]
38 ὡς μὴ M
39 κενὴν T¹M, καινὴν τινα R

Zorn an wie bei einem Tier. Sowohl der *praeses* als auch das Volk zeigten ihren gemeinsamen, ungerechten Hass gegen uns, damit das Schriftwort erfüllt werde: ‚Der Ungerechte tue noch mehr Unrecht und der Gerechte werde noch gerechter.'[74] 59. Diejenigen, die im Gefängnis erstickt worden waren, wurden den Hunden vorgeworfen. Sorgfältig wachten sie Nacht und Tag, dass sie keiner von uns bestattete. Darauf stellten sie das, was von den Tieren und dem Feuer übrig gelassen worden war, öffentlich zur Schau, hier Zerfleischtes, dort Verkohltes. Und die Köpfe der Übrigen zusammen mit den abgehackten Köperteilen bewachten sie unbestattet auf dieselbe Art und Weise unter militärischer Aufsicht viele Tage lang.[75] 60. Die einen schnaubten und knirschten mit den Zähnen wider sie[76] und wünschten, eine noch größere Rache an ihnen zu nehmen, die anderen lachten und spotteten, ließen zugleich ihre Götzenbilder hochleben und schrieben ihnen die Bestrafung der Christen zu. Die Anständigeren jedoch, die noch ein wenig Mitleid zu haben schienen, schimpften kräftig und sagten: ‚Wo ist ihr Gott und was nützt ihnen (ihre) Gottesverehrung, die sie ihrem eigenen Leben vorziehen?' 61. Von jenen kamen also so verschiedene Reaktionen, bei uns aber stellte sich eine große Trauer ein, weil wir die Körper nicht in der Erde begraben konnten. Denn weder war uns die Nacht dabei behilflich noch überzeugte Geld noch beschämte inständiges Flehen, sondern sie wachten auf jede erdenkliche Art und Weise, als ob sie irgendeinen großen Gewinn davon hätten, wenn (die Märtyrer) kein Grab erhielten."

62. Nach anderen Dingen heißt es dann weiter: „Nachdem die Körper der Märtyrer auf jede Weise als Beispiele gedient hatten und sechs Tage offen dagelegen waren, wurden sie von den Frevlern angezündet und verbrannt und (die Asche) wurde in den nahe vorbei fließenden Fluss Rhone gefegt, so dass von ihnen nichts mehr auf der Erde übrig zu sein schien. 63. Und dies taten sie, als ob sie Gott besiegen und die Wiedergeburt der Christen verhindern könnten, und sagten: ‚Damit[77] sie keine Hoffnung auf die Auferstehung haben[78] und nicht, von dieser überzeugt, eine fremde und neue Gottesverehrung bei uns einführen, die Qualen verachten und bereitwillig und mit Freude in den Tod gehen. Lasst uns nun sehen, ob sie auferstehen werden und ob ihr Gott ihnen helfen und sie aus unseren Händen befreien kann.'"[79]

---

74 Offb 22,11; zur Bedeutung der Offenbarung des Johannes in diesem Brief vgl. BAUMEISTER, Brief (2005).
75 Diese Art der Zur-Schau-Stellung führte zur Identifizierung mit den *trinci*, „a Gaulish type of sacrificial victim whose heads by ancient custom were cut off and displayed": MOELLER, Trinci/Trinqui (1972) nach PIGANIOL, Recherches (1923) 68–71.
76 Vgl. Apg 7,54.
77 ἵνα gehört mit zum Zitat!
78 Vgl. ATHENAG.res. 3–4 (SVigChr 53,27–29) („Unvollständigkeit" eines Leichnams als heidnisches Argument gegen die christliche Auferstehungshoffnung), auch Kelsos in OR.Cels. 5, 14 (FC 50/4, 896–898 Fiedrowicz).
79 Zur Nichtherausgabe der Körper der verstorbenen Christen vgl. MPol. 17,2 (LINDEMANN – PAULSEN, Väter [1992] 278).

(5) 2. Τοιαῦτα καὶ τὰ κατὰ τὸν δεδηλωμένον⁴⁰ αὐτοκράτορα ταῖς Χριστοῦ συμβέβηκεν ἐκκλησίαις, ἀφ' ὧν καὶ τὰ ἐν ταῖς λοιπαῖς ἐπαρχίαις ἐνηργημένα⁴¹ εἰκότι λογισμῷ στοχάζεσθαι πάρεστιν. Ἄξιον τούτοις ἐκ τῆς αὐτῆς ἐπισυνάψαι γραφῆς λέξεις ἑτέρας, δι' ὧν καὶ τὸ ἐπιεικὲς καὶ φιλάνθρωπον τῶν δεδηλωμένων μαρτύρων
5 ἀναγέγραπται τούτοις αὐτοῖς τοῖς ῥήμασιν. 2. „Οἳ καὶ ἐπὶ τοσοῦτον ζηλωταὶ καὶ μιμηταὶ Χριστοῦ ἐγένοντο, ὃς ἐν μορφῇ θεοῦ ὑπάρχων οὐχ ἁρπαγμὸν ἡγήσατο τὸ εἶναι ἴσα θεῷ, ὥστε ἐν τοιαύτῃ δόξῃ ὑπάρχοντες καὶ οὐχ ἅπαξ οὐδὲ δὶς ἀλλὰ πολλάκις μαρτυρήσαντες καὶ ἐκ θηρίων αὖθις ἀναληφθέντες καὶ τὰ καυτήρια καὶ τοὺς μώλωπας καὶ τὰ τραύματα ἔχοντες περικείμενα, οὔτ' αὐτοὶ μάρτυρας ἑαυτοὺς ἀνεκήρυττον
10 οὔτε μὴν ἡμῖν ἐπέτρεπον τούτῳ τῷ ὀνόματι προσαγορεύειν αὐτοὺς ἀλλ' εἴ ποτέ τις ἡμῶν δι' ἐπιστολῆς ἢ διὰ λόγου μάρτυρας αὐτοὺς προσεῖπεν, ἐπέπλησσον πικρῶς. 3. Ἡδέως γὰρ παρεχώρουν τὴν τῆς μαρτυρίας προσηγορίαν τῷ Χριστῷ τῷ πιστῷ καὶ ἀληθινῷ μάρτυρι καὶ πρωτοτόκῳ τῶν νεκρῶν καὶ ἀρχηγῷ τῆς ζωῆς τοῦ θεοῦ, καὶ ἐπεμιμνήσκοντο τῶν ἐξεληλυθότων ἤδη μαρτύρων καὶ ἔλεγον· Ἐκεῖνοι ἤδη μάρτυρες
15 οὓς ἐν τῇ ὁμολογίᾳ Χριστὸς ἠξίωσεν ἀναληφθῆναι ἐπισφραγισάμενος αὐτῶν διὰ τῆς ἐξόδου τὴν μαρτυρίαν, ἡμεῖς δὲ ὁμόλογοι⁴² μέτριοι καὶ ταπεινοί. Καὶ μετὰ δακρύων παρεκάλουν τοὺς ἀδελφούς, δεόμενοι ἵνα ἐκτενεῖς εὐχαὶ γίνωνται πρὸς τὸ τελειωθῆναι αὐτούς. 4. Καὶ τὴν μὲν δύναμιν τῆς μαρτυρίας ἔργῳ ἐπεδείκνυντο, πολλὴν παρρησίαν ἄγοντες πρὸς πάντα⁴³ τὰ ἔθνη, καὶ τὴν εὐγένειαν διὰ τῆς ὑπομονῆς καὶ ἀφοβίας καὶ
20 ἀτρομίας φανερὰν ἐποίουν, τὴν δὲ πρὸς τοὺς ἀδελφοὺς τῶν μαρτύρων προσηγορίαν παρῃτοῦντο, ἐμπεπλησμένοι φόβου θεοῦ."

5. Καὶ αὖθις μετὰ βραχέα φασίν· „Ἐταπείνουν ἑαυτοὺς ὑπὸ τὴν κραταιὰν χεῖρα, ὑφ' ἧς ἱκανῶς νῦν εἰσιν ὑψωμένοι. Τότε δὲ πᾶσι μὲν ἀπελογοῦντο, κατηγόρουν δὲ οὐδενός· ἔλυον μὲν ἅπαντας, ἐδέσμευον δὲ οὐδένα· καὶ ὑπὲρ τῶν τὰ δεινὰ διατιθέντων ηὔχοντο,

---

40 Verus *dicit* Σ
41 γεγενημένα ΒΜΣΛ
42 ὁμολογουμένως TᶜERM, ὁμολογηταὶ TᶜᵐEˡᵐRˡᵐ, ὁμολογ{ῦντες ἔτ}ι Schwegler, *textus deperditus* Schwartz
43 ΑΒΜ, πρὸς τὰ ἔθνη ΤΕΡΣΛ Schwartz

(5) 2. Derartiges geschah den Gemeinden Christi unter dem erwähnten Imperator[80], woraus man auch die Geschehnisse in den übrigen Provinzen genau errechnen kann. Dementsprechend lohnt es sich, aus demselben Schreiben weitere Sätze wörtlich anzufügen, durch die die Wohlanständigkeit und Menschenfreundlichkeit der erwähnten Märtyrer beschrieben ist:

2. „Sie sind aber so sehr Eiferer und Nachahmer Christi geworden,,der in der Gestalt Gottes war und es nicht als Raub ansah, Gott gleich zu sein'[81], dass sie – die in derartiger Ehre standen und nicht nur ein oder zweimal, sondern oftmals ihr Zeugnis gegeben hatten, die nach den Tierkämpfen immer wieder aufgerichtet worden waren und die überall Brandmale, Striemen und Wunden hatten – sich weder selbst als Märtyrer bezeichneten noch uns gestatteten, sie mit diesem Namen anzureden, sondern wenn einmal einer von uns sie in einem Brief oder einer Rede als Märtyrer ansprach, tadelten sie ihn scharf. 3. Sie überließen nämlich gerne Christus das Attribut des Martyriums, dem treuen und wahren Märtyrer[82], dem Erstgeborenen der Toten[83] und dem Urheber des Lebens von Gott[84], und sie erinnerten an die schon gestorbenen Märtyrer und sagten: ‚Jene sind Märtyrer, die Christus für würdig hielt, im Bekenntnis aufgenommen zu werden, nachdem er ihrem Martyrium sein Siegel durch den Tod aufgedrückt hatte[85]. Wir aber sind einfache und demütige Bekenner.'[86] Und unter Tränen ermunterten und baten sie die Brüder, dass sie für ihre Vollendung inständig Gebete darbrächten[87]. 4. Und sie bewiesen die Kraft des Martyriums durch die Tat, indem sie großen Freimut gegenüber allen Heiden zeigten und ihren edlen Stand durch Geduld, Furchtlosigkeit und Unerschrockenheit deutlich zeigten. Das Attribut Märtyrer untersagten sie aber den Brüdern, erfüllt von der Furcht Gottes."

5. Und kurz darauf heißt es wiederum: „Sie demütigten sich selbst unter die starke Hand, von der sie jetzt vollständig erhöht sind[88]. Damals entschuldigten sie alle, niemanden klagten sie an. Sie lösten alle, banden aber niemanden[89]. Und sie beteten für

---

80 Vgl. Evs.h.e. 5, prooem. 1 (GCS 9/1, 400 Schwartz).
81 Phil 2,6, s. u. 5, 2,3. Der Märtyrer wird betrachtet als Nachahmer und Zeuge Christi. So kommt es dazu, dass hier wie in den folgenden neutestamentlichen Zitaten Zeuge und Märtyrer identifiziert werden können.
82 Offb 3,14.
83 Offb 1,5.
84 Apg 3,15
85 Anspielung auf die Bluttaufe, vgl. SEELIGER H. R., Bluttaufe, RGG⁴ 1, 1998, 1655.
86 Hier findet sich eine deutliche Hierarchie der Bekenner, der Märtyrer und Christus. Der ὁμολογήτης-Titel begegnet im NT noch nicht, ist später teilweise auf den Märtyrer übertragen worden und wird in der zweiten Hälfte des 2. Jhs. vom Märtyrer-Titel unterschieden. Auch Tertullian kennt neben dem besonderen Stand der Confessoren (TERT.coron. 2,1 [CChr.SL 2, 1041 Kroymann]) noch den breiteren Sprachgebrauch (11,5 [1057]); dazu HOPPENBROUWERS, Recherches (1961) 38–44.
87 Vgl. Apg 12,5; 26,7.
88 Vgl. 1 Petr 5,6.
89 Vgl. Mt 16,19.

καθάπερ Στέφανος ὁ τέλειος μάρτυς· Κύριε, μὴ στήσῃς αὐτοῖς τὴν ἁμαρτίαν ταύτην. Εἰ δ' ὑπὲρ τῶν λιθαζόντων ἐδέετο, πόσῳ μᾶλλον ὑπὲρ τῶν ἀδελφῶν;". 6. Καὶ αὖθίς φασι μεθ' ἕτερα· „Οὗτος γὰρ καὶ μέγιστος αὐτοῖς πρὸς αὐτὸν ὁ πόλεμος ἐγένετο διὰ τὸ γνήσιον τῆς ἀγάπης ἵνα ἀποπνιχθεὶς ὁ θὴρ οὓς πρότερον ᾤετο καταπεπωκέναι ζῶντας
5 ἐξεμέσῃ. Οὐ γὰρ ἔλαβον[44] καύχημα κατὰ τῶν πεπτωκότων ἀλλ' ἐν οἷς ἐπλεόναζον αὐτοί, τοῦτο τοῖς ἐνδεεστέροις ἐπήρκουν, μητρικὰ σπλάγχνα ἔχοντες καὶ πολλὰ περὶ αὐτῶν ἐκχέοντες δάκρυα πρὸς τὸν πατέρα, (7.) ζωὴν ᾐτήσαντο καὶ ἔδωκεν αὐτοῖς· ἣν καὶ συνεμερίσαντο τοῖς πλησίον, κατὰ πάντων νικηφόροι πρὸς θεὸν ἀπελθόντες, εἰρήνην ἀγαπήσαντες ἀεὶ καὶ εἰρήνην ἀεὶ παρεγγυήσαντες, μετ' εἰρήνης ἐχώρησαν
10 πρὸς θεόν, μὴ καταλιπόντες πόνον τῇ μητρὶ μηδὲ στάσιν καὶ πόλεμον τοῖς ἀδελφοῖς ἀλλὰ χαρὰν καὶ εἰρήνην καὶ ὁμόνοιαν καὶ ἀγάπην." 8. Ταῦτα καὶ περὶ τῆς τῶν μακαρίων ἐκείνων πρὸς τοὺς παραπεπτωκότας τῶν ἀδελφῶν στοργῆς ὠφελίμως προσκείσθω, τῆς ἀπανθρώπου καὶ ἀνηλεοῦς ἕνεκα διαθέσεως τῶν μετὰ ταῦτα ἀφειδῶς τοῖς Χριστοῦ μέλεσι προσενηνεγμένων.
15 (5) 3. Ἡ δ' αὐτὴ τῶν προειρημένων μαρτύρων γραφὴ καὶ ἄλλην τινὰ μνήμης ἀξίαν ἱστορίαν περιέχει, ἣν καὶ οὐδεὶς ἂν γένοιτο φθόνος μὴ οὐχὶ τῶν ἐντευξομένων εἰς γνῶσιν προθεῖναι· ἔχει δὲ οὕτως. 2. Ἀλκιβιάδου γάρ τινος ἐξ αὐτῶν πάνυ αὐχμηρὸν βιοῦντος βίον καὶ μηδενὸς ὅλως τὸ πρότερον μεταλαμβάνοντος, ἀλλ' ἢ ἄρτῳ μόνῳ καὶ ὕδατι χρωμένου πειρωμένου τε καὶ ἐν τῇ εἱρκτῇ οὕτω διάγειν, Ἀττάλῳ μετὰ τὸν πρῶτον
20 ἀγῶνα ὃν ἐν τῷ ἀμφιθεάτρῳ ἤνυσεν, ἀπεκαλύφθη ὅτι μὴ καλῶς ποιοίη[45] ὁ Ἀλκιβιάδης μὴ χρώμενος τοῖς κτίσμασι τοῦ Θεοῦ καὶ ἄλλοις τύπον σκανδάλου ὑπολειπόμενος. 3. Πεισθεὶς δὲ ὁ Ἀλκιβιάδης πάντων ἀνέδην μετελάμβανεν καὶ ηὐχαρίστει τῷ θεῷ· οὐ γὰρ ἀνεπίσκεπτοι χάριτος θεοῦ ἦσαν, ἀλλὰ τὸ πνεῦμα τὸ ἅγιον ἦν σύμβουλον αὐτοῖς. Καὶ ταῦτα μὲν ὡδὶ ἐχέτω· 4. τῶν δ' ἀμφὶ τὸν Μοντανὸν καὶ Ἀλκιβιάδην καὶ
25 Θεόδοτον περὶ τὴν Φρυγίαν ἄρτι τότε πρῶτον τὴν περὶ τοῦ προφητεύειν ὑπόληψιν παρὰ πολλοῖς ἐκφερομένων (πλεῖσται γὰρ οὖν καὶ ἄλλαι παραδοξοποιίαι τοῦ θείου χαρίσματος εἰς ἔτι τότε κατὰ διαφόρους ἐκκλησίας ἐκτελούμεναι πίστιν παρὰ

---

44 ἔλαβεν ATE, ἔλαβε R
45 BD, ποιεῖ TER ποιῇ M

diejenigen, die ihnen Schrecken antaten, wie der vollkommene Märtyrer Stephanus: ‚Herr, rechne ihnen diese Sünde nicht an.'[90] Wenn er für die, die ihn steinigten, gebetet hatte, um wie viel mehr erst für die Brüder?"

6. Und wiederum heißt es etwas später: „Denn dieser größte Krieg gegen ihn[91] wurde von ihnen mit der wahren Liebe geführt, damit das Tier erwürgt würde und diejenigen, die es zuvor gefressen zu haben glaubte, lebendig wieder ausspie. Sie rühmten[92] sich nämlich nicht im Vergleich zu den Gefallenen, sondern mit dem, worin sie Überfluss hatten, halfen sie denen, die es am Nötigsten hatten, denn sie hatten das Mitleid einer Mutter und sie vergossen um jene viele Tränen vor dem Vater, (7) baten um Leben und er gab es ihnen[93]. Und sie gaben den Nächsten Anteil an diesem, als sie in allem siegreich zu Gott gingen. Sie haben den Frieden immer geliebt, uns immer den Frieden nahe gebracht und eilten nun in Frieden zu Gott. Sie hinterließen der Mutter[94] keinen Schmerz und den Brüdern weder Aufruhr noch Krieg, sondern Freude und Friede und Eintracht und Liebe." 8. Dieser (Bericht) über die Zuneigung jener Seligen zu den Gefallenen unter den Brüdern möge nützlich sein wegen des unmenschlichen und rücksichtslosen Verhaltens derer, die danach schonungslos gegen die Glieder Christi vorgingen.

(5) 3. Dasselbe Schreiben über die erwähnten Märtyrer enthält auch eine andere, der Erwähnung werte Geschichte, die keinen Neid verursachen soll, wenn sie dem zukünftigen Leser zur Kenntnis gebracht wird. Es verhält sich aber so: 2. Alcibiades[95] nämlich, einer von ihnen, führte ein ganz und gar enthaltsames Leben und hatte vorher überhaupt nichts anderes als nur Brot und Wasser zu sich genommen, und er versuchte nun, auch im Gefängnis so zu leben. Dem Attalus wurde nach dem ersten Kampf, den er im Amphitheater vollendet hatte, offenbart, dass Alcibiades nicht recht handle, die Schöpfungsgaben Gottes nicht zu nutzen und (damit) den Anderen einen Anlass zur Sünde gebe. 3. Nachdem Alcibiades aber überzeugt worden war, nahm er ohne Scheu von allem und dankte Gott. Denn sie waren ganz im Blick der Gnade Gottes und der Heilige Geist war ihnen Ratgeber. Davon soll jetzt die Rede sein. 4. Die Leute um Montanus[96] mit Alcibiades und Theodotus begannen damals gerade außerhalb von Phrygien die Ansicht über die Prophetie bei vielen zu verbreiten. Denn da die größten und noch andere unglaubliche Taten der göttlichen Gnade in den verschiedenen Gemeinden vollbracht wurden, bildete sich bei vielen der Glaube, dass

---

90 Apg 7,60.
91 Vermutlich der Teufel, der im von Eusebius fortgelassenen Briefteil gestanden haben dürfte.
92 Vgl. Gal 6,4.
93 Vgl. Ps 20,5 LXX.
94 Gemeint ist wohl die mit der Makkabäermutter (vgl. 5, 1,55) identifizierte Mutter Kirche.
95 FREND, Martyrdom (1965) 3.17 f.28 Anm. 149 vergleicht Alcibiades mit Jakobus, Evs.h.e. 2, 23,5 (166), und bezieht sich dabei auf dessen Nasaräergelübde gemäß Num 6,3–5.
96 Vgl. MARKSCHIES CH., Montanismus, RAC 24, 2012, 1197–1220, hier 1208; THOMAS, Condition (1978) 98 bestreitet den Montanismus des Alcibiades, betont aber seinen Rigorismus.

πολλοῖς τοῦ κἀκείνους προφητεύειν παρεῖχον) καὶ δὴ διαφωνίας ὑπαρχούσης περὶ τῶν δεδηλωμένων, αὖθις οἱ κατὰ τὴν Γαλλίαν ἀδελφοὶ τὴν ἰδίαν κρίσιν καὶ περὶ τούτων εὐλαβῆ καὶ ὀρθοδοξοτάτην ὑποτάττουσιν, ἐκθέμενοι καὶ τῶν παρ' αὐτοῖς τελειωθέντων μαρτύρων διαφόρους ἐπιστολάς, ἃς ἐν δεσμοῖς ἔτι ὑπάρχοντες τοῖς ἐπ'
5 Ἀσίας καὶ Φρυγίας ἀδελφοῖς διεχάραξαν, οὐ μὴν ἀλλὰ καὶ Ἐλευθέρῳ τῷ τότε Ῥωμαίων ἐπισκόπῳ, τῆς τῶν ἐκκλησιῶν εἰρήνης ἕνεκα πρεσβεύοντες.

(5) 4. Οἱ δ' αὐτοὶ μάρτυρες καὶ τὸν Εἰρηναῖον, πρεσβύτερον ἤδη τότ' ὄντα τῆς ἐν Λουγδούνῳ παροικίας, τῷ δηλωθέντι κατὰ Ῥώμην ἐπισκόπῳ συνίστων, πλεῖστα τῷ ἀνδρὶ μαρτυροῦντες, ὡς αἱ τοῦτον ἔχουσαι τὸν τρόπον δηλοῦσι φωναί 2. „Χαίρειν[46]
10 ἐν θεῷ σε πάλιν[47] εὐχόμεθα καὶ ἀεί, πάτερ Ἐλεύθερε. Ταῦτά σοι τὰ γράμματα προετρεψάμεθα τὸν ἀδελφὸν ἡμῶν καὶ κοινωνὸν Εἰρηναῖον διακομίσαι, καὶ παρακαλοῦμεν ἔχειν σε αὐτὸν ἐν παραθέσει, ζηλωτὴν ὄντα τῆς διαθήκης Χριστοῦ. Εἰ γὰρ ᾔδειμεν τόπον τινὶ δικαιοσύνην περιποιεῖσθαι, ὡς πρεσβύτερον ἐκκλησίας. Ὅπερ ἐστὶν ἐπ' αὐτῷ, ἐν πρώτοις ἂν παρεθέμεθα." 3. Τί δεῖ καταλέγειν τὸν ἐν τῇ δηλωθείσῃ
15 γραφῇ τῶν μαρτύρων κατάλογον, ἰδίᾳ μὲν τῶν ἀποτμήσει κεφαλῆς τετελειωμένων, ἰδίᾳ δὲ τῶν θηρσὶν εἰς βορὰν παραβεβλημένων, καὶ αὖθις τῶν ἐπὶ τῆς εἱρκτῆς κεκοιμημένων, τόν τε ἀριθμὸν τῶν εἰς ἔτι τότε περιόντων ὁμολογητῶν; ὅτῳ γὰρ φίλον, καὶ ταῦτα ῥᾴδιον πληρέστατα διαγνῶναι μετὰ χεῖρας ἀναλαβόντι τὸ σύγγραμμα, ὃ καὶ αὐτὸ τῇ τῶν μαρτύρων συναγωγῇ πρὸς ἡμῶν, ὡς γοῦν ἔφην, κατείλεκται.

---

46 ἐπιστολή: Χαίρειν A
47 ἐν πᾶσιν A

jene Propheten seien. Es gab verschiedene Meinungen über die Genannten. Deshalb haben die Brüder in Gallien ihr eigenes, gewissenhaftes und überaus rechtgläubiges Urteil formuliert. Sie verschickten auch die verschiedenen Briefe der bei ihnen gestorbenen Märtyrer, die diese, als sie noch im Gefängnis waren, den Brüdern in der Asia und in Phrygia, darüber hinaus aber auch dem damaligen Bischof der Römer, Eleutherus[97], wegen des Friedens in den Gemeinden geschrieben hatten.

(5) 4. Dieselben Märtyrer stellten dem genannten Bischof in Rom auch Irenäus[98] vor, der damals schon Presbyter der Gemeinde in Lyon war. Sie sprachen sich über den Mann in höchstem Maße lobend aus, wie ihre Worte zeigen: 2. „Immerwährende Freude in Gott erbitten wir dir jetzt und immer, Vater Eleutherus[99]. Wir haben unseren Bruder und Vertrauten Irenäus beauftragt, dir dieses Schreiben zu überbringen, und wir bitten dich, ihn zu unterstützen, denn er ist ein Eiferer für das Erbe Christi. Wenn wir nämlich glaubten, dass einen die Standesbezeichnung gerecht beschriebe, dann würden wir ihn als Presbyter der Kirche vorstellen, was aber ihn als Person angeht, so stellen wir ihn als einen der Besten vor." 3. Wozu ist es nötig, die in dem erwähnten Schreiben (enthaltene) Liste der Märtyrer wiederzugeben, die teils durch Enthauptung getötet, teils den Tieren zum Fraß vorgeworfen wurden, teils wiederum im Gefängnis starben, sowie die Zahl der damals noch lebenden Bekenner? Wem es beliebt, dieses leichter und ganz vollständig nachzulesen, möge die Schrift in die Hand nehmen, die bei der Zusammenstellung der Märtyrer, wie schon erwähnt, von uns exzerpiert worden ist.[100]

---

97 Eleuther(i)us war wohl 171–185 Bischof in Rom, vgl. Kalenderhandbuch (Divjak – Wischmeyer) 2, 543.
98 Vgl. MARKSCHIES CH., Eirenaeus von Lyon, DNP 3, 1997, 919 f.
99 Vgl. Evs.h.e. 4, 11,7 (324); 22,3 (370); 5, prooem. 1 (400); 5,9 (438); 6,4 (438); 22 (486–488).
100 Eusebs große Schrift über die Märtyrer ist heute verloren, erhalten ist nur das im Zusammenhang der Kirchengeschichte erhaltene Werk über die palästinischen Märtyrer Evs.m.P. (GCS 9/2, 907–950 Schwartz).

D Historische und literarische Aspekte

Eusebius von Caesarea[1] beginnt in seiner großen und mehrfach von ihm neu edierten und kommentierten Dokumentensammlung zur Christentumsgeschichte bis in konstantinische Zeit das fünfte Buch, das seinen Schwerpunkt auf Irenaeus legt, mit Ausführungen über eine südgallische Christenverfolgung. Dabei hat er Briefe über die Märtyrer und Confessoren der Gemeinden von Lyon und Vienne aus dem Jahr 177 an die Gemeinden in den Provinzen Asia und Phrygia sowie an Bischof Eleutherus in Rom (171–185) zugrundegelegt, Stellen aus ihnen ausgewählt, kommentiert und paraphrasiert.[2]

In langen Fragmenten – es handelt sich um die ausführlichsten „Zitate" in der Kirchengeschichte – und auch in seiner Bearbeitung überliefert er detailreich die Ereignisse.[3] Bei dem Bericht, den Eusebius gibt, vermerkt er mehrmals (h.e. 1,36; 1,62; 2,1, 2,6; 3,1), dass es sich um „dieselbe Schrift", also das von Eusebius ausgewählte und bearbeitete Dossier verschiedener Briefe, handele, aus dem er die Episoden des Leidens der Märtyrer entnimmt. Das uns zur Verfügung stehende Dossier[4], bestehend aus den Fragmenten von zwei Briefen der gallischen Gemeinden, in der Wiedergabe durch Eusebius, und zwei Referaten von ihm, ist folgendermaßen angeordnet:

Quelle 1: *Brief 1* (1,1–63):
    1,3 Präskript
    1,4–6 Proömium (gekürzt)
    1,7–63 Narratio
        Fragment 1: 1,7–35.
        Fragment 2: 1,36–61
        Fragment 3: 1,62f.
    [der Epilog wird von Eusebius ausgelassen]
Quelle 2: Drei *Fragmente einer Schrift im panegyrischen Ton* (2,2–7), die eine Korrespondenz mit den Märtyrern und Reden auf sie voraussetzt (2,2) und die Bescheidenheit und Liebe der Märtyrer zu den Gefallenen thematisiert (2,6).

---

[1] GRANT, Eusebius (1978).
[2] BOWERSOCK, Martyrdom (1995) 85–98; MOSS, Martyrdom (2012) 100–121.
[3] Zur Arbeitsweise Eusebs mit seinen Quellen, die bestimmt ist vom Gedanken „Martyrium als Nachfolge Christi" vgl. DEHANDSCHUTTER, Community (2005); THÜMMEL, Polykarp (2012) bes. 552, und zuletzt HAFNER, Alltag (2013) 238–249, bes. 238 Anm. 52.
[4] LÖHR, Brief (1989) gibt 136 f eine detaillierte Gliederung des Textes 5, 1,3 bis 5, 2,7. Auf der Suche nach Brüchen im Text arbeitet er die Widersprüche zwischen einem von ihm postulierten Handlungsablauf und den theologischen Intentionen des Redaktors heraus. Dabei übersieht er aber, dass wir einen realistischen Handlungsablauf, der durch das Schema Christenverfolgung und Martyrium vorgegeben ist, nicht von der literarisch anspruchsvollen Darstellungsweise des Briefredaktors trennen können.

Quelle 3: *Eusebianisches Referat* (3,2–4) eines Briefes über Alcibiades mit antimontanistischer Tendenz im Zusammenhang eines Urteilsspruches der Märtyrer über diese Bewegung (3,4).

Quelle 4 a: *Fragment von Brief 2* (4,2): Empfehlungsschreiben der Märtyrer für Irenaeus, den Presbyter der Kirche von Lyon, an Eleutherus von Rom.

4 b: *Eusebianische Paraphrase weiterer Teile des Briefes* (4,3) mit Verweis auf den Namenskatalog der gallischen Märtyrer und ihre Todesarten sowie der Confessoren. Eusebius lässt diese Beschreibung (*syngramma*) jedenfalls aus, weil sie in seiner heute verlorenen *synagoge*, einer großen Aktensammlung zu den Märtyrern, einzusehen seien. Möglicherweise lag sie Gregor von Tours noch vor.[5]

Zu Brief 1:

Narratio Fragment 1 (1,7–35): Hier finden wir eine mit hoher literarischer Erzählkunst gestaltete Geschichte der Verfolgung. Sie zeigt die Weiterentwicklung aus einer pogromhaften Ausgangssituation, die zur Selektion der Elite und der Funktionsträger führt und zu den Foltern der Verhöre sowie zum ersten Todesopfer in der zuerst abgefallenen Biblis führt. Dieser folgt dann freilich eine große Zahl von Toten im Gefängnis einschließlich des Bischofs Pothinus von Lyon. Dabei wird die Verfolgung als ein endzeitliches Ereignis dargestellt und ist durch den Kampf mit dem Satan charakterisiert, den die Märtyrer gewinnen, indem sie christusähnlich werden. Die in der ersten Phase der Verfolgung Abgefallenen werden zum zweiten Mal verhaftet und nun als Mörder bestraft.

Narratio Fragment 2 (1,36–61): Bei einem außerordentlichen Tierkampf im Amphitheater kommen zwei Märtyrer zu Tode, zwei andere werden wieder in den Kerker überführt: Blandina[6], weil die Tiere sie verweigern, Attalus, weil zur Frage des Umgangs mit dem Besitzer des römischen Bürgerrechtes eine kaiserliche Entscheidung einzuholen sei. Das Beispiel der Märtyrer führt in der Wartezeit viele *lapsi* zur Umkehr. Nach Eintreffen des kaiserlichen Reskriptes wird das Vorgehen gegen die Christen zum Festspiel auf dem Provinziallandtag[7]. Dabei zeigt sich zum Erstaunen der Zuschauer, dass die Zahl der Todesurteile weit größer ist als erwartet; dies gilt auch für die römischen Bürgern, die enthauptet werden. Prominenteste Opfer sind hier der Arzt Alexander und Attalus, der, obwohl römischer Bürger, in der Arena ebenso stirbt wie Blandina und ihr Bruder Ponticus. Dazu kommen die im Gefängnis Gestorbenen. Die christlichen Opfer werden auch hier im Sinne einer eschatologischen Scheidung als Zeugnis für die Sündhaftigkeit der Heiden verstanden.[8]

---

5 GREG.TVR.glor.mart. 48 (MGH.SRM 1/2, 71 f Krusch).
6 Zu Blandina in feministischer Perspektive vgl. BURRUS, Torture (2008) 65–67.
7 Zu den Provinziallandtagen: HERZ, Kaisekult (2007) 199 f.
8 HARTMANN, Märtyrer (2009) 38–40.

Narratio Fragment 3 (1,62 f): Die Leichen der Märtyrer werden nach sechs Tagen verbrannt und die Asche in die Rhone geschüttet, um damit jeden Gedanken an eine Auferstehung zu zerstören.

Die erhaltenen Fragmente zeigen eine elaborierte narrative Darstellung mit großer Freude am Detail, die den sozialen Kontext nicht übersieht und uns einen lebendigen Blick in die betreffenden Gemeinden, ihre soziale Differenzierung, die unterschiedliche geographische Herkunft und religiöse Prägung ihrer Mitglieder erlaubt.

Dieses reichhaltige Material scheint Eusebius sehr entgegengekommen zu sein. Wenn er am Beginn seiner Darstellung das Kunstmittel der geographischen Verortung in 1,1–2 benützt und damit vielleicht auf Formen der antiken Geschichtsschreibung wie z. B. den Beginn von Caesars Kommentar zum Gallischen Krieg anspielt, so beginnt er damit nach Eduard Schwartz[9] eine mit dieser Literaturgattung wetteifernde und sie überbietende Darstellung der „Kämpfer für Wahrheit und Glauben". Auf diese Weise werden die gallischen Märtyrer des 2. Jhs. zu Vorläufern und zu Vorbildern für die Märtyrer der späteren Zeit. Bemerkungen Eusebs wie 5, 2,8 lassen dabei an die von ihm erlebte große diokletianische Christenverfolgung und ihre lange Dauer im Osten denken, zumal unsere Texte aus dem 5. Buch zur frühen Fassung seiner Kirchengeschichte gehören.

Das eusebianische Dossier, das uns die Ereignisse aus dem Jahre 177 oder kurz danach überliefert, schildert mit seiner Motivik und Topik zum einen literarisch anspruchsvoll[10] im lebhaften Stil der zweiten Sophistik drastisch die Verhöre, Folterungen und den Tod der Märtyrer als Heroen in ihrem Kampf gegen die wilden und tyrannischen Verfolger, die von Wut und Zorn beherrscht werden. Die Märtyrer entwickeln wie die Athleten ein übermenschliches Durchhaltevermögen, das sie die raffiniert ausgewählten Qualen klaglos, ja in Heiterkeit ertragen lässt, und erlangen so den Siegeskranz[11]. Zum anderen bietet das Dossier – nicht nur in den reflektierenden Abschnitten – eine ausgeformte Martyriumsfrömmigkeit auf einem apokalyptischen Hintergrund. Die Bedrängungen und der Hass konkretisieren sich darin, dass es der Widersacher Satan, die Schlange, ist, mit dem die Märtyrer kämpfen und den sie besiegen, um den Siegeskranz zu erlangen und das Hochzeitsmahl zu feiern. Dabei kommt es freilich in der Kirche zu einer großen Scheidung zwischen den Abgefallenen und den Seligen und Heiligen, wobei die Abgefallenen durch ein zweites Verhör die neue Chance des Bekenntnisses bekommen. Wer aber wiederum sein Christentum verleugnet, wird als Mörder und Unruhestifter verurteilt und verliert sein Leben. Ebenso wie die *lapsi* wird aber auch eine rigoristische asketische Lebensweise abgelehnt, die das Charisma überbetont. In diesem Sinne ist auch die antimon-

---

9 SCHWARTZ, Einleitungen (1909) 27 f.
10 Vgl. LABRIOLLE, Style (1913) speziell zur Motivik und Topik.
11 Vgl. zuletzt FAGAN, Arena (2011) 134–136.180.183.256 f.

tanistische Tendenz zu verstehen, die mit der Position Eusebs in dieser Frage übereinstimmt.

Während der Folter wächst den Bekennern auf wunderbare Weise Kraft zu, um ihren Widerstand zu stärken, was einer Heilung gleichkommt. Die Christusimitation der Märtyrer wird durch den Gedanken, dass es Christus ist, der im Märtyrer leidet, gleichsam noch überboten. Weil Christus nach Offb 3,24 der wahre Märtyrer ist, lehnen die Confessoren für sich zu Lebzeiten den Titel ab. Auch der Protomärtyrer Stephanus wird zum Vorbild der gallischen Märtyrer, die darüber hinaus die Aufgabe haben, Fürsprecher der Schwachen zu sein. Die theologische Tendenz unseres Briefes identifiziert in radikaler Weise und doch sehr reflektiert die Kirche als Kirche der Märtyrer, d. h. als Kirche der Heiligen.

Wir können also in diesem Brief eine gegenüber den übrigen Texten des 2. Jhs. – abgesehen von dem vielleicht nur wenig älteren, möglicherweise aber auch jüngeren Polykarpmartyrium – fortgeschrittene und durchreflektierte Anschauung über das Martyrium beobachten. Diese hat auch eine Darstellungsform gefunden, die die ganze Bandbreite der fortan mit dem Thema Martyrium verbundenen Vorstellungen in anspruchsvoller und vorbildlicher Weise gestaltet.

Als historische Quelle für die Geschichte des Kaiserkultes spielt unser Dossier eine bedeutende Rolle. Augustus hatte Lugdunum, den Ort des Provinziallandtags, zu einem Zentrum des Kaiserkultes gemacht. Dies war die wichtigste Funktion dieser Notablenversammlung[12]. Der Altar für diesen Kult ist durch Abbildungen auf Münzen bekannt und ähnelt etwa dem Pergamonaltar[13]. In seinem archäologischen Zusammenhang sind Inschriften gefunden worden, die als „*Romae et Augusto*" gelesen werden[14] und die Gründung des Amphitheaters im Jahr 19 n. Chr. bezeugen[15]. Es wird vermutet, dass die in Brief 1 Narratio Fragment 2 auf zwei Abschnitte verteilten Kämpfe (1,36–44.47–61) im heute vollständig ausgegrabenen Amphitheater[16] zum Geburtstag Marc Aurels vom 24. bis 26. April[17] und zum Fest des Augustus am 1. August[18] stattfanden. Die auf dem Hintergrund eines Senatsconsultum von 177, das die steigenden Kosten von Gladiatorenspielen kritisiert, oft behauptete These, auf Christen sei aus Sparsamkeitsgründen zurückgegriffen worden, lässt sich nicht eindeutig belegen.[19]

---

12 DEININGER, Provinziallandtage (1965) 104.
13 TURCAN, Autel (1982); FISHWICK, Imperial Cult 1/1 (1987) 97–137.
14 CIL 13,1664.
15 AE 1961, 328: Bauinschrift.
16 AUDIN, Amphithéâtre (1969); GUEY, Amphithéâtre (1962); GUEY – AUDIN, Amphithéâtre (1964); AUDIN – LEGLAY, Amphithéâtre (1970); AUDIN, Amphithéâtre (1979).
17 KIENAST, Kaisertabelle (⁵2011) 137.
18 FISHWICK, Imperial Cult 1/1 (1987) 134.
19 Vgl. 5,37; auch die oft behauptete Funktion der Lyonenser Märtyrer als *trinci*, also freiwillige religiöse Selbstopfer, lässt sich nicht belegen, da von Freiwilligkeit keine Rede sein kann, vgl. MOELLER, Trinci/Trinqui (1972).

Die Märtyrer von Lyon und Vienne erlangten im gallisch-fränkischen Raum eine große Beliebtheit, die sich nicht nur in der Namensgebung zeigt, sondern deutlicher etwa noch darin, dass Märtyrer in die Stammbäume fränkischer Adeliger merowingischer Zeit integriert wurden und so eine sehr deutliche Schutzmacht darstellten.[20] Gregor von Tours kennt eine Wundergeschichte[21], in der die zu Asche Gewordenen, die in die Rhone gestreut wurden, trauernden Christen, die Reliquien entbehrten, erschienen, die daraufhin die *„sacros cineres"* sammelten und eine große Kirche für die 48 Märtyrer bauten, deren Namen Gregor vielleicht aus einem auf Eusebius zurückgehenden Katalog überliefert.[22] Die Erinnerung daran ist in der Blandina-Kapelle der Abtei von St-Martin d'Ainay in Lyon zu finden, wo über den gallorömischen Mauern eine karolingische Kapelle gebaut wurde. Eine konkurrierende Tradition in Lyon findet sich in der Kirche St-Nizier. Hier ist dann seit dem 6. Jh. auch die Bischofsgrablege und am 2. Juni eine Prozession mit den Reliquien des ersten bekannten Bischof Pothinus und seiner Mitmärtyrer von 177 belegt[23]. Zu diesem Termin finden sich die Märtyrer von Lyon und Vienne auch im Martyrologium Hieronymianum eingetragen[24].

E. Spezialliteratur

BAUMEISTER TH., Der Brief der Gemeinden von Vienne und Lyon und die Offenbarung des Johannes, in: HORN F. W. – WOLTER M. (Hrsg.), Studien zur Johannesoffenbarung und ihrer Auslegung. FS O. BÜCHER, Neukirchen-Vluyn 2005, 339–355 = BAUMEISTER TH., Martyrium, Hagiographie und Heiligenverehrung im christlichen Altertum (RQ.S 61), Freiburg i. Br. 2009, 50–65.
BUSCHMANN G., Martyrium Polycarpi – Eine formkritische Studie. Ein Beitrag zur Frage nach der Entstehung der Gattung Märtyrerakte (ZNW Beih. 70), Berlin 1994, 103–120.
CHAGNY A., Les martyrs de Lyon de 177, Lyon 1936.
COLIN J., L'empire des Antonins et les martyrs gaulois de 177, Bonn 1964.
DEHANDSCHUTTER B., A Community of Martyrs: Religious Identity and the Case of the Martyrs of Lyon and Vienne, in: LEEMANS J. – METTEPENIGEN J. (Hrsg.), More than a memory: The discourse of martyrdom and the construction of Christian identity in the history of Christianity (ANL 51), Löwen 2005, 3–22 = DEHANDSCHUTTER B., Polycarpiana. Studies on Martyrdom and Persecution in Early Christianity. Collected Essays (= BEThL 205), Löwen 2007, 237–255.
DELEHAYE H., Les passions des martyrs et les genres littéraires (SHG 13B), Brüssel ²1966, 89–91.
DEN BOEFT J. – BREMMER J., Notiunculae martyrologicae 4, VigChr 45, 1991, 105–122, hier 115 f.
DEN BOEFT J. – BREMMER J., Notiunculae martyrologicae 5, VigChr 49, 1995, 146–164, hier 151–158.

---

20 HEINZELMANN, Gregor (1994).
21 GREG.TVR.glor.mart. 48 (71 f.). Zum Nachleben der Märtyrer in gallisch-fränkischen Stammbäumen vgl. HEINZELMANN, Gregor (1994).
22 Diese Liste ist die Basis der späteren hagiologischen Namensaufzählungen, vgl. QUENTIN, Liste (1921).
23 Vgl. REYNAUD, Lugdunum (1998) 195–197 und REYNAUD – RICHARD, Ainay (2008).
24 ActaSS Nov. 2/1 [71]–[73] (De Rossi – Duchesne).

GRIFFE E., La Gaule chrétienne à l'époque romaine 1. Des origines chrétiennes à la fin du IVe siècle, Paris ²1964, 33–57.
HAFNER J. E., Religiöser Alltag der Christen in Lyon und seine Unterbrechung, in: EICH P. – FABER E. (Hrsg.), Religiöser Alltag in der Spätantike (Potsdamer Altertumswissenschaftliche Beiträge 44), Stuttgart 2013, 225–242.
HALKIN F., Martyrs de Lyon ou d'Asie Mineure?, AnBoll 83, 1965, 189–190.
HARNACK A., Einige Bemerkungen zum 5. Buch der Kirchengeschichte des Eusebius nach der neuen Ausgabe von Eduard Schwartz, SPAW 1903.1, 200–207.
HARNACK A. Geschichte der altchristlichen Literatur bis Eusebius 2: 1. Die Chronologie der Literatur bis Irenäus nebst einleitenden Untersuchungen, Leipzig 1897 = 1968, 315–317.
HIRSCHFELD O., Zur Geschichte des Christenthums in Lugdunum vor Constantin, SPAW 1895.1, 381–409.
JULLIAN C., Quelques remarques sur la lettre des chrétiens de Lyon, REA 13, 1911, 317–330.
KAHRSTEDT U., Die Märtyrerakten von Lugdunum (Eusebius h.e. V 1f.f), RMP 68, 1913, 395–412.
KERESZTES P., The Massacre at Lugdunum in 177 A. D., Historia 16, 1967, 75–86 = DERS., Das Christenmassaker von Lugdunum im Jahre 177, in: KLEIN R. (Hrsg.), Marc Aurel (WdF 550), Darmstadt 1979, 261–278.
LABRIOLLE P. DE, Le style de la lettre des chrétiens de Lyon, dans Eusèbe H. E. 5, 1–4, BALAC 3, 1913, 198–203.
LANATA G., Gli atti dei martiri come documenti processuali (Studi e testi per un Corpus Iudiciorum 1), Mailand 1973, 125–136.
LÖHR W. A., Der Brief der Gemeinden von Lyon und Vienne (Eusebius, h. e. V, 1–2[4]), in: PAPANDREOU D. – BIENERT W. A. – SCHÄFERDIECK K. (Hrsg.), Oecumenica et Patristica. FS W. SCHNEEMELCHER Chambésy 1989, 135–149.
MARTIN J. B., Liste des martyrs de Lyon, BHDL 1, 1900, 22–26.
MCLARTY, J., The Function of the Letter Form in Christian Accounts, in: Hodkinson O. – Rosenmeyer P. A. – Bracke E. (Hrsg.), Epistolary Narratives in Ancient Greek Literature (Mn.S 359), Leiden 2013, 371–385.
MOELLER W. O., The Trinci/Trinqui and the martyrs of Lyon, Historia 21, 1972, 127.
MOSS C. R., The Other Christs. Imitating Jesus in Ancient Christian Ideologies of Martyrdom, Oxford 2010, 189.
NAUTIN P., Lettres et écrivains chrétiens des IIe et IIIe siècles, Paris 1961, 33–64.
OLIVER J. H. – PALMER R. E. A., Minutes of an Act of the Roman Senate, Hesperia 24, 1955, 320–349.
PERLER O., Das vierte Makkabäerbuch, Ignatius von Antiochien und die ältesten Martyrerberichte, RivAC 25, 1949, 47–72 = DERS., Sapientia et Caritas. Gesammelte Aufsätze zum 90. Geburtstag (hrsg. v. D. VAN DAMME – O. WERMELINGER) (Par. 29), Fribourg 1990, 141–166.
PLUMPE J. C., Mater Ecclesia. An Inquiry into the Concept of the Church as Mother in Early Christianity, Washington 1943.
QUENTIN H., La liste des martyrs de Lyon de l'an 177, AnBoll 39, 1921, 113–138.
ROUGÉ M. J. – TURCAN M. R. (Hrsg.), Les Martyrs de Lyon (177). Lyon, 20–23 Septembre 1977 (Colloques internationaux du Centre National de la Recherche Scientifique 575), Paris 1978.
SAXER V., Les „Actes des Martyrs anciens" chez Eusèbe de Césarée et dans les Martyrologies syriaques et hiéronymien, AnBoll 102, 1984, 85–95.
SAUMAGNE CH.– MESLIN M., De la légalité du Procès de Lyon de l'année 177, in: HAASE W. (Hrsg.), Religion (Vorkonstantinisches Christentum: Verhältnis zu römischem Staat und heidnischer Religion) (ANRW 2, 23/1), Berlin 1979, 316–339.
SCHNEIDER, A. B., Jüdisches Erbe in christlicher Tradition, eine kanongeschichtliche Untersuchung zur Bedeutung und Rezeption der Makkabäerbücher in der Alten Kirche des Ostens, Diss. theol. Heidelberg 2000, 152–157.

THOMPSON J. W., The Alleged Persecution of the Christians at Lyons in 177, AJT 16, 1912, 359–384.
TROUBNIKOFF A., Les Martyrs de Lyon et leurs temps, Paris 1986.
WHITTAKER M., Jews and Christians: Graeco-Roman Views (CCWJCW 6), Cambridge 1984, 165–172.
WIERSCHOWSKI L., Der Lyoner Märtyrer Vettius Epagathus. Zum Status und zur Herkunft der ersten gallischen Christen, Historia 47/4, 1998, 426–453.
ZEILLER J., L'égalité et l'arbitraire dans les persécutions contre les chrétiens, AnBoll 67, 1949, 49–54.

Märtyrer von Scilli

A. Zum Text

1. Lateinische Überlieferung

Der Text ist durch sechzehn, teilweise jedoch heute verlorene Handschriften bezeugt. Es lassen sich drei Textformen unterscheiden:

a. Kürzere Form
Die Edition der kürzesten Textform (BHL Suppl. 7527) basiert auf:
A   London, British Museum 11880, fol. 109–110ᵛ (9. Jh.).
E   verlorenes Fragment (1–4: bis *mysterium*) einer Reichenauer Handschrift, das Mabillon[1] ediert hat, von dem es Ruinart[2] übernahm (BHL 7528).

b. Längere Form
Einen längeren Text bietet die Überlieferung in den Handschriften der so genannten mittleren Rezension in den Handschriften:
B   Wien, Österreichische Nationalbibliothek, cod. 377, fol. 254ᵛ–255ʳ (Provenienz unbekannt; 11. Jh.)
C   Evreux, Bibliothèque municipale, cod. lat 47, fol. 55 (Lyre, 13. Jh.)
D   Brüssel, Bibliothèque royale de Belgique, 3191 (ehem. 7984), fol. 125ᵛ–126ᵛ (Wissembourg/Elsass; 10. Jh.)

Unter diesen Handschriften ist von besonderem Wert B, welche die beste Form der konsularischen Datierung am Anfang aufweist und – wie D – den kürzeren Schluss ohne Doxologie.

c. Langform
Eine editio princeps einer langen Rezension (BHL 7531) auf der Basis von drei römischen, heute verlorenen Handschriften legte Baronius 1590 vor.[3]

---

[1] MABILLON, Analecta III (1723) 172 (= ¹1685, 153 f.).
[2] RUINART, Acta (³1859) 134.
[3] BARONIUS, AECN 2 (1597) 275–277.

2. Griechische Überlieferung

Eine alte griechische Übersetzung (BHG 1645) findet sich in
G   Paris, Bibliothèque nationale de France, cod. graec. 1470, fol. 128^v (890 n. Chr.).

Sie weist gegenüber der kürzesten lateinischen Rezension eine Reihe von Texterweiterungen auf.
    Die erste textkritische Ausgabe der kürzesten lateinischen Rezension sowie der Handschrift G stammt von
Ro   ROBINSON, Perpetua (1891) 112–116.

Sie bildet für alle jüngeren Editionen die Basis[4] und findet sich wieder bei
Mu   MUSURILLO, Acts (1972) 86–89
Lan[1]   LANATA, Atti (1973) 137–140
Lan[2]   LANATA, Processi (1989) 26–28
Ba   BASTIAENSEN, Acta Scilitanorum (1987).

Eine Neuedition unter besonderer Berücksichtigung von D mit A als Leittext erarbeitete
Ru   Ruggiero, Scilitani (1991)[5]

Ihr folgt mit zwei Veränderungen[6] der hier gebotene Text unter Angabe der wichtigsten Lesarten und der Texterweiterungen der mittleren Rezension der Handschriften BCD.

B. Zum Inhalt

180, 17. Juli, Karthago: Gerichtsverhandlung des Prokonsuls Saturninus gegen Speratus, Nartzalus, Cittinus, Donata, Secunda und Vestia aus Scilli. Die mehrfache Zurede, zur römischen Religion zurückzukehren, wird von den Angeklagten mit der Absichtsbekundung, bei ihren christlichen Überzeugungen bleiben zu wollen, beantwortet. Das Angebot von Bedenkzeit wird von ihnen ausgeschlagen, was zu ihrer Verurteilung zum Tode durch das Schwert wegen hartnäckigen Verharrens im Christentum führt. Ihre Hinrichtung sowie die des Veturius, Felix, Aquilinus, Laetantius, der Ianuaria und Generosa erfolgen unmittelbar.

---

4 Zur Editionsgeschichte RAUSCHEN, Monumenta (1914) 22 f und WLOSOK, Märtyrerakten (1997) 42 f.
5 S. dazu die Besprechung von SEELIGER, Rez. Ruggiero (1994).
6 In 6 und 17.

C. **Passio Scillitanorum**

Passion der Scillitaner

Passio[1] sanctorum[2] Scillitanorum[3]

1. Praesente bis et Condiano[4] consulibus[5], XVI Kalendas Augustas, Kartagine in secretario inpositis Sperato, Nartzalo[6] et[7] Cittino, Donata, Secunda, Vestia, Saturninus proconsul dixit: Potestis indulgentiam domni[8] nostri imperatoris promereri, si ad bonam mentem redeatis[9].

2. Speratus dixit: Numquam malefecimus, iniquitati nullam operam praebuimus; numquam malediximus, sed male accepti gratias egimus; propter quod imperatorem nostrum observamus[10].

3. Saturninus proconsul dixit: Et nos religiosi sumus, et simplex est religio nostra, et iuramus per genium domni nostri imperatoris, et pro eius salute supplicamus, quod et vos quoque facere debetis.

---

1 *codd.*, acta Ba
2 beatorum D, sanctorum martyrum A
3 Scilitanorum A, Scyllitanorum B, Scillitanorum CE, Scillitarum (*ante correctionem in* Scillitanorum) D, *add.* id est Sperati, Nazari, Cittoni, Donate, Secunde, Bisteae A, beatorum Scillitanorum martyrum (quod est E) XVI kalendas Augustas BE
4 *coni.* Ba (*sicut iam* Aubé, *Étude* [1881]), Claudiano *codd. et* G
5 B, in diebus illis presidente (praesidente E) bis Claudiano consule AE, presente Claudiano consule C, presidentibus Saturnino et Claudiano consulibus D
6 Nartialus *disputat* Barnes, Tertullian (1985) 63
7 *om.* Mu; et ceteros *coni.* Gärtner, Acta (1989) 159–162
8 *semper* AC Mu, domini *semper* BDE (*de domno vel* domino Ba 406)
9 *post* redeatis *add.* et sacrificetis diis omnipotentibus BCDF
10 *post* observamus *add.* et timemus et adoramus et ipsi cotidie sacrificium nostrae laudis offerimus BCD

Die Passion der heiligen Scillitaner[1]

1. Als Praesens das zweite Mal und Condianus Konsuln waren[2], am 17. Juli, wurden in Karthago im *secretarium*[3] Speratus, Nartzalus und Cittinus, Donata, Secunda, Vestia[4] vorgeführt. Der Prokonsul Saturninus[5] sagte: „Ihr könnt euch die Begnadigung unseres Herrn, des Imperators, verdienen, wenn ihr zu einer guten Ansicht[6] zurückkehrt."

2. Speratus sagte: „Niemals haben wir Verbrechen begangen, kein Werk der Ungerechtigkeit haben wir verursacht. Nie haben wir verflucht, sondern wir haben Dank gesagt, auch wenn wir schlecht behandelt worden sind[7]; dies (tun wir), weil wir unseren Imperator achten."

3. Der Prokonsul Saturninus sagte: „Auch wir sind religiös,[8] und unsere Religion ist einfach[9], und wir schwören beim Genius unseren Herrn[10], des Imperators, und wir opfern für sein Heil, was auch ihr machen müsst."

---

1 Die Bezeichnung der Märtyrer als „Scil(l)itaner" ist nur durch die Incipita belegt. Augustinus hielt drei Predigten *in natale martyrum Scilitanorum* (s. dazu die Ausführungen zu den historischen und literarischen Aspekten), welche die Kenntnis unseres Textes voraussetzen, in denen er allerdings die Bezeichnung „Scillitaner" selbst nicht verwendet. Bei Karthago gab es eine *via quae dicitur Scillitanorum* (PFel. 31 [Musurillo, Acts (1972) 270]) und eine Coemetarialbasilika *sanctorum martyrum Scillitanorum* (Aug.serm. 155 [PL 38, 840]; zu ihrer Identifizierung Ennabli, Carthage [1997] 32–34). Bischöfe von Scilli oder Scilium sind durch die Akten der Konferenz von Karthago 411 (SC 373, 1456f Lancel) und der karthagischen Provinzialsynode von 646 (PMBZ 3, 509, Nr. 5733: Pariator [Brandes]) belegt. Der Ort ist nicht präzise lokalisiert, lag jedoch wahrscheinlich in der Africa proconsularis.
2 C. Bruttius Praesens und Sextus Quintilius Condianus, Konsuln des Jahres 180: Degrassi, Fasti (1952) 50.
3 Durch Schranken und evtl. auch Vorhänge abgetrennter Raum im Amtsgebäude; vgl. Ru, 87 und Ebner C., Secretarium, DNP 11, 2001, 315.
4 Kurze Liste der Märtyrer; die längere in 16.
5 P. Vigellius Saturninus, Prokonsul von Africa 180/181: PIR^2 5, 434; Thomasson, Fasti (1996) 71.
6 Zu *bona mens* in der stoischen Philosophie vgl. Sen.epist. 23,1 und 41,1 (63, 25f; 108, 3 Reynolds); Gegensatz zu der den Christen vorgeworfenen *dementia* in 8 oder *amentia* bei Plin.epist. 10, 96,4 (338, 17 Mynors).
7 Christliche Dankbarkeit trotz empfangenen Unrechts, vgl. Lk 6,27–29; Röm 12,14; 1 Petr 3,9 und Tert.adv.Marc. 5, 14,11 (CChr.SL 1, 707 Kroymann).
8 *religiosus* im Sinne kultischer Integration in die Religion des Reiches; vgl. Ratschow C. H., Religion II, HWP 8, 1992, 634f; zum Religionsbegriff im antiken nichtchristlichen und christlichen Sprachgebrauch: Feil, Religio (1986) 32–82.
9 *simplex* (bzw. *simplicitas* in 4): Philosophisch-religiöser Begriff von hohem Wert in trajanischer Zeit: Das Wahre und Echte ist geradlinig, einfach, unkompliziert, deshalb unverfälscht und darum verlässlich; in diesem Sinn auch bei Tertullian die *simplicitas ueritatis* (nat. 2, 2,5 [CChr.SL 1, 42,17 Borleffs]) und *simplicitas doctrinae* (adv.Prax. 1,6 [CChr.SL 2, 1160,36 Kroymann – Evans]) des christlichen Glaubens. Vgl. Den Boeft – Bremmer, Notiunculae (1981) 45–47; Wilken, Frühe Christen (1986) 75–80; Gnilka, Sinn (1992) 40–43 (333–335). Zur Problematik des *simplicitas-fidei*-Ideals im frühen Christentum vgl. Fiedrowicz, Theologie (2007) 27.
10 *et iuramus, sicut non per Genios Caesarum, ita per salutem eorum*: Tert.apol. 32,2 (CChr.SL 1, 143,8 f Dekkers).

4. Speratus dixit: Si tranquillas praebueris aures tuas, dico mysterium simplicitatis.

5. Saturninus[11] dixit: Initianti tibi mala de sacris nostris aures non praebebo; sed potius iura per genium domni nostri imperatoris.

6. Speratus dixit: Ego imperium huius seculi non agnosco[12]; sed magis illi deo[13] servio[14], quem nemo hominum vidit nec videre his oculis[15] potest[16]; furtum non feci; sed siquid emero teloneum reddo: quia cognosco domnum[17] meum, imperatorem regum et[18] omnium gentium.

7. Saturninus proconsul dixit ceteris: Desinite huius[19] esse persuasionis. Speratus dixit[20]: Mala est persuasio homicidium facere, falsum testimonium dicere.

8. Saturninus proconsul dixit: Nolite huius[21] dementiae esse participes. Cittinus dixit[22]: Non habemus quem timeamus[23], nisi domnum deum nostrum, qui est in caelis[24].

9. Donata dixit[25]: Honorem Caesari quasi Caesari[26], timorem autem deo[27]. Vestia dixit[28]: Christiana sum.[29] Secunda dixit[30]: Quod sum, ipsud volo esse[31].

10. Saturninus proconsul Sperato dixit: Perseveras Christianus[32]? Speratus dixit[33]: Christianus sum; et cum eo omnes[34] consenserunt.

---

11 *post* Saturninus *add.* proconsul BCD
12 A, cognosco BCD (*cfr* DEN BOEFT – BREMMER, Notiunculae 5 [1995] 158)
13 illi deo *om.* C
14 deo servio A, soli servio deo BD
15 *post* oculis *add.* carnalibus BCD
16 *post* potest *add.* nisi oculis cordis: si fidem habuerimus videbimus lumen verum BCD
17 *post* domnum *add.* deum BD
18 imperatorem regum et BCD Mu, et imperatorum regum A Ru, regem regum et imperatorem *coni.* Ro Ba
19 *post* huius *add.* modi B
20 AC, respondit BD, *post* dixit *add.* siquidem C
21 furoris huius et BCD
22 *coni. edd.*, dicit A, respondit BCD
23 A, nos non hebemus (adoramus D) cotidiae alium (quem timeamus C) BCD
24 *post* caelis *add.* Ipsum solum timemus (timere studemus C) ex toto corde nostro et ex tota anima nostra (*post* nostra *add.* Saturninus dixit: C). Tu quid dicis Donata? BCD
25 A, Respondit Donata BCD
26 Caesaris do Caesari C
27 *post* deo *add.* Saturninus dixit: Tu quid dicis Bestia (Bistea B *et semper*) BCD
28 A, Bestia respondit BCD
29 *post* sum *add.* nec aliud (alium C) me esse profiteor. Saturninus dixit: Quid tu (Tu quid BD) dicis Secunda? BCD
30 A, Respondit Secunda BCD
31 ABD; ipsum esse volo C
32 *post* Christianus *add.*esse BCD
33 A, respondit BCD
34 *post* omnes *add.* unanimiter BCD

4. Speratus sagte: „Wenn du (mir) deine aufmerksamen Ohren leihst, dann sage ich dir das Geheimnis der Einfachheit."

5. Saturninus sagte: „Wenn du Schlechtes über das uns Heilige zu sagen beginnst, werde ich dir meine Ohren nicht leihen; aber schwöre du vielmehr beim Genius unseres Herrn, des Imperators."

6. Speratus sagte: „Ich erkenne die Befehlsgewalt (des Imperators) über diese Welt nicht an,[11] sondern diene vielmehr jenem Gott, den kein Mensch gesehen hat oder mit diesen Augen sehen kann[12]. Ich habe keinen Diebstahl begangen[13]; sondern wenn ich irgendetwas kaufe, bezahle ich die Steuer[14], weil ich meinen Herrn, den Imperator der Könige und aller Völker[15], kenne."

7. Der Prokonsul Saturninus sagte zu den übrigen: „Lasst von diesem Glauben ab." Speratus sagte: „Es ist ein schlechter Glaube[16], einen Mord zu begehen, ein falsches Zeugnis[17] abzulegen."

8. Der Prokonsul Saturninus sagte: „Habt keinen Anteil an diesem Wahnsinn." Cittinus sagte: „Wir haben keinen, den wir fürchten, außer dem Herrn, unserem Gott, der in den Himmeln ist."

9. Donata sagte: „Ich ehre den Caesar als den Caesar, die Furcht[18] aber gebührt Gott."[19] Vestia sagte: „Ich bin Christin." Secunda sagte: „Was ich bin, das will ich sein."

10. Der Prokonsul Saturninus sagte zu Speratus: „Bleibst du Christ?" Speratus sagte: „Ich bin Christ." Und alle stimmten mit ihm überein.

---

11 *agnoscimus mundum*: Tert.apol. 38,3 (149,12).
12 *quem vidit nemo hominum nec videre potest*: 1 Tim 6,16 VLBeu.
13 *non furtum facies non falsum testimonium dices*: Mt 19,18 VLJül.
14 *teloneum*: Abgabe für den Staat, vgl. Gärtner, Acta (1989) 164 f.
15 Vgl. 1 Tim 6,15; Offb 17,14 und 19,16.
16 *vanitatis persuasio est*: Avg.serm. 299F = Lambot 9 (PLS 2, 789).
17 Vgl. Anm. 13.
18 Vgl. Ps 110,10 Vg: *initium sapientae timor Domini*.
19 Vgl. 1 Petr 2,17 VLBeu: *Deum verum timete regum autem honorificate*.

11. Saturninus proconsul dixit[35]: Numquid[36] ad deliberandum vultis spatium? Speratus dixit[37]: In re tam iusta nulla[38] est commutatio[39].

12. Saturninus proconsul dixit: Quae sunt res in capsa uestra? Speratus dixit: Libri[40] et epistulae Pauli[41] viri iusti.

13. Saturninus proconsul dixit:. Moram XXX dierum habete et recordemini. Speratus iterum dixit: Christianus sum[42]; et cum eo omnes consenserunt.

14. Saturninus proconsul[43] decretum[44] ex tabella recitavit: Speratum, Nartzalum, Cittinum, Donatam, Vestiam, Secundam et ceteros[45] ritu christiano vivere[46] confessos, quoniam oblatam sibi facultatem ad Romanorum morem redeundi obstinanter perseveraverunt, gladio animadverti placet.

15. Speratus dixit: Deo[47] gratias agimus. Nartzalus dixit: Hodie martyres in caelis sumus[48]: Deo gratias[49].

16. Saturninus proconsul per praeconem[50] dici iussit[51]: Speratum, Nartzalum, Cittinum, Veturium, Felicem, Aquilinum, Laetantium, Ianuariam, Generosam[52], Vestiam, Donatam, Secundam duci iussi[53].

17. Universi[54] dixerunt: Deo gratias[55]. Et statim decollati sunt pro nomine Christi.[56]

---

35 ABD, respondit C
36 ABD, Nisi C
37 ABD, respondit C
38 edd.
39 Ru, In re tam iusta non est commutatio A, In re tam bona non est deliberatio BCD, consultatio *fortasse* Ba
40 A, venerandi (-da B) libri legis divinae BCD
41 *post* Pauli *add.* apostoli BCD
42 A, *post* sum *add.* et trinitatem deum (domni D) credo et adoro et colo BD, et indesinenter domnum deum meum colo et adoro C, *sequitur* qui fecit caelum et terram, mare et omnia quae in eis sunt BCD
43 *post* proconsul *add.* dixit C
44 AC. *om.* BD
45 ABC, *om.* D Mu Lan Ba
46 A, se vivere CF edd.
47 *post* deo *add.* omnipotenti insufficienter (insufficientes B) BCD
48 A, esse meruimus *add.* BCD
49 *post* gratias *add.* agimus B
50 per praeconem *om.* B
51 A, iussit duci BCD, *add.* sanctos ut decollarentur C
52 Generosam *om.* A
53 duci iussi A, *om.* BCD
54 *post* universi *add.* vero BD, uno ore C
55 *post* gratias *add.* et laudes, qui nos pro suo (*add.* sancto BD) nomine ad gloriosam passionem perducere dignatus est BCD
56 BCD Mu (*add.* Amen. C), Et ita omnes simul martyrio coronati sunt, et regnant cum Patre et Filio et Spiritu Sancto per omnia secula seculorum. Amen. A Ro Ba Ru

11. Der Prokonsul Saturninus sagte: „Wollt ihr denn[20] Zeit, um es euch zu überlegen?" Speratus sagte: „Bei einer so gerechten Sache gibt es kein Umdenken[21]."

12. Der Prokonsul Saturninus sagte: „Was sind das für Dinge in eurer Schachtel?" Speratus sagte: „Bücher und Briefe des Paulus, eines gerechten Mannes.[22]"

13. Der Prokonsul Saturninus sagte: „Ihr habt eine Frist von dreißig Tagen, besinnt euch!" Speratus sagte wiederum: „Ich bin Christ." Und alle stimmten mit ihm überein.

14. Der Prokonsul Saturninus las das Urteil von der Tafel[23]: „Speratus, Nartzalus, Cittinus, Donata, Vestia, Secunda und die übrigen haben bekannt, dass sie nach christlicher Weise leben. Da sie sich, obwohl sie die Gelegenheit hatten, zur Sitte der Römer zurückzukehren, hartnäckig[24] geweigert haben, sollen sie mit dem Schwert hingerichtet[25] werden."

15. Speratus sagte: „Wir danken Gott." Nartzalus sagte: „Heute sind wir als Märtyrer in den Himmeln: Gott sei Dank!"

16. Der Prokonsul Saturninus ließ durch den Herold verkünden: „Speratus, Nartzalus, Cittinus, Veturius, Felix, Aquilinus, Laetantius, Ianuaria, Generosa, Vestia, Donata, Secunda sollen zur Hinrichtung geführt werden[26]."

17. Alle zusammen sagten sie: „Gott sei Dank." Und sofort wurden sie enthauptet um Christi Namen willen.

---

[20] *numquid* impliziert im klassischen Latein eine negative Antwort, vgl. DEN BOEFT – BREMMER, Notiunculae (1981) 48.
[21] *in re tam iniusta nulla est consultatio*: ACypr. 3²,3.
[22] *vir iustus*: vgl. LABAHN, Paulus (2001) bes. 104 f.
[23] ACypr. 3¹,6; AMaximil. 3,1.
[24] *inflexibilis obstinatio*: PLIN.epist. 10, 96,3 (338, 16 f.).
[25] *animadvertere* als Terminus technicus für die Hinrichtung: LEVY, Kapitalstrafe (1931) 5 f (326).
[26] *duci iussi*: PLIN.epist. 10, 96,3 (338, 15); Terminus technicus für den vom Magistraten erteilten Befehl zur Vollstreckung des Todesurteils: MOMMSEN, Strafrecht (1899) 924.

D. Historische und literarische Aspekte

Früher gern für einen „authentischen Aktenbericht" und ein „echt römisches Gerichtsprotokoll" gehalten,[1] erweist sich der Text bei näherem Hinsehen als ein kunstvoll literarisch gestaltetes Produkt:[2] Es lässt den Leser bzw. Hörer an einem nicht-öffentlichen Verhör im *secretarium* des Prokonsuls teilnehmen.

Diskutiert wurde, ob der Text auf der Basis eines offiziellen Gerichtsprotokolls redigiert wurde.[3] Die Nähe zu solchen *commentarii* ist durchaus erkennbar bzw. intendiert. Das *caput* (Nennung des Gerichtspräsidiums – Datierung – Angabe des Verhandlungsorts) ist zwar nicht genau in der gewöhnlichen Reihenfolge aufgebaut, doch im Corpus findet sich eine *inquisitio*, die, vollständig in direkter Rede und mit den stereotypen Einleitungsformeln (stets *dixit* in der Handschrift A), protokollmäßig korrekt ist, was auch für die Urteilsverkündung gilt. Auch das Fehlen sowohl der Negativzeichnung des Richters als auch von ausführlichen Glaubensbekenntnissen sowie das von den Angeklagten vermittelte Bild, dem die pathetischen bzw. heroisierenden Züge fast völlig fehlen, legen den Gedanken an ein nur wenig bearbeitetes Gerichtsprotokoll (ohne 15 und 17) nahe. Ein solches liegt auf Koptisch im Verhör des Stephanus (Pap. Duk. inv. 338) aus der tetrarchischen Zeit vor.[4] Doch gerade im Vergleich mit einem solchen Text zeigt sich, dass hier nicht von einem Redaktor[5], sondern von einem Autor auszugehen ist, der, sicher bald nach der Hinrichtung und vielleicht auf der Basis einiger mündlicher Überlieferungen,[6] den Text als Ganzen aufsetzte. Die dabei gewählte Form der Gerichtsakten weist den Autor als juristisch gebildet aus.

Dass der Text als Ganzes aus christlicher Sicht verfasst wurde, beweist der Umstand, dass der Prokonsul sich bereits in 3 in der Defensive befindet („Auch wir sind religiös …") und er in 11 seine Frage nach dem Aufschub so stellt, dass eine negative Antwort zu erwarten ist.

Inhaltlich verfolgt der Verhördialog in äußerst knapper Weise kunstvoll zwei Linien. Zum einen klingen nahezu alle Themen an, welche das im Plinius-Trajan-Briefwechsel sanktionierte Verfahren gegen Christen bestimmten:[7] Allem voran geht in 1 das Angebot der kaiserlichen *indulgentia* (Trajan: *venia ex paenitentia*[8]). Der Feststellung bei Plinius, dass den Christen keine *flagitiae* und damit keine *culpa*[9] nachzuweisen

---

1 So noch HAGEMEYER, Christ (1961) 75.
2 Vgl. BERSCHIN, Biographie (1986) 41f; MOSS, Martyrdom (2012) 125–129.
3 Vgl. LENDLE, Texte (1975) 197.
4 Edition: VAN MINNEN, Account (1995), dazu WIPSZYCKA, Jurisdiction (2000).
5 So noch DELEHAYE, Passions (1966) 48f.
6 Vgl. FREUDENBERGER, Akten (1976) 197f mit der älteren Literatur zu dieser Frage.
7 Beobachtungen dazu auch bei WLOSOK, Rom (1970) 47f.
8 PLIN.epist. 10,97,2 (340,12).
9 PLIN.epist. 10,96,2 (338,11); 7 (339,5).

und sie mithin nicht kriminell sind, entspricht der Hinweis des Speratus, dass er und die anderen keine *maleficia* verüben (2), keinen Diebstahl (6), Mord oder Meineid (7). Im Verfahren gegen die Gruppe um Speratus wird wie in den Christenprozessen des Plinius diesbezüglich von Schuldlosigkeit ausgegangen. Wie bei letzterem werden die Christen auch von Prokonsul Saturninus mit der Forderung konfrontiert, einen Akt der Kaiserverehrung zu erbringen: dort ein Opfer, hier einen Eid (5). Da dazu keine Bereitschaft besteht, wird den Angeklagten Bedenkzeit angeboten. Im Verfahren gegen die Scillitaner ist dies zweimal der Fall; Plinius berichtete an den Kaiser von einer dreimaligen Befragung und damit der dreimaligen Möglichkeit zur Umkehr. Dies ist das Ziel bei Plinius wie in Karthago: *emendare* und *corrigere*[10] dort, hier das *redire ad bonam mentem* der Christen, die im Wahnsinn (*amentia* bei Plinius[11], *dementia* bei Saturninus [8]) befangen sind. Dass die mehrfachen Versuche, die Christen zu bessern und zu resozialisieren, scheitern, wird übereinstimmend auf ihre Hartnäckigkeit (*obstinatio*)[12] zurückgeführt.

Dieser Linie des Textes korrespondiert umgekehrt sein apologetisch-paränetisches Interesse: Dem Fehlen der *maleficia* entspricht ein schriftgemäßes Leben (6f) unter dem Anspruch des biblischen Prinzips der Umkehr (Böses mit Gutem vergelten [2]); die Ablehnung des Kaiserkultes schließt die Loyalität gegenüber dem Herrscher (1 Petr 2,17; Mt 22,21 par; Röm 13,1–7) nicht aus (2.9), obwohl eine scharfe Trennungslinie zwischen dieser Welt und ihren Herrschern und der des unsichtbaren Gottes besteht (6). Gemeinsam ist Saturninus wie Speratus der Wert der *simplicitas*, doch eine Verständigung darüber, was wahre Einfachheit ist, ist auf dieser Ebene nicht möglich, im Gegenteil ist dies Quelle von Missverständnissen, wie überhaupt die beiden Stränge der Argumentation bzw. Beweisführung kontrastierend nebeneinander herlaufen.

Die auch bei Tertullian anzutreffende Vorstellung von der Einfachheit der christlichen Lehre lässt, wie auch die ganze kunstreich komprimierte Gestalt des Textes in juristisch informierter Protokollform, an das geistige Milieu dieses Autors und damit an die Zeit gegen Ende des 2. Jhs. denken.

Die Form unseres Protokolls bedingt dabei, dass immer mehr Verhörte mit ihrem Bekenntnis hervortreten, sodass sich der Leser bzw. Hörer geistig einer immer größeren Zahl von christlichen Zeugen anschließt.[13]

Was den Schluss anbetrifft, so erhebt sich anhand der Textüberlieferung die Frage, ob die Schlussdoxologie ein genuines Element unseres Textes ist. Deutlich sind verschiedene Formen des Ausbaus der Schlussdoxologie. Die ältere Überlieferung kennt eine trinitarische Formel (Handschrift A), der breite Strom der jüngeren Überlieferung, der durch inszenierende Erweiterungen charakterisiert ist, legt die Schluss-

---

10 Ebd. 9f (339,24; 340,2).
11 Ebd. 3 (338,17).
12 Ebd. 3 (338,17).
13 Vgl. GÄRTNER, Passio (1988) 39.

doxologie den Märtyrern selbst in den Mund („Und alle sagten zusammen: ‚Gott sei Dank und Lob'..."). Deutlich sind diese Formulierungen erst im 4. Jh. entstanden, im Fall der jüngeren Handschriften möglicherweise unter donatistischem Einfluss[14].

Als erstes Dokument des lateinischsprachigen Christentums und früheste Quelle zur nordafrikanischen Kirche sowie als erster Beleg einer lateinischen Bibelübersetzung[15] bietet der Text eine Reihe von Einsichten, aber auch von ungelösten Problemen.

Prokonsul Vigellius Saturninus hat 180 den Christenprozess offensichtlich unmittelbar nach seinem Amtsantritt (Beginn des Amtsjahrs war der 1. Juli[16]) durchgeführt, wodurch es zu ersten staatlichen Maßnahmen gegen Christen in Nordafrika kam.[17] Angeklagt war eine Gruppe von sechs Christen (1), hingerichtet wurden hingegen zwölf (16). Die wahrscheinlichste Erklärung hierfür ist die, dass im gleichen Jahr wie die sechs Angeklagten sechs weitere Christen hingerichtet wurden, deren Namen früh in 16 interpoliert wurden, was dann zusätzlich die Einfügung des *et ceteros* in 14 in einigen Handschriften veranlasste.[18]

Ihr Anführer, Speratus, ist möglicherweise Kaufmann ([6]: *siquid emero*). Zwei von ihnen, Nartzalus und Cittinus, tragen indigene Namen.[19] Die Herkunft der Gruppe aus Scil(l)i oder Scil(l)ium ist als Beleg für ein ländliches Christentum schon Ende des 2. Jhs. zu werten.

Auch wenn zu beachten ist, dass das mit dem römischen Bürgerrecht verbundene Privileg der *provocatio* an den Kaiser bei drohender Kapitalstrafe im Lauf der ersten Hälfte des 2. Jhs. mehr und mehr auf die *honestiores* eingeschränkt wurde und in der Folge die Magistrate in den Provinzen durch das Schwert vollzogene Todesurteile über Bürger verhängten[20], ist bei den Scillitanern der Verzicht auf der verschärfte Form der Todesstrafe (*summa supplicia*: Kreuzigung, Verbrennung, Tierhetze) und ihr Vollzug durch Enthauptung nicht zwingend Hinweis auf das römische Bürgerrecht eines oder gar aller Angeklagten.[21]

---

14 In der katholischen Kirche Nordafrikas war, wie Augustinus bezeugt, die Akklamation *Deo gratias* mit christologischer Ergänzung *et Christo laudes* geläufig, bei den Donatisten ist *Deo laudes* reich bezeugt: vgl. KLÖCKENER M., Deo gratias, dei laudes, AugL 2, 2002, 294–296 und die Literatur bei den Ausführungen zu AMaximil. Historische und literarische Aspekte.
15 Vgl. VLBeu 25,1 152 Anm. 36.
16 Vgl. THOMASSON, Fasti (1996) 7.
17 *Vigellius Saturninus, qui primus hic gladium in nos egit*: TERT.Scap. 3,4 (CChr.SL 2, 1129,21 f Dekkers).
18 Vgl. zum vieldiskutierten Problem CORSARO, Note (1956) mit der Kritik von KARPP, Zahl (1961); FREUDENBERGER, Akten (1976) 198 f; LANATA, Atti (1973) 143; RUGGIERO, Problema (1988); LANATA, Processi (1989) 32. – SAXER, Atti (1989) 85 überlegt, ob es sich bei den sechs zusätzlichen Namen in 16 um Kinder handeln könne; vgl. auch DERS., Afrique (1994) 31.
19 Punier? Berber? Vgl. Ru, 50 Anm. 36; BARNES, Tertullian (1985) 63 Anm. 9 mit Hinweis auf ThesLL.S 2, 464 für Cittinus.
20 Vgl. SHERMAN-WHITE, Roman Society (1963) 69 f.
21 TERT.Scap. 4,8 (1131) kennt die Verbrennung christlicher Märtyrer (Polykarps?), gibt aber an, die Hinrichtung mit dem Schwert (statt verschärfter Formen) sei die gängige Praxis in Nordafrika und

Dass die Christen im Prozess „Bücher und Briefe des Paulus" (12) mit sich führen, lässt auf einen literaten Bildungstand zumindest einiger von ihnen, wenigstens des Speratus, schließen.[22] Möglicherweise stehen sie aber mit einem Anklagepunkt in Verbindung: dem Besitz magischer Bücher, welcher strafbar war.[23] In diesem Fall wäre ihre Erwähnung als Indiz für Kenntnisse zu werten, die der Autor vom Verfahren hatte. Die Christen führten dann die Schriften mit, um diesen Anklagepunkt zu entkräften. Im Verhördialog bietet dies dem Autor die Gelegenheit, Paulus als *vir iustus* darzustellen.

Tertullian sind die Hinrichtungen unter Vigellius Saturninus frisch im Gedächtnis.[24] Erstes definitives Zeugnis der Verehrung der Scillitaner aber sind die Predigten, die Augustinus mehrfach an ihrem Festtag[25] und auch in ihrer karthagischen Basilika hielt[26], wobei im Gottesdienst die Passio verlesen wurde[27] und Augustinus wiederholt aus ihr zitiert.[28] Doch von diesen Zeugnissen abgesehen, bleiben die Belege für die Verehrung der nordafrikanischen Protomärtyrer in ihrer Heimat spärlich.[29]

Ob die Inschrift auf einer sigmaförmigen Altarplatte aus der nordafrikanischen Provinz Mauretania Sitifensis (aus dem Jahr 359; heute in Paris, Louvre), welche beigesetzte Reliquien und Eulogien nennt, sich auf Cittinus bezieht, muss offenbleiben.[30] Die Speratus-Verehrung belegt im 6. Jh. eine Mosaikinschrift im *Monasterium puel-*

---

entspräche den ursprünglichen Weisungen. Zur unterschiedlichen, sogar willkürlichen Festsetzung der Strafen für Christen unterschiedlichen Standes zur Zeit der Tetrarchen vgl. LACT.mort.pers. 21 (FC 43, 146–150 Städele). Zum Ganzen: MOMMSEN, Strafrecht (1899) 921.1031–1049, bes. 1039 f.1036; GRODZYNSKI, Tortures (1984); NOGRADY, Strafrecht (2006) 132–136.

22 Ob die *libri et epistulae Pauli* die Evangelien und das Corpus Paulinum meinen (so BONNER, Scillitan Saints [1956]144 f), oder ob es sich um Bücher (Codices?) handelt, die die Paulusbriefe enthalten (Ba, 410 Anm. 34), muss offen bleiben. Eine *capsa* lässt eher an ein Schrifttum in Rollenform denken (dazu Ru, 109–111; SAXER, Afrique [1994], 32). Dass die Schriften darin in lateinischer Sprache verwahrt wurden, ist, da unser Text eine frühe lateinische Bibelübersetzung zitiert, nicht unwahrscheinlich.

23 Vgl. dazu die bei Ru, 109 zu § 12 genannte ältere Literatur sowie LANATA, Processi (1989) 31. PAVL. sent. 5,23,18 (Fontes iuris romani antejustiniani 2, 410 Baviera): „Bücher mit magischen Unterweisungen darf niemand bei sich haben; wenn sie bei jemandem gefunden werden, wird das Vermögen beschlagnahmt, die Bücher verbrannt und der Besitzer auf eine Insel verbannt, ist er von niedrigem Stand, mit dem Tode bestraft." (Übers: GRAF, Gottesnähe [1996] 225 Anm. 110); vgl. FÖGEN, Wahrsager (1993) 78.

24 TERT.Scap. 3,4 (1129).

25 AVG.serm. 37 (CChr.SL 41, 446–473 Lambot); serm. 229D = Denis 16 (MA 1, 75–80 Morin); serm. 299E = Guelf. 30 (MA 1, 550–557 Morin); serm. 299F = Lambot 9 (PLS 2, 788–792 Lambot).

26 AVG.serm. 155 (PL 38, 840–849).

27 Vgl. AVG.serm. 299D (80); 299F (789).

28 Antworten des Speratus aus (7) mit interessanter Textvariante: AVG.serm. 299F (789), der Donata aus (9): AVG.serm. 37, 23 (467) und 299E (628).

29 So mit Recht DUVAL, Loca 2, 692.

30 CIL 8, 206000; LECLERQ H., Memoria, DACL 11, 1933, 295–324, hier 302, Abb. 7933.

larum (oder Stephanskloster) von Karthago.³¹ Seine Verehrung scheint sich in späterer Zeit in den Vordergrund geschoben zu haben. Im 9. Jh. werden seine Gebeine zusammen mit denen Cyprians und eines Pantaleon nach Arles und dann nach Lyon übertragen.³² Erst von dort kam wohl der Kult nach Ss. Giovanni e Paolo in Rom, wo man später meinte, die Reliquien der ganzen Gruppe zu besitzen und Speratus zum Bischof machte.³³

E. Spezialliteratur

Aubé B., Étude sur un nouveau texte des Actes des Martyrs Scillitains, Paris 1881.
Barnes T. D., Tertullian. A historical and literary study, Oxford ²1985 = 2005, 60–63. 262f.277.
Beeck J. H., Problemen rond de „Passio SS. Scilitanorum", Proefschrift Löwen 1971.
Berschin W., Biographie und Epochenstil im lateinischen Mittelalter 1. Von der Passio Perpetuae zu den Dialogen Gregors des Großen (Quellen und Untersuchungen zur lateinischen Philologie des Mittelalters 8), Stuttgart 1986, 38–42.
Bonner G., The Scillitan Saints and the Pauline Epistles, JEH 7, 1956, 141–146.
Buschmann G., Martyrium Polycarpi – Eine formkritische Studie. Ein Beitrag zur Frage nach der Entstehung der Gattung Märtyrerakte (ZNW Beih. 70), Berlin 1994, 198–202.
Cerullo D., Gli atti dei martiri Scillitani: un'esperienza di 'lingua in atto'. Lettura didattico-operativa, Aufidus 23, 1994, 99–126.
Corsaro F., Note sugli „Acta martyrum Scillitanorum", NDid 6, 1956, 5–51.
Courtois Ch., Reliques carthaginoises et légende carolingienne, RHR 129, 1945, 57–83.
Dahm H. J., Lateinische Märtyrerakten und Märtyrerbriefe. Kommentar (Aschendorffs Sammlung lateinischer und griechischer Klassiker), Münster 1986, 1–14.
Delehaye H., Les passions des martyrs et les genres littéraires (SHG 13B), Brüssel ²1966, 47–49.
den Boeft J. – Bremmer J., Notiunculae Martyrologicae, VigChr 35, 1981, 43–56, hier 44–48.
den Boeft J. – Bremmer J., Notiunculae Martyrologicae 4, VigChr 45, 1991, 105–122, hier 116–118.
Den Boeft J. – Bremmer J., Notiunculae martyrologicae 5, VigChr 49, 1995, 146–164, hier 158 f.
Franchi de'Cavalieri P., Le reliquie dei martiri scillitani, RQ 17, 1903, 209–221 = Ders., Scritti agiografici 2 (StT 222), Vatikanstadt 1962, 37–48.
Freudenberger R., Die Akten der scilitanischen Märtyrer als historisches Dokument, WSt 86, 1973, 196–215.
Gärtner H. A., Passio Sanctorum Scillitanorum, in: Ders., Kaiserzeit II. Von Tertullian bis Boethius (Die römische Literatur in Text und Darstellung 5), Stuttgart 1988, 35–43.
Gärtner H. A., Die Acta Scillitanorum in literarischer Interpretation, WSt 102, 1989, 149–167.
Hanslik R., Secretarium und Tribunal in den Acta Martyrum Scillitanorum, in: Engels L. J. – Hoppenbrouwers H. W. F. M. u. a. (Hrsg.), Mélanges C. Mohrmann, Utrecht 1963, 165–168.
Harnack A. v., Geschichte der altchristlichen Literatur bis Eusebius 2: 1. Die Chronologie der Literatur bis Irenäus nebst einleitenden Untersuchungen, Leipzig 1897 = 1968, 315–317.
Karpp H., Die Zahl der Scilitanischen Märtyrer, VigChr 15, 1961, 165–172.
Lanata G., Gli atti dei martiri come documenti processuali (Studi e testi per un Corpus Iudiciorum 1), Mailand 1973, 137–144.

---

31 Ennabli, Inscriptions (1991) 198 f Nr. 298; Dies., Carthage (1997) 75–77.
32 Vgl. Courtois, Reliques (1945).
33 Vgl. Franchi, Reliquie (1903); Corsaro, Note (1956) 12 f.

Lanata G., Processi contro cristiani nelli atti dei martiri, Turin ²1989 (2. veränd. Aufl. von Dies., Gli atti dei martiri come documenti processuali [Studi e testi per un Corpus Iudicorum 1], Mailand 1973), 25–32.
Lendle O., Christliche Texte im altsprachlichen Unterricht, Gym. 82, 1975, 194–224.
Liebs D., Umwidmung. Nutzung der Justiz zur Werbung für die Sache ihrer Opfer in den Märtyrerprozessen der frühen Christen, in: Ameling W. (Hrsg.), Märtyrer und Märtyrerakten (Altertumswiss. Kolloquium 6), Stuttgart 2002, 19–46, hier 32–35.
Monceaux P., Histoire littéraire de l'Afrique chrétienne: 1. Tertullien et les origines, Paris 1901 = Brüssel 1963, 61–70.
Moss C. R., Ancient Christian Martyrdom. Diverse Practices, Theologies, and Traditions, New Haven 2012, 125–129.
Moss C. R., The Other Christs. Imitating Jesus in Ancient Christian Ideologies of Martyrdom, Oxford 2010, 200.
Pizzolato L. F., Cristianesimo e mondo in tre „passiones" dell'età degli Antonimi, StPat 23, 1976, 501–519, bes. 509–514.
Ruggiero F., Il problema del numero dei martiri Scilitani, CrSt 9, 1988, 135–152.
Ruggiero F., Atti dei martiri sciltiani. Introduzione, testo, traduzione, testimonianze e commento (AANL.M 9.1–2), Rom 1991, 35–138, hier 49–66.
Saxer V., Afrique latine, in: Philippart G. (Hrsg.), Hagiographies. Histoire internationale de la littérature hagiographique latine et vernaculaire en Occident des origines à 1550 (CChr.Hagiographies 1),Turnhout 1994, 25–95, hier 29–33.
Schick C., Per la questione del latino africano. Il linguaggio dei più antichi Atti dei martiri e di altri documenti colgarizzanti 1. La Passio Scillitanorum, RIL.L 96, 1962, 191–209.
Schwerd A., Lateinische Märtyrerakten. Ausgewählt und erläutert (Humanitas christiana. Lateinische Reihe 1), München 1960, 58–64.
Wlosok A., Rom und die Christen. Zur Auseinandersetzung zwischen Christentum und römischem Staat (Der altsprachliche Unterricht 13, Beih. 1), Stuttgart 1970, 40–52.
Wlosok A., Acta (Passio) Scil(l)itanorum, HLL 4, 1997, 422: § 472.2.

Justin, Chariton, Charito, Euelpistos, Hierax, Paion, Liberianos und andere Märtyrer

A. Zum Text

Das Martyrium liegt in insgesamt drei Textversionen vor, die durch folgende Handschriften bezeugt werden:

A: kurze Version (BHG 972z)
P   Paris, Bibliothèque nationale de France, cod. graec. 1470, fol. 90^v (890 n. Chr.)

B: mittlere Version (BHG 973)
C   Cambridge, University Library, Add. Ms 4489 (Cantabrigiensis palimpsestus), fol. 8–9 (8./9. Jh.)
H   Jerusalem, Patriarchatsbibliothek 6, fol. 305^v-307^r (9./10. Jh.)
V   Vatikan, Biblioteca Apostolica Vaticana, cod. graec. 1667, fol. 3–5 (Grottaferrata; 10. Jh.)

C: lange Version (BHG 974)
H   Jerusalem, Patriarchatsbibliothek 17, fol. 1^r-3^r (12. Jh.)
V   Vatikan, Biblioteca Apostolica Vaticana, cod. graec. 1991, fol. 1^r-3^v (13. Jh.)

Eine editio princeps der mittleren Version B erfolgte 1695 auf der Basis des Codex V in den ActaSS Iun. ^{3}1, 19–21. Die Edition Ottos berücksichtigte zusätzlich eine späte Abschrift dieses Codex im Vaticanus graecus 655 (16. Jh.).[1] Franchi de'Cavalieri gab 1902 eine Edition unter zusätzlicher Berücksichtigung von P und des H der mittleren Version heraus[2] und edierte zusätzlich Codex V der Version C.[3] Burkitt benützte 1909 erstmals C und erkannte P als eigenständige Textversion.[4] Das nahm
Fr   FRANCHI, Nuova recensione (1920) 5–17
in seinem ausführlichen Kommentar zum Martyrium Justins auf. Zwischenzeitlich hatte Latyšev den Text der Version C in Codex H publiziert.[5]

Auf der Basis der somit bekannten sieben Texte entstand 1953 die maßgebliche Neuedition aller drei Textversionen durch

---

1 OTTO, Iustini opera (1879) 266–279: wegen ihrer textkritischen und kommentierenden Anmerkungen bis heute wertvoll.
2 FRANCHI, Atti Giustino (1902) 31–36.
3 FRANCHI, Parafrasi (1902) 71–75.
4 BURKITT, Oldest MS (1909–10) 63–66.
5 LATYŠEV, Menologii 2 (1912) 1–4.

La LAZZATI, Giustino (1953) 489–497[6],
die auch in der Ausgabe von Knopf – Krüger – Ruhbach[7] und bei
Mu MUSURILLO, Acts (1972) 42–61
zu finden ist, während
Lan[1] LANATA, Atti (1973) 117–121
Lan[2] LANATA, Processi (1989) 18–20
Hi HILHORST, Acta Iustini (1995) 52–57
nur die Version A mit vergleichendem Apparat bieten.

Unter Berücksichtigung von Musurillo und Hilhorst wird hier der Text von Lazzati mit den wesentlichen Lesarten geboten.

B. Zum Inhalt

165/166, 1. Juni (?), Rom: Gerichtliches Verhör des Justin, Chariton, der Charito, des Kappadokiers Euelpistos, des Phrygiers Hierax, des Paion und Liberian (Valerian) durch den römischen Stadtpräfekten Rusticus, der nach dem Ort ihrer Zusammenkünfte, den Lehren und der Bekehrungstätigkeit Justins fragt und alle nach ihrem Geständnis, Christen zu sein, wegen Verweigerung des Götteropfers zum Tode verurteilt.

---

[6] Erneut abgedruckt bei LAZZATI, Sviluppi (1956) 119–127.
[7] KNOPF – KRÜGER – RUHBACH, Märtyrerakten (1965) 15–18: B; 125 f: A; 127–129: C.

C. **Martyrium Iustini et sociorum A – C**

Martyrium Justins und seiner Gefährten A – C

[A]

Μαρτύριον τῶν ἁγίων ‹Ἰουστίνου,›[1] Χαρίτωνος, Χαριτοῦς, Εὐελπίστου, Ἱέρακος, Παίονος, Λιβεριανοῦ καὶ τῆς συνοδίας αὐτῶν

1. Ἐν τῷ καιρῷ τῶν ἀνόμων προσταγμάτων τῆς εἰδωλολατρείας συλληφθέντες οἱ
5 μνημονευθέντες ἅγιοι εἰσήχθησαν πρὸς τὸν τῆς Ῥώμης ἔπαρχον Ῥούστικον.
2. Ὧν εἰσαχθέντων ὁ ἔπαρχος Ἰουστίνῳ εἶπεν· Τίνα βίον βιοῖς; 2. Ἰουστῖνος εἶπεν ἄμεμπτον καὶ ἀκατάγνωστον πᾶσιν ἀνθρώποις. 3. Ῥούστικος ἔπαρχος εἶπεν· Ποίους λόγους μεταχειρίζῃ; Ἰουστῖνος εἶπεν· πάντας λόγους ἐπειράθην μαθεῖν, συνεθέμην δὲ τοῖς ἀληθέσι λόγοις τῶν Χριστιανῶν κἂν μὴ ἀρέσκωσι τοῖς ψευδοδοξοῦσιν.
10 4. Ῥούστικος ἔπαρχος εἶπεν· Ἐκεῖνοι οὖν σοι ἀρέσκουσιν οἱ λόγοι; Ἰουστῖνος εἶπεν· Ναί, ἐπειδὴ μετὰ δόγματος ἕπομαι αὐτοῖς. 5. Ῥούστικος ἔπαρχος εἶπεν· Ποῖόν ἐστι δόγμα; Ἰουστῖνος εἶπεν· Ὅπερ εὐσεβοῦμεν εἰς τὸν τῶν Χριστιανῶν θεόν, ὃν ἡγούμεθα ἕνα τούτων ἐξ ἀρχῆς δημιουργὸν τῆς τοῦ παντὸς κόσμου ποιήσεως καὶ θεοῦ παῖδα Ἰησοῦν Χριστόν, ὃς καὶ προκεκήρυκται ὑπὸ τῶν προφητῶν μέλλων παραγίνεσθαι τῷ
15 γένει τῶν ἀνθρώπων σωτηρίας κήρυξ καὶ διδάσκαλος καλῶν μαθημάτων. 6. Μικρὰ δὲ νομίζω λέγειν πρὸς τὴν αὐτοῦ θεότητα προφητικήν τινα δύναμιν ὁμολογῶν, (7.) ὅτι προκεκήρυκται περὶ τούτου ὃν ἔφην νῦν υἱὸν θεοῦ ὄντα. ἴσθι γὰρ ὅτι ἄνωθεν προεῖπον οἱ προφῆται περὶ τῆς τούτου ἐν ἀνθρώποις γενομένης παρουσίας.

---

1 *om.* P

[A]

Martyrium der heiligen Justin, Chariton, Charito, Euelpistos, Hierax, Paion, Liberian und ihrer Gemeinschaft[1]

1. In der Zeit der ruchlosen Edikte[2] zum Götzendienst wurden die Heiligen, derer (hier) gedacht wird, verhaftet und dem Präfekten von Rom, Rusticus,[3] vorgeführt.

2. Nachdem sie vorgeführt waren, sagte der Präfekt zu Justin: „Was für einen Lebenswandel führst du?" 2. Justin sagte: „Einen untadeligen und rechtschaffenen in den Augen aller Menschen." 3. Präfekt Rusticus sagte: „Welcher Art Lehren behandelst du?" Justin sagte: „Ich habe mich bemüht, alle Lehren zu studieren. Ich bin dann den wahren Lehren der Christen beigetreten,[4] auch wenn sie den Lügenlehrern nicht gefallen." 4. Präfekt Rusticus sagte: „Jene Lehren gefallen dir also?" Justin sagte: „Ja, denn ich folge ihnen als Regel[5]." 5. Präfekt Rusticus sagte: „Was für eine Regel ist das?" Justin sagte: „Dieser zufolge verehren wir den Gott der Christen, an den wir als den einen Urheber[6] aller Geschöpfe des Kosmos von Anfang an glauben, und Gottes Knecht[7] Jesus Christus, von dem von den Propheten vorhergesagt worden ist, er werde in der Zukunft zum Menschengeschlecht kommen als Herold[8] der Erlösung und Lehrer der guten Erkenntnis. 6. Aber ich denke, dass zu unbedeutend ist, was ich über seine Gottheit sage, und preise die prophetische Kraft, (7.) weil sie im Voraus jenen verkündigte, von dem ich jetzt sage, er sei der Sohn Gottes. Wisse also, dass die Propheten seine Erscheinung von Anfang an unter den Menschen vorhersagten."

---

1 Weggemeinschaft, auch Familie; vgl. BAUER/ALAND, 1577. Der in B und C fehlende Zusatz suggeriert, dass weitere nicht namentlich Genannte hingerichtet wurden, und ist möglicherweise spät.
2 πρόσταγμα = edictum; zum Bedeutungsumfang vgl. PREISIGKE/KIESSLING 2, 412f; vgl. in der VAberc. 1,1 das δόγμα der Kaiser Marc Aurel und Lucius Verus. Zu diesen mit Sicherheit nicht mit speziell antichristlicher Tendenz angeordneten Götteropfern, die in die Jahre 161 bis 168 zu datieren sind, vgl. SORDI, Nuovi decreti (1961); SPEIGL, Römischer Staat (1970) 167 f; KERESZTES, Marcus Aurelius (1968); DERS., Imperial Government (1979) 300 f; DERS., Imperial Rome 1 (1989) 147–152.
3 Q. Iunius Rusticus, römischer Senator, stoischer Philosoph, Lehrer Marc Aurels, praefectus urbi 163–168: vgl. PIR2 4, 345 f Nr. 814 und FREUDENBERGER, Acta, 24 f.
4 Vgl. zum Lebensweg Ivst.dial. 2–8 (Par. 47/1, 186–206 Bobichon).
5 Die Bandbreite des Dogmabegriffs umfasst vor 400 neben der Bedeutung als kaiserliches „Dekret" (s. Anm. 2) und alttestamentliches „Gesetz" sowie den „Beschlüssen" des sog. Apostelkonzils (Apg 16,4) die biblische „Offenbarung" als Ganze und die Gesamtheit der christlichen „Lehre", aber auch die „Theorien" eines Philosophen: vgl. RANFT J., Dogma I, RAC 3, 1957, 1257 f.
6 Demiurg im Sinne von Schöpfer begegnet neutestamentlich nur in Hebr 11,10, bei Justin jedoch häufig und mit platonischem Hintergrund: vgl. FOERSTER W., δημιουργός, ThWNT, 1935, 61; DERS., κτίζω D, ThWNT 3, 1938, 1022–1024.
7 παῖς als christologischer Titel im Unterschied zu υἱός in A 2,(7) mutet archaisch an, begegnet in Mt 12,18; Apg 3,26; Did. 9,2 f; 10,2 f (FC 1,120–124 Schöllgen); Trad. apost. 3 Ep (FC 1, 218,9 f Geerlings); 4 L (222,25 f); vgl. zum Ganzen HAMMAN, Confession (1972); BROTHERS, Interpretation (1966) und ULRICH, Glaubensbekenntnis (2006).
8 Nach ULRICH, Glaubensbekenntnis (2006) 460 symbolgeschichtlich ein Hapaxlegomenon.

3. Ῥούστικος ἔπαρχος εἶπεν· Ποῦ συνέρχεσθε; Ἰουστῖνος εἶπεν· Ἔνθα ἑκάστῳ προαίρεσις καὶ δύναμίς ἐστιν. Πάντως γὰρ νομίζεις κατὰ αὐτὸ[2] δυνατὸν συνέρχεσθαι ἡμᾶς πάντας; 2. Ῥούστικος ἔπαρχος εἶπεν· Εἰπέ, ποῦ συνέρχεσθε ἢ εἰς τίνα τόπον; 3. Ἰουστῖνος εἶπεν· Ἐγὼ ἐπάνω μένω τοῦ μυρτίνου[3] βαλανείου παρὰ πάντα τὸν χρόνον ὃν ἐπεδήμησα τὸ δεύτερον τῇ Ῥωμαίων πόλει, οὐ γινώσκω δὲ ἄλλην τινὰ συνέλευσιν εἰ μὴ τὴν ἐκεῖ. Καὶ εἴ τις ἐβούλετο ἀφικνεῖσθαι παρ' ἐμοί, ἐκοινώνουν αὐτῷ τῶν τῆς ἀληθείας λόγων. 4. Ῥούστικος εἶπεν· Οὐκοῦν χριστιανὸς εἶ; Ἰουστῖνος ἀπεκρίνατο· Ναί, χριστιανός εἰμι.

4. Ῥούστικος ἔπαρχος Χαρίτωνι εἶπεν· Χαρίτων, καὶ σὺ χριστιανὸς εἶ; Χαρίτων εἶπεν· Χριστιανός εἰμι θεοῦ κελεύσει. 2. Ῥούστικος ἔπαρχος πρὸς τὴν Χαριτὼ εἶπεν σὺ δὲ τί λέγεις, Χαριτοῖ; Χαριτὼ εἶπεν· Χριστιανή εἰμι τῇ τοῦ θεοῦ δωρεᾷ. 3. Ῥούστικος ἔπαρχος Εὐελπίστῳ εἶπεν καὶ σὺ τίς εἶ; Εὐέλπιστος εἶπεν· κἀγὼ χριστιανός εἰμι καὶ τῆς αὐτῆς ἐλπίδος μετέχων. 4. Ῥούστικος ἔπαρχος Ἱέρακι εἶπεν· Χριστιανὸς εἶ; Ἱέραξ εἶπεν· Ναί, χριστιανός εἰμι τὸν αὐτὸν θεὸν προσκυνῶν. 5. Ῥούστικος ἔπαρχος εἶπεν· Ἰουστῖνος ὑμᾶς ἐποίησε χριστιανούς; Ἱέραξ εἶπεν· Ἔκπαλαι ἤμην χριστιανός. 6. Παίων ἑστὼς εἶπεν κἀγὼ χριστιανός εἰμι. Ῥούστικος εἶπεν τίς σε ἐδίδαξεν; Παίων εἶπεν· Ἀπὸ τῶν γονέων παρειλήφαμεν. 7. Εὐέλπιστος εἶπεν· Ἰουστίνου μὲν ἡδέως ἤκουον τῶν λόγων, παρὰ τῶν γονέων δὲ παρείληφα χριστιανὸς εἶναι. Ῥούστικος εἶπεν· Ποῦ εἰσιν οἱ γονεῖς σου; Εὐέλπιστος εἶπεν· Ἐν Καππαδοκίᾳ. 8. Ῥούστικος ἔπαρχος Ἱέρακι λέγει· Οἱ σοὶ γονεῖς ποῦ εἰσίν; Ἱέραξ εἶπεν· Ἐτελεύτησαν, ἐγὼ δὲ ἀπὸ ἱκανοῦ[4] χρόνου τῆς Φρυγίας ἀπεσπάσθην. 9. Ῥούστικος ἔπαρχος Λιβεριανῷ εἶπεν· Μὴ καὶ σὺ χριστιανὸς εἶ; Λιβεριανὸς εἶπεν κἀγὼ χριστιανός εἰμι εὐσεβής.

---

2 αὐτὸ P La Mu, τὸ αὐτὸ *ex rec.* B: Lan¹ Hi
3 μυρτίνου La, Μυρτίνου Mu Hi, Μυρτίλου Den Boeft – Bremmer, Τιβυρτίνου *vel* Μαμερτίνου *coni.* Fr
4 ἀπὸ Ἰκονίου Fr

3. Präfekt Rusticus sagte: „Wo versammelt ihr euch?"[9] Justin sagte: „Da, wo ein jeder will und kann. Denkst du etwa, dass wir uns alle an einem Ort versammeln könnten?"[10] 2. Präfekt Rusticus sagte: „Sprich, wo kommt ihr zusammen und an welchem Ort?" 3. Justin sagte. „Ich wohne oberhalb des Bades des Myrtinus[11] während der ganzen Zeit, in der ich mich zum zweiten Mal in der Stadt Rom aufhalte. Irgendeinen anderen Treffpunkt außer dort kenne ich nicht. Und wenn jemand zu mir kommen wollte, habe ich ihn mit den Lehren der Wahrheit bekannt gemacht."[12] 4. Rusticus sagte: „Bist du ein Christ?" Justin antwortete: „Ja, ich bin Christ."

4. Präfekt Rusticus sagte zu Chariton: „Chariton, bist du auch Christ?" Chariton sagte: „Ich bin Christ auf Gottes Geheiß." 2. Präfekt Rusticus sagte zu Charito: „Was erklärst du zu diesem Punkt, Charito?" Charito sagte: „Ich bin Christin durch Gottes Geschenk." 3. Präfekt Rusticus sagte zu Euelpistos: „Und du, was bist du?" Euelpistos sagte: „Auch ich bin Christ und teile dieselbe Hoffnung."[13] 4. Präfekt Rusticus sagte zu Hierax: „Bist du Christ?" Hierax sagte: „Ja, ich bin Christ und verehre denselben Gott." 5. Präfekt Rusticus sagte: „Hat Justin euch zu Christen gemacht?" Hierax sagte: „Ich war schon längst Christ." 6. Paion trat hervor und sagte: „Auch ich bin Christ." Rusticus sagte: „Wer hat es dich gelehrt?" Paion sagte: „Wir[14] übernahmen es von den Eltern."[15] 7. Euelpistos sagte: „Mit Vergnügen hörte ich Justins Lehren, aber von meinen Eltern übernahm ich es, Christ zu sein." Rusticus sagte: „Wo sind deine Eltern?" Euelpistos sagte: „In Kappadokien." 8. Präfekt Rusticus sprach zu Hierax: „Deine Eltern, wo sind sie?" Hierax sagte: „Sie sind verstorben. Ich jedoch bin vor geraumer Zeit[16] aus Phrygien weggegangen." 9. Präfekt Rusticus sagte zu Liberian: „Du bist doch wohl nicht auch noch Christ?" Liberian sagte: „Auch ich bin ein frommer Christ."

---

9 In der Schwebe bleibt, ob der Präfekt hier nach liturgischen Zusammenkünften fragt (so HAMMAN, Valeur [1975] 367 und LAMPE, Stadtrömische Christen [1989] 309.317) oder solchen des Schülerkreises zu Lehrveranstaltungen.
10 Die Antwort bezieht sich nach HAMMAN und LAMPE (s. Anm. 9) auf liturgische Gemeindeversammlungen des Justinkreises, während es für einen zentralen Gottesdienst aller römischen Christen zur Zeit Justins keinen gemeinsamen Raum gab.
11 Intensiv ohne Ergebnis diskutierte Ortsangabe: vgl. DUMAINE H., Bains, DACL 2, 1925, 111f; FRANCHI, Osservazioni (1904) 5f Anm. 2; DERS., Sacrifizi (1909); DERS., Custodia (1953) 24; DEN BOEFT – BREMMER, Notiunculae 4 (1991) 114; DE SPIRITO, Balneum (1993).
12 Zur Lehrtätigkeit Justins: NEYMEYR, Lehrer (1989) 23–35; LAMPE, Stadtrömische Christen (1989) 238–240.
13 Beachte die auf den Namen anspielende Antwort: Εὐέλπιστος – ἐλπίς. DEN BOEFT – BREMMER, Notiunculae 4 (1991) 114 f vermuten, dass die Namen der in A 2,1–3 Verhörten von diesen aus theologischen Gründen angenommen wurden; Charito ist sehr selten.
14 Das „Wir" der Antwort weist möglicherweise darauf, dass Hierax und Paion Geschwister waren und in einer christlichen Familie in Phrygien großwurden.
15 Für die Verteidigung wichtiges Argument: ererbte Religion verdiente als *mos maiorum* Achtung und Rücksicht; vgl. SPEIGL, Römischer Staat (1970) 166.
16 ἱκανοῦ, ergänzt durch χρόνου, scheint ein Korruptel der spezifischeren Angabe Ἰκονίου in B 4,8 zu sein; so schon FRANCHI, Nuova recensione (1920) 12.

5. Ὁ ἔπαρχος Ἰουστίνῳ λέγει· Ἐὰν μαστιγωθεὶς ἀποκεφαλισθῇς, πέπεισαι ὅτι μέλλεις ἀναβαίνειν εἰς τὸν οὐρανόν; **2.** Ἰουστῖνος εἶπεν· Ἐλπίζω ἐκ τῆς ὑπομονῆς ἐὰν ὑπομείνω· οἶδα δὲ ὅτι καὶ τοῖς ὀρθῶς βιώσασιν παραμένει <τὸ θεῖον χάρισμα>[5] μέχρι τῆς ἐκπυρώσεως. **3.** Ῥούστικος ἔπαρχος εἶπεν· Τοῦτο οὖν ὑπονοεῖς, ὅτι ἀναβήσῃ; Ἰουστῖνος εἶπεν· Οὐχ ὑπονοῶ, ἀλλ' ἀκριβῶς πέπεισμαι. **4.** Ῥούστικος ἔπαρχος εἶπεν· Εἰ μὴ πείθεσθε, τιμωρηθήσεσθε. **5.** Ἰουστῖνος εἶπεν· Δι' εὐχῆς ἔχομεν τιμωρηθέντες σωθῆναι. **6.** Ῥούστικος ἔπαρχος ἀπεφήνατο· Οἱ μὴ βουληθέντες ἐπιθῦσαι τοῖς θεοῖς, φραγελλωθέντες ἀπαχθήτωσαν τῇ τῶν νόμων ἀκολουθίᾳ.

6. Οἱ δὲ ἅγιοι μάρτυρες δοξάζοντες τὸν θεόν, ἐξελθόντες ἐπὶ τὸν συνήθη τόπον ἐτελείωσαν τὸ μαρτύριον ἐν τῇ τοῦ σωτῆρος ἡμῶν ὁμολογίᾳ, ᾧ ἡ δόξα καὶ τὸ κράτος σὺν τῷ πατρὶ καὶ τῷ ἁγίῳ πνεύματι νῦν καὶ εἰς αἰῶνας τῶν αἰώνων. Ἀμήν.

[B]

Μαρτύριον τῶν ἁγίων μαρτύρων Ἰουστίνου, Χαρίτωνος, Χαριτοῦς, Εὐελπίστου, Ἱέρακος[6]**, Παίονος καὶ Λιβεριανοῦ**[7]

1. Ἐν τῷ καιρῷ τῶν ἀνόμων ὑπερμάχων τῆς εἰδωλολατρείας προστάγματα ἀσεβῆ κατὰ τῶν εὐσεβούντων Χριστιανῶν κατὰ πόλιν καὶ χώραν ἐξετίθετο, ὥστε αὐτοὺς

---

5 *suppl.* τὸ θεῖον χάρισμα *ex rec.* B: Fr La Mu Lan
6 Εὐελπίστου Ἱέρακος om. V
7 Λιβεριανοῦ μαρτυρησάντων πρὸ ιέ ἰδῶν ἰουλίων V

5. Der Präfekt sprach zu Justin: „Bist du überzeugt, dass du, wenn du ausgepeitscht[17] und enthauptet bist, in den Himmel aufsteigst?" 2. Justin sagte: „Ich erhoffe es aufgrund meiner Geduld, wenn ich es erdulde. Ich weiß, dass sie denen, die richtig leben, bleibt bis zum Weltenbrand."[18] 3. Präfekt Rusticus sagte: „Nimmst du es wirklich an, dass du aufsteigst?" Justin sagte: „Ich nehme es nicht an, sondern bin völlig davon überzeugt."[19] 4. Präfekt Rusticus sagte: „Wenn ihr nicht gehorcht, werdet ihr bestraft." 5. Justin sagte: „Durch das Gebet haben wir die Rettung,[20] wenn wir bestraft werden." 6. Präfekt Rusticus erklärte: „Die, welche den Göttern nicht opfern wollten, sollen gegeißelt[21] und abgeführt[22] werden zur Beachtung der Gesetze[23]."

6. Die heiligen Märtyrer freilich lobten Gott, gingen hinaus zum bekannten Ort und vollendeten das Martyrium mit dem Bekenntnis zu unserem Erlöser, dem die Ehre und die Herrschaft[24] mit dem Vater und dem Heiligen Geist gebührt, jetzt und in alle Ewigkeit. Amen.

[B][25]

Das Martyrium der heiligen *Märtyrer* Justin, Chariton, Charito, Euelpistos, Hierax, Paion, Liberian <...>

1. In der Zeit der ruchlosen *Streiter für den* Götzendienst *wurden* gottlose Edikte *gegen die frommen Christen in Stadt und Land veröffentlicht, um sie zu zwingen, den*

---

17 Zu dieser der Hinrichtung auch im Prozess Jesu (Mt 27,26; Mk 15,15; Joh 19,1) vorausgehenden Nebenstrafe vgl. WALDSTEIN W., Geißelung, RAC 9, 1973, 481f.
18 Apg 2, 19; 1 Kor 3,13; 2 Petr 3,12. – Die stoische Vorstellung vom Weltenbrand begegnet ebenfalls in Ivst.apol. 1, 20,4; 57,1; 60,8; 2, 7,3 (PTS 38, 20.113.117.147 Marcovich) und war sicher auch dem Philosophen Rusticus vertraut; vgl. STÜCKELBERGER A., Ekpyrosis, HWP 2, 1972, 433f. Vgl. auch MOSS, Martyrdom (2012) 95.
19 Beachte die für die Entwicklung der Märtyrerverehrung integrale Vorstellung der unmittelbaren himmlischen Präsenz des Hingerichteten nach seinem Tode, die Justin hier unter dem Stichwort „Aufsteigen" benutzt, wobei er damit gleichzeitig die allgemein religiösen und die philosophischen Konnotationen des Wortes evoziert; dazu BAUMEISTER, Anfänge (1980) 282–285.
20 Zur Übersetzung vgl. DEN BOEFT – BREMMER, Notiunculae (1981) 44. – Zur Martyriumsbereitschaft Justins s. die Beobachtungen von BAUMEISTER, Martyrium (1982); DERS., Anytos (1983) 60f.
21 φραγελλόω: Lehnwort von flagello; in B 5,6 das im Griechischen häufigere μαστιγόω.
22 ἀπάγεσθαι = duci (ad supplicium): vgl. PScill. 16; weitere Belege bei FRANCHI, Nuova recensione (1920) 16f.
23 νόμοι bezieht sich hier im Gegensatz zu den προστάγματα in A 1,1 und B 5,6 auf die gesetzliche Form der Hinrichtung.
24 Vgl. 1 Petr 4,11; Jud 25; Offb 1,6; 5,13.
25 *Kursiv*: Textabweichungen und -ergänzungen im Vergleich zu Rezension A; <...>: Auslassungen im Vergleich zu Rezension A. – Veränderung bei der Wortstellung werden nicht berücksichtigt.

ἀναγκάζεσθαι σπένδειν τοῖς ματαίοις εἰδώλοις. Συλληφθέντες οὖν οἱ μνημονευθέντες ἅγιοι ἄνδρες εἰσήχθησαν πρὸς τὸν τῆς Ῥώμης ἔπαρχον ὀνόματι Ῥούστικον.

2. Ὧν εἰσαχθέντων πρὸ τοῦ[8] βήματος Ῥούστικος ἔπαρχος[9] εἶπεν πρὸς Ἰουστῖνον· Πρῶτον πείσθητι τοῖς θεοῖς καὶ ὑπάκουσον τοῖς βασιλεῦσιν. 2. Ἰουστῖνος εἶπεν· Ἄμεμπτον καὶ ἀκατάγνωστον τὸ πείθεσθαι τοῖς προσταχθεῖσιν ὑπὸ τοῦ σωτῆρος ἡμῶν Ἰησοῦ Χριστοῦ. 3. Ῥούστικος ἔπαρχος εἶπεν· Ποίους λόγους μεταχειρίζῃ; Ἰουστῖνος εἶπεν· Πάντας μὲν λόγους ἐπειράθην μαθεῖν, συνεθέμην δὲ τοῖς ἀληθέσι λόγοις τοῖς τῶν Χριστιανῶν κἂν μὴ ἀρέσκωσι τοῖς ψευδοδόξοις. 4. Ῥούστικος ἔπαρχος εἶπεν· Ἐκεῖνοί σοι ἀρέσκουσιν οἱ λόγοι, πανάθλιε; Ἰουστῖνος εἶπεν· Ναί, ἐπειδὴ μετὰ δόγματος ὀρθοῦ ἕπομαι αὐτοῖς[10]. 5. Ῥούστικος ἔπαρχος εἶπεν· Ποῖόν ἐστι δόγμα; Ἰουστῖνος εἶπεν· Ὅπερ εὐσεβοῦμεν εἰς τὸν τῶν Χριστιανῶν θεόν, ὃν ἡγούμεθα ἕνα τοῦτον ἐξ ἀρχῆς ποιητὴν καὶ δημιουργὸν τῆς πάσης κτίσεως, ὁρατῆς τε καὶ ἀοράτου, καὶ κύριον Ἰησοῦν Χριστὸν παῖδα θεοῦ, ὃς καὶ προκεκήρυκται ὑπὸ τῶν προφητῶν μέλλων παραγίνεσθαι τῷ γένει[11] τῶν ἀνθρώπων σωτηρίας κῆρυξ καὶ διδάσκαλος καλῶν μαθημάτων[12]. 6. Κἀγὼ ἄνθρωπος ὢν μικρὰ νομίζω λέγειν πρὸς τὴν αὐτοῦ ἄπειρον θεότητα, προφητικήν τινα δύναμιν ὁμολογῶν, (7.) ὅτι προκεκήρυκται περὶ τούτου ὃν ἔφην νῦν θεοῦ υἱὸν ὄντα. Ἴσθι γὰρ ὅτι ἄνωθεν προεῖπον οἱ προφῆται περὶ τῆς τούτου παρουσίας γενομένης ἐν ἀνθρώποις.

3. Ῥούστικος ἔπαρχος εἶπε. Ποῦ συνέρχεσθε; Ἰουστῖνος εἶπεν· Ἔνθα ἑκάστῳ προαίρεσις καὶ δύναμίς ἐστιν· πάντως γὰρ νομίζεις ἐπὶ τὸ αὐτὸ συνέρχεσθαι ἡμᾶς πάντας; Οὐχ οὕτως δέ, διότι ὁ θεὸς τῶν Χριστιανῶν τόπῳ οὐ περιγράφεται, ἀλλ᾽ ἀόρατος ὢν τὸν οὐρανὸν καὶ τὴν γῆν πληροῖ καὶ πανταχοῦ ὑπὸ τῶν πιστῶν προσκυνεῖται καὶ δοξάζεται. 2. Ῥούστικος ἔπαρχος εἶπεν· Εἰπέ, ποῦ συνέρχεσθε ἢ εἰς ποῖον τόπον ἀθροίζεις τοὺς μαθητάς σου; 3. Ἰουστῖνος εἶπεν· Ἐγὼ ἐπάνω μένω τινὸς Μαρτίνου τοῦ Τιμιοτίνου[13] βαλανείου καὶ παρὰ πάντα τὸν χρόνον τοῦτον [ὃν] ἐπεδήμησα τὸ δεύτερον τῇ Ῥωμαίων πόλει οὐ[14] γινώσκω ἄλλην τινὰ συνέλευσιν εἰ μὴ τὴν ἐκεῖ.

Καὶ εἴ τις ἐβούλετο ἀφικνεῖσθαι παρ᾽ ἐμοί, ἐκοινώνουν αὐτῷ τῶν τῆς ἀληθείας λόγων. 4. Ῥούστικος ἔπαρχος εἶπεν· Οὐκοῦν[15] χριστιανὸς εἶ; Ἰουστῖνος εἶπεν· Ναί, χριστιανός εἰμι.

4. Ῥούστικος ἔπαρχος τῷ Χαρίτωνι εἶπεν· Ἔτι εἰπέ, Χαρίτων, καὶ σὺ χριστιανὸς εἶ; Χαρίτων εἶπεν· χριστιανός εἰμι θεοῦ κελεύσει. 2. Ῥούστικος ἔπαρχος πρὸς τὴν Χαριτὼ εἶπεν· Σὺ τί λέγεις, Χαριτοῖ; Χαριτὼ εἶπεν· χριστιανή εἰμι τῇ τοῦ θεοῦ δωρεᾷ.

---

8 om. CH
9 Ῥ. ἔπ.: ὁ ἔπαρχος CV
10 αὐτούς CV
11 τῷ γένει om. H
12 μαθητῶν HV
13 HV La Mu, τιμιωτίνου C, Τιμοθίνου vel Τιβυρτίνου susp. Fr
14 καὶ οὐ HV
15 Οὐκοῦν λοιπόν V

törichten Götzen Trankopfer[26] *darzubringen*. 2. Daher wurden die heiligen *Männer*[27], derer hier gedacht wird, verhaftet und dem Präfekten von Rom *namens* Rusticus vorgeführt.

2. Nachdem sie *vor dem Gerichtspodium* vorgeführt waren, sagte Präfekt *Rusticus* zu Justin: „*Zuerst sollst du den Göttern gehorchen und den Kaisern untertan sein.*" 2. Justin sagte: „*Es ist* untadelig und rechtschaffen, *den Vorschriften unseres Retters Jesus Christus zu gehorchen.*" 3. Präfekt Rusticus sagte: „Welcher Art Lehren behandelst du?" Justin sagte: „Ich habe mich bemüht, alle Lehren zu studieren. Ich bin dann den wahren Lehren der Christen beigetreten, auch wenn sie den Lügenlehrern nicht gefallen." 4. Präfekt Rusticus sagte: „Jene Lehren gefallen dir also, *du großer Held*?" Justin sagte: „Ja, denn ich folge ihnen als *gesicherter* Regel." 5. Präfekt Rusticus sagte: „Was für eine Regel ist das?" Justin sagte: „Dieser zufolge verehren wir den Gott der Christen, an den wir als einzigen *Hervorbringer und* Urheber *der ganzen Schöpfung, alles Sichtbaren und Unsichtbaren,* glauben, *und den Herrn* Jesus Christus, Gottes Knecht, von dem von den Propheten vorhergesagt worden ist, er werde in der Zukunft zum Menschengeschlecht kommen als Herold der Erlösung und Lehrer der guten Erkenntnis. 6. *Doch ich als Mensch* denke, dass zu unbedeutend ist, was ich über seine *unendliche* Gottheit sage, und preise die prophetische Kraft, (7.) weil sie im Voraus jenen verkündigte, von dem ich jetzt sage, er sei der Sohn Gottes. Wisse also, dass die Propheten seine Erscheinung von Anfang an unter den Menschen vorhersagten."

3. Präfekt Rusticus sagte: „Wo versammelt ihr euch?" Justin sagte: „Da, wo ein jeder will und kann. Denkst du etwa, dass wir uns alle an einem Ort versammeln könnten? *Das ist freilich nicht so, denn der Gott der Christen ist nicht räumlich umschreibbar, sondern unsichtbar, und er füllt Himmel und Erde und wird von denen, die an ihn glauben, überall angebetet und verherrlicht.*" 2. Präfekt Rusticus sagte: „Sprich, wo kommt ihr zusammen und an welchem Ort *versammelst du deine Schüler*?" 3. Justin sagte. „Ich wohne oberhalb *eines gewissen Martinus* beim *Timiotinischen* Bad[28] während der ganzen Zeit, in der ich mich zum zweiten Mal in der Stadt Rom aufhalte. Irgendeinen anderen Treffpunkt außer dort kenne ich nicht. Und wenn jemand zu mir kommen wollte, habe ich ihn mit den Lehren der Wahrheit bekannt gemacht." 4. *Präfekt* Rusticus sagte: „Bist du *weiterhin* Christ?" Justin antwortete: „Ja, ich bin Christ."

4. Präfekt Rusticus sagte zu Chariton: „*Nun sage du*, Chariton, bist du auch Christ?" Chariton sagte: „Ich bin Christ auf Gottes Geheiß." 2. Präfekt Rusticus sagte zu Charito: „Was erklärst du zu diesem Punkt, Charito?" Charito sagte: „Ich bin Christin durch

---

[26] σπένδω: kultisch Wein als Trankopfer spenden: Fachterminus für die *libatio* / σπουδή; vgl. dazu CLAUSS, Kaiser und Gott (1999) 222 f.320–328.
[27] Es befindet sich auch eine Frau unter diesen.
[28] Vgl. die Anm. zu A 3,3.

3. Ῥούστικος ἔπαρχος εἶπεν τῷ Εὐελπίστῳ· Σὺ δὲ τίς εἶ Εὐέλπιστε; Εὐέλπιστος[16], δοῦλος Καίσαρος, ἀπεκρίνατο[17]· κἀγὼ χριστιανός εἰμι, ἐλευθερωθεὶς ὑπὸ Χριστοῦ καὶ τῆς αὐτῆς ἐλπίδος μετέχω χάριτι Χριστοῦ. 4. Ῥούστικος ἔπαρχος τῷ Ἱέρακι εἶπεν· Καὶ σὺ χριστιανὸς εἶ; Ἱέραξ εἶπεν· Ναί, χριστιανός εἰμι, τὸν γὰρ αὐτὸν θεὸν σέβω τε καὶ προσκυνῶ. 5. Ῥούστικος ἔπαρχος εἶπεν· Ἰουστῖνος ὑμᾶς ἐποίησεν χριστιανούς; Ἱέραξ εἶπεν· Ἤμην χριστιανὸς καὶ ἔσομαι. 6. Παίων δὲ ἑστὼς εἶπεν·[18] Τίς ὁ διδάξας σε; Παίων εἶπεν· Ἀπὸ τῶν γονέων παρειλήφαμεν τὴν καλὴν ταύτην ὁμολογίαν. 7. Εὐέλπιστος εἶπεν· Ἰουστίνου μὲν ἡδέως ἤκουον τῶν λόγων, παρὰ τῶν γονέων δὲ κἀγὼ παρείληφα χριστιανὸς εἶναι. Ῥούστικος ἔπαρχος εἶπεν· Ποῦ εἰσιν οἱ γονεῖς σου; Εὐέλπιστος εἶπεν· Ἐν τῇ Καππαδοκίᾳ. 8. Ῥούστικος ἔπαρχος τῷ Ἱέρακι λέγει· Οἱ σοὶ γονεῖς ποῦ εἰσιν; ὁ δὲ ἀπεκρίνατο λέγων· Ὁ ἀληθινὸς ἡμῶν πατήρ ἐστιν ὁ Χριστὸς καὶ μήτηρ ἡ εἰς αὐτὸν πίστις· οἱ δὲ ἐπίγειοί μου γονεῖς ἐτελεύτησαν, καὶ ἐγὼ ἀπὸ Ἰκονίου τῆς Φρυγίας ἀποσπασθεὶς ἐνθάδε ἐλήλυθα. 9. Ῥούστικος ἔπαρχος εἶπεν Λιβεριανῷ· Τί καὶ σὺ λέγεις; χριστιανὸς εἶ; οὐδὲ σὺ εὐσεβεῖς; Λιβεριανὸς εἶπεν· Κἀγὼ χριστιανός εἰμι, εὐσεβῶ γὰρ καὶ προσκυνῶ τὸν μόνον ἀληθινὸν θεόν.

5. Ὁ ἔπαρχος λέγει πρὸς Ἰουστῖνον· Ἄκουε, ὁ λεγόμενος λόγιος καὶ νομίζων ἀληθινοὺς εἰδέναι λόγους· ἐὰν μαστιγωθεὶς ἀποκεφαλισθῇς, πέπεισαι ὅτι μέλλεις ἀναβαίνειν εἰς τὸν οὐρανόν; 2. Ἰουστῖνος εἶπεν· Ἐλπίζω ἕξειν αὐτοῦ τὰ δώματα[19], ἐὰν ὑπομείνω ταῦτα. Οἶδα δὲ ὅτι καὶ πᾶσιν τοῖς οὕτω βιώσασιν παραμένει τὸ θεῖον χάρισμα μέχρι τῆς ἐκπυρώσεως[20] τοῦ παντὸς κόσμου. 3. Ῥούστικος ἔπαρχος εἶπεν· Τοῦτο οὖν ὑπονοεῖς, ὅτι ἀναβήσῃ εἰς τοὺς οὐρανούς, ἀμοιβάς τινας χρηστὰς[21] ἀποληψόμενος; Ἰουστῖνος εἶπεν· Οὐχ ὑπονοῶ, ἀλλ' ἀκριβῶς[22] ἐπίσταμαι καὶ πεπληροφόρημαι. 4. Ῥούστικος ἔπαρχος εἶπεν· Τὸ λοιπὸν ἔλθωμεν εἰς τὸ προκείμενον, τὸ ἀναγκαῖον[23] καὶ κατεπεῖγον πρᾶγμα· συνελθόντες οὖν ὁμοθυμαδὸν θύσατε τοῖς θεοῖς. Ἰουστῖνος εἶπεν. Οὐδεὶς εὖ φρονῶν ἀπὸ εὐσεβείας εἰς ἀσέβειαν μεταπίπτει. 5. Ῥούστικος ἔπαρχος εἶπεν· Εἰ μὴ πείθεσθε, τιμωρηθήσεσθε ἀνηλεῶς. 6. Ἰουστῖνος εἶπεν· Δι' εὐχῆς ἔχομεν διὰ Χριστὸν τὸν κύριον ἡμῶν τιμωρηθέντες σωθῆναι. Ὅτι τοῦτο ἡμῖν σωτηρία καὶ παρρησία γενήσεται ἐπὶ τοῦ φοβεροῦ καὶ παγκοσμίου βήματος τοῦ δεσπότου ἡμῶν καὶ σωτῆρος. 7. Ὡσαύτως δὲ καὶ οἱ λοιποὶ μάρτυρες εἶπον· Ποίει ὃ θέλεις· ἡμεῖς γὰρ χριστιανοί ἐσμεν καὶ εἰδώλοις οὐ θύομεν. 8. Ῥούστικος ἔπαρχος ἀπεφήνατο λέγων· Οἱ μὴ βουληθέντες

---

16 Εὐέλπιστε; Εὐέλπιστος coni. Fr, Εὐέλπιστος tantum V Εὐέλπιστε tantum H
17 Σὺ ... ἀπεκρίνατο: Ἀποκριθεὶς λέγει C
18 lac. susp.; fortasse Κἀγὼ χριστιανός εἰμι. Ῥούστικος εἶπεν·
19 δώματα C, δόγματα VH, δώματα coni. Fr La Mu, δόματα coni. Otto
20 H (et Rec. A 5,2), ἐκπληρώσεως CV
21 om. V
22 om. V
23 τὸ ἀναγκαῖον om. V

Gottes Geschenk." 3. Präfekt Rusticus sagte zu Euelpistos: „Und du, was bist du, *Euelpistos?*" Euelpistos, *der kaiserliche Sklave, antwortete*: „Auch ich bin Christ, *freigelassen durch Christus*, und teile *durch die Gnade Christi* dieselbe Hoffnung." 4. Präfekt Rusticus sagte *dem* Hierax: *„Und du*, bist du Christ?" Hierax sagte: „Ja, ich bin Christ, *denn ich verehre und bete an* denselben Gott." 5. Präfekt Rusticus sagte: „Hat Justin euch zu Christen gemacht?" Hierax sagte: „Ich war schon längst Christ *und werde es bleiben*." 6. Paion *aber* trat hervor und sagte: *„Wer war dein Lehrer?"* Paion sagte: „Wir übernahmen *dieses gute Bekenntnis*[29] von den Eltern." 7. Euelpistos sagte: „Mit Vergnügen hörte ich Justins Lehren, aber von meinen Eltern übernahm ich es, Christ zu sein." *Präfekt* Rusticus sagte: „Wo sind deine Eltern?" Euelpistos sagte: „In Kappadokien." 8. Präfekt Rusticus sprach *zum* Hierax: „Deine Eltern, wo sind sie?" *Er antwortete und sprach*: *„Unser wahrer Vater ist Christus und die Mutter der Glaube an ihn, aber die irdischen Eltern sind* verstorben. Ich *aber bin aus Ikonium*[30] in Phrygien weggegangen *und hierher gekommen*." 9. Präfekt Rusticus sagte zu Liberian: *„Und was sagst du? Bist du* Christ *und handelst nicht gottesfürchtig?"*[31] Liberian sagte: „Auch ich bin <...> Christ. *Denn ich handle gottesfürchtig und bete den allein wahren Gott an.*"

5. Der Präfekt sprach zu Justin: *„Höre, du sogenannter Gelehrter, der du glaubst, die wahren Lehren zu kennen*: Bist du überzeugt, dass du, wenn du ausgepeitscht und enthauptet bist, in den Himmel aufsteigst?" 2. Justin sagte: „Ich erhoffe, *dass ich seiner Gaben*[32] *teilhaftig werde*, wenn ich *dieses* erdulde. Ich weiß, dass *die göttliche Gnade* bei allen, die *so* leben, bleibt bis zum Brand *des ganzen Kosmos*." 3. Präfekt Rusticus sagte: „Nimmst du es wirklich an, dass du aufsteigst *in die Himmel*, um irgendeine schöne Belohnung zu empfangen?" Justin sagte: „Ich nehme es nicht an, sondern bin dessen gewiss und davon erfüllt." 4. *Präfekt Rusticus sagte: „Wir wollen nunmehr zur fälligen Sache kommen, zur unumgänglichen und unaufschiebbaren Handlung. Tretet also vor und opfert einstimmig den Göttern."* Justin sagte: *„Keiner, der bei Verstand ist, stürzt sich von der Frömmigkeit in die Gottlosigkeit."* 5. Präfekt Rusticus sagte: „Wenn ihr nicht gehorcht, werdet ihr *unbarmherzig* bestraft." 6. Justin sagte: „Durch das Gebet erhalten wir die Rettung *durch Christus, unseren Herrn*, wenn wir bestraft werden, *denn dies wird uns zur Rettung und zur Zuversicht*[33] *auf dem schrecklichen und weltumspannenden Gerichtspodium unseres Herrn und Retters*[34]." 7. Und genauso sagten es die übrigen Märtyrer: „Tu, was du willst. Wir nämlich sind Christen und opfern keinen Götzen." 8. Präfekt Rusticus *antwortete und sprach*: „Die, welche den Göttern nicht opfern *und dem Edikt des Imperators nicht Folge leisten wollen*, sollen

---

29 Vgl. 1 Tim 6,12.
30 Heute Konya/Türkei; vgl. BELKE K., Ikonion, DNP 5, 1998, 930.
31 Zu dem den Christen oft gemachten Vorwurf mangelnder Gottesfurcht vgl. LAMPE, Stadtrömische Christen (1989) 170.
32 Vgl. Eph 4,8 und Ps 67,19 LXX.
33 Vgl. 1 Joh 4,17: παρρησία hier im Sinne von *fiducia*: vgl. dazu ENGELS, Fiducia (1967).
34 2 Kor 5,10.

θῦσαι τοῖς θεοῖς καὶ εἶξαι τῷ τοῦ αὐτοκράτορος προστάγματι, μαστιγωθέντες ἀπαχθήτωσαν, κεφαλικὴν ἀποτιννύντες δίκην κατὰ τὴν τῶν νόμων ἀκολουθίαν.

6. Οἱ δὲ ἅγιοι μάρτυρες δοξάζοντες τὸν θεόν, ἐξελθόντες ἐπὶ τὸν συνήθη τόπον ἀπετμήθησαν τὰς κεφαλὰς καὶ ἐτελείωσαν αὐτῶν τὴν μαρτυρίαν ἐν τῇ τοῦ σωτῆρος ἡμῶν[24] ὁμολογίᾳ. Τινὲς δὲ τῶν πιστῶν λαθραίως αὐτῶν τὰ σώματα λαβόντες κατέθεντο ἐν τόπῳ ἐπιτηδείῳ[25], συνεργασάσης αὐτοῖς τῆς χάριτος τοῦ κυρίου ἡμῶν Ἰησοῦ Χριστοῦ, ᾧ ἡ δόξα[26] εἰς τοὺς αἰῶνας τῶν αἰώνων. Ἀμήν.

[C]

Μαρτύριον τῶν ἁγίων Ἰουστίνου, Χαρίτωνος, Χαριτοῦς, Εὐελπίστου, Ἱέρακος, Παίονος καὶ Βαλεριανοῦ

1. Ἀντωνίνου τοῦ δυσσεβοῦς τῆς Ῥωμαϊκῆς ἀρχῆς τὰ σκῆπτρα διέποντος Ῥουστικὸς ὁ ἔχθιστος[27] ἔπαρχος τῆς Ῥώμης ἐτύγχανε, δεινὸς ἀνὴρ καὶ λοιμὸς καὶ πάσης μεστὸς ἀσεβείας. Τούτῳ γοῦν ἐπὶ βήματός ποτε[28] προκαθήσαντι στῖφος ἁγίων προσάγονται δέσμιοι, ἑπτὰ τὸν ἀριθμόν· **2.** τοῦτο γὰρ περισπούδαστον ἦν τοῖς ὑπηρέταις τοῦ σατανᾶ τὸ συλλαμβάνεσθαι τούτους, πικραῖς τε βασάνοις δίδοσθαι καὶ οὕτω καθυπάγεσθαι τῷ διὰ ξίφους θανάτῳ. Πλὴν οὐκ ἦν μία πατρὶς τοῖς ἁγίοις, ἄλλος γὰρ ἀλλαχόθεν ὥρμητο. Συνῆψε δὲ τούτους ἡ τοῦ πνεύματος χάρις καὶ ἀδελφὰ φρονεῖν ἔπεισε καὶ μίαν ἔχειν κεφαλὴν τὸν Χριστόν· **3.** ὅμως προσαχθέντες[29], ὡς εἴρηται, τῷ βήματι τοῦ δυσσεβοῦς ἄρχοντος καὶ τίνες καλοῖντο καὶ ὅθεν εἶεν καὶ τί τὸ σέβας αὐτοῖς παρ' ἐκείνου διερωτώμενοι, ἐπεὶ χριστιανοὺς μὲν[30] ἀνωμολόγησαν ἑαυτούς, ἐγνώρισαν δὲ καὶ τὰς κλήσεις αὐτῷ καὶ πόλιν μίαν αὐτῶν ἔλεγον εἶναι τὴν τοῦ Θεοῦ, τὴν ἄνω Ἰερουσαλὴμ τὴν ἐλευθέραν, ἧς τεχνίτης καὶ δημιουργὸς ὁ Θεός, καί· Τίνα γάρ σοι, εἶπον[31], ὦ τύραννε, τὰ τῶν κάτω πόλεων ἡμῶν ὀνόματα τὴν ὠφέλειαν προξενήσει; **4.** Θυμῷ ληφθεὶς ἐκεῖνος· Θῦσον, Ἰουστῖνε, λέγει, τοῖς ἀθανάτοις θεοῖς, τὰς βασιλικὰς προστάξεις πληρῶν, πεῖσον δὲ καὶ τούτους δὴ τοὺς ἠπατημένους ὑπὸ σοῦ τοῦτο προθύμως[32] ποιῆσαι, ἢν μὴ βούλῃ κακῶς σὺν αὐτοῖς τὴν ζωὴν ἀποθέσθαι.

2. Τὰς προστάξεις, ἔπαρχε, τοῦ κυρίου ἡμῶν[33] Ἰησοῦ Χριστοῦ πληροῦν ἀναγκαῖον, ἔφη ὁ ἅγιος, πρὸς ζωὴν ἀπαγούσας τοὺς ἀνθρώπους ἀνώλεθρον. Τὰς γὰρ τοῦ σοῦ βασιλέως οὐδ' ἀκοῇ χρὴ παραδέχεσθαι, πρὸς ἀπώλειαν φερούσας καὶ ἀίδιον θάνατον.

---

24 om. V
25 ἐπισήμῳ H
26 post δόξα add. καὶ τὸ κράτος τῷ πατρὶ καὶ τῷ υἱῷ καὶ τῷ ἁγίῳ πνεύματι νῦν καὶ C (cfr Rec. A 6)
27 ἔκδικος V
28 H La Mu, τότε V
29 προσελθόντες V
30 om. V
31 καὶ ante εἶπον HV del. Latyšev La Mu
32 om. V
33 κυρίου ἡμῶν H κυρίου καὶ θεοῦ καὶ σωτῆρος ἡμῶν V

ausgepeitscht und abgeführt werden *und mit der Todesstrafe büßen* zur Beachtung der Gesetze."

6. Die heiligen Märtyrer freilich lobten Gott, gingen hinaus zum bekannten Ort und vollendeten, *indem sie enthauptet wurden, ihr* Martyrium mit dem Bekenntnis zu unserem Erlöser. *2. Einige von den Gläubigen brachten heimlich ihre Leiber an sich und begruben sie an einem geziemenden Ort, wobei die Gnade unseres Herrn, Jesus Christus, ihnen half,* dem die Ehre <...> in alle Ewigkeit gebührt. Amen.

[C][35]

Martyrium der heiligen Justin, Chariton, Charito, Euelpistos, Hierax, Paion und Valerian

1. Als der widergöttliche Antoninus[36] das Szepter des römischen Reiches führte, war auch Rusticus der feindseligste römische (Stadt-)Präfekt, ein furchtbarer Mann und eine Seuche und voll jeder Gottlosigkeit. Diesem also wurde, als er einmal auf dem Gerichtspodium saß, eine Gruppe gefesselter Heiliger vorgeführt, sieben an der Zahl. 2. Es war nämlich der große Eifer der Diener des Satans, sie gefangen zu nehmen, grausamen Foltern zu unterwerfen und sie auf diese Weise dem Tod durch das Schwert zuzuführen. Überdies hatten die Heiligen nicht alle dieselbe Heimat, ein jeder war von woanders hergekommen. Doch die Gnade des Geistes band sie zusammen und lehrte sie, wie Brüder gesinnt zu sein und ein Haupt zu haben, Christus. 3. In dieser Weise, wie gesagt, vor das Gerichtspodium des widergöttlichen Magistraten geführt, wurden sie von jenem befragt, wie sie hießen, woher sie kämen und was ihnen Gegenstand der Verehrung sei. Nachdem sie sich als Christen bekannt hatten, erklärten sie ihm ihre Berufung[37] und sagten zu ihm, ihre einzige Heimatstadt sei die Stadt Gottes, das himmlische Jerusalem, das freie[38], dessen Baumeister und Schöpfer Gott sei, und „Was nützt es dir", sagten sie, „o Tyrann, die Kenntnis der Namen unserer irdischen Heimatstädte zu erhalten?" 4. Von Zorn ergriffen sagte er: „Opfere, Justin, den unsterblichen Göttern, erfülle die kaiserlichen Gesetze, lehre auch die von dir Betrogenen, dies willig zu tun, wenn du nicht willens bist, auf üble Weise zusammen mit ihnen das Leben zu beenden."

2. „Man muss, Präfekt, die Gesetze unseres Herrn Jesus Christus erfüllen", sagte der Heilige, „die die Menschen zum unvergänglichen Leben führen; denen deines Kaisers aber darf man kein Gehör schenken, denn sie führen ins Verderben und zum ewigen

---

35 Unterstrichen: textliche Parallelen zu Rezension B; **fett**: textliche Parallelen zu Rezension A; **unterstrichen und fett**: textliche Parallelen zu Rezension A und B.
36 Der volle Kaisername lautete seit 161 Marcus Aurelius Antoninus, der Konsekrationsname Divus Marcus Antoninus Pius; vgl. KIENAST, Kaisertabelle ([5]2011) 137 f.
37 S. BAUER/ALAND, 886 s.v. κλῆσις.
38 Vgl. Gal 4,26.

2. Καὶ ὁ ἔπαρχος· Ποῦ ἄρα καὶ τούσδε τοὺς λόγους ἐξεῦρες, κακότροπε; Καὶ ὁ ἅγιος· Πολλῶν ἐν πείρᾳ γενόμενος ταύτην ἐξεῦρον ἀληθεστάτην οὖσαν καὶ μεγάλην τὴν πίστιν, ᾗ δὴ καὶ στοιχῶ καὶ ᾗ θανεῖν ἐθέλω διὰ Χριστόν. 3. Οὗτος γάρ ἐστι ποιητὴς οὐρανοῦ τε καὶ γῆς καὶ πάσης κτίσεως δημιουργός, ὃς καὶ τοὺς αἰῶνας ἐποίησε καὶ
5 διὰ τὴν ἡμετέραν σωτηρίαν τῶν χρόνων ἐπ' ἐσχάτων κατῆλθε καὶ σάρκα ταύτην ἐκ τῆς παναγνου προσείληφε³⁴ καὶ θεοτόκου Μαρίας, καθὰ δὴ πάλαι τῶν προφητῶν ὁ χορὸς προεθέσπισε. 4. Καὶ ποῦ ἄρα τὴν συνέλευσιν ὑμεῖς, ὁ ἔπαρχος ἔφη, καὶ τὴν οἰκείαν θρησκείαν ἐπιτελεῖτε καὶ τὰ περὶ τούτων διδάσκεσθε; καὶ ὁ ἅγιος· Οὐκ ἐν ἑνὶ τόπῳ πάντες³⁵ οἱ χριστιανοὶ ποιούμεθα τὴν συνέλευσιν, ὡς σὺ νομίζεις, ἔπαρχε. Καὶ
10 γὰρ ὁ Θεὸς ἡμῶν οὐ περιγράφεται τόπῳ· ἀόρατος γὰρ ὢν καὶ ἀθάνατος τὸν οὐρανὸν πληροῖ καὶ τὴν γῆν καὶ πανταχοῦ παρ' ἡμῶν προσκυνεῖται δὴ καὶ δοξάζεται. 5. Σὺ δὲ ποῦ συνέρχῃ μετὰ τῶν σῶν μαθητῶν τούτων, ὁ ἄρχων εἶπεν. Ἐνταῦθα, λέγει, κατὰ τὴν πόλιν, ὁ μάρτυς, ὅπουπερ ἂν ἡμᾶς καὶ τύχῃ³⁶ τὴν ἑσπέραν καταλαβεῖν. Ἤδη γὰρ δεύτερον τοῦτο τὴν Ῥώμην εἰσῆλθον σὺν αὐτοῖς καὶ τὸν παρ' ἐμοὶ γινόμενον τὸν
15 λόγον τοῦτον διδάσκω τῆς ἀληθείας.

3. Ταῦτα τοῦ μάρτυρος εἰπόντος πρὸς τὸν Χαρίτωνα τὸ ὄμμα περιαγαγὼν ὁ ἔπαρχος· Ἀλλὰ καὶ σύ, φησι, Χαρίτων, χριστιανός; Ναί, φησὶν ὁ ἅγιος, καὶ Χριστοῦ δοῦλος. 2. Κἀκεῖνος πρὸς τὴν Χαριτώ· Πῶς, ὦ γύναι, φησί, τούτων ὑπὸ τῶν λόγων ἠπάτησαι; πάντως οὐ καλὰς δίδως τὰς ὑπολήψεις. 3. Οὐκ ἠπάτημαι, φησὶν ἡ Χαριτὼ πρὸς τὸν
20 ἄρχοντα, Θεοῦ δὲ μᾶλλον δούλη³⁷ γεγένημαι καὶ χριστιανὴ καὶ καθαρὰν ἐμαυτὴν τηρῶ τῇ δυνάμει τούτου καὶ ἄσπιλον τῶν τῆς σαρκὸς μολυσμῶν. 4. Εἶτα καὶ πρὸς τὸν Εὐέλπιστον³⁸· Οἷας σὺ τύχης εἶ, πανάθλιε, ὁ ἔπαρχος λέγει. Καὶ ὅς· Δοῦλος, ἔφη, γέγονα Καίσαρος, νυνὶ δὲ Χριστοῦ, τῇ τούτου χάριτι τῆς ἐλευθερίας τυχών. 5. Καὶ πρὸς τὸν Ἱέρακα· Πάντως καὶ σέ, Ἱέραξ, Ἰουστῖνος ἠπάτησεν, ὁ ἔπαρχος³⁹ ἔφη. Καὶ ὅς⁴⁰·
25 Χριστιανὸς γεγένημαι καὶ χριστιανός εἰμι καὶ χριστιανὸς ἔσομαι. 6. Ταῦτα καὶ Παίων ἐρωτηθεὶς τὰ αὐτὰ τοῖς ἄλλοις ἀπελογήσατο. Καὶ πρὸς Βαλεριανὸν ὁ ἄρχων τὸν λόγον μεταγαγὼν <εἶπε>· Αὐτὸς δὲ τί λέγεις περὶ σαυτοῦ, εἶπε. Χριστιανὸς εἶναι λέγω⁴¹ καὶ⁴² τοῖς ἄλλοις ὁμόφρων, ὁ μάρτυς ἀντέφησεν.

4. Ἐννεός⁴³ τοίνυν ἐπὶ πολλὴν τὴν ὥραν πρὸς τὴν τῶν ἁγίων ἔνστασιν ὁ ἄρχων
30 γενόμενος πάλιν πρὸς λόγους συνῆλθε καὶ πρὸς τὸν Ἰουστῖνον εἶπεν· Ἄκουσον ὁ λεγόμενος λόγιος καὶ νομίζων ἀληθεῖς λόγους εἰδέναι. Ἐὰν μαστιγωθεὶς ἀποκεφαλισθῇς, ὑπονοεῖς ὄντως εἰς οὐρανοὺς ἀνελθεῖν, ὡς νομίζεις, καί τινας

---

34 παρείληφε V
35 συνόντες V
36 Η ἡμᾶς τύχοι V
37 om. V
38 εἶτα ... Εὐέλπιστον om. H
39 ἠπάτησεν ... ἔπαρχος: ἠπάτησε καὶ χριστιανὸν ἐποίησεν, ὁ ἔπαρχος V
40 om. V
41 om. V
42 κἀγὼ V
43 HV, Ἔννους Mu

Tod." 2. Der Präfekt: „Wo hast du denn diese Lehren herausgefunden, Unseliger?" Der Heilige: „Nachdem ich vielerlei ausprobiert habe, fand ich den Glauben, den einzig wahren und großen, und in diesem wandle ich jetzt, und für diesen will ich um Christi Willen sterben. 3. Dieser nämlich ist der <u>Hervorbringer</u> des Himmels und der Erde und der **Urheber** der ganzen Schöpfung, der auch die Äonen hervorgebracht hat und wegen unserer Erlösung am Ende der Zeiten herabkam und dieses Fleisch von der allerheiligsten und Gottesmutter Maria annahm[39], so wie es bereits der Chor der Propheten einstmals vorausgesagt hat." 4. „Und wo veranstaltet ihr eure Zusammenkunft", frug der Präfekt, „und euren häuslichen Gottesdienst, und was wird darüber gelehrt?" Und der Heilige: „Die Christen veranstalten ihre Zusammenkunft nicht alle an einem einzigen Ort, wie du meinst, Präfekt. Unser <u>Gott ist nicht räumlich beschreibbar</u>, wie du meinst; er ist nämlich <u>unsichtbar und füllt</u> als Unsterblicher <u>Himmel und Erde</u> und wird von uns deshalb <u>überall angebetet und verherrlicht</u>." 5. „Wo kommst du aber mit diesen deinen Schülern zusammen?" sagte der Magistrat. „Hier", sagte der Märtyrer, „in der Stadt, wo wir gerade sind, wenn der Abend kommt. Jetzt ist es nämlich das zweite Mal, dass ich mit diesen nach Rom gekommen bin, und die Lehre, zu der ich gelangt bin, unterrichte ich als die Wahrheit."

3. Nachdem der Märtyrer dies gesagt hatte, wandte der Präfekt seinen Blick Chariton zu: „Aber du nun, Chariton", sprach er, „bist du auch Christ?" „Ja", sprach der Heilige, „und Christi Sklave." 2. Und er sprach zu Charito: „Auf welche Art, o Frau, hast du dich durch diese Lehren verführen lassen? Du bist damit in keiner Weise deinem guten Ruf dienlich." 3. „Ich habe mich nicht verführen lassen", sprach Charito zum Magistraten, „vielmehr bin ich Gottes Sklavin geworden und Christin, und ich lebe sowohl unbescholten durch seine Kraft als auch unbefleckt von den Makeln des Fleisches." 4. Und hernach redete der Präfekt den Euelpistos an: „Was ist mit dir, du großer Held?" Und dieser sprach: „Geboren bin ich als Sklave des Kaisers, jetzt aber bin ich einer Christi und besitze durch seine Gnade die Freiheit." 5. Und zu Hierax redete der Präfekt: „Sicher hat dich Justin verführt, Hierax?" Und dieser (sagte): „Christ war ich und Christ bin ich und Christ werde ich bleiben." 6. Auf diese Weise verteidigte sich auch Paion, als er dasselbe wie alle anderen gefragt wurde. Und der Magistrat richtete das Wort an Valerian und sagte: „Du selbst, was sagst du über dich? Sprich!" „Ich sage, dass ich Christ bin und mit den anderen eines Sinnes", entgegnete der Märtyrer.

4. Nachdem der Magistrat im Laufe der Zeit den Widerstand der Heiligen erkannt hatte, ergriff er noch einmal das Wort und sagte zu Justin: „<u>Höre, du sogenannter Gelehrter, der du glaubst, die wahren Lehren zu kennen</u>. **Wenn du ausgepeitscht und enthauptet bist**, nimmst du allen Ernstes an, in die Himmel aufzusteigen, wie

---

[39] Datiert C symbolgeschichtlich in das 5. Jh. oder später. Die Lesart πρόσειληφε ist näher an dem seit den christologischen Auseinandersetzungen geläufigen orthodoxen Axiom: „Was nicht angenommen worden ist (προσείληπται), ist auch nicht erlöst worden." (Gr.Naz.carm.dogm. 10.36 [PG 37, 468 A]; (Cyr.Jo. 8; fragm. in 12,27f [2, 318,9f <705A> Pusey]).

ἀμοιβὰς καλῶς⁴⁴ ἀπολαβεῖν, ὡς διδάσκεις; 2. Καὶ ὁ ἅγιος· Οὐχ ὑπονοῶ⁴⁵, ἀλλ' ἀκριβῶς ἐπίσταμαι καὶ πεπληροφόρημαι. Τότε κοινὸν ἀποτεινόμενος τὸν λόγον ὁ ἄρχων⁴⁶· Ἐπεὶ ταῦτα οὕτω λέγετε, φησίν, ἀνόσιοι, πρὸς τὸ προκείμενον τὸν λόγον ἀγάγωμεν. 3. Θύσατε συνελθόντες ὁμοῦ τοῖς θεοῖς, ἵνα μὴ κακῶς ἀπόλησθε. Τίς γὰρ νοῦν
5 ἔχων ἄνθρωπος καταλιπεῖν ἐθελήσειε⁴⁷ τοῦτο δὴ τὸ γλυκύτατον φῶς καὶ τὸ θανεῖν αὐτοῦ προτιμήσειε⁴⁸; 4. Καὶ τίς σύνεσιν ἔχων ἄνθρωπος, Ἰουστῖνος ἀπελογήσατο, ἀπὸ εὐσεβείας εἰς ἀσέβειαν μεταπεσεῖν ἐθελήσειε⁴⁹ καὶ ἀπὸ φωτὸς εἰς σκότος καὶ ἀπὸ Θεοῦ ζῶντος⁵⁰ εἰς⁵¹ δαίμονας ψυχοφθόρους; 5. Εἰ μή γε θύσετε, ὁ ἄρχων εἶπεν, ἄρχομαι τῶν βασάνων. 6. Καὶ οἱ ἅγιοι· Τοῦτο δι' εὐχῆς ἔχομεν, ἔπαρχε, τοῦτο ποθοῦμεν,
10 τοῦτο ζητοῦμεν, τοῦτο παρρησίαν ἡμῖν μεγάλην χαρίσεται ἐν τῷ φοβερῷ βήματι τοῦ Χριστοῦ, ὅτε μέλλομεν ἀπολαβεῖν ἕκαστος κατὰ τὰ ἔργα αὐτοῦ⁵²· ποίει τοίνυν ὃ θέλεις· χριστιανοὶ γάρ ἐσμεν, ὡς πολλάκις εἴπομεν, καὶ εἰδώλοις οὐ θύομεν»⁵³.

5. Τότε κελεύει μάστιξιν αὐτοὺς ὁ κατάρατος ἄρχων αἰκίζεσθαι. Καὶ δὴ⁵⁴ ἐμαστίχθησαν ἄχρις οὗ σάρκες μὲν αὐτοῖς κατεξάνθησαν, αἷμα δὲ τὴν γῆν ἐκείνην ἐπόρφυρεν. 2. Ὡς
15 οὖν οὐδαμῶς εἴκοντας ἑώρα τοὺς μάρτυρας, δίδωσι κατ' αὐτῶν τὴν ἀπόφασιν· Τοὺς ἀθετήσαντας, εἰπών, τὰς βασιλικὰς προστάξεις καὶ τοῖς⁵⁵ θεοῖς θῦσαι μὴ βουληθέντας ξίφει τὰς κεφαλὰς ἐκκοπῆναι προστάσσω.

6. Λαβόντες τοίνυν ὑμᾶς⁵⁶ οἱ στρατιῶται, καλλίνικοι μάρτυρες⁵⁷ καὶ τὸν τόπον καταλαβόντες τῆς τελειώσεως, τὰς ἁγίας ὑμῶν⁵⁸ αὐτῶν ἀποτέμνουσι κεφαλάς,
20 2. πρώτην ὁ Ἰούνιος ἦγεν⁵⁹. Ἄνδρες δέ τινες τὰ πάντιμα ὑμῶν⁶⁰ σώματα φιλοπόνως ἀράμενοι τούτων, φιλοτίμως κατέθεντο. 3. <Καὶ νῦν οἰκοῦντες τοὺς οὐρανοὺς καὶ τῷ δεσποτικῷ παριστάμενοι θρόνῳ, νέμοιτε βασιλεῖ ἡμῶν, τῷ προεκλελεγμένῳ παρὰ τῆς μεγάλης προνοίας ὡς ἐσομένῳ φύλακι τῶν αὐτῆς ἐνταλμάτων, μεγάλα κατ'ἐναντίων διανοήματα καὶ τὰ τρόπαια ἰσχυρὰ καὶ ἀπρόσμαχα καὶ ὅλως ἀνίκητα, χαλινοῦντα
25 δυναστείας ἀντιπάλων καὶ ἀποτρέποντα, ἀσθενεῖς αὐτῶν ποιοῦντα τὰς βουλὰς καὶ τὰς γνώμας, ἤρεμον τιθέμενα τὸ βασίλειον καὶ ἥσυχον λύμης ἐκτὸς συντηροῦντα

---

44 V La, καλῶν H Latyšev
45 post ὑπονοῶ add. <ὦ ἄρ>χων, εἶπεν V
46 ἔπαρχος V
47 ἐθελήσοι VH, ἐθελήσοιε H secunda manus, ἐθελήσειε Latyšev La Mu
48 προτιμήσοι VH, προτιμήσοιε H secunda manus, προτιμήσειε Latyšev La Mu
49 ἐθελήσοι VH, ἐθελήσοιε H secunda manus, ἐθελήσειε Latyšev La Mu
50 τοῦ ζῶντος V
51 πρὸς V
52 ἡμῶν V
53 καὶ ... θύομεν om. H
54 μακρῶς V
55 om. V
56 τούτους V
57 καλλίνικοι μάρτυρες omm. V
58 αὐτῶν V
59 ὁ Ἰούνιος ἦγεν: ἄγοντος τοῦ Ἰουνίου ἡμέραν V
60 om. V

du meinst, und irgendetwas Gutes zu empfangen, wie du lehrst?" 2. Und der Heilige: „**Ich nehme es nicht an,** sondern bin fest davon überzeugt und voller Zuversicht." Nun wandte sich der Magistrat mit seiner Rede an alle: „Wenn ihr nun in dieser Weise redet", sprach er, „ihr Gottlosen, lasst uns zum fälligen Thema kommen. 3. Tretet vor und opfert gemeinschaftlich den Göttern, damit ihr nicht elend umkommt. Denn welcher Mensch, der Verstand besitzt, will wohl dieses süßeste Licht verlassen und zieht ihm das Sterben vor?" 4. „Und welcher Mensch, der Weisheit besitzt", entgegnete Justin, „will sich wohl von der Frömmigkeit in die Gottlosigkeit stürzen und vom Licht in die Finsternis und vom lebenden Gott zu den seelenfressenden Dämonen?" 5. „Wenn ihr allerdings nicht opfert", sagte der Magistrat, „fange ich mit den Folterungen an." 6. Und die Heiligen: „Dies erhalten wir durch das Gebet, Präfekt, dies begehren wir, danach sehnen wir uns, dies wird uns große Zuversicht schenken auf dem furchtbaren Gerichtspodium Christi, wo wir (Belohnung) empfangen werden, ein jeder nach seinen Taten. Tu nun, was du willst. Wir nämlich sind Christen, wie wir mehrfach sagten, und opfern keinen Götzen."

5. Da befahl der verdammte Magistrat, sie mit Geißeln zu misshandeln. Und sie wurden nun gegeißelt, bis ihre Leiber zerfleischt waren und das Blut jene Erde rot färbte. 2. Als er nun sah, dass die Märtyrer in keiner Weise nachgaben, sprach er das Urteil über sie: „Ich befehle", sagte er, „denen, welche die kaiserlichen Gesetze verletzten und den Göttern nicht opfern wollten, mit dem Schwert die Köpfe abzuschlagen."

6. Es packten euch also, ihr ruhmvollen Märtyrer, die Soldaten, führten euch ab zum Ort der Hinrichtung und schlugen euch die heiligen Häupter ab. 2. Dies geschah am 1. Juni. Einige Männer trugen eure Leiber voller Verehrung fort und setzten sie ehrfürchtig bei. 3. Doch ihr wohnt nun in den Himmeln und steht um den Herrscherthron. So möget ihr unserem Kaiser, den die große Vorhersehung zum Hüter ihrer Gesetze vorausbestimmt hat, große Pläne gegen die Feinde vermitteln und starke, unschlagbare und gänzlich unbezwingbare Siegeszeichen geben. Das möge die Herrschaft der Gegner in Zaum halten und abwehren, ihre Beschlüsse und Absichten schwächen und somit dem Reich Ruhe bringen und Frieden und es frei vom Schmutz

παρανόμων ἐθνῶν, πάσης ἀνώτερον ἐπιβουλῆς κακούργου καὶ βασιλείας ἐπάξιον οὐρανίου>[61] ἐν αὐτῷ Χριστῷ τῷ θεῷ[62] ἡμῶν, ᾧ ἡ δόξα καὶ τὸ κράτος νῦν καὶ ἀεὶ καὶ εἰς τοὺς αἰῶνας τῶν αἰώνων. Ἀμήν.

---

61 Καὶ νῦν ... οὐρανίου om. V del. La
62 ἐν ... θεῷ: ἐν Χριστῷ Ἰησοῦ τῷ κυρίῳ V

durch gesetzlose Völker und von jedem übeltäterischen Hinterhalt machen und wert der himmlischen Herrschaft in demselben Christus, unserem Gott, dem die Ehre und die Herrschaft (gebührt) jetzt und immer und von Ewigkeit zu Ewigkeit. Amen.

D. Historische und literarische Aspekte

Seit der editio princeps wurde das Martyrium Justins als historisch zuverlässige Quelle angesehen und vermutet, es stehe im Zusammenhang mit offiziellen Prozessakten.[1] Diese Sicht differenzierte sich erst durch die Studien Bisbees. Dieser nimmt für die Versionen A und B einen gemeinsamen verlorenen Prototyp an, der eventuell unter Benutzung des originalen Prozess-Commentarius entstanden sein könnte. Die Version B ist nach dieser These nicht von Version A abhängig.[2] Die Auffassung Buschmanns, derzufolge es sich bei A um eine gekürzte, deutlich apologetischere Fassung der älteren, stärker „paränetisch-eulogetischen" Version B handele,[3] ist mit guten Gründen von Ulrich kritisiert worden, der dabei erneut für die Priorität von A eintrat.[4]

Was die Datierung angeht, so hielten Franchi[5] und Delehaye[6] den Text der (freilich von ihnen noch nicht unterschiedenen) Versionen A und B für zeitgenössisch mit dem Martyrium. Freudenberger setzte die kürzeste und für ihn älteste Form jedoch in die „Friedenszeit", also das 4. Jh.[7] Bisbee datiert sowohl A wie B „beyond the late third century".[8] Nach den Untersuchungen Ulrichs ist jedoch folgende Chronologie die wahrscheinlichste: A ist mit ihrer altertümlichen παῖς-Christologie (A 2,5) „nicht lange nach 200 anzusetzen"; B, welche das Bekenntnis zur Schöpfung des Sichtbaren wie des Unsichtbaren (B 2,5) durch den Schöpfergott (nicht den Logos als Schöpfungsmittler) enthält, „eher in und um Nizäa" bzw. in „konstantinischer Zeit"[9], während

---

[1] PAPEBROCH, ActaSS Iun. 1 (³1867) 17: *Acta vero germana (ut ait Baronius) atque sincera, nullisque paraphrasibus circumdata, sed prout descripta fuerunt ex Actis publicis.* Ähnlich das Urteil bei HARNACK, Geschichte (1897) 282f Anm. 2; MOMMSEN, Strafrecht (1899) 274; DELEHAYE, Passions (1966) 87–89; LAZZATI, Atti (1973) 457.484; FREUDENBERGER, Acta (1968) 24; LAMPE, Stadtrömische Christen (1989) 219 Anm. 363.
[2] BISBEE, Acts (1983); DERS., Pre-Decian Acts (1988) 95–118.
[3] BUSCHMANN, Martyrium Polycarpi (1994) 211–218.
[4] Zur Unmöglichkeit von Kürzungen vgl. die symbolgeschichtlichen Überlegungen von ULRICH, Glaubensbekenntnis (2006). – Abgesehen davon, dass Buschmann keine anderen Beispiele für alte, kürzende und die apologetischen Motive heraushebende Bearbeitungen namhaft machen kann, argumentiert er auch nicht völlig konsistent; die in der Version B im Vergleich zu A zu beobachtende deutlichere „Dialogisierung" gilt ihm sonst als Merkmal einer entwickelteren Form; vgl. BUSCHMANN, Martyrium Polycarpi (1994) 244 zum MPion. – Zur Kritik der Studie insgesamt: SEELIGER, Rez. Buschmann (1997).
[5] FRANCHI, Nuova recensione (1920) 17.
[6] DELEHAYE, Passions (1966), 87.
[7] FREUDENBERGER, Acta (1968) 24.
[8] BISBEE, Pre-Decian Acts (1988) 117.
[9] ULRICH, Glaubensbekenntnis (2006) 460. – Für die Datierung von B ist zusätzlich zu beachten, dass sie die Auskunft enthält, Euelpistos sei ein kaiserlicher Sklave (B 4,3), was entweder eine konkrete Erinnerung an seine Person nahelegt und damit als Indiz für eine Frühdatierung zu werten wäre, oder aber später direkt – und im Unterschied zu A – aus dem präsumtiven Gerichts-Commentarius (bzw. dem von Bisbee vorausgesetzten Prototyp) entnommen ist.

das θεοτόκος-Prädikat für Maria (C 2,3) die lange Textversion C in das 5. Jh. datiert[10] – oder noch später.

Durch den Namen des Richters Q. Iunius Rusticus, der von 163 bis 168 römischer Stadtpräfekt war, ist der entscheidende Datierungshinweis für das Martyrium Justins gegeben. Nach übereinstimmender Ansicht wird es, den Angaben im *Chronicon paschale* folgend, in das Jahr 165 gesetzt[11] oder in das Frühjahr 166.[12] Dafür, dass der Prozess gegen Justin aufgrund einer Denunziation seines Gegners, des heidnischen Philosophen Crescens, in Gang kam,[13] bietet der Text keinen Anhalt. Zu vermuten ist, dass der Prozess gegen Justin und seine Schüler im Zusammenhang kaiserlich verordneter Lustrationen während des Partherkrieges von 161 bis 166 und der Unruhen im Donauraum ab 165 steht. An den Opfern nahmen die Angeklagten nicht teil.[14]

Im Verhör in der Textversion A vermeidet der Präfekt zunächst, von sich aus direkt das Christsein der Angeklagten anzusprechen. Die Fragen sind allgemein gehalten und die Antworten ausweichend. Sie zeigen allerdings mit der Tendenz zur wortspielerischen Ausdeutung der Antworten (A 4,2f) auch die Hand eines gestaltenden Autors. Insgesamt scheint das Ziel des Prozesses die Zerschlagung der Schule Justins zu sein.[15] Auffällig ist, dass jedes Angebot einer Bedenkzeit durch den Richter fehlt.

Die Textgestaltung von B ist einerseits durch ausführlichere Dialoge, andererseits durch ein größeres Interesse am prozessualen Detail gekennzeichnet: Die Angeklagten werden „vor dem Gerichtspodium" vorgeführt (B 2,1), der Richter ordnet einen Opfertest an (B 5,3) und das Urteil wird ausdrücklich auf die Nichtbeachtung kaiserlicher Edikte (προστάγματα) gestützt (B 5,6), die in A nicht erwähnt werden[16].

Weder in A noch in B offenbart das Glaubensbekenntnis Justins eine besondere Nähe zur Theologie der Justin-Schriften; es ist das der Redaktoren.[17]

Textversion C schließlich zeigt die typischen Merkmale eines späten Textes durch die Verschärfung der Kontraste: im „widergöttlichen" Kaiser und seinem „feindseligsten" Präfekten, welche „Diener des Satans" sind, und in den „gefesselten Heiligen"

---

10 ULRICH, Glaubensbekenntnis (2006) 455; man beachte, dass es hier heißen muss: „In der Diskussion um die Überlieferung hat sich die lange (statt: kurze) *recensio* C leicht als jüngste Variante identifizieren lassen."
11 Chron.Pasch. 236. Ol. (CSHB 4/1, 482 Dindorf = PG 92, 629). Die weiteren, nicht widerspruchsfreien Quellen zum Tod Justins sind besprochen bei HARNACK, Geschichte (1897) 282–284.
12 HAMMAN, Essai (1995) 239; vgl. auch KERESZTES, Imperial Rome 1 (1989) 299–301.
13 So zuletzt BERWIG, Mark Aurel (1970) 26–28; vgl. aber OSBORN, Justin (1973) 9; HEID S., Iustinus Martyr I, RAC 19, 2001, 801–847, hier 821.
14 Vgl. die Anm. zu den πρόσταγμα in A 1,1.
15 Vgl. die insgesamt treffende Interpretation von A durch SPEIGL, Römischer Staat (1970) 165–169. – Zur sozialgeschichtlichen Auswertung der Namen der Angeklagten vgl. LAMPE, Stadtrömische Christen (1989) 238 f.
16 MOSS, Martyrdom (2012) 91–93.
17 ULRICH, Glaubensbekenntnis (2006) 459.

(C 1,1 f) stehen sich Frömmigkeit und Gottlosigkeit, Licht und Finsternis, Gott und die Dämonen gegenüber (C 4,4).

Im Gegensatz dazu zeigt der vielleicht noch spätere Schluss der Jerusalemer Handschrift, wie aus den Märtyrern der Verfolgungszeit himmlische Helfer bei den nach innen und außen Ordnung stiftenden reichspolitischen Aufgaben des Kaisers werden.

Obwohl es sich um den einzigen alten stadtrömischen Märtyrertext handelt, ist eine antike Verehrung Justins und seiner Gefährten im Westen nur in Spuren nachweisbar.[18] Die in B 6,2 erwähnte Sicherstellung von Reliquien ist wohl so zu interpretieren, dass es zwar zunächst einen Kult gab, jedoch möglicherweise nur einen privaten, der später vergessen wurde.[19] Als Kult von griechischsprachigen Christen Roms dürfte er dem Sprachwechsel der römischen Gemeinde zum Lateinischen zum Opfer gefallen sein. Von keiner der drei Textversionen existiert eine alte lateinische Übersetzung.

Für den Osten ist die Schlußdoxologie in C Anhaltspunkt dafür, dass Justin und seine Gefährten als kaiserliche Schlachtenhelfer angerufen wurden (C 6,3).[20]

E. Spezialliteratur

BERWIG D., Mark Aurel und die Christen, Diss. München 1970.
BIRLEY A., Mark Aurel. Kaiser und Philosoph (Beck'sche Schwarze Reihe 160), München ²1977, 277–282.422–437.
BISBEE G. A., The Acts of Justin Martyr. A Form-Critical Study, SecCen 3, 1983, 129–157.
BISBEE G. A., Pre-Decian Acts of Martyrs and Commentarii (HDR 22), Philadelphia 1988, 95–118, passim.
BOUBLIK V., Giustino, BSS 7, ²1996, 12–17.
BURKITT F. C., The Oldest MS of St Justin's Martyrdom, JThS 11, 1909–1910, 61–66.
BUSCHMANN G., Martyrium Polycarpi – Eine formkritische Studie. Ein Beitrag zur Frage nach der Entstehung der Gattung Märtyrerakte (ZNW Beih. 70), Berlin 1994, 211–218.
DAVIDS A., Iustinus philosophus et martyr. Bibliographie 1923–1973, Nimwegen 1983.
DELEHAYE H., Les passions des martyrs et les genres littéraires (SHG 13 B), Brüssel ²1966, 87–89.
DEN BOEFT J. – BREMMER J., Notiunculae martyrologicae, VigChr 35, 1981, 43–56, hier 43 f.
DEN BOEFT J. – BREMMER J., Notiunculae martyrologicae 4, VigChr 45, 1991, 105–122, hier 114 f.
FRANCHI DE'CAVALIERI P., Gli atti di S. Giustino, in: DERS., Note agiografiche (StT 8), Rom 1902, 23–36.
FRANCHI DE'CAVALIERI P., Di una nuova recensione del martirio dei ss. Carpo, Papilo e Agatonice, in: DERS., Note agiografiche 6 (StT 33), Rom 1920, 1–45.

---

18 Zur Verehrungsgeschichte: BOUBLIK, Giustino (1996) 15.
19 HEID S., Iustinus Martyr I, RAC 19, 2001, 801–847, hier 822 bringt die Sicherstellung der Gebeine in Zusammenhang mit der „kultischen Verehrung von Philosophen"; vgl. dazu HAHN, Philosoph (1989) 199 f. – Auch die Schriften Justins wurden insgesamt nur sparsam und im Westen nach Tertullian nicht mehr rezipiert. Im Osten allerdings eine Reihe byzantinischer Pseudo-Justinica: vgl. SKARSAUNE O., Justin der Märtyrer, TRE 17, 1988, 471–479, hier 475.
20 Die Stelle ist freilich nur im Codex V enthalten.

Franchi de'Cavalieri P., La parafrasi del Martirio di s. Giustino e consoci nel cod. Vat. gr. 1991, in: Ders., Nuove note agiografiche (StT 9), Addenda al fascicolo 8 degli „Studi e Testi", Rom 1902, 71–75.

Freudenberger R., Die Acta Justini als historisches Dokument, in: Beyschlag K. – Gottfried M. – Wölfel E. (Hrsg.) Humanitas – Christianitas. FS W. v. Loewenich, Witten 1968, 24–31.

Hamman A., La confession de la foi dans les premiers acts des martyrs, in: Fontaine J. – Kannengiesser C. (Hrsg.), Epektasis. Mélanges J. Daniélou, Paris 1972, 99–105, bes. 101–103.

Hamman A., Essai de chronologie de la vie et des œuvres de Justin, Aug. 35, 1995, 231–239.

Harnack A. v., Geschichte der altchristlichen Literatur bis Eusebius 2: 1. Die Chronologie der Literatur bis Irenäus nebst einleitenden Untersuchungen, Leipzig 1897 = 1968, 274–284.

Lanata G., Gli atti dei martiri come documenti processuali (Studi e testi per un Corpus Iudiciorum 1), Mailand 1973, 117–124.

Lanata G., Processi contro cristiani nelli atti dei martiri, Turin ²1989 (2. veränd. Aufl. von Dies., Gli atti dei martiri come documenti processuali [Studi e testi per un Corpus Iudiciorum 1], Mailand 1973), 17–24.

Lazzati G., Gli atti di S. Giustino martire, Aevum 27, 1953, 473–497 = Ders., Gli sviluppi della letteratura sui martiri nei primi quattro secoli. Con appendice di testi, Turin 1956, 119–127.

Moss C. R., Ancient Christian Martyrdom. Diverse Practices, Theologies, and Traditions, New Haven 2012, 89–99.

Moss C. R., The Other Christs. Imitating Jesus in Ancient Christian Ideologies of Martyrdom, Oxford 2010, 188.

Pizzolato L. F., Cristianesimo e mondo in tre „passiones" dell'età degli Antonini, StPat 23, 1976, 501–519, bes. 514–519.

Prete S., 'Confessione Trinitarie' in alcuni Atti di martiri del sec. II (Giustino, Apollonio, Policarpo), Aug. 13, 1973, 469–482.

Saxer V., Bible et hagiographie. Textes et thèmes bibliques dans les Actes des martyrs authentiques des premiers siècles, Bern 1986, 19–23.

Ulrich J., Das Glaubensbekenntnis 'Justins' in den Acta Iustini AB 2 (StPatr 39), Löwen 2006, 455–460.

Whittaker M., Jews and Christians: Graeco-Roman Views (CCWJCW 6), Cambridge 1984, 161–164.

Pionios

A. Zum Text

1. Griechische Überlieferung

Der griechische Text des Pionios-Martyriums (BHG 1546) ist nur durch einen einzigen Textzeugen, einem Menologion für die Monate März und April in der Bibliotheca Marciana in Venedig auf uns gekommen:

M   Venedig, Biblioteca nazionale Marciana, cod. Ven. Marc. 359, fol. 25ᵛ–34 (11. Jh.[1])

Deren editio princeps erfolgte durch
Ge¹   GEBHARDT, Pionius (1896) 156–171;
sie wurde mit Korrekturen erneut abgedruckt in
Ge²   GEBHARDT, Acta martyrum (1902) 96–114.

Separat oder anlässlich des Wiederabdrucks der Edition von Gebhardt machten zum griechischen Text ausführliche kritische Bemerkungen:
Hei   HEIKEL, Quaestiones (1926) 11–13
Hil   HILHORST, Martyrium Pionii (1987)
Kn¹⁻² KNOPF, Märtyreracten (¹1901) 59–75; KNOPF, Märtyrerakten (²1913) 56–71
Kn³   KNOPF – KRÜGER, Märtyrerakten (1929) 45–57
Kn⁴   KNOPF – KRÜGER – RUHBACH, Märtyrerakten (1965) 45–57.140
Ku   KURTZ, Lesefrüchte (1921) 277f
Lan¹   LANATA, Atti (1973) 162–177
Lig   LIGHTFOOT, Fathers (1989) 715–722: On the date of Pionios' martyrdom
Mu   MUSURILLO, Acts (1972) 136–167
Rob   ROBERT, Pionios (1994)
Sch   SCHWARTZ, Pionios (1905).

---

[1] Datierung nach MIONI, Venetiarum codices graeci 2 (1985) 113. Die Angaben bei Mu, XXIX und Rob, 11 (12. Jh.) sowie Hil, 152 (10. Jh.) weichen davon ab; vgl. dazu die Übersicht zu den in der Literatur zu findenden Datierungen bei MIONI, Venetiarum codices graeci 2 (1985) 114.

2. Lateinische Überlieferung

Der älteste Textzeuge einer lateinischen Überlieferung (BHL 6852) gehört dem 7. Jh.[2] an und liegt nur bei
L   RUINART, Acta (³1859), 188–198,[3]
nicht aber in einer kritischen Edition vor.

3. Armenische Überlieferung

Eine armenische Fassung des 5. Jhs. auf der Basis von drei Handschriften in Paris (P), Venedig (V) und Wien (W) edierte und übersetzte ins Deutsche
arm   SRAPIAN, Pionius (1914) 378–393[4]; wieder abgedruckt mit Übersetzung von D. Kölligan bei ZWIERLEIN, Urfassungen 1 (2014) 116–135.

4. Altslavische Überlieferung

Textzeuge ist ein Codex aus dem orthodoxen polnischen Kloster Supraśl:
pal   Ljubljana, Slowenische National- und Universitätsbibliothek, cod. Suprasliensis, fol. 63^v–72^v [124–142] (Supraśl; 10./11. Jh.)
Edition: ZAIMOV, Suprasalski 1 (1982) 266–303.[5]

Eine zweite altslavische Überlieferung im Menäenzusammenhang befindet sich in Moskau, Synodalbibliothek. Sie ist nicht ediert und nur durch eine ausführliche Anmerkung von R. Abicht in der editio princeps[6] bekannt, der die größere Nähe zum griechischen Text im Vergleich zu pal hervorhebt.

Der folgende Text schließt sich unter Angabe der wichtigsten Konjekturen und textkritischen Bemerkungen der verschiedenen Herausgeber eng an die Textrezension von ROBERT, Pionios (1994) an.

Ein Vergleich des von uns abgedruckten Textes mit der auf Grund der armenischen Kurzfassungen rekonstruierten griechischen Urfassung von Zwierlein ergibt Lacunen bzw. starke Verkürzungen in:
1
5,2–5
6

---

2 Vgl. die Angaben bei GAIFFIER, Rez. SIMONETTI (1957) 425.
3 Deutsche Übersetzung: RAUSCHEN, Märtyrerakten (1913).
4 Deutsche Übersetzung: 393–405.
5 Französische Übersetzung von A. VAILLANT: Rob, 123–136.
6 GEBHARDT, Pionius (1896) 156 f.

7,5–11,2
12,5–10
13–14,5
15,4
15,7–18,12
19,4–13
20,6f
21,1–5
22,1
23

Die Rekonstruktion setzt voraus, dass die armenische Textüberlieferung keine Kürzungen vorgenommen hat.

B. Zum Inhalt

250, 23. Februar – 12. März, Smyrna: Der Priester Pionios wird zusammen mit dem Priester Limnos, der Bekennerin Sabina, einer flüchtigen Sklavin der Politta, die von dieser zur Zeit Kaiser Gordians bereits wegen ihres Glaubens gezüchtigt worden war, mit Asklepiades und Makedonia gefangen genommen. Sie verweigern das Götteropfer, zu dem sie vom Neokoren Polemon aufgefordert werden. Pionios hält auf dem Forum eine große Verteidigungsrede und pariert die Anwürfe des Händlers Alexander. Nach einem Verhör durch Polemon werden die Verhafteten ins Gefängnis eingeliefert, wo sie von schwach gewordenen Mitchristen aufgesucht werden, an die Pionios eine weitere große Rede richtet, sowie von Polemon und dem Reiteroberst Theophilos, die einen weiteren Versuch starten, sie zum Opfer zu überreden, und dabei darauf hinweisen, Bischof Euktemon habe das Opfer bereits geleistet. Asklepiades wird vom *decurio* Terentius angedroht, er werde, *ad bestias* verurteilt, bei einer Tierhetze sterben. Schließlich wird gegen Pionios ein offizieller Christenprozess durch den Prokonsul Quintillianus geführt, der mit dem Todesurteil durch Verbrennen endet, das sofort vollzogen wird, wobei gleichzeitig der markionitische Priester Metrodoros hingerichtet wird.

C. **Martyrium Pionii**

Martyrium des Pionios

Μαρτύριον τοῦ ἁγίου Πιονίου τοῦ πρεσβυτέρου Σμυρνικοῦ[1]

1. Ταῖς μνείαις τῶν ἁγίων κοινωνεῖν ὁ ἀπόστολος παραινεῖ, γινώσκων ὅτι τὸ μνήμην ποιεῖσθαι τῶν ὑγιῶς μετὰ καρδίας ἁπάσης ἐν πίστει διαγενομένων ἐπιστηρίζει τοὺς μιμεῖσθαι τὰ κρείττω θέλοντας. 2. Πιονίου δὲ τοῦ μάρτυρος καὶ μᾶλλον μεμνῆσθαι προσήκει διότι καὶ ὅτε ἐπεδήμει τῷ κόσμῳ πολλοὺς ἀπὸ τῆς πλάνης ἐπέστρεψεν ἀποστολικὸς ἀνὴρ[2] τῶν καθ᾽ ἡμᾶς γενόμενος, καὶ τέλος ὅτε ἐκλήθη πρὸς Κύριον καὶ ἐμαρτύρησε τὸ σύγγραμμα τοῦτο κατέλιπεν εἰς νουθεσίαν ἡμετέραν ἐπὶ τὸ καὶ νῦν ἔχειν ἡμᾶς μνημόσυνα τῆς διδασκαλίας αὐτοῦ.

2. Μηνὸς ἕκτου δευτέρᾳ ἐνισταμένου σαββάτου μεγάλου[3], ἐν τῇ γενεθλίῳ ἡμέρᾳ τοῦ μακαρίου μάρτυρος Πολυκάρπου, ὄντος τοῦ διωγμοῦ τοῦ κατὰ Δέκιον, συνελήφθησαν

---

1 pal, Σμυρνικοῦ: καὶ τῶν σὺν αὐτῷ Ge1
2 *post* ἀνήρ *inseruit* καίπερ εἰς Sch
3 ἐνισταμένου σαββάτου μεγάλου M edd., ἱσταμένου, σαββάτῳ μεγάλῳ Lig Hil

Martyrium des heiligen Pionios, des Priesters aus Smyrna

1. An den Erinnerungen[1], an die Heiligen teilzuhaben, das mahnt der Apostel, der weiß, dass die Erinnerung an die zu bewahren[2], die ihr Leben in gesunder Art mit ganzem Herzen im Glauben zubrachten, diejenigen stärkt, die das Bessere nachahmen wollen. 2. Ganz besonders aber schickt es sich, des Märtyrers Pionios zu gedenken, weil er, als er sich noch in dieser Welt aufhielt, als einer, der ein apostolischer Mann geworden ist[3], viele vom Irrtum abbrachte, und schließlich, als er vom Herrn gerufen wurde und Zeugnis ablegte, diese Schrift[4] zu unserer Ermahnung hinterließ, welche wir nun als Denkmal seiner Lehre besitzen.

2. Am zweiten Tag des sechsten Monats[5], mit Beginn des Großen Sabbats[6] und am Geburtstag[7] des seligen Märtyrers Polykarp, während der Verfolgung des Decius[8],

---

[1] Vgl. BAUER/ALAND, s.v. μνεία zu Röm 12,13: wichtiges Beispiel für die Rezeptionsgeschichte der Textvariante von Röm 12,13, wo D*, F, G und andere Handschriften μνείαις τῶν ἁγίων κοινωνοῦντες anstelle von χρείαις τ. ἁ. κ. lesen, und damit die „Sitte der Fürbitte für die Verstorbenen, wenn nicht sogar beginnenden Heiligenkult" bekunden, so mit Polemik gegen H. Lietzmanns These einer mechanischen Korruptel KÄSEMANN, Römer (1973) 331. Weitere Kommentatoren betonen ein „clearly inferior reading": FITZMYER, Romans (1993) 655; LOHSE, Römer (2003) 346f.

[2] Vgl. 2 Petr 1,15.

[3] Vgl. MPol. 16,2 (LINDEMANN – PAULSEN, Väter [1992] 278,2-4): ἐν τοῖς καθ' ἡμᾶς χρόνοις διδάσκαλος ἀποστολικὸς καὶ προφητικὸς γενόμενος.

[4] Dieser Angabe zufolge, die sich auch in der armenischen und lateinischen Übersetzung findet, stammt das Folgende von Pionios selbst im Sinne eines Testaments. Zu den damit verbundenen Fragen vgl. die Ausführungen zu den historischen und literarischen Aspekten.

[5] Die Datierung erfolgt in archaisierender Weise nach dem Kalender von Smyrna; der sechste Monat des Jahres war in Smyrna der Hierosebaston, der am 21. Februar begann, also handelt es sich um den 23. Februar; vgl. SAMUEL, Chronology (1972) 175.

[6] Vgl. MPol. 8,1 (268,7): ὄντος σαββάτου μεγάλου; 21 (282,8 f): μαρτυρεῖ δὲ ὁ μακάριος Πολύκαρπος μηνὸς Ξανθικοῦ δευτέρᾳ ... σαββάτῳ μεγάλῳ. Der „Große" Sabbat als Bezeichnung des von den Christen gefeierten Sonntags im Gegensatz zum „Kleinen" der Juden: vgl. EPIPH.exp.fid. 24,2 (GCS Epiphanius 3, 525,5-7 Holl – Dummer). Überblick über die anderen bisherigen Deutungen bei RORDORF, Sabbat (1980), nach dessen Ansicht die Kennzeichnung als Großer Sabbat darauf hinweist, dass gleichzeitig am 23. Februar das Saturnalienfest war, sodass Juden wie Heiden einen Feiertag begingen, wie auch 3,6 sagt. Nach DEVOS, Μέγα σαββάτον (1990) kann „Großer Sabbat" auch Metapher für die endzeitliche Ruhe in Christus selbst sein; dies macht hier jedoch wenig Sinn. – Ἐνισταμένου bezeichnet innerhalb von Datumsangaben den Beginn einer Zeit oder eines Festtages. Der 23. Februar 250 war ein Samstag, mithin der vorabendliche Beginn eines christlichen „Großen" Sabbats. Vgl. auch BOWERSOCK, Martyrdom (1995) 82-84.

[7] Die Bezeichnung des Tags des Martyriums als Geburtstag, an dem ein neues Leben bei Gott beginnt, findet sich MPol. 18,3 (280); zum Hintergrund vgl. IGN.Rom. 6,1 (SUC 1, 188 Fischer) und KARPINSKI, Annua dies (1987) bes. 64-73 und allgemein STUIBER A., Geburtstag II, RAC 9, 1976, 229-233.

[8] Entgegen diesen Angaben, die auf die Zeit des Decius (Kaiser von Herbst 249 bis Juni 251) hinweisen, kennt Evs.h.e. 4, 15,47 (GCS 9/1, 352-354 Schwartz) eine Schrift, die das Martyrium des Pionios in die Zeit Marc Aurels (161-180) setzt.

Πιόνιος πρεσβύτερος καὶ Σαβῖνα ὁμολογήτρια καὶ Ἀσκληπιάδης καὶ Μακεδονία καὶ Λίμνος πρεσβύτερος τῆς καθολικῆς ἐκκλησίας. 2. Ὁ οὖν Πιόνιος πρὸ μιᾶς ἡμέρας τῶν Πολυκάρπου γενεθλίων εἶδεν ὅτι δεῖ ταύτῃ τῇ ἡμέρᾳ αὐτοὺς συλληφθῆναι. 3. Ὧν οὖν μετὰ τῆς Σαβίνης καὶ τοῦ Ἀσκληπιάδου ἐν νηστείᾳ, ὡς εἶδεν ὅτι αὔριον δεῖ αὐτοὺς
5 συλληφθῆναι, λαβὼν κλωστὰς ἁλύσεις τρεῖς περιέθηκε περὶ τὸν τράχηλον ἑαυτοῦ τε καὶ Σαβίνης καὶ Ἀσκληπιάδου, καὶ ἐξεδέχοντο ἐν τῷ οἴκῳ. 4. Τοῦτο δὲ ἐποίησεν ὑπὲρ τοῦ ἀπαγομένων αὐτῶν⁴ μηδὲ ὑπονοῆσαί τινας ὅτι ὡς οἱ λοιποὶ ὑπάγουσι μιαροφαγῆσαι, ἀλλ᾽ ἵνα εἰδῶσι πάντες ὅτι κεκρίκασιν εἰς φυλακὴν εὐθέως ἀπαχθῆναι.

3. Προσευξαμένων δὲ αὐτῶν καὶ λαβόντων ἄρτον ἅγιον καὶ ὕδωρ τῷ σαββάτῳ
10 ἐπέστη αὐτοῖς Πολέμων ὁ νεωκόρος καὶ οἱ σὺν αὐτῷ τεταγμένοι ἀναζητεῖν καὶ ἕλκειν τοὺς Χριστιανοὺς ἐπιθύειν καὶ μιαροφαγεῖν. 2. Καί φησιν ὁ νεωκόρος· Οἴδατε πάντως τὸ διάταγμα τοῦ αὐτοκράτορος ὡς κελεύει ὑμᾶς ἐπιθύειν τοῖς θεοῖς. 3. Καὶ ὁ Πιόνιος ἔφη· Οἴδαμεν τὰ προστάγματα τοῦ θεοῦ ἐν οἷς κελεύει ἡμᾶς αὐτῷ μόνῳ προσκυνεῖν. 4. Πολέμων εἶπεν· Ἔλθετε οὖν εἰς τὴν ἀγορὰν κἀκεῖ πεισθήσεσθε. Καὶ ἡ Σαβῖνα καὶ
15 ὁ Ἀσκληπιάδης ἔφησαν· Ἡμεῖς θεῷ ζῶντι πειθόμεθα. 5. Ἦγεν οὖν αὐτοὺς οὐ μετὰ βίας. Καὶ προσελθόντων αὐτῶν εἶδον πάντες ὅτι δεσμὰ ἐφόρουν καὶ ὡς ἐπὶ παραδόξῳ

---

4 τῶν ἀπαγομένων αὐτόν M, τοῦ ἀπαγομένων αὐτῶν Kn Sch Hei

wurden der Priester Pionios und die Bekennerin⁹ Sabina, Asklepiades, Makedonia und Limnos, ein Priester der katholischen¹⁰ Kirche, gefangen genommen. 2. Pionios allerdings sah einen Tag vor dem Geburtstag Polykarps, dass sie an diesem Tag verhaftet werden sollten. 3. Als er nämlich mit Sabina und Asklepiades dem Fasten oblag, da sah er, dass sie am morgigen Tag verhaftet werden sollten, und er nahm drei gedrehte Stricke¹¹ und legte sie sich selbst sowie Sabina und Asklepiades um den Hals, und so warteten sie in dem Haus. 4. Dies tat er wegen der ihn Verhaftenden, damit nicht jemand dächte, dass sie wie andere weggeführt würden, um Opferfleisch¹² zu essen, sondern damit alle sähen, dass sie sich entschieden hätten, direkt in ein Gefängnis abgeführt zu werden.

3. Als sie nun am Sabbat gebetet und heiliges Brot sowie Wasser¹³ empfangen hatten, kam der Neokore¹⁴ Polemon¹⁵ herbei mit denen, die mit ihm eingesetzt waren, die Christen aufzuspüren und dazu zu bringen, dass sie opferten und Opferfleisch äßen. 2. Und der Neokore sprach: „Ihr kennt genau das Dekret des Imperators, welches euch befiehlt, den Göttern zu opfern." 3. Und Pionios sprach: „Wir kennen die Vorschriften Gottes, in denen er uns befiehlt, ihm allein zu dienen." 4. Polemon sagte: „Geht nun zum Marktplatz und gehorcht dort." Sabina und Asklepiades sprachen: „Wir gehorchen dem lebendigen Gott."¹⁶ 5. Er führte sie nun ohne Zwang ab. Und während sie voranschritten, sahen alle, dass sie Fesseln trugen, und wie zu etwas

---

9 Seltenes Wort; Sabina war als Sklavin wegen ihres Glaubens bereits von ihrer Herrin der Hauszucht unterworfen worden (vgl. 9,4) und galt wegen der dabei ausgehaltenen Strafen als Bekennerin.
10 Anders als bei Ign.Smyrn. 8,2 (210) und MPol.praef. (260); 16,2 (278) wohl nicht mehr als theologisch-ekklesiologische Aussage („universale" Kirche), sondern im konfessionell-orthodoxen Sinn gemeint; vgl. auch 9,2.
11 Prophetische Zeichenhandlung in der Tradition von Jer 27,2 und Apg 21,10 f. Verurteilte wurden mit einem Strick um den Hals abgeführt: vgl. dazu die bei Robert, Hellenica 7 (1949) 141–147; Taf. 22 abgebildeten Beispiele aus Hierapolis, Milet und Smyrna. Zur Interpretation dieser Zeichenhandlung vgl. 6,3. Den prophetischen Aspekt der Märtyrer betont in verschiedenen Beiträgen Waldner, Propheten (2009); dies., Märtyrer (2009).
12 Schändliches, Grauenhaftes, d.h. Opferfleisch essen; erstmals in 4 Makk 5,27 als Essen von Schweinefleisch verstanden.
13 Ob es sich hier um die Praxis der Aquarier handelt, welche, oft aus asketischen Gründen, die Eucharistie mit Brot und Wasser statt Wein feierten (vgl. McGowan, Ascetic [1999] 199–204), oder das ins Haus (bzw. hier ins Gefängnis) gebrachte eucharistische Brot bzw. um *eulogia*, zu deren Verzehr Wasser konsumiert wurde (vgl. Nussbaum, Aufbewahrung [1979] 215 f.176–178), muss offen bleiben. Vgl. auch 12,7.
14 Der Tempelhüter gehörte zu den hohen magistratischen Amtspersonen; vgl. Burrell, Neokoroi (2004). Leider sagt der Text nirgends, welchem Tempel er zugeordnet war. Inschriftlich sind smyrnäische Neokoren für den Tempel des Zeus, des Dionysos, der Nemesis (vgl. 6,3) und des Kaiserkultes belegt (vgl. den Boeft – Bremmer, Notiunculae 3 [1985] 118). Die Zugehörigkeit zu einem der beiden letzten liegt nahe, vgl. auch Frija, Prêtres (2012) 213.
15 Rob, 52 f vermutet, dass er Nachfahre des Sophisten M. Antonius Polemon (ca. 90–146) war, eines Lehrers, Redners und Politikers in Smyrna.
16 Vgl. 1 Thess 1,9.

συνέδραμεν ἐν τάχει ὄχλος ὥστε ὠθεῖν ἀλλήλους. 6. Καὶ ἐλθόντων εἰς τὴν ἀγορὰν ἐν τῇ στοᾷ τῇ ἀνατολικῇ ἐν τῇ διπυλίδι ἐγεμίσθη πᾶσα ἡ ἀγορὰ καὶ αἱ ὑπερῷαι στοαὶ Ἑλλήνων τε καὶ Ἰουδαίων καὶ γυναικῶν· ἐσχόλαζον γὰρ διὰ τὸ εἶναι μέγα σάββατον. 7. Ἀνῄεσαν δὲ καὶ ἐπὶ τὰ βάθρα καὶ ἐπὶ τὰ κιβώτια σκοποῦντες.

4. Ἔστησαν οὖν αὐτοὺς ἐν μέσῳ καὶ ὁ Πολέμων εἶπεν· Καλὸν ὑμᾶς ἐστιν, ὦ Πιόνιε, πειθαρχῆσαι καθὰ καὶ πάντες καὶ ἐπιθῦσαι, ἵνα μὴ κολασθῆτε. 2. Ἐκτείνας οὖν τὴν χεῖρα ὁ Πιόνιος φαιδρῷ τῷ προσώπῳ ἀπελογήσατο εἰπών· Ἄνδρες οἱ ἐπὶ τῷ κάλλει Σμύρνης καυχώμενοι, οἱ ἐπὶ τῷ Μέλητος, ὥς φατε, Ὁμήρῳ σεμνυνόμενοι, καὶ οἵτινες ἐν ὑμῖν Ἰουδαίων συμπάρεισιν, ἀκούσατέ μου ὀλίγα προσδιαλεγομένου ὑμῖν. 3. Ἀκούω γὰρ ὅτι ἐπὶ τοῖς αὐτομολοῦσιν ὡς ἐπιγελῶντες καὶ ἐπιχαίροντες παίγνιον ἡγεῖσθε τὸ ἐκείνων ἀστόχημα ὅτι ἑκόντες ἐπιθύουσιν. 4. Ἔδει δὲ ὑμᾶς μέν, ὦ Ἕλληνες, πείθεσθαι τῷ διδασκάλῳ ὑμῶν Ὁμήρῳ, ὃς συμβουλεύει μὴ ὅσιον εἶναι ἐπὶ τοῖς ἀποθνήσκουσι καυχᾶσθαι. 5. Ὑμῖν δέ, ὦ Ἰουδαῖοι, Μωϋσῆς κελεύει· Ἐὰν ἴδῃς τὸ ὑποζύγιον τοῦ ἐχθροῦ σου πεπτωκὸς ὑπὸ τὸν γόμον, οὐ παρελεύσῃ ἀλλὰ ἀνιστῶν ἀναστήσεις αὐτό. 6. Ὁμοίως καὶ Σολομῶντι ἔδει ὑμᾶς πείθεσθαι· Ἐὰν πέσῃ ὁ ἐχθρός σου, φησί, μὴ ἐπιχαρῇς, ἐν δὲ τῷ ὑποσκελίσματι αὐτοῦ μὴ ἐπαίρου. 7. Ἐγὼ γὰρ τῷ ἐμῷ διδασκάλῳ πειθόμενος ἀποθνήσκειν αἱροῦμαι μᾶλλον ἢ παραβαίνειν τοὺς λόγους αὐτοῦ καὶ ἀγωνίζομαι μὴ ἀλλάξαι ἃ πρῶτον ἔμαθον, ἔπειτα καὶ ἐδίδαξα. 8. Τίνων οὖν καταγελῶσιν οἱ Ἰουδαῖοι ἀσυμπαθῶς; Εἰ γὰρ καὶ ἐχθροὶ αὐτῶν ἐσμεν, ὥς φασιν, ἀλλὰ ἄνθρωποι, ἔτι ἀδικηθέντες. 9. Λέγουσιν ὅτι καιροὺς παρρησίας ἔχομεν[5]. Εἶτα, τίνας ἠδικήσαμεν; τίνας ἐφονεύσαμεν; τίνας ἐδιώξαμεν; τίνας εἰδωλολατρεῖν ἠναγκάσαμεν; 10. Ἢ οἴονται ὅμοια εἶναι τὰ ἑαυτῶν ἁμαρτήματα τοῖς νῦν ὑπό τινων[6] διὰ φόβον

---

5 ἔσχομεν Hei
6 edd.,τὸν M

Außergewöhnlichem strömte in Eile die Menge zusammen, sodass man sich gegenseitig bedrängte. 6. Und als sie auf dem Marktplatz ankamen, in die östliche Halle und zum Doppeltor[17], waren der ganze Platz und die oberen Hallen angefüllt mit Griechen, Juden und Frauen. Sie hatten nämlich Muße, weil Großer Sabbat war. 7. Und sie stiegen auf Bänke und Kisten, um sie zu sehen.

4. Man stellte sie nun in die Mitte und Polemon sagte: „Für euch ist es gut, o Pionios, zu gehorchen, wie für alle anderen auch, und zu opfern, damit ihr nicht bestraft werdet." 2. Pionios indes streckte seine Hand aus[18] und mit strahlendem Gesicht[19] verteidigte er sich und sagte: „Ihr Männer, die ihr die Schönheit Smyrnas rühmt, die ihr euch mit Homer vom Meles[20] brüstet, und die von den Juden, die unter euch anwesend sind, hört mich, denn ich habe euch nur weniges zu sagen. 3. Ich höre nämlich, dass ihr über die, die das Opfer darbringen, lacht und euch freut und den Abfall jener gleichsam für ein Kinderspiel haltet, weil sie freiwillig opfern. 4. Für euch, ihr Griechen, wäre es nötig, eurem Lehrer Homer zu gehorchen, der den Rat erteilt, dass es nicht fromm ist, über die sich lustig zu machen, die das Leben verlieren.[21] 5. Euch aber, o ihr Juden, mahnt Moses: ‚Wenn du siehst, dass das Packtier deines Feindes unter der Last gefallen ist, sollst du nicht vorbeigehen, sondern bleib stehen und hilf ihm auf.'[22] 6. Und in gleicher Weise ist es nötig, Salomon zu gehorchen: ‚Wenn dein Feind fällt', sagt er, ‚freue dich nicht, und über seinem Fall frohlocke nicht.'[23] 7. Ich dagegen wähle, meinem Lehrer gehorchend, lieber zu sterben, als von seinen Lehren abzuweichen, und ich kämpfe darum, damit ich nicht verändere, was ich zuerst gelernt habe und dann auch lehrte. 8. Wen nun verlachen die Juden ohne Mitgefühl? Wenn wir also ihre Feinde sind, wie sie sagen, so sind wir doch Menschen, und überdies solche, denen Unrecht geschieht. 9. Sie sagen, dass wir die Gelegenheit zur freimütigen Verteidigung haben. Nun denn: Wem haben wir Unrecht getan? Wen haben wir ermordet? Wen haben wir verfolgt? Wen haben wir zur Götzenverehrung gezwungen? 10. Oder meinen sie, dass ihre eigenen Verfehlungen denen ähnlich sind, die nun von

---

17 Die nahezu quadratische Agora von Smyrna verfügte an allen vier Seiten über eine Torhalle in Gestalt eines Doppeltors mit oberen Gallerien: vgl. NAUMANN – KANTAR, Agora (1950) und Rob, 54 f; Taf. IVf. Die westliche Torhalle steht in Teilen bis heute.
18 Vgl. Apg 26,1.
19 Der heitere Gesichtsausdruck (πρόσωπον ἱλαρόν: *vultus hilaris*) gilt als Zeichen des Weisen (vgl. Sir 26,4), des Philosophen (vgl. PERNOT, Pionios [1997] 117 Anm. 31) und des Märtyrers, bei ihm sowohl angesichts der Gefahr (vgl. MPol. 12,1 [272]) als auch nach überstandenem Todeskampf, vgl. 21,9. Zum Motiv der Freude des Weisen im Leiden vgl. HOLTZ, Herrscher (1996) 316.
20 Der Meles ist ein (heute nicht mehr lokalisierbarer) Fluss nahe Smyrna, an dem nach der Legende Homer geboren wurde; vgl. Ps.-PLV.vit.Hom.B 2,2 (BSGRT 7 Kindstrand); dazu HILLGRUBER, De Homero (1994) 86 f.
21 In dem in der Antike sprichwörtlichen Zitat (Nachweise dazu bei Hil, 456 f Nr. 11–12) aus HOM.Od. 22,412 (310 Van Thiel: „Unfromm ist es, über erschlagene Menschen zu jauchzen.") tadelt Odysseus seine Amme Eurykleia, die sich über die Ermordung der Freier freute.
22 Ex 23,5 LXX, vgl. auch Dtn 22,4.
23 Spr 24,17 LXX.

ἀνθρώπινον πρασσομένοις; Ἀλλὰ τοσούτῳ διαφέρει ὅσῳ τὰ ἑκούσια ἁμαρτήματα τῶν ἀκουσίων. 11. Τίς γὰρ ἠνάγκασεν Ἰουδαίους τελεσθῆναι τῷ Βεελφεγώρ; ἢ φαγεῖν θυσίας νεκρῶν; ἢ πορνεῦσαι εἰς τὰς θυγατέρας τῶν ἀλλοφύλων; ἢ κατακαίειν τοῖς εἰδώλοις τοὺς υἱοὺς καὶ τὰς θυγατέρας; ἢ γογγύζειν κατὰ τοῦ θεοῦ; ἢ καταλαλεῖν Μωϋσέως;
5 ἢ ἀχαριστεῖν εὐεργετουμένους; ἢ στρέφεσθαι τῇ καρδίᾳ εἰς Αἴγυπτον, ἢ ἀναβάντος Μωϋσέως λαβεῖν τὸν νόμον εἰπεῖν τῷ Ἀαρών· Ποίησον ὑμῖν θεούς, καὶ μοσχοποιῆσαι; καὶ τὰ λοιπὰ ὅσα ἐποίησαν. 12. Ὑμᾶς γὰρ δύνανται πλανᾶν. Ἐπεὶ ἀναγινωσκέτωσαν ὑμῖν τὴν βίβλον τῶν Κριτῶν, τὰς Βασιλείας, τὴν Ἔξοδον καὶ πάντα ἐν οἷς ἐλέγχονται. 13. Ἀλλὰ ζητοῦσι διὰ τί τινες μήτε βιασθέντες ἑαυτοῖς ἦλθον ἐπὶ τὸ θῦσαι, καὶ δι'
10 ἐκείνους πάντων Χριστιανῶν καταγινώσκετε; 14. Νομίσατε τὰ παρόντα ἅλωνι ὅμοια εἶναι· ποῖος σωρὸς μείζων, ἀχύρου ἢ τοῦ σίτου; ὅταν γὰρ ἔλθῃ ὁ γεωργὸς ἐν τῷ πτύῳ διακαθᾶραι τὸν ἅλωνα, τὸ ἄχυρον κοῦφον ὂν εὐκόλως ὑπὸ τοῦ ἀερίου πνεύματος μεταφέρεται, ὁ δὲ σῖτος ἐν ταὐτῷ μένει. 15. Ἴδετε πάλιν τὴν εἰς θάλασσαν βαλλομένην σαγήνην· μὴ πάντα ἃ συνάγει εὔχρηστά ἐστιν; οὕτω καὶ τὰ παρόντα. 16. Πῶς οὖν
15 θέλετε ταῦτα πάσχειν ἡμᾶς, ὡς δικαίους ἢ ὡς ἀδίκους; Εἰ μὲν ὡς ἀδίκους, πῶς οὐχὶ καὶ ὑμεῖς αὐτοῖς τοῖς ἔργοις ἄδικοι ἐλεγχόμενοι τὰ αὐτὰ πείσεσθε; Εἰ δὲ ὡς δικαίους, τῶν δικαίων πασχόντων ποίαν ὑμεῖς ἐλπίδα ἔχετε; Εἰ γὰρ ὁ δίκαιος μόλις σώζεται, ὁ ἀσεβὴς καὶ ἁμαρτωλὸς ποῦ φανεῖται; 17. Κρίσις γὰρ τῷ κόσμῳ ἐπίκειται, περὶ ἧς πεπληροφορήμεθα διὰ πολλῶν. 18. Ἐγὼ μὲν καὶ ἀποδημήσας καὶ ἅπασαν τὴν Ἰουδαίαν

einigen aus Menschenfurcht begangen werden? Es macht doch einen großen Unterschied zwischen den freiwilligen und unfreiwilligen Verfehlungen[24]. 11. Denn wer hat die Juden gezwungen, sich einweihen zu lassen in die Mysterien Belphegors?[25] Oder die Opfergaben für die Toten zu essen? Oder mit Töchtern fremder Stämme Unzucht zu treiben?[26] Oder Götzenbildern Söhne und Töchter als Brandopfer darzubringen?[27] Oder gegen Gott zu murren?[28] Oder Mose zu verleumden?[29] Oder undankbar zu sein, obwohl sie Wohltaten erfuhren? Oder im Herzen nach Ägypten zurückzukehren?[30] Oder zu Aaron zu sagen, als Mose hinaufstieg, das Gesetz in Empfang zu nehmen: ‚Macht euch Götter und stellt das Jungstierbild her'[31], und all das übrige, was geschehen ist. 12. Euch (Smyrnäer) aber können sie täuschen. Daher sollen sie euch das Buch der Richter, der Könige, des Exodus und alle (Schriften) vorlesen, in denen sie getadelt werden.[32] 13. Hingegen fragen sie, warum einige, ohne gezwungen zu sein, von selbst kamen um zu opfern. Und wegen dieser verurteilt ihr alle Christen? 14. Glaubt, dass die Gegenwart einer Tenne gleich ist! Welcher Haufen ist der größere, der der Spreu oder des Weizens?[33] Zu der Zeit wenn der Bauer kommt, um auf der Tenne mit der Wurfschaufel sauber zu machen, wird die leichte Spreu mühelos durch den Windhauch weggetragen und der Weizen bleibt liegen. 15. Seht zum anderen das Netz, das ins Meer geworfen wird;[34] nicht alles, was sich darin zusammenfindet, ist brauchbar. So ist es auch in der Gegenwart. 16. Wie nun wollt ihr, dass wir dies erleiden, als Gerechte oder als Ungerechte? Wenn als Ungerechte, warum erleidet ihr dann nicht dasselbe, wo ihr doch wegen eurer Taten als Ungerechte überführt seid? Wenn als Gerechte, welche Hoffnung könnt ihr dann haben, wenn schon die Gerechten leiden? Denn wenn der Gerechte kaum gerettet wird, wo wird dann der Gottlose und Sünder bleiben?[35] 17. Denn ein Gericht ist über die Welt verhängt, davon sind wir aus vielen Gründen vollkommen überzeugt. 18. Ich selbst unternahm eine Reise und kam

---

24 Vgl. Hebr 10,26. Das Thema der freiwilligen Verfehlungen bzw. Sünden kehrt mehrfach wieder, vgl. 4,3 und 13,1.
25 Der Baal von Pegor, vgl. Num 25,1–3; Jos 22,17; Hos 9,10 und Ps 105,28 LXX.
26 Vgl. Num 25,1 LXX; Ps 105,39 LXX; Ez 16,25–34 LXX.
27 Vgl. Ps 105,37 f LXX; Jer 7,31; 19,5 LXX; Ez 23,39 LXX.
28 Vgl. Num 14,27 LXX; Ps 105,25 LXX; 1 Kor 10,10.
29 Vgl. Ex 15,24; 16,2; Num 12,8; 14,2; 16,3; 21,5.
30 Vgl. Apg 7,39.
31 Vgl. Ex 32,4; Ps 105,19 LXX; Apg 7,39–41. – Die kontroverstheologische Katene von Verfehlungsvorwürfen gegen die Juden ist einerseits durch Ps 106 (105),6–40 und andererseits durch die Stephanusrede Apg 7 vorgebildet und findet sich in Ansätzen auch bei IVST.dial. 132,1 (Par. 47/1, 538–540 Bobichon); weiteres bei HILHORST, Ancien Testament (1982).
32 Die Bibel wird hier, wie in der patristischen Theologie häufig, als Buch verstanden, das gegen die Juden selbst zeugt, vgl. SCHRECKENBERG, Adversus-Judaeos-Texte (⁴1994) 193 und die Angaben bei Hil, 458, Nr. 37.
33 Vgl. Mt 3,12; Lk 3,17.
34 Vgl. Mt 13,47–50.
35 1 Petr 4,18; vgl. Spr 11,31.

περιελθὼν γῆν περάσας τε τὸν Ἰορδάνην ἐθεασάμην γῆν ἕως τοῦ νῦν μαρτυροῦσαν τὴν ἐκ τοῦ θεοῦ γενομένην αὐτῇ ὀργὴν δι' ἃς ἐποίουν οἱ κατοικοῦντες αὐτὴν ἁμαρτίας, ξενοκτονοῦντες, ξενηλατοῦντες, βιαζόμενοι. 19. Εἶδον καπνὸν ἐξ αὐτῆς ἕως τοῦ νῦν ἀναβαίνοντα καὶ γῆν πυρὶ τετεφρωμένην, ἄμοιρον παντὸς καρποῦ καὶ πάσης ὑγρᾶς οὐσίας. 20. Εἶδον καὶ Θάλασσαν Νεκράν, ὕδωρ ὑπηλλαγμένον καὶ ἔξω τοῦ κατὰ φύσιν φόβῳ θείῳ ἀτονῆσαν[7] καὶ τρέφειν ζῷον μὴ δυνάμενον[8], καὶ τὸν ἐναλλόμενον εἰς αὐτὴν ὑπὸ τοῦ ὕδατος ἐκβαλλόμενον εἰς ἄνω, καὶ κατέχειν ἀνθρώπου σῶμα παρ' ἑαυτῇ μὴ δυναμένην· ὑποδέξασθαι γὰρ ἄνθρωπον οὐ θέλει, ἵνα μὴ δι' ἄνθρωπον πάλιν ἐπιτιμηθῇ. 21. Καὶ ταῦτα μακρὰν ὑμῶν ὄντα λέγω· ὑμεῖς ὁρᾶτε καὶ διηγεῖσθε Λυδίας γῆν Δεκαπόλεως[9] κεκαυμένην πυρὶ καὶ προκειμένην εἰς δεῦρο ὑπόδειγμα ἀσεβῶν[10], Αἴτνης καὶ Σικελίας καὶ προσέτι Λυκίας[11] ῥοιβδούμενον[12] πῦρ. 22. Εἰ καὶ ταῦτα πόρρω ἀπέχει ἀφ' ὑμῶν, κατανοήσατε τοῦ θερμοῦ ὕδατος τὴν χρῆσιν[13], λέγω δὴ τοῦ ἀναβλύζοντος ἐκ γῆς, καὶ νοήσατε πόθεν ἀνάπτεται ἢ πόθεν πυροῦται, εἰ μὴ ἐκβαῖνον ἐν ὑπογαίῳ[14] πυρί. 23. Λέγετε[15] δὲ καὶ ἐκπυρώσεις[16] μερικὰς καὶ ἐξυδατώσεις, ὡς ὑμεῖς ἐπὶ Δευκαλίωνος ἢ ὡς ἡμεῖς ἐπὶ Νῶε. Μερικὰ γίνεται, ἵνα ἐκ τῶν ἐπὶ μέρους τὰ καθόλου γνωσθῇ. 24. Διὸ δὴ μαρτυρόμεθα ὑμῖν περὶ τῆς μελλούσης διὰ πυρὸς γίνεσθαι κρίσεως ὑπὸ θεοῦ διὰ τοῦ λόγου αὐτοῦ Ἰησοῦ Χριστοῦ· καὶ διὰ τοῦτο τοῖς λεγομένοις θεοῖς ὑμῶν οὐ λατρεύομεν καὶ τῇ εἰκόνι τῇ χρυσῇ οὐ προσκυνοῦμεν.

5. Τούτων δὲ καὶ ἄλλων πολλῶν λεχθέντων ὡς ἐπὶ πολὺ μὴ σιωπῆσαι τὸν Πιόνιον, ὅ τε νεωκόρος καὶ οἱ σὺν αὐτῷ καὶ πᾶς ὁ ὄχλος ἐπέστησε τὰς ἀκοὰς ὥστε τοσαύτην ἡσυχίαν γενέσθαι ὡς μηδὲ γρῦξαί τινα. 2. Εἰπόντος δὲ πάλιν τοῦ Πιονίου ὅτι τοῖς θεοῖς ὑμῶν οὐ λατρεύομεν καὶ τῇ εἰκόνι τῇ χρυσῇ οὐ προσκυνοῦμεν, ἤγαγον αὐτοὺς εἰς τὸ

---

7 edd., ἀτονήσασαν M Sch Hil
8 δυναμένην Sch
9 M, *deluerunt* Hei Hil
10 post ἀσεβῶν *lac. susp.* Hei
11 Λυκίας καὶ τῶν νήσων M, καὶ τῶν νήσων *secl.* Rob, τῶν νήσων τῶν Λιπαραίων *coni.* Sch
12 ῥοιβδούμενον *dubitat* Ge, *acceptat* Rob, ῥοιζούμενον Ku Hei, ῥοιγδούμενον Kn Mu Hil, ἀναρριπτούμενον Sch
13 φύσιν Hei
14 edd., εἰ ὑπογαίων M
15 edd., λέγεται M
16 edd., ἐκ πυρός εἰς M

im ganzen Land Judäa herum, überschritt den Jordan und sah ein Land, welches bis jetzt bezeugt, dass der Zorn Gottes es ereilt hat wegen der Verfehlungen, die seine Einwohner begingen, indem sie Fremde töteten, Fremde vertrieben und Gewalt anwendeten. 19. Ich habe den Rauch gesehen, der von ihm bis heute aufsteigt, und die vom Feuer zu Asche verbrannte Erde, jede Art von Frucht und jegliches feuchte Element entbehrend. 20. Ich sah das Tote Meer, das veränderte Wasser; in heiligem Schrecken außerhalb der Naturordnung geschwächt, ist es nicht fähig, ein Lebewesen zu ernähren, und wer hineinspringt, wird vom Wasser nach oben herausgeworfen, und einen Menschenkörper kann es nicht in sich behalten. Denn es will einen Menschen nicht aufnehmen, damit es nicht wegen eines Menschen von neuem bestraft wird. 21. Aber ich bin dabei von Dingen zu reden, die euch fern liegen. Ihr kennt und sprecht über das Land der Dekapolis[36] von Lydien, welches vom Feuer verbrannt[37] und bis jetzt ein Beispiel für die Gottlosen ist, ferner das Feuer, das im Ätna und auf Sizilien und außerdem in Lykien[38] und auf den Inseln zischt. 22. Und wenn das auch weit fort von euch ist, denkt nach über das Argument des warmen Wassers, ich rede jetzt von dem, das aus der Erde emporquillt[39], und erkennt, woher es erwärmt und woher es erhitzt ist: es steigt nämlich herauf von einem unterirdischen Feuer. 23. Redet auch von Feuerbrünsten und Überschwemmungen großer Teilgebiete, bei euch zur Zeit Deukalions[40] oder bei uns zur Zeit Noas; es war ein große Teilgebiete erfassendes Geschehen, damit aus dem Schicksal des Teiles das des Ganzen erkannt werde. 24. Und deshalb bezeugen wir euch, dass das künftige Gericht durch Feuer von Gott kommen wird wegen seines Wortes Jesus Christus; und deshalb verehren wir eure sogenannten Götter nicht und gehen nicht vor dem goldenen Bild[41] auf die Knie."

5. Während dieses und vieles andere geredet wurde, ohne dass Pionios dabei längere Zeit schwig, spitzten der Neokore und seine Leute und die ganze Menge die Ohren, sodass eine solche Ruhe entstand, dass kein Mucks zu hören war. 2. Als nun Pionios erneut sagte: „Eure Götter verehren wir nicht und vor dem goldenen Bild gehen wir

---

36 In Lydien gab es keine Dekapolis; es muss sich um eine Glosse handeln, die den in Mt 4,25 und Mk 5,20; 7,31 erwähnten Begriff aufgreift, um den Vergleich zwischen Palästina und Lydien noch deutlicher zu machen.
37 Über das „verbrannte Lydien", eine vulkanische Gegend voller Lavagestein siehe ROBERT, Villes (²1962) 287–313; Taf. 27 f.
38 Im äußersten Osten Lykiens liegt nahe der ehem. Stadt Olympos der Vulkan Chimaira; vgl. SCHULTZE, Städte 2,2 (1926) 196. – Rob, 60 f hält die ganze Passage Αἴτνης ... πῦρ für eine Glosse (in die als eine weitere καὶ τῶν νήσων eingeschlossen ist), denn es mache keinen Sinn, weit weg liegende Beispiele zu erwähnen, wenn dies der Redner kritisiert; andererseits ist dies auch eine beliebte rhetorische Technik.
39 In der Umgebung von Smyrna gab es sehr bekannte heiße Quellen, die „Bäder des Agamemnon", die mit dem Asklepios-Kult in Verbindung standen; vgl. CADOUX, Smyrna (1938) 17.53.205.264.
40 Zu Deukalion siehe MAread. 10.
41 Wohl eine Anspielung auf das in 4,11 bereits erwähnte „goldene Kalb", sodass dieser Schlusssatz auch einen antijüdischen Unterton hat.

ὕπαιθρον εἰς τὸ μέσον καὶ περιέστησαν αὐτοῖς τινες τῶν ἀγοραίων ἅμα τῷ Πολέμωνι ἐκλιπαροῦντες καὶ λέγοντες· 3. Πείσθητι ἡμῖν, Πιόνιε, ὅτι σε φιλοῦμεν καὶ διὰ πολλὰ ἄξιος εἶ ζῆν, ἤθους τε ἕνεκα καὶ ἐπιεικείας· καλόν ἐστι τὸ ζῆν καὶ τὸ φῶς τοῦτο βλέπειν, καὶ ἄλλα τινὰ πλείονα. 4. Ὁ δὲ πρὸς αὐτούς· Κἀγὼ λέγω ὅτι καλόν ἐστι τὸ ζῆν,
5 ἀλλ᾽ ἐκεῖνο κρεῖσσον ὃ ἡμεῖς ἐπιποθοῦμεν· καὶ τὸ φῶς, ἀλλ᾽ ἐκεῖνο τὸ ἀληθινόν. 5. Καὶ ταῦτα μὲν οὖν ἅπαντα καλά· καὶ οὐχ ὡς θανατιῶντες ἢ μισοῦντες τὰ ἔργα τοῦ θεοῦ φεύγομεν, ἀλλ᾽ ἑτέρων μεγάλων ὑπερβολῇ τούτων καταφρονοῦμεν ἐνεδρευόντων ἡμᾶς.

6. Ἀλέξανδρος δέ τις ἀγοραῖος πονηρὸς ἀνὴρ εἶπεν· Ἄκουσον ἡμῶν, Πιόνιε. Πιόνιος
10 εἶπεν· Ἐπιλαβοῦ[17] σὺ παρ᾽ ἐμοῦ ἀκούειν· ἃ γὰρ σὺ οἶδας οἶδα, ἃ δὲ ἐγὼ ἐπίσταμαι σὺ ἀγνοεῖς. 2. Ὁ δὲ Ἀλέξανδρος ἠθέλησεν αὐτοῦ καταγελᾶν, ἐπεὶ καί φησιν εἰρωνείᾳ· Ταῦτα δὲ διὰ τί; 3. Πιόνιος εἶπεν· Ταῦτα ἵνα μὴ διερχόμενοι τὴν πόλιν ὑμῶν ὑπονοηθῶμεν ὡς μιαροφαγήσοντες προσεληλύθαμεν καὶ ἵνα μάθητε ὅτι οὐδὲ ἐπερωτᾶσθαι ἀξιοῦμεν ἀλλὰ κρίναντες οὐκ εἰς τὸ Νεμεσεῖον[18] ἀλλ᾽ εἰς τὴν φυλακὴν ἀπερχόμεθα, καὶ ἵνα μὴ ὡς
15 τοὺς λοιποὺς βίᾳ ἡμᾶς συναρπάσαντες ἀπαγάγητε, ἀλλὰ διὰ τὸ φορεῖν δεσμὰ ἐάσητε· τάχα γὰρ μετὰ δεσμῶν οὐκ εἰσαγάγετε[19] ἡμᾶς εἰς τὰ εἰδωλεῖα[20] ὑμῶν. 4. Καὶ οὕτως ὁ Ἀλέξανδρος ἐφιμώθη. Καὶ πάλιν ἐκείνων πολλὰ παρακαλούντων αὐτὸν κἀκείνου λέγοντος· Οὕτω κεκρίκαμεν, καὶ πολλὰ ἐλέγχοντος αὐτοὺς καὶ περὶ τῶν μελλόντων ἀπαγγέλλοντος αὐτοῖς ὁ Ἀλέξανδρος εἶπεν· 5. Τίς γὰρ χρεία ἐστί, φησίν, τῶν λόγων
20 ὑμῶν τούτων ὁπότε οὐκ ἔξεστιν ὑμᾶς ζῆν;

7. Τοῦ δὲ δήμου βουλομένου ἐκκλησίαν ἐν τῷ θεάτρῳ ποιεῖν ἵνα ἐκεῖ ἀκούσωσι πλείονα, κηδόμενοί τινες τοῦ στρατηγοῦ προσελθόντες τῷ νεωκόρῳ Πολέμωνι εἶπον· Μὴ συγχώρει λαλεῖν αὐτῷ, ἵνα μὴ ἐν τῷ θεάτρῳ εἰσέλθωσι καὶ θόρυβος καὶ ἐπιζήτησις περὶ τοῦ ἄρτου[21] γένηται. 2. Ταῦτα ἀκούσας ὁ Πολέμων λέγει· Πιόνιε, εἰ μὴ θέλεις[22]
25 θῦσαι, κἂν ἐλθὲ εἰς τὸ Νεμεσεῖον[23]. Ὁ δὲ ἔφη· Ἀλλ᾽ οὐ συμφέρει σου τοῖς εἰδώλοις ἵνα ἐκεῖ ἔλθωμεν. 3. Πολέμων εἶπεν· Πείσθητι ἡμῖν, Πιόνιε. Πιόνιος εἶπεν· Εἴθε ἠδυνάμην ἐγὼ ὑμᾶς πεῖσαι χριστιανοὺς γενέσθαι. 4. Οἱ δὲ μέγα ἀναγελάσαντες εἶπον· Οὐδὲν ἔχεις

---

17 ἐπιβάλου Sch
18 edd., τὸν ἐμεσεῖον M
19 εἰσαγάγετε M Kn[2-4] Hil Rob, εἰσηγάγετε Ge Kn[1] Mu, εἰσαγάγοιτε Sch
20 edd., εἴδωλα M Hil
21 M Sch Kn[2-4] Hil, ἀνθρώπου Ge Kn[1] Mu, *fortasse* αὐτοῦ Rob
22 edd., θέλης M θέλῃς Hil
23 edd., τὸν Μεσεῖον M

nicht auf die Knie", führte man sie mitten auf den Platz ins Freie und einige Händler standen zusammen mit Polemon um sie herum, flehten sie an und sprachen: 3. „Höre auf uns, Pionios, denn wir lieben dich, und aus vielerlei Gründen bist du es wert zu leben wegen deines Charakters und deiner Freundlichkeit. Schön ist das Leben und dies Licht zu sehen[42]", und noch viel anderes. 4. Er aber entgegnete ihnen: „Auch ich sage, dass das Leben schön ist, aber jenes, was wir ersehnen, ist besser; dies gilt auch für das Licht, aber eben für das wahre. 5. Ja freilich, all dies ist schön; aber wir fliehen nicht vor ihnen, weil wir todessüchtig sind und die Werke Gottes hassen, sondern wir denken gering von ihnen, weil diese anderen großen Dinge uns im Übermaß bedrängen."

6. Ein gewisser Alexander hingegen, ein Händler und boshafter Mann, sagte: „Höre uns zu, Pionios." Pionios sagte: „Mir zuzuhören solltest du die Gelegenheit ergreifen; denn was du weißt, das weiß ich, aber was ich erkenne, ist dir unbekannt." 2. Aber Alexander wollte ihn auslachen, deshalb sagte er ironisch: „Wofür ist das da?" 3. Pionios sagte: „Das ist, damit wir nicht, wenn wir durch eure Stadt gehen, verdächtigt werden, losgegangen zu sein, um Unreines zu essen, und damit ihr lernt, dass wir nicht verhört werden wollen, sondern uns entschieden haben und nicht in das Nemeseion[43], sondern ins Gefängnis gehen, und damit ihr uns nicht mit Gewalt und unter Zwang abführt, sondern damit ihr lernt, uns gewähren zu lassen, weil wir (schon) Fesseln tragen; denn mit Fesseln könnt ihr uns doch nicht zu euren Götterbildern bringen." 4. Auf diese Weise wurde Alexander zum Schweigen gebracht. Und als jene ihn noch einmal inständig baten, sprach (Pionios): „So haben wir entschieden", und als er ihnen vieles bewies und ihnen die bevorstehenden Dinge erklärte, sagte Alexander: 5. „Was ist der Nutzen eurer Worte", sprach er, „da ihr ja nicht leben dürft?"

7. Als nun das Volk eine Versammlung im Theater abhalten wollte, um dort mehr zu hören, kamen einige Untergebene des Strategen[44] zum Neokoren Polemon und sagten: „Gestatte ihm nicht zu reden, damit man nicht ins Theater läuft und ein Tumult und ein Geschrei nach Brot[45] entsteht." 2. Als er dies hörte, sagte Polemon: „Pionios, wenn du schon nicht opfern willst, dann gehe wenigstens in das Nemeseion." Er aber sprach: „Es nützt deinen Göttern nichts, wenn wir dorthin gehen." 3. Polemon sagte: „Gehorche uns, Pionios." Pionios sagte: „Wenn ich euch doch überreden könnte, Christen zu werden." 4. Da lachten sie allerdings laut auf und sagten: „Du

---

[42] Topische Wendung seit Homer, besonders in Grabinschriften: vgl. Rob, 64 und SANDERS, Bijdrage (1960); DERS., Licht (1965).
[43] Nemesis, die Göttin der gerechten Zuteilung, allerdings auch der Rache und der Strafe für Überheblichkeit (Hybris), war eine der Hauptgottheiten Smyrnas und ihre Verehrung mit dem Kaiserkult verbunden; vgl. CADOUX, Smyrna (1938) 85 und Rob, 53 f.65 f.
[44] Bei den Römern ursprünglich dem Amt des Praetors entsprechend, in der Kaiserzeit jedoch ein hoher Verwaltungsbeamter, vgl. JACQUES – SCHEID, Struktur (1998), 201 f.
[45] Man erwartete eine Brotspende; vgl. dazu FRÉZOULS, Évergétisme (1991).

τοιοῦτο ποιῆσαι ἵνα ζῶντες καῶμεν. Πιόνιος εἶπεν· Χεῖρόν ἐστι πολὺ ἀποθανόντας καυθῆναι. 5. Μειδιώσης δὲ τῆς Σαβίνης ὁ νεωκόρος καὶ οἱ μετ' αὐτοῦ εἶπον· Γελᾷς; ἡ δὲ εἶπεν· Ἐὰν ὁ θεὸς θέλῃ, ναί· χριστιανοὶ γάρ ἐσμεν· ὅσοι γὰρ εἰς Χριστὸν πιστεύουσιν ἀδιστάκτως γελάσουσιν ἐν χαρᾷ ἀϊδίῳ²⁴. 6. Λέγουσιν αὐτῇ· Σὺ μὲν ὃ οὐ θέλεις μέλλεις
5 πάσχειν· αἱ γὰρ μὴ ἐπιθύουσαι εἰς πορνεῖον ἵστανται. Ἡ δὲ εἶπεν· Τῷ ἁγίῳ θεῷ μελήσει περὶ τούτου.

8. Πάλιν δὲ Πιονίῳ εἶπεν Πολέμων· Πείσθητι ἡμῖν, Πιόνιε. Πιόνιος εἶπεν· Κεκέλευσαι ἢ πείθειν ἢ κολάζειν· οὐ πείθεις, κόλαζε. 2. Τότε ἐπερωτᾷ ὁ νεωκόρος Πολέμων λέγων· Ἐπίθυσον, Πιόνιε. Πιόνιος εἶπεν ὅτι χριστιανός εἰμι. 3. Πολέμων εἶπεν· Ποῖον θεὸν
10 σέβῃ; Πιόνιος εἶπεν· Τὸν θεὸν τὸν παντοκράτορα τὸν ποιήσαντα τὸν οὐρανὸν καὶ τὴν γῆν καὶ πάντα τὰ ἐν αὐτοῖς καὶ πάντας ἡμᾶς, ὃς παρέχει ἡμῖν πάντα πλουσίως, ὃν ἐγνώκαμεν διὰ τοῦ λόγου αὐτοῦ Χριστοῦ. 4. Πολέμων εἶπεν· Ἐπίθυσον οὖν κἂν τῷ αὐτοκράτορι. Πιόνιος εἶπεν· Ἐγὼ ἀνθρώπῳ οὐκ ἐπιθύω, χριστιανὸς γάρ εἰμι.

9. Εἶτα ἐπηρώτησεν ἐγγράφως λέγων αὐτῷ· Τίς²⁵ λέγῃ; γραφόντος τοῦ νοταρίου
15 πάντα²⁶. Ἀπεκρίθη· Πιόνιος. 2. Πολέμων εἶπεν· Χριστιανὸς εἶ; Πιόνιος εἶπεν· Ναί. Πολέμων ὁ νεωκόρος εἶπεν· Ποίας ἐκκλησίας; Ἀπεκρίνατο· Τῆς καθολικῆς, οὔτε γὰρ ἔστιν ἄλλη παρὰ τῷ Χριστῷ. 3. Εἶτα ἦλθεν ἐπὶ τὴν Σαβῖναν. Προειρήκει δὲ αὐτῇ ὁ Πιόνιος ὅτι· Εἶπον σεαυτὴν Θεοδότην, πρὸς τὸ μὴ ἐμπεσεῖν αὐτὴν ἐκ τοῦ ὀνόματος πάλιν εἰς τὰς χεῖρας τῆς ἀνόμου Πολίττης τῆς γενομένης αὐτῆς δεσποίνης. 4. Αὕτη
20 γὰρ ἐπὶ καιρῶν Γορδιανοῦ²⁷ βουλομένη μεταγαγεῖν τῆς πίστεως τὴν Σαβῖναν πεδήσασα ἐξώρισεν αὐτὴν ἐν ὄρεσιν ὅπου εἶχε τὰ ἐπιτήδεια λάθρα παρὰ τῶν ἀδελφῶν· μετὰ δὲ

---

24 edd., αἰδίως M Hil
25 edd., Τί M
26 γράφοντος ... πάντα *secl.* FRANCHI, Atti (1902) 27 nota 3, *glossam putans*.
27 M, Γόρδας *nomen topographicum coni.* GRÉGOIRE – ORGELS, Véritable date (1951) 8 nota 1

hast nicht die Möglichkeit zu veranlassen, dass wir lebendig verbrannt werden." Pionios sagte: „Viel schlimmer ist es, nach dem Tod heftig zu brennen." 5. Als hingegen Sabina lächelte, sagten der Neokore und seine Begleiter: „Lachst du?" Sie aber sagte: „Wenn Gott will, ja. Wir sind doch Christen; denn die an Christus ohne Zweifel glauben, die werden ewig lachen in Freude." 6. Sie entgegneten ihr: „Dir steht zu erleiden bevor, was du nicht willst; Frauen, die nicht opfern, werden nämlich ins Freudenhaus gesteckt[46]." Sie aber sagte: „Der heilige Gott wird deswegen schon Sorge tragen."

8. Von neuem sagte hingegen Polemon zu Pionios: „Gehorche uns, Pionios." Pionios sagte: „Dir wurde befohlen, uns zu überreden oder zu bestrafen; du überredest uns nicht, also bestrafe nun." 2. Erneut verhörte ihn der Neokore Polemon und sagte: „Opfere, Pionios." Pionios sagte: „Ich bin Christ." 3. Polemon sagte: „Welchen Gott verehrst du?" Pionios sagte: „Gott den Allherrscher (Pantokrator)[47], der Himmel und Erde gemacht hat und alles in ihnen[48] und uns alle, der uns alles reichlich gibt[49] und den wir durch Christus, sein Wort, erkannt haben." 4. Polemon sagte: „Opfere also dem Imperator (Autokrator)[50]." Pionios sagte: „Einem Menschen opfere ich nicht; denn ich bin Christ."

9. Hierauf verhörte er ihn unter Verfertigung eines Protokolls und sprach, während der Notar[51] alles aufschrieb: „Wie heißt du?" Er antwortete: „Pionios." 2. Polemon sagte: „Bist du Christ?" Pionios sagte: „Ja." Der Neokore Polemon sagte: „Welcher Kirche?" Er antwortete: „Der (einen) katholischen; bei Christus gibt es keine andere." 3. Hierauf kam er zu Sabina. Doch Pionios wies sie an: „Nenne dich selbst Theodotē", und zwar deshalb, damit sie nicht wegen ihres Namens erneut in die Hände der ungerechten Politta[52] geraten sollte, die ihre Herrin gewesen war. 4. Diese nämlich hatte zur Zeit Gordians[53] Sabina vom Glauben abbringen wollen, sie gefesselt und ins Gebirge[54] verbracht, wo sie heimlich das Notwendige von den Brüdern erhielt; danach gab man

---

46 Zu den Strafmaßnahmen gegen Frauen in Christenprozessen vgl. AUGAR, Frau (1905).
47 Παντοκράτωρ des christlichen Bekenntnisses im Gegensatz zur Kaisertitulatur αὐτοκράτωρ in 8,4.
48 Vgl. Ps 145,6 LXX; Apg 4,24; 14,15; MApollon. 2 (MUSURILLO, Acts [1972] 90); ApPhls Be 6 / Bo 12.
49 Vgl. 1 Tim 6,17.
50 Es soll dem Herrscher als einem Gott unmittelbar geopfert werden; vgl. im Unterschied dazu ἐπίθυσον ὑπὲρ σωτηρίας τῶν αὐτοκρατόρων bei CLEM.prot. 5 (GCS 12, 49,13 Stählin) oder PPerp. 6,3 (SC 417, 124,9 f Amat): *fac sacrum pro salute imperatorum*.
51 νοτάριος: spätes Wort, das erst im 4. Jh. belegt ist (vgl. LAMPE, 922f); die gewöhnliche Bezeichnung ist ὑπομνηματογράφος; vgl. BISBEE, Pre-Decian Acts (1988) 46.172.
52 LANE FOX, Pagans (1986) 463–465 identifiziert Politta mit der römischen Matrone Flavia Politta, der Frau des Senators Manilius Fuscus, die in Sardis 211/12 epigraphisch nachweisbar ist, oder mit einer Tochter derselben.
53 Kaiser dieses Namens: Gordian I. (238), Gordian II. (238), Gordian III. (238–244). GRÉGOIRE – ORGELS, Véritable date (1951) 8 Anm. 1 beseitigen diese datierende Angabe und konjizieren die Ortsangabe Γόρδας/Gurdo. Die Zeitangabe sei sekundär.
54 Sabina wurde aufgrund der Strafgewalt ihres Besitzers gezüchtigt und möglicherweise in das Hausgefängnis gebracht; ein paralleler Fall liegt im MAread. 3 vor.

ταῦτα σπουδὴ ἐγένετο ὥστε αὐτὴν ἐλευθερωθῆναι καὶ Πολίττης καὶ τῶν δεσμῶν, καὶ ἦν τὰ πλεῖστα διατρίβουσα μετὰ τοῦ Πιονίου καὶ συνελήφθη ἐν τῷ διωγμῷ τούτῳ. 5. Εἶπεν οὖν καὶ ταύτῃ ὁ Πολέμων· Τίς λέγῃ; Ἡ δὲ εἶπεν· Θεοδότη. Ὁ δὲ ἔφη· Χριστιανὴ εἶ; Ἡ δὲ λέγει· Ναί, χριστιανή εἰμι. 6. Πολέμων εἶπεν· Ποίας ἐκκλησίας; Σαβῖνα εἶπεν· Τῆς καθολικῆς. Πολέμων εἶπεν· Τίνα σέβῃ; Σαβῖνα εἶπεν· Τὸν θεὸν τὸν παντοκράτορα ὃς ἐποίησε τὸν οὐρανὸν καὶ τὴν γῆν καὶ πάντας ἡμᾶς, ὃν ἐγνώκαμεν διὰ τοῦ λόγου αὐτοῦ Ἰησοῦ Χριστοῦ. 7. Εἶτα ἐπηρώτησε τὸν Ἀσκληπιάδην· Τίς λέγῃ; Ὁ δὲ εἶπεν· Ἀσκληπιάδης. Πολέμων εἶπεν· Χριστιανὸς εἶ; Ἀσκληπιάδης εἶπεν· Ναί. 8. [Πολέμων εἶπεν· Ποίας ἐκκλησίας; Ἀσκληπιάδης εἶπεν· Τῆς καθολικῆς.]²⁸ Πολέμων εἶπεν· Τίνα σέβῃ; Ἀσκληπιάδης εἶπεν· Τὸν Χριστὸν Ἰησοῦν. 9. Πολέμων εἶπεν· Οὗτος οὖν ἄλλος ἐστίν; Ἀσκληπιάδης εἶπεν· Οὐχί, ἀλλ' ὁ αὐτὸς ὃν καὶ οὗτοι εἰρήκασι.

10. Τούτων δὲ λεχθέντων ἀπήγαγον αὐτοὺς εἰς τὴν φυλακήν. Ἐπηκολούθει δὲ ὄχλος πολὺς ὥστε γέμειν τὴν ἀγοράν. 2. Καὶ ἔλεγόν τινες περὶ Πιονίου· Πῶς ἀεὶ χλωρὸς ὢν νῦν πυρρὸν ἔχει τὸ πρόσωπον. 3. Κρατούσης δὲ αὐτὸν τῆς Σαβίνης ἀπὸ τῶν ἱματίων διὰ τὸ ὦσμα τοῦ πλήθους, ἔλεγόν τινες χλευάζοντες· Εἶα, ὡς φοβουμένη μὴ ἀποτίτθιος γένηται. 4. Εἷς δέ τις ἐξεβόησεν· Εἰ μὴ ἐπιθύουσι, κολασθήτωσαν. Ὁ Πολέμων ἔφη· Ἀλλ' αἱ ῥάβδοι ἡμᾶς οὐ προάγουσιν ἵνα ἐξουσίαν ἔχωμεν. 5. Ἄλλος δέ τις ἔλεγεν· Ἴδετε, ἀνθρωπάριον ὑπάγει ἐπιθῦσαι· ἔλεγε δὲ τὸν σὺν ἡμῖν Ἀσκληπιάδην. 6. Πιόνιος εἶπεν· Σὺ ψεύδῃ· οὐ γὰρ ποιεῖ αὐτό. Ἄλλοι δὲ ἔλεγον· Ὃς δὲ καὶ ὃς δὲ ἐπέθυσαν. Πιόνιος

---

28 *suppl.* Ge Kn

sich Mühe, sie sowohl von Politta als auch von den Fesseln zu befreien[55], und sie verbrachte dann die meiste Zeit mit Pionios[56] und wurde in dieser Verfolgung verhaftet. 5. Es sagte also Polemon zu ihr: „Wie heißt du?" Sie antwortete: „Theodotē." Er sprach: „Bist du Christin?" Sie antwortete: „Ja, ich bin Christin." 6. Polemon sagte: „Welcher Kirche?" Sabina sagte: „Der katholischen." Polemon sagte: „Wen verehrst du?" Sabina sagte: „Gott den Allherrscher, der den Himmel und die Erde gemacht hat und uns alle, den wir durch sein Wort, Jesus Christus, erkannt haben." 7. Hierauf verhörte er Asklepiades: „Wie heißt du?" Der sagte: „Asklepiades." Polemon sagte: „Bist du Christ?" Asklepiades sagte: „Ja." 8. [Polemon sagte: „Welcher Kirche?" Asklepiades sagte: „Der katholischen."] Polemon sagte: „Wen verehrst du?" Asklepiades sagte: „Christus Jesus." 9. Polemon sagte: „Ist das nun ein anderer?" Asklepiades sagte: „Nein, sondern derselbe, den auch die anderen genannt haben."

10. Nachdem dies geredet worden war, brachten sie sie ins Gefängnis. Eine große Menschenmenge folgte (ihnen), sodass der Marktplatz voll war. 2. Und einige redeten über Pionios: „Wie hat der ewig Blasse jetzt ein feuriges Gesicht bekommen?" 3. Als hingegen Sabina sich an seinen Mantel klammerte wegen des Stoßens[57] der Menge, redeten einige spöttelnd: „So als ob sie fürchtete, von der Mutterbrust[58] losgerissen zu werden." 4. Einer von ihnen schrie laut heraus: „Wenn sie nicht opfern, sollen sie bestraft werden." Polemon sprach: „Aber die *fasces* zeichnen uns nicht aus,[59] sodass wir (dazu) die Vollmacht haben." 5. Irgendein anderer redete: „Seht, welch Männlein zum Opfern abgeführt wird." Er sprach von unserem Gefährten[60] Asklepiades. 6. Pionios sagte: „Du lügst; der tut das nicht." Andere sprachen: „Dieser und jener

---

55 Sabina war infolgedessen eine *serva fugitiva*, die ihre Identität verheimlichen musste; vgl. SCHEELE, Unfreie (1970) 61–65.

56 τὰ πλεῖστα διατρίβουσα μετὰ τοῦ Πιονίου: Aufgrund dieser Wendung ist verschiedentlich daran gedacht worden, dass Sabina eine *syneisakte* (*virgo subintroducta*) gewesen sei, die mit Pionios in geistlicher Ehe zusammenlebte. Es ist umstritten, ob solche Verhältnisse bereits in 1 Kor 7,36–38 vorauszusetzen sind, aber es gab sie mit Sicherheit im 3. bis weit hinein ins 4. Jh., vgl. LABRIOLLE, Mariage (1921); CLARK, Chrysostom (1977); ELLIOT, Marriage (1993) 25–50; JENSEN, Töchter ([2]2002) 117–123; ELM, Virgins (1994) 47–51. – SCHEELE, Unfreie (1970) 70 betont allerdings, dass τὰ πλεῖστα eine erhebliche Einschränkung darstelle und ein Rühmen ihrer asketischen Leistung deshalb unterbliebe. Seine Ansicht, Sabina sei Diakonin gewesen, dieser Titel aber tauche nicht auf, weil ihr Ehrentitel „Bekennerin" (2,1) höherwertig sei, ist weniger überzeugend.

57 τὸ ὦσμα: Hapaxlegomenon, vgl. LAMPE, 1557, sonst ὁ ὠσμός oder ἡ ὦσις; Rob, 72 vermutet ein Wort der Umgangssprache Smyrnas.

58 ἀποτίτθιος: Erneut ein Hapaxlegomenon, vgl. LAMPE, 217, ebenfalls wohl ein Wort der smyrnäischen Umgangssprache.

59 Die *fasces*, das Rutenbündel, das als Symbol demjenigen vorangetragen wurde, dem die Kapitalgerichtsbarkeit reserviert war, im Fall der Provinz Asia deren Prokonsul, der dann später (19 f) auch tätig wird.

60 σὺν ἡμῖν: Eine Abweichung vom durchgängigen Bericht in der dritten Person; Rob, 49.73 vermutet, dass dies der Rest des zunächst von Pionios (vgl. 1,2) in der ersten Person geschriebenen Textes ist, der hier nicht vollständig transponiert wurde. Dies ist jedoch nicht zwingend.

εἶπεν· Ἕκαστος ἰδίαν ἔχει προαίρεσιν· τί οὖν πρὸς ἐμέ; ἐγὼ Πιόνιος λέγομαι. 7. Ἄλλοι δὲ ἔλεγον· Ὦ τοσαύτη παιδεία, καὶ οὕτως ἐστίν.²⁹ Πιόνιος εἶπεν· Ταύτην μᾶλλον οἴδατε δι' ὧν ἐπειράθητε λιμῶν καὶ θανάτων καὶ τῶν ἄλλων πληγῶν. 8. Εἶπεν δέ τις αὐτῷ· Καὶ σὺ σὺν ἡμῖν ἐπείνασας. Πιόνιος εἶπεν· Ἐγὼ μετὰ ἐλπίδος τῆς εἰς τὸν θεόν.

11. Ταῦτα εἰπόντος αὐτοῦ μόλις ἐκ τοῦ ὄχλου ἐσφιγμένους ὥστε συμπνίγεσθαι ἐνέβαλον αὐτοὺς εἰς τὴν φυλακὴν παραδόντες τοῖς δεσμοφύλαξιν. 2. Εἰσελθόντες δὲ εὗρον κατακεκλεισμένον πρεσβύτερον τῆς καθολικῆς ἐκκλησίας ὀνόματι Λίμνον καὶ γυναῖκα Μακεδονίαν ἀπὸ κώμης Καρίνης καὶ ἕνα ἐκ τῆς αἱρέσεως τῶν Φρυγῶν ὀνόματι Εὐτυχιανόν. 3. Ὄντων οὖν αὐτῶν κατὰ τὸ αὐτὸ ἔγνωσαν οἱ ἐπὶ τῆς φυλακῆς ὅτι τὰ φερόμενα ὑπὸ τῶν πιστῶν οὐ λαμβάνουσιν οἱ περὶ τὸν Πιόνιον. Ἔλεγε γὰρ ὁ Πιόνιος ὅτι Ὅτε πλειόνων ἐχρῄζομεν, οὐδένα ἐβαρήσαμεν, καὶ νῦν πῶς ληψόμεθα; 4. Ὠργίσθησαν οὖν οἱ δεσμοφύλακες ἐπιφιλανθρωπευόμενοι ἐκ τῶν ἐρχομένων αὐτοῖς, καὶ ὀργισθέντες ἔβαλον αὐτοὺς εἰς τὸ ἐσώτερον πρὸς τὸ μὴ ἔχειν αὐτοὺς τὴν σύμπασαν φιλανθρωπίαν. 5. Δοξάσαντες οὖν τὸν θεὸν ἡσύχασαν παρέχοντες αὐτοῖς τὰ συνήθη, ὡς μεταγνῶναι³⁰ τὸν ἐπάνω τῆς φυλακῆς καὶ πάλιν μεταγαγεῖν αὐτοὺς εἰς τὰ ἔμπροσθεν. 6. Οἱ δὲ ἔμειναν εἰπόντες· Δόξα τῷ κυρίῳ, συνέβη γὰρ ἡμῖν τοῦτο εἰς ἀγαθόν. 7. Ἄδειαν γὰρ ἔσχον τοῦ φιλολογεῖν καὶ προσεύχεσθαι ἡμέρας καὶ νυκτός.

12. Ὅμως δ' οὖν καὶ ἐν τῇ φυλακῇ πολλοὶ τῶν ἐθνῶν ἤρχοντο πείθειν θέλοντες καὶ ἀκούοντες αὐτῶν τὰς ἀποκρίσεις ἐθαύμαζον. 2. Εἰσῄεσαν³¹ δὲ καὶ ὅσοι κατ' ἀνάγκην ἦσαν σεσυρμένοι τῶν Χριστιανῶν ἀδελφῶν πολὺν κλαυθμὸν ποιοῦντες ὡς

---

29 edd., παιδεία, καί, Οὕτως ἐστίν. *interpunxit* Mu, παιδεία καὶ οὕτως ἐστίν? Hil, *post* ἐστίν *lac. susp.* Hei
30 edd., μέγα γνῶναι M
31 edd., Εἰσίεσαν M

haben geopfert." Pionios sagte: „Jeder hat seine eigene Wahl; was geht das mich an? Ich heiße Pionios." 7. Andere sprachen: „Oh was für eine Bildung[61]" und „genauso ist er." Pionios sagte: „Diese Bildung solltet ihr besser kennen gelernt haben durch die Hungersnöte, Todesgefahren und die anderen Schicksalsschläge, die ihr erfahren habt." 8. Jemand sagte zu ihm: „Auch du hast mit uns gehungert." Pionios sagte: „Ich mit der Hoffnung auf Gott."

11. Nachdem er dies gesagt hatte, während sie vom Volk wie zum Ersticken bedrängt wurden, schaffte man sie mit Mühe weg in das Gefängnis und übergab sie den Gefängniswärtern. 2. Dort angekommen, fanden sie einen verhafteten Priester der katholischen Kirche namens Limnos und eine Frau, Makedonia, aus dem Dorf Karine[62] und einen von der Sekte der Phrygier[63] namens Eutychianos. 3. Als sie nun wegen derselben Sache zusammen waren, erkannten die Gefängnisaufseher, dass die Gefährten des Pionios das, was die Gläubigen brachten[64], nicht annahmen. Pionios redete nämlich so: „Als wir viel mehr benötigten, waren wir niemandem eine Last;[65] wie sollen wir da jetzt etwas annehmen?" 4. Da wurden die Gefängniswärter zornig, weil sie zusätzliche Freundlichkeitsbeweise[66] zu beziehen pflegten von denen, die zu jenen kamen, und im Zorn warfen sie sie in das Innere (des Gefängnisses), sodass die überhaupt keine freundlichen Gaben mehr empfangen konnten. 5. Doch jene priesen Gott und verhielten sich ruhig, boten ihnen das Übliche an, sodass der Obergefängniswärter anderen Sinnes wurde und sie wieder an den vorigen Ort bringen ließ. 6. Dort blieben sie und sagten: „Ehre sei dem Herrn; dies ist zum Guten ausgeschlagen." 7. Denn sie hatten viel Zeit zu reden und zu beten bei Tag und Nacht.

12. Gleichzeitig begannen im Gefängnis viele Heiden zu verlangen, dass sie sie lehrten, und wunderten sich über ihre Antworten. 2. Es kamen unter großen Wehklagen auch alle christlichen Brüder, die unter Zwang zu Boden geworfen waren[67], und ver-

---

61 Die Stelle sowie die folgenden Sätze bilden eine Crux der Übersetzer.
62 Ein Dorf Karine ist in der Umgebung Smyrnas nicht bekannt; in Phrygien gab es allerdings ein – nicht genau lokalisiertes – oppidum Carina (vgl. ZGUSTA, Ortsnamen [1984] 229); deshalb gehört diese anonyme Frau vielleicht ebenso zu den Montanisten wie der im Folgenden Erwähnte.
63 Die ab dem 4. Jh. als Montanisten bezeichneten Anhänger der im 2. Jh. entstandenen prophetischen Bewegung wurden zunächst nach ihrer Herkunft (Kata-)Phryger genannt, vgl. Evs.h.e. 5, 16,1 (458,28).
64 In Gefängnissen der Kaiserzeit bestand in der Regel ein recht freier Besucherverkehr, mit dem allerdings eine blühende Korruption verbunden war; vgl. zum Ganzen KRAUSE, Gefängnisse (1996) 288–291; zur Versorgung der Inhaftierten durch die Gemeinde vgl. das bei CLARKE, Letters (1984) 184 f zusammengestellte Quellenmaterial.
65 Vgl. 1 Kor 4,12; 1 Thess 2,9.
66 ἐπιφιλανθρωπευόμενοι: Hapaxlegomenon, vgl. LAMPE, 539, abhängig von τὰ φιλάνθρωπα: Handlungen oder Beweise der Güte und Leutseligkeit; hier ein sarkastischer Euphemismus für Schmiergelder bzw. die Korruption des Gefängnispersonals.
67 Möglich erscheint auch die Deutung, dass es sich um solche handelt, die unter Zwang ins Gefängnis weggeschleppt wurden, so Hil, 465 (anders seine Übersetzerin S. RONCHEY) mit dem Hinweis, Pionios rede im Folgenden nicht wie zu Apostaten, sondern wie zu Mitbrüdern. Dem steht entgegen, dass

μέγα πένθος καθ' ἑκάστην ὥραν ἔχειν αὐτούς, μάλιστα ἐπὶ τοῖς εὐλαβέσι καὶ ἐν καλῇ πολιτείᾳ γενομένοις, ὡς καὶ κλαίοντα τὸν Πιόνιον λέγειν· 3. Καινῇ κολάσει κολάζομαι· κατὰ μέλος τέμνομαι ὁρῶν τοὺς μαργαρίτας τῆς ἐκκλησίας ὑπὸ τῶν χοίρων καταπατουμένους καὶ τοὺς ἀστέρας τοῦ οὐρανοῦ ὑπὸ τῆς οὐρᾶς τοῦ δράκοντος εἰς
5 τὴν γῆν σεσυρμένους³², τὴν ἄμπελον ἣν ἐφύτευσεν ἡ δεξιὰ τοῦ θεοῦ ὑπὸ τοῦ ὑὸς τοῦ μονιοῦ λυμαινομένην, καὶ ταύτην νῦν τρυγῶσι πάντες οἱ παραπορευόμενοι τὴν ὁδόν. 4. Τεκνία μου, οὓς πάλιν ὠδίνω ἕως οὗ μορφωθῇ Χριστὸς ἐν ὑμῖν, οἱ τρυφεροί μου ἐπορεύθησαν ὁδοὺς τραχείας. 5. Νῦν ἡ Σωσάννα ἐνεδρεύθη ὑπὸ τῶν ἀνόμων πρεσβυτέρων, νῦν ἀνακαλύπτουσι τὴν τρυφερὰν καὶ καλὴν ὅπως ἐμπλησθῶσι τοῦ
10 κάλλους αὐτῆς καὶ ψευδῆ καταμαρτυρήσωσιν αὐτῆς. 6. Νῦν ὁ Ἁμὰν κωθωνίζεται, Ἐσθὴρ δὲ καὶ πᾶσα πόλις ταράσσεται. 7. Νῦν οὐ λιμὸς ἄρτου οὐδὲ δίψα ὕδατος, ἀλλ' ἢ τοῦ ἀκοῦσαι λόγον κυρίου. 8. Ἦ πάντως ἐνύσταξαν πᾶσαι αἱ παρθένοι καὶ ἐκάθευδον; 9. Ἐπληρώθη τὸ ῥῆμα τοῦ κυρίου Ἰησοῦ· Ἆρα ὁ υἱὸς τοῦ ἀνθρώπου ἐλθὼν εὑρήσει τὴν πίστιν ἐπὶ τῆς γῆς; 10. Ἀκούω δὲ ὅτι καὶ εἷς ἕκαστος τὸν πλησίον παραδίδωσιν, ἵνα
15 πληρωθῇ τὸ Παραδώσει ἀδελφὸς ἀδελφὸν εἰς θάνατον. 11. Ἆρα ἐξῃτήσατο ὁ σατανᾶς

---

32 edd., σεσυρωμένους Μ, συρομένους Hil

hielten sich so, als ob sie nun allzeit in großer Trauer sein müssten, ganz besonders solche, die reich und aus guten Verhältnissen waren, sodass Pionios unter Tränen sagte: 3. „Durch eine neue Strafe werde ich gestraft, ich werde in Stücke gehauen, wenn ich die Perlen der Kirche vor die Säue geworfen[68] und die Sterne des Himmels vom Schweif der Drachen zu Boden geworfen[69] sehe und den Weinstock, den die Rechte Gottes gepflanzt hat, vom wilden Eber[70] umgewühlt; und nun ernten ihn alle ab, die des Weges kommen.[71] 4. Meine Kinder, erneut leide ich Geburtswehen um euch, bis Christus in euch Gestalt annimmt;[72] meine zarten (Kinder) wandelten auf steinigen Wegen.[73] 5. Jetzt wird Susanna von den ungerechten Alten belauert[74], jetzt entdecken sie ihre Zartheit und Schönheit, sodass sie von ihrer Schönheit trunken sind und gegen sie Erlogenes aussagen. 6. Jetzt betrinkt sich Haman, und Esther und die ganze Stadt erschaudern.[75] 7. Jetzt ist kein Hunger nach Brot und Durst auf Wasser[76], sondern nach dem Hören von Gottes Wort.[77] 8. Oder sind etwa alle Jungfrauen eingenickt und eingeschlafen?[78] 9. Erfüllt ist der Ausspruch des Herrn Jesus: ‚Wenn der Menschensohn kommt, wird er (noch) Glauben auf der Erde finden?'[79] 10. Ich höre nämlich, dass jeder seinen Nachbarn verrät, damit der Spruch erfüllt wird: ‚Der Bruder wird den Bruder zur Hinrichtung ausliefern.'[80] 11. Wirklich, der Satan hat

---

mit Zwang ins Gefängnis Gebrachte dieses nicht wie Besucher „betreten" (εἴσειμι). Es handelt sich mithin um *lapsi*, die, wie Cyprians Korrespondenz sowie seine Schrift *De lapsis* (CChr.SL 3, 221–242 Bévenot) belegen, sich an im Gefängnis sitzende Bekenner wie Pionios in der Hoffnung auf Absolution wandten; vgl. GESSEL W., Lapsi, Lapsae, LThK³ 6, 1997, 652f. Diese wurden durchaus als Mitbrüder, jedoch eben als gefallene behandelt.

68 Vgl. Mt 7,6.
69 Vgl. Offb 12,3f.
70 Vgl. LAMPE, 880 s. v. μονιός.
71 Vgl. Ps 79,9–16 LXX.
72 Gal 4,19.
73 Bar 4,26 LXX.
74 Vgl. die in LXX als eigenes Buch, in der Vg. als Zusatz in Dan 13,1–64, in der hebräischen Bibel aber nicht enthaltene Geschichte von „Susanna im Bade", die bereits in HIPP.Dan. 1,14 f.20 f.25.29 (GCS N. F. 7, 32–36.46–50.60–62 Bonwetsch – Richard) auf die Verfolgung der Kirche ausgelegt wurde. Zur altchristlichen Susannen-Ikonographie vgl. SEELIGER, Frauen (2004). – GATIER, Témoignage (1988) konnte aufgrund von ikonographischen Beobachtungen an der Bordüre eines Stoffs in Berlin, Skulpturensammlung und Museum für Byzantinische Kunst wahrscheinlich machen, dass es in Antiochia eine Susanna-Memoria gab; vgl. hier S. 7 Anm. 27.
75 Vgl. Est 3,15 LXX.
76 Eventuell erneut ein Hinweis auf eine aquarianische Praxis wie in 3,1, jedoch nicht zwingend.
77 Vgl. Am 8,11 LXX
78 Vgl. Mt 25,5.
79 Lk 18,8.
80 Mt 10,21; Mk 13,12.

ἡμᾶς τοῦ σινιάσαι ὡς τὸν σῖτον· πύρινον δὲ τὸ πτύον ἐν τῇ χειρὶ τοῦ θεοῦ λόγου τοῦ διακαθᾶραι τὴν ἅλωνα. 12. Τάχα ἐμωράνθη τὸ ἅλας καὶ ἐβλήθη ἔξω καὶ καταπατεῖται ὑπὸ τῶν ἀνθρώπων. 13. Ἀλλὰ μή τις ὑπολάβῃ, τεκνία, ὅτι ἠδυνάτησεν ὁ κύριος, ἀλλ' ἡμεῖς. 14. Μὴ ἀδυνατεῖ γάρ, φησίν, ἡ χείρ μου τοῦ ἐξελέσθαι; ἢ ἐβάρυνε τὸ οὖς μου τοῦ[33] μὴ εἰσακοῦσαι; ἀλλὰ τὰ ἁμαρτήματα ὑμῖν διϊστῶσιν ἀνὰ μέσον ἐμοῦ τοῦ θεοῦ καὶ ὑμῶν. 15. Ἠδικήσαμεν γάρ, ἔνιοι δὲ καὶ καταφρονήσαντες·[34] ἠνομήσαμεν ἀλλήλους δάκνοντες καὶ ἀλλήλους καταιτιώμενοι· ὑπὸ ἀλλήλων ἀνηλώθημεν. 16. Ἔδει δὲ ἡμῶν τὴν δικαιοσύνην περισσεύειν μᾶλλον πλέον τῶν Γραμματέων καὶ Φαρισαίων.

13. Ἀκούω δὲ ὅτι καί τινας ὑμῶν Ἰουδαῖοι καλοῦσιν εἰς συναγωγάς· διὸ προσέχετε μή ποτε ὑμῶν καὶ μεῖζον καὶ ἑκούσιον ἁμάρτημα ἅψηται μηδὲ τις τὴν ἀναφαίρετον ἁμαρτίαν τὴν εἰς τὴν βλασφημίαν τοῦ ἁγίου πνεύματος ἁμαρτήσῃ. 2. Μὴ γίνεσθε ἅμα αὐτοῖς ἄρχοντες Σοδόμων καὶ λαὸς Γομόρρας, ὧν αἱ χεῖρες αἵματος πλήρεις. Ἡμεῖς δὲ οὔτε προφήτας ἀπεκτείναμεν οὐδὲ τὸν Χριστὸν παρεδώκαμεν καὶ ἐσταυρώσαμεν. 3. Καὶ τί πολλὰ λέγω ὑμῖν; Μνημονεύετε ὧν ἠκούσατε [καὶ νῦν περαίνετε ἃ ἐμάθετε][35]. Ἐπεὶ κἀκεῖνο ἠκούσατε ὅτι φασὶν οἱ Ἰουδαῖοι· Ὁ Χριστὸς ἄνθρωπος ἦν καὶ ἀνεπαύσατο ὡς βιοθανής. 4. Εἰπάτωσαν οὖν ἡμῖν, ποίου βιοθανοῦς πᾶς ὁ κόσμος μαθητῶν ἐπληρώθη; 5. ποίου βιοθανοῦς ἀνθρώπου οἱ μαθηταὶ καὶ ἄλλοι μετ' αὐτούς[36] τοσοῦτοι ὑπὲρ τοῦ ὀνόματος τοῦ διδασκάλου αὐτῶν ἀπέθανον; 6. ποίου βιοθανοῦς ἀνθρώπου

---

33 edd., *om.* M
34 Nos negleximus Deum. *Contempserunt alii* L
35 *suppl.* edd. *ex arm et pal*
36 edd., αὐτοῦ M

gefordert, uns zu sieben wie den Weizen;⁸¹ Feuriges⁸² ist in der Hand von Gottes Wort, um die Tenne zu reinigen. 12. Das Salz ist wohl schal geworden und wird weggeworfen und von den Leuten zertreten.⁸³ 13. Es soll aber niemand meinen, Kinder, dass der Herr kraftlos geworden ist, sondern wir (sind es geworden). 14. ‚Meine Hand ist doch nicht', spricht er, ‚zu schwach um zu befreien, oder mein Ohr taub geworden, dass es nicht hört; vielmehr stellen sich eure Sünden zwischen mich, (euren) Gott, und euch.'⁸⁴ 15. Wir haben nämlich Unrecht getan, einige haben sogar (andere) verachtet; wir haben gegeneinander gefrevelt, einander gebissen und beschuldigt;⁸⁵ gegenseitig haben wir uns vernichtet. 16. Und dabei sollte doch unsere Gerechtigkeit die der Schriftgelehrten und Pharisäer weit übertreffen.⁸⁶

13. Ich höre, dass die Juden einige von euch in die Synagogen einladen; deshalb achtet darauf, dass euch niemals eine noch größere und freiwillige Sünde trifft und jemand sich verfehle durch die nicht vergebbare Sünde der Verleumdung des Heiligen Geistes⁸⁷. 2. Werdet nicht mit ihnen die Herrscher von Sodom und das Volk von Gomorra⁸⁸, deren Hände voll von Blut waren.⁸⁹ Wir haben nicht die Propheten ermordet⁹⁰ noch Christus ausgeliefert und gekreuzigt. 3. Doch warum soll ich viel darüber reden? Erinnert euch, was ihr gehört habt [und führt zu Ende, was ihr gelernt habt]. Denn ihr habt gehört, wie die Juden sprachen: ‚Der Christus war ein Mensch und er endete als Hingerichteter⁹¹'. 4. Sie sollen uns sagen, von welchem Hingerichteten sonst die ganze Welt mit Schülern voll wurde? 5. Von welchem hingerichteten Menschen die Schüler und so viele andere nach ihnen starben für den Namen ihres

---

81 Lk 22,31.
82 Vgl. aber Mt 3,12 und Lk 3,17: τὸ πτύον (Schaufel) ἐν τῇ χειρί; hier wird wohl auswendig falsch zitiert.
83 Vgl. Mt 5,13; Lk 14,34f.
84 Vgl. Jes 59,1f LXX
85 Vgl. Gal 5,15: εἰ δε ἀλλήλους δάκνετε καὶ κατεσθίετε.
86 Vgl. Mt 5,20.
87 Vgl. Mk 3,28f, ähnlich Mt 12,31; Lk 12,10; hier ganz deutlich im Sinne des Glaubensabfalls bzw. Renegatentums gemeint, während IREN.haer. 3, 11,9 (FC 8/3, 116–120 Rousseau – Doutreleau) unter der „Sünde wider den Heiligen Geist" Häresie verstand. Zum Ganzen wie zu weiteren, sehr unterschiedlichen Interpretationen bei Ps.-Ephräm, Athanasius, Chrysostomus, Ambrosius und Augustinus vgl. BECK, Diatessaronkommentar (1989); RING, Deutung (2000).
88 Die Vernichtung der beiden Städte Sodom und Gomorra in Gen 19 fungiert als Musterbeispiel für den Untergang durch ein göttliches Strafgericht schon in Dtn 29,22; Jes 1,9; Mt 10,15 par; Röm 9,29.
89 Vgl. Jes 1,15.
90 ἀποκτείνειν ist Terminus technicus für das Töten der Propheten, vgl. BERGER, Auferstehung (1976) 29. Allgemein wurde Prophetenmord den Juden in der Tradition von 1 Kön 19,10.14 seit frühester Zeit vorgeworfen, vgl. Mt 5,12; 23,37; Lk 13,34; Apg 7,52; Röm 11,3; 1 Thess 2,15; Offb 16,6; 18,24; zum Ganzen STECK, Israel (1967); SCHRECKENBERG, Adversus-Judaeos-Texte (⁴1999), Index s.v. Propheten, Verfolgung und Tötung.
91 βιοθανής: begegnet auch in MCon. 4,6 (188,29 Musurillo); eigentlich βιαιοθανής: (mit Gewalt) Hingerichteter, im Volksglauben als Wiedergänger betrachtet.

τῷ ὀνόματι τοσούτοις ἔτεσι δαιμόνια ἐξεβλήθη καὶ ἐκβάλλεται καὶ ἐκβληθήσεται; καὶ ὅσα ἄλλα μεγαλεῖα ἐν τῇ ἐκκλησίᾳ τῇ καθολικῇ γίνεται. 7. Ἀγνοοῦσι δὲ ὅτι βιοθανής ἐστιν ὁ ἰδίᾳ προαιρέσει ἐξάγων ἑαυτὸν τοῦ βίου. 8. Λέγουσι δὲ καὶ νεκυομαντείαν[37] πεποιηκέναι καὶ ἀνηγειοχέναι τὸν Χριστὸν μετὰ τοῦ σταυροῦ. 9. Καὶ ποία γραφὴ τῶν παρ' αὐτοῖς καὶ παρ' ἡμῖν ταῦτα περὶ Χριστοῦ λέγει; Τίς δὲ τῶν δικαίων ποτὲ εἶπεν; οὐχ οἱ λέγοντες ἄνομοί εἰσι; πῶς δὲ ἀνόμοις λέγουσι πιστεύσῃ τις καὶ οὐχὶ τοῖς δικαίοις μᾶλλον;

14. Ἐγὼ μὲν οὖν τοῦτο τὸ ψεῦσμα ὃ λέγουσιν ὡς νῦν γεγονός, ἐκ παιδὸς ἡλικίας ἤκουον λεγόντων Ἰουδαίων. 2. Ἔστι δὲ γεγραμμένον ὅτι ὁ Σαοὺλ ἐπηρώτησεν ἐν τῇ ἐγγαστριμύθῳ[38] καὶ εἶπεν τῇ γυναικὶ τῇ οὕτω μαντευομένῃ· Ἀνάγαγέ μοι τὸν Σαμουὴλ τὸν προφήτην. 3. Καὶ εἶδεν ἡ γυνὴ ἄνδρα ὄρθιον ἀναβαίνοντα ἐν διπλοΐδι, καὶ ἔγνω Σαοὺλ ὅτι οὗτος Σαμουὴλ καὶ ἐπηρώτησε περὶ ὧν ἐβούλετο. 4. Τί οὖν; ἠδύνατο ἡ ἐγγαστρίμυθος ἀναγαγεῖν τὸν Σαμουὴλ ἢ οὔ; 5. Εἰ μὲν οὖν λέγουσιν ὅτι Ναί, ὡμολογήκασι τὴν ἀδικίαν πλέον ἰσχύειν τῆς δικαιοσύνης καὶ ἐπικατάρατοί εἰσιν. 6. Ἐὰν δὲ εἴπωσιν ὅτι Οὐκ ἀνήγαγεν, ἄρα οὖν οὐδὲ τὸν Χριστὸν τὸν κύριον. 7. Ἡ δὲ ὑπόδειξις τοῦδε τοῦ λόγου ἐστὶ τοιαύτη· πῶς ἠδύνατο ἡ ἄδικος ἐγγαστρίμυθος ἢ δαίμων ἀναγαγεῖν τὴν τοῦ ἁγίου προφήτου ψυχὴν τὴν ἀναπαυομένην ἐν κόλποις Ἀβραάμ; τὸ γὰρ ἔλαττον ὑπὸ τοῦ κρείττονος κελεύεται. 8. Οὔκουν ὡς ἐκεῖνοι ὑπολαμβάνουσιν ἀνηνέχθη[39] ὁ Σαμουήλ; Μὴ γένοιτο· ἀλλ' ἔστι τοιοῦτό τι· 9. παντὶ τῷ ἀποστάτῃ γενομένῳ θεοῦ οἱ τῆς ἀποστασίας παρέπονται ἄγγελοι καὶ παντὶ φαρμακῷ καὶ μάγῳ καὶ γόητι καὶ μάντει διαβολικοὶ ὑπουργοῦσι λειτουργοί. 10. Καὶ οὐ θαυμαστόν· φησὶ γὰρ ὁ ἀπόστολος· Αὐτὸς ὁ σατανᾶς μετασχηματίζεται εἰς ἄγγελον φωτός· οὐ μέγα οὖν εἰ καὶ οἱ διάκονοι αὐτοῦ μετασχηματίζονται ὡς διάκονοι

---

37 edd., νεκυομαντίαν M
38 M Hil Rob, ἐν τῷ ἐγγαστριμύθῳ Ge²Kn²⁻⁴ (cfr 1 Reg 28,7sq LXX; 1 Par 10,13 LXX), τὴν ἐγγαστρίμυθον Ge¹ Kn¹ Mu
39 edd., ἀνηνέχθην M

Lehrers? 6. Im Namen welches Hingerichteten wurden so viele Jahre lang Dämonen ausgetrieben, werden ausgetrieben und werden ausgetrieben werden? Und so viele andere große Dinge geschehen in der katholischen Kirche. 7. Sie wissen nicht, dass es der Hingerichtete war, der durch eigenen Willen aus dem Leben schied.[92] 8. Sie sagen aber auch, dass Christus Totenbeschwörung praktiziert habe und mitsamt dem Kreuz (aus der Unterwelt wieder) heraufgeführt worden sei.[93] 9. Aber welche Schrift bei ihnen und bei uns berichtet das über Christus? Wer von den Gerechten sagte das jemals? Sind die so sprechen nicht gesetzlos? Wie kann man den Gesetzlosen glauben, wenn sie etwas sagen, und nicht vielmehr den Gerechten?

14. Ich freilich habe aber folgende Lüge, von der sie sagen, sie sei jetzt entstanden, schon als Kind die Juden sagen hören. 2. Es steht geschrieben, dass Saul eine Wahrsagerin befragte und zu der Frau, die Orakel verkündete, sagte: „Führe mir Samuel den Propheten herauf."[94] 3. Und die Frau sah einen Mann aufrecht in einem weiten Mantel heraufsteigen. Und Saul erkannte, dass dies Samuel war, und er frug ihn, was er wollte. 4. Was folgt daraus?[95] Konnte die Wahrsagerin den Samuel heraufführen oder nicht? 5. Wenn sie freilich ‚Ja' sagen, dann räumen sie ein, dass die Gesetzlosigkeit mehr Macht als die Gerechtigkeit hat, und sind verflucht. 6. Wenn sie jedoch sagen ‚sie hat nicht heraufgeführt', dann (geht es) freilich auch nicht mit Christus dem Herrn. 7. Die Bedeutung dieser Erzählung ist jedoch folgende: Wie konnte die gesetzlose Wahrsagerin, eine Dämonin, die Seele des heiligen Propheten, die im Schoße Abrahams ruhte, heraufführen? Denn dem Geringeren wird vom Stärkeren befohlen. 8. Wurde Samuel folglich nicht, wie jene meinen, hinaufgeführt? Keineswegs. Es verhält sich jedoch so. 9. Jeden von Gott Abtrünnigen begleiten die Engel der Abtrünnigkeit[96] und jedem Giftmischer oder Magier oder Wahrsager oder Zauberer dienen teuflische Gehilfen. 10. Und das ist nicht erstaunlich. Denn der Apostel sagt: ‚Der Satan selbst verstellt sich als Engel des Lichts. Darum ist es nichts Großes, wenn auch seine Diener

---

92 ἐξάγων ἑαυτὸν τοῦ βίου: vgl. PLV.vitae X orat. 837 E (BSGRT 14,19 f Mau).
93 Hintergrund dürfte sein, dass nach Git 56b-57a Jesus von dem Proselyten Onqelos bar Qaloniqos, einem Neffen des Kaisers Titus, durch eine Totenbeschwörung aus der Unterwelt heraufgerufen wurde, was einer Bestreitung der Auferstehung gleichkommt; zum Ganzen GERÖ, Jewish Polemic (1978) 167 f. Im Blick auf 13,9 und 14,1 dürfte dies zum Zeitpunkt der Abfassung dieses Textes noch mündliche Tradition gewesen sein. – Als Perfektform von ἀνάγω sind neben ἀν-ηγήοχα auch verschiedene andere, ähnliche phonetische Äquivalente bezeugt (GIGNAC, 302: ἀγίοχα, ἠγείωχα usw.), die im Spätgriechischen das ältere Perfekt ἦχα ersetzen.
94 1 Sam 28,11.
95 Die Geschichte von der „Hexe von En-Dor" (1 Sam 28) wurde in der antiken Theologie wegen der Frage, ob sie ein Beleg für Magie im Zusammenhang mit einem Propheten oder auch ein Vorbild der Auferstehung Jesu sei, immer wieder diskutiert, vgl. KLOSTERMANN, hexe (1912); SCHEIDWEILER, Eusthatius (1953); SMELIK, Witch (1979); SIMONETTI, Maga (1989); zur Auslegung der Stelle bei Theodor von Mopsuestia: THOME, Historia (2004) 181.235–238.
96 Zur Engellehre als Hintergrund dieser Aussage vgl. MICHL J., Engel IV (christlich), RAC 5, 1962, 188–197.

δικαιοσύνης· ἐπεὶ πῶς καὶ ὁ ἀντίχριστος ὡς ὁ Χριστὸς φανήσεται; 11. Οὐχ ὅτι οὖν ἀνήγαγε τὸν Σαμουήλ, ἀλλὰ τῇ ἐγγαστριμύθῳ καὶ τῷ ἀποστάτῃ Σαοὺλ δαίμονες ταρταραῖοι ἐξομοιωθέντες τῷ Σαμουὴλ ἐνεφάνισαν ἑαυτούς. 12. Διδάξει δὲ αὐτὴ ἡ γραφή. Λέγει γὰρ δῆθεν ὁ ὀφθεὶς Σαμουὴλ τῷ Σαούλ· Καὶ σὺ σήμερον μετ' ἐμοῦ ἔσῃ. 13. Πῶς δύναται ὁ εἰδωλολάτρης Σαοὺλ εὑρεθῆναι μετὰ Σαμουήλ; ἢ δῆλον ὅτι μετὰ τῶν ἀνόμων καὶ τῶν ἀπαντησάντων[40] αὐτὸν καὶ κυριευσάντων αὐτοῦ δαιμόνων. Ἄρα οὖν οὐκ ἦν Σαμουήλ. 14. Εἰ δὲ ἀδύνατόν ἐστι τὴν τοῦ ἁγίου προφήτου ἀναγαγεῖν ψυχήν, πῶς τὸν ἐν τοῖς οὐρανοῖς Ἰησοῦν Χριστόν, ὃν ἀναλαμβανόμενον εἶδον οἱ μαθηταὶ καὶ ὑπὲρ τοῦ μὴ ἀρνήσασθαι αὐτὸν ἀπέθανον, οἷόν τέ ἐστιν ἐκ γῆς ἀνερχόμενον ὀφθῆναι; 15. Εἰ δὲ ταῦτα μὴ δύνασθε ἀντιτιθέναι αὐτοῖς, λέγετε πρὸς αὐτούς· Ὅπως ἂν ᾖ, ἡμεῖς ὑμῶν τῶν χωρὶς ἀνάγκης ἐκπορνευσάντων καὶ εἰδωλολατρησάντων κρείττονές ἐσμεν. 16. Καὶ μὴ συγκατάθεσθε αὐτοῖς ἐν ἀπογνώσει γενόμενοι, ἀδελφοί, ἀλλὰ τῇ μετανοίᾳ προσμείνατε τῷ Χριστῷ· ἐλεήμων γάρ ἐστι δέξασθαι πάλιν ὑμᾶς ὡς τέκνα.

15. Ταῦτα δὲ αὐτοῦ λαλήσαντος καὶ ἐπισπουδάσαντος αὐτοὺς ἐξελθεῖν ἐκ τῆς φυλακῆς ἐπέστησαν αὐτοῖς ὁ νεωκόρος Πολέμων καὶ ὁ ἵππαρχος Θεόφιλος μετὰ διωγμιτῶν καὶ ὄχλου πολλοῦ λέγοντες· 2. Ἴδε Εὐκτήμων ὁ προεστὼς ὑμῶν ἐπέθυσεν, πείσθητε καὶ ὑμεῖς· ἐρωτῶσιν ὑμᾶς Λέπιδος καὶ Εὐκτήμων ἐν τῷ Νεμεσείῳ. 3. Πιόνιος εἶπεν· Τοὺς βληθέντας εἰς τὴν φυλακὴν ἀκόλουθόν ἐστι περιμένειν τὸν ἀνθύπατον· τί ἑαυτοῖς τὰ ἐκείνου μέρη ἐπιτρέπετε; 4. Ἀπῆλθον οὖν πολλὰ εἰπόντες καὶ πάλιν ἦλθον μετὰ διωγμιτῶν καὶ ὄχλου, καί φησι Θεόφιλος ὁ ἵππαρχος[41] δόλῳ· Πέπομφεν ὁ ἀνθύπατος ἵνα εἰς Ἔφεσον ἀπαχθῆτε. 5. Πιόνιος εἶπεν· Ἐλθέτω ὁ πεμφθεὶς καὶ παραλαβέτω ἡμᾶς. Ὁ ἵππαρχος εἶπεν· Ἀλλὰ πρίγκιψ ἐστὶν ἀξιόλογος· εἰ δὲ οὐ θέλεις, ἄρχων εἰμι, 6. καὶ ἐπιλαβόμενος αὐτοῦ ἔσφιγξε τὸ μαφόριον περὶ τὸν τράχηλον αὐτοῦ

---

40 M Rob, ἀπατησάντων *cett.* edd.
41 φησι νεωκόρος ὁ ἵππαρχος M, φησι Θεόφιλος ὁ ἵππαρχος pal edd., φησι ὁ ἵππαρχος arm L

sich als Diener der Gerechtigkeit verstellen.'⁹⁷ Wird deshalb nicht auch der Antichrist wie Christus erscheinen? 11. Nicht als ob sie also Samuel heraufführte, sondern der Wahrsagerin und dem abtrünnigen Saul zeigten sich die Dämonen der Unterwelt, die sich Samuel ähnlich gemacht hatten. 12. Dies freilich lehrt die Schrift selbst. Es sagt nämlich der erschienene Samuel dem Saul: ‚Und du wirst heute bei mir sein.'⁹⁸ 13. Wie kann der götzendienerische Saul zusammen mit Samuel gefunden werden? Es ist klar, dass er zusammen mit den gesetzlosen und ihn täuschenden und beherrschenden Dämonen ist. Deshalb war es auch nicht Samuel. 14. Wenn es nun unmöglich ist, die Seele des heiligen Propheten heraufzuführen, wie ist es dann mit Jesus Christus im Himmel, den seine Jünger auffahren sahen und starben, weil sie ihn nicht verleugneten: wie sollte es also möglich sein, dass offenbar werden kann, wie er aus der Erde emporstieg? 15. Wenn ihr ihnen nichts erwidern könnt, sagt ihnen: ‚Wie auch immer es sei, wir sind euch gegenüber, die ihr ungezwungen Unzucht und Götterverehrung getrieben habt, die Überlegenen.' 16. Brüder, seid nicht derselben Ansicht wie die in Verzweiflung Verfallenen, sondern harrt aus in der Umkehr zu Christus. Denn er ist barmherzig, euch wieder aufzunehmen wie Kinder."

15. Nachdem er dies geredet und sie inständig gedrängt hatte, das Gefängnis zu verlassen, traten der Neokore Polemon und der Reiteroberst⁹⁹ Theophilos zusammen mit den Schergen und einer großen Volksmenge zu ihnen hinein und sagten: „Wisse, dass Euktemon, euer Vorsteher¹⁰⁰, geopfert hat. Gehorcht nun auch ihr. Lepidos¹⁰¹ und Euktemon fragen schon nach euch im Nemeseion." 3. Pionios sagte: „Für diejenigen, die ins Gefängnis geworfen wurden, ist es üblich, den Prokonsul abzuwarten; warum maßt ihr euch sein Amt an?" 4. Sie gingen daher fort mit viel Gerede und kamen erneut mit den Schergen und der Volksmenge, und es sprach Theophilos, der Reiteroberst, listig: „Der Prokonsul hat (jemanden) hergeschickt, dass ihr nach Ephesus abgeführt werdet." 5. Pionios sagte: „Der Hergeschickte möge kommen und uns in Empfang nehmen." Der Reiteroberst sagte: „Das ist aber ein hochachtenswerter Offizier¹⁰². Wenn du hingegen nicht willst, bin ich (hier) der Befehlshaber." 6. Und nach-

---

97 2 Kor 11,14 f.
98 Die Heilsverheißung an den Schächer (Lk 22,43) ist hier raffiniert mit der Unheilsverheißung an Samuel (1 Sam 28,19) verbunden.
99 Der Reiteroberst war in Smyrna der oberste Polizeioffizier, vgl. CADOUX, Smyrna (1938), 199 f.
100 Zwar werden mit Formen von προΐστημι im Neuen Testament Leitungsfunktionen bezeichnet (Röm 12,8; 16,2; 1 Thess 5,12; 1 Tim 5,17; Tit 3,14), προεστώς hier dürfte jedoch wohl die terminologisch unspezifische Bezeichnung des Bischofs durch einen Nichtchristen meinen.
101 Prosopographisch anderweitig nicht belegt; Rob, 92 vermutet, dass dies der kaiserliche Oberpriester von Smyrna war, dessen Amt als solches epigraphisch gut dokumentiert ist (vgl. PETZL, Inschriften [1990] 414: Index s.v. ἀρχιερεύς) und der eigentlich im Verfahren seinen Platz haben müsste; zu Lepidos' Rolle vgl. 16,2–18,1. Zu den Archiereis von Smyrna s. FRIJA, Prêtres (2012), 244 f nr. 188–194.
102 Wohl ein *centurio princeps* und als solcher Vorsteher des *officium* des Prokonsuls: vgl. LOPUSZANSKI, Police (1951) 36.

καὶ ἐπέδωκε διωγμίτῃ ὡς μικροῦ δεῖν αὐτὸν πνῖξαι. 7. Ἦλθον οὖν εἰς τὴν ἀγορὰν καὶ οἱ λοιποὶ καὶ ἡ Σαβῖνα, καὶ κραζόντων αὐτῶν μεγάλῃ φωνῇ· Χριστιανοί ἐσμεν, καὶ χαμαὶ ῥιπτόντων ἑαυτοὺς πρὸς τὸ μὴ ἀπενεχθῆναι εἰς τὸ εἰδωλεῖον, ἓξ διωγμῖται τὸν Πιόνιον ἐβάσταζον κατὰ κεφαλῆς ὡς μὴ δυναμένους⁴² κατέχειν αὐτὸν τοῖς γόνασι λακτίζειν εἰς
5 τὰς πλευρὰς καὶ τὰς χεῖρας καὶ τοὺς πόδας αὐτῶν⁴³ ὀκλάσαι.

16. Βοῶντα οὖν ἤγαγον αὐτὸν βαστάζοντες καὶ ἔθηκαν χαμαὶ παρὰ τὸν βωμὸν ᾧ ἔτι παρειστήκει Εὐκτήμων εἰδωλολατρικῶς. 2. Καὶ ὁ Λέπιδος εἶπεν· Διὰ τί ὑμεῖς οὐ θύετε, Πιόνιε; Οἱ περὶ Πιόνιον εἶπον· Ὅτι Χριστιανοί ἐσμεν. 3. Λέπιδος εἶπεν· Ποῖον θεὸν σέβεσθε; Πιόνιος εἶπεν· Τὸν ποιήσαντα τὸν οὐρανὸν καὶ τὴν γῆν καὶ τὴν θάλασσαν
10 καὶ πάντα τὰ ἐν αὐτοῖς. 4. Λέπιδος εἶπεν· Ὁ οὖν ἐσταυρωμένος ἐστίν; Πιόνιος εἶπεν· Ὃν ἀπέστειλεν ὁ θεὸς ἐπὶ σωτηρίᾳ τοῦ κόσμου. 5. Οἱ δὲ ἄρχοντες μέγα βοήσαντες ἀνεγέλασαν καὶ ὁ Λέπιδος αὐτῷ κατηράσατο. 6. Ὁ δὲ Πιόνιος ἐβόα· Θεοσέβειαν αἰδέσθητε, δικαιοσύνην τιμήσατε, τὸ ὁμοιοπαθὲς ἐπίγνωτε, τοῖς νόμοις ὑμῶν κατακολουθήσατε· ἡμᾶς κολάζετε ὡς μὴ πειθομένους, καὶ ὑμεῖς ἀπειθεῖτε· κολάζειν
15 ἐκελεύσθητε, οὐ βιάζεσθαι.

17. Καὶ πρὸς αὐτὸν Ῥουφῖνός τις παρεστὼς τῶν ἐν τῇ ῥητορικῇ διαφέρειν⁴⁴ δοκούντων εἶπεν· Παῦσαι, Πιόνιε, μὴ κενοδόξει. 2. Ὁ δὲ πρὸς αὐτόν· Αὗταί σου αἱ ῥητορεῖαι; ταῦτά σου τὰ βιβλία; Ταῦτα Σωκράτης ὑπὸ Ἀθηναίων οὐκ ἔπαθεν· νῦν πάντες Ἄνυτοι⁴⁵ καὶ Μέλητοι⁴⁶. 3. Ἆρα Σωκράτης καὶ Ἀριστείδης καὶ Ἀνάξαρχος καὶ

---

42 M edd., δυναμένοι Hil
43 M edd., αὐτοῦ *coni.* CADOUX, Smyrna (1938) 394.
44 edd. διαφέρει M
45 edd.; Ἀνήνυτοι M
46 edd.; μελληταί M (*glossa in margine inferiore:* ὑπερθετικοί, βραδεῖς, ἀργοί)

dem sie ihn ergriffen hatten, knoteten sie ein Tuch[103] um seinen Hals, sodass er fast ersticken musste, und übergaben ihn den Schergen. 7. Als er zusammen mit Sabina und den übrigen auf den Marktplatz kam, schrien sie mit lauter Stimme „Wir sind Christen" und warfen sich zu Boden, um nicht zum Götzentempel abgeschleppt zu werden, da trugen sechs Schergen den Pionios kopfunter weg, weil sie ihn (sonst) nicht hindern konnten, sie mit den Knien in die Rippen zu stoßen und ihre Hände und Füße zu ermüden.

16. Den Schreienden schafften sie nun durch Tragen fort und setzten ihn ab vor dem Altar, weil sich dort noch Euktemon aufhielt, um den Götzen zu dienen. 2. Und Lepidos sagte: „Warum opfert ihr nicht, Pionios?" Die Gefährten des Pionios sagten: „Weil wir Christen sind." 3. Lepidos sagte: „Welchen Gott verehrt ihr?" Pionios sagte: „Den, der den Himmel gemacht hat und die Erde und das Meer und alles darin."[104] 4. Lepidos sagte: „Wer ist denn der Gekreuzigte?" Pionios sagte: „Den, den Gott gesandt hat zur Rettung der Welt." 5. Die Magistraten lachten mit lautem Schreien auf und Lepidos verfluchte ihn. 6. Pionios hingegen schrie: „Achtet die Gottesverehrung, ehrt die Gerechtigkeit, erkennt das gemeinsam zu Achtende, folgt euren Gesetzen. Uns züchtigt ihr, weil wir nicht gehorchen, aber ihr selbst seid ungehorsam; euch wurde (doch) befohlen zu züchtigen, nicht Gewalt anzuwenden."

17. Und ein gewisser Rufinus[105], der auch hinzutrat und im Rufe stand, in der Redekunst hervorzuragen, sagte: „Hör auf, Pionios, gib dich dem leeren Wahn[106] nicht hin." 2. Er aber (sagte) zu ihm: „Sind das deine Redekünste? Steht das in deinen Büchern? So etwas erlitt nicht einmal Sokrates von den Athenern. Nun aber sind alle Anytos und Meletos.[107] 3. Gaben sich demnach Sokrates und Aristides[108] und Anaxarchos[109] und all die anderen nach eurer Aussicht leeren Wahnvorstellungen hin, weil

---

103 Wohl äußeres Zeichen der Gefangennahme wie der (symbolische) Strick in 2,3; auffällig, da nach LAMPE, 834 spät belegtes Wort für Mönchs- und Frauenkleidung sowie damit im Zusammenhang stehende Reliquien, vgl. MAread. 15.
104 Vgl. die Bekenntnisformel in 8,3.
105 Durch Münzprägungen ist für die Jahre von 241 bis 243 für Smyrna ein *strategos* Cl. Rufinus Sophistes belegt: KLOSE, Münzprägung (1987) 72–74.307 f.310; Taf 52: R11–R13; Taf. 53, R1–R4. Zur Funktion der Strategen vgl. JACQUES – SCHEID, Struktur (1998), 202.
106 Vgl. 4 Makk 5,10; 8,24; MPol. 10,1 (270).
107 Anytos und Meletos waren die sprichwörtlich gewordenen Ankläger im Prozess gegen Sokrates, der innerhalb der altchristlichen Topik als unerschrockener, todesmutiger Wahrheitsfreund fungierte; vgl. DÖRING, Exemplum (1979) bes. 146 f; BAUMEISTER, Anytos (1963).
108 Athenischer Politiker des 5. Jhs. v. Chr., der dem Scherbengericht verfiel und später zum Muster eines ehrenhaft gerechten, konservativen Politikers stilisiert wurde; vgl. STEIN-HÖLKESKAMP E., Aristeides, DNP 1, 1996, 1094 f.
109 Begleiter Alexanders d. Gr. auf seinem Zug; nach dessen Tod wurde er auf Veranlassung Nikokreons, des Tyrannen von Zypern, verhaftet, mit eisernen Keulen geschlagen und zermalmt. Dabei soll er ihm zugerufen haben, er könne zwar seinen Körper, nicht aber ihn selbst zerstören; vgl. DRECHSLER M., Anaxarch, MLAA, 1997, 39 f.

οἱ λοιποὶ ἐκενοδόξουν καθ' ὑμᾶς⁴⁷ ὅτι καὶ φιλοσοφίαν καὶ δικαιοσύνην καὶ καρτερίαν ἤσκησαν; 4. Ὁ δὲ Ῥουφῖνος ἀκούσας οὕτως ἐσιώπησεν.

18. Εἷς δέ τις τῶν ἐν ὑπεροχῇ καὶ δόξῃ κοσμικῇ καὶ ὁ Λέπιδος σὺν αὐτῷ εἶπον· Μὴ κρᾶζε, Πιόνιε. 2. Ὁ δὲ πρὸς αὐτόν· Καὶ μὴ βιάζου· πῦρ ἄναψον καὶ ἑαυτοῖς ἀναβαίνομεν. 3. Τερέντιος δέ τις ἀπὸ τοῦ ὄχλου ἀνέκραξεν· Οἴδατε ὅτι οὗτος καὶ τοὺς ἄλλους ἀνασοβεῖ ἵνα μὴ θύσωσιν; 4. Λοιπὸν οὖν στεφάνους ἐπετίθεσαν αὐτοῖς· οἱ δὲ διασπῶντες αὐτοὺς ἀπέρριπτον. 5. Ὁ δὲ δημόσιος εἱστήκει τὸ εἰδωλόθυτον κρατῶν· οὐ μέντοι ἐτόλμησεν ἐγγύς τινος προσελθεῖν, ἀλλ' αὐτὸς ἐνώπιον πάντων κατέφαγεν αὐτὸ ὁ δημόσιος. 6. Κραζόντων δὲ αὐτῶν· Χριστιανοί ἐσμεν, μὴ εὑρίσκοντες τὸ τί ποιήσωσιν αὐτοῖς ἀνέπεμψαν αὐτοὺς πάλιν εἰς τὴν φυλακὴν καὶ ὁ ὄχλος ἐνέπαιζε καὶ ἐρράπιζεν αὐτούς. 7. Καὶ τῇ Σαβίνῃ τις λέγει· Σὺ εἰς τὴν πατρίδα σου οὐκ ἠδύνω ἀποθανεῖν; Ἡ δὲ εἶπεν· Τίς ἐστιν ἡ πατρίς μου; ἐγὼ Πιονίου ἀδελφή εἰμι. 8. Τῷ δὲ Ἀσκληπιάδῃ Τερέντιος ὁ τότε ἐπιτελῶν τὰ κυνήγια εἶπεν· Σὲ αἰτήσομαι κατάδικον εἰς τὰς μονομάχους⁴⁸ φιλοτιμίας τοῦ υἱοῦ μου. 9. Ὁ δὲ Ἀσκληπιάδης πρὸς αὐτόν· Οὐ φοβεῖς με ἐν τούτῳ.

10. Καὶ οὕτως εἰσήχθησαν εἰς τὴν φυλακήν, καὶ εἰσιόντι τῷ Πιονίῳ εἰς τὴν φυλακὴν εἷς τῶν διωγμιτῶν ἔκρουσε κατὰ τῆς κεφαλῆς μεγάλως ὥστε τραυματίσαι αὐτόν· ὁ δὲ ἡσύχασεν. 11. Αἱ χεῖρες δὲ τοῦ πατάξαντος αὐτὸν καὶ τὰ πλευρὰ ἐφλέγμανεν ὥστε μόλις αὐτὸν ἀναπνεῖν. 12. Εἰσελθόντες δὲ ἐδόξασαν τὸν θεὸν ὅτι ἔμειναν ἐν ὀνόματι Χριστοῦ ἀβλαβεῖς καὶ οὐκ ἐκράτησεν αὐτῶν ὁ ἐχθρὸς οὐδὲ Εὐκτήμων ὁ ὑποκριτής, καὶ διετέλουν ἐν ψαλμοῖς καὶ εὐχαῖς ἐπιστηρίζοντες ἑαυτούς. 13. Ἐλέγετο δὲ μετὰ ταῦτα ὅτι ἠξιώκει ὁ Εὐκτήμων ἀναγκασθῆναι ἡμᾶς, καὶ ὅτι αὐτὸς ἀπήνεγκε τὸ οἴδιον εἰς τὸ Νεμεσεῖον, ὃ καὶ μετὰ φαγεῖν ἐξ αὐτοῦ ὀπτηθὲν ἠθέλησεν ὅλον εἰς τὸν οἶκον

---

47 arm edd., ἡμᾶς M
48 μονομάχους *glossam esse coni.* Rob

sie Philosophie, Gerechtigkeit und Selbstbeherrschung übten?" 4. Als er dies hörte, schwieg Rufinus still.

18. Und (da war) einer mit Ansehen und weltlichem Ruhm und Lepidos sagte zusammen mit ihm: „Schrei nicht so, Pionios." 2. Er aber (sagte) zu ihm: „Dann tut mir keine Gewalt an; zünde das Feuer an und wir steigen selbst hinauf." 3. Und ein gewisser Terentius aus der Volksmenge schrie: „Wisst ihr, dass dieser auch die anderen aufwiegelt, dass sie nicht opfern?" 4. Nunmehr setzte man ihnen Opferkränze[110] auf; sie aber zerrissen sie und warfen sie weg. 5. Ein Staatssklave[111] stand hingegen da und hielt das Götzenopferfleisch; er wagte es allerdings nicht, sich jemandem unmittelbar zu nähern, sondern er, der Staatssklave, aß es vor allen auf. 6. Da sie aber schrien „Wir sind Christen" und man zu einer Entscheidung nicht finden konnte, was mit ihnen geschehen solle, schickten sie sie erneut ins Gefängnis zurück, und die Volksmenge verspottete und ohrfeigte sie. 7. Und jemand redete Sabina an: „Du, warum konntest du nicht zum Sterben in dein Vaterland gehen?" Sie aber sagte: „Was ist meine Heimat? Ich bin die Schwester des Pionios." 8. Zu Asklepiades sagte Terentius[112], der zu dieser Zeit die Tierhetzen[113] veranstaltete: „Dich werde ich als Verurteilten für die Gladiatorenspiele[114] meines Sohnes erbitten." 9. Asklepiades (sagte) zu ihm: „Damit ängstigst du mich nicht."

10. Und so wurden sie ins Gefängnis eingeliefert. Und als Pionios ins Gefängnis eintrat, schlug ihm einer der Schergen heftig auf den Kopf, um ihn zu verletzen; er aber schwieg. 11. Die Hände dessen, der ihn geschlagen hatte, und die Seiten entzündeten sich, so dass er (nur mehr) mit Mühe atmete. 12. Drinnen priesen sie Gott, dass sie in Christi Namen untadelig geblieben waren und dass weder der Feind[115] noch der Heuchler Euktemon Macht über sie erlangt hatten, und sie verharrten mit Psalmen und in Gebeten und stärkten so sich selbst. 13. Hernach hieß es, dass Euktemon gefordert hatte uns zu zwingen, und dass er selbst das Lamm[116] zum Nemeseion hingetragen habe und, nachdem er davon gegessen hatte, wollte er das Gebratene nach

---

110 Kränze, die beim Vollzug des Opfers getragen wurden; vgl. BAUS, Kranz (1940) 7–12; BLECH, Studien (1982) 302–312.
111 Zu Staatssklaven in der Funktion des *victimarius* vgl. EDER, Servitus (1980) 43 f.
112 Wohl nicht der in 18,3 Erwähnte gleichen Namens, da jener als ἀπὸ τοῦ ὄχλου bezeichnet wird, dieser aber offensichtlich einer der städtischen Dekurionen ist, der Spiele gibt.
113 Die *venationes* waren ein beliebter Teil der antiken Massenbelustigung, vgl. WEEBER, Panem (²1999) 17.27–39.
114 Die φιλοτιμίαι entsprechen den *munera* (Festspiele); vgl. PPerp. *rec.graeca* 10 (79,14 Robinson) = PPerp.10,15 (142); es bestanden allerdings deutliche Unterschiede zwischen den *venationes*, bei denen auch *ad bestias* verurteilte Delinquenten (*noxii*) gegen wilde Tiere kämpften, und den eigentlichen *munera gladiatoria*, die von Berufskämpfern bestritten wurden, weshalb Rob, 102 μονομάχους für eine Glosse hält; dies ist freilich nicht zwingend, da ab der Kaiserzeit *venationes* auch als Vorprogramm zu Gladiatorenkämpfen gegeben wurden, vgl. JUNKELMANN, Familia gladiatoria (2000) 7.77–79.
115 Feind im Sinne des Teufels: vgl. Mt 13,39.
116 οἴδιον: Hapaxlegomenon, vgl. LAMPE 937.

ἀποφέρειν, 14. ὡς ἐγκαταγέλαστον αὐτὸν διὰ τὴν ἐπιορκίαν γενέσθαι ὅτι ὤμοσε τὴν τοῦ αὐτοκράτορος τύχην καὶ τὰς Νεμέσεις στεφανωθεὶς μὴ εἶναι⁴⁹ χριστιανὸς μηδὲ ὡς οἱ λοιποὶ παραλιπεῖν τι τῶν πρὸς τὴν ἐξάρνησιν.

19. Μετὰ δὲ ταῦτα ἦλθεν ὁ ἀνθύπατος εἰς τὴν Σμύρναν, καὶ προσαχθεὶς ὁ Πιόνιος ἐμαρτύρησε, γενομένων ὑπομνημάτων τῶν ὑποτεταγμένων⁵⁰, πρὸ τεσσάρων εἰδῶν Μαρτίων. 2. Καθεσθέντος⁵¹ πρὸ βήματος Κυντιλλιανὸς ἀνθύπατος ἐπηρώτησε· Τίς λέγῃ; Ἀπεκρίθη· Πιόνιος. 3. Ὁ δὲ ἀνθύπατος εἶπεν· Ἐπιθύεις; Ἀπεκρίνατο· Οὔ. 4. Ὁ ἀνθύπατος ἐπηρώτησεν· Ποίαν θρησκείαν ἢ αἵρεσιν ἔχεις; Ἀπεκρίνατο· Τῶν καθολικῶν. 5. Ἐπηρώτησε· Ποίων καθολικῶν; Ἀπεκρίνατο· Τῆς καθολικῆς ἐκκλησίας εἰμὶ πρεσβύτερος. 6. Ὁ ἀνθύπατος· Σὺ εἶ ὁ διδάσκαλος αὐτῶν; Ἀπεκρίνατο· Ναί, ἐδίδασκον. 7. Ἐπηρώτησε· Τῆς μωρίας διδάσκαλος ἦς; Ἀπεκρίθη· Τῆς θεοσεβείας. 8. Ἐπηρώτησε· Ποίας θεοσεβείας; Ἀπεκρίθη· Τῆς εἰς τὸν θεὸν πατέρα τὸν ποιήσαντα τὰ πάντα. 9. Ὁ ἀνθύπατος εἶπεν· Θῦσον. Ἀπεκρίνατο· Οὔ· τῷ γὰρ θεῷ εὔχεσθαί με δεῖ. 10. Ὁ δὲ λέγει· Πάντες τοὺς θεοὺς σέβομεν καὶ τὸν οὐρανὸν καὶ τοὺς ὄντας ἐν τῷ οὐρανῷ θεούς. Τί τῷ ἀέρι προσέχεις; θῦσον αὐτῷ. 11. Ἀπεκρίθη· Οὐ τῷ ἀέρι προσέχω, ἀλλὰ τῷ ποιήσαντι τὸν ἀέρα καὶ τὸν οὐρανὸν καὶ πάντα τὰ ἐν αὐτοῖς. 12. Ὁ ἀνθύπατος εἶπεν· Εἰπόν, τίς ἐποίησεν; Ἀπεκρίνατο· Οὐκ ἔξεστιν εἰπεῖν. 13. Ὁ ἀνθύπατος εἶπεν· Πάντως ὁ θεός, τουτέστιν ὁ ζεύς, ὅς ἐστιν ἐν οὐρανῷ· βασιλεὺς γάρ ἐστι πάντων τῶν θεῶν.

20. Σιωπῶντι⁵² δὲ τῷ Πιονίῳ καὶ κρεμασθέντι ἐλέχθη· Θύσεις; Ἀπεκρίνατο· Οὔ. 2. Πάλιν βασανισθέντι αὐτῷ ὄνυξιν ἐλέχθη· Μετανόησον· διὰ τί ἀπονενόησαι; Ἀπεκρίνατο· Οὐκ ἀπονενόημαι, ἀλλὰ ζῶντα θεὸν φοβοῦμαι. 3. Ὁ ἀνθύπατος· Ἄλλοι

---

49 edd., μεῖναι M
50 τῶν ὑποτεταγμένων M Sch Kn²⁻⁴ Lan Hil Rob, ὑπὸ τῶν ἐπιτεταγμένων Ge Kn¹ Mu
51 M Hil Rob *corruptionem textus annotans*, καθεσθεὶς Ge Kn¹ Mu Lan, κατασταθέντος Hei
52 *ante* Σιωπῶντι *suppl.* Ὁ ἀνθύπατος κελεύσας αὐτὸν βασανίζεσθαι εἶπεν· Rob *sec.* Delehaye, Passions (1966) 27 *videntem lacunam*

Hause wegtragen. 14. Oh, wie verachtenswert wurde er doch durch seinen Meineid, weil er die Statuen der Nemesis bekränzt[117] und beim Genius des Imperators geschworen hatte, dass er kein Christ sei und auch nicht wie die anderen etwas übrig lassen würde, was Beweis seines Versagens wäre.

19. Hernach kam der Prokonsul nach Smyrna, und Pionios wurde vorgeführt und gab Zeugnis, was in den Akten[118], die folgen, protokolliert ist, am vierten Tag vor den Iden des März[119]. 2. Nachdem Pionios vor dem Gerichtspodium[120] stand, frug der Prokonsul Quintillianus[121]: „Wie heißt du?" Er antwortete: „Pionios." 3. Der Prokonsul sagte: „Opferst du?" Er antwortete: „Nein". 4. Der Prokonsul frug: „Zu welchem Kult oder welcher Schule gehörst du?" Er antwortete: „Zu der der Katholischen." 5. Er frug: „Zu welchen Katholischen?" Er antwortete: „Ich bin Presbyter der katholischen Kirche." 6. Der Prokonsul: „Bist du deren Lehrer?" Er antwortete: „Ja, ich lehrte." 7. Er frug: „Du warst Lehrer der Torheit?" Er antwortete: „Der Gottesfurcht." 8. Er frug: „Welcher Gottesfurcht?" Er antwortete: „Der vor dem Gott und Vater, der alles gemacht hat." 9. Der Prokonsul sagte: „Opfere!" Er antwortete: „Nein, denn ich muss zu Gott beten." 10. Jener aber sagte: „Wir alle verehren die Götter und den Himmel, und die Götter, die im Himmel sind. Wieso wendest du dich dem Himmelsgewölbe zu? Opfere ihm." 11. Er antwortete: „Ich wende mich nicht dem Himmelsgewölbe zu, sondern dem, der das Himmelsgewölbe gemacht hat und den Himmel und alles in ihnen." 12. Der Prokonsul sagte: „Sage mir, wer sie gemacht hat." Er antwortete: „Es ist nicht möglich, das zu sagen." 13. Der Prokonsul sagte: „Es ist ohne Zweifel der Gott, also der Zeus, der im Himmel ist. Denn der ist Herrscher über alle Götter."

20. Pionios, auf die Folterbank gespannt[122], schwieg; dann wurde er befragt: „Opferst du?" Er antwortete: „Nein." 2. Zum zweiten Mal wurde er mit Krallen[123] gefoltert und befragt: „Kehre um! Weshalb bist du so unvernünftig?" Er antwortete: „Ich bin nicht unvernünftig, sondern fürchte den lebendigen Gott." 3. Der Prokonsul: „Viele andere haben geopfert und leben und sind vernünftig." Er antwortete: „Ich opfere nicht."

---

117 Zur Bekränzung von Götterbildern im Rahmen paganer Riten vgl. Baus, Kranz (1940) 19–23.
118 ὑπόμνημα bzw. ὑπομνηματισμός ist Terminus technicus für ein offizielles Protokoll (*commentarius*), vgl. Bisbee, Pre-Decian Acts (1988), 33; kann aber auch etwa für „Evangelium" gebraucht werden, zur breiten Bedeutung des Wortes im christlichen Zusammenhang vgl. Lampe 1451 s.v. ὑπόμνημα.
119 12. März.
120 πρὸ βήματος: Terminus technicus in Gerichtsprotokollen für den erhöhten Sitzplatz des Tribunals in öffentlichen Gerichtslokalen, vgl. Bisbee, Pre-Decian Acts (1988) 43.171.
121 Vgl. zum vollen Namen hier 23 und PIR² 4/3, 502: Julius Proculus Quintilianus, Prokonsul von Asia.
122 κρεμάζω: Terminus technicus für das Aufspannen des Körpers auf eine Art Winde (ἀμεντάριον = *eculeus*); vgl. Ath.apol.Const. 33 (SC 56 bis, 168,19 f Szymusiak). Zu diesem Folterwerkzeug Vergote J., Folterwerkzeuge, RAC 8, 1972, 120–123.134–137.
123 Die *unci* (ὄνκοι) oder *ungulae*, die oft zusammen mit dem *eculeus* (Streckbank) als Folterwerkzeuge zum Einsatz kamen; vgl. MCarp. *rec.lat.* 2,4 (30,14 f Musurillo); 3,5 (32,1 f) und Vergote, ebd. 134.

πολλοὶ ἔθυσαν καὶ ζῶσι καὶ σωφρονοῦσιν. Ἀπεκρίνατο· Οὐ θύω. 4. Ὁ ἀνθύπατος εἶπεν· Ἐπερωτηθεὶς λόγισαί τι παρὰ σεαυτῷ καὶ μετανόησον. Ἀπεκρίνατο· Οὔ. 5. Ἐλέχθη αὐτῷ· Τί σπεύδεις ἐπὶ τὸν θάνατον; Ἀπεκρίνατο· Οὐκ ἐπὶ τὸν θάνατον, ἀλλ' ἐπὶ τὴν ζωήν. 6. Κυντιλλιανὸς ὁ ἀνθύπατος εἶπεν· Οὐ μέγα πρᾶγμα ποιεῖς σπεύδων ἐπὶ τὸν θάνατον· καὶ γὰρ οἱ ἀπογραφόμενοι ἐλαχίστου ἀργυρίου πρὸς τὰ θηρία θανάτου καταφρονοῦσι, καὶ σὺ εἷς ἐκείνων εἶ· ἐπεὶ οὖν σπεύδεις ἐπὶ τὸν θάνατον, ζῶν καῇσῃ. 7. Καὶ ἀπὸ πινακίδος ἀνεγνώσθη Ῥωμαϊστί· Πιόνιον ἑαυτὸν ὁμολογήσαντα εἶναι χριστιανὸν ζῶντα καῆναι προσετάξαμεν.

21. Ἀπελθόντος δὲ αὐτοῦ μετὰ σπουδῆς εἰς τὸ στάδιον διὰ τὸ πρόθυμον τῆς πίστεως καί, ἐπιστάντος τοῦ κομενταρησίου, ἑκὼν ἀπεδύσατο. 2. Εἶτα κατανοήσας τὸ ἁγνὸν καὶ εὔσχημον τοῦ σώματος ἑαυτοῦ πολλῆς ἐπλήσθη χαρᾶς, ἀναβλέψας δὲ εἰς τὸν οὐρανὸν καὶ εὐχαριστήσας τῷ τοιοῦτον αὐτὸν διατηρήσαντι θεῷ ἥπλωσεν ἑαυτὸν ἐπὶ τοῦ ξύλου καὶ παρέδωκε τῷ στρατιώτῃ πεῖραι τοὺς ἥλους. 3. Καθηλωθέντι δὲ αὐτῷ πάλιν ὁ δημόσιος εἶπεν· Μετανόησον καὶ ἀρθήσονταί σου οἱ ἧλοι. 4. Ὁ δὲ ἀπεκρίθη· Ἠισθόμην γὰρ ὅτι ἔνεισι, καὶ συννοήσας ὀλίγον εἶπεν· Διὰ τοῦτο σπεύδω ἵνα θᾶττον ἐγερθῶ, δηλῶν τὴν ἐκ νεκρῶν ἀνάστασιν. 5. Ἀνώρθωσαν οὖν αὐτὸν ἐπὶ τοῦ ξύλου, καὶ λοιπὸν μετὰ ταῦτα καὶ πρεσβύτερόν τινα Μητρόδωρον τῆς αἱρέσεως τῶν Μαρκιωνιστῶν. 6. Ἔτυχεν δὲ τὸν μὲν Πιόνιον ἐκ δεξιῶν, τὸν δὲ Μητρόδωρον ἐξ ἀριστερῶν[53], πλὴν

---

[53] M, ἀριστερῶν ἑστάναι Sch Hil

4. Der Prokonsul sagte: „Nachdem nun das Verhör zu Ende ist, überlege es dir nochmals und kehre um."[124] Er antwortete: „Nein." 5. Er wurde befragt: „Warum eilst du zum Tode?" Er antwortete: „Ich eile nicht zum Tode, sondern zum Leben." 6. Prokonsul Quintillianus sagte: „Du vollbringst keine Großtat, wenn du zum Tode eilst; denn auch die, die für die kleinste Geldsumme für die Tierkämpfe eingeschrieben sind, achten den Tod gering[125], und du bist einer von ihnen. Da du nun zum Tode eilst, sollst du lebendig verbrannt werden." 7. Und von der Schreibtafel wurde in lateinischer Sprache vorgelesen: „Den Pionios, der selbst bekannt hat, Christ zu sein, haben wir lebendig zu verbrennen befohlen."

21. Im Eifer des Glaubens kam er in Eile hin zum Amphitheater und entkleidete sich freiwillig vor dem Gerichtsschreiber. 2. Als er dabei die Heiligkeit und Wohlgestalt seines (geschundenen) Leibes wahrnahm, erfüllte ihn Freude, er blickte zum Himmel auf und dankte Gott, der ihn durch all dies geführt hatte, er streckte sich selbst auf dem Holz aus[126] und übergab sich dem Henkersknecht, damit die Nägel eingeschlagen würden. 3. Als er festgenagelt war, sagte der Staatssklave zu ihm noch einmal: „Besinne dich und dir werden die Nägel wieder herausgezogen." 4. Er aber antwortete: „Ich merke, dass sie (fest) drin stecken", und nach kurzem Überlegen sagte er: „Deswegen bin ich in Eile, damit ich schneller aufsteigen kann",[127] womit er auf die Auferstehung von den Toten hinwies. 5. Sie richteten ihn auf dem Holzgestell auf und danach noch einen gewissen Priester Metrodoros von der Schule der Markioniten[128]. 6. Es ergab sich, dass (sich) Pionios auf der Rechten[129], Metrodoros auf der Linken

---

124 Zum häufig vorkommenden Motiv, dass den angeklagten Christen Bedenkzeit angeboten wird, die jedoch immer abgelehnt wird, etwa PScill. 11. Dieses Angebot hat seinen Grund im römischen Recht, das die *obstinatio* durch wiederholte Befragung feststellt, vgl. PLIN.epist. 10, 96,3 (338,17 Mynors).
125 Anspielung auf die Infamie der Gladiatoren, die für Geld um ihr Leben kämpften, vgl. GRANT, Gladiatoren (1970) 78–90.
126 Es handelt sich nicht um eine Kreuzigung, sondern um das in MPol. 13f (274–276) und MCarp. rec.graeca 37f; 44 (26,17; 28,6 Musurillo) erwähnte Verfahren des Anbindens bzw. Anheftens des Delinquenten an einen halbierten Pfahl, mit dem zusammen dieser verbrannt wurde; vgl. auch TERT. apol. 50,3 (CChr.SL 1, 169,15 f Dekkers): *ad stipitem dimidii axis reuincti sarmentorum ambitu exurimur*. Erst die Übersetzung von Evs.h.e. 4, 15,48 (354) durch RVFIN.hist. (GCS 9/1, 355,8 Mommsen) machte daraus im Sinne der Vermehrung heldenhaft ertragener Leiden eine Kreuzigung vor der Verbrennung. Natürlich assoziiert ἁπλόω auch das Einswerden mit dem Holz im Sinn von Kreuz, da seit Gal 3,13 das Holz mit dem Kreuz identifiziert wird.
127 Im Aufstieg zum Himmel durch den Rauch der Verbrennung wird eine Anspielung auf die Auferstehung gesehen.
128 Die Zugehörigkeit des Metrodoros zu den Markioniten erwähnt auch Evs.h.e. 4, 15,46 (352, 20f), schränkt aber ein: πρεσβύτερος δὴ εἶναι δοκῶν.
129 Der Seitensymbolik gemäß auf der ehrenvollen Seite, während links für das Geringe, Schwache und Böse steht, vgl. NUSSBAUM, Bewertung (1962) 156–166.

ἀμφότεροι ἔβλεπον πρὸς ἀνατολάς. 7. Προσενεγκάντων δὲ αὐτῶν τὴν ὕλην καὶ τὰ ξύλα κύκλῳ περισωρευσάντων, ὁ μὲν Πιόνιος συνέκλεισε τοὺς ὀφθαλμοὺς ὥστε τὸν ὄχλον ὑπολαβεῖν ὅτι ἀπέπνευσεν. 8. Ὁ δὲ κατὰ τὸ ἀπόρρητον εὐχόμενος ἐλθὼν ἐπὶ τὸ τέλος τῆς εὐχῆς ἀνέβλεψεν. 9. Ἤδη δὲ τῆς φλογὸς αἰρομένης γεγηθότι προσώπῳ
5 τελευταῖον εἰπὼν τὸ ἀμὴν καὶ λέξας· Κύριε, δέξαι μου τὴν ψυχήν, ὡς ἐρευγόμενος ἡσύχως καὶ ἀπόνως ἀπέπνευσε καὶ παρακαταθήκην ἔδωκε τὸ πνεῦμα τῷ πατρὶ τῷ πᾶν αἷμα καὶ πᾶσαν ψυχὴν ἀδίκως κατακριθεῖσαν ἐπαγγειλαμένῳ φυλάξαι.

22. Τοιοῦτον βίον διανύσας ὁ μακάριος Πιόνιος ἀμώμητον, ἀνέγκλητον, ἀδιάφθορον, ἀεὶ τὴν γνώμην ἔχων τεταμένην εἰς θεὸν παντοκράτορα καὶ εἰς τὸν μεσίτην θεοῦ
10 καὶ ἀνθρώπων Ἰησοῦν Χριστὸν τὸν κύριον ἡμῶν, τοιούτου κατηξιώθη τέλους, καὶ τὸν μέγαν ἀγῶνα νικήσας διῆλθε διὰ τῆς στενῆς θύρας εἰς τὸ πλατὺ καὶ μέγα φῶς. 2. Ἐσημάνθη δὲ αὐτοῦ ὁ στέφανος καὶ διὰ τοῦ σώματος. Μετὰ γὰρ τὸ κατασβεσθῆναι τὸ πῦρ τοιοῦτον αὐτὸν εἴδομεν οἱ παραγενόμενοι ὁποῖόν τε τὸ σῶμα ἀκμάζοντος ἀθλητοῦ κεκοσμημένου· 3. καὶ γὰρ τὰ ὦτα αὐτοῦ [οὐ] μυλλὰ[54] ἐγένοντο καὶ αἱ τρίχες
15 ἐν χρῷ τῆς κεφαλῆς προσεκάθηντο, τὸ δὲ γένειον αὐτοῦ ὡς ἰούλοις ἐπανθοῦν[55] ἐκεκόσμητο· 4. ἐπέλαμπε δὲ καὶ τὸ πρόσωπον αὐτοῦ πάλιν χάρις θαυμαστή, ὥστε

---

54 οὐ μύλλα *coni.* edd.
55 M edd., ἐπανθοῦσιν Ge Mu

(befand), und beide aber nach Osten blickten[130]. 7. Nachdem man Brennmaterial herbeigebracht und die Holzscheite ringsherum aufgehäuft hatte, schloss Pionios die Augen, sodass die Volksmenge vermutete, er sei gestorben. 8. Er aber betete, wie es sich angesichts des Unaussprechlichen[131] gebührt, und, als er zum Ende des Gebets kam, blickte er auf. 9. Und gerade als die Flamme auflöderte, sprach er mit freudigem Antlitz das abschließende Amen und schrie laut: „Herr, nimm meine Seele auf."[132] Dann starb er ruhig und schmerzlos und übergab seinen Geist als Vermächtnis[133] dem Vater, der versprochen hat, das Blut und jede Seele, die unschuldig verurteilt ist, zu schützen.

22. Auf diese Weise vollendete der selige Pionios sein makelloses[134], untadeliges[135] und unvergängliches Leben, in welchem er immer die Gesinnung besaß, die sich auf Gott den Allmächtigen und den Mittler zwischen Gott und den Menschen, Jesus Christus,[136] unseren Herrn, richtete; eines solchen Endes wurde er für würdig erachtet und nachdem er im großen Kampf gesiegt[137] hatte, durchschritt er die enge Tür[138] in das weit reichende und große Licht. 2. Einen Hinweis auf seinen Siegeskranz[139] gab auch sein Körper. Denn nach dem Löschen des Feuers sahen wir, die wir dabei waren, ihn so wie den Körper eines in voller Kraft stehenden geschmückten Athleten[140]. 3. Denn seine Ohren waren zerknautscht[141] und die Haare saßen fest an der Kopfhaut, sein Kinnbart war so schön, als ob mit den Haaren Blumen aufblühten. 4. Und die Wundergnade ließ erst recht sein Antlitz erstrahlen, so dass die Christen noch mehr

---

130 Diese Orientierung der Delinquenten entsprach den lokalen Gegebenheiten im Circus von Smyrna, dessen Achse in Ost-West-Richtung verlief und dessen Ehrenplätze an der Ostecke lagen, wohin die Delinquenten zu schauen hatten, vgl. CADOUX, Smyrna (1938) 178.398; Taf. bei 359. Diese Orientierung war zugleich die den Christen gewohnte Gebetsrichtung (vgl. TERT.apol. 16,9 f [116]) der aufgehenden Sonne bzw. dem Paradies im Osten entgegen, vgl. KRÜGER J., Ostung, LThK³ 7, 1998, 1211–1213.
131 Vgl. 19,12, wo Pionios auf die Unmöglichkeit hinweist, den Gottesnamen zu nennen.
132 Vgl. Ps 30,6 LXX; Lk 23,46; Apg 7,59: Anspielung auf die Kreuzigung Jesu und die Steinigung des Stephanus.
133 Zu dieser Vorstellung vgl. OR.dial. 7 (SC 67, 70–72 Scherer) in einer Exegese zu Lk 23,46.
134 Vgl. Eph 1,4 u. ö.
135 Vgl. 1 Kor 1,8; Tit 1,7.
136 1 Tim 2,5.
137 Vgl. Evs.h.e. 5, 1,11 (406) = Lugd. 1,11.
138 Vgl. Mt 7,13; Lk 13,24.
139 Hier die Märtyrerkrone als Zeichen der Vollendung; dazu BAUS, Kranz (1940) 180–190; BREKELMANS, Märtyrerkranz (1965) 108.
140 HEISER, Paulusinszenierung (2012) 327 gibt einen Überblick zum Gebrauch der Athletenmetapher seit dem Neuen Testament und stellt die Entwicklung im Blick auf die Märtyrer und dann die Asketen heraus.
141 μυλλά: gebrochen, zermalmt bzw. zusammengerollt. So verunstaltete Ohren waren ehrenvolle Abzeichen, die durch Verletzungen bei Ringkämpfen erworben wurden; vgl. MERKELBACH, Blumenkohl-Ohren (1989). Zu dem seltenen Wort μυλλά, das sich bei LAMPE nicht findet, vgl. Rob, 120 f, der die Stelle allerdings falsch versteht.

τοὺς χριστιανοὺς στηριχθῆναι μᾶλλον τῇ πίστει, τοὺς δὲ ἀπίστους πτοηθέντας καὶ τὸ συνειδὸς ἔχοντας πεφοβημένον κατελθεῖν.

23. Ταῦτα ἐπράχθη ἐπὶ ἀνθυπάτου τῆς Ἀσίας Ἰουλίου Πρόκλου Κυντιλλιανοῦ, ὑπατευόντων αὐτοκράτορος[56] Γ. Μεσίου Κύντου Τραϊανοῦ Δεκίου Σεβαστοῦ τὸ δεύτερον καὶ Οὐεττίου Γρατοῦ[57], πρὸ τεσσάρων εἰδῶν Μαρτίων κατὰ Ῥωμαίους, κατὰ δὲ Ἀσιανοὺς μηνὸς ἕκτου ἐννεακαιδεκάτῃ, ἡμέρᾳ σαββάτῳ[58], ὥρᾳ δεκάτῃ, κατὰ δὲ ἡμᾶς βασιλεύοντος τοῦ κυρίου ἡμῶν Ἰησοῦ Χριστοῦ, ᾧ ἡ δόξα εἰς τοὺς αἰῶνας τῶν αἰώνων. Ἀμήν.

---

56 edd., Ἰουλίου Πρόκλου καὶ Κυντιλλιανοῦ ὑπατευόντων αὐτοκράτορος M
57 Lig Ge Hil Ro,τὸ τρίτον Μεσίου Κύντου Τραϊανοῦ καὶ Δελτίου Γρατοῦ Τραϊανοῦ Δεκίου Σεβαστοῦ καὶ Δελτίου Γρατοῦ τὸ δεύτερον M
58 M edd., *om.* Hil

gestärkt wurden im Glauben, die Ungläubigen hingegen angstvoll und mit schlechtem Gewissen fortgingen.

23. Dies geschah unter dem Prokonsul von Asia Julius Proclus Quintillianus, unter dem zweiten Konsulat des Imperators Gaius Messius Quintus Traianus Decius Augustus und des Vettius Gratus[142], am vierten Tag vor den Iden des März nach der römischen,[143] nach der (klein)asiatischen[144] Rechnung am 19. Tag des sechsten Monats, am Tag des Sabbats[145], zur zehnten Stunde, nach unserer Vorstellung[146] unter der Herrschaft des Herrn Jesus Christus, dem die Ehre gebührt von Ewigkeit zu Ewigkeit. Amen.

---

142 Es ist davon auszugehen, dass der Text mit der Angabe von zwei Jahreskonsuln verderbt ist. Stattdessen muss gelesen werden: Unter dem dritten Konsulat des Messius Quintus Traianus und dem zweiten Konsulat des Deltius Gratus Traianus Decius Augustus und des Deltius Gratus. Die Konjektur Lightfoots, der das τὸ τρίτον der Handschrift als Lesefehler von Γ. (= Γαίου) interpretierte, wird vereinzelt als „recht gewalttätig" angesehen, hat aber den Vorteil, dass τὸ δεύτερον nicht getilgt werden muss, sondern auf das zweite Konsulat des Decius im Jahre 250 zusammen mit Gratus bezogen werden kann, und Δελτίου als ein Korruptel von Οὐεττίου (Vettius) angesehen werden kann, des auch epigraphisch überlieferten Gentilnamens des Gratus; vgl. Barnes, Pre-Decian Acta (1968) 530 f. Die Eingriffe in den Text bleiben damit geringer als bei dem Vorschlag, bei der Datierung von τὸ τρίτον auszugehen und auf 251, das Jahr von Decius' drittem Konsulat, zu schließen. Dabei muss aber das doppelte καὶ Δελτίου Γρατοῦ einschließlich des τὸ δεύτερον als Interpolation getilgt werden; vgl. Strobel, Osterkalender (1977) 249 f. Möglicherweise sind für die Datierung in das Jahr 250 auch folgende Gesichtspunkte in Betracht zu ziehen: Der aus 2,1 zu rekonstruierende 23. Februar war in diesem Jahr ein Samstag, der nach Rordorf mit einem großen Fest der Stadt zusammenfiel (vgl. 3,6: „Großer Sabbat"), und der hier zu erschließende 12. März war ein Dienstag, wie die armenische Überlieferung weiß, 251 hingegen ein Mittwoch. Zum Problem des hier allerdings genannten Sabbats vgl. Anm. 145.
143 12. März.
144 Zum asianischen Kalender vgl. oben unter 2,1 zu μηνὸς ἕκτου.
145 Mit der Angabe des Sabbats ist der Text erkennbar inkongruent: 1. Das ganze Martyrium dauert vom zweiten bis neunzehnten Tag des sechsten Monats, also siebzehn Tage, und kann sich so nicht von einem Sabbat zu einem anderen Sabbat erstrecken. 2. Wenn die Verhaftung an einem Sabbat erfolgte, muss deshalb die Hinrichtung an einem Dienstag stattgefunden haben. Der 12. März 250 war ein Dienstag. Der armenische Text gibt in der Tat auch diesen Wochentag an: erekʿšabatʿi awr (am Tag des dritten Wochentages = Dienstag), wobei offen bleiben muss, ob dies bereits eine sachlich richtige, aber gelehrte Konjektur des armenischen Übersetzers ist, um das Sabbatproblem zu lösen. Mit der Verbindung von Hinrichtung und Sabbat sucht der Verfasser oder Interpolator einen Zusammenhang mit der Passion Jesu herzustellen, wobei Pionios in der Nachfolge Jesu einen Tag und eine Stunde später stirbt.
146 Häufig in Märtyrerakten anzutreffende Wendung (Nachweise bei Hil, 477), die Zeugnis für das Entstehen eines eigenen christlichen Zeitempfindens ist, auch wenn eine christliche Zeitrechnung erst später entwickelt wird.

D. Historische und literarische Aspekte

Durch die Arbeiten von Louis Robert[1] und Robin Lane-Fox[2] ist das Pioniosmartyrium in jüngster Zeit zu einem Schlüsseltext für das Thema der Christenverfolgungen im 3. Jh. geworden.

Die in der Kirchengeschichte des Eusebius enthaltene Notiz, derzufolge Pionios ein Märtyrer „aus eben jener Zeitperiode" des Polykarpmartyriums war,[3] hat die ältere Forschung dazu veranlasst, den Tod des Pionios in die Zeit Kaiser Marc Aurels (161–180) zu setzen, den überlieferten Text als unglaubwürdig anzusehen[4] und ihn einem Ps.-Pionios der Mitte des 4. Jhs. zuzuschreiben.[5] Dieser habe zum Ruhm der Kirche von Smyrna das *Corpus Polycarpianum*[6] mit dem Polykarpmartyrium, der Polykarpvita (BHG 1561), den Polykarpbriefen und seiner Überarbeitung des dem Eusebius bekannten Pioniosmartyriums in der heute vorliegenden Form zusammengestellt. Das Pioniosmartyrium habe er bei dieser Gelegenheit in die Zeit des Decius datiert, wie das bei Martyrien ohne genaues Datum nicht selten geschehen sei.[7] Damit habe er sein Incognito verherrlichen wollen, mit dem er sich als Kopist des Polykarpmartyriums und Verfasser der Polykarpvita nannte.[8]

Mit dem Märtyrer selbst kann der Abschreiber des Polykarpmartyriums und Autor der Vita zwar nicht identisch sein, wie früher oft angenommen wurde,[9] denn letztere trägt eindeutig Züge, die später sind als das 3. Jh. Dass ihr Autor hingegen der Verfasser bzw. Redaktor des Pioniosmartyriums (und der Redaktor des Polykarpmartyriums[10]) ist, konnte bislang aber ebenso wenig zwingend bewiesen werden. Die gilt auch für Zwierlein, der mit Hilfe der im 5. Jh. entstandenen armenischen Übersetzung des Pioniosmaryriums, welche eine Kurzfassung darstellt, die Urfassung des

---

1 ROBERT, Pionios (1994).
2 LANE FOX, Pagans (1986).
3 EVS.h.e. 4, 15,46 (352,16 f). Mit Recht lehnt WOHLEB, Überlieferung (1929) 173 die Übersetzung „um dieselbe Jahreszeit" (SCHWARTZ, Pionio [1905] 18), die die Datierung des Textes ins 2. Jh. möglich machen wollte, als „mindestens sehr erzwungen" ab.
4 „In jeder Hinsicht ... ein historisch ganz wertloses, apologetisch-erbauliches Phantasieprodukt des dritten Jahrhunderts": CAMPENHAUSEN, Bearbeitungen (1963) 290.
5 GRÉGOIRE – ORGELS – MOREAU, Martyres (1961) 82; der Aufsatz verteidigt eine schon früher von GRÉGOIRE – ORGELS, Véritable date (1951) 4–15 vorgetragene These; diese nochmals in GRÉGOIRE – ORGELS, Persécutions (1964) 108–114.
6 Vgl. zu den damit verbundenen Fragen SEELIGER H. R., Pionius, BBKL 7, 1994, 619–621; grundlegend nach wie vor DELEHAYE, Passions (1966) 26–46. DEHANDSCHUTTER, Martyrium (1979) 63–71 bezweifelt die Existenz eines solchen Corpus aus quellenkritischen Gründen prinzipiell.
7 GRÉGOIRE – ORGELS, Persécutions (1964) 113.
8 MPol. 22,3 (282–284).
9 Vgl. CORSSEN, Vita (1904) bes. 298; SCHWARTZ, Pionio (1905) 24; zur Kritik: DELEHAYE, Passions (1966) 36.
10 Vgl. CAMPENHAUSEN, Bearbeitungen (1963) 291.

griechischen Textes rekonstruiert[11], die er ca. 260–280 n. Chr. datiert. Eusebius habe sie in seine verlorene Sammlung der Märtyrerlitertur aufgenommen. Diesen Text, in dem alles fehlt, was Zwierlein als anachronistisch und unwahrscheinlich („absurd") betrachtet, habe um 400 n. Chr. Ps.-Pionius mit vielen Hinzufügungen redigiert und als letzten Teil seinem erweiterten *Corpus Polycarpianum* hinzugefügt, als dessen Redaktor er anzusehen sei.[12]

Nimmt man hingegen an, dass die Notiz des Eusebius, dem in seinem Werk nicht wenige chronologische Fehler unterliefen, irrig ist und das Pioniosmartyrium folglich nicht in die Zeit des Polykarp zu setzen ist,[13] dann könnte man meinen, es gäbe eigentlich keine Gründe, die zeitlichen Angaben des Textes selbst zu bezweifeln. Doch zeigt sich, dass die Datierung in 23 und die Nennung des Decius in 2,1 nicht der voreusebianischen Zeit angehören müssen, denn das *Hypomnestikon* des Ps.-Joseph, ein Text für schulische Zwecke um 500, datiert das Martyrium noch früher, nämlich in die Zeit Kaiser Trajan.[14] Das ist sicherlich falsch, legt aber die Vermutung nahe, dass es Textfassungen gegeben haben könnte, die eine ausdrückliche Datierung eben nicht enthielten. Solche Textfassungen können Eusebius und Ps.-Joseph erklären.

Nur innere Kriterien vermögen den textus receptus zu datieren. Louis Robert hat in verschiedenen Einzelstudien und dann zusammengefasst in der posthum edierten Edition des Martyriums zahlreiche Kennzeichen zusammengetragen, die *in summa* dazu führen, dem Text gute Ortskenntnisse und ein besonderes smyrnäisches Lokalkolorit zu attestieren,[15] welches in die Zeit des Strategen Rufinus (17,1) zu datieren ist, von dem smyrnäische Münzeditionen aus den Jahren 241 bis 243 vorliegen.[16]

Dies besagt nun keinesfalls, dass der Text aus einem Guss ist. Eine komplizierte Redaktionsgeschichte ist vielmehr vorauszusetzen, für die erstmals von Manlio Simonetti eine Hypothese aufgestellt wurde;[17] Art und Umfang stehen hingegen bislang nicht eindeutig fest.

Simonetti ging, der Angabe in 1,2 folgend, nach der es sich im Folgenden um eine Schrift des Pionios selbst handelt,[18] von einem autobiographischen Dokument als Kernbestand aus, welches die Kapitel 3 und 5 sowie 9 bis 18 umfasst habe. Dieses wurde von einem ersten Redaktor in voreusebianischer Zeit bearbeitet, der die Kapitel 1 und 2 sowie 19 bis 29 hinzufügte. Diesen Textbestand erweiterte ein Interpolator, den Simonetti dem 5. Jh. zuwies, um die Kapitel 4 bis 8, schob in Kapitel 9 die

---

11 ZWIERLEIN, Urfassungen 1 (2014) 78–114.
12 ZWIERLEIN, Urfassungen 2 (2014) 38–40.
13 Vgl. SORDI, Data (1961) bes. 284 f.
14 JOSEPHUS, Libellus memorialis 139 (GRANT – MENZIES, Joseph [1996] 284); dazu MOREAU, Observations (1955–57) 246.268–270.
15 Rob, passim, bes. 8.62.71; man beachte hier im Einzelnen auch den Kommentar zu 2,1; 3,1; 3,6; 4,2; 4,22; 6,3; 10,3; 15,1.
16 Vgl. den Kommentar zu 17,1.
17 SIMONETTI, Studi (1955) 37–51.
18 Diese These wurde erstmals von CADOUX, Smyrna (1938) 389.396 formuliert.

romanhaften Nachrichten über Sabina (9,3f) und in Kapitel 18 das Strafwunder ein, mit dem die Misshandlung des Pionios im Gefängnis gerächt wurde (18,10f), sowie einige Amplifikationen und redaktionelle Bemerkungen wie in 9,1, wo er das späte, erst ab dem 4. Jh. im Griechischen nachweisbare Lehnwort νοτάριος gebraucht.[19]

Nun ist aber zum einen das, was als zeitgenössisches Lokalkolorit zu bezeichnen ist, durchaus – und zwar recht deutlich – auch in den Kapiteln 4 bis 8 zu finden. Zum anderen erfährt die Zeichenhandlung (2,3f) in dem von Simonetti dem ersten Redaktor zugeschriebenen Kapitel 2 ihre ausführliche Deutung erst in einem von ihm dem Interpolator zugewiesenen Kapitel 6,2. Es ist deshalb zumindest nicht leicht, diese Stellen zwei Autoren zuzuschreiben und damit die erste der beiden Reden des Pionios einem späteren Interpolator.

Für die Redaktionsgeschichte ist in jedem Fall von folgenden vier Beobachtungen auszugehen:

a) Nach 1,2 hat der Märtyrer „diese Schrift" (σύγγραμμα) hinterlassen[20].
b) Nach 22,2 ist der Berichterstatter „Augenzeuge".
c) Das Verhör in 19f zeigt im Gegensatz zu dem in 9 sehr deutliche Merkmale der Orientierung an einem offiziellen *commentarius*.
d) Spätes Vokabular in 9,1 spricht für einen Bearbeiter in der Zeit vom 4. Jh. an.

Welches ist die „Schrift" des Pionios? Delehaye ging davon aus, dass es sich dabei um einen Martyriumsbericht in der ersten Person gehandelt habe, den der Redaktor in die dritte Person transponiert habe, wobei in 10,5 und 18,13 zwei Stellen in der ersten Person Plural stehen geblieben und nicht umgewandelt worden seien.[21] Dies ist aber für beide Stellen nicht zwingend, denn in beiden Fällen kann der Autor, der sich als Augenzeuge ausgibt, inklusiv sich und seine zeitgenössischen Leser (bzw. Hörer) meinen, und zwar einerseits als Gefährten des Asklepiades (10,5), andererseits als die von Euktemon verratenen Christen insgemein (18,13).

Die Angaben bei Eusebius, der die ihm vorliegende Schrift stichwortartig referiert,[22] legen hingegen die Vermutung nahe, dass der Grundbestand bereits ein weitgehend einheitliches literarisches Produkt war; nichts spricht dagegen, es dem voreusebianischen „Augenzeugen" aus 22,2 zuzuschreiben.

Unter dieser Grundannahme lässt sich folgende Hypothese aufstellen: Ausgangspunkt waren zum einen der in 19f verarbeitete offizielle *commentarius* sowie zum anderen Beobachtungen Dritter und Traditionen, die der „Augenzeuge" literarisch aufbereitet. Dabei zitiert er drittens in 4 und 13f ausgiebig aus einer Schrift des Pionios, dem σύγγραμμα (1,2),[23] und die darin enthaltenen Angriffen auf die Juden,

---

19 SIMONETTI, Studi (1955) 44f.
20 BOWERSOCK, Martyrdom (1995) 28–33.
21 DELEHAYE, Passions (1966) 30f.
22 Evs.h.e. 4, 15,47 (354,1–10).
23 So auch die Vermutung von PERNOT, Pionios (1997) 115.

wobei er das Zitat als Rede wiedergibt. Später ist dann das Martyrium noch einmal überarbeitet und glossiert worden. Die Einschübe, welche das erste Verhör (9) anhand der Verfertigung eines Protokolls durch einen Notar (9,1) authentisieren wollen, und die Einfügung des Strafwunders (18,11) gehören dieser späten Phase an. Zu fragen ist, ob das ganze Kapitel 9 bei dieser Gelegenheit eingeschoben wurde, um den Makel zu glätten, den die Lebensgemeinschaft mit einer Syneisakte für Pionios in späterer Zeit darstellen musste, als solche Verhältnisse immer mehr bekämpft wurden. Sabina/Theodotē erweist sich dabei als theologisch versiert und formuliert beim Verhör im Unterschied zu den anderen ein Glaubensbekenntnis. So steht sie nicht weiter im Zwielicht wegen ihrer Lebensform. Zwingend ist die späte Einfügung des ganzen Kapitels 9 jedoch nicht, da die zugleich erwähnte Politta durchaus eine Figur der Zeitgeschichte sein kann.[24] In einem höheren Grad wahrscheinlich ist hingegen, dass die explizit datierenden Angaben in 2,1 und 23 erst später hinzugefügt wurden.

Im Einzelnen führen folgende Beobachtungen zur erwähnten Annahme der redaktionellen Verarbeitung einer Schrift des Pionios durch den „Augenzeugen": In der ersten Rede des Pionios (4) werden die Griechen und Juden zunächst in der zweiten Person angeredet (4,3-6). Später (4,8-13) ist von den Juden in der dritten Person die Rede,[25] wobei ihre Verfehlungen mit dem von den Christen verlangten Götteropfer verglichen werden. Die in diesem Vergleich enthaltene Bewertung dürfte den Griechen als den in der Anrede genannten Hörern unverständlich bleiben, weshalb für diese Passage eher eine christliche Hörerschaft vorauszusetzen ist.[26] Die ganze Stelle (4,8-12) – oder zumindest Teile davon – müssen deshalb aus einer apologetischen Schrift stammen, deren Thema auch die theologische Auseinandersetzung mit den Juden war.

Eine weitere Passage aus derselben Schrift dürfte innerhalb der zweiten Rede des Pionios (12,3-14,16) mit 13,1-14,15 vorliegen. Eigentlich behandelt diese Rede das Problem der in der Verfolgung Gefallenen, die zu Pionios ins Gefängnis kamen (12,2), um von ihm als einem dem Martyrium entgegensehenden Confessor die Absolution oder einen Friedensbrief zu erlangen.[27]

Offensichtlich dient die Erwähnung der „Schriftgelehrten und Pharisäer" in 12,16 dazu, mahnende Worte des Märtyrers an judaisierende Gemeindemitglieder zu zitieren, wodurch diese mit den übrigen in der Verfolgung Abgefallenen gleichgesetzt werden. Dies führt zu langen Ausführungen. Was den Aufbau der zitierten Schrift angeht, könnte dieser Abschnitt dem schon früher in 4 zitierten vorangegangen sein; der Passus (ab εἶτα: 4,9b-11) schließt hier (14,15) recht gut an, durch das Thema der unfreiwilligen Sünde (4,10 und 13,1) ergibt sich dabei auch eine thematische Klammer. Vielleicht liegt Kapitel 14 aber auch eine eigene Abhandlung über die Hexe von En-Dor zugrunde.

---

24 Vgl. Kommentar zu 9,3.
25 Vgl. Leigh Gibson, Antagonism (2001) 348.
26 Ebd. 350.
27 Zum Ganzen vgl. Kötting, Konfessor (1976).

Die Auseinandersetzung mit den Juden und den *iudaizantes* in den christlichen Gemeinden war ein für Kleinasien kennzeichnendes Problem jener Zeit, in der eine deutliche Missionskonkurrenz zwischen Christen und Juden bestand. Dies ist aus anderen Städten gut belegt.[28] Insofern bietet eine apologetische Schrift des Pionios gegen die Juden, die sich an die Gemeinde richtet, wie sie hier zumindest in Teilen rekonstruierbar ist, vom Thema her keine Überraschung. Ihre Benützung zeugt für eine auch nach dem Tod ihres Autors bleibende Aktualität des Themas.

Das Pioniosmartyrium gibt deshalb einen Einblick in die Verhältnisse der Gemeinde von Smyrna in der Mitte des 3. Jhs., wo judaisierende Christen, von den Juden eingeladen (13,1), die Synagoge besuchen. Sie ist gleichzeitig ein bedeutendes Dokument aus der decischen Verfolgung, welches zeigt, wie großkirchliche Bischöfe schwach wurden, aber Priester der katholischen Kirche – neben Pionios auch Limnos – und der Markioniten (21,5) sowie Montanisten (11,2) standhaft blieben.

Eines der Gestaltungsmittel des Pioniosmartyriums ist die Parallelisierung des Märtyrergeschicks mit dem des Polykarp, jedoch weniger ausgeprägt als das Kapitel 2 zunächst vermuten lässt. Dominantes Thema ist vielmehr das Porträt des Märtyrers als Redner.[29] Andere Themen wie das des Märtyrers als Athlet (22,2f) oder des stoisch Leidenden (22,9) werden kunstvoll angespielt, bleiben aber deutlich im Hintergrund.

Pionios tritt als Gegenspieler des Neokoren Polemon (3,1), höchstwahrscheinlich ein Nachfahre und Mitglied der Familie des berühmten smyrnäischen Sophisten M. Antonius Polemon, sowie des Strategen Cl. Rufinus Sophistes (17,1) auf, von dem es ausdrücklich heißt, dass er im Rufe stand, ein beachtlicher Redner zu sein. Doch Pionios spottet über dessen Redekünste (17,2). Nacheinander bringt er selbst hingegen durch seine Reden das Volk und die Juden von Smyrna zum Schweigen (5,1), einen Händler namens Alexander (6,4) sowie den Rufinus selbst (17,4), sodass man vor seinen volksverführerischen Reden warnt (7,1). Alle Versuche, Pionios zu überreden (8,1; 12,1), versagen genauso wie schließlich seine eigenen Redekünste, mit denen er die Gegner zu überzeugen sucht.[30] Die nackte Gewalt bestimmt die Verhältnisse, nicht das Wort und die Wahrheit, wie Pionios selbst feststellen muss (8,1).

Dieser bitteren Einsicht korrespondiert allerdings auf rhetorischer Ebene, dass die Auseinandersetzung um seine Überzeugungen von Pionios sprachlich in einer Form geführt wird, die der paganen Umwelt, die als Hörer vorausgesetzt wird, inhaltlich fremd bleiben musste. Es ist eine durch und durch biblisch geprägte Rhetorik, derer er sich bedient. Nur vereinzelt finden sich Anspielungen auf griechische Bildungsinhalte (4,2; 4,4; 4,23; 17,2); im rhetorisch formalen Bereich tritt die Übernahme von klassischen Stilmitteln, wie man sie bei den Apologeten, Clemens von Alexandrien, Origenes und besonders Tertullian findet, zurück. Parataktisch in ihrer Syntax, sind

---

[28] Vgl. VAN DER HORST, Juden (1990); zum Judentum in Kleinasien allgemein: AMELING, Gemeinden (1996); KRAABEL, Diaspora Synagogue (1979) 483–491.
[29] So mit Recht PERNOT, Pionios (1997).
[30] CASTELLI, Martyrdom (2004) 92–102: „Pionius, the rhetor and stage manager".

die Reden des Pionios voller biblischer Zitate und Anspielungen, Bildworte und Vergleiche mitsamt Applikationen. Heidnischen Zuhörern musste das alles enigmatisch bleiben. Das heißt: Nur Christen (und Juden) konnten solcherlei verstehen. Das Volk konnte man mit derlei nicht zum Schweigen bringen. Nichts zeigt deutlicher, dass man es hier mit einer Fiktion zu tun hat bzw. mit einem Werk, das sich ganz an ein innerkirchliches Publikum wendet.

Was Pionios ausführt, verarbeitet ältere Traditionen und zeigt exegetisch eine hohe Qualität, wie besonders die zweite Rede belegt. Dass dabei die Reden wenig zielgerichtet erscheinen und ihnen ein argumentatives Ergebnis fehlt, kann daran liegen, dass lediglich einzelne Teile der Schrift, der diese Ausführungen entnommen sind, eingeflossen sind; das Gesamtkonzept und die spezifische Absicht dieser Schrift sind uns unbekannt.

Pionios repräsentiert so, wie ihn der „Augenzeuge" als Vorbild porträtiert, eine für die zweite Hälfte des 3. Jhs. selten gewordene Theologie, die sich durch exegetische Qualität auszeichnet und gleichzeitig primär ethisch orientiert ist – womit er sich paradoxerweise in der Nähe des von ihm angegriffenen frührabbinischen Judentums befindet. Er steht für christliche bibelorientierte Bildung, die auch auf der sprachlichen Ebene wenig Zugeständnisse an die pagane Umwelt macht und stärker auf Abgrenzung als auf Vermittlung setzt. Das geforderte Opfer zu verweigern erscheint deshalb nicht anders als konsequent.

Sicherlich war der Umstand, dass Eusebs Sammlung der alten Martyrien, in die er nach eigener Auskunft das Pioniosmartyrium aufgenommen hatte,[31] verloren ging, für die Verehrung des Pionios nachteilig.

Während die liturgische Tradition des Ostens in den Texten des Menologions Basilius' II.[32] und des Synaxars von Konstantinopel[33] insbesondere durch die Nennung der Namen die Kenntnis des Pioniosmartyriums verrät, jedoch als Gedenktag den 11. März vermerkt, verzeichnete das *Martyrologium Hieronymianum* mit dem 12. März den richtigen Tag.[34] Ansonsten gehen im Westen die Kenntnisse anderer frühmittelalterlicher Martyrologien unter dem falschen Datum des 1. Februar[35] nicht über die Informationen hinaus, die man der Kirchengeschichte des Eusebius in der Übersetzung des Rufinus[36] entnehmen konnte. Die lateinische Übersetzung des Martyriums, deren ältester Zeuge dem 7. Jh. angehört, war deshalb wohl nicht sehr weit verbreitet. Es gibt jedoch eine armenische und altslavische Übersetzung.

---

31 Evs.h.e. 4,15,47 (354,1–11).
32 PG 117, 348.
33 ActaSS Propyl. Nov. 529 f Delehaye.
34 ActaSS Nov. 2/2, 138 Delehaye – Quentin; man beachte allerdings auch den fehlerhaften Eintrag am 10. März (ebd. 135).
35 Florus: DUBOIS – RENAUD, Martyrologes (1976) 27; Ado: DUBOIS – RENAUD, Martyrologe (1984) 77; Usuard (SHG 40, 173 Dubois).
36 RVFIN.hist. 4,15,47 (GCS 9/1, 353–355 Mommsen). – Zum Ganzen vgl. SAUGET, Pionio (1968) 920 f.

E. Spezialliteratur

AMELING W., The Christian lapsi in Smyrna, 250 A. D. (Martyrium Pionii 12–14), VigChr 62, 2008, 133–160.
BUSCHMANN G., Martyrium Polycarpi – Eine formkritische Studie. Ein Beitrag zur Frage nach der Entstehung der Gattung Märtyrerakte (ZNW Beih. 70), Berlin 1994, 243–245.
CADOUX C. F., Ancient Smyrna. A History of the City from the Earliest Times to 324 A. D., Oxford 1938, 373–401.
CYRILLA Sr., Pionius of Smyrna, StPatr 10.1, 1970, 281–284.
DELEHAYE H., Les passions des martyrs et les genres littéraires (SHG 13B), Brüssel ²1966, 26–33.
DEN BOEFT J. – BREMMER J., Notiunculae martyrologicae 3, VigChr 39, 1985, 110–130, hier 113–125.
DEVOS P., Rez. von BASTIAENSEN, Atti (1987), AnBoll 107, 1989, 210–233, hier 213–215.
DEVOS P., Rez. von ROBERT, Pionios (1994), AnBoll 113, 1995, 180–184.
GERÖ ST., Jewish Polemic in the Martyrium Pionii and a „Jesus" Passage from the Talmud, JJS 29, 1978, 164–168.
GRÉGOIRE H. – ORGELS P., Le véritable date du martyre de S. Polycarpe (23 février 177) et le „Corpus Polycarpianum", AnBoll 69, 1951, 1–38.
GRÉGOIRE H. – ORGELS P. – MOREAU J., Les martyres de Pionios et de Polycarpe, BAB.L 47, 1961, 72–83.
HARNACK A. V., Geschichte der altchristlichen Literatur bis Eusebius 2: 2. Die Chronologie der Literatur von Irenäus bis Eusebius, Leipzig 1904 = 1968, 467 f.
HILHORST A., L'Ancien Testament dans la polémique du martyr Pionius, Aug. 22, 1982, 91–96.
HILHORST A., Heidenen, joden en christenen in Smyrna. De verdedigingsrede van de martelaar Pionius in de vervolging van Decius, Hermeneus 66, 1994, 160–166.
KEHNSCHERPER G., Apokalyptische Redewendungen in der griechischen Passio des Presbyters Pionios von Smyrna, StPatr 12.1, 1975, 96–103.
KOZLOWSKI J. M., The Portrait of Commodus in Herodian's „History" (1,7,5–6) as the Source of Pionius' post mortem Description in „Martyrium Pionii" (22,2–4), VigChr 62, 2008, 35–42.
LANATA G., Gli atti dei martiri come documenti processuali (Studi e testi per un Corpus Iudiciorum 1), Mailand 1973, 162–177.
LANE FOX R., Pagans and Christians: In the Mediterranean World from the Second Century AD to the Conversion of Constantine, London 1986 = 2006, 460–492.
LEIGH GIBSON E., Jewish Antagonism or Christian Polemic. The Case of the Martyrdom of Pionius, JECS 9.3, 2001, 339–358.
MERKELBACH R., Die ruhmvollen Blumenkohl-Ohren des Pionios von Smyrna, ZPE 76, 1989, 17 f.
MOSS C. R., The Other Christs. Imitating Jesus in Ancient Christian Ideologies of Martyrdom, Oxford 2010, 195 f.
PERNOT L., Saint Pionios, martyr et orateur in: FREYBURGER G. – PERNOT L. (Hrsg.), Du héros païen au saint chrétien. Actes du colloque organisé par le Centre d'Analyse des Rhétoriques Religieuses de l'Antiquité, Strasbourg 1ᵉʳ–2ᵉ décembre1995 (Collection EAug. Sér. Antiquité 154), Paris 1997, 111–123.
ROBERT L., Le martyre de Pionios, prêtre de Smyrne (hrsg. v. G. W. BOWERSOCK – C. P. JONES), Washington 1994.
RORDORF W., Zum Problem des „großen Sabbats" im Polykarp- und Pioniusmartyrium, in: DASSMANN E. – FRANK K. S., Pietas. FS B. KÖTTING (JAC.E 8) Münster 1980, 245–249.
SAXER V., Pionius de Smyrne (en 250), in: DERS., Bible et hagiographie. Textes et thèmes bibliques dans les Actes des martyrs authentiques des premiers siècles, Bern 1986, 111–125.
SCHWARTZ E., De Pionio et Polycarpo (Ad praemiorum a quattuor ordinibus propositorum publicam renuntiationem), Göttingen 1905.

SIMONETTI M., Studi agiografici (Studi e saggi 2), Rom 1955, 7–51.
SORDI M., La data del martirio di Policarpo e di Pionio e il rescritto di Antonino Pio, RSCI 15, 1961, 277–285.
WOHLEB L., Die Überlieferung des Pionios-Martyriums, RQ 37, 1929, 173–177.
ZWIERLEIN O., Die Urfassungen der Martyria Polycarpi et Pionii und das Corpus Polycarpianum 1: Editiones criticae; 2: Textgeschichte und Rekonstruktion. Polykarp, Ignatius und der Redaktor Ps.-Pionius (UALG 116), Berlin 2014.

Cyprian

A. Zum Text

1. Textüberlieferung und Editionsgeschichte

Die Texte zum Tode Cyprians (BHL 2037–2040) sind zum Teil eigenständig in hagiographischen Handschriften auf uns gekommen, zum Teil aber auch im Zusammenhang der breit überlieferten Schriften Cyprians. Dazu besitzen wir Zeugnisse in der *Vita Cypriani* des Pontius, in der Predigtliteratur, besonders bei Augustinus und in dessen antidonatistischen Schriften[1].

Drei Textblöcke schildern die Ereignisse, die im Zeitraum von zwei Jahren stattgefunden haben[2]:
a. die sog. *acta prima*, welche die Geschehnisse des Jahres 257 berichten,
b. die sog. *acta altera* zu Verhör und Urteil 258, welche in einer kürzeren Fassung (2^2-3^2) und in einer längeren Fassung (2^1-3^1) vorliegen,
c. die Passio Cyprians und seine Bestattung.

Diese drei Teile liegen in verschiedenen Kombinationen vor.

Dabei bieten die vollständige Fassung mit allen drei Teilen, in denen die *acta altera* einen kürzeren Urteilsspruch (2^2-3^2) aufweisen, folgende von uns genutzte Handschriften:

C Rom, Biblioteca Casanatense, Ms lat. 719, fol. 126^r (11. Jh. [Reitzenstein], 12. Jh. [Bastiaensen])
D Rom, Biblioteca Vallicelliana, Ms VIII, fol. 115^v–117^v (S. Vincenzo; 11./12. Jh.)
F Rom, Biblioteca Vallicelliana, Ms XIV, fol. 178^r–179^r (Sant'Eutizio; 12. Jh.)
G Rom, Biblioteca Vallicelliana, Ms XXV, fol. 103^r–111^v (Sant'Eutizio; 11./12. Jh.)
H Rom, Biblioteca Vallicelliana, Ms I, fol. 273^r–274^r (Sant'Eutizio; 12. Jh.)
I Rom, Biblioteca Vallicelliana, Ms IX, fol. 85^r–86^r (Benevent; 11. Jh.)
K Rom, Biblioteca Vallicelliana, Ms X, fol. 201^v–202^v (12./13. Jh.)
O Wien, Österreichische Nationalbibliothek, cod. lat. 358, fol. 54^r (9. Jh.)
S Arras, Bibliothèques municipales, Ms 23 (25), fol.48^v (Mont Saint Éloi, 14. Jh.)
f Brüssel, Société des Bollandistes, Ms 14, fol. 94^r (9. Jh.)
g Chartres, Bibliothèque municipale, Ms 144 (506), fol. 205^v (10. Jh.)
h Bernkastel-Kues, Bibliothek des St. Nikolaus-Hospitals, Ms 36, fol. 209^r (10./11. Jh.)
i München, Bayerische Staatsbibliothek, cod. lat 5510, fol. 173^r (Dießen; 14. Jh.)

---

1 Dassmann E., Cyprianus, AugL 2, 1996–2002, 196–211.
2 Vgl. auch die sorgfältige Analyse der Textgeschichte bei Lanata, Atti (1973) 242–247.

n Montpellier, Bibliothèque universitaire, Ms 156, fol. 246ᵛ (Langres; 10. Jh.)
o Rouen, Bibliothèque municipale, Ms U 42, fol. 131ᵛ (10./11. Jh.)

Eine Fassung, welche lediglich die *acta altera* – teilweise ergänzt mit der Passio (so Y) – zeigt, allerdings mit einem längeren Urteilsspruch (2^1–3^1), bieten die folgenden Handschriften im Zusammenhang von Werken Cyprians:

E Paris, Bibliothèque nationale de France, cod. lat. 17349 (Compiègne; 10. Jh.) [Kopie einer Handschrift des 8./9. Jh.]
M München, Bayerische Staatsbibliothek, cod. lat. 208, fol. 254 (9. Jh.)
T Vatikan, Biblioteca Apostolica Vaticana, cod. Reginensis 118 (9. Jh. [Reitzenstein], 10. Jh. [Bastiaensen])
W Würzburg, Universitätsbibliothek, M.p.th.f. 145, fol. 136ᵛ (nur 3^1,1–4) (9. Jh.)
X Würzburg, Universitätsbibliothek, M.p.th. f. 56, fol. 32ᵛ–33ʳ (9. Jh.)
Y Würzburg, Universitätsbibliothek, M.p.th.f. 33, fol. 38ʳ–39ᵛ (9. Jh.)

Die Editionsgeschichte der *Acta Cypriani* ging auf zwei Wegen vor sich, beginnend im 15. Jh. mit den Druckeditionen der Werke Cyprians und mit den Frühdrucken hagiographischer Quellen[3].

Die hier gewählte synoptische Darstellungsform versucht, wie auch schon Lanata[4], eine vollständige Fassung mit allen drei Teilen wiederzugeben und gleichzeitig einen Blick auf den Variantenreichtum einer Überlieferung in unterschiedlichen historischen und theologischen Kontexten zu eröffnen, bei der sich Traditionsblöcke in der Textüberlieferung herausstellen. Dabei übernehmen wir den Text von BASTIAENSEN, Acta Cypriani (1987) mit ausgewählten Lesarten. Gegenüber der älteren Zählung mit fünf bzw. sechs Kapiteln[5] folgen wir der sinnvollen Neueinteilung bei Bastiaensen in vier Kapitel, gehen aber nicht mit ihm konform, was die Einteilung in vier Überlieferungsblöcke und die Nähe zur *Vita Cypriani* angeht.

2. Fragen zur Genese und Entfaltung der Überlieferung

Die relative Nähe der unterschiedlichen Fassungen hat die historisch-kritische Forschung besonders seit Reitzenstein zu Fragen nach einem zugrundeliegenden Urtext oder nach dem Verhältnis der verschiedenen Fassungen veranlasst.

Es bleibt die Frage, warum der Bericht von der zweiten Verhaftung Cyprians und von seinem Todesurteil in Verbindung mit Werken Cyprians überliefert wird und im hagiographischen Schrifttum das Verhör von 257 und die Urteilsvollstreckung und

---

3 Vgl. die detaillierten Angaben BHL 2037–2040.
4 LANATA, Atti (1973) 184–187.
5 KNOPF – KRÜGER – RUHBACH, Märtyrerakten (1965) 62–64; MUSURILLO, Acts (1972) 168–174.

Bestattung im Jahre 258 mitgegeben ist. Letzteres ist nun durchaus einsichtig und unterliegt den Entwicklungen dieser Textsorte, für die die Stätte des verehrten Grabes von hoher Bedeutung ist. Offen bleiben müssen für die Überlieferung des Textes der *acta altera* in der Form ohne Passio und Bestattung im Zusammenhang der Werküberlieferung die Gründe, die über Reitzensteins unbefriedigende Überlegungen von 1913 hinausgehen. Dort betont er, dass die Sammlung der Cyprianbriefe einen ersten Anhang mit dem Protokoll des Jahres 257 erhalten habe. „Als zweiten Anhang erhielt die alte Ausgabe das Martyrium Cyprians. Das war begreiflich genug. Die letzten Briefe – besonders ep. 81 – führen uns unmittelbar an seine Schwelle. Der Leser muss begehren, zu wissen, wie es sich vollzogen habe. Auch sonst entspricht die Beifügung des Martyriums zu den Werken eines Schriftstellers nur antikem Gebrauch; die ἔκδοσις gibt ja, wenn möglich, auch den βίος"[6]. Zu optimistisch scheint Reitzenstein auch 1919 zu sein: „Ein günstiges Geschick lässt uns in diesem Fall die Entstehung eines Märtyrerberichtes bis in die Anfänge zurückverfolgen."[7] Seine kritischen Beobachtungen der einschlägigen Textüberlieferung versuchte er gewissermaßen in Analogie zur Form eines Stemmas zu systematisieren.

Augustinus kannte die *acta altera*, wie seine Predigten zum Cyprianfest zeigen, in denen er sie teilweise wörtlich zitiert (*sermo* 309,4 zitiert 3^2,3).

Weiterführen dürfte allerdings die Frage, ob sich jeweils individuelle Charakteristika in den beiden Textfassungen beobachten lassen; beide besitzen jeweils eigene Ausschmückungen und Amplifikationen. So zeigt sich in der längeren Fassung (2^1-3^1), die von Erweiterungen deutlich stärker Gebrauch macht, das Bemühen um eine gewisse protokollarische Korrektheit bei den Amtstiteln (*vir clarissimus, sanctissimi principes*), präzise Verwendung von juristischen Termini (*ex sacro rescripto propter; hoc specialiter rescripto*) und Wendungen der politischen Sprache (*felicissima tempora*). Dazu gehört wohl auch, was den kirchlichen Sprachgebrauch angeht, das Vorkommen von *papas*, das relativ selten in Nordafrika belegt ist.[8] Diese Langfassung betont also deutlich mit ihren Besonderheiten den historisch-antiquarischen Bereich. Dazu passt das Bemühen um ein gewisses literarisches Niveau.

Die zweite, kürzere Fassung des Berichtes (2^2–3^2) entspricht den Normen der hagiographischen Literatur, da sich hier im Unterschied zu längeren Fassung eine deutliche kirchliche und theologische Stilisierung zeigt. Diese erscheint deutlich in der stehenden formelhaften Rede von *Cyprianus episcopus* zur Betonung der Autonomie und Autarkie des Bischofmärtyrers[9]. Die Kaisertitulaturen zeigen hingegen mit *sacratissimi* eine gewisse Ambivalenz. In der Kurzfassung kommt bei der Verweigerung der Bedenkzeit vor dem Urteil durch den Bischof am deutlichsten ein Zusammenhang

---

6 REITZENSTEIN, Nachrichten (1913) 8f.
7 REITZENSTEIN, Bemerkungen (1919) 202.
8 TERT.pudic. 13 (CChr.SL 2, 1384–1391 Dekkers); PPerp. 13,3 (SChr 417, 150 Amat).
9 Dies dürfte auch ein weiterer Beweggrund dafür gewesen sein, den Verhörstext von 257 aufzunehmen.

zum Ausdruck, der auf einen allgemeinen hagiographischen Subtext verweist: Dem Märtyrerbischof wird eine Allusion aus den *Acta Scil(l)itanorum* in den Mund gelegt: „*in re tam iniusta nulla est consultatio*" (PScill. 11).

Grundsätzlich muss aber die Frage nach dem „Urtext" der Kapitel 2 und 3, die sich als Kern der Überlieferung herausstellen, offen bleiben, denn es sind durchaus alternative Möglichkeiten denkbar:

1. Ein Text, wie er sich in 2^1–3^1 erhalten hat, wobei dann eine Redaktion in 2^2–3^2 vorläge, die die Verhandlungen von 258 leicht kürzt und die im hagiographischen Zusammenhang überliefert ist;
2. Ein Text wie 2^2–3^2, wobei eine frühe historisch-antiquarische Erweiterung in 2^1–3^1 vorläge, welche im Zusammenhang der Werke Cyprians überliefert wird.

Dazu kommen zwei weitere Faktoren, die in der handschriftlichen Überlieferung eine nicht unerhebliche Rolle spielten: neben einer frühen konfessionellen, d. h. donatistischen Redaktion von 2^1–3^1 (Y)[10] eine wechselseitige Beeinflussung der Textfassungen im langen handschriftlichen Tradierungsprozess (besonders deutlich in n).

B. Zum Inhalt

257, 30. August, Karthago: Prokonsul Paternus verhört im Auftrag der Kaiser Valerian und Gallienus Bischof Cyprian und schickt ihn ins Exil nach Curubis. Cyprian lehnt die Denunziation von Mitklerikern ab und bekommt aufgrund des Kaisergesetzes ein Versammlungsverbot und die Schließung der Coemeterien mitgeteilt.

258, 13./14. September bei Karthago: Nach der Rückkehr Cyprians aus dem Exil in Curubis aufgrund eines kaiserlichen Spezialreskriptes kommt es zur erneuten Verhaftung durch *principes* des kränkelnden Prokonsuls Galerius Maximus. Nach einer Nacht unter Hausarrest im *vicus Saturni* folgt dem Verhör in der Villa Sexti das Todesurteil. Cyprian wird unter großer Anteilnahme der christlichen Gemeinde und begleitet von dem Presbyter Julianus und dem gleichnamigen Subdiakon sofort hingerichtet. Die feierliche Bestattung des Bischofs erfolgt nächtens in der *area* des Macrobius Candidatus an der Via Mappalia neben den Fischteichen. Der Prokonsul stirbt einige Tage später.

---

10 Diese auf der Basis von REITZENSTEIN, Nachrichten (1913) und DERS., Bemerkungen (1919) separat ediert von MAIER, Dossier 1 (1987) 122–126.

C. **Acta Cypriani**

Die Akten Cyprians

1. Imperatore[1] Valeriano quater et Gallieno ter consulibus tertio kalendas septembris Cartagine in secretario Paternus proconsul Cypriano episcopo dixit: Sacratissimi imperatores Valerianus et Gallienus litteras ad me dare dignati sunt, quibus praeceperunt eos qui non romanam religionem colunt debere romanas cerimonias recognoscere. Exquisivi de nomine tuo; quid mihi respondes?

2. Cyprianus episcopus dixit: Christianus sum et episcopus. Nullos alios deos novi[2], nisi unum et verum Deum, qui fecit caelum et terram, mare et omnia quae in eis sunt. Huic Deo christiani deservimus, hunc deprecamur diebus atque noctibus[3] pro nobis et pro omnibus hominibus et pro incolumitate ipsorum imperatorum.

3. Paternus proconsul dixit: Et in hac voluntate perseveras? Cyprianus episcopus dixit: Bona voluntas quae Deum novit mutari non potest.

4. Paternus proconsul dixit: Poteris ergo secundum praeceptum Valeriani et Gallieni exul[4] ad urbem Curubitanam proficisci? Cyprianus episcopus dixit: Proficiscor.

5. Paternus proconsul dixit: Non solum de episcopis[5], verum etiam et de presbyteris mihi scribere dignati sunt. Volo ergo scire a te qui sint presbyteri qui in hac civitate consistunt. Cyprianus episcopus dixit: Legibus vestris bene atque utiliter censuistis delatores non esse; itaque deferri a me non possunt; in civitatibus suis invenientur. Et cum disciplina prohibeat ut quis se ultro offerat et tuae quoque censurae hoc displiceat, nec offerre se ipsi possunt, sed a te exquisiti invenientur.

6. Paternus proconsul dixit: Ego hodie de hoc coetu exquiram. Cyprianus episcopus dixit: Ipsi a te requisiti invenientur.[6]

7. Paternus proconsul dixit: A me invenientur. Et adiecit: Praeceperunt etiam ne in aliquibus locis conciliabula[7] faciant nec cimiteria ingrediantur. Si quis itaque hoc tam salubre praeceptum non observaverit, capite plectetur. Cyprianus episcopus dixit: Praecepisti[8].

Nota: Incipit passio eiusdem (eiusdem passio E) Cypriani ex die qua martyrium Cyprianus tulit. Ordo autem martyrii (martyrum M) hac lectione demonstratur et declaratur: Cum Cyprianus sanctus martyr electus a deo de civitate Curubitana (*cfr* 2¹) EM

1 Imperatore Ruinart Hartel Musurillo Bastiaensen, Imperatori O, imperante C
2 O n o Reitzenstein, colo f g h i Lanata
3 huic christiani de servimus, hunc deprecamur diebus ac noctibus f g h i
4 exilio n
5 paternus proconsul dixit: non solum de episcopis *omm.* f g h i
6 Et cum disciplina ... requisiti invenientur *omm.* f g h i n Paternus ... requisiti invenientur *omm.* CO²
7 conciliabula: concilia diabolica g
8 praecepisti CO h m Reitzenstein Lanata Lazzati Musurillo Bastiaensen fac quod tibi preceptum est *ceteri codices* Ruinart Knopf-Krüger-Ruhbach

1. Als die Imperatoren Valerian das vierte Mal und Gallienus das dritte Mal Konsuln waren¹, sagte der Prokonsul Paternus² am 30. August in Karthago in seinem *secretarium* dem Bischof Cyprian: „Die heiligsten Imperatoren Valerian und Gallienus würdigten mich eines Briefes, in dem sie befehlen, dass die, die keine Anhänger der römischen Religionsformen sind, doch die römischen Zeremonien vollziehen müssen. Ich habe Erkundigungen über dich eingezogen. Was antwortest du mir darauf?"

2. Bischof Cyprian sagte: „Ich bin Christ und Bischof. Ich kenne keine anderen Götter als den einen und wahren Gott, der Himmel und Erde, das Meer und alles, was darinnen ist, gemacht hat.³ Diesem Gott dienen die Christen, zu diesem beten wir Tag und Nacht für uns und für alle Menschen und sogar für die Unversehrtheit der Imperatoren."

3. Prokonsul Paternus sagte: „Und beharrst du auf diesem Willen?" Bischof Cyprian sagte: „Der gute Wille, der Gott kennt, kann nicht verändert werden."

4. Prokonsul Paternus sagte: „Bist du also bereit, nach dem Befehl des Valerian und des Gallienus zur Stadt Curubis aufzubrechen?" Bischof Cyprian sagte: „Ich breche auf."

5. Prokonsul Paternus sagte: „Nicht nur über die Bischöfe, sondern auch über die Presbyter würdigten sie mich, mir zu schreiben. Ich will von dir wissen, wer die Presbyter sind, die es in dieser Stadt gibt." Bischof Cyprian sagte: „In euren Gesetzen habt ihr gut und nützlich festgesetzt, dass es keine Denunzianten geben soll⁴; deshalb können sie von mir nicht angezeigt werden. In ihren Stadtvierteln können sie gefunden werden. Und da unsere Disziplin verhindert, dass jemand sich freiwillig anzeigt⁵, – etwas, was auch deiner Richtergewalt missfallen dürfte – können sie sich nicht selbst darbieten, sondern wenn du sie suchst, wirst du sie finden."

6. Prokonsul Paternus sagte: „Ich will noch heute über diese Gruppe Ermittlungen anstellen". Bischof Cyprian sagte: „Wenn du sie suchst, wirst du sie sicher finden".

7. Prokonsul Paternus sagte: „Sie werden von mir gefunden werden", und er fügte hinzu: „Man befahl auch, dass nirgendwo Versammlungen stattfinden und die Coemeterien nicht betreten werden dürfen.⁶ Wenn deshalb jemand diesen heilsamen Befehl nicht beachtet, soll er enthauptet werden". Bischof Cyprian sagte: „Du hast befohlen."

Vorbemerkung: Fassung 1 enthält Kapitel 1, 2 und 3 und ist besonders im Zusammenhang der Schriften des Corpus Cyprianum überliefert. Fassung 2 hat Kapitel 2, 3 und 4. Einem Teil der Fassung 1 ist Kapitel 4 beigegeben worden. Wir geben den Text von Fassung 1 wieder, setzen in den Kapiteln 2 und 3 die Fassung 2 synoptisch gegenüber und fügen deren Schlusskapitel 4 an (s. zur Textüberlieferung die Einleitung).

1 257 n.Chr.
2 THOMASSON, Statthalter (1960) 123, vielleicht erhielt er im Jahre 268 den Konsulat zum zweiten Male; das Jahr seines ersten Konsulates ist unbekannt.
3 Ps 145,6 Vg. wird zu einem beliebten Bekenntnis der Confessoren und Märtyrer: HAMMAN, Confession (1972), z.B. MPion. 8,3.
4 Deutlich ist der Verweis auf das Trajanreskript: PLIN.epist. 10,97 (340 Mynors).
5 Vgl. die Einleitung zur Position der Großkirche, freiwilliges Martyrium abzulehnen.
6 Zur Zahl der decischen Gesetze: CLARKE, Letters 1 (1984) 25–39.

2¹. Cum Cyprianus, sanctus martyr electus a deo⁹, de civitate Curubitana, in qua exilio ex praecepto Aspasi Paterni tunc proconsulis¹⁰ clarissimi viri¹¹ datus, esset regressus ex sacro rescripto specialiter hoc et personaliter¹² remisso, in hortis suis manebat, et ad diem omnibus horis veniri, sicut ei¹³ ostensum erat, sperabat.

2². Cumque Cyprianus, sanctus martyr electus a Deo, de civitate Curubitana, in qua exilio praecepto Aspasi Paterni proconsulis datus fuerat, regrederetur¹, in hortis suis manebat, et inde cotidie sperabat venire ad se, sicut illi ostensum fuerat.

2. Idem cum illic demoraretur¹⁴ derepente idibus¹⁵ septembribus, Tusco et Basso¹⁶ consulibus, venerunt ad eum principes duo, unus ex officio¹⁷ Galeri Maximi proconsulis clarissimi viri¹⁸, qui Aspasio Paterno successerat, alius eques strator¹⁹, qui esset a custodiis, officii eiusdem clarissimi viri²⁰.

2. Et cum illic demoraretur, repente idibus septembris, Tusco et Basso consulibus, venerunt ad eum principes duo, unus ex officio Galeri Maximi proconsulis², alius vero eques strator, sed a custodibus, eiusdem officii Galeri Maximi³ proconsulis,

3. Et²¹ in curriculum eum imposuerunt et ambo eum texerunt²² et in Sexti eum tulerunt²³, ubi idem Galerius Maximus pro consule bonae valetudinis recuperandae gratia secesserat,

3. qui et in curriculum eum levaverunt et ambo in medio posuerunt et in Sexti perduxerunt, quo idem⁴ Galerius Maximus proconsul bonae valetudinis recuperandae gratia secesserat.

---

9 domino deo Y
10 pro consule Y
11 c. v. E M T, *om.* Y
12 h. et p. *om.* Y
13 ei *om.* Y
14 demoraretur iam nullo quaereretur Y
15 diebus Y
16 Passo Y
17 ex officio Y Bastiaensen, strator officii EMT, Reitzenstein¹ Lanata Musurillo
18 c. v.: vecario Y
19 S Bastiaensen *in aliis codicibus magna est corruptio*
20 Aspasio Paterno ... clarissimi viri *omm.* E M, cl. v.: proconsulis Y
21 *om.* Y
22 velaverunt Y
23 pervolaverunt Y

---

1 regrederertur: regressus fuisset ex sacro rescripto specialiter hoc et personaliter remisso ut n
2 proconsulis qui Casto Paterno successerat n o Reitzenstein
3 Galeri Maximi *om.* n
4 levaverunt ... quo idem *omm.* f g h i *traditio nominum topographicorum diffusa est valde*

2¹. Als Cyprian, der heilige Märtyrer, der von Gott erwählt war, aus der Stadt Curubis, in der er auf Befehl des damaligen Prokonsuls Aspasius Paternus *vir clarissimus* im Exil war, auf Grund eines ihn persönlich betreffenden kaiserlichen[7] Spezialreskriptes, zurückgekehrte und in seinen Gärten verweilte, hoffte er auf den Tag[8], da man, wie es ihm offenbart war, zu jeder Stunde zu ihm kommen konnte.[9]

2. Als er dort nun verweilte, kamen urplötzlich an den Iden des Septembers, als Tuscus und Bassus Konsuln waren[10], zwei *principes*[11], der eine aus dem Officium des Prokonsuls Galerius Maximus *vir clarissimus*, der der Nachfolger des Aspasius Paternus geworden war, der andere ein *eques strator*[12], der zur Gefängnisverwaltung gehörte, ebenfalls aus dem Officium des *vir clarissimus*.

3. Und sie setzen ihn in einen Wagen, und beide geleiteten ihn und brachten ihn zur Villa des Sextus[13], wohin sich der Prokonsul Galerius Maximus zurückge-

2.² Als Cyprian, der heilige Märtyrer, der von Gott erwählt war, aus der Stadt Curubis, in der er auf Befehl des Prokonsuls Aspasius Paternus im Exil war, zurückkehrte und in seinen Gärten verweilte, hoffte er täglich, dass man zu ihm käme, wie es ihm offenbart worden war.

2. Und als er dort weilte, kamen plötzlich an den Iden des Septembers, als Tuscus und Bassus Konsuln waren, zwei *principes*, der eine aus dem Officium des Prokonsuls Galerius Maximus,

der andere aber ein *eques strator*, jedoch von den Gefängniswärtern aus demselben Officium des Prokonsuls Galerius Maximus.

3. Die setzten ihn auf einen Wagen und nahmen ihn beide in die Mitte und brachten ihn zur Villa des Sextus, wohin sich der Prokonsul Galerius Maximus

---

7 *Ex sacro rescripto*: „vom Kaiserhof erlassen", Ausdruck der Divinisierungstendenz, deren Funktion die Sicherung eines gefährdeten Reiches ist.

8 Der „Tag des Herrn" der frühjüdischen Apokalyptik wird bei den Märtyrern und bes. Cyprian – hier auch mit dem Motiv des der säkularen Chronologie entzogenen „morgigen Tages" – individuell adaptiert.

9 Auffällig ist die Stilveränderung in Kapitel 2: Der Protokollstil geht über in eine gehobene Kunstprosa der Erzählung.

10 258 n.Chr.

11 Ein abkommandierter Centurio, vgl. DOMASZEWSKI, Rangordnung (1908) 321 (Index zu *centurio*).

12 OTT, Beneficiarier (1995) 36.177.

13 Sexti ist das Kürzel für die topographische Bezeichnung ‚Villa des Sextus'.

4. eundemque[24] Cyprianum idem Galerius Maximus pro consule vir clarissimus alia die, id est crastina, offerri sibi praecepit. Et ita idem Cyprianus cum principe, id est stratore[25] officii Maximi proconsulis clarissimi viri secessit et in hospicio eius cum eo vico Saturni inter Veneria et Salutaria mansit.

5. Illic ante ianuam universus populus fratrum mansit; et cum hoc Cyprianus comperisset, castigari puellas praecepit, quoniam in vico omnes ante ianuas[26] hospicii principis[27] iacebant.

4. Et ita idem Galerius Maximus proconsul in aliam diem Cyprianum sibi reservari praecepit. Et tunc beatus Cyprianus apud principem et stratorem eiusdem officii Galeri Maximi proconsulis fuit.[5]

5. Et cum esset in vico qui dicitur Saturni inter Veneria et Salutaria, mansit illic universus populus fratrum; et cum hoc sanctus Cyprianus comperisset, custodiri[6] puellas praecepit, quoniam omnes in vico ante ianuam hospicii principis manserunt[7].

3[1] Et ita[28] altera die, id est octavo decimo kalendas octobris mane simul ad Sexti, secundum praeceptum Galeri Maximi proconsulis clarissimi viri, in atrio sedenti obvoluto et sauciolo oblatus est.

3[2] Et ita altera die, octavo decimo[8] kalendas octobris, mane multa turba convenit ad Sexti[9] secundum praeceptum Galeri Maximi proconsulis, et ita idem Galerius Maximus proconsul eadem die Cyprianum sibi offerri praecepit[10] in atrio sauciolo[11] sedenti[12].

2. Quo oblato idem Galerius Maximus proconsul clarissimus vir Cypriano dixit:[29]

2. Cumque oblatus fuisset, Galerius[13] Maximus proconsul Cypriano episcopo dixit:

---

24 cum qui Y
25 id est stratore Y n; et stratore EMT, Reitzenstein[1], Lanata
26 ianuam Y
27 principes Y
28 *om.* Y
29 Et ita altera die ... dixit: et altera die ut dixi Tusco et Passo consulibus die octavo decimo kalendas octobris inter cetera inducto eodem Cypriano Galerius Maximus vicarius pro consule africae dixit Y; apud Carthaginem die octavo decimo kalendas octobris inducto Cypriano eadem inter cetera Galerius Maximus vir clarissimus (vocatus X) proconsule Africae ei dixit WX

---

5 fuit O o; secessit ad ospitium eius f g h; secessit ut in ospitio eiusdem esset n
6 custodire O o[1]; castigari f g h i
7 ianuam ... manserunt: ianuas ... iacebant n
8 Et ... decimo: sed cum inluxisset dies alius hoc est duodevicesimo n
9 sexti praetorium K
10 et ita ... praecepit *omm.* f g h i n
11 sauciolo f g h i o: sautio O; obvolutus sacculo K; in atrio sauciolo *om.* n
12 sedente e o; sedente oblatus est n; sedenti oblatus est (Cyprianus i) h i; sedenti ablatus est (Cyprianus g[2]) f g
13 Cumque...Galerius: atque idem Galerius f g h n; ad quem idem Galerius i

zogen hatte, um wieder zu guter Gesundheit zu kommen.

4. Den Cyprian ließ der Prokonsul Galerius Maximus *vir clarissimus* sich an einem anderen Tag, nämlich dem folgenden, vorführen. Und so ging Cyprian mit dem einen *princeps*, nämlich den Strator, aus dem Officium des Prokonsuls Maximus *vir clarissimus* und blieb bei ihm im Viertel des Saturn zwischen dem Venus- und dem Salustempel in Hausarrest[14].

5. Und dort vor dem Tor blieb auch die ganze Menge der Brüder. Als aber Cyprian dies erfahren hatte, ließ er die Mädchen streng ermahnen, da in dem Viertel alle vor den Toren des Arrestlokals bei dem *princeps* lagerten.

3¹ Und so wurde er am nächsten Tag, d.h. am 18. Tag vor den Kalenden des Oktobers, in der Frühe zur Villa des Sextus gebracht gemäß dem Befehl des Galerius Maximus *vir clarissimus*, der verbunden und verletzt im Atrium saß.

2. Der Prokonsul Galerius Maximus *vir clarissimus* sagte zum vorgeführten Cyprian:

zurückgezogen hatte, um wieder zu guter Gesundheit zu kommen.

4. Und so befahl der Prokonsul Galerius Maximus, ihm an einem anderen Tag Cyprian vorzuführen. Und dann verblieb der selige Cyprian bei dem *princeps* und *strator* des Officiums des Prokonsuls Galerius Maximus.

5. Und als er im Viertel des Saturn zwischen dem Venus- und dem Salustempel war, blieb dort auch die ganze Menge der Brüder.

Und als das der heilige Cyprian erfahren hatte, befahl er, Acht zu haben auf die Mädchen, da alle in dem Viertel vor dem Tor des Arrestlokals bei dem *princeps* blieben.

3² Und am nächsten Tag, dem 18. Tag vor den Kalenden des Oktobers, kam in der Frühe eine große Schar zur Villa des Sextus gemäß dem Befehl des Prokonsuls Galerius Maximus, und so ließ der Prokonsul Galerius Maximus an diesem Tag, als er im Atrium verletzt saß, sich Cyprian vorführen.

2. Und als er vorgeführt wurde, sagte der Prokonsul Galerius Maximus zu Bischof Cyprian:

---

14 Zum Hausarrest (*libera custodia*) für Angehörige der Oberschichten im Zusammenhang des römischen Gefängniswesens vgl. KRAUSE, Gefängnisse (1996) 180-188.

Tu es Tascius³⁰ Cyprianus?. Cyprianus dixit³¹: Ego.
3. Galerius Maximus proconsul³² clarissimus vir³³ Cypriano³⁴ dixit: Tu te papatem³⁵ sacrilegae mentis hominibus³⁶ exhibuisti³⁷? Cyprianus dixit³⁸ : Ego.

4. Galerius Maximus proconsul clarissimus vir conlocutus cum³⁹ consilio sententiam vix et aegre dixit verbis huiusmodi⁴⁰: Diu sacrilega mente vixisti, et plurimos tibi nefariae conspirationis homines congregasti, et inimicum te constituisti diis romanis et religionibus sacris⁴¹,

Tu es Tascius Cyprianus?. Cyprianus episcopus¹⁴ dixit: Ego.
3. Galerius Maximus proconsul dixit¹⁵:

Iusserunt te sacratissimi imperatores¹⁶ cerimoniari¹⁷.
Cyprianus episcopus dixit: Non facio.
Galerius Maximus dixit: Consule tibi.
Cyprianus episcopus dixit: Fac quod tibi praeceptum est¹⁸; in re tam iniusta¹⁹ nulla est consultatio²⁰.

4. Galerius Maximus proconsul locutus cum consilio²¹ dixit²²: Diu sacrilega mente vixisti, et nefariae²³ tibi²⁴ conspirationis homines adgregasti, et inimicum te diis romanis et sacris legibus²⁵ constituisti, nec te pii et sacratissimi principes Valerianus et Gallienus et Valerianus

---

30 Thascius W X, Tuscius Y, Statius S, Hascius H
31 C. d.: respondit Y
32 pro consule vecario (vicarius *corr.* Y²) Y
33 c. v. *om.* Y
34 *om.* Y
35 te papam S, papam te T
36 *om.* X
37 praebuisti EM
38 *om.* Y
39 proconsul ... cum: tunc pro consule locutus ex Y
40 huiusmodi verba dixit Y
41 *desinunt* WX

---

14 episcopus sanctus n *saepe in sequentibus huius codicis*
15 d.: (Cypriano episcopo sancto n) dixit: Tu papam (papaten f propter g) te sacrilega (sacrilegae n *om.* f) mente (mentis n) omnibus (hominibus n) praebuisti (exibuisti n). Cyprianus episcopus dixit: ego. Galerius Maximus (*desunt nomina* n) proconsul (consul h) dixit f g h i n
16 principes nostri n
17 cerimoniari: sacrifica diis n
18 Fac ... est *omm.* f g h i n
19 iusta f g h i
20 consolatio O f g h n, consultio o, consilium i
21 c.: consilario vix aegre saententiam (aegra sententia g) f g h i n
22 dixit: sententiam dictavit verbis huiuscemodi n
23 nefarios f g h i plurimos tibi nefariae n o
24 *omm.* n o
25 sacris legibus O h i, sacrilegibus o, sacrilegionibus f g, religionibus sacris n

„Du bist Thascius Cyprianus?". Cyprian sagte. „Ja."
3. Der Prokonsul Galerius Maximus *vir clarissimus* sagte zu Cyprian: „Hast du dich als der Papas[15] für Menschen von einer gotteslästerlichen Gesinnung gezeigt?" Cyprian sagte: „Ja."

4. Der Prokonsul Galerius Maximus *vir clarissimus* sagte mit Unterstützung seines Consiliums den Urteilsspruch kurz und mit kränkelnder Stimmer: „Lange lebtest du mit einer gotteslästerlichen Gesinnung und hast dir sehr viele Menschen der ruchlosen Verschwörung beigesellt und dich erwiesen als ein Feind der römischen Götter und heiligen Religionsformen, und selbst unsere frommen

„Bist du Thascius Cyprianus?" Bischof Cyprian sagte: „Ja".
3. Prokonsul[1] Galerius Maximus sagte:

„Die heiligsten Kaiser befahlen dir, Zeremonien durchzuführen." Bischof Cyprian sagte: „Ich tue es nicht." Galerius Maximus sagte: „Bedenke dich!" Bischof Cyprian sagte: „Tu, was dir befohlen ist! Bei einer so ungerechten Sache gibt es kein Sichbedenken."[2]

4. [3]Prokonsul Galerius Maximus sprach mit dem Consilium und sagte dann: „Lange hast du mit einer gotteslästerlichen Gesinnung gelebt und dir Menschen, die der verbrecherischen Verschwörung zuneigen, beigesellt und hast dich als ein Feind der römischen Götter und der heiligen Gesetze erwiesen, und die frommen und heiligsten Principes Valerian und Gallienus und der edelste Caesar Valerian haben dich zur Denk-

---

15 Parodie der Anrede des Bischofs: CYPR.epist. 8,1 (CChr. SL 3B, 40,1 Diercks).

1 Bastiaensen hält das Folgende für eine Wiederholung der Szene von 257 (vgl. 1,1) und schließt aus seiner Beobachtung auf eine sekundäre Bearbeitung des Textes, die zwischen Pontius und Augustinus erfolgt sein soll. Sachlich ist es aber erforderlich, dass der Prokonsul im Jahre 258 sich erneut davon überzeugt, dass Cyprian bei seiner Opferverweigerung bleibt, denn im andern Fall wäre die frühe Verweigerung des Opfers nichtig und Cyprian freizulassen. Die Erzählung davon lebt von den intertextuellen Zügen zu anderen Varianten der Passio (hier besonders 1¹,1, 3¹,3 und 4).
2 Vgl. PScill. 11: „*in re tam iusta nulla est commutatio.*"
3 Hier beginnt bei MUSURILLO, Acts (1972) Kapitel 4; entsprechend zählt bei ihm das folgende Kapitel als Kap. 5.

nec te pii et sanctissimi principes nostri Valerianus et[42] Gallienus Augusti[43] et Valerianus nobilissimus Caesar ad sectam[44] felicissimorum temporum suorum obdurati furoris et[45] ad cerimonias percolendas bonamque mentem habendam tanto tempore potuerunt revocare.

5. Et ideo, cum sis nequissimi criminis auctor et signifer deprehensus, et quia hostili more a
romana mente desciveris cum his etiam quos tuo[46] scelere[47] docuisti ipso documento[48] et[49] quoniam tuo adnutu duravit sacrilega contumacia[50] tuo sanguine sancietur disciplina[51].

6. Et[52] decretum ex tabella recitavit[53]:
Tascium Cyprianum[54] gladio animadverti placet[55].

nobilissimus Caesar[26] ad sectam cerimoniarum suarum revocare potuerunt[27].

5. Et ideo[28], cum sis nequissimi criminis auctor et signifer deprehensus[29],

eris ipse documento[30] his quos scelere tuo tecum adgregasti[31]:
sanguine tuo sancietur disciplina.

6. Et decretum ex tabella[32] recitavit:
Tascium Cyprianum gladio animadverti placet.
Cyprianus episcopus dixit: Deo gratias.

---

42 V. et *om.* Y
43 AugustusY
44 sectam Y (ad sectam *corr. addendo* Y²), ad sacra Bastiaensen *sec.* n
45 et *coni.* Bastiaensen
46 tu Y
47 simili scelere Y
48 d. poena perfruere Y
49 et *coni.* Bastiaensen, ut *codd.*
50 et qu. ... contumacia: itaque quoniam tua scacrilega contumacia Y
51 s. d.: perfruare Y
52 Et Cyprianus: Deo laudes! Una cum ipso credentes: Deo laudes! Et pro consule Y
53 t. r.: tabulis legit Y
54 Cyprianum cum suis ostium Y
55 placet: Explicit passio Cypriani EM, Cyprianus episcopus dixit deo gratias *codices recentiores*

---

26 Valerianus et ... Caesar *omm.* f g h i
27 sectam ... potuerunt: sacra felicissimorum temporum suorum et ad cerimonias percolendas bonamque mentem habendam tanto tempore potuerunt revocare n
28 et ideo: itaque f g h i
29 deprehensus: reprehensus f g h reprehensurus i reprehensus et quia hostili more a romana mente rececesseris n
30 documento *om.* n
31 scelere ... adgregasti *om.* n
32 ex tabula n

und heiligsten Principes, die Kaiser Valerian und Gallienus und der edelste Caesar Valerian[16], haben dich in all der Zeit wegen deiner unbeugsamen[17] Wut nicht zu den Denkweisen, die ihren glücklichsten Zeiten entsprechen, und zu den zu leistenden Zeremonien und zu einer guten Gesinnung zurückrufen können.

5. Deshalb also, weil du als Urheber und Bannerträger des schändlichsten Verbrechens ergriffen bist und weil du mit feindlicher Lebensweise vom römischen Geist abweichst zusammen mit denen, die du mit deinem Verbrechen belehrt hast, und weil die gotteslästerliche Schande[18] andauert, wie bewiesen ist und wie du gestehst, soll mit deinem Blut die Ordnung wieder hergestellt werden."

6. Und er verlas den Urteilsspruch von der Tafel. „Thascius Cyprianus soll mit dem Schwert hingerichtet werden."

weise in Bezug auf ihre Zeremonien nicht zurückbringen können.

5. Und weil du deshalb als Urheber und Bannerträger des schändlichen Verbrechens ergriffen bist, wirst du selbst zum Zeugnis für diejenigen, die du dir mit deinem Verbrechen beigesellt hast: Mit deinem Blut wird die Ordnung wiederhergestellt werden."

6. Und er verlas den Urteilsbeschluss von der Tafel. „Thascius Cyprianus soll mit dem Schwert hingerichtet werden." Bischof Cyprian sagte: „Gott sei Dank".

---

16 Valerianus Junior war seit 256 Caesar.
17 Unbeugsame Halsstarrigkeit ist ein Standardvorwurf gegen Christen.
18 Zu *contumacia* als Straftatbestand vgl. RABER F., Contumacia, KlP 1, 1979, 1299.

4.[56] Post eius sententiam populus fratrum dicebat: Et nos cum eo decollemur. Propter hoc tumultus fratrum exortus est, et multa[57] turba eum prosecuta est. Et ita idem Cyprianus in agrum Sexti[58] perductus est; et ibi se lacernobyrrum expoliavit[59] et, ubi genua poneret, in terra stravit[60]; et ita se dalmaticam[61] expoliavit et diaconibus tradidit, et in linea stetit; et coepit spiculatorem sustinere. Et cum venisset spiculator, iussit suis ut eidem spiculatori aureos viginti quinque darent. 2. Linteamina vero et manualia a fratribus ante eum mittebantur; et ita idem Cyprianus manu sua oculos sibi texit; qui cum lacinias manuales ligare sibi non posset, Iulianus presbyter et Iulianus subdiaconus ei ligaverunt.

3.[62] Et ita Cyprianus episcopus passus est, eiusque corpus propter gentilium curiositatem in proximo positum est. Per noctem autem corpus eius inde sublatum est ad cereos et scolaces in areas Macrobi Candidati procuratoris, quae sunt in via Mappaliensi iuxta piscinas, cum voto et triumpho magno.[63]

Post paucos autem dies Galerius Maximus proconsul decessit.[64]

---

56 Y *habet finem specialem*: Et ita post praetorium in Sexti in agrum perductus est. Ibidem Cyprianus lacernae birrum plicuit suum et in terra, ubi genua poneret, prostravit et ita se dalmaticam suam expoliavit et diaconibus tradidit, et ad lineam clavatam stetit, speculatorem expectans erexit oculos ad caelum rogans. Et cum speculator furens venisset, a caelum ad terram oculos deposuit et iussit speculatori aureos viginti dari. Et lineam, in qua stabat, manualia multa ante eum a fratribus mittebantur. Et ita Cyprianus manu sua manualem oculos sibi ligare coepit. Et quo[nia]m manualem ligare sibi non posset Iulianus presbyter et subdiaconus Donatus ei manualem ligaverunt. Et ita Cyprianus passus est, et ceteri, eiusque corpus propter gentilium curiositatem in proximo positum est et magna turba eum prosecuta est. Per noctem corpus eiusdem Cypriani ex eo loco, ubi pausatum (*fortasse* positum) erat, in areas sublatum est. Et cum caereos et hiscolaces in areas Macrobis Candidati proconsulis, quae sunt ad viam Appaliemsem iuxta piscinas a fratribus multis cum voto et triumpho magno deductus est. Illic depositus est. Et ita post paucos dies Galerius Maximus pro consule vecarius paenitentiae (impotentiae? Reitzenstein) reus decessit languore consumptus ΦINIT.
57 Propter ... multa: Et cum exisset praetorii fores ibat cum eo comes militum n, *omm.* f g h i
58 in agrum Sexti post praetorium o, in Sexti post praetorium in agro (agrum i) f g h i, de post praetorio in agro sexti n
59 lacerno iusso expoliatus f h, lacerno birru expoliatus g i, se lacernobyrrum expoliavit Bastiaensen
60 ubi ... stravit: in terra ubi genua poneret proiecit n, et genua in terram flexit in orationem se domino prostravit O
61 dalmaticam O, dalmatica f g h, tunica n
62 n *habet in fine* Et ita Cyprianus ... decessit: Ita Cyprianus santissimus martyr passus est, eiusdemque corpus propter gentilium curiositatem in proximum positum est et magna turba prosecuta est; per noctem autem corpus eiusdem Cypriani martyris ex eo loco ubi paratum fuerat in areas sublatum est. Inde ad cereos et scolaces ad ereas in agrovi Candidati proconsulis, quae sunt via Mappaliensi iuxta piscinas a fratribus multis cum voto et triumpho magno deductum et illic conditum est. Post paucos vero dies Maximus proconsul praefocatus a diabolo mortuus est.
63 *desinunt* f g h i o
64 *secundum traditionem hagiographicam sequuntur dies festivus et doxologia, exempli gratia* Passus est autem beatissimus Cyprianus martyr die octava decima kalendarum Octobrium sub Valeriano et Gallieno imperatoribus, regnante vero domino nostro Iesu Christo, cui est honor et gloria in saecula saeculorum. amen. Hartel *e codicibus recentioribus*

4. Nach dem Urteilsspruch über ihn sagte die Menge der Brüder: „Auch wir wollen mit ihm enthauptet werden." Deshalb entstand ein Tumult der Brüder und eine große Menge folgte nach. Und so wurde Cyprian zu einem freien Platz bei der Villa des Sextus geführt. Dort zog er sich seinen Lacernobyrrus aus und legte ihn dort, wo er seine Knie beugte, auf die Erde. Ebenso zog er auch die Dalmatica aus und übergab sie den Diakonen. Er stand bei der Hinrichtungsschnur[19] und fing an, auf den *speculator*[20] zu warten. Und als der *speculator* kam, befahl er den Seinen, diesem 25 Aurei zu geben.

2. Von den Brüdern wurden Leinen- und Handtücher vor ihn gelegt[21]. Und so verband sich Cyprian eigenhändig seine Augen.[22] Da er sich aber die Handfesseln nicht selbst binden konnte, banden sie ihm der Presbyter Julianus und der Subdiakon Julianus.

3. Und so litt Bischof Cyprian. Sein Leib wurde wegen der Neugier der Heiden zuerst in der Nähe abgesetzt. Während der Nacht aber wurde sein Leib dann von dort bei Kerzen- und Fackelschein mit Akklamationen und im großen Triumph zur Area des Prokurators Macrobius Candidatus fortgebracht, die in der Via Mappalia neben den Fischteichen ist. Nach wenigen Tagen starb aber der Prokonsul Galerius Maximus.

---

[19] Vgl. CORSSEN, Martyrium (1915) 200.
[20] Vgl. AMaximil. 3,3 und die *Passio S. Victoris* (BHL 8570) 7 (275 Narbey) zur Funktion als Henker.
[21] Zwecks Sammlung von Reliquien oder als ausgebreitete Teppiche zur Ehre des Märtyrers.
[22] Autarkie des Märtyrers, vgl. auch PPerp. 20.

D. Historische und literarische Aspekte

Cyprian ist der einzige bedeutende und einzige lateinische Kirchenschriftsteller, von dessen Prozess, Tod und Bestattung in den Zeiten der Christenverfolgungen wir Berichte besitzen. Sie wurden in der älteren Forschung gewissermaßen als ein Modellbeispiel von Originalprotokollen betrachtet, für die man das Genus „Märtyrerakten" postulierte, besitzen aber eine Reihe von Besonderheiten, die einen von dieser Anschauung verschiedenen Zugang nahelegen.

Der Beliebtheit und großen Rezeption seines literarischen Werkes entspricht eine frühe und weit verbreitete Verehrung Cyprians. Sie ist aber für die Frühzeit erstaunlicherweise auf den lateinischen Westen beschränkt und hat ihren Ursprung in den älteren afrikanischen Versionen seines Martyriums.

Dabei besitzen die einschlägigen Berichte über die beiden letzten Lebensjahre Cyprians ihren Anfang in Erzählungen, die auf ihn selbst zurückzuführen sind, wie wir aus einem an ihn gerichteten Brief von vier Bischöfen wissen, die zur Arbeit in den afrikanischen Bergwerken verurteilt waren[1]: „Denn wie ein guter und wahrer Lehrer hast du zuvor in den Verhandlungen vor dem Prokonsul (*apud acta proconsulis*) ausgesprochen, was wir, die wir als deine Schüler dir folgen, sagen müssen."[2] Zudem erwähnt Cyprian in seinem letzten Brief seine Rückführung aus Curubis und sein Ausharren in seinen Gärten vor dem als *confessio* bezeichneten Martyrium, dessen charismatische Qualität er gerade als Bischof betont: „Als die Nachricht zu uns kam, liebste Brüder, dass *frumentarii*[3] zu mir geschickt seien, die mich nach Utica[4] fortbringen sollten und ich durch den Rat guter Freunde überredet wurde, mich aus meinen Gärten fort zu bewegen, stimmte ich dem zu, zumal noch die geziemende Begründung hinzukommt, dass es für einen Bischof angemessen ist, in der Stadt, wo er der Leiter der Kirche des Herrn ist, den Herrn zu bekennen und seine ganze Gemeinde durch das Bekenntnis ihres anwesenden Vorstehers verherrlicht wird. Denn was ein Bischof als Confessor im Augenblick seiner *confessio* durch die Inspiration Gottes spricht, spricht er mit dem Mund aller."[5]

---

[1] Cyprian hatte ihnen und weiteren Bischöfen und anderen zur Zwangsarbeit verurteilten Klerikern seinen Brief 76 geschrieben. Anhand der *Sententiae LXXXVII episcoporum* von 256 können die vier bischöflichen Verfasser des Antwortschreibens ep. 77 identifiziert werden als Nemesianus von Thubunae (Nr. 5), Dativus von Badis (Nr. 15), Felix von Bagai (Nr. 12) und Victor von Octavu (Nr. 78).
[2] CYPR.epist. 77, 2,1 (CChr.SL 3C 619 Diercks).
[3] Ursprünglich in der Heeresverwaltung eingesetzte Soldaten, die bei den Statthaltern als Polizeikräfte tätig waren: CLAUSS, Untersuchungen (1973).
[4] Utica liegt etwa 40 km nordwestlich von Karthago. Die Massa Candida, ebenfalls berühmte Märtyrer des Jahres 258, stammt von dort: DUVAL, Loca 2 (1982) 700–702.
[5] CYPR.epist. 81, 1 (CChr.SL 3C 629 Diercks): *Cum perlatum ad nos fuisset, fratres carissimi, frumentarios esse missos qui me Vticam perducerent et consilio carissimorum persuasum esset ut de hortis nostris interim secederem, iusta interueniente causa consensi, eo quod congruat episcopum in ea ciuitate*

Cyprian selbst hatte also über das Verhör im Jahre 257 seinen Mitbischöfen Nachricht gegeben und sie vor der sich steigernden Verfolgung gewarnt. Aus der Verhandlung mit dem Prokonsul 257 sollten dann später literarische Texte werden, von denen einige wenige sogar den ganzen Verlauf von den Ereignissen von 257 und 258 bis zur Bestattung Cyprians berichten konnten.

Einen weiteren Bericht über das Cypriansmartyrium enthält die sogenannte *Vita Cypriani* des Pontius[6], der wohl zum Umkreis des karthagischen Bischofs gehörte und ihn auch ins Exil begleitete. Dieser hat „die erste christliche Biographie" (Harnack) kurz nach dem Martyrium als geistliche Lobrede auf den ersten afrikanischen Märtyrerbischof verfertigt und dessen Martyrium als zentrales Thema aufgefasst. Pontius verweist ebenfalls auf die Ereignisse (*acta*) von 257.[7] Wieweit er aber die Ereignisse um den Tod Cyprians aus einer literarischen Quelle oder welche der beiden Fassungen unseres Martyriumsberichtes er kannte, lässt sich nicht sagen, zumal Pontius selbst die Ereignisse in einem deutlich rhetorisch ausgearbeiteten Stil entsprechend der von ihm gewählten Form sehr eigenwillig wiedergibt. Jedenfalls ist die Vita des Pontius, deren Thema ja der Weg des ersten afrikanischen Märtyrerbischofs zum Martyrium und dieses selbst ist, ein wichtiger Reflex des Cypriansmartyriums und von Erzählungen und Texten darüber.

Die Doppelüberlieferung des Verhörs von 258 in (2^1–3^1) und (2^2–3^2) stellt deutlich den Kern der Überlieferung zum Martyrium Cyprians dar. Sie begann wohl unmittelbar nach dem Tod Cyprians am 14. September 258 und dürfte sich bald verschriftlicht haben und das in mehreren Versionen. Zum einen gab es eine Fassung, die im Zusammenhang der Zusammenstellung und Überlieferung der Werke Cyprians den Bericht ohne Passion brachte. Zum anderen war ein ausführlicher Bericht über das gesamte Martyrium für liturgische Zwecke notwendig. Es überliefern aber auch Handschriften eine Fassung von 3^1, die mit Ortsangabe und Datum einen deutlichen Textbeginn markieren, während der unterschiedlich gestaltete Verweis auf den nächsten Tag in verschiedenen Handschriften lediglich eine neue Sequenz innerhalb einer längeren Erzählung darstellt.

Zeitlich lässt sich wohl kein Unterschied zwischen den Überlieferungssträngen feststellen, beides dürfte etwa eine Generation später in frühtetrachischer Zeit geschehen sein. Die Überlieferung im Zusammenhang der Werke dürfte sich bald nach Beginn des afrikanischen Schismas nochmals geteilt haben, da die donatistische Partei den

---

in qua ecclesiae dominicae praeest illic dominum confiteri et plebem uniuersam praepositi praesentis confessione clarificari. Quodcumque enim sub ipso confessionis momento confessor episcopus loquitur aspirante deo ore omnium loquitur.
6 CPL 52; BASTIAENSEN, Vita (1997).
7 PONT.vita Cypr. 11,1 (26 Bastiaensen): *quid sacerdos Dei proconsule interrogante responderit, sunt acta quae referant.* „Acta" dürfen hier wie sonst auch grundsätzlich nie von vornherein als amtliches Protokoll verstanden werden. Die Form eines Protokolls kann literarisch ebenso zur Herstellung von Fiktionen genützt werden.

Werken des Theologen und Bischofs, den sie ganz als den ihren ansahen und auf den sie sich beriefen, einen vollständigen Bericht über das Martyrium mit donatistischen Akzenten anschloss[8]. Dieser ist in der Handschrift Y überliefert, die in vielen Einzelheiten durchgehend eigenständig ausgeformt ist. Zu der Zeit, als Augustinus seine Cypriansredigten hielt[9], scheint die Tradition ihre endgültige Form schon zu besitzen. So ist sie auf uns dann auch in zwei Fassungen gekommen, die im Mittelalter nebeneinander bestanden.

Die Erzählung im Zusammenhang der Werküberlieferung Cyprians (2^1–3^1) ist durch ihr Interesse an historisch-antiquarischen Termini und Formeln charakterisiert. Sie bringt z. B. die offiziellen Kaiser- und Amtstitulaturen (*sanctissimi principes, vir clarissimus*), kaiserliche Propagandaformeln (*felicissima tempora*), kennt zudem Vorgänge genauer und bezeichnet sie mit dem korrekten Terminus (das kaiserliche Spezialreskript zur Rückkehr Cyprians: 2^1,1). Auch die Anrede des Bischofs mit dem im Westen sehr selten vorkommenden *papas* gehört hierhin. Diese Beobachtungen gelten auch für den Urteilsspruch selbst, der länger ausfällt, weil in ihm zusätzlich Titulaturen und juristische Formeln in richtiger Weise begegnen.

In der gesamten Überlieferung wird der Märtyrerbischof durch seine Handlungen als jemand charakterisiert, der souverän den Vertretern des Staates gegenübertritt – und in seiner Position auch anerkannt wird. Dabei gilt auch in der Extremsituation das Wirken des Bischofs der Leitung und Disziplinierung seiner Gemeinde.

Sein Tod löst eine Welle triumphierender christlicher Frömmigkeit aus, die in der Form seiner Bestattung ihren Ausdruck findet, und sein Grab wird mit der genauen Lokalisierung als Stätte der Verehrung angezeigt, bei dem auch andere Märtyrer ihre Ruhestätte finden.[10] Für die Übertragung des Cypriankultes aus Afrika nach Italien ist etwa die im Zusammenhang des Chronographen von 354 erhaltene, doch ältere stadtrömische *Depositio martyrum* ein Beispiel.[11]

Die Überlieferung zum Märtyrertod Cyprians demonstriert die enorme Bedeutung des ersten Märtyrerbischofs für die Kirchengeschichte Nordafrikas und führt vor Augen, wie stark die beiden Kirchen des spätantiken Nordafrika auf Cyprians beherrschende und fundamentale Rolle für die jeweilige Partei fußten. So begegnet Cyprian in Beispielen aus der donatistischen Märtyrerliteratur als Richter in apokalyptischen

---

[8] So lässt sich in den Textzeugen auch anstelle des üblichen „Deo gratias" das für Donatisten belegte „Deo laudes" nachweisen: 3^1,6.
[9] YATES, Appropriation (2005) 119–135 macht darauf aufmerksam, dass die Predigten über Cyprian von Augustinus auch zur theologischen Argumentation gegen Pelagius genutzt werden.
[10] Vgl. AMaximil. 3. Zu den christlichen Friedhöfen Karthagos: REBILLARD, Religion (2003) 17–23.
[11] MGH.AA 9,1892, 72 Mommsen; Kalenderhandbuch (Divjak – Wischmeyer) 2, 501: *XVIII kal. Octob. Cypriani, Africae. Romae celebratur in Calisti.* Der römische Festkalender bezeugt also am 14. September eine Erinnerungsfeier an Cyprian in der Katakombe S. Callisto, ohne dass hier von Reliquien die Rede ist. Unter Karl d. Gr. kamen dann Cyprianreliquien aus Nordafrika ins Frankenreich, die sehr schnell weite Verbreitung von Südfrankreich bis in den rheinischen Raum fanden.

Visionen¹² ebenso wie seine Jahresfeste für die Catholica Karthagos wichtig waren, zu denen man oft Augustinus als Prediger holte¹³. Cyprian war also zwischen den Donatisten und der Catholica heiß umstritten und beide Seiten rangen darum, der rechte Erbe zu sein. Sein Grab selbst wird zum Ausgangspunkt für besondere Formen der Frömmigkeit und für den Kult weiterer Märtyrer wie Maximilian.

E. Spezialliteratur

BARDENHEWER O., Geschichte der altkirchlichen Literatur 2, Freiburg i. Br. ²1914 = Darmstadt 1962, 689 f.

BERSCHIN W., Biographie und Epochenstil im lateinischen Mittelalter 1. Von der Passio Perpetuae zu den Dialogen Gregors des Großen (Quellen und Untersuchungen zur lateinischen Philologie des Mittelalters 8), Stuttgart 1986, 57–65.

BÉVENOT M., The Tradition of Manuscripts. A Study in the Transmission of St. Cyprian's Treatises, Oxford 1961.

CLARKE G. W., The Letters of Cyprian of Carthage 1 (ACW 43), New York 1984.

CLARKE G. W., The Letters of St. Cyprian 1–4 (ACW 43–47), New York 1984–94.

CORSSEN P., Das Martyrium des Cyprian, ZNW 15, 1914, 221–223.286–316.

CORSSEN P., Das Martyrium des Cyprian 2 [Fortsetzung], ZNW 16, 1915, 54–92.198–230.

CORSSEN P., Das Martyrium des Cyprian 3 [Fortsetzung], ZNW 17, 1916, 189–206.

CORSSEN P., Das Martyrium des Cyprian 4 [Fortsetzung], ZNW 18, 1917–18, 118–139.202–223.249–272.

DAHM H. J., Lateinische Märtyrerakten und Märtyrerbriefe. Kommentar (Aschendorffs Sammlung lateinischer und griechischer Klassiker), Münster 1986, 147–179.

DELEHAYE H., Les passions des martyrs et les genres littéraires, Brüssel 1921, 82–104; (SHG 13B), Brüssel ²1966, 62–69.

DUVAL Y., Loca Sanctorum Africae. Le culte des martyrs en Afrique du IVᵉ au VIIᵉ siècle, Rom 1982, 1: 54–58.117–120; 2: 674–681.

FRANCHI DE'CAVALIERI P., Di un nuovo studio sugli Acta proconsularia di S. Cipriano, Studi Romani 2, 1914, 189–215.

FREUDENBERGER R., Anfänge des jüdisch-christlichen Problems. Ein programmatischer Entwurf, in: BAMMEL E. (Hrsg.), Donum gentilicium: New Testament studies in honour of David Daube, Oxford 1978, 238–254.

FROS H., Inédits non recensés dans la Bibliotheca Hagiographica Latina, AnBoll 102, 1984, 163–196.

GNILKA C., Ultima Verba, JbAC 22, 1979, 5–21, hier bes. 11–15.

HARNACK A., Geschichte der altchristlichen Literatur bis Eusebius 2: 2. Die Chronologie der Literatur von Irenäus bis Eusebius, Leipzig 1904 = 1968, 366 f.

HEBERLEIN F., Eine philologische Anmerkung zu „Romanas caeremonias recognoscere" (Acta Cypriani 1), in: KINDERMANN U. (Hrsg.), FS P. KLOPSCH, Göppingen 1988, 83–100.

HUMMEL E. L., The Concept of Martyrdom according to St. Cyprian of Carthage, Washington 1946.

LANATA G., Gli atti dei martiri come documenti processuali (Studi e testi per un Corpus Iudicorum 1), Mailand 1973, 184–193.242–247.

---

12 Z. B. *Passio sanctorum Mariani et Iacobi* (BHL 5526) 6 (202 Musurillo) und *Passio sanctorum Montani et Lucii* (BHL 6009) 21 (234).

13 Vgl. DASSMANN E., Cyprianus, AugL 2, 1996–2002, 196–211.

LANATA G., Processi contro cristiani nelli atti dei martiri, Turin ²1989 (2. veränd. Aufl. von DIES., Gli atti dei martiri come documenti processuali [Studi e testi per un Corpus Iudicorum 1], Mailand 1973), 39–49.
MARTIN J., Die Vita et Passio Cypriani, HJ 39, 1919, 674–712.
MATTEI P., Cyprien de Carthage, in: MANDOUZE A. u. a. (Hrsg.), Histoire des saints et de la sainteté chrétienne 2. La semence des martyrs: 33–313, Paris 1987, 121–130.
MONCEAUX P., Histoire littéraire de l'Afrique chrétienne depuis les origines jusqu'à l'invasion arabe 2, Paris 1902, 179–197.
MOSS C. R., The Other Christs. Imitating Jesus in Ancient Christian Ideologies of Martyrdom, Oxford 2010, 184 f.
NIEDERMEYER H., Über antike Protokoll-Literatur, Göttingen 1918, 72–91.
PELLEGRINO M., Vita e martirio di San Cipriano, Alba 1955.
PHILIPPART G., Les légendiers latins et autres manuscrits hagiographiques (TSMÂO 24–25), Turnhout 1977.
REITZENSTEIN R., Bemerkungen zur Märtyrerliteratur 2. Nachträge zu den Akten Cyprians, in: NGWG. PH, 1919, 177–219.
REITZENSTEIN R., Ein donatistisches Corpus cyprianischer Schriften, NGWG.PH 1914, 85–92.
REITZENSTEIN R., Die Nachricht über den Tod Cyprians. Ein philologischer Beitrag zur Geschichte der Märtyrerliteratur (SHAW.PH 14 Abhandlung), Heidelberg 1913, 12–17.
SAUMAGNE CH., Saint Cyprien, évêque de Carthage, „Pape" d'Afrique. 248–258. Contribution à l'étude des „persécutions" de Dèce et de Valérien, Paris 1975, 149–190.
SAXER V., Afrique latine, in: PHILIPPART G. (Hrsg.), Hagiographies. Histoire internationale de la littérature hagiographique latine et vernaculaire en Occident des origines à 1550 (CChr. Hagiographies 1), Turnhout 1994, 25–95.
SAXER V., Morts, martyrs, reliques en Afrique chrétienne aux premiers siècles. Les témoignages de Tertullien, Cyprien et Augustin à la lumière de l'archéologie africaine (ThH 55), Paris 1980, 183–185.203 f.
SAXER V., Die Ursprünge des Märtyrerkultes in Afrika, RQA 79, 1984, 1–11.
SCHANZ M. – HOSIUS C. – KRÜGER G., Geschichte der römischen Literatur bis zum Gesetzgebungswerk des Kaisers Justinian: 3. Die Zeit von Hadrian 117 bis auf Constantin 324, München ³1922 = 1969, 333–335.
SCHWARTE K., Die Christengesetze Valerians, in: ECK W. (Hrsg.), Religion und Gesellschaft in der römischen Kaiserzeit. FS F. VITTINGHOFF (Kölner historische Studien 35), Köln 1989, 103–163.
SCHWERD A., Lateinische Märtyrerakten. Ausgewählt und erläutert (Humanitas christiana. Lateinische Reihe 1), München 1960, 87–93.
SODEN H.v., Die Cyprianische Briefsammlung. Geschichte ihrer Entstehung und Überlieferung (TU 3), Leipzig 1904.
WISCHMEYER W., Der Bischof im Prozess. Cyprian als episcopus, patronus, advocatus und martyr vor dem Prokonsul, in: BASTIAENSEN A. A.R. (Hrsg.), Fructus Centesimus. Mélanges G. J.M. BARTELINK, Steenbrugge 1989, 363–371.
WISCHMEYER W., Cyprianus Episcopus 2. Der zweite Teil der Acta Cypriani, in: BARTELINK G. J.M. – HILHORST A. – KNEEPKES C.H. (Hrsg.), Eulogia. Mélanges A. A.R. BASTIAENSEN, Steenbrugge 1991, 401–419.
WLOSOK A., Acta (Passio) Cypriani, HLL 4, 1997, 426 f: § 472.4.

Fructuosus, Augurius und Eulogius

A. Zum Text

Von den 27 Handschriften, die Pio Franchi de'Cavalieri[1] zur Erstellung seines Textes (BHL Nov.Suppl. 3196) benützt hat, sind die wichtigsten:

1. nicht interpolierte Codices

A   Vatikan, Archivio di S. Pietro, A, fol. 24^v–26^v (10./11. Jh.): endet in 6,2
D   Rom, Biblioteca nazionale centrale, Fondo Vittorio Emmanuele 29 (ehem. 341), fol. 129^v–131^v (Farfa; 9./10. Jh.)
H   Montpellier, Bibliothèque universitaire de Médecine, cod. 154 (Codex Montepessulanus mutilus), fol. 44 (9. Jh., in westgotischer Handschrift): Text bricht in 3,2 nach *dolebant. cumque* wegen Blattverlusts ab.
L   Paris, Bibliothèque nationale de France, cod. lat. 1764, fol. 2 (St. Martial in Limoges?; 10. Jh.)
T   Paris, Bibliothèque nationale de France, cod. lat. 17625, fol. 189^v–190^v (Compiègne; 10. Jh.)
V   München, Bayerische Staatsbibliothek, Clm 3514 (Monacensis mutilus), pp 145–148 (Augsburg; 7./8. Jh.): Text bricht in 5,2 nach *igitur cum Aemilianus* wegen Blattverlusts ab.

2. interpolierte Codices, welche Zusätze in 6,3 enthalten

B   Rom, Archivio di S. Giovanni in Laterano, cod. A 79, fol. 92^v–94^r (11./12. Jh.): enthält zusätzlich die Translatio
C   Vatikan, Biblioteca Apostolica Vaticana, cod. Vat. Ottobonianus lat. 120, fol. 147–148 (11. Jh.)
G   Montpellier, Bibliothèque universitaire de Médecine, cod. 55, fol. 152^v–153^r (Autun; 8./9. Jh., in westgotischer Handschrift)
Q   Paris, Bibliothèque nationale de France, cod. lat. 13761 (ehem. Saint-Germain-des-Prés 475), fol. 55^r–57^v (9./10. Jh.)

---

[1] Franchi, Atti Fruttuoso (1935) 168–181.

Auf der Basis von B veranstaltete Mombritius in den Jahren vor 1480 eine erste Edition mit vielen Konjekturen:
Mo MOMBRITIUS, Sanctuarium 1 (1910 ed. Solesm.), 551–554; 672f.

Die maßgebliche historisch-kritische Edition gab
Fr FRANCHI, Atti Fruttuoso (1935) 182–199
zusammen mit einem ausführlichen Kommentar heraus, wobei er sich – soweit textlich möglich – insbesondere auf V stützte.
　Auf seiner Ausgabe fußen auch diejenigen von
La LAZZATI, Sviluppi (1956) 160–167 und
Mu MUSURILLO, Acts (1972) 176–184[2].

Auch im Folgenden wird im Wesentlichen der Text von Fr mit den wichtigsten Lesarten der hier angeführten Handschriften unter Berücksichtigung der kritischen Apparate von La und Mu geboten.
　Gemeinsamkeiten der interpolierten Codices werden angegeben durch
c　consensus codicum interpolatorum

Die metrische Fassung der Passio durch Prudentius wird mit zusätzlicher Angabe der Zeile zitiert
　　PRVD.perist.hymnus 6 (CChr.SL 126, 314–320 Cunningham).

B. Zum Inhalt

259, 16.–21. Januar, Tarragona: Verhaftung des Bischofs Fructuosus und seiner Diakone Augurius und Eulogius durch die Unteroffiziere (*beneficiarii*) Aurelius, Festucius, Aelius, Pollentius, Donatus und Maximus. Fructuosus tauft am 17. Januar einen Rogatianus im Gefängnis. Am Freitag, 21. Januar, werden die Gefangenen durch den *praeses* Aemilianus gerichtlich verhört und wegen ihres Bekenntnisses zum Christentum zum Tod durch Verbrennen verurteilt. Die Hinrichtung erfolgt am gleichen Tag im Amphitheater der Stadt, wobei Fructuosus Hilfen und Bitten seines Lektors Augustalis und des Christen Felix zurückweist. Nach der Verbrennung haben die Christen Babylon und Mygdonius aus dem Hause des Aemilianus sowie dessen Tochter eine Vision der Märtyrer. Gemeindemitglieder sammeln die verbrannten Überreste für sich selbst, werden aber durch eine weitere Erscheinung ermahnt, diese zurückzugeben.

---

2 Teilweise mit anderer Verszählung.

C. Passio Fructuosi, Augurii et Eulogii

Passion des Fructuosus, Augurius und Eulogius

Incipit passio sanctorum martyrum Fructuosi episcopi, Auguri et Eulogi diaconorum, qui passi sunt Taracona die XII kalendas februarias sub Valeriano et Gallieno imperatoribus.

1. Aemiliano et Basso consulibus, XVII kalendas Februarias, die dominica, compraehensi sunt Fructuosus episcopus, Augurius et Eulogius diacones. 2. Reposito Fructuoso in cubiculo, direxerunt se beneficiarii in domo eiusdem, id est Aurelius, Festucius, Aelius, Pollentius, Donatus et Maximus.[1] Et cum sensisset pedibulum[2] ipsorum, confestim surrexit et prodivit foras ad eos in soleis[3]. Cui milites dixerunt[4]: Veni, praeses te arcessit cum diaconibus tuis. 3. Quibus Fructuosus dixit: Eamus; aut, si vultis, calceo me. Cui milites[5] dixerunt: Calcea te ad animum tuum[6]. 4. Et mox ut venerunt[7], confestim recepti sunt in carcerem. Fructuosus autem certus et gaudens de corona domini, ad quam vocatus erat, orabat sine cessatione. Erat et fraternitas cum ipso, refrigerans et rogans, ut eos in mentem haberet.

2. Alia die baptizavit in carcere fratrem nostrum Rogatianum[8]. Et fecerunt in carcere dies sex, et producti sunt XII kalendas Februarias, sexta feria, et auditi sunt. 2. Aemilianus praeses dixit: Fructuosum inpone, Augurium inpone et Eulogium inpone. Ex officio dictum est: Adstant. Aemilianus praeses Fructuoso dixit: Audisti quid imperatores praeceperunt? 3. Fructuosus dixit: Nescio quid praeceperunt; ego[9] christianus sum. Aemilianus praeses dixit: Praeceperunt deos coli. 4. Fructuosus dixit: Ego unum deum colo, qui fecit caelum et terram et mare et omnia quae in eis sunt. Aemilianus dixit: Scis esse deos? 5. Fructuosus dixit: Nescio. Aemilianus dixit: Scies postea. Fructuosus respexit ad dominum et orare coepit intra se[10]. 6. Aemilianus praeses dixit: Hii audiuntur, hii timentur; hii coluntur, si dii non coluntur nec imperatorum vultus ado-

---

1 Aelimiano ... Maximus: Cum a Valeriano et Gallieno imperatoribus data esset iussio per universum orbem, ut christiani sacrificarent, Emilianus praeses adveniens in civitatem Terraconensium immolavit diis. Et surgens de nocte alia die illuscente dominica misit beneficiarios ad domum Fructuosi episcopi, id est Aurelium Festucium Aelium Donatum et Maximum ad perducendos ad se sanctos dei. Tunc comprehensi sunt Augurius et Eulogius diaconi die dominica (Tunc *etc. omm.* CQ) c
2 pedibulum: incessum pedum eorum (T *om.* eorum) HLT, pedum ingressum ipsorum (eorum B) c
3 in soleis CQ (*ex* solias) La, in soleas GL Fr Mu, in soliis D, insoletus V
4 c. m. d.: quem ut viderunt milites dixerunt ei c
5 c. m.: at illi c
6 *post* tuum *lacunam supponit* Mu
7 advenerunt G Fr; venerunt ad forum Fr La *ex* PRVD.*perist.* 6,14 (314)
8 ABDGV, nomine Rogatianum *add. cett. codd.* La
9 DHV, ego vero B La
10 postea ... se: postea si autem contemneris sacrificare eis gravissima te faciam tormenta puniri. Fructuosus autem episcopus respexit in celum ad dominum et orare (rogare AV) coepit intra se B La *extant variae lectiones in codicibus*

Es beginnt die Passion der heiligen Märtyrer, des Bischofs Fructuosus, der Diakone Augurius und Eulogius, die gelitten haben in Tarragona am 21. Januar unter den Imperatoren Valerian und Gallienus.

1. Unter dem Konsulat von Aemilianus und Bassus[1], am 16. Januar, einem Sonntag, wurden der Bischof Fructuosus und die Diakone Augurius und Eulogius verhaftet. 2. Als Fructuosus in seinem Gemach ruhte,[2] kamen Unteroffiziere, nämlich Aurelius, Festucius, Aelius, Pollentius, Donatus und Maximus,[3] zu seinem Haus. Und als er ihre Fußtritte[4] hörte, stand er sofort auf und kam in Haussandalen[5] zu ihnen heraus. Die Soldaten sagten zu ihm: „Komm mit, der *praeses* lädt dich und deine Diakone vor."
3. Fructuosus sagte zu ihnen: „Lasst uns gehen; aber wenigstens, wenn ihr es erlaubt, ziehe ich mir (noch) Schuhe an." Die Soldaten sagten ihm: „Ziehe dir deine Schuhe an, wenn du meinst." 4. Und sofort als sie ankamen,[6] wurden sie eilends in den Kerker gebracht. Fructuosus aber, sicher und voll Freude über den Kranz des Herrn, zu dem er berufen war, betete ohne Unterlass. Und die gesamten Brüder waren bei ihm, ermutigten und baten ihn, dass er an sie denken möge.

2. Am nächsten Tag taufte er im Kerker unseren Bruder Rogatianus. Und sie blieben sechs Tage im Kerker, wurden am 21. Januar, an einem Freitag, vorgeführt und verhört. 2. Der *praeses* Aemilianus sagte: „Man führe Fructuosus vor, man führe Augurius vor und man führe Eulogius vor!" Das *officium* sagte: „Sie sind da." Der *praeses* Aemilianus sagte zu Fructuosus: „Hast du gehört, was die Kaiser befohlen haben?"
3. Fructuosus sagte: „Ich weiß nicht, was sie befohlen haben; ich bin Christ." Der *praeses* Aemilianus sagte: „Sie haben befohlen, dass die Götter verehrt werden."
4. Fructuosus sagte: „Ich verehre den einen Gott, der den Himmel und die Erde, das Meer und alles, was darin ist, gemacht hat."[7] Aemilianus sagte: „Weißt du, dass es Götter gibt?" 5. Fructuosus sagte: „Ich weiß es nicht." Aemilianus sagte: „Du wirst es später wissen." Fructuosus schaute auf den Herrn und begann, bei sich zu beten.
6. Der *praeses* Aemilianus sagte: „Diese werden gehört, diese werden gefürchtet, diese

---

1 Im Jahre 259; zum Konsulat des Aemilianus und Bassus vgl. PIR² 1, 49 Nr. 316 (entgegen der Annahme von DEGRASSI, Fasti [1952] 70 Nr. 1012 handelt es sich jedoch nicht um Nummius Aemilianus Dexter, vgl. PIR² 5, 399 Nr. 225). Ob der Konsul gleichzeitig *legatus Augustorum propraetore* für die Provinz Hispania citerior war, oder ob es sich bei diesem um einen anderen Aemilianus handelt (vgl. PIR² 1, 49 f Nr. 319), ist unklar.
2 FRANCHI, Atti Fruttuoso (1935) 143 f meint, dass Fructuosus nach einem ersten Verhör, das hier fehlt, zurückkehren konnte und nun erneut verhaftet werde.
3 Die große Zahl der Soldaten und ihr Rang sind wohl als Hinweis auf den sozialen Status des Fructuosus zu werten.
4 *audiunt pedibulum equitum currentium*: GREG.TVR.Franc. 3,15 (MGH.SRM 1/1, 115,8 f Krusch – Levison).
5 Haussandalen in der Öffentlichkeit zu tragen, verstieß bei Vornehmen gegen die guten Sitten; vgl. WEEBER, Alltag (⁵2000) 309.
6 Nach PRVD.perist. 6,14 (CChr.SL 126, 314 Cunningham) auf dem Forum.
7 Vgl. zu diesem Standardbekenntnis Apg 4,24 und ACypr. 1,2.

rantur. Aemilianus praeses Augurio dixit: Noli verba Fructuosi auscultare. 7. Augurius dixit: Ego Deum omnipotentem colo. Aemilianus praeses Eulogio dixit: Numquid et tu Fructuosum colis? 8. Eulogius dixit: Ego Fructuosum non colo, sed ipsum colo quem et Fructuosus colit.[11] Aemilianus praeses Fructuoso dixit: Episcopus es? Fructuosus dixit: Sum. Aemilianus dixit: Fuisti. Et iussit eos[12] vivos ardere.

3. Et cum duceretur [Fructuosus cum diaconibus suis][13] ad amphitheatrum, populus Fructuosum episcopum dolere coepit, quia talem amorem habebat non tantum a fratribus, sed etiam ab ethnicis. Talis enim erat, qualem Spiritus sanctus per beatum Paulum apostolum, vas electionis, doctorem gentium, debere[14] esse declaravit.[15] 2. Propter quod etiam fratres[16], qui sciebant illum ad tantam gloriam pergere, gaudebant potius quam dolebant. Cumque multi ex fraterna caritate ei offerrent, ut conditi permixti poculum sumerent[17], Fructuosus dixit:[18] Non[19] est hora solvendae stationis. Agebatur enim hora diei quarta. Siquidem et in carcere quarta feria stationem sollemniter celebraverunt[20]. 3. Igitur sexta feria laetus atque securus festinabat[21], uti[22] cum martyribus et prophetis in paradiso quem praeparavit Deus amantibus eum[23], solveret stationem[24]. 4. Cumque ad amphitheatrum pervenissent, statim ad eum accessit Augustalis nomine[25], lector eiusdem[26], cum fletibus deprecans, ut cum discalciaret. 5. Cui beatus martyr respondit: Missum fac[27], fili, ego me excalcio, fortis et gaudens, certus dominicae repromissionis. Qui cum se discalciasset[28], accedit ad eum commilito frater noster, nomine Felix, appraehenditque dextram eius, rogans ut sui memor

---

11 Avg.serm. 273, 3 (PL 38, 1249): ego non colo Fructuosum, sed Deum colo, quem colit et Fructuosus
12 eos sententia sua B
13 Fructuosus ... suis *om.* Mo, *interpolatum esse susp.* Fr
14 episcopum debere *coni.* Fr Mu
15 populus Fructuosum ... declaravit: invenit populum ibidem stantem et mirantem fidei fortitudinem eius A (*manus recentior in rasura*)
16 milites HLT Fr
17 DGLVc, sumere B, sumeret *cett. codd.*
18 dixit BV La, ait DT, respondit LGc Fr Mu; cumque multi ... dixit: unde conati sunt solvere eum a vinculis quibus adstrictus erat A
19 nondum La *propter* Prvd.perist. 6, 55 (316): nondum nona diem resignat hora
20 LVc, celebraverant DGT, celebraverat A *edd.*, celebravit B; agebatur enim ... celebraverunt *interpolatum esse susp.* Mu
21 festinabant D
22 ut BCF, *om* Mo
23 se D
24 ieunium V, refectionem solvere Mo
25 *om.* BF Mo
26 eius LTV Mo
27 me sustenta fili V La, dimitte me B
28 ADELT Fr Mu, discalciaret B, excalciaret G, excalciasset Vc La

werden verehrt; denn wenn die Götter nicht verehrt werden, werden auch die Bilder der Kaiser nicht verehrt." Der *praeses* Aemilianus sagte zu Augurius: „Höre nicht auf die Worte des Fructuosus." 7. Augurius sagte: „Ich verehre den allmächtigen Gott." Der *praeses* Aemilianus sagte zu Eulogius: „Verehrst du etwa auch den Fructuosus?"[8] 8. Eulogius sagte: „Den Fructuosus verehre ich nicht, sondern ich verehre denjenigen, den auch Fructuosus verehrt." Der *praeses* Aemilianus sagte zu Fructuosus: „Bist du ein Bischof?" 9. Fructuosus sagte: „Ich bin es." Aemilianus sagte: „Du bist es gewesen." Und er befahl, sie lebendig zu verbrennen.

3. Und als sie [Fructuosus und seine Diakone] zum Amphitheater geführt wurden, begann das Volk, den Bischof Fructuosus zu beklagen, weil er nicht allein von den Brüdern so geliebt wurde, sondern auch von den Heiden. Er war nämlich so, wie sein zu müssen es der Heilige Geist erklärt hatte durch den seligen Apostel Paulus, das auserwählte Gefäß[9], den Lehrer der Völker[10]. 2. Deshalb freuten sich auch die Brüder, die wussten, dass er zu einem solchen Ruhm gelangte, mehr als dass sie trauerten. Und als viele ihm aus brüderlicher Liebe antrugen, dass sie einen Becher mit gemischten Würzwein[11] tränken, sagte Fructuosus: „Es ist noch nicht die Stunde des Fastenbrechens[12] da[13]." Denn es war erst die vierte Stunde des Tages. Freilich hatten sie auch im Kerker am Mittwoch[14] das Fasten feierlich gehalten. 3. Deshalb beeilte er sich auch an diesem Freitag froh und sicher, um mit den Märtyrern und Propheten das Fasten im Paradies zu brechen, das Gott denen bereitet hat, die ihn lieben[15]. 4. Als er zum Amphitheater kam, näherte sich ihm sein Lektor Augustalis[16] und bat ihn unter Tränen, dass er ihm die Schuhe ausziehen dürfe. 5. Ihm antwortete der selige Märtyrer: „Lass es, Sohn, ich ziehe mir selbst die Schuhe aus, denn ich bin stark und freue mich und bin sicher des Versprechens des Herrn."[17] Und als er sich

---

8 Den auf paganer Seite bestehenden Verdacht, Christen verehrten ihre Priester, belegt auch MIN.FEL. 28,10 (BSGRT 28 Kytzler).
9 Apg 9, 15 Vg.
10 Vgl. 2 Tim 1,11 Vg.: *magister gentium*.
11 Mit warmem Wasser gemischter (Würz-)Wein war die gewöhnliche Form des Weinkonsums; vgl. WEEBER, Alltag (⁵2000) 400f. PRVD.perist. 6,52–60 (316) interpretiert diesen Becher in Parallele zum Essigtrunk, der dem gekreuzigten Jesus angeboten wurde, und benutzt dazu ein Mischzitat aus Joh 19,28 f mit Mt 27,34 bzw. Mk 15,23.
12 Schon in der Didache sind Mittwoch und Freitag die Fasttage: Did. 8,1 (FC 1, 119 Schöllgen); ob das Fasten jedoch bis zur neunten Stunde oder bis zum Abend dauern soll, war Anlass zu Diskussionen: vgl. TERT.ieiun. 10 (CChr.SL 2, 1267–1269 Reifferscheid – Wissowa).
13 Zur Übersetzung von *solvendae stationis* vgl. TERT.orat. 19,1 (CChr.SL 1, 267,2 f Diercks).
14 *feria quarta*: der vierte Wochentag.
15 1 Kor 2, 9 Vg.: *praeparavit Deus iis, qui diligunt eum*.
16 Dem Namen nach wahrscheinlich ein kaiserlicher Freigelassener.
17 Vgl. Lk 23,43. Das in 3,3 angesprochene Thema des Paradieses als Belohnung für den Märtyrer wird hier mit dem Versprechen Jesu an den Schächer weitergeführt.

esset. 6. Cui Fructuosus[29] cunctis audientibus clara voce respondit: In mente me habere necesse est ecclesiam catholicam, ab oriente usque ad occidentem.[30]

4. Igitur in porta[31] amphitheatri constitutus, prope iam cum ingrederetur ad coronam immarcescibilem potius quam ad poenam, observantibus licet ex officio beneficiariis, quorum nomina supra memorata sunt, ita ut et[32] ipsi audirent et fratres nostri, monente pariter ac loquente Spiritu sancto, Fructuosus ait:[33] Iam non deerit vobis pastor, nec deficere poterit caritas et repromissio Domini, tam in hoc saeculo quam in futuro. Hoc enim quod cernitis, unius horae videtur infirmitas. 2. Consolatus igitur fraternitatem, ingressi sunt ad salutem, digni et in ipso martyrio felices, qui sanctarum scripturarum fructum ex repromissione sentirent. Similes Ananiae, Azariae et Misaheli exstiterunt[34], ut etiam in illis divina Trinitas cerneretur[35]; siquidem iam in igne saeculi constitutis et Pater non deesset sed et Filius subveniret et Spiritus sanctus in medio ignis ambularet. 3. Cumque exustae fuissent fasciolae, quibus manus eorum fuerant conligatae, Fructuosus orationis divinae et solitae consuetudinis memor, gaudens positis genibus, de resurrectione securus, in signo tropaei[36] Domini[37] constitutus Deum deprecabatur[38].

---

29 Fructuosus episcopus ADEV, Fr. martyr BFN, sanctus Fr. c
30 AVG.serm. 273, 2 (PL 38, 1249): Me orare necesse est pro ecclesia catholica, ab oriente usque ad occidentem diffusa
31 fore V FrMu
32 *omm.* DEVc
33 audirent et ... ait: *sequimur textum coniectum et simplificatum a Fr; sunt multi codices, qui hic modo diverso Martialem integraverint testem ultimorum verborum, exempli gratia:* audirent a fratribus nostris et a Martiale monente pariter ac loquente spiritu sancto Fructuosus ait LT
34 La Mu, extiterunt Fr, existentes Mo, steterunt D
35 compleretur V Fr Mu, ut ... cerneretur *omm.* LT
36 trophei DEFLTc, tropeo A, tropeae V, tropheo BQ, tropaei Mu; trophaei Fr La
37 LT edd.
38 deprecabantur donec simul animas effuderunt c

die Schuhe auszog,[18] kam zu ihm unser Mitstreiter und Bruder Felix, und er ergriff seine Rechte und bat ihn, seiner zu gedenken. 6. Ihm antwortete Fructuosus, so dass es alle hörten, mit lauter Stimme; „Ich muss an die vom Osten bis zum Westen überall verbreitete Kirche denken."

4. Als er also am Eingang des Amphitheaters hingestellt worden war und sich dabei eher dem unvergänglichen Kranz[19] näherte als der Strafe, während ihn die Unteroffiziere aus dem *officium*, deren Namen wir oben genannt haben, beobachteten, sagte Fructuosus, so dass sowohl sie selbst als auch unsere Brüder es hören konnten, weil der Heilige Geist in gleicher Weise mahnte und sprach[20]: „Der Hirte wird euch nicht im Stich lassen,[21] noch können die Liebe und die Verheißung des Herrn fehlen, in dieser Welt wie in der zukünftigen. Denn das, was ihr hier wahrnehmt, wird gesehen als Schwäche einer Stunde." 2. Er tröstete also die Brüder. Die gingen zum Heil, würdig und glücklich beim Martyrium selbst, sie, die die Frucht der Verheißung der Heiligen Schriften schmecken sollten. Ähnlich dem Ananias, dem Azarias und dem Misael[22] waren sie, sodass in ihnen auch die göttliche Trinität wahrgenommen werden konnte; als sie nämlich schon im Feuer der Welt standen, fehlte der Vater nicht, aber auch der Sohn kam zu Hilfe und der Heilige Geist wandelte mitten im Feuer.[23] 3. Als nun die Stricke, mit denen ihre Hände gefesselt waren, verbrannt waren, erinnerte sich Fructuosus an das Gebet zu Gott und seinen gewohnten Brauch, kniete in Freude nieder, sicher seiner Auferstehung, und, als Siegeszeichen[24] für den Herrn aufgerichtet, betete er zu Gott.

---

18 PRVD.perist. 6,85–87 (317) sieht im Lösen der Schuhe eine Parallele zum Geschehen am brennenden Dornbusch, wo Mose aufgefordert wurde, die Schuhe auszuziehen (Ex 3,4f).
19 *corona incorrupta*: 1 Kor 9,25 Vg.; *hereditas incorruptibilis et incontaminata et immarcescibilis*: 1 Petr 1,4 Vg.; ἀφθανασίας στέφανος: MPol. 17,1 (LINDEMANN – PAULSEN, Väter [1992] 278). Zum Kranzbild insgesamt vgl. BREKELMANS, Märtyrerkranz (1965) bes. 112–114.
20 Vgl. Mt 10,19f; *spiritu sancto loquente ad nos pariter et monente*: CYPR.epist. 10, 2,3 (CChr.SL 3B, 49 Diercks) in martyrologischem Zusammenhang. Der Textbefund lässt eine zwingende Restitution der augenfällig verderbten Stelle nicht zu. Die Erwähnung des Martialis, den Prudentius nicht kennt, als Zeugen der *ultima verba*, und die vielen Varianten in den Handschriften lassen an schon früh konkurrierende Textversionen denken.
21 Gemeint ist entweder ein künftiges himmlisches Patronat des Fructuosus oder es liegt ein Bezug auf Christus im Bild des himmlischen Hirten vor, vgl. SCHMIDT, Liber (2003) 175f.
22 Vgl. Dan 1,6; 3,13–26.
23 Vgl. dazu SEELIGER, Palai martyres (1983) bes. 311.325.
24 *tropaeum*: „Zeichen, das vom Sieger an der Stelle auf dem Schlachtfeld errichtet wurde, an dem sich der Gegner zur Flucht wandte"; die Grundform des Zeichens war ein Pfahl: HURSCHMANN R., Tropaion, DNP 12.1, 2002, 872f. Die Stelle erscheint in sich widersprüchlich, da Fructuosus zuvor zum Gebet niederkniet. Lugd. 1,41, APaulThecl. 22 (AAAp 1, 250, 8f Lipsius) und TERT.orat. 14 (265) kennen als Haltung des Märtyrers die Kreuzesform, welche als Siegeszeichen verstanden werden kann: vgl. DEN BOEFT – BREMMER, Notiunculae 5 (1995) 155f; eine Darstellung findet sich auf einer Terrasigillata-Schale des 4. Jhs.: WEIDEMANN, Bilder (1990) Taf. 13.

5. Post haec solita Domini non defuere magnalia, apertumque caelum. Babylon et Mygdonius fratres nostri ex familia Aemiliani praesidis, filiae eius, dominae suae carnali, ostendebant Fructuosum cum diaconibus suis, adhuc stipitibus, quibus ligati fuerant, permanentibus, ad caelum ascendentes coronatos. 2. Cumque Aemilianum vocarent dicentes: Veni et vide quos hodie damnasti, quemadmodum caelo et spei suae restituti sunt; igitur cum Aemilianus venisset, videre eos non fuit dignus.

6. Tunc velut derelicti sine pastore fratres tristes, sollicitudinem sustinebant, non quod dolerent Fructuosum, sed potius desiderarent. Unusquisque autem fidei et agonis sui memor, superveniente nocte ad amphitheatrum cum vino festinaverunt ut semiusta corpora exstinguerent[39]. 2. Quo facto cineres eorum collectos, prout quisque potuit, sibi vindicavit. Sed[40] et in hoc domini et salvatoris nostri non[41] defuere magnalia[42], ut credentibus fides augeretur et parvulis monstraretur exemplum[43]. 6. Oportebat enim Fructuosum martyrem, quod in saeculo per misericordiam dei docendo promiserat[44], in sua postea passione et resurrectione carnis comprobare.[45]

[*Codd. G et c add.*:
Nam post passionem, septimi diei nocte adveniente, sanctus Fructuosus apparuit per visum omnibus qui reliquias eorum per caritatem sustulerunt, et monuit eos dicens: Talis amor vester in nobis non est bonus, in quo ex corporibus nostris partes factas, quas quisque ut praevaluit vindicavit, quam plurimi vos in una urbe constituti hospitiis privatis conclusas velitis habere. numquid dominus noster Iesus Christus divisus est qui ubique unus est? haec ergo talis devotio mentis non tenet caritatem dei et domini, sed dissensionis errorem nutrit. et ideo oportet ut reliquias nostras in unum positas nunc vos unianimes atque posteri vestri ita concordes deprecantes conlaudare deum patrem et Iesum Christum filium suum, pro cuius nomine sancti iam passi sunt et nunc patiuntur et adhuc passuri sunt, quos omnes deus pater cum deo filio et spiritu sancto in ipso elegit ante mundi constitutionem. et mane facto mox omnes christiani, qui reliquias sanctorum abstulerant, deferentes cum magno metu ac summa laetitia, singuli narrantes

---

39 Vino ... extinguerent: gaudio festinaverunt ut, si combusta corpora invenissent, extinguerent CQ
40 nec DEc
41 *omm.* DEc
42 magnalia, cui honor et gloria et virtus per immortalia saecula saeculorum. Amen. A *hic explicit*
43 exemplum, quod (in quo G) sanctus Fructuosus (*add.* G quos) in saeculo (-um G) per misericordiam dei docendi predicabat Gc
44 *post* promiserat *add.* in domino et salvatore nostro DEF, et in domino Ihesu Christo LT, etiam dominum et salvatorem nostrum B
45 opportebar ... comprobare Gc

5. Danach fehlten die gewohnten Großtaten Gottes[25] nicht, der Himmel tat sich auf. Babylon und Mygdonius, unsere Brüder aus der Familie[26] des *praeses* Aemilianus, zeigten seiner Tochter, ihrer leiblichen Herrin, den Fructuosus und seine Diakone, die noch an den Pfählen, an die sie festgebunden waren, verblieben und doch schon gekrönt zum Himmel aufstiegen. 2. Und als sie den Aemilianus riefen, sagten sie: „Komm und sieh, die du heute verurteilt hast, wie sie dem Himmel und seiner Hoffnung übereignet sind." Als nun Aemilianus gekommen war, war er es nicht würdig, sie zu sehen.

6. Wie ohne einen Hirten Zurückgelassene ertrugen die betrübten Brüder ihre Sorge, nicht weil sie über Fructuosus trauerten, sondern vielmehr, weil sie ihn lieber bei sich gehabt hätten. Ein jeder aber dachte an dessen Glauben und an dessen Todeskampf. Und sie eilten, als die Nacht kam, mit Wein zum Amphitheater, um die halbverbrannten Körper zu löschen. 2. Danach sicherte sich jeder so viel wie er konnte von ihrer gesammelten Asche. Aber auch dabei fehlten die Großtaten unseres Herrn und Retters nicht,[27] sodass den Gläubigen der Glaube gemehrt und den Kleingläubigen ein Beispiel gezeigt werden sollte. 3. Denn der Märtyrer Fructuosus sollte das, was er in der Welt durch das Erbarmen Gottes mit seiner Lehre versprochen hatte, durch seine spätere Passion und die Auferstehung des Fleisches bewahrheiten.

> [*Die Codices G und c fügen hinzu:*[28]
> Denn der heilige Fructuosus erschien nach seiner Passion bei Beginn der Nacht des siebenten Tages im Traum allen, die Reliquien jener [der Märtyrer] aus Liebe an sich gebracht hatten und ermahnte sie und sagte: „Solch eine Liebe von euch zu uns ist nicht gut, in der ihr unsere Körper in Teile zerlegt, von denen jeder sich nimmt, was sich ihm anbietet, auf welche Weise die meisten von euch, die ihr doch in einer Stadt lebt, sie in je eigenen Quartieren[29] im Verborgenen besitzen wollt. Ist denn unser Herr Jesus Christus geteilt,[30] der doch überall nur einer ist? Eine solche Einstellung enthält keine Liebe zu Gott und zum Herrn, sondern nährt den Irrtum der Zwietracht. Und deshalb gehört es sich, dass, wie unsere in Einheit zusammengeführten Reliquien, auch ihr einträchtig und auch eure Nachkommen in einmütigem Gebet Gott den Vater lobt zusammen mit Jesus Christus, seinen Sohn, für dessen Namen die Heiligen schon gelitten haben und nun weiter leiden und auch noch leiden werden, die alle Gott der Vater mit Gott dem Sohn und dem Heiligen Geist selbst vor Gründung der Welt erwählt hat.[31]" Und sofort, am frühen Morgen, brachten alle Christen, die Reliquien der Heiligen weggetragen hatten, sie mit großer Furcht und höchster Freude zusammen, wobei der eine dem anderen vom gleichen Traumgesicht erzählte,

---

25 *magnalia*: vgl. z. B. Ps 70,19; 105,21 Vg.; Apg 2,11.
26 Prvd.perist. 6,121 (318): *ex domo satelles*; mithin ist *familia* hier im Sinne von *domus* zu verstehen; hierzu gehörten alle Mitglieder der Hausgemeinschaft, auch ohne dass eine Verwandtschaft bestehen musste, z. B. auch die Sklaven.
27 Hier endet der Text des Codex A, indem er als Doxologie hinzufügt: „dem Ehre und Herrlichkeit und Kraft von unvergänglicher Ewigkeit zu Ewigkeit sei. Amen."
28 Diesen Einschub kennt Prudentius offensichtlich nicht.
29 Zur Privatisierung des Märtyrerkults im 4. Jh. s. Brenk, Christianisierung (2003) 75–128.
30 Vgl. 1 Kor 1,13.
31 Vgl. Eph 1,4; der christologische Bezug wird auf die ganze Trinität ausgeweitet.

visionem similem, in qua commoniti fuerant, et in unum collectas in sacrosancta ecclesia sub altario sancto exultantes in domino honorifice sepelierunt.]

Igitur post passionem apparuit fratribus et monuit, ut quod unusquisque per caritatem de cineribus usurpaverat, restituerent sine mora.

[Cod. B add.:
Dicebat enim: Non est digna civitas Terracona nostras habere reliquias, in proximo namque est a barbaris crudeliter destruenda, ut numquam in futuro reparetur. Est enim in provincia Italia, in finibus Genuensis urbis, heremus iuxta mare locus, ubi Caput montis dicitur, ibique nostras reliquias deferte, quia ibi sepulturam obtinere oportet: multa enim signa et prodigia per nos faciet dominus in ipso loco.]

7. Etiam Aemiliano qui eos damnaverat, Fructuosus[46] pariter cum diaconibus suis ostendit se in stolis repromissionis, increpans pariter[47] et insultans, nihil illi profuisse, quod frustra exutos a corpore in terra crederet, futuros[48] quos cerneret gloriosos. 2. O beati[49] martyres, in igne probati sicut aurum pretiosum, vestiti loricam fidei et galeam salutis[50]; qui[51] coronati sunt diademate et corona immarcescibili[52], eo quod diaboli caput calcaverunt[53]! o beati martyres, qui meruerunt dignam habitationem in caelis ad dexteram stantes Christi[54], benedicentes deum patrem omnipotentem et Iesum Christum filium eius[55] et[56] spiritum sanctum. Amen.

---

46 Fructuosus in ipsa hora noctis ostendit se ei Gc
47 pariter: eum Gc
48 om. La
49 beatissimi Gc
50 galeam salutis accipientes c
51 qui calcantes caput diaboli coronati Gc
52 et coronam immarcescibilem meruerunt BGc
53 eo ... calcaverunt omm. BGc
54 ad ... Christi om. G
55 add. dominum nostrum G
56 cum spiritu sancto cuius regnum manet in saecula saeculorum G; benedicentes ... sanctum: regnante domino nostro Ihesu Christo cui est honor et gloria in saecula saeculorum c

durch das sie ermahnt worden waren. Und sie bestatteten sie in der allerheiligsten Kirche mit Jubel ehrenvoll unter dem heiligen Altar in Gott.]

Also ist er nach der Passion den Brüdern erschienen und hat sie ermahnt, dass ein jeder, was er aus Liebe von der Asche für sich besorgt hatte, unverzüglich zurückgebe.

[*Codex B fügt hinzu*:
Er sagte nämlich: „Die Stadt Tarragona ist nicht würdig, unsere Reliquien zu haben, denn sie soll bald von den Barbaren so schrecklich zerstört werden, dass sie in Zukunft niemals wieder aufgebaut wird. Es ist nämlich in der Provinz Italien im Gebiet der Stadt Genua ein einsamer Ort am Meer, der Capodimonte heißt. Dahin bringt unsere Reliquien, weil sie dort in einem Grab aufbewahrt werden sollen. Denn der Herr wird viele Zeichen und Wunder durch uns an diesem Ort tun."][32]

7. Auch dem Aemilianus, der sie verurteilt hatte, zeigte sich Fructuosus zusammen mit den Diakonen in den Kleidern der Verheißung[33], schrie ihn an und verspottete ihn zugleich,[34] es habe ihm nichts genutzt, dass er glaube, jene, deren Leiber er vergeblich verbrannt habe, seien in der Erde, während er sie doch in ihrem künftigen Ruhm noch sehen solle. 2. O ihr seligen Märtyrer, die ihr wie kostbares Gold im Feuer erprobt seid,[35] bekleidet mit dem Panzer des Glaubens und dem Helm des Heils,[36] die gekrönt sind mit dem Diadem und dem unvergänglichen Kranz[37], weil sie dem Teufel aufs Haupt getreten[38] sind. O ihr seligen Märtyrer, die verdienen, eine würdige Heimstatt im Himmel zu haben und zur Rechten Christi zu stehen, und Gott, den allmächtigen Vater, und den Sohn Jesus Christus und den Heiligen Geist zu preisen. Amen.

---

32 Hier schließt in Codex B unmittelbar die Translatio (8) an.
33 Die Stola war eine römische Frauenkleidung, die als Gewand mit kostbarem Besatz von Matronen (*femina stolata*) vom 3. Jh. v. bis ins 2. Jh. n. Chr. getragen und danach durch die Palla ersetzt wurde, vgl. HURSCHMANN R., Stola, DNP 11, 2001, 1018f; LARSSON LOVÉN, Frauen (2013) bes. 101. Dieses Gewand der „ehrbaren Frau" ist bei PRVD.perist. 6,139 (319) das Kleid der Märtyrer: *niueis stolis amicti*, wie schon PPerp. 12,1 (SC 417,146 Amat) *stolas candidas* kennt. Dem christlichen Sprachgebrauch der Verwendung von „stola" liegt besonders die Verwendung in der griechischen und lateinischen Version des NT zugrunde, die weiße Farbe verdankt sich neben Offb 3,5; 6,11; 7,14; 22,14 (die weißen Kleider der Märtyrer) auch Lk 15,22 und Mk 16,5. Zur kirchlich-liturgischen Verwendung der Stola: BRAUN, Gewandung (1907) 562–620. Die bekannteste bildliche Darstellung ist die Prozession der Märtyrer auf dem Fries über den südlichen Mittelschiffarkaden von S. Apollinare nuovo in Ravenna: DEICHMANN, Ravenna (²1995) Taf. 120–127, sowie die Farbabbildungen bei BOVINI, Mosaiken (⁴1972) Taf. 26.
34 Für die Erscheinung Ermordeter in Visionen bzw. (Alb-)Träumen ihrer Mörder kennt die Antike zahlreiche Beispiele, vgl. AMAT, Songes (1985) 282.
35 Vgl. Spr 17,3 Vg.; Offb 3,18.
36 Vgl. Jes 59,17 Vg., 1 Thess 5,8 sowie Eph 6,17.
37 S.o. Anm. 19; zu *immarcescibilis corona* als allgemeinem Ausdruck höchsten Lobes vgl. CASSIOD.in psalm. 108 conclusio (CChr.SL 98, 1138, 3293 Adriaen).
38 Das biblische Bild aus Gen 3,15; Ps 90,13 Vg. und Röm 16,20 begegnet im martyrologischen Zusammenhang etwa in PPerp. 4,7 (116); 10,11 (140); 18,7 (166).

8. Translatio SS. Fructuosi, Augurii et Eulogii[57]

Duo igitur ex fratribus, Iustinus et Procopius presbyteri, non post multos dies passionis supra dictorum martyrum sanctorum, monita eorum et iussa obtemperantes, tulerunt reliquias sanctorum sumpseruntque secum Pantaleonem et Martialem diacones et perrexerunt ad litus maris ingressique in navicula navigare coeperunt ad locum, quo eis sanctus Fructuosus ire praeceperat. 2. Cumque biduo a prosperis ventis navigassent, Procopius Iustino presbytero dixit: Ecce biduo navigavimus et locum ad quem pergere cupimus, nescimus. Cui respondens Iustinus dixit: Forti animo esto, frater; in proximo est ut ostendatur nobis locus a Domino. Cumque per totam illam noctem navigarent et incessanter preces et orationes Domino funderent, circa gallorum cantum Iustinus presbyter Procopio dixit: Esto vigilans, frater, et sollicitus de navicula. Sopor enim Iustinum presbyterum arripuit. 3. Et ecce angelus domini in somno apparuit ei dicens: Incertus est vobis locus, ubi vos Fructuosus episcopus ire praecepit; ideo enim missus sum ad vos, ut locum et quae vos facere oportet ostendam, mons vero magnus, qui vobis mane prior apparuerit, ibi est locus: nam draco pestifer moratur in ipso loco, in caverna, qui multas iam naves interiit multaque humana corpora marinis fluctibus summersit. 4. Ad hoc enim missus sum a domino, ut per merita beatissimorum martyrum Fructuosi, Augurii et Eulogii, quorum reliquiae hic condendae sunt, draconem ipsum de caverna illius montis eiciam, et religabo in abyssum, ut nullum iam hominem laedat. Vos autem, cum videritis fulgora et audieritis tonitrua, nolite timere; tunc enim eiciam draconem de ipso monte et praecipitabo eum in abyssum. 5. Mane autem cum ad litus perveneritis ad eundem montem, descendite ibique invenietis prope litus maris, in aquilonis parte, de sub uno saxo fontem vivum manantem: supra eodem namque saxo est parvum spatium, ibique ecclesiam in honorem domini et memoriam beatissimorum martyrum Fructuosi et Eulogii et Augurii construite eorumque reliquias ibi cum omni diligentia recondite. 6. Vos autem ibi Deo deservire studete quousque penitus de isto corpore exeatis. Si vero in eius mandatis perseveraveritis, accipietis inmarcescibiles coronas, quemadmodum et fratres vestri acceperunt, semperque cum domino gaudebitis sine fine.

---

57 *e cod.* B

8. Die Translation der Heiligen Fructuosus, Augurius und Eulogius[39]
Zwei von den Brüdern, die Presbyter Iustinus und Procopius, gehorchten wenige Tage nach der Passion der oben genannten Märtyrer ihren Geboten und Befehlen, trugen die Reliquien der Heiligen und nahmen mit sich die Diakone Pantaleon und Martialis[40], und sie kamen zum Meeresufer, bestiegen ein Schiff und fingen an, zu dem Ort zu segeln, wohin zu gehen ihnen der heilige Fructuosus befohlen hatte. 2. Und als sie zwei Tage lang unter günstigen Winden gesegelt waren, sagte Procopius dem Presbyter Iustinus: „Siehe, zwei Tage segeln wir und wissen doch den Ort nicht, zu dem wir gelangen wollen." Ihm antwortete Iustinus und sagte: „Sei starken Mutes, Bruder. Nahe ist es, dass uns der Ort vom Herrn gezeigt wird." Und als sie jene ganze Nacht weitersegelten und ohne Unterlass Bitten und Gebete vor den Herrn brachten, da sagte ungefähr zur Zeit des Hahnenschreis der Presbyter Iustinus dem Procopius: „Bruder, sei wachsam und kümmere dich um das Schiff", denn der Schlaf überkam den Presbyter Iustinus. 3. Und siehe, der Engel des Herrn erschien ihm im Schlafe und sagte: „Euch ist der Ort unklar, wohin euch der Bischof Fructuosus zu reisen befohlen hat. Deshalb bin ich zu euch geschickt worden, um euch den Ort und was ihr machen müsst zu zeigen. Es ist aber ein großer Berg, der vor euch in der Morgenfrühe erscheinen wird. Dort ist der Ort. Denn ein giftspeiender Drache, der schon viele Schiffe hat untergehen lassen und viele menschliche Leiber in den Meeresfluten ersäuft hat, haust an diesem Ort in einer Höhle. 4. Dazu bin ich vom Herrn geschickt worden durch die Verdienste der seligsten Märtyrer Fructuosus, Augurius und Eulogius, deren Reliquien hier begraben werden sollen, damit ich den Drachen selbst aus der Höhle jenes Berges vertreibe und ihn in der Hölle binden werde, dass er keinen Menschen mehr verletze. Wenn ihr aber die Blitze sehen werdet und die Donnerschläge hört, fürchtet euch nicht, denn dann vertreibe ich den Drachen von dem Berge und werfe ihn in die Hölle. 5. In der Frühe aber, wenn ihr zur Küste bei jenem Berg kommt, dann steigt aus, und ihr werdet am Ufer in nördlicher Richtung eine Quelle, aus der gutes Wasser sprudelt, unter einem Felsen finden. Oberhalb desselben Felsens ist ein kleiner Platz. Dort baut eine Kirche zu Ehren des Herrn und zum Gedächtnis der seligsten Märtyrer Fructuosus und Eulogius und Augurius, und bergt dort ihre Reliquien mit aller Sorgfalt. 6. Gott dort zu dienen aber bemüht euch, bis ihr endgültig diesen Körper verlasst. Wenn ihr bei diesen Geboten bleiben werdet, so werdet ihr die unvergänglichen Kränze empfangen, die auch schon eure Brüder empfangen haben,[41] und ihr werdet euch mit dem Herrn ohne Ende freuen."

---

39 Cod. B, direkt im Anschluss an den Einschub vgl. Anm. 32.
40 Es haben sich hier die vier Gründernamen des vorbenediktinischen Klosters von Capodimonte erhalten. Die mehrheitlich griechischen Namen der Gruppe passen zur baugeschichtlichen Einordnung der ersten Kirche von Capodimonte, die mit ihrer Zentralkuppel einen mittelbyzantinischen Typus um 950 repräsentiert. Griechisches Mönchtum verbreitete sich um diese Zeit auch über den Osten hinaus im westlichen Teil des Mittelmeers, vgl. CAVVALLARO, Fruttuoso (1986) 368–374.
41 Den Asketen kommt der Märtyrerkranz zu.

7. Et cum haec diceret, discessit ab eo angelus, statimque Iustinus presbyter a somno excitatus est, et omnia quae ei in visione ab angelo revelata fuerant Procopio presbytero patefecit. Tunc prostraverunt se in oratione et benedixerunt dominum, qui per angelum suum eos visitare dignatus est, qui non derelinquit sperantes in se. Et cum nimia esset caeli serenitas, subito coruscus apparuit tonitruaque mugire coeperunt, videruntque draconem ab angelo de caverna ipsius montis eicientem religatumque in profundum pelagi praecipitantem. 8. Mane autem facto reppererunt se ad litus in loco, qui ab angelo eis revelatus fuerat. Tunc coeperunt pergere iuxta mare inveneruntque fontem de sub saxo manantem. 9. Cumque ascendissent ut viderent spatium, invenerunt ibi tres leones qui totum iam in circuitu fundamentum signaverant, quemadmodum ibi ecclesia erat construenda. Et cum vidissent leones servos Dei venientes ad locum, curvatis cervicibus, agitantes caudas, cum omni mansuetudine venientes, coeperunt lingere pedes eorum. 10. Tunc prostraverunt se in oratione et benedicebant dominum dicentes: Benedictus es, domine Iesu Christe, qui tantam gloriam contulisti sanctis martyribus tuis, qui per eos draconem religatum in abyssum mergi praecepisti, etiam et leones, ferocissimas bestias, eis famulari iussisti et nos de profundo pelagi per eorum merita liberasti, sit nomen tuum benedictum in saecula saeculorum. 11. Cumque se ab oratione erigerent, leones nusquam comparuerunt, nec amplius visi sunt in eodem loco; ibique in nomine domini et memoria beatissimorum martyrum Fructuosi, Augurii et Eulogii ecclesiam dedicaverunt eorumque reliquias ibi cum omni honore et diligentia condiderunt. 12. Ibi Iustinus et Procopius presbyteri Deo militantes vitam finierunt. Dedicata est namque ecclesia beatissimorum martyrum Fructuosi, Augurii et Eulogii die kalendarum Maiarum, regnante domino nostro Iesu Christo, cui est honor et gloria in saecula saeculorum. Amen.

7. Und als er das gesagt hatte, schied der Engel von ihm, und der Presbyter Iustinus erwachte sofort aus seinem Schlaf und eröffnete alles, was ihm im Traumgesicht von dem Engel offenbart war, dem Presbyter Procopius. Da warfen sie sich im Gebet nieder und lobten den Herrn, der sie würdigte, dass ein Engel sie besuchte, der die auf ihn Hoffenden nicht verlässt. Und obwohl der Himmel äußerst heiter zu sein schien, zuckte ein Blitz und es begannen Donnerschläge zu krachen, und sie sahen den Drachen, vom Engel aus der Höhle des Berges herausgezogen, gebunden in die Meerestiefe stürzen. 8. Und sofort, nachdem dies geschehen war, trafen sie am Ufer den Ort an, der ihnen vom Engel geoffenbart worden war. Da fingen sie an, am Meer entlangzuziehen, und fanden die Quelle, die unter dem Felsen sprudelte. 9. Als sie hinaufgestiegen waren um den Platz anzuschauen, fanden sie dort drei Löwen, die schon den ganzen Grundriss abgesteckt hatten, wie dort die Kirche gebaut werden sollte. Und als die Löwen sahen, wie die Diener Gottes dorthin kamen, buckelten sie ihren Rücken und wedelten mit den Schwänzen, kamen mit aller Zutraulichkeit und fingen an, deren Füße zu lecken. 10. Da warfen sie sich zum Gebet auf den Boden und priesen den Herrn und sagten: „Gepriesen bist du, Herr Jesus Christus, der du deinen Märtyrern einen solchen Ruhm verliehen hast, der du befohlen hast, dass durch sie der Drache gebunden in der Hölle verschlungen wird, und dass die Löwen, jene äußerst wilden Tiere, ihnen dienen, und der du uns durch die Verdienste jener vor der Meerestiefe bewahrt hast. Dein Name sei gepriesen in alle Ewigkeit." 11. Und als sie sich vom Gebet erhoben, da waren die Löwen nicht mehr da und sind auch niemals wieder an diesem Ort gesehen worden. Und sie haben dort im Namen des Herrn und zum Gedächtnis der allerseligsten Märtyrer, Fructuosus, Augurius und Eulogius, eine Kirche geweiht und deren Reliquien dort mit aller Ehre und Sorgfalt bestattet. 12. Und dort beendeten die Presbyter Iustinus und Procopius ihr Leben im Dienste Gottes. Geweiht freilich wurde die Kirche der seligsten Märtyrer Fructuosus, Augurius und Eulogius am 1. Mai unter der Herrschaft unseres Herrn Jesus Christus, dem Ehre und Ruhm von Ewigkeit zu Ewigkeit sei. Amen.

D. Historische und literarische Aspekte

Wenn auch nicht ohne jeden Quellenwert für die Opfer der Christenverfolgung Valerians in Tarragona, stellt der Text doch ein rein literarisches Produkt dar, bei dem der Rückgriff auf ein originales Gerichtsprotokoll nicht in Betracht zu ziehen ist,[1] denn er kennt in 2,9 nicht einmal eine förmliche Verurteilung. Auch die Hinrichtung als solche wird nicht geschildert, sondern in 4,3 nur umschrieben und dabei theologisch-metaphorisch gedeutet.

Das auffällige Interesse für die zahlreichen Namen aus dem Umfeld des Richters Aemilianus (Soldaten und Christen in dessen Hause) sowie aus der Christengemeinde Tarragonas lässt jedoch hinsichtlich seiner Entstehung an eine Zeit denken, die noch konkrete Kenntnis von diesen Personen hatte, mithin die erste oder zweite Generation nach dem Martyrium, also das letzte Viertel des 3. Jhs. bzw. den Anfang des 4. Jhs. Der Text war Augustinus bekannt, wie die allusiven Zitate aus 2,8 und 3,6 belegen, und diente Prudentius um 400 als Vorlage einer metrischen Fassung.[2]

In der Textüberlieferung begegnet eine Reihe von Erweiterungen. Die kürzeste Fassung innerhalb der Gruppe der Handschriften ohne Erweiterung bewahrt der Textzeuge A, welcher mit 6,2 schließt und nur eine Erscheinung der Märtyrer in ihrer Apotheose in 5 kennt, die sich auch bei Prudentius findet.[3] Die zweite Erscheinung des Fructuosus vor Aemilianus in 7,1, wie sie sich in weiteren Handschriften dieser Gruppe findet, erwähnt Prudentius nicht. Grund dafür kann sein, dass er diese Erscheinung in seinem Text nicht fand oder sie, da Fructuosus hier den Statthalter verhöhnt, eines Märtyrers für unwürdig befand. Stattdessen berichtet Prudentius jedoch von einer Erscheinung aller drei Märtyrer, die verlangen, zusammen in einem Marmorsarkophag bestattet zu werden.[4] Dies lässt sich in den Zusätzen zu den interpolierten Codices so aber nicht finden; hier ist es Fructuosus allein, der erscheint und eine Ansprache hält, die die Rückgabe der „privatisierten" Reliquien zum Ziel hat.

Diese Abweichung lässt den Schluss zu, dass Prudentius den interpolierten Text nicht kannte und einen weiteren Text mit einem Schluss vor sich hatte, der uns nicht überliefert ist. Mit Blick auf die archäologischen Befunde in Tarragona ist jedoch nicht davon auszugehen, dass der interpolierte Text wesentlich später als der Hymnus des Prudentius (gest. nach 405) entstand, denn er belegt wie dieser die Schaffung einer öffentlichen Verehrungsstätte „in der allerheiligsten Kirche … unter dem heiligen Altar".[5]

---

[1] So schon die Ansicht von FRANCHI, Atti Fruttuoso (1935) 142–145.
[2] Mit PRVD.perist. 6 (314–320) und der Verarbeitung der Vorlage haben sich ausführlich befasst ROBERTS, Poetry (1993); PALMER, Prudentius (1989), bes. 105–116; SCHMIDT, Liber (2003), bes. 172–187.239–267.
[3] PRVD.perist. 6, 121–129 (318 f.).
[4] PRVD.perist. 6, 136–141 (319). Zum Motiv der gemeinsamen Bestattung vgl. Test.Seb.
[5] S. dazu im Folgenden.

Später sind jedoch in jedem Fall der Zusatz des Codex B zum Schluss von 6 und die daran anschließende märchenhafte Translatio der Gebeine nach Capodimonte an der ligurischen Küste südlich von Genua. Die Translatio spiegelt mit der Erwähnung einer Quelle die lokale Situation, da direkt unter der Zentralkuppel der Abteikirche von Capodimonte in einer Grotte eine Quelle zu finden ist.[6] Wie Serra Vilaró wahrscheinlich machen konnte, erfolgte die Reliquienübertragung an die ligurische Küste im Jahre 711 durch Flüchtlinge im Zuge der arabischen Invasion Kataloniens.[7] Die Ausgrabungen unter der Abteikirche von Capodimonte haben ein verehrtes Grab mit *fenestella confessionis* aus dem 10. Jh. und Spuren eines älteren Vorgängerbaus zum Vorschein gebracht.[8] Die Monumentalisierung des verehrten Grabes dürfte in einem direkten Zusammenhang mit der Entstehung der Translatio stehen.

Besonderen Wert besitzt die Textüberlieferung dadurch, dass anhand ihrer die Entfaltung eines Kultes von den Wurzeln im 3. Jh. bis ins Frühmittelalter nachvollzogen werden kann. Das Schicksal des Fructuosus wird in der alten Grundschrift ganz in biblischer Motivik gestaltet (3 und 4). Das Verhältnis zwischen Richter und Märtyrer kennzeichnet eine Spannung, die noch nicht geprägt ist von den späteren Typizität des Antagonismus solcher Verhältnisse: originell ist einerseits der Zynismus des *praeses* (2,5.9), andererseits dessen Verhöhnung in der Erscheinung des Fructuosus (7,1).

Weitere Erscheinungen dienen der Begründung eines öffentlichen Kultes: zunächst in Tarragona, dann im italienischen Capodimonte. In den Motiven der Reliquienübertragung per Schiff und des Drachens am Ankunftsort (8,3.7) zeigt der Text Parallelen zur *Translatio S. Iacobi in Hispaniam* (BHL 4068) aus der gleichen Zeit.[9]

Die Zitate bei Augustinus (aus 2,8 und 3,6) und die metrische Gestaltung der Passio durch Prudentius belegen die Bedeutung des Kults auch außerhalb Tarragonas schon gegen Ende des 4. Jhs.[10] Um dieselbe Zeit wird dort auf dem westlichen Gräberfeld eine große Coemeterialbasilika mit einer nördlich der Apsis gelegenen, zweigeschossigen, unterirdischen Märtyrermemoria errichtet.[11] Der Komplex umfasste möglicher-

---

6 Bozzo, Vicende architettoniche (1990) 30; Abb. 23.40.47.
7 Serra Vilaró, Prospero (1943); dazu: Toso d'Arenzano, Prospero (1968).
8 Der Publikationsstand der Ausgrabungen ist ungenügend, doch vgl. Dioli, Fruttuoso (2007) 60–62. Die *fenestella* befindet sich in auffälliger Weise wie die für hervorgehobene Bestattungen genutzten „Gegenapsiden" der beiden Kirchen des westlichen Gräberfelds von Tarragona in der Mitte der dem Alter gegenüber liegenden Rückwand. Zu den „Gegenapsiden" vgl. López Vilar, Basíliques 1 (2006) 306 f.
9 Text bei Plötz, Jakobus (1982) 134 f.
10 Palmer, Prudentius (1989) 206 meint, perist. 6 sei geschrieben worden „primarily for a Spanish audience, either resident in Tarragona, or perhaps in temporary exile from their native town as the result of obligations at the imperial court in Milan". Eine Übersicht über die Entwicklung und Ausbreitung der Fructuosus-Verehrung bietet Garcia Rodriguez, Culto (1966) 316–321.
11 López Vilar, Basíliques 1 (2006) 301.304; Fig. 248.253.314. Zum altchristlichen Tarragona allgemein vgl. Schlunk – Hauschild, Denkmäler (1978) passim.

weise auch ein Xenodochion für Pilger.¹² Bestattungen *ad sanctos* rund um die Märtyrergräber sind für das späte 4. und 5. Jh. inschriftlich mehrfach belegt.¹³ In der westgotischen Zeit entsteht im kaiserzeitlichen Amphitheater von Tarragona über dem mutmaßlichen Ort des Martyriums eine Memorialbasilika, die aber in späteren Quellen als Marienkirche erscheint.¹⁴

Die Erweiterung durch die Translatio zeigt exemplarisch, dass Schriften über die Märtyrer sich nicht nur über einen längeren Zeitraum chronologisch, sondern auch geographisch expandierend entwickeln konnten, wobei weit voneinander entfernt gelegene Regionen in Verbindung treten konnten.

E. Spezialliteratur

AIGRAIN R., L'hagiographie. Ses sources. Ses methodes. Son histoire, Paris 1953, 211.

AMAT J., Songes et visions. L'au-delà dans la littérature latine tardive, Paris 1985, 371–373.

BARDENHEWER O., Geschichte der altkirchlichen Literatur 2, Freiburg i. Br. ²1914 = Darmstadt 1969, 691.

BERSCHIN W., Biographie und Epochenstil im lateinischen Mittelalter 1. Von der Passio Perpetuae zu den Dialogen Gregors des Großen (Quellen und Untersuchungen zur lateinischen Philologie des Mittelalters 8), Stuttgart 1986, 106 f.

CHARLET J.-L., Fructueux, Augure et Euloge de Tarragone, in: MANDOUZE A. (Hrsg.), Histoire des saints et de la sainteté chrétienne 2. La semence des martyrs 33–313, Paris 1987, 158 ff.

DELEHAYE H., Les passions des martyrs et les genres littéraires (SHG 13B), Brüssel ²1966, 104 f.

DEN BOEFT J. – BREMMER J., Notiunculae Martyrologicae, VigChr 35, 1981, 43–56, hier 49–52.

DUPRÉ I RAVENTÓS X. (Hrsg.), L'Amfiteatre romà de Tarragona, la basílica visigòtica i l'església romànica (Taller Escola d'Arqueologia, Memòries de excavació 3), Tarragona 1990.

FRANCHI DE'CAVALIERI P., Gli atti di S. Fruttuoso di Tarragona, in: DERS., Note agiografiche 8 (StT 65), Vatikanstadt 1935, 127–199.

HARNACK A., Geschichte der altchristlichen Literatur bis Eusebius 2: 2. Die Chronologie der Literatur von Irenäus bis Eusebius, Leipzig 1904 = 1968, 473.

MOREU-REY E., L'antiga devoció a San Fruitós, Boletín arqueológico Tarraconense 4, 113/120, 1971/72, 245–252.

MOSS C. R., The Other Christs. Imitating Jesus in Ancient Christian Ideologies of Martyrdom, Oxford 2010, 186 f.

SCHWERD A., Lateinische Märtyrerakten. Ausgewählt und erläutert (Humanitas christiana. Lateinische Reihe 1), München 1960, 93–97.

SERRA VILARÓ J., Fructuós, Auguri i Eulogi, màrtir sants de Tarragona, Tarragona 1936.

WLOSOK A., Passio Fructuosi, Augurii et Eulogii, HLL 4, 1997, 430 f: § 472.7.

---

12 LOPEZ VILAR, Basíliques 1 (2006) 310 f.
13 ALFÖLDY, Inschriften (1975) 444 f Nr. 1007 f; 446 Nr. 1010.
14 DUPRÉ, Amfiteatre (1990) 205–286.

Phileas

A. Zum Text

Die ältesten griechischen Texte zum Martyrium des Bischofs Phileas von Thmuis sind uns in zwei Fassungen in zwei wohl zeitlich nicht weit auseinanderliegenden Papyri der ersten Hälfte des 4. Jhs. erhalten. Diese beiden Papyri stellen damit die ältesten Originaldokumente der Märtyrerliteratur dar. Die weitere Überlieferung in griechischer[1], koptischer, lateinischer und äthiopischer Sprache zeigt sowohl ein Wachstum wie auch eine Konstanz des Textes.

1. Griechische Papyri

Pap. Be Dublin, Chester Beatty Library, Pap. 15 (7 Folien beidseitig beschrieben; 310–350 n.Chr; BHG Non. Auct. 1513m)[2]
Edition: PIETERSMA, Phileas (1984) 33–83, wieder abgedruckt bei KORTEKAAS – LANATA, Acta Phileae (1987) 281–315.

Pap. Bo Genf, Bibliotheca Bodmeriana, Pap. 20 (fol. 129–145; 320–350 n. Chr.; BHG Auct 1513k).
Edition: MARTIN, Pap. Bodm. XX (1964) 24–52 und DERS., Pap. Bodm. XX reconstruction (1964) 4–8.; auf dem Text von Martin basiert bereits HALKIN, „Apologie" (1963) 12–19, mit textkritischen Anmerkungen von de Strycker; Die beiden Editionen Martins wieder in: BIRCHER, Bibliotheca 4 (2000) 1513–1575. Wieder abgedruckt bei: MUSURILLO, Acts (1972) 328–344, der die Zählung der Textabschnitte von Halkin übernimmt, und LANATA, Atti (1973) 228–234.
Neuedition: PIETERSMA, Phileas (1984) 85–99, mit neuer Zählung der Textabschnitte, danach KORTEKAAS – LANATA, Acta Phileae (1987) 316–336.
Wir folgen der Zählung der Textabschnitte von Pietersma und Halkin.

---

[1] Die späte griechische Passio des Philoromus und des Phileas (BHG 1533) bleibt hier unberücksichtigt: COMBEFIS, Illustrium martyrum (1660) 145–181.
[2] CPG Suppl. 1672. Nach ROBINSON, Pachomian Monastic Library (1990/91) 26–40 aus Dishnā bei Fāw Qiblī, koptisch Pbow, nach anderen aus Panopolis oder Theben.

2. Koptische Pergamentfragmente

Köln, Stadtbibliothek Inv. 2038e (2 Fragmente eines Blattes aus einem Miniaturcodex mit 2 Kolumnen, 11 und 10 Zeilen; 6. Jh).
Edition: SCHENKE, Martyrium (2010) 209–213: Nr. 492.

3. Lateinische *Acta Phileae et Philoromi* (BHL 6799 und BHL Suppl. 6799a): La

Ältere Editionen bis zu KNOPF – KRÜGER – RUHBACH[3] beruhen auf RUINART, Acta (³1859) 519–521. Die erste kritische Edition der Acta durch Halkin[4] beruht auf acht Handschriften, deren wichtigste
W Brüssel, Bibliothèque royale de Belgique, Ms lat. 7984 (Kat. 3191), fol. 34–36 (Wissembourg/Elsass; 10. Jh)
ist; sie wurde wieder abgedruckt bei
MUSURILLO, Acts (1972) 344–352 und bei
PIETERSMA, Phileas (1984) 105–108.

HALKIN, „Apologie" (1963) 103 f weist auf die Reichenauer Handschrift hin, die die älteste ist und keine wesentlichen Abweichungen von W aufweist:
R Karlsruhe, Badische Landesbibliothek, cod. Augiensis 32, fol. 95^v–96^v (Reichenau; Anfang 9. Jh).
R wird zum Leittext der nun auf zehn Handschriften basierenden Neuedition durch KORTEKAAS – LANATA, Acta Phileae (1987) 280–314.

4. Äthiopische Version: Ae

Es sind zwölf äthiopische Handschriften vom 14. bis 18. Jh mit dem „Martyrium des seligen Fileyas" bekannt. Die Edition
BAUSI, Versione etiopica (2002) 30–40, italienische Übersetzung 41–54.
basiert auf elf Handschriften[5].

Wir geben im Folgenden zuerst eine Synopse des Textes der beiden Papyri und der lateinischen Passio. Dabei folgen wir der Ausgabe von KORTEKAAS – LANATA, Acta Phileae (1987) 280–336 ohne deren Apparat. Die Zählung der griechischen Texte

---

[3] KNOPF – KRÜGER – RUHBACH, Märtyrerakten (1965) 113–116.
[4] HALKIN, „Apologie" (1963) 4–27.
[5] Leider konnte für die Edition nicht die Handschrift aus dem Kloster Dabra Libanos benützt werden, die die einzige bekannte Darstellung des Fileyas zeigt, vgl. BAUSI, Versione etiopica (2002) 28 Anm. 96 und DERS., Alcuni manoscritti (1997/8) 28 und Tab. 2 Fig. 3.

erfolgt nach Seiten und Zeilen der Papyri. Wegen der deutlichen Nähe der lateinischen Passio zu Bo haben wir in der deutschen Übersetzung die Lücken in Bo durch Rückgriff auf den lateinischen Text gefüllt.

In einer weiteren Synopse bieten wir die deutsche Übersetzung der beiden Papyri und des äthiopischen Textes. Letztere hat Finn O. Hvidberg-Hansen, Universität Aarhus, dankenswerterweise geprüft. Die Zeilen der Übersetzungen wurden separat durchlaufend nummeriert, um Querverweise zu vereinfachen. Diese Synopse der Übersetzungen hilft zu sehen, wie nahe sich der frühe Text des Chester-Beatty-Papyrus und der späte aus den äthiopischen Heiligensammlungen stehen.

B. Zum Inhalt

305 in Alexandria: Nach Papyrus Chester Beatty 15 und der lateinischen Überlieferung Verhör des Bischofs Phileas von Thmuis durch den *praefectus Aegypti* Culcianus und sein Richterkollegium, wobei der Bischof, der zu einer der führenden Großgrundbesitzerfamilien gehört, zum Opfer überredet werden soll. Dabei verwickelt Phileas jedoch den Präfekten in ein theologisches Streitgespräch. Erwähnt werden Frau und Kinder des Bischofs sowie sein Bruder, der für ihn als Anwalt fungiert, sowie der Bürgermeister (*logistes*/Prokurator), der ebenfalls für ihn eintritt und eine Amnestie verlangt. Phileas lehnt die ihm wegen seines gesellschaftlichen Ranges angebotene Bedenkzeit ab und wird zum Hinrichtungsplatz geführt, wo er ein langes apokalyptisch geprägtes Gebet spricht. Die Hinrichtung findet nach der koptischen und äthiopischen Überlieferung am 4. Februar 305 statt.

Dem vielleicht wenig später zu datierenden Papyrus Bodmer 20 ist zu entnehmen, dass der Bischof, der auch ein Magistrat in Thmuis ist, nun in Alexandria zum fünften Mal verhört wird. Dabei begleiten ihn zwanzig Kleriker. Das erste Verhör mit Folter fand in Thmuis statt, die weiteren in Alexandria. Jetzt handelt es sich um ein Streitgespräch, bei dem der Präfekt betont, dass er so nicht mit einem Landarbeiter reden würde, doch kein Interesse daran habe, jemanden zu verurteilen, von dem das Wohlergehen einer ganzen Stadt abhängig sei. Die angebotene Möglichkeit, so zu tun, als habe er geopfert, lehnt der Bischof ebenso ab wie die Bitte um Bedenkzeit, zu der ihn die Anwälte, das ganze *officium*, der *logistes* und auch der Präfekt selbst drängen, der auf einen gewissen Pierios verweist, der durch sein Opfer das Wohlergehen seiner Gemeinde gesichert habe. Daraufhin wird Phileas erneut in den Kerker geworfen.

C. Apologia Phileae

Verteidigung des Phileas

Papyrus Chester Beatty, 1	Papyrus Bodmer, 1	Lateinische Überlieferung

Papyrus Chester Beatty, 1

1. <12 Zeilen fehlen>

Papyrus Bodmer, 1

1 **1.** Ἀπολογία Φι[ι]λέου ἐπισκόπου
Θμουέως ἄρχ[ον]τος δὲ Ἀλεξαν-
δρείας <τὸ> πέμ[πτ]ον προσαχθέν-
τος καὶ μετέπειτα τε[λει]ωθέν-
5 τος. Ἐν μὲν τῇ πρώτῃ ἀπολογίᾳ
μετὰ πολλὰς ὕβρεις ὑπὸ τοῦ ἡ-
γεμόνος καὶ θορύβου[ς] πολλοὺς
καὶ ὀστοκό[πους] ὑπὸ τῶν ἀκ[τυω-
ναρίων ὑπ[ὸ] τ[έ]σσερα κεντή]ματα
10 ἐβλήθη ἐν τῇ Θμουέι ἡμέρας
δύ]ο εἰς φυλακή[ν]· ἔπειτα γυμνοῖς
το[ῖς ποσὶν ἐν δ]εσμοῖς περιελ-
θὼ]ν πολλὴν ὁδ]ὸν εἰς τὴν Ἀλε-
ξ[άνδρειαν ἦλ]θεν καὶ εἰς τὸ
15 δεσμωτ]ριον] ἐβλήθη· κ[αὶ τὸ

Lateinische Überlieferung

1 Passio beati Fileae episcopi de civitate Thimui

Papyrus Chester Beatty	Papyrus Bodmer, 1	Äthiopische Überlieferung, 1
gepunktete Unterstreichung: zusätzliche lateinische Textüberlieferung		
kursiv: idente Formulierungen in Pap. Bo	kursiv: idente Formulierungen in Pap. Be	
1	1	1
Passion des seligen Phileas, Bischofs der Stadt Thmuis.	**1.** Verteidigung des Phileas, des Bischofs von Thmuis, des Magistraten, der nun in Alexandria¹ das fünfte Mal vorgeführt und danach vollendet wurde.	**1.** Martyrium des seligen Bischofs Phileas, wie er gekrönt wurde durch das Martyrium von unserem Herrn Jesus Christus, im 21. Jahr am 10. Tag des Monats Meker.³
	Zur Zeit (seiner) ersten Apologie war er in Thmuis für zwei Tage in das Gefängnis geworfen worden nach vielen Beschimpfungen durch den Präses und viel Geschrei und Knochenbrüchen wegen der Streckung über den vierten Grad hinaus durchs Gerichtspersonal². Dann kam er nach Alexandria, nachdem er den ganzen Weg auf nackten Füßen und in Ketten gelaufen war <und viel gelitten hatte>, und wurde dort in den Kerker geworfen. Auch als er	

1 Dieser Sinn erscheint am wahrscheinlichsten. Möglich wäre auch entweder: „Apologie des Phileas, des Bischofs von Thmuis, aber auch Magistraten von Alexandria..." oder: „Apologie des Bischofs Phileas, des Magistraten von Thmuis, als er in Alexandria...".
2 Die Verderbnis des Textes hier führte zu einer breiten Diskussion. Unter paläographischen Gesichtspunkten ist, wie von Lanata vorgeschlagen, die Ergänzung ἀκτυωναρίων am befriedigsten, vgl. LANATA, Note (1977). Es würde sich hier um das älteste Vorkommen des Wortes handeln, denn dieser Begriff taucht sonst erst spät auf und wird besonders für Beamte im Hofdienst gebraucht. In der Diskussion, vgl. BASTIAENSEN, Atti (1987) 555f, werden auch die Wörter ἀννυωνάριος und ληγιωνάριος ergänzt. – Die Streckung bis zum vierten Grad erwähnt Phileas selbst bei Evs.h.e. 8, 10,8 (GCS 9/2, 762,17-29 Schwartz).
3 Die äthiopische Übersetzung setzt die im Jahr 284 beginnende diokletianische Ära voraus, ohne sie und damit den verhassten Kaisernamen zu nennen, erwähnt aber auch nicht die *aera martyrum*.

Papyrus Chester Beatty

Papyrus Bodmer, 2

δεύτερον προσαχθ[ε]ὶς [καὶ πάλιν
2. ὑβρισθεὶς [κα]ὶ πληγὰς λ[αβὼ]ν
οὐκ ἐστρά[φη]· ὁμοίως [κα]ὶ τῇ
τρίτῃ καὶ τε[τάρ]τῃ προελεύσει
μετὰ πολ[λὰ]ς ὕβρεις καὶ πλη-
5 γὰς] ἤκουσεν ὁ Φιλέας· Πολλοὺς ἀπέκτεινας μὴ θύσας·
Πιέριος πολλοὺς ἔσωσεν ὑπο-
ταγείς. Τὸ π[έμ]πτον κληθεὶς
ἅμα τῷ σύ[ν] αὐ]τῷ ἱερατείῳ τὸν
10 ἀριθμὸν εἴκοσι, ἤκουσεν
ὁ Φιλέα[ς] παρ[ὰ τ]οῦ ἡγεμόνος·
Δύνῃ λοι[πὸν σεσωφρον]ηκέναι;
Φιλέας ε[ἶπεν· Ἀεὶ σωφρο]νῶ καὶ
ἐν σωφρο[σύνῃ ἐγγυμν]άζομαι.

Lateinische Überlieferung, 1

1. Inposito Filea
super ambonem Culcianus
praeses dixit illi:
Potes iam
5 sobrius effici? Fileas respondit:
Sobrius sum et sobrie degeo.

Papyrus Chester Beatty

1. Als Phileas auf das Gerichtspodium[4] gebracht worden war, sagte *praeses* Culcianus.
5 zu ihm: „Kannst du nun zur Besinnung gebracht werden?" Phileas antwortete: „Ich bin besonnen und lebe besonnen[5]."

4 Die Platzierung des Angeklagten auf dem *bema* oder gar im *secretarium* oder vor dem *bema* spielt für die soziale Hierarchie eine große Rolle.
5 Der im Fragment Pap. Köln 492 enthaltene Anfang des koptischen Textes entspricht dem Anfang der äthiopischen Übersetzung. SCHENKE, Martyrium (2010) 213 übersetzt das Kölner Fragment: „Phileas.
Im 21. (Regierungsjahr) Diokletians und Maximians, am 10. [Tag] des (Monats) Mecheir, stellte man Phileas, den Bischof (ἐπίσκοπος) von Thmuis, [auf] das Bema (βῆμα) (mit dem Aufruf): ‚Opfere (θυσία)!'
Culcianus sprach zu ihm: ‚Kannst du nun vernünftig sein?'
Phileas sprach: ‚Jederzeit bin ich vernünftig und kümmere mich um die Vernunft.'
Culcianus sprach zu ihm..."

Papyrus Bodmer, 2

15 dort zum zweiten Mal vorgeführt und wieder
2. beschimpft und geschlagen wurde, fiel er nicht. So hörte Phileas bei der dritten und vierten Vorführung nach vielen Beschimpfungen und Schlägen: „Du hast viele
20 getötet, weil du nicht geopfert hast. Pierios[6] hat viele gerettet, weil er sich gefügt hat."

Als er zum fünften Mal – zusammen mit zwanzig Klerikern[7] – gerufen wurde, hörte Phileas vom Präses: „Bist du fortan
25 vernünftig?" Phileas sagte: „Ich bin immer vernünftig und übe mich in der Vernunft."

Äthiopische Überlieferung, 2–3

5 **2.** Man führte Phileas, den Bischof von Thmuis vor das Tribunal und Culcianus sagte zu ihm vor allen: „Kannst du dich endlich wohl verhalten und zufrieden sein?"
3. Er antwortete und sprach: „Ich bin.

Die Datierung stimmt chronologisch mit der des äthiopischen Textes überein; das 21. Jahr der Ära Diokletians entspricht den Jahren 304/5, die weitere Datierung führt auf den 4. Februar 305: vgl. die Tabelle der koptischen und äthiopischen Monate in BHO XXf. Der lateinische Text kennt die Datierung nicht.

6 Zu Pierios: Evs.h.e. 7, 32,26f. (728,11-17), vgl. REXIN G., Pierios, LThK³ 8, 1999, 288; BÖHM TH., Pierius, LACL³, 2002, 581f. Zur Diskussion um die sonst nicht belegte Apostasie des Pierios vgl. BASTIAENSEN, Atti (1987) 559f. und GASCOU, Pouzquoi (2014).

7 Hier liegt einer der frühesten Belege für den christlichen Gebrauch des Wortes ἱερατεῖον vor, und es bleibt unentscheidbar, ob hier der ganze Klerus des Bistums Thmuis gemeint ist oder nicht vielmehr der höhere Klerus allein. Zum christlichen Sprachgebrauch von ἱερεύς allgemein: KÖTTING, Hiereus (1980).

Papyrus Chester Beatty, 1–2

1 καὶ θεῖαι γραφαὶ λέγουσ[ιν·
Ὁ [θυσιάζων] θεοῖς ἑτέροις
ἐξ[ο]λοθ[ρευθ]ήσε[τ]αι [πλὴν
κυρίῳ θεῷ [μ]όνῳ.
5 Κουλκιανὸς αὐτ[ῷ] εἶπεν·
Θῦσον κυρίῳ [μό]νῳ. Α[πεκρίνατο·
Οὐ θύω, οὐ [γὰ]ρ [τοιούτων
θυσιῶν ὁ θε[ὸ]ς δεῖται· αἱ γὰρ
ἱεραὶ καὶ θ[εῖαι γραφαὶ λέγουσιν
10 Τί μοι πλῆ[θ]ο[ς τῶν θ]υ[σιῶν ὑμῶν,
λέγει κύρ[ιο]ς· [πλήρη]ς [εἰμὶ

2. <11 Zeilen fehlen>

Papyrus Bodmer, 2

15 Ὁ ἡγεμὼ[ν εἶπεν· Θῦσον. Φι]λέας
εἶπεν· Οὐ [θύω. Κουλκιανὸ]ς εἶπεν·
<Spalten 3 und 4 fehlen>

Lateinische Überlieferung, 1

Culcianus dixit: Sacrifica
diis. Fileas respondit:
10 Non sacrifico. Culcianus
dixit: Quare? Fileas
respondit: Quia sacrae
et divinae scripturae dicunt:
Qui immolat diis
15 eradicabitur, nisi
soli Domino.
Culcianus dixit:
Immola domino soli. Fileas respondit:
Non immolo: non enim talia
20 sacrificia desiderat Deus. Sacrae enim
et divinae scripturae dicunt:
Ut quid mihi multitudinem sacrificiorum
vestrorum?, dicit Dominus; plenus
<sum,> holocausta arietum
25 et adipe<m> agnorum
et sanguine<m> hircorum
nolo; nec similam offeratis.
Unus autem ex advocatis
dixit: De simila nunc

Papyrus Chester Beatty, 1	Papyrus Bodmer, 2	Äthiopische Überlieferung, 4–8
Culcianus sagte: „Opfere den Göttern!" Phileas antwortete: „Ich opfere nicht." Culcianus sagte: „Warum?" Phileas antwortete: „Weil die heiligen und göttlichen Schriften sagen: ‚Wer anderen Göttern außer dem Herrn, dem einzigen Gott, opfert, wird vernichtet werden.'[8]". Culcianus sagte zu ihm: „Opfere dem einen Herrn." Er antwortete: „Ich opfere nicht, denn solche Opfer wünscht Gott nicht. Denn die heiligen und göttlichen Schriften sagen: ‚Was soll ich mit der Menge eurer Opfer?', spricht der Herr. ‚Ich bin (ihrer) überdrüssig; die Brandopfer der Widder und das Fett der Lämmer und das Blut der Böcke mag ich nicht?; ihr sollt auch kein Weizenmehl opfern.'[9] … Einer von den Anwälten jedoch	Der Präses sagte: „Opfere!" Phileas sagte: „Ich opfere nicht." Culcianus sagte: <Spalten 3 und 4 fehlen>	zufrieden und verhalte mich wohl und gerade wegen meines ehrenhaften Verhaltens stehe ich hier im Verhör." Culcianus sagte: „Opfere!" Er antwortete und sagte ihm: „Ich opfere nicht." **4.** Culcianus sagte: „Warum opferst du nicht?" Er antwortete und sagte: „Weil die Heiligen Schriften sagen: ‚Wer anderen Göttern opfert und nicht dem einzigen Gott, wird vernichtet werden.'" **5.** Culcianus sagte: „Dann opfere nur dem Herrn!" Er antwortete und sagte: „Ich opfere nicht, weil der Herr ein solches Opfer nicht will; **6.** die Heiligen Schriften des Herrn haben es nämlich so gesagt: ‚Was sollen mir eure vielen Opfer?' **7.** Der Herr hat gesagt: ‚Ich habe satt die Brandopfer der Widder und das Fett der Schafe und will das Blut der Kühe und der Ziegen nicht[10] und nicht einmal das feinste Weizenmehl.'" **8.** Ein Ratgeber, der anwesend war,

8 Ex 22,19.
9 Jes 1,11.
10 Jes 1,13.

Papyrus Chester Beatty, 2–3

[vgl. 3,1 ff.]

1 α[ἰσ]θ[η]μά[των καὶ λόγων ἀ]ληθῶν θυσι[ῶν ὁ θεὸς

δέ]ξεται. Κου[λκιαν]ὸς αὐτῷ εἶπεν· Θῦσο]ν λ[ο]ιπόν. Ἀπεκρίνατο·
5 Οὐ θύ]ω· οὐδὲ γάρ ἔμαθον. Κουλκ[ιαν]ὸς αὐτῷ εἶπεν·
Πα[ῦ]λος οὐκ ἔθ[υ]σεν; Ἀπεκρίνατο· Οὔ].
Κουλκιανὸς εἶπ]εν·
10 Μωϋσῆς οὐ]κ ἔθυσεν; Ἀ[π]εκρίνατο· Μ[ό]νοις Ἰουδα[ίοι]ς τεταγμένον] ἦν θύειν

1 **3.** ἐν Ἱεροσολύμοις μόνῳ [τῷ θεῷ.

Papyrus Bodmer, 5

1 **5.** Ἱεροσολύμ[οι]ς μόνον θύειν. Καὶ νῦν παρανομοῦσιν οἱ Ἑβραῖοι ἐν ἀλλοδαπῇ τὰς θρησκε[ί]ας ἄγοντες. Κουλκιανὸς εἶπεν· Ποίων
5 οὖν θ[υσιῶν] ὁ θεὸς δέεετ[α]ι. Φιλέας εἶπεν Κ[αρδίας] καθαρᾶς καὶ ψυχῆς εἰλικ[ρινοῦς καὶ] λογικῶν αἰ[σθημά-των [εἰς εὐσ]εβείας καὶ ἔργα δικαιοσ[ύνης] ἀγόν[των], ὑπὲρ ὧν
10 ἀμοιβὰς [εἶ]ς ἕκ[αστος ἀπολή-

[vgl. 5,1 ff.]

Lateinische Überlieferung, 2

30 iudicaris aut pro anima tua agonizas?

2. Culcianus praeses dixit: Qualibus ergo sacrificiis delectatur deus tuus? Fileas
35 respondit: Corde mundo et sensibus sinceris et verborum verorum sacrificiis

delectatur Deus. Culcianus dixit: Immola iam. Fileas respondit: Non immolo. Nec enim didici.
40 Culcianus dixit: Paulus non immolavit? Fileas respondit: Non. Absit. Culcianus dixit: Moyses non immolavit? Fileas
45 respondit: Solis Iudaeis praeceptum fuerat sacrificare in Hierosolyma Deo soli.

Papyrus Chester Beatty, 2–3	Papyrus Bodmer, 5	Äthiopische Überlieferung, 9–12
sagte: „Stehst du nun wegen Weizenmehls vor. Gericht oder kämpfst du um dein Leben?"		sagte ihm: „Willst du nun über das feinste Weizenmehl streiten oder argumentierst du vor Gericht um dein Leben?"
[vgl. 3,1 ff./ Übersetzung 38 f.]	**5.** „…allein in Jerusalem zu opfern. Und nun freveln die *Hebräer*, wenn sie *in der Fremde die religiösen Bräuche ausüben*[11]".	
2. Der Präses Culcianus sagte: „An welchen Opfern nun findet dein Gott Gefallen?" Phileas antwortete: „An einem reinen Herzen, an ernsthaften *Einsichten* und an den Opfern wahrer Worte findet Gott Gefallen."	Culcianus sage: „Was für Opfer wünscht denn Gott?" Phileas sagte: „Er wünscht reine Herzen, eine barmherzige Seele und vernunftbestimmte *Einsichten*, die zu Frömmigkeit und Werken der Gerechtigkeit führen, für die ein jeder Lohn erhalten wird."	**9.** Culcianus sagte ihm: „Was ist das Opfer, das der Herr erwartet?" Er antwortete und sagte zu ihm: „Ein reines Herz, eine gerechte Entscheidung und aufrichtige Worte: solch Opfer erwartet der Herr."
Culcianus sagte zu ihm: „Opfere endlich!" Er antwortete: „Ich opfere nicht; auch habe ich es nicht gelernt." Culcianus sagte zu ihm: „Hat denn Paulus nicht geopfert?" Er antwortete: „Nein." Culcianus sagte: „Hat denn Mose nicht geopfert?" Er antwortete: „Den Juden allein war befohlen,		**10.** Culcianus sagte: „Opfere endlich!" Er antwortete und sagte ihm: „Ich opfere nicht und habe auch nie gelernt, es zu tun."
		11. Culcianus sagte ihm: „Hat denn Paulus nicht geopfert?" Er sagte. „Sicher nicht."
		12. Culcianus sagte. „Mose, hat der nicht geopfert?" Er antwortete und sagte ihm: „Den Juden war allein geboten, dass sie dem Herrn
3. in Jerusalem dem einzigen Gott zu opfern. Nun aber sündigen die *Hebräer*, wenn	[vgl. 5,1 ff./ Übersetzung 29 f.]	opferten, und zwar in Jerusalem; jetzt aber sündigen die Hebräer, weil sie das Opfer in

11 Liegt hier ägyptisches Lokalkolorit vor mit Verweis auf jüdische Tempel, in denen geopfert wurde wie vor 71 n.Chr. in Leontopolis im Nildelta? Vgl. KÜCHLER M., Leontopolis, RGG⁴ 4, 2002, 274 und RUNESSON – BINDER – OLSSON, Synagogue (2010) 282–287.

Papyrus Chester Beatty, 3

υἱ[ὸ]ν δὲ ἁμαρτάνουσιν Ἑβ[ρ]αῖοι
ἐ[ν ἀλ]λ[ο]δαπ[ῇ] τὰς θρησ[κείας
ἑα[υτῶν ἐπι]τελοῦντες.
5 Κουλκ[ιανὸς αὐτ]ῷ εἶπεν·
Θῦσον λοιπόν. Φιλέ]α[ς ἀπε-
κρ[ίνατο· Οὐ θύω.
Κουλκιανὸς αὐτῷ εἶπεν·
Ψυ[χῆς ἐντ]αῦθα ἐπιμέλειαν
10 π[οιούμεθα. Ἀπεκρίνατο·
[Ψυχῆς καὶ σώματος.]

Κ[ουλκιανὸς αὐτῷ εἶπεν·
[Τοῦ σώματος τούτου; Ἀπεκρίνατο·]
Τ[ο]ῦ [σώματος το]ύτου.
15 Κουλκ[ιανὸς αὐτῷ] εἶπεν·
Ἡ σὰρξ α[ὕτη] ἀνίσταται;
Ἀπεκρίνα[το· Ν]αί.

Papyrus Bodmer, 5–6

ψεται. Κο[υλκιανὸς εἶπεν]· Ἐπιμ[έ-
λειαν ἐν[ταῦ]θα ποιούμεθα ψυχῆς. [Φιλέ]ας εἶπεν· Καὶ ψυχῆς [κ]αὶ
σώμ[ατος. Κο]υλκιανὸς εἶπεν· Τ[ί]νος
15 ἕνεκεν; Φιλέας εἶπεν· Εἶπον· [Ἵ]να
ἐκεῖσε τὴν ἀμοιβὴν ἄνωθεν,
<εἰ> εὖ ποιήσ<εις>, ἀπολάβῃς.
[Κουλ]κι<ανὸς εἶπεν· Ἡ>

1 **6.** ψυχὴ μόνη ἢ [κ]αὶ τὸ σῶμα; Φιλέας
εἶπεν· Ἡ ψυχὴ καὶ[ὶ] τὸ σῶμα. Κουλκιανὸς εἶπεν· Τὸ σῶμ[α] τοῦτο; Φιλέας εἶπεν·
Ναί. Κουλκιανὸς εἶπεν· Ἡ σὰρξ αὕτη
5 ἀν[ίσ]ταται; Αὖθις κα[τ]απληροῦ-
μενος εἶπεν· Ἡ σά[ρ]ξ αὕτ]η ἀνίσταται; Φιλέας [εἶπεν· Ἡ σὰρ]ξ αὕτη ἀ-
νίσταται κ[......]ν ἐν ἁμαρ-
τωλ[..] ενι[...]ειοα κόλασιν
10 αἰώνιο]ν η[...] δικαιο[σ]ύνην
ε[............]ν καὶ ζωὴν αἰ[ώ-

Lateinische Überlieferung, 2

Nunc autem peccant Iudaei
in locis aliis sollemnia
50 sua celebrantes.
Culcianus dixit:
Sacrifica iam. Fileas re-
spondit: Non sacrifico.
Culcianus dixit:
55 Animae hic curam
facimus. Fileas respondit:
Animae et corporis.

Culcianus dixit:
At corporis huius? Fileas respondit:
60 Corporis huius.
Culcianus dixit:
Caro haec resurgit?
Fileas respondit: Ita.

Papyrus Chester Beatty, 3	Papyrus Bodmer, 5–6	Äthiopische Überlieferung, 13–16

Papyrus Chester Beatty, 3

40 *sie ihre religiösen Bräuche in der Fremde feiern.*" Culcianus sagte zu ihm: „Opfere endlich!" Phileas antwortete: „Ich opfere nicht."

Culcianus sagte zu ihm: „Hierbei sorgen wir uns um die Seele." Er antwortete: „Um die Seele
45 *und um den Körper.*"

Culcianus sagte zu ihm: „Um diesen Körper?" Er antwortete: „Um diesen Körper." Culcianus sagte zu ihm: „*Das Fleisch selbst steht wieder auf?*" Er antwortete: „Ja."[12]

Papyrus Bodmer, 5–6

Culcianus sagte: „Wir sorgen uns hierbei um die Seele." Phileas sagte: „*Um die Seele und um*
40 *den Körper.*" Culcianus sagte: „Weswegen?" Phileas sagte: „Ich habe es gesagt: damit du den Lohn von oben einst erhältst, wenn du gut handelst." Culcianus sagte: „Die

6. Seele allein oder auch der Körper?"

45 Phileas sagte: „Die Seele und der Körper."
Culcianus sagte: „Dieser Körper?" Phileas sagte: „Ja." Cuclianus sagte: „*Das Fleisch selbst steht wieder auf?*" Erschrocken fragte er noch einmal: „Dieses Fleisch steht wieder

50 auf?" Phileas sagte: „Das Fleisch selbst steht wieder auf ... in der Sündhaftigkeit ... ewige Strafe ... Gerechtigkeit ... und ewiges Leben."
Culcianus sagte: „Schone dich und alle, die zu

Äthiopische Überlieferung, 13–16

50 einem fremden Land vollziehen."

13. Culcianus sagte ihm: „Opfere endlich!"
Er antwortete und sagte ihm: „Ich schone mich selbst und opfere nicht."

14. Culcianus sagte: „Es geht um das Leben,
55 das wir von dir fordern". Er antwortete und sagte ihm: „Sei es für die Seele wie für den Körper."

15. Culcianus sagte ihm: „Für diesen Körper?" Er antwortete und sagte ihm: „Ja, für diesen Körper."

60 **16.** Culcianus sagte ihm: „Wird dieser Körper auferstehen?" Er antwortete und sagte ihm: „Ja."

12 Phileas vertritt, bestimmt durch die christliche Lehre von der Auferstehung der Toten, eine realistische Anschauung über die Materialität des Leibes, während Culcianus an Spekulationen über den Körper und seine Relationen zum Kosmos interessiert ist, wie sie seit Platons Timaios üblich waren.

Papyrus Chester Beatty, 3–4	Papyrus Bodmer, 6–7	Lateinische Überlieferung, 2

Papyrus Chester Beatty, 3–4:

Κουλκιανὸς δεύτερ[α] αὐτῷ εἶπεν·
Π[αῦλος οὐ]κ[ἠρνή[σ]ατο;
20 Α[π]εκρίνατο· Οὔ, μὴ γένοιτ[ο.
Κουλκι]ανὸς αὐτῷ εἶπεν·
Τί]ς ἐστιν ὁ ἀρνησάμενος;
Α[π]εκρίνατο· Οὐ λέγω.

1 **4.** Κου]λκ[ια]νὸς ὀμόσας αὐτῷ
τὴν τύχην τῶν βασιλέ[ω]ν
εἶπεν· Ὁ] αὐτὸς ἐ[γ]ὼ [ὤμοσα,
ὄμοσον καὶ σύ]. Α[πεκρίνατ]ο·
5 Οὐ συγκε]χώρηται ἡμῖν ὀμνύναι
<7 Zeilen fehlen>

Papyrus Bodmer, 6–7:

υιον. Κ[ο]υλκ[ιαν]ὸς εἶπεν· Φεῖσαι [σε
αυτοῦ καὶ πάν[των] τῶν σοῦ· θ[ῦσον.
Φιλέας εἶπεν· Φ[ειδό]μενος ἐ[μαυ-
15 τοῦ καὶ πάντων τῶν ἀνηκόν-
των μοι οὐ θύω. Κουλκιανὸς
εἶπεν· Παῦλος οὐκ ἠρνή[σ]ατο;

1 **7.** Φιλέας εἶπεν· Μὴ γένοιτο. Κουλκιανὸς εἶπεν· Τί<ς> ἐστιν ὁ ἀρνησάμενος;
Φιλέας εἶπεν· Οὐ λέγω. Κουλκιανὸς
εἶπεν· Ἐνορκῶ σε, Παῦλος ἦν ὁ ἀρ-
5 νησάμενος; Φιλέας εἶπεν· Μὴ γέ-
νοιτο· οὐκ ἠρνήσατο <ὁ> ἀπόστολος
τοῦ κυρίο[υ] μου. Κουλκιανὸς εἶπεν· Ὤμο-

σα ἐγώ· ὄμοσον καὶ σύ. Φιλέας
εἶπεν· Οὐ συγκεχώρηται ἡμῖν ὀμ[ν]ύ-
10 ναι. Λ<έγ>ει γὰρ ἡ ἱερὰ καὶ θεία γρα-
φή· Ἔστω ὑμῶν τ[ὸ] ναὶ ναὶ καὶ τὸ
οὔ οὔ. Κουλκιαν[ὸ]ς εἶπεν·

Lateinische Überlieferung, 2:

Culcianus rursus dixit illi:
65 Paulus non negavit?
Fileas respondit: Non. Absit.

Culcianus dixit:

Ego iuravi.
Iura et tu. Fileas respondit:
70 Non est nobis praeceptum iurare.
Sacra enim scriptura dicit:
Sit sermo vester: est est,
non non.

Papyrus Chester Beatty, 3–4	Papyrus Bodmer, 6–7	Äthiopische Überlieferung, 17–20
50 *Culcianus sagte zum zweiten Mal zu ihm: „Hat Paulus nicht verleugnet?"*[13] Er antwortete: „Nein, *das sei ferne!"* Culcianus sagte zu ihm: *„Wer ist es, der verleugnet hat?"* Er antwortete: *„Das sage ich nicht."* 55 **4.** Culcianus beschwor ihm beim Genius der Kaiser und sagte: „Was ich geschworen habe, das schwöre auch du!" Er antwortete: *„Es ist uns nicht gestattet, zu schwören.* Die Heilige Schrift sagt nämlich: 60 „Eure Rede sei: Ja, ja, nein, nein"[15] …"	dir gehören! Opfere!" Phileas sagte: „Um mich 55 und alle, die von mir abhängig sind, zu schonen, opfere ich nicht!" *Culcianus sagte:* „Hat Paulus nicht verleugnet?" **7.** Phileas sagte: „*Das sei ferne!*"[16] *Culcianus sagte:* „*Wer ist es, der verleugnet* 60 *hat?" Phileas sagte: „Das sage ich nicht."* Culcianus sagte: „Ich beschwöre dich, war Paulus der Leugner?" Phileas sagte: „Das sei ferne! Der Apostel meines Herrn hat nicht geleugnet!" 65 Culcianus sagte: *„Ich habe geschworen, schwöre auch du!"* Phileas sagte: *„Es ist uns nicht gestattet zu schwören. Denn die heilige und göttliche Schrift sagt*: ,Eurer Ja sei ein Ja, euer Nein ein Nein.'"	**17.** Von neuem sagte Culcianus zu ihm: „Hat Paulus nicht verleugnet?" Er antwortete 65 und sagte ihm: „Sicher nicht." **18.** Culcianus sagte ihm: „Wer hat denn dann verleugnet?" Er sagte: „Ich sage das nicht." **19.** Culcianus beschwor ihn beim 70 Genius der Imperatoren und sagte ihm, dass jener verleugnet habe. Er antwortete und sagte ihm: „Sicher nicht." **20.** Culcianus sagte ihm: „Ich habe geschworen; schwöre auch nun du!" Er 75 antwortete und sagte ihm: „Es ist uns nicht geboten, auf solche Art zu schwören. Die Heiligen Schriften sagen: ,Eure Rede sei: Wenn ja, dann ja, wenn nein, dann nein.'"

13 Mit der Verwechslung von Paulus und Petrus zeigt Culcianus seine Unbildung in Bezug auf elementare Kenntnisse des Christentums; bemerkenswert aber ist, dass er von einer Verleugnung durch einen Apostel weiß.

14 Zu μὴ γένοιτο als typisch paulinischem Ausruf vgl. Röm 3,6.31; 6,2.15; 7,7.13; 9,14; 11,1.11; 1 Kor 6,15; Gal 2,17; 3,31; 6,14.
15 Vgl. Mt 5,37; in Pap. Bo nach Jak 5,12.
16 Zu μὴ γένοιτο vgl. Anm. 14.

Papyrus Chester Beatty, 4	Papyrus Bodmer, 7–8	Lateinische Überlieferung, 3
ἦν δ[ιώ[κ]τη[ς; Ἀπεκρίνα]τ[ο· Οὔ.	Οὐδέπ]οτε οὖν ὠμοσ[ας]; Φιλέας εἶ[πεν]· Εἰ καὶ ὤμοσα, ἥμαρτον. Κο[υλ]κιανὸς 15 εἶπεν· Καὶ νῦν ἁμάρτησον. Φ[ι]λέας εἶπεν· Διαφοραί εἰσιν ἁμαρτ[ι]ῶν. Κουλ[κι[α]νὸς εἶπεν· Ὁ Ἰησοῦς [θεὸς] ἦν; 1 **8.** Φιλέας εἶπεν· Ναί. Κουλκιανὸς εἶπεν· Καὶ πῶς αὐτός, περὶ αὐτοῦ οὐκ εἶ-πεν ὅτι θεός ἦν; Φιλέας εἶπεν· Ὅτι οὐκ ἐδέετο τῆς μαρτυρίας 5 ταύτης, δυνάμει καὶ <ἐν>εργείᾳ τὰ τοῦ θεοῦ ποιῶν. Κουλκιανὸς εἶπεν· Τί ἐποίησεν; Φ[ι]λέα]ς εἶπεν· Λεπροὺς ἐκαθάρισεν, τυφλ[ο]ὺς ἐποίη-σεν βλέπειν, κωφοὺς ἀκούειν, 10 χωλοὺς περιπατεῖν, ἀλάλους λαλεῖν, ἡμιξήρους ὑγιεῖς ἐποίησ[ε]ν, δαίμονας ἀπὸ τῶν πλασμά[τ]ων κελεύων ἐξή-	**3.** Culcianus dixit: Paulus non 75 erat persecutor? Fileas respondit: Non. Absit.
[vgl. 7,10 ff.]		

Papyrus Chester Beatty, 4	Papyrus Bodmer, 7–8	Äthiopische Überlieferung, 21
Culcianus sagte: „War Paulus nicht ein Verfolger[17]?" Er antwortete: „Nein."		21. Culcianus sagte ihm: „War nicht Paulus 80 vielleicht ein Verfolger?" Er antwortete und sagte ihm: „Sicher nicht."
	70 Culcianus sagte: „Hast du nie geschworen?" Phileas sagte: „Wenn ich geschworen habe, so habe ich gesündigt." Culcianus sagte: „Dann sündige jetzt." Phileas sagte: „Es gibt Unterschiede bei den Sünden."	
	75 Culcianus sagte: „War Jesus Gott?"	
	8. Phileas sagte: „Ja." Culcianus sagte: „Und warum hat er nicht über sich selbst gesagt, dass er Gott ist?" Phileas sagte: „Weil er dieses Zeugnis nicht nötig hatte, tat er doch die Werke 80 Gottes mit Macht und Kraft." Culcianus sagte: „Was tat er?" Phileas sagte: *Aussätzige machte er rein*, Blinde sehen, Taube hören, Lahme gehen, *Stumme reden*, die Ausgezehrten machte er gesund, die Dämonen vertrieb er, 85 indem er sie aus den Körpern rief, die	
[vgl. 7,10 ff./ Übersetzung 111 ff.]		

17 Pap. Bo lässt jede Erwähnung von Paulus als einem Verfolger aus. Er kennt nur die Frage, ob Paulus ein Gott sei (Z. 102). Das hat den Erstherausgeber veranlasst, eine entsprechende Ergänzung nach Apg 22,4; Gal 1,13, Phil 3,6 vorzunehmen: ‚War er nicht ein Verfolger? Phileas sagte: Nein, das sei ferne. Culcianus sagte: ...'
18 Dieselbe Frage begegnet in Pap. Be 7,6f, ohne dass eindeutig derselbe Fragezusammenhang feststeht; sie wirft aber jedenfalls ein Licht auf die Intensität, mit der im ägyptischen Raum die Diskussion zum Verhältnis zwischen Gott und Jesus Christus in der ersten Hälfte des 4. Jhs. nicht nur im Umkreis des Arios und des Athanasius geführt wurde. Auch der erwähnte Pierios hatte in der Diskussion eine eigenständige Meinung, die die Gleichrangigkeit von Vater und Sohn betonte.

Papyrus Chester Beatty   Papyrus Bodmer, 8–10   Lateinische Überlieferung

λασεν, π[α]ραλυτικοὺς ὑγ[ιεῖς
15 ἐποίησεν, νεκροὺς ἀνεζ[ώω-
σ]εν, καὶ ἄλλα πολλὰ σημεῖα καὶ
τέρα[τα] ἐποίησεν. Κουλκιανὸς εἶπεν·
καὶ πῶς θεὸς ὢν ἐσταυρ[ώ]θη;
1 **9.** Φιλέας εἶπεν· Ἥι]δει ὅτι ταῖς τ(ῶν ἀ-
δίκων χερσὶν) [ὅτ[ι] μαστιγωθήσε-
ται κα]ὶ ῥα[πι]ζεται κα[ὶ ὑβρίζεται κ]αὶ ἐξ ἀκανθῶ[ν σ]τέφαν]ον
5 φορε[ῖ] καὶ [θ]άν<α>τον [π]άσχει,
ὑπόδειγμα τῆς σω[τη]ρ[ίας ἡμ]ῶν
κα[ὶ ἐ]ν τούτῳ παρέχων κα[ὶ] εἰ-
δὼς ἑαυτὸν ἔδωκεν εἰς τοῦτο
ὑπὲρ ἡμῶ[ν]· καὶ [γὰρ] ταῦτα οὕ[τ]ως
10 ἔχει. Αἱ γρ[α]φαί, [αἷς] ἐπερεί[δον-
ται οἱ Ἰουδαῖοι, προεμήνυ]σαν
τὴν κάθ[ο]δον αὐτοῦ κ[αὶ τὸν
θάνατ]ον καὶ πάντα τ[. . .
        ]ει πκε[. .]ωσαν [. . . .
<zwei Zeilen unleserlich>
15 [Κουλκιανὸς εἶπεν· Ὁ Παῦλος θεὸς]
ἦν; Φιλέας εἶπεν Οὔ.] Κου[λκιανὸς
1 **10.** ε]ἶπεν Ἀλ[λ]ὰ τίς ἦν; [Φιλέας εἶπεν·
Π]ρῶτος ἀνθρ[ώποις ἐκήρυξε δί-
κ]αι[α]· πνεῦμα γὰρ [θ]εοῦ ἐν [αὐτῷ ἦν

[vgl. 9,3 ff.]

Papyrus Chester Beatty

Papyrus Bodmer, 8–10

Äthiopische Überlieferung

Gelähmten machte er gesund, den *Toten gab er das Leben zurück*, und *viele andere Zeichen und Wunder vollbrachte er*.¹⁹" Culcianus sagte:
90 „Wie konnte er gekreuzigt werden, wenn er Gott ist?"
9. Phileas sagte: „Er wußte, dass er durch die Hände der Ungerechten gegeißelt, dass er geschlagen und *verspottet werden würde*, dass er eine Krone aus Dornen tragen und den Tod
95 erleiden würde; darin bot er sich als Beispiel unseres Heils dar²⁰. Das wusste er und gab sich darum selbst für uns hin. So verhält es sich nämlich,²¹ *Die Schriften, auf die die Juden sich stützen*, haben sein Kommen und seinen Tod
100 und alles (...) vorausgesagt."
<zwei Zeilen unleserlich>
Culcianus sagte: „War Paulus ein Gott?"
Phileas sagte: „Nein."
10. *Culcianus sagte*: „Aber wer war er?"
Phileas sagte: „Als erster²² hat er den Menschen
105 die Gerechtigkeit verkündigt. Denn der Geist

[vgl. 9,3 ff./ Übersetzung 140 ff.]

19 Ein in den Psalmen und besonders dann in den Evangelien gern gebrauchtes Summarium, vgl. Mt 11,5; Lk 7,22.
20 Vgl. Joh 13,15.
21 É. DE STRYCKER bei HALKIN, „Apologie" (1963) konjiziert ὄνομα in Anspielung auf Phil 2,9f: „Deswegen hat er seinen Namen".
22 Hier finden wir das klassische apologetische Motiv des Überbietungsprinzips.

Papyrus Chester Beatty, 4–5

Κο]υλκι[α]νὸ[ς δεύ]τερα αὐτῷ εἶπεν·
Π]αῦλος οὐκ [ἦν] ἰδιώτης;
οὐ Σύ[ρος] ἦν; οὐ Συριστὶ διε-
10 λέγετο;] Ἀπεκρίνατο· Οὔ·
Ἑβραῖος ἦν] κα[ὶ] Ἑλληνισ[τὶ
διελέγετ]ο καὶ τὰ πρωτεῖ[α
εἶχεν καὶ] προῆγε[ν
παντ]ὸς,
15 Κ[ο]υλκι[ανὸς αὐτ]ῷ εἶ-
πεν·
5. Πάντω[ς] λέγεις ὅτι καὶ Πλά-
τωνο[ς κρεί]ττων ἦν; Ἀπεκρίνα[το·
Οὐ μ[όνον το]ῦ Πλάτωνος, ἀλλὰ
κ[αὶ πάντων] τῶν φιλοσόφω[ν
5 φ[ι]λ[οσοφώ]τερος ἦν· καὶ γὰρ
κ[αὶ πάντας] ἔπεισ[εν]. εἰ δὲ βίου-
λ[ει, διδάξ]ω σε τ[ὰς] φωνά[ς.
Κο]υλκιανὸς αὐτῷ εἶπ]εν·
Θῦσον λοιπόν. Ἀπεκρίνατο·
10 Οὐ θύω.]
Κουλκιανὸς αὐτῷ εἶπ]εν·
Συνείδησί[ς] ἐστιν]; Φιλέας

Papyrus Bodmer, 10–11

καὶ [θεῖ]αι δυν[ά]μεις· [καὶ ἀρε-
τὰς [γὰρ ἐ]ποίει ἐν θεί[α] δυνάμει
5 καὶ πνεύματι.] Κουλκι[α]νὸς εἶπεν· Οὐκ ἦν
ἰδιώ[τ]ης, ὡς Συριστ[ὶ διελέγετο;
Φιλέας εἶπεν Ἑβρα[ῖ]ος ἦν καὶ κηρύ-
κων π[ρ]ῶτος, καὶ Ἑλληνιστ[ὶ
10 δι[ε]λέγετο π[ρ]ῶτος Ἑλήνω[ν.
Κουλκιανὸς [εἶ]πεν· Οὐκ ἦν ἰδιώτης; Μὴ κατὰ Πλάτωνα ἦν;
Φιλέας ε[ἶ]πεν· Πλη[ν ὑπερε]νή-
νοχε[ν] Πλάτω[νος· οὐ μόνον
15 Πλά[τωνος] φιλοσοφώ τερος
ἦν, ἀλλὰ καὶ πάντων τῶν φι-]
λοσόφων, καὶ γὰρ καὶ πάντας
ἔπεισεν· εἰ δὲ βού]λει, [λέξω σοι
1 **11.** αὐτοῦ φω[νάς. Κουλκι]ανὸς εἶπεν
Θῦσον λοιπόν ἤδη. Φιλέας εἶπεν
Οὐ θύω. Μὴ γένοιτο. Κο]υλκιανὸς
εἶπεν· Συνε[ίδησίς] ἐστ[ι]ν; Φιλέας
5 εἶπεν Ναί. [Α]ὖθις εἶπεν· Συνείδησίς

Lateinische Überlieferung, 3

Culcianus dixit:
Paulus non erat idiota?
Nonne Syrus erat? Nonne syriace
80 disputabat? Fileas respondit: N<on>,
Hebraeus erat et graece
disputabat et summam prae
omnibus sapientiam habebat.

Culcianus dixit:
85 Fortasse dicturus es, quod et Platonem
praecellebat? Fileas respondit:
Non solum Platonem, sed
etiam cunctis prudentior erat.
Etenim sapientes suasit. Et si vis,
90 dicam tibi voces eius.

Culcianus dixit:
Iam sacrifica. Fileas respondit:
Non sacrifico.
Culcianus dixit:

Papyrus Chester Beatty, 4–5	Papyrus Bodmer, 10–11	Äthiopische Überlieferung, 22–25

Papyrus Bodmer, 10–11:

Gottes war in ihm und die göttlichen Kräfte: er tat nämlich Wunder in göttlicher Kraft und im Geist." Culcianus sagte: *„War er nicht ein Ungebildeter, der syrisch sprach?*[26]" Phileas sagte: *„Er war Hebräer* und der erste Verkündiger, und er sprach als erster *Griechisch* besser als die Griechen." Culcianus sagte: „War er kein Ungebildeter? Er war doch nicht mit Platon vergleichbar?" Phileas sagte: „Er hat Platon sogar überboten. *Denn er hat nicht nur die Weisheit mehr geliebt als Platon. Er hat auch alle anderen Philosophen überboten, denn er hat nämlich alle überzeugt. Wenn du willst,* werde ich dir

11. seine *Worte zitieren."*

Culcianus sagte: „Opfere nun endlich!" Phileas sagte: *„Ich opfere nicht.* Das sei ferne!"
Culcianus sagte: *„Ist es eine Frage des Gewissens?"* Phileas sagte: *„Ja."* Noch einmal

Papyrus Chester Beatty, 4–5:

Culcianus sagte wiederum zu ihm: *„War* Paulus nicht *ein Ungebildeter?* War er nicht ein Syrer? *Sprach* er nicht *syrisch?" Er antwortete:* „Nein. *Er war Hebräer* und sprach *Griechisch.* Er hatte den ersten Rang inne und war wichtiger als jedermann sonst." Culcianus sagte zu ihm:

5. „Sicherlich meinst du, dass er auch Platon überlegen war?" Er antwortete: „Nicht nur Platon, sondern er *hat die Weisheit mehr geliebt als alle Philosophen; denn er hat alle überzeugt*[23]*.* Wenn du möchtest, werde ich dich in seinen Worten unterweisen."

Culcianus sagte zu ihm: „Opfere endlich!" Er antwortete: *„Ich opfere nicht."* Culcianus sagte zu ihm: *„Ist es eine Frage*[24] *des Gewissens*[25]*?"* Phileas antwortete: *„Ja."*

Äthiopische Überlieferung, 22–25:

22. Culcianus sagte ihm von neuem: „War Paulus nicht ein ungebildeter Mensch, ein Aramäer und sprach er nicht aramäisch?" Er antwortete und sprach zu ihm: „Er war Hebräer, sprach Griechisch und war der weiseste von allen."

23. Culcianus sagte ihm: „Willst du damit sagen, dass er auch Platon überlegen war?" Er antwortete und sagte: „Er war nicht nur weiser als Platon, sondern als alle Weisen und er überzeugte auch die Weisen, und wenn du willst, so werde ich dir seine Worte vortragen."

24. Culcianus sagte: „Opfere endlich!" Er antwortete und sagte ihm: „Ich opfere nicht."

25. Culcianus sagte: „Gibt es die Liebe?" Er antwortete und sagte: „Ja."

---

23 Die Überzeugungskraft (πειθώ) als apologetisches Motiv zeigt die Bedeutung der Rhetorik und der von ihr bestimmten Literatur, aber auch ihr persuasives Potential für bestimmte Lebenssituationen, wie es im christlichen Bereich seit der frühen Apologetik üblich war, vgl. CAMERON, Christianity (1991) und BROWN, Power (1992).
24 MUSURILLO, Acts (1972) 339 übersetzt nach Pap. Bo: „Does the conscience exist?" und 347 nach der lateinischen Übersetzung „Is there a conscience?".
25 In der Antike hat es um das Gewissen eine starke Diskussion gegeben, vgl. BOSMAN, Conscience (2003); RENAUD F., Gewissen, DNP 4, 1998, 1056f; STELZENBERGER, Syneidesis (1963). Deshalb kann hier auch mit der Missverständnistopik gespielt werden.
26 Der Ungebildete spricht keine der klassischen Sprachen Griechisch oder Latein. So kommt es zur polemischen Wendung „auf Syrisch disputieren".

Papyrus Chester Beatty, 5–6

ἀπεκρίνα]το· Ναί.
Κο[υ]λκι[α]νὸ[ς] αὐτῷ ε[ἶ]πεν·
15 Πῶς οὖν; Δ[ιὰ] <τί> τὴν πρός τ[ὴν
γυναῖκα κα[ὶ] τὰ τέκνα σ[ου
καὶ τοὺς ἀδ[ε]λφοὺ[ς] συν[είδη-
σιν οὐ φ[υ]λά[σ]σεις; Ἀπεκ[ρίνα-
το· Ὅτι ἡ π[ρὸς] τὸν θ[ε]ὸ[ν
20 συ]νείδησις μεί[ζων ἐστὶν λέ-
γε] γὰρ ἡ θεία [γραφή·
Ἀγ[α]πήσεις τ[ὸν θεὸν τὸν ποι-
ή]σ[α]ντά σε

1 6. Κ]ουλκι[α]νὸς αὐτῷ εἶπεν Τίνα θεόν;
Φιλ[έας] ἀνατείνας τὰς [χεῖρας] α[ὐτο]ῦ
εἰς τὸν οὐρανὸν εἶπε[ν·
Τὸν θεόν] τὸν ποιήσα[ντα τὸν] οὐρα-
5 νὸν καὶ] τὴν γῆν [καὶ τὰς θαλά]σσας
καὶ πάντ]α τὰ ἐν [αὐτοῖς, τὸ]ν κτίσ-
την, τὸν δ]ημιο[υ]ργόν, τὸ]ν δεσπότην.]
<3 Zeilen fehlen>

Papyrus Bodmer, 11–12

ἐστ]ιν· Φ[ι]λέας εἶπεν Ὅ τι εἶπον, ἔστιν.
Κουλκιανὸς εἶπεν Διὰ τί τὴν πρὸς
τ[ὰ τέκνα κ]αὶ τὴν γο]ναῖκα
κ[αὶ τοὺς ἀδελφοὺς σ]υνείδη-
10 σ[ι]ν ο[ὐ] φ[υ]λά[ττ]εις; Φιλέας εἶπεν
Ἡ γὰρ πρ[ὸ]ς τὸ]ν θ]εὸν συνείδησις
μεί(ζων ἐ]στ[ὶν] καὶ προάγει πάντα. Λέγει γά]ρ ἡ [θεία] γραφή·
Ἀγαπή(σεις] τὸν θεὸν [τὸν ποιή-

15 σαντά σε. Κο]υλκι[ανὸ]ς εἶπεν
Τίνα θεόν;] Φιλέας ἐπάρας
τὰς χεῖρ[α]ς εἰς τὸν οὐρανὸν
εἶπεν] Τὸν θ]εὸν τὸν π[ο]ιήσα[ν-
1 12. τ[α τὸν οὐρανὸν] καὶ τὴν γῆν
καὶ τὰ]ς θαλάττας κ]αὶ πάντα
τὰ ἐν [αὐτοῖς, κτίστην] ἀόρα-
τον, ἀ]λάλητον, ἄπτ]ωτον, ἄτρε-
5 πτ[ον, ἀπερινόη[τ]ον, ᾧ [δου-
λεύει καὶ εἴκει κα[ὶ] ὑπο]κεῖται
καὶ πᾶσα ἡ κτίσις [ἐπο]υρα[νίων
καὶ ἐπ[ι]γε[ί]ων κ[αὶ καταχθονί[ων
καὶ α[. . . . .] ὅτι α[ὐ-
10 τὸς μόνο[ς α]ὐτοκράτωρ] τῶν

Lateinische Überlieferung, 3

95 Conscientia est? Fileas
respondit: Ita.
Culcianus dixit:
Quomodo ergo quae ad
filios tuos et coniugem
100 conscientia est
non custodis? Fileas respondit:
Quoniam quae ad Deum est
conscientia eminentior est.
Dicit enim sacra et divina scriptura:
105 Diliges Dominum Deum tuum, qui
te fecit.
Culcianus dixit: Quem deum?
Fileas extendit manus suas
ad caelum <et> dixit:
110 Deum, qui fecit caelum
et terram, mare
et omnia, quae in eis sunt,
creatorem et factorem, dominum
omnium invisibilem, sine
115 <se>ductione et inenarrabile<m>
qui solus est et permanet
in saecula saeculorum, amen.

Papyrus Chester Beatty, 5–6	Papyrus Bodmer, 11–12	Äthiopische Überlieferung, 26–29
Culcianus sagte zu ihm: „Wie nun? Warum wahrst du das Gewissen nicht gegenüber deiner Frau, deinen Kindern und deinen Brüdern?" Er antwortete: „Weil das Gewissen Gott gegenüber wichtiger ist: denn die Heilige Schrift sagt: ‚Du sollst Gott, der dich geschaffen hat, lieben'[27]." 6. Culcianus sagte zu ihm: „Welchen Gott?" Phileas streckte seine Hände zum Himmel aus[28] und sagte: „Den Gott, der den Himmel und die Erde und alles, was in ihnen ist, geschaffen hat[29], den Schöpfer, den unsichtbaren Herrscher über alles, unzertrennbar und unbeschreiblich, der der einzige ist und bleibt von Ewigkeit zu Ewigkeit. Amen."	125 sagte er: „Ist es eine Frage des Gewissens?" Phileas sagte: „Ich habe gesagt, dass es darum geht." Culcianus sagte: „Warum wahrst du dein Gewissen nicht gegenüber (deinen) Kindern, (deiner) Frau und (deinen) Brüdern?" Phileas sagte: „Das Gewissen Gott gegenüber ist wichtiger und geht allem anderen voran. Denn die heilige Schrift sagt: ‚Du sollst Gott, der dich geschaffen hat, lieben.'" Culcianus sagte: „Welchen Gott?" Phileas erhob die Hände zum Himmel und sagte: „Den Gott, der 12. den Himmel und die Erde und die Meere und alles, was in ihnen ist, geschaffen hat, den Schöpfer, den unsichtbaren, unaussprechlichen, unwandelbaren, unveränderlichen, unbegreiflichen, dem die ganze Schöpfung der Himmlischen, Irdischen und Unterirdischen dient und unterworfen ist … [Denn er allein ist der Autokrator] über alle Dinge und es gibt keinen anderen außer ihm."[30]	26. Culcianus sagte ihm: „Warum gibt es dann bei dir keine Liebe zu deinen Söhnen, 100 deiner Frau und deinem Bruder?" Er antwortete und sagte ihm: „Die Liebe zum Herrn ist größer, denn die Heiligen Schriften sagen so: ‚Liebe den Herrn, deinen Schöpfer.'" 27. Culcianus sagte: „Welchen Herrn?" 105 Phileas erhob die Arme zum Himmel und sagte: 28. „Den Herrn, der Himmel und Erde geschaffen hat, das Meer und alles, was sich darin befindet, den Schöpfer und Vollender einer jeden Sache, den Richter einer jeden 110 Sache, 29. den Unsichtbaren, der geboren wurde ohne dass ihn jemand geschaffen hat, den unerkennbaren und unaussprechbaren, den ewigen, der das Leben gegeben hat <…>.

27 Vgl. Dtn 6,5; Mt 22,37; Mk 12,30; Lk 10,27.
28 Zum Gebetsgestus: HEID, Gebetshaltung (2006 [2008]).
29 Vgl. Ps 145,5f LXX; Ex 20,11; Apg 4,24; 17,24.

30 Die Ergänzung des Textes legt nahe, hier den Gedanken zu finden, dass der transzendente Gott als Kaiser natürlich den irdischen Kaiser-Gott überbietet.

Papyrus Chester Beatty, 6–7

<Οἱ δικολόγοι ἐπὶ πλεῖον λαλοῦντα>
10 τὸν Φιλέαν τῷ [ἡγεμόνι ἐ-
κώλυον λέγοντ[ες]· Τί ἀν[θίστα-
σαι τῷ ἡ]γεμό[νι;] Φιλέας [εἶπ]εν·
Ἐπε]ρωτᾷ [με] καὶ ἀποκρίν[ο]μαι
αὐτῷ].
15 Κουλκιανὸς αὐτ[ῷ ε]ἶπεν·
Θῦσον λοιπόν]. Ἀπεκρί[νατ]ο·
Οὐ θύω]
<3 Zeilen fehlen>

1 **7.** Ἔχομεν [τὸν] Σωκράτη· ἡνίκα
ἐπὶ θάν[ατον ἤ]γετο, παρεστώσης
αὐ[τῷ τῆ]ς γ[υ]ναικὸς καὶ τῶν
τ[έκν]ω[ν, οὐκ] ἀ[π]εστράφη, ἀλλὰ
5 ἑτ[οί]μ[ω]ς τὸ κώνε]ιον ἐδέχε[το.
Κουλ[κιανὸς αὐτῷ εἶ]πεν· Ἦν
Χ[ριστὸς θεός; Ἀπεκρίνατο·
Ν]αί.
Κ[ουλκιανὸς αὐτῷ εἶπεν
<3 Zeilen fehlen>

Papyrus Bodmer, 12

ἀπάντων [κ]αὶ [οὐ]κ ἔ[σ]τιν ἕτεροὶς
πλὴν αὐ[τ]οῦ. Οἱ δ[ι]κ[ο]λόγοι εἶ[πον
τῷ <. . . ca. 20 Buchstaben. . . . .>
ἀ[ν]θιστ[ῇ τῷ [ἡγεμόνι. Φι-
15 λέα[ς εἶπεν·] Πρὸς [ὃ ἐπερωτᾷ με,
ἀποκρίν[ο]μαι [αὐτῷ. Οἱ δικολόγοι
εἶπον Ἐφόρα [...

<Spalten 13 und 14 fehlen>

Lateinische Überlieferung, 4

4. Advocati Fileam in plurimis
loquentem prohibebant
dicentes ei: Cur resistis
praesidi? Fileas respondit:
120 Ad quod interrogat me, respondeo ei.
Culcianus dixit:
Iam sacrifica. Fileas respondit:
125 Non sacrifico. Animae meae
parco. Quoniam non solum
Christiani parcunt animae suae,
verum etiam et gentiles,
accipe exemplum Socratis: cum
130 ad mortem duceretur, adstante
ei coniuge et
filiis non est reversus, sed
promptissime c<onium> suscepit.
Culcianus dixit:
135 Deus erat Christus? Fileas respondit:
Ita.
Culcianus dixit: Quomodo
persuasus es de <e>o,
quod deus esset? Respondit
140 Fileas: Caecos fecit videre,

Papyrus Chester Beatty, 6–7

95 *Die Anwälte*[31] hielten Phileas davon ab, noch mehr zu dem Präses zu sagen, und sprachen: „Warum streitest du *mit dem Präses?*" *Phileas sagte:* „Er befragt mich und *ich antworte ihm.*"

Culcianus sagte zu ihm: „Opfere endlich." Er
100 antwortete: „Ich opfere nicht. Ich gebe auf meine Seele acht. Dafür, dass nicht nur die Christen auf ihre Seele achten, sondern auch die Heiden.

7. haben wir den Sokrates: Als er zum Tod
105 geführt wurde, kehrte er nicht um, sondern nahm, obwohl seine Frau und seine Kinder dabei standen, bereitwillig den Giftbecher."
Culcianus sagte zu ihm: „War Christus Gott?"
Er antwortete: „Ja." Culcianus sagte zu ihm:
110 „Warum bist du von ihm so überzeugt, dass er Gott ist?" Er antwortete: „Blinde machte er sehen, Taube hören, Aussätzige heilte er, Tote wurden von ihm auferweckt[32], Stumme ließ er

31 Vgl. Crook, Advocacy (1995).

Papyrus Bodmer, 12

145 *Die Anwälte* sagten dem (…)
<eine Zeile fehlt nahezu vollständig>
„Widersetze dich nicht *dem Präses!*" *Phileas sagte:* „Dieser *befragt mich und ich antworte ihm* ." Die Anwälte sagten: „Denke an (…)"
<Spalten 13 und 14 fehlen>

[vgl. 8,7 ff./ Übersetzung 81 ff.]

32 Vgl. Mt 11,5; Lk 7,22.

Äthiopische Überlieferung, 30

115 **30.** Die blutflüssige Frau genas, als ein Zipfel des Gewandes berührt war; und er wirkte darüber hinaus viele Wunder und Zeichen."

Papyrus Chester Beatty, 7–8

10 [λεπροὺς]
ἰάσατ[ο, νεκροὶ ὑπ' αὐτοῦ ἀνέσταν-
το, τοὺ]ς ἀλάλους λαλεῖν ἔδωκεν
καὶ [πολλὰς νόσους ἐθεράπευσεν

κα[ὶ ἄλλα πολλὰ σημεῖα ἐποίησεν.
15 Κου]λκιανὸς αὐτῷ εἶπεν·
Ἐ[σταυρώθη ὁ θεός; Ἀπεκρίν-
α[το· Ἕνεκεν τῆς σωτηρίας
ἡ]μῶν· καὶ δὴ ᾔδει ὅτι σταυρω-
θήσε[τ]αι [
20]τ.ε[

1 **8.** καὶ ὑβρίζεται [καὶ ἔδ]ωκεν
ἑαυτὸν πάντα [παθε]ῖν δι[ʼ ἡ-
μᾶς· καὶ γὰρ [ταῦτα αἱ ἱεραὶ
γραφαὶ λέγ[ουσιν, αἷς ἐπερεί-
5 δοντα[ι] οἱ [Ἰουδαῖοι
                      ]καὶ
             ].ω [
<7 Zeilen fehlen>

Lateinische Überlieferung, 4–5

surdos audire; leprosos
curavit, mortuos suscitavit,
mutos loqui donavit
et infirmitates multas sanavit.
145 Profluvium habens mulier tetigit fimbriam
vestimenti eius et sanata est.
Et alia multa signa et prodigia fecit.
Culcianus dixit:
Est deus crucifixus? Fileas respondit:
150 Propter nostram salutem crucifixus est;
<et> [crucifixus] quidem sciebat <quod>
crucifigendus erat

et contumelias passurus, et dedit
semetipsum omnia pati propter
155 nos. Etenim sacrae
scripturae praedixerant, quas
Iudaei putant se tenere,
sed non tenent. Qui vult
ergo veniat, et aspiciet si
160 non ita se haec habent.
5. Culcianus dixit: Memento,
quod te ho<no>raverim. In civitatem enim tuam potuissem te

Papyrus Bodmer

[vgl. 8,7 ff.]

Papyrus Chester Beatty, 7–8

Papyrus Bodmer

Äthiopische Überlieferung, 31–33

reden[33] und er heilte viele Krankheiten[34] *und*
115 *vollbrachte viele andere Zeichen.*"
Culcianus sagte zu ihm: „Ist das ein Gott, der gekreuzigt worden?" Er antwortete: „Um unserer Erlösung willen; und wahrhaftig, er wusste, dass er gekreuzigt [...]
120 **8.** und *verspottet werden würde*[35], und er gab sich selbst dahin, um alles zu erleiden um unsretwillen[36], denn dies sagen die Heiligen *Schriften voraus, auf die die Juden sich stützen aber an die sie sich nicht halten.*[37] *Wer*
125 *will, der komme also, und er wird sehen, ob es sich nicht so verhält.*"
Culcianus sagte: „*Bedenke, dass ich dir Ehre erwiesen habe. Ich hätte dich nämlich in deiner Stadt deiner Würde berauben*[38] *können, weil*

31. Culcianus sagte: „Ist das ein Gott, der gekreuzigt wurde?" Er antwortete und sagte ihm:
120 „Für unser Heil, für uns ist er gekreuzigt worden; und selbst, als er sich am Kreuz befand, schmähten sie ihn, und er bot sich selbst an, dass alles geschähe, und er die Passion für uns auf sich nehme.
125 **32.** In der Tat hatten die Heiligen Schriften vorausgesagt, dass die Juden alles dieses tun würden. Wenn einer widersprechen will, so soll er kommen, er soll es bestreiten, wenn er es möchte; sonst steht die Sache so fest."
130 **33.** Culcianus sagte ihm: „Du weißt, dass ich vor dir Achtung habe und dass ich dich nicht entehren und in deiner Stadt Thmuis schmähen

33 Vgl. Mk 7,37.
34 Vgl. Mt 4,23; Ps 102,3 LXX.
35 Vgl. Mt 20,19.
36 Vgl. Gal 1,4; Tit 2,14; 1 Tim 2,6.
37 Ein typisch apologetischer Vorwurf mit einem starken antijüdischen Akzent.

38 Das „Berauben einer Würde" setzt einen staatlichen oder städtischen Ehrentitel voraus. Hier kann ein Zusammenhang zur Überschrift von Pap. Bo bestehen, die von Phileas auch als von einem Magistraten in Alexandria spricht; vgl. Anm. 1.

Papyrus Chester Beatty, 8–9

Χάριν σοι ἄγω] κα[ὶ
ταύτην τὴν τελείαν] ἐμοὶ
10 [εὐεργεσίαν χάρισαι.]
[Κουλκιανὸς αὐτῷ] ε[ἶπ]εν·
Τί δεῖσαι; Ἀπε]κρίν[ατο
<4 Zeilen fehlen>

1 **9.** Ἀπεκρίνατο· Οὐχ ἁπλῶς,
ἀλλὰ ὑπὲρ ἀληθείας καὶ θεοῦ.
Κουλκιανὸς αὐτῷ εἶπεν·
Παῦλος θεὸς ἦν; Ἀπεκρίνατο·
5 Οὔ.
Κουλκιανὸς αὐτῷ εἶπεν·
Ἀλλὰ [τ]ίς ἦν; Ἀπεκρίνατο· Ἄνθρωπος ἄνθρωπος δὲ
ου[   ]ν[
10 π.[. .]εα.[

Papyrus Bodmer

[vgl. 9,15 ff.]

Lateinische Überlieferung, 5

iniuriari; volens autem te
165 honorare non feci. Fileas
respondit: Gratias tibi ago et
hanc mihi perfectam
gratiam praesta.
Culcianus dixit:
170 Quid desideras? Fileas respondit:
Temeritate tua utere,
fac quod tibi iussum est.
Culcianus dixit: Sic sine
causa mori vis?
175 Fileas respondit: Non sine causa,
sed pro Deo et pro veritate.
Culcianus dixit:
Paulus deus erat? Fileas respondit:
Non.
180 Culcianus dixit:
Quis ergo erat? Fileas respondit:
Homo similis nobis,
sed spiritus divinus
erat in eo; et in spiritu

Papyrus Chester Beatty, 8–9

130 ich dich, aber ehrenvoll behandeln wollte, habe ich es nicht getan." Phileas antwortete: „Ich danke dir. Gewähre mir nur noch eine abschließende Gunst." Culcianus sagte zu ihm: „Was wünschst du?" Er antwortete: „Mach
135 dir keine Gedanken und tu, was dir befohlen ist." Culcianus sagte: „So willst du also ohne Grund sterben?" Phileas **9.** antwortete: „Nicht ohne Grund, sondern für die Wahrheit und für Gott." *Culcianus sagte*
140 *zu ihm:* „*War Paulus ein Gott?*" Er antwortete: „*Nein.*" *Culcianus sagte zu ihm:* „*Aber wer war er?*" Er antwortete: „Ein Mensch, zwar ein Mensch wie wir, aber der Heilige Geist war in ihm; und im Geist vollbrachte er große Taten,
145 Zeichen und Wunder."...

Papyrus Bodmer

[vgl. 9,15 ff./ Übersetzung 101 ff.]

Äthiopische Überlieferung, 34–38

will? Weil ich dich retten wollte, habe ich dieses gemacht."
135 **34.** Er antwortete und sagte ihm: „Lebe für mich und gewähre mir auch diese Gnade ganz!" **35.** Culcianus sagte: „Sag, was willst du?" Er antwortete und sagte ihm: „Eile zu richten, wie es dir befohlen wurde!"
140 **36.** Culcianus sagte zu ihm: „Willst du nutzlos sterben?" Er antwortete und sagte zu ihm: „Nicht nutzlos, sondern für die Wahrheit des Herrn."
145 **37.** Culcianus sagte zu ihm: „War Paulus ein Gott?" Er antwortete und sagte ihm: „Er war es nicht."
38. Culcianus sagte ihm: „Was denn dann? War er ein Mensch?" Phileas sagte: „Ein Mensch, aber nicht wie wir, sondern der Geist
150 weilte auf ihm, und er tat mit der Kraft des Geistes Zeichen und Wunder."

Papyrus Chester Beatty, 9–10

ε[   ]οβ[
<1 Zeile fehlt>

Κουλκ[ιανὸς αὐτῷ εἶπεν
Βενεφίκιον τῷ ἀδελφῷ σου
χαρίζομαι. Ἀπεκρίνατο· Καὶ
15 σὺ [ταύτην τὴν εὐεργεσίαν
τελ[είαν ἐμοὶ χάρισαι, τῇ
ἀπο[τομίᾳ σου χρῆσαι
καὶ τ[ὸ κελευσθέν σοι
πλή[ρωσον.

20 Κουλκ[ιανὸς αὐτῷ εἶπεν
Εἰ ᾔδ[ειν σε χρείαν ἔχοντα
ἐλ[θεῖν εἰς ταύτην τὴν ἄνοι-
1 **10.** αν ὡς ἀ<ν> ἕνα τούτων, οὐκ ἠγει-
χόμην σου· ἐπειδὴ περιουσίαν
οὐκ ὀλίγην ἔχεις, ὥστε οὐ μόνον σε ἀλλὰ καὶ εἰ[πά]ρχειον ὅλην
5 θρέψαι δυνάμενος, διὰ τοῦτο
φεισόμενος σαυτοῦ θύσον.
Ἀπεκρίνατ[ο]· Οὐ θύω, ἐμαυ-
το]ῦ ἐν [του]τῳ κήδομαι.

Papyrus Bodmer, 15–16

1 **15.** εἶπεν· Οὐκ ἀλόγως, ἀλλ' ἐμαυτοῦ
κηδόμενος, Κουλκιανὸς εἶπεν
Βενεφίκιον τῷ ἀδελφῷ σου
χαρίζομαι· καὶ σὺ ἐμοὶ τοῦτο
5 χάρισαι. Φιλέας εἶπεν· Ταύτην τὴν
εὐεργεσίαν τελείαν αἰτοῦμαι,
τὸ τῇ ἀποτομίᾳ χρήσασθαι
καὶ τὸ κελευσθέν σοι ποιήσῃς.

Κουλκιανὸς εἶπεν· Εἰ μέν τις ἦς
10 κατὰ τοὺς ἀγροίκους τοὺς
δι' ἔν<δ>ε<ι>αν ἐπιδεδωκότας ἑαυτούς, <οὐκ> ἠνειχόμην ἄν σου. Ἐπειδὴ δὲ καὶ περιουσίαν ἱκανὴν
κέκτησαι, ὡς μὴ μόνον σεαυ-
15 τόν, ἀλλὰ καὶ πόλιν ὅλην θρέψαι <καὶ> διοικῆσαι, διὰ τοῦτο φεισά-
16. μενος σεαυτοῦ θῦσον. Φιλέας
εἶπεν· Οὐ θύω. Οἱ δικολόγοι παρεσ-

Lateinische Überlieferung, 15

185 virtutes, signa
et prodigia faciebat.

Culcianus dixit:
Beneficium te dono fratri tuo.
Fileas respondit: Et
190 tu gratiam hanc
perfectam mihi praesta: ute<re>
temeritate tua
et quod iussum tibi est, fac.
Culcianus dixit:
195 Si scirem te indigere et si<c>
in hanc amentiam venisse,
non tibi par-
cerem. Sed quia substantiam
multam habes ita ut non
200 te solum, sed prope cunctam provinciam
alere possis, ideoque
parco tibi et suadeo te immolare.
Fileas respondit: Non immolo.
Memetipsi in hoc parco.

Papyrus Chester Beatty, 9–10

Culcianus sagte zu ihm: „Ich erweise deinem Bruder einen Dienst. 39a" Er antwortete: „Und du erweise mir diese *große Wohltat, verfahre mit Strenge und vollbringe, was dir befohlen ist.*"

Culcianus sagte zu ihm: „Wenn ich wüsste, dass du in einer Notlage bist und so zu dieser Torheit gekommen bist

10. *wie einer von denen da, würde ich dir keine Gefälligkeit erweisen*40*.*

*Da du aber über einen nicht geringen Besitz verfügst, sodass du nicht nur dich selbst, sondern die ganze Provinz zu ernähren vermagst, so verschone dich selbst und opfere*41*!*" Er antwortete: „*Ich opfere nicht*. Ich sorge dabei für mich selbst."

Die Anwälte sagten zu dem Präses: „*Er hat*

Papyrus Bodmer, 15–16

15. er sagte: „Ich bin nicht unvernünftig, sondern ich trage für mich selbst Sorge."

Culcianus sagte: „*Ich erweise deinem Bruder einen Dienst*, erweise du mir auch einen solchen." Phileas sagte: „Ich bitte dich um diese *große Wohltat: Verfahre mit Strenge und tue, was dir befohlen ist.*" *Culcianus sagte:* „*Wenn du einer von diesen Landarbeitern*42 *wärst, die sich selbst aus Bedürftigkeit ausgeliefert haben, würde ich dir keine Gefälligkeit erweisen.*

Da du aber über einen ausreichend großen Besitz verfügst, um nicht nur dich selbst, sondern auch eine ganze Stadt zu ernähren und zu unterhalten, so verschone

16. *dich selbst und opfere!*" Phileas sagte: „*Ich opfere nicht.*"

Die dabei stehenden Anwälte sagten: „*Er hat*

Äthiopische Überlieferung, 39–42

39. Culcianus sagte ihm: „Ich will deinem Bruder die Gnade einer Gunst erweisen." Er antwortete und sagte zu ihm: „Erweise auch mir bitte eine Gnade und bringe zu Ende, was man dir befohlen hat!"

40. Culcianus sagte ihm: „Wenn du arm wärest und keinen Besitz hättest und zu diesen Dingen gekommen wärest, dann wärest du nicht so duldsam mit dem, was man dir entgegen hält.

41. Aber da ich weiß, dass dein persönlicher Besitz nicht klein ist und nicht nur für dich selbst genügt, sondern auch an einen Ort ernähren kann, schone ich dich deshalb; und jetzt opfere also!"

42. Er antwortete und sagte ihm: „Ich opfere nicht, ich schone mich selbst." Die Ratgeber

---

39 Es geht im rechtlichen Sinne um Gunstbeweise (χάρις) von Angehörigen derselben sozialen Schicht untereinander. Rhetorisch wird dabei Gleichwertigkeit in diesem Kreis suggeriert, der aus dem Präfekten, dem Bruder des Phileas und dem Bischof besteht.

40 Der Präfekt schließt für Phileas aus, dass dieser sich dem Christentum angeschlossen habe, weil dies eine Religion der armen Leute sei. Wenn er zu diesen gehören würde, könnte der Bischof auf keinen Fall mit einem Entgegenkommen rechnen.

41 Die Stelle ist bestimmt vom Freundschaftsideal, das die Institution des Patronates überhöht. Offenbleiben muss, ob hier eine implizite Kritik am Opportunismus des Präses vorliegt.

42 Die Bemerkung zu den Landarbeitern unterstreicht die Feststellung, dass die Art des Prozesses, was das Verfahren und das Urteil angeht, bestimmt ist vom sozialen Rang des Angeklagten.

Papyrus Chester Beatty, 10–11

Οἱ δικολόγοι πρὸς] τὸν ἡ[γ]ε[μό]να εἶπαν·
10 Ἔθυσεν ἐν τῷ σηκρίτῳ. Ἀπ]εκρίνατο]
[12 Zeilen nicht rekonstruierbar]

1 **11.** ὅ με καλέσας εἰς τὴν κληρονομίαν
τ[ῆ]ς μεγαλοπρε[πεί]ας αὐτοῦ.

Οἱ δι[υκ]ολ[ό]γοι πρὸς τὸν ἡγεμόνα εἶπαν·
Φιλέας σκέ[ψ]ιν αἰτεῖται.
5 Κουλκιανὸς αὐτ[ῷ εἶπεν Δώσω σοι
σκέ[ψασθαι. Ἀπ]εκρίνατο· Ἔσκεψάμην πολλάκις, κ]αὶ τοῦτο εἱλόμην.
Οἱ δι[κολόγοι καὶ ἡ τάξ]ι[ς] ἀπ[ὸ] μιᾶς ἅμα [τῷ λογιστῇ

Papyrus Bodmer, 16

(σ)τ]ῶτες ἔφησαν Ἔθυσεν ἐν τῷ σηκρήτῳ. Φιλέας εἶπεν Οὐκ
5 ἔθυσα· εἰ δὲ ἔθυσα, λεγέτω ὁ ἡγεμών. Καὶ μὴ μετασπα-

γέντος αὐτοῦ μηδὲ ἐπιστρα-
φέντος, ἠξίουν οἱ δικαιολό-
γοι καὶ πᾶσα ἡ τά‹ξ›ι‹ς› ἅμα τῷ λο-
10 γιστῇ τὸν ἡγεμόνα σκέψιν
αὐτῷ δοθῆναι. Κουλκιανὸς
εἶπεν Βούλῃ δοῦναί σοι σκέψασθαι; Φιλέας εἶπεν· ‹Ἐ›σκεψάμην
πολλάκις, καὶ τοῦτο προῄ-

Lateinische Überlieferung, 6

205 Advocati ad praesidem dixerunt: Iam immolavit in frontisterio. Fileas dixit: Non immolavi certe, si vere sacrificare dicas.
6. Culcianus dixit: Misera
210 uxor tua tibi intendit. Fileas respondit: Omnium spirituum nostrorum Salvator est Dominus Iesus Christus,
215 cui ego vinctus servio. Potens est ipse qui me vocavit in hereditatem gloriae suae, et hanc vocare.

Advocati ad praesidem dixerunt:
220 Fileas dilationem petit. Culcianus dixit ad Fileam: Do tibi dilationem, ut cogites tecum. Fileas respondit: Saepe cogitavi et hoc elegi. Advocati et officium

Papyrus Chester Beatty, 10–11

schon im secretarium⁶³ geopfert." Er antwortete: „Ich habe sicherlich nicht geopfert, auch wenn du sagst, ich hätte wirklich geopfert." Culcianus

165 sagte:.
„Deine unglückliche Frau sieht auf dich."

Phileas antwortete: „Der Erlöser von uns allen ist der Herr Jesus Christus, an ihn bin ich gebunden und ihm diene ich. Er ist mächtig, er,
170 **11.** der mich gerufen hat zur Erbschaft seiner Herrlichkeit."

Die Anwälte sagten zu dem Präses: „Phileas bittet um Bedenkzeit." Culcianus sagte zu ihm: „Ich werde dir Zeit zum Bedenken geben." Er
175 antwortete: „Ich habe es oft bedacht und entschieden." *Die Anwälte und das Officium, alle zugleich, zusammen mit dem Bürgermeister*

43 Pap. Be und Pap. Bo bezeichnen mit demselben selten und spät belegten griechischen Lehnwort σήκρετον das *secretarium*.
44 Nachdem der Präses seine Bereitschaft zum Entgegenkommen gezeigt hat, wollen die Anwälte die Situation nutzen. Mit einer offensichtlichen Unwahrheit suchen sie hier den Prozess niederzuschlagen, denn es ist of-

Papyrus Bodmer, 16

schon im secretarium geopfert.⁶⁴ Phileas sagte: „Ich habe nicht geopfert. Und wenn ich geopfert habe, soll es der Präses sagen!"

170 Und weil er seine Meinung nicht änderte und nicht umkehrte, forderten die Anwälte und das ganze Officium zusammen mit dem Bürgermeister⁶⁵, dass der Präses ihm Bedenkzeit gebe. Culcianus sagte: „Wünschst
175 du, dass ich dir Bedenkzeit gebe?" Phileas sagte: „Ich habe es oft bedacht und habe das erklärt." Darauf bedrängten die Anwälte und *das Officium zusammen mit dem*

fensichtlich, dass, wenn Phileas diese Behauptung bejahte, er freigelassen würde.
45 Gemeint ist wohl hier der jeweils für ein Jahr bestimmte Bürgermeister der Stadt aus dem Kreis der Dekurionen, vgl. JAQUES – SCHEID, Struktur (1998) 289–293, bes. 292.

Äthiopische Überlieferung, 43–46

sagten zum Richter: „Er hat schon zuvor geopfert."

170 **43.** Phileas antwortete und sagte zu ihnen: „Ich habe nicht geopfert. Wenn ich geopfert hätte, würde es euch der Richter Culcianus sagen.

44. Ist es denn nicht vielleicht der lebendige
175 Herr, der Geist der Erlösung für alle unsere Geister, der Herr Jesus Christus, dessen Sklave ich bin und dem ich in Ketten diene, der mich selbst zum Erbe der Ehre gerufen hat?"

45. Die Ratgeber sagten zum Richter:
180 „Phileas bittet darum, dass man ihn nachdenken lässt."

46. Culcianus sagte: „Phileas, ich gewähre dir Aufschub, solange du noch nicht nachgedacht hast." Er antwortete und sagte zu
185 ihm: „Ich habe nachgedacht und ziehe diese Lösung vor."

Papyrus Chester Beatty	Papyrus Bodmer, 16–17	Lateinische Überlieferung, 6–7
<4 Zeilen fehlen>	15 ρήμαι. Καὶ ἐπὶ τούτοις οἱ δι- καιολόγοι καὶ ἡ τάξις ἅμα 1 **17.** τῷ λογιστῇ ἠξίουν τὸν μακά- ριον Φιλέαν πειθόντες ὅπως εἴξῃ τοῖς κελευθεῖσι. Καὶ μὴ ἐπιστρεφομένου αὐτοῦ, ἔβαλλαν 5 αὐτὸν ἀνατρέποντες, ὡς ἂν σκέ- ψη<ται>. εἰρήνη τοῖς ἁγίοις πᾶσι.	

225 una cum curat<o>re et cum omnibus
propinquis eius pedes
ipsius conplectebantur, rogantes
eum ut respectum haberet
uxoris et curam susciperet liberorum.
230 Ille, velut si saxo immobili
unda allideretur, garrientium dicta
respuere, deum in oculis habere,
parentes et propinquos apostolos
et martyres ducere.
235 **7.** Aderat tunc vir quidam agens turmam

Papyrus Chester Beatty, (11)	Papyrus Bodmer, 17	Äthiopische Überlieferung, 47
	17. *Bürgermeister*, den seligen Phileas um ihn zu überreden,	**47.** Da begannen die Ratgeber und auch einige der Gefangenenwärter und
	180 den Befehlen Folge zu leisten. Da er sich nicht umstimmen ließ, bemächtigten sie sich seiner und warfen ihn (ins Gefängnis), damit er es bedenke.	
	Friede sei mit allen Heiligen.⁴⁷	
und mit allen Verwandten des Phileas umklammerten seine Füße und baten ihn.		einige von den Großen der Stadt ihn zu
180 Rücksicht auf seine Frau zu nehmen und Sorge für seine Kinder zu tragen. Jener wies die Worte der Plappernden zurück, so wie eine Welle gegen eine starren Fels schwappt. (denn) er hatte (nur) Gott im Blick, und hielt die Apostel		190 beschwören, sie umklammerten seine Füße und sagten ihm, dass er ihnen doch beipflichten möge, und er sagte zu ihnen: „Nein."
185 und die Märtyrer für seine Eltern und Verwandten.⁴⁶ Es war damals auch ein Mann Namens Philoromus anwesend, der an der Spitze		

46 Der lateinische Text in seiner über Pap. Be hinausgehenden Formulierung – wörtlich auch bei RVFIN.hist. 8, 9,8 (759,19-21) – benützt hier ein weit verbreitetes Bild, das zwar auf ein gewisses Sprachniveau weist, doch keine Rückschlüsse auf den griechischen Text erlaubt. In der Überlieferung der lateinischen Version kam es bald zu einer Textverderbnis, vgl. KORTEKAAS – LANATA, Acta Phileae (1987) 304 und PIETERSMA (1984) 107.

47 Martin verstand Pap. Bo gerade anhand des Textschlusses, der nicht den Tod des Märtyrers enthält, als Apologie. Dagegen kann angefragt werden, ob nicht im Text hier ein Leseabschnitt gemacht wurde, der den ersten Teil oder einen Teil hiervon als *lectio* markiert. Grundsätzlich gilt natürlich, dass apologetische Motive und Argumente in den Schriften zu den Märtyrern verbreitet sind. Die Berichte vom Martyrium Cyprians zeigen zudem, dass bereits das Bekenntnis vor dem Richter als Martyrium verstanden wird und so die Darstellung der eigentlichen Hinrichtung fehlen kann.

Papyrus Chester Beatty

Papyrus Bodmer

Lateinische Überlieferung, 7–8

militum Romanorum, Filoromus nomine.
Hic cum vidisset Fileam circumdatum lacrimis
propinquorum nec tamen
frangi posse, exclamavit dicens:
240 Quid inaniter et frustra constantiam
viri temptatis? Quid eum, qui Deo
fidelis est, infidelem vultis efficere?
Non videtis, quod oculi eius vestras
lacrimas non vident, quod
245 aures eius vestra verba non audiunt,
quia oculi eius caelestem gloriam contuentur?
Post haec dicta
cunctorum ira in Filoromum
versa unam eandemque eum
250 cum Filea subire sententiam poscunt.
Quod libenter adnuens iudex ambos
ferire gladio iubet.
8. Cumque exissent et irent
ad locum caedis consuetum,

10]λευ[

Papyrus Chester Beatty, (11) / Papyrus Bodmer

einer Militäreinheit der Römer stand. Als dieser sah, wie Phileas, obwohl von den
190 Tränen seiner Verwandten umflossen, trotzdem nicht bezwungen werden konnte, rief er aus und sagte: „Warum versucht ihr nutzlos und vergeblich die Standhaftigkeit des Mannes?. Warum wollt ihr aus ihm, der Gott treu ist,
195 einen Untreuen machen?.[48] Seht ihr denn nicht, dass seine Ohren eure Worte nicht hören, weil seine Augen die himmlische Herrlichkeit erblicken?" Nachdem er dies gesagt hatte, richtete sich der Zorn aller gegen
200 Philoromus, und sie forderten, dass er zusammen mit Phileas ein und demselben Urteilsspruch unterworfen werde. Diesem stimmte der Richter gerne zu und befahl, dass beide durch das Schwert hingerichtet würden.[49]

Äthiopische Überlieferung, 48

48. Sie nahmen ihn und die Ratgeber stießen ihn hinaus.

---

48 Vgl. Apg 7,55; 2 Kor 3,18.
49 Die Vorgänge um Philoromus sind offensichtlich ein Einschub in der *versio latina*, der nicht im Pap. Be enthalten ist, doch wird Philoromus schon von Evs.h.e. 8, 9,7 (758,13-16) als hoher Verwaltungsbeamter (*rationalis?*) erwähnt und in der um 403 geschaffenen Übersetzung des RVFIN.hist. 8, 9,8 (759,22-32, Mommsen), der ihn als Soldaten versteht. Dass Philoromus nicht in Pap. Bo vorkommt, kann mit der Funktion des Papyrus zusmmenhängen, vgl. Anm. 45. Es scheint aufgrund der Eusebiusnotiz sowohl möglich, dass es zur Verbindung von Phileas und Philoromus in der Überlieferung der lateinischen Passio bereits vor Rufinus gekommen ist, als auch, dass Rufinus der lateinischen Fassung zugrunde liegt.
50 Zum römischen Prozess vgl. SANTALUCIA, Verbrechen (1997).

Papyrus Chester Beatty, 11–12

ὁ ἀδελ[φὸς τοῦ Φιλέου ἀ-
νεβόη[σεν λέγων Ὁ Φιλέας
αἰτεῖτα[ι ἀμνηστίαν.
Κουλκι[ανὸς ἀνάγαγὼν τὸν
15 Φιλέ]αν αὐτῷ εἶπεν· Τί ἐξε-
κάλ[εσας; Ἀπεκρίνατο· Οὐκ ἐ-
ξε[κάλεσα, μὴ πρόσχῃς τούτῳ
τῷ δ[υσδαιμονεστάτῳ· ἐγὼ
γὰρ χά[ριν πολλὴν ἄγω τοῖς
1 **12.** βασιλεῦσιν καὶ τῇ ἡγεμ[ον]ί[ᾳ
ὅτι συνκληρονόμος ἐγε[νή]θ]ην
Ἰησοῦ Χριστοῦ. Ἔπειτα [δὲ
ἐξέβη ὁ Φιλέας. [Παραγ-
5 ενόμενος τοίνυν ἐν [τῷ τόπ]ῳ
οὗ ἔμελλεν ἀ[ποτέμνεσ]θαι
τὴ]ν [κεφαλὴν   ]επει
[16 Zeilen nicht rekonstruierbar]

Papyrus Bodmer

Lateinische Überlieferung, 8–9

255 frater Fileae, qui erat unus ex advocatis,
exclamavit dicens: Fileas
abolitionem petit.
Culcianus revocans eum
dixit: Quid appellasti?
260 Fileas respondit: Non appellavi.
Absit. Huic infelicissimo
noli intendere. Ego
autem magnam ago gratiam
regibus et praesidiatui,
265 quoniam coheres factus sum
Christi Iesu. Post haec
exiit Fileas.
9. Cumque pervenissent ad locum,
ubi iugulandi
270 erant, extendit manus
suas Fileas ad orientem
et exclamavit dicens:

Papyrus Chester Beatty, 11–12

205 Als sie hinausgegangen waren, und zur gewohnten Hinrichtungsstätte kamen, rief der Bruder des Phileas aus und sagte: „Phileas bittet um Straffreiheit."

Culcianus holte Phileas zurück und sagte zu
210 ihm: „Was hast du beantragt⁵⁰?" Er antwortete: „Ich habe keinen Antrag gestellt, du solltest nicht auf diesen im höchsten Grade Unglückseligen achten; denn ich bin den
12. Kaisern und der Provinzverwaltung sehr
215 dankbar, weil ich ein Miterbe Jesu Christi⁵¹ geworden bin."

Dann ging Phileas hinaus. Als er nun an den Ort geführt wurde, an dem er enthauptet werden sollte, rief Phileas und erhob seine Hände.
220 Richtung Osten:

---

51 Vgl. Röm 8,17.

Papyrus Bodmer

Äthiopische Überlieferung, 49–54

195 Nachdem sie ihn hatten hinausgehen lassen, brachten sie ihn an seinen üblichen Platz.
49. Sein Bruder war einer der Ratgeber und rief laut: „Phileas, bitte darum, dass man dich wieder zulässt."
200 **50.** Culcianus sagte: „Man lässt Phileas wieder zu." Man ließ ihn wieder zu. Man fragte ihn und man sagte ihm: „Was willst du, was hast du gesagt: ‚Lasst mich wieder zu?'"
51. Phileas antwortete und sagte: „Sicherlich
205 nicht. Ich habe nicht gesagt, man solle mich wieder zulassen. Merkt ihr nicht, dass dies ein schlechter Ausgang ist? In Wahrheit sage ich immer Dank meinem König und meinen Richtern, weil ich Miterbe Jesu Christi
210 geworden bin."
52. Da ging Phileas in Frieden hinaus und erreichte den Ort, an dem er gerichtet werden sollte, und breitete seine Arme nach Osten aus und rief mit großer Stimme und sagte:
215 **53.** „Ihr Heiden, ihr Juden und ihr Christen: Breitet eure Arme zum Herrn aus,
54. ruft mit großer Stimme den Heiland von

---

52 Vgl. 1 Petr 5,8.

Papyrus Chester Beatty, 13	Papyrus Bodmer	Lateinische Überlieferung, 9

Papyrus Chester Beatty, 13:

1 **13.** ἵνα μὴ φωνῶμεν ψευδόχειλοι
   πρὸς τὸν κύριον ἡμῶν ὅστις γὰρ
   ψευδόχειλος προσέρχεται ταῖς
   αγ[   ]προσε.αις η δίψυχος
5 η η[   ]η δολι[. .]η προστ-
   ακ[   ]ι. .[ ]ης ταμιας
   ηδ[   ] ἐμπ[ε]πλησ-
   μέ[νος τοῦ πνεύματος τῆς]
   υἱοθ[εσίας
10 <drei Zeilen fehlen>
   . . . ντομ[
   .ετε οὖν λ[
   ἀλλήλους [τὴν
   ἀγάπην διώ]κετε καὶ τὴν φιλο-
15 ξενίαν [
   χρηστ[
   εἰρήν[

Lateinische Überlieferung, 9:

Filioli mei carissimi,
quicumque Deum quaeritis,

Papyrus Chester Beatty, 13	Papyrus Bodmer	Äthiopische Überlieferung, 55–59
		uns allen an, bekennt dabei eure Sünden meine Brüder, ihr alle aus eurem ganzen Herzen, denn es ist keiner, der rein ist von Schmutz.
		55. Werft das Kleid Satans weg, das sich im Inneren befindet, und kleidet euch im Inneren mit der Beschneidung des Lammes, dessen Reich unzerstörbar ist, nämlich Jesu Christi,
13. damit wir nicht mit Lügenlippen zu unserem Herrn schreien, denn wer mit einer Lügenlippe hinzutritt …		**56.** damit wir in unseren Lippen vor dem Herrn keine Lügner sind; denn wer sich dem heiligen Gebet mit dem Betrug der Lippen nähert, wer unsicher ist und ein Heuchler,
		57. ein Betrüger, ein Übeltäter, ein Liebhaber von Gold, jemand, der voll von Begierde ist, wer erfüllt ist von einem unstillbaren Verlangen, der hat unseren Herrn Jesus Christus verleugnet; jeder, der solche Taten begeht, ist ein Feind unseres Herrn.
		58. Passt also auf, meine Söhne, die ich liebe, liebt einer den anderen, verfolgt die wechselseitige Liebe und die Liebe zum Fremden; durch unseren Herrn Jesus Christus werden wir den Frieden erlangen, das Siegel des Heils.
<nur fragmentarisch>
Meine liebsten Kinderlein, die ihr nach Gott sucht, seid wachsam in euren Herzen, weil unser Feind wie ein brüllender Löwe umhergeht.		**59.** Meine Söhne, die ich liebe, seid wachsam. Der Wolf und der Löwe brüllen gegen euch an;

Papyrus Chester Beatty, 13–14

τῆς ο[
ἀγαπ[
20 ὁ γὰρ λέ[ων
εἰς ὑμ[ᾶς

1 **14.** οὐδ[ε]πω γὰρ πεπόνθαμεν Χριστι-
ανοί· μέλλομεν πάσχειν·
ἀρχὴ ἔστιν ὠδίνων τ[ῶν
μελλόντων ἀναφ[έρε]ι
5 ἄλλους, μέλλει λ[
ελε[].ους. . . [
<6 Zeilen fehlen>
                              ]τὸν καθή-
μενον ἐπὶ χερουβὶμ τ[ῶν ἁγίων
τὸ]ν δημιουρ-
10 γὸν τῶν πάντων, τὸν] ἀρχηγέτην
[Rest nicht rekonstruierbar]

Papyrus Bodmer

Lateinische Überlieferung, 9

275 vigilate ad corda vestra,
quia adversarius noster
sicut leo rugiens circuit
quaerens quem transf<oret>.
Nondum passi sumus,
280 nunc incipimus pati,
nunc coepimus esse discipuli Christi.
<Carissimi, attendite praeceptis
Domini nostri Iesu Christi.>

Invocemus immaculatum,
285 inconprehensibilem qui sedet
super Cherubim, factorem
omnium, qui est initium
et finis, cui gloria
in saecula saeculorum,
290 amen.
Haec cum dixisset, carnifices
iussa iudicis exsequentes,
infatigabiles amborum spiritus
ferro caesis cervicibus effugarunt.
295 Explicit Passio sancti Fileae.

Papyrus Chester Beatty, 13–14

Papyrus Bodmer

Äthiopische Überlieferung, 60–62

auf der Suche nach jemanden, den er verschlingen kann[52].

14. Denn wir Christen haben noch nicht gelitten; wir fangen erst an zu leiden. Dies ist der Anfang der Wehen der Zukunft[53]. Andere trägt es weg, es soll…

Nun fangen wir an, Schüler Christi zu sein. Liebste, achtet auf die Gebote unseres Herrn Jesus Christus. Lasst uns anrufen den Unbefleckten, den Unfassbaren, der über den heiligen Cherubim thront[54], den Schöpfer aller Dinge, den Stifter, der Anfang und Ende ist[55].

ihm sei Ehre von Ewigkeit zu Ewigkeit. Amen."

Nachdem er dies gesagt hatte, vollstreckten die Henker die Befehle des Richters und ließen die unbeirrten Geister beider forteilen, als mit dem Schwert ihre Hälse durchgeschlagen wurden[56].

Hier endet die Passion des heiligen Phileas.

in Wahrheit, ihr Christen, haben wir noch nicht gelitten und werden leiden müssen. Das ist der Anfang der Leiden, die sich offenbaren müssen.

60. Der Wolf wird vielen Erwählten begegnen. Meine geliebten Söhne haltet euch an die Gebote unseres Herrn Jesus Christus.

61. Wir wollen all unseren Brüdern den, der rein unwandelbar und unbegreiflich ist, zeigen; du unfehlbares Licht, das über den Cherubim sitzt, du hast das geschaffen, was Anfang und Ende jeder Sache ist.

62. Friede euch allen von unserem Herrn Jesus Christus." Nachdem er das gesagt hatte, wurde er mit dem Segen unseres Herrn vom Martyrium gekrönt.

---

53 Vgl. Mk 13,8 par; Gal 4,19; 1 Thess 5,3; Offb 12,2.
54 Vgl. 2 Kön 19,15; Jes 37,16; Ps 98,1 LXX.
55 Vgl. Offb 1,8; 21,6; 22,13.

56 Rvfin.hist. 5, 1,40 (419,5f) schreibt über die Märtyrer von Lyon: *infatigabiles martyrum spiritus ferro caesis cervicibus effugarunt*.

D. Historische und literarische Aspekte

Seit dem ersten Viertel des 4. Jhs. können wir Texte über Phileas nachweisen, und zwar sowohl in der Form von papyrologischen Dokumenten als auch in der damals entstandenen literarischen Überlieferung.

Im achten Buch seiner Kirchengeschichte schildert Eusebius die tetrarchische Verfolgung und erwähnt in diesem Zusammenhang auch Bischof Phileas von Thmuis[1] mehrfach.[2] Er nennt bei der Aufzählung vornehmer christlicher Opfer der Verfolgung diesen Namen das erste Mal nach dem des Philoromus[3], eines hohen Offiziers mit richterlicher Vollmacht und Eskorte. Während Eusebius beide als exemplarische Opfer der Verfolgung nebeneinanderstellt, hat dann Rufinus (gest. 410) in seiner Übersetzung[4] eine Verbindung zwischen beiden geschaffen, die in den lateinischen *Acta Phileae et Philoromi* erhalten blieb, wobei die Handschriften hier zum Teil wörtlich Rufinus folgen.

Zudem entstanden zeitgleich mit Eusebius oder nur wenig später weitere Texte zu Phileas, von denen zwei Papyri erhalten sind, die die Verbindung des Bischofs mit Philoromus nicht zeigen, vielleicht auch deswegen, weil wir das Ende des Martyriums im Bodmer-Papyrus nicht besitzen. Der Chester-Beatty-Papyrus berichtet den Tod des Bischofs ebenso wie die äthiopische Version[5], die ihm eng folgt, ohne Philoromus zu erwähnen. Die eng mit dem Dubliner Text verwandte lateinische Fassung fügt aber zusätzlich das Martyrium des Philoromus ein.

Diese uns erhaltene dichte Überlieferung zu Phileas[6] zeigt, dass Eusebius, der die Weisheit und Seelsorge des Phileas, eines hoch gebildeten Kurialen[7], lobt und mit dem langen Zitat aus einem Brief des Märtyrerbischofs an seine Gemeinde in Thmuis dessen an Phil 2,6–8 orientierte Theologie des Martyriums vorstellt, hier einen Märtyrer heraushebt, der in seiner Zeit Aufmerksamkeit erregte.

Leider ist der älteste Papyrus am Anfang verstümmelt. Eine philosophisch-theologische Disputation steht im Vordergrund, die auch beim Präfekten rudimentäre Kenntnisse vom Christentum zeigt, die selbstbewusst vom Bischof zurechtgerückt werden. Eine apologetische Argumentation tritt in seinen Antworten in den Vordergrund, in die er seine Bereitwilligkeit zum Tod einschließt. Im Genfer Papyrus heißt der Text auch „Apologie" und wird ausdrücklich mit dem fünften Verhör des Bischofs

---

1 Vgl. KRUMEICH – SEELIGER, Bischofssitze 1 (2007) 14.
2 Evs.h.e. 8, 9,7–10,11.13,7 (GCS 9/2, 758–764.772–774 Schwartz).
3 PLRE 1, 698.
4 RVFIN.hist 8, 9,8 (GCS 9/2, 759 Mommsen).
5 BAUSI, Versione etiopica (2002) 28 schreibt von einer griechischen Vorlage des äthiopischen Textes, der etwa in der Zeit vom 4. bis 8. Jh. entstanden sei. Es dürfte aber vielleicht näherliegen, die äthiopische Version mit der für das 6. Jh. belegten koptischen Übersetzung in Verbindung zu bringen; zu dieser s. SCHENKE, Martyrium (2010) 209–213: Nr. 492.
6 Vgl. HIER.vir.ill. 78 (BPat 12,184 Ceresa-Gastaldo). Hier wird der Märtyrertod des Phileas mit dem des Lukian von Antiochia am 7.1.312 in Nikomedien verbunden und auf Maximinus Daja zurückgeführt.
7 Vgl. GILLIARD, Bishops (1984).

in Zusammenhang gebracht. Da der Text mit einer neuerlichen Einkerkerung vor der doxologischen Schlussformel endet, legt sich die Vermutung nahe, dass wir es hier mit einem mehrbändigen Werk zum Martyrium des Phileas zu tun haben, das sowohl seine Leiden wie auch seine Weisheit in der Disputation vorführen wollte.

Demnach entstand also hier kurz nach dem Tod des Märtyrerbischofs ähnlich wie in Karthago nach dem Tode Cyprians eine Mehrfachüberlieferung. Ihr liegt in beiden Papyri die Fiktion eines Gerichtsprotokolls zugrunde. Die Fragen und Antworten im Verhör zielen sehr genau darauf, den auch sonst als äußerst scharfen Verfolger der Christen bekannten Culcianus[8] zu diskriminieren und die theologische Weisheit des Bischofs herauszustellen, die sicher auch eine katechetische Dimension besitzt. Culcianus war ein Freund des Maximinus Daja. Über seine Amtskarriere wissen wir sonst nichts; er wurde 313 hingerichtet. Dabei fällt in beiden Überlieferungen auf, dass, teilweise in einen anderen Argumentationszusammenhang verschoben, charakteristische Fragenkomplexe herausgestellt werden, wie die Frage nach Paulus als Verräter und nach dem jüdischen Opfer. Damit bringt Culcianus Argumente, die ihren Sitz eigentlich in der christlich-jüdischen Auseinandersetzung haben.

Chester Beatty als wohl älterer Text, dessen Überschrift und Anfang verloren sind, stellt ein Streitgespräch in der Form einer Gerichtsszene dar, das die Protokollform betont, die jeweils den Namen des Richters gibt, während vom Angeklagten meist nur gesagt wird: „Er antwortete". Über der nicht immer geglückt gestalteten Apologie, die entfernt und auf einem bescheidenen Niveau an die Apologie des Sokrates erinnert und in der es um für eine christliche Gemeinde wichtige Fragen geht, die die heidnische und jüdische Umwelt stellt, schwebt die Möglichkeit eines Todesurteils. Dieses sucht der Richter ohne Erfolg zu vermeiden. Doch der erhaltene Text endet mit dem Gang des Bischofs zur Hinrichtung und seinen nur fragmentarisch erhaltenen letzten Worten in der Form eines langen Gebets, das durch apokalyptisch bestimmte Biblizismen geprägt ist. Bei der Gesprächsführung und in der Schärfe der Argumente zeigt sich dabei der Bischof dem Präfekten und dessen sprunghaften Fragen überlegen. In diesem Text fehlt jede auszeichnende Attribuierung des Bischofs. Hagiographische Topoi liegen ebenfalls nicht vor.

Demgegenüber wirkt die Apologie im Bodmer-Text, die sofort durch die Angabe über die Zahl der Verhöre, die Folter und Kerkerhaft einen martyrologischen Zusammenhang herstellt, in der Argumentation des Dialogs geglätteter. Dieser Rückverweis, der die Härte der Haftbedingungen und die Schärfe der vorherigen Verhöre betont, wirkt wie ein Widerspruch angesichts des vornehm gehobenen Gesprächsstils in unserem Fragment und dem Insistieren des Präfekten auf einer Bedenkzeit und dem damit verbundenen Strafaufschub. Es soll also unter einem deutlich herausgearbeiteten martyrologischen Vorzeichen – den Bischof schränken die erfahrenen Leiden nicht ein – die theologische Weisheit des Bischofs dargestellt werden, der für die Gemeinde

---

[8] PLRE 1, 233 f: Clodius Culcianus.

ein gültiges Basiswissen in ihrer Lebenswelt verkündet. Der Präfekt nimmt dabei in seinen Fragen gewissermaßen diejenigen der unwissenden und unverständigen Umwelt auf. Die Autorität des Bischofs zeigt sich auch darin, dass ihn zwanzig Kleriker begleiten. Im Vergleich zum Chester-Beatty-Papyrus besitzt der Bodmer-Papyrus zudem auch eine amplifizierende Tendenz, die z. B. deutlich wird bei der Ausgestaltung der Bekenntnisformel (Bo 12).

Es liegt nahe, hinter Bo ein Interesse des Klerus in Thmuis zu sehen, der ja bei diesem Verhör präsent gewesen sein will. Ziel war es, das Andenken des Bischofs als eines Märtyrers und eines bedeutenden theologischen Lehrers in einem vielleicht mehrbändigen Werk wach zu halten, das zudem gewisse Unausgewogenheiten eines früheren Textes verbessern will.

Die lateinische *Passio beati Fileae episcopi de civitate Thmui*[9] lehnt sich an den Chester-Beatty-Papyrus an und ist im abschließenden Teil bei Philoromus stark beeinflusst durch Rufins lateinische Übersetzung von Eusebs Kirchengeschichte, die sie mit längeren Zitaten paraphrasiert. Zu Anfang wird gleich das Szenario eines Verhörs aufgebaut. Im Protokollstil geht es weiter, wobei jedoch beide, Präfekt und Bischof, immer namentlich genannt werden. Der Appell des Präfekten, Mitleid mit der Familie zu haben, wird dann dramatisch ausgestaltet: Die anwesenden Juristen und das ganze *officium* des Präfekten beschwören den Bischof zu opfern, wobei sie im Bittgestus seine Füße umschlingen. Überhaupt scheint der lateinische Text Freude an Ausschmückungen zu haben, was sich im Narrativ etwa beim Gebet mit den ausgestreckten Händen und der Erwähnung der Gebetsrichtung nach Osten ebenso wie in der Länge des Gebetes selbst zeigt. Überschrift und Explicit bezeichnen Phileas als *sanctus* bzw. *beatus*.

Der koptische und der äthiopische Text, der ebenso dem Chester-Beatty-Papyrus nahe steht, doch ohne die Philoromusepisode, bieten als einzige eine Datierung des Todes von Phileas: Es handelt sich um den 10. Mēkēr des Jahres 21 der Ära der Märtyrer (4. Februar 305). Auch eine Schlussrede des Bischofs ist allein in diesem Text erhalten. Der Übersetzer und Redaktor des äthiopischen Textes, der öfters glättend und amplifizierend eingreift, sah hier wohl eine besonderen Gelegenheit, den Heiligen zu charakterisieren, der nach diesen Worten „mit dem Segen unseres Herrn vom Martyrium gekrönt" wurde.

In den östlichen und westlichen Quellen zu Phileas tritt weniger der leidende Märtyrer in seiner Passion in den Vordergrund als vielmehr der Märtyrerbischof, der mit seinem theologischen Wissen und durch seine Argumentation überzeugen will. Das führt zu seiner bleibenden Bekanntheit im Festkalender, wo er auf einer koptischen Stele[10] oder im *Martyrologium Hieronymianum*[11] begegnet.

---

9 In drei Handschriften des 13. und 14. Jhs. wird in der Titelangabe ergänzt: *et Phyloroni (tribuni)*, vgl. KORTEKAAS – LANATA, Acta (1987) 280.
10 DORESSE, Monastères (1970) 540.
11 MARTYROL.Hier. [17]: III Non. Febr: dazu den Kommentar von H. DELEHAYE: ActaSS Nov. 2/2, 77.

E. Spezialliteratur

BAUMEISTER TH., Der ägyptische Bischof und Märtyrer Phileas, in: STRITZKY M.-B. v. – UHRIG CHR. (Hrsg.), Im Garten des Lebens. FS W. CRAMER (MThA 60), Altenberg 1999, 33–41. DERS., Martyrium, Hagiographie und Heiligenverehrung im christlichen Altertum (RQ.S 61), Freiburg 2009, 107–112.

BAUSI A., La versione etiopica degli Acta Phileae nel Gadla Samā'tāt (AION.S 92), Neapel 2002.

DELEHAYE H., Les martyrs d'Égypte, AnBoll 40, 1922, 5–154.299–364 (eigenständig erschienen als: DERS., Les martyrs d'Égypte, Brüssel 1923).

DELEHAYE H., Les martyrs d'Égypte, Brüssel 1923, 42–43.67–68.155–170.

DÖRING K., Exemplum Socratis. Studien zur Sokratesnachwirkung in der kynisch-stoischen Popularphilosophie der frühen Kaiserzeit und im frühen Christentum (Hermes.E 42), Wiesbaden 1979, 147–148.

EMMETT A. A. – PICKERING S. R., The Importance of P. Bodmer XX, The „Apologie of Phileas" and its Problems, Prudentia 7, 1975, 95–103.

FONTAINE J., Passio beati Phileae episcopi de civitate Thmui, HLL 5, 1989, 531f: § 597.6.

GASCOU J., Pourquoi Eusèbe ne mentionne-t-il pas le martyre de Piérios? AnTard 22, 2014, 79–82.

GORDINI G. D., Filea e Filoromo, BSS 5, 1964, 686f.

HALKIN F., À propos du martyre de Philéas de Thmuis (+ 306): Papyrus Bodmer et Actes latins, RHE 58, 1963, 136–139.

HAMMAN A., Le gesta dei martiri, Mailand 1959, 293–298.

KNIPFING J. R., The Date of the Acts of Phileas and Philoromus, HThR 16, 1923, 198–203.

KNOPF R., Ausgewählte Märtyrerakten (neu bearbeitet von G. KRÜGER), Tübingen 1929 (= SQS N. F. 3), 113–116.

KORTEKAAS G., De acta van Phileas, in: HILHORST A. (Hrsg.), De heiligenverering in de eerste eeuwen van het christendom, Nimwegen 1988, 133–150.

LANATA G., Gli atti dei martiri come documenti processuali (Studi e testi per un Corpus Iudiciorum 1), Mailand 1973, 227–241.

LANATA G., Note al Papiro Bodmer XX (Museum Philologum Londiniense 2), 1977, 207–226.

LANATA G., Processi contro cristiani nelli atti dei martiri, Turin ²1989, 234–241.

LE BLANT E., Les persécuteurs et les martyrs aux premiers siècles de notre ère, Paris 1893, 226 f.

LE BLANT E., Note sur les actes de saint Philéas, NBAC 2, 1896, 27–33.

LECLERCQ H., Phileas et Philorome, DACL 14, 1939, 703–709.

MARTIN V., Papyrus Bodmer XX: apologie de Philéas, évêque de Thmuis, Genf 1964.

MOSS C. R., The Other Christs. Imitating Jesus in Ancient Christian Ideologies of Martyrdom, Oxford 2010, 195.

PIETERSMA A., Greek and Coptic inedita of the Chester Beatty Library, BIOSCS 7, 1974, 10–18.

ROBERTS C. H., The Apology of Phileas: Two Notes, JThS.NS 18, 1967, 437–438.

SCHENKE G., Ein koptischer Textzeuge der Acta Phileae, in: KNUF H. – LEITZ C. – RECKLINGSHAUSEN D.v. (Hrsg.), Honi soit qui mal y pense. Studien zum pharaonischen, griechisch-römischen und spätantiken Ägypten zu Ehren von H.-J. THISSEN (OLA 194), Löwen 2010, 609–615.

SCHWARTZ E., Die Quellen über den melitianischen Streit, NGWG.Ph 1905, 164–187 = DERS., Zur Geschichte des Athanasius (Gesammelte Schriften 3), Berlin 1959, 87–116.

SCHWARTZ J., Chronique d'Égypte 40, 1965, 436–440.

SIMONETTI M., Studi agiografici (Studi e saggi 2), Rom 1955, 109–132.

TURNER E. G., A Passage in the „Apologia" of Phileas, JThS.NS 17, 1966, 404 f.

VAN HAELST J., Catalogue des papyrus littéraires juifs et chrétiens, Paris 1976, 30–31.62–63.69–70.258.

Acacius

A. Zum Text

1. Lateinische Überlieferung (BHL 25)

Von den zehn bekannten Handschriften sind vier heute verloren. Diese Handschriften haben aber in Editionen der ActaSS Mart. 3, 940–950 und von RUINART, Acta (³1859) 199–202 einen Niederschlag gefunden, vgl. WEBER, Acacii (1913) 6. Auf dieser Basis und zwei weiteren Handschriften edierte GEBHARDT, Acta martyrum (1902) 115–120 den Text.

Wichtig wurden für die neueren Editionen:
A   Karlsruhe, Badische Landesbibliothek, cod. Augiensis 32, fol. 130^v–131^v (Reichenau; 9. Jh.)
P   Paris, Bibliothèque nationale de France, Ms lat. NA 2179, fol. 241^r–242^v (Silos, Abadía de Santo Domingo; 10. Jh.)
B   Brüssel, Bibliothèque royale de Belgique, cod. lat. 3223 tome 2 (ehem. 9290), fol. 69^v–71^v (Lüttich, Abtei St. Lorenz; Ende 12. Jh.)
T   Trier, Stadtbibliothek, cod. lat. 1151, fol. 145^r–146^v (Trier, St. Maximin; 13./14. Jh.)
   Auf ihnen basiert die Edition WEBERS, Acacii (1913).

DELEHAYE, Passions (1966) 247 Anm. 1 verweist zusätzlich auf zwei weitere Handschriften:
   Brüssel, Bibliothèque royale de Belgique, cod. lat. 3132 tome 1 (ehem. 207/8), fol. 167^r–168^r (ehem. Bibliothèque nationale de France, Provenienz unbekannt; 13. Jh.)
   Avranches, Bibliothèque municipale, cod. 167, fol. 101^v–102^r (Mont Saint-Michel; 13. Jh.).

Erstdruck vor 1480 bei MOMBRITIUS, Sanctuarium, fol. VI^r–VII^r = (1910) 20–22.

2. Griechische Überlieferung (BHG 2005)

a.   im Zusammenhang eines Menologion
    Moskau, Synodalbibliothek, cod. R 376, fol. 266^v–268^r (11. Jh.),
    Edition: LATYŠEV, Menologii 1 (1911) 293–300, abgedruckt von WEBER, Acacii (1913) 52–55.
b.   in einer homiletisch-hagiologischen Sammelhandschrift
    Oxford, Bodleian Library, Ms Barocci 148, fol. 314^v–315^r (Ende 15. Jh.), vgl. WEBER, Acacii (1913) 8.

Wir folgen der Edition von WEBER, Acacii (1913), die auch der Ausgabe von KNOPF – KRÜGER – RUHBACH, Märtyrerakten (1965) 57–60 zugrunde liegt. Dabei geben wir die wichtigsten Lesarten an.

B. Zum Inhalt

Anfang 250/251 in Phrygien: Unter Decius lädt der *consularis* Marcianus den Bischof (?) des phrygischen Trajanopolis (?) Acacius vor und fordert Ehrfurcht vor dem Kaiser, römische Lebensweise und Opfer. Dieser lehnt das Opfer ab und verwickelt den Konsular in eine Disputation über den Monotheismus. Die Debatte konzentriert sich schließlich auf den Magievorwurf und auf die Frage nach den Anstiftern. Hier antwortet Acacius mit dem Hinweis auf die eigene Polyonomie: Agathangelus, Piso, Menander. Er wird inhaftiert und die Akten werden dem Kaiser gesandt. Das am 29. April 250 oder 251 ergangene Urteil des über die Diskussion erheiterten Kaisers gibt Marcianus die Präfektur Pamphylia und Acacius die Freiheit.

C. Acta disputationis sancti Acacii martyris

Protokoll der Disputation mit dem heiligen Märtyrer Acacius

[Acta disputationis sancti Acacii martyris][1]

1. Quotienscumque servorum dei gloriosa facta memoramus, illi referimus gratias, qui et patientem[2] tuetur in poena et victorem[3] coronat in gloria. 2. Marcianus itaque consularis a Decio imperatore provectus, Christianae legis inimicus, Acacium ad se iussit adduci, quem scutum quoddam et refugium illius regionis[4] audierat. Eo introducto ad se ait: Debes amare principes nostros, homo Romanis legibus vivens. 3. Respondit Acacius: Et cui magis cordi est vel a quo sic diligitur[5] imperator quemadmodum a nobis[6]? Assidua enim nobis pro eo ac iugis oratio est, ut prolixum aevum in hac luce conficiat, iusta populos potestate moderetur et pacatum maxime imperii sui tempus accipiat, deinde pro salute militum, pro statu orbis[7] et mundi. 4. Marcianus ait: Haec et ipse collaudo; sed ut obsequium tuum plenius imperator agnoscat, sacrificium illi solve[8] nobiscum. 5. Acacius dixit: Ego deum[9] meum qui est verus et magnus pro salute regis obtestor, sacrificium vero nec ille[10] exigere nec nos debemus solvere[11]. Quis enim homini sacra[12] persolvat? 6. Marcianus respondit: Cui deo[13] precem fundis ut ipsi et nos sacra solvamus? Acacius dixit: Opto te scire quod prosit et deum qui est verus[14] agnoscere. 7. Marcianus ait: Nomen eius mihi enuntia. Acacius dixit: Deus Abraham et deus Isaac et deus Jacob. 8. Marcianus ait: Deorum sunt ista nomina? Acacius dixit: Non ista; sed qui locutus est istis, ille est deus verus, illum timere debemus[15]. 9. Marcianus ait: Quis est iste? Respondit Acacius: Altissimus

---

1 Bollandistae. Incipit passio Sci Acatii martyris quarta Kl. Aprilis A, incipt passio s. acatii mtris T, Passio Sti ac beatissimi Agacii martyris Christi qui passus est sub Martiano consulari die IV Kls apls P, Passio Achacii mr que est IV Kl April B
2 patientiam PB
3 victoriam P
4 Anthiochene regionis B; illius religionis P
5 intellegitur A
6 ab hominibus (omnibus A) christianis Ruinart
7 urbis P
8 illi tu solve T
9 d[o]m[i]n[um] PB
10 vos T
11 offerre P
12 vota B
13 deorum B
14 qui est in celis P
15 illum adorare debemus et timere P

[Protokoll der Disputation mit dem heiligen Märtyrer Acacius]

1. Immer, wenn wir uns an die glorreichen Taten der Diener Gottes erinnern, bringen wir dem unseren Dank, der sowohl den Leidenden bei der Bestrafung bewahrt als auch den Sieger mit Ruhm krönt.[1] 2. Und so befahl Marcianus, der von Kaiser Decius zum Konsular befördert worden war, ein Feind des christlichen Gesetzes[2], dass Acacius zu ihm geführt wurde, von dem er gehört hatte, dass er ein Schutzschild und eine Zuflucht[3] jener Region sei. Und als er zu ihm hineingeführt worden war, sagte er: „Du musst unsere Herrscher[4] lieben, wenn du als Mensch den römischen Gesetzen entsprechend leben willst."[5] 3. Acacius antwortete: „Und wem liegt der Kaiser mehr am Herzen und von wem wird er so geliebt wie von uns? Unablässig nämlich und ständig ist unser Gebet für ihn, damit er ein langes Leben in diesem Licht führe, mit gerechter Macht die Völker lenke und vor allem eine friedliche Zeit seiner Herrschaft empfange, danach beten wir für das Heil der Soldaten und für den Erhalt des Erdkreises und der Welt[6]." 4. Marcianus sagte: „Dies lobe ich sehr. Aber damit der Kaiser deinen Gehorsam vollständiger erkennen kann, bringe mit uns ein Opfer für ihn dar." 5. Acacius sagte: „Ich bitte meinen Gott, der wahr und groß ist, um das Heil des Königs, aber ein Opfer kann er nicht fordern und müssen wir nicht darbringen. Wer nämlich bringt einem Menschen göttliche Verehrung entgegen?" 6. Marcianus antwortete: „Welchem Gott bringst du die Bitte vor, damit auch wir ihm göttliche Verehrung entgegenbringen können?" Acacius sagte: „Ich wünsche, dass du weißt, was nützlich ist, und den Gott anerkennst, der der wahre ist." 7. Marcianus sagte: „Tu mir seinen Namen kund!" Acacius sagte: „Der Gott Abrahams und der Gott Isaaks und der Gott Jakobs."[7] 8. Marcianus sagte: „Sind dies die Namen der Götter?" Acacius sagte: „Das sind sie nicht, sondern der, der mit jenen gesprochen hat, der ist der wahre Gott, ihn müssen wir fürchten." 9. Marcianus sagte: „Wer ist er?" Acacius antwortete: „Der

---

[1] Vgl. PPerp. 1,1 zum Thema der Erinnerung durch *documenta* und *exempla*: BAL, Contest (2012) bes. 137.
[2] Zum christlichen Sprachgebrauch von *lex* vgl. Tertullian; dazu mit vielen Beispielen BECK, Recht (1930) 25 Anm. 5.
[3] Vgl. Ps 17,3 Vg.; 30,4 Vg.
[4] Decius erhob 250 seine beiden Söhne Herennius und Hostilianus zu Caesaren, KIENAST, Kaisertabelle (⁵2011) 206 f.
[5] DELEHAYE, Passions (1966) 253 f verweist für die hier beginnende Stelle 1,2–5 auf zum Teil wörtliche Parallelen in der PVict. (BHL 8570) 4 f, vgl. die Edition in AnBoll 2, 1883, 317–321.
[6] Im Anschluss an Röm 13,1–7; Tit 3,1–3 und 1 Petr 2,13–17 schreibt TERT.apol. 30,1: *Nos enim pro salute imperatorum Deum inuocamus aeternum* (CChr.SL 1, 141 Dekkers).
[7] Ex 3,6; Mk 12,26 par; vgl. zur Rezeption in der Märtyrerliteratur: DELEHAYE, Passions (1966) 255 Anm. 6.

Adonai[16], sedens super cherubin et seraphin. 10. Marcianus ait: Quid est[17] seraphin? Respondit Acacius: Altissimi dei minister et excelsae sedis[18] antistes.

2. Marcianus ait: Quae te philosophiae disputatio[19] vana decepit? Sperne invisibilia potius et deos quos aspicis recognosce. Respondit Acacius: Qui sunt illi[20], quibus sacrificare me praecipis? 2. Marcianus ait: Apollini[21] servatori nostro, famis et pestilentiae depulsori, per quem omnis mundus servatur et regitur. 3. Respondit Acacius: Illi futuri, ut putatis, interpreti[22]? Qui infelix cum puellulae amore flagraret, currebat attonitus ignarus perditurum se optatissimam praedam. Apertum est itaque quod nec divinus fuit, qui ista nescivit, nec deus, quem puella decepit. 4. Nec hoc solum doloris excepit[23]: crudeliori illum damno mox fortuna multavit[24]. Nam ut erat turpis in pueros, forma Hyacinthi cuiusdam captus, ut bene nostis, incaluit et miser atque ignarus futuri disco quem optabat vivere[25] occidit. 5. Ipse qui cum Neptuno aliquando servivit, ipse qui pecora aliena servavit, huic sacrificare me praecipis? An Aesculapio fulminato, an adulterae Veneri[26] et portentis ceteris vel huius vitae vel huius exitii? 6. Adorabo[27] ergo eos, quos[28] non dignor imitari, quos contemno, quos accuso, quos horreo? Quorum facta nunc si quis admittat, severitatis[29] vestrae non poterit leges[30] effugere, et modo in aliis colitis, quod in aliis vindicatis? 7. Marcianus ait: Christianorum consuetudo haec est multa in deos nostros maledicta confingere. Propterea te venire mecum ad Iovem Iunonemque praecipio, ut simul celebrantes dulce con-

---

16 Adoneus P
17 est cherubim et Weber, Knopf-Krüger-Ruhbach
18 excelsi dei sedis P
19 philosophia et disputatio P
20 dii PB
21 Centresio Apollini A, Centroni Salvatori et Apollini N, vero Apollini (Apolloni P) cet., Contrescio Apollini Mombritius
22 interpreti et divinatori sacrificabo B
23 pertulit P
24 crudeliori ... multavit: quod per se damnum crudele sustinuit P
25 videre (quem videre obtabat A) ABT; quem optabat vivere: quem amabat P
26 adulterae Nemesi ATN, adultere Nemis P
27 exitii imolabo? T
28 ergo eos colam quos T
29 severitatem PB
30 legis PB

allerhöchste Adonai, der über Cherubim und Seraphim thront." 10. Marcianus sagte: „Was ist[8] Seraphim?" Acacius antwortete: „Der Diener des allerhöchsten Gottes und Vorsteher des erhabenen Thrones."

2. Marcianus sagte: „Welche törichte, philosophische Disputation hat dich getäuscht? Verwirf lieber das Unsichtbare und erkenne die Götter an, die du siehst." Acacius antwortete: „Wer sind die, denen du mir befiehlst zu opfern?" 2. Marcianus antwortete: „Apollo unserem Erretter, dem Vertreiber von Hunger und Seuche[9], durch den die ganze Welt erhalten und regiert wird."[10] 3. Acacius antwortete: „Jenem Deuter der Zukunft,[11] wie ihr glaubt? Der unglücklich in Liebe zu einem Mädchen entbrannte, ihr besinnungslos hinterherlief, nicht ahnend, dass er die heißersehnte Beute verlieren würde?[12] Es ist deshalb offenbar, dass er, der das nicht wusste, nicht göttlich war, und auch kein Gott, den das Mädchen hatte täuschen können. 4. Und er empfing nicht nur diesen einen Schmerz: Das Schicksal bestrafte ihn bald durch einen noch schmerzlicheren Verlust. Denn ebenso auch unsittlich gegenüber Jünglingen wurde er von der Schönheit eines gewissen Hyazinth gefangen, wie ihr gut wisst; er erglühte in Liebe und, elend und die Zukunft nicht ahnend, tötete er mit einem Diskus den, von dem er wünschte, dass er lebe.[13] 5. Der, welcher einst zusammen mit Neptun diente, der, welcher fremde Herden hütete, dem zu opfern befiehlst du mir? Oder dem von einem Blitz erschlagenen Aeskulap, der Ehebrecherin Venus und den übrigen Missgeburten, die ein solches Leben führten oder einen solchen Tod fanden? 6. Werde ich also diese anbeten, die ich nachzuahmen nicht für würdig halte, die ich verachte, die ich anklage, die ich verabscheue? Wenn jetzt jemand deren Taten zulässt, kann er etwa den Gesetzen eurer Strenge entgehen? Und wie könnt ihr bei den einen verehren, was ihr bei anderen bestraft?" 7. Marcianus sagte: „Es ist eine Gewohnheit der Christen, gegen unsere Götter viele Schmähreden zu ersinnen. Deshalb befehle ich dir, mit mir zu Jupiter und Juno zu gehen, damit wir zusammen ein liebliches Festmahl feiern und den Gottheiten unsere Verehrung zukommen lassen,

---

[8] Vgl. Ex 25,17–22; Ez 10,1 (Cherubim); Jes 6,1f (Seraphim). Die hebräische Bibel, z.B. Ps 18,11, und magische Texte kennen die Cherubim im Singular: PREISENDANZ, Papyri 1 (1928) Nr. 4 Z. 3061, vgl. DEISSMANN, Licht (⁴1923) 220.224; WEBER, Acacii (1913) 25; BETZ, Magical Papyri 1 (²1992) 97.
[9] Zur „tobenden Pest" in der Zeit des Decius, vgl. ALFÖLDY, Cyprian (1973) bes. 49.
[10] Apollo wird seit dem 5. Jh. v. Chr. mit Helios/Sol identifiziert, im gallischen Raum dann auch mit lokalen Heilgöttern. Die „Bildhaftigkeit der Dunkel bannenden Sonne" wird „zum Ausgangspunkt der bes. neuplatonischen Spiritualisierung (MACR.Sat. 1,17)", GRAF F., Apollon, DNP 1, 1996, 863–868; zum Problem von Monotheismus und Solkult vgl. FÜRST, Christentum (2005) bes. 505–510.
[11] Der Apollokult war mit den klassischen Orten und Personen der antiken Divination verbunden: Delphi, Klaros, Cumae sowie Pythia, Kassandra und den Sibyllen.
[12] Zu Apollo und Daphne vgl. Ov.met. 1,452–567 (BSGRT 16–19 Anderson) und TAT.orat. 8,9 (PTS 43, 21,41 Marcovich); vgl. GEFFCKEN, Apologeten (1907) XV Anm. 1 und 112, der auf die weite Verbreitung der Götterkritik der Apologeten im paganen Bereich verweist.
[13] Zu Apollo und Hyazinth vgl. Ov.met. 10,162–219 (234–236); ATHENAG.leg. 21,5 (PTS 31, 66, 59–61 Marcovich), vgl. GEFFCKEN, Apologeten (1907) 205.

vivium numinibus, quae sunt digna, reddamus. 8. Respondit Acacius: Quomodo hic sacrifico illi, cuius sepulcrum esse constat in Creta? Numquid resurrexit a mortuis?

3. Marcianus ait: Aut sacrifica aut morere. Respondit Acacius: Hoc et Dalmatae faciunt latrocinandi arte callentes[31]. Ubi angustias viarum et secreta itineris loca obsederint ad nocendum, venantur singulos transeuntes et ut quisque illuc viator pedem tulerit, hac pactione[32] constringitur, ut aut pecuniam relinquat aut vitam; nemo itaque ibi quid sit rationis interrogat, sed quid possit ille qui cogit. 2. Similis est tua sententia, qui aut iniusta impleri praecipis aut minaris exitium[33]. Nihil formido, nihil timeo. Ius publicum punit scortatorem, adulterum, furem, corruptorem sexus virilis, maleficum et homicidam. Horum si reus sum, ante vocem tuam me ipse condemno[34]: sin vero quod deum qui est verus colo, ducor ad poenam, non legis, sed iudicis voluntate condemnor. 3. Propheta clamat interminans: Non est qui exquirat deum; omnes declinaverunt, simul inutiles facti sunt. Ideo purgare te non potes. Scriptum est enim: Omnis in quo iudicat, sic et iudicabitur. Et iterum: Ut iudicas, sic iudicaberis, et ut facis, sic et erit tibi. 4. Marcianus ait: Ego non sum iussus iudicare, sed cogere. Unde si contempseris, certus esto de poena. 5. Respondit Acacius: Et mihi praeceptum est, ne quando deum[35] meum negem. Si tu servis homini fragili atque carnali cito ab hoc mundo recessuro, quem mox vermibus scis edendum, quanto magis ego potentissimo

---

31 latrocinando sceleribus eruditi P
32 paccione T, passione B
33 supplicium T
34 contempno A
35 d[o]m[i]n[u]m PB

die ihnen gebührt." 8. Acacius antwortete: „Wie opfere ich hier demjenigen, von dem feststeht, dass sein Grab auf Kreta ist?[14] Ist er etwa von den Toten auferstanden?"

3. Marcianus sagte: „Entweder opfere oder stirb!" Acacius antwortete: „Dies tun auch die Dalmater, die in der Räuberkunst sehr erfahren sind: Wo sie Hohlwege und einsame Straßenabschnitte zwecks Wegelagerei in Besitz nehmen, jagen sie einzelne, die passieren wollen; und sobald ein Reisender dorthin seinen Fuß gesetzt hat, wird er vertraglich verpflichtet, entweder Geld oder das Leben zurückzulassen.[15] Niemand fragt dort danach, was recht und billig ist, sondern danach, was der kann, der die Macht hat. 2. Ähnlich steht es um dein Urteil, der du entweder forderst, Unrecht zu tun, oder aber den Tod androhst. Ich fürchte mich nicht, ich habe keine Angst. Das allgemeine Recht bestraft den Vergewaltiger, den Ehebrecher, den Dieb, den, der Männer entmannt, den Zauberer[16] und den Mörder. Wenn ich dieser Dinge schuldig bin, verurteile ich mich selbst noch vor deinem Wort. Wenn ich aber zur Strafe geführt werde, weil ich den Gott, der der wahre ist, verehre, werde ich nicht durch den Willen des Gesetzes, sondern durch den des Richters verurteilt.[17] 3. Der Prophet ruft drohend: ‚Da ist keiner, der nach Gott fragt; alle sind abgewichen, zugleich sind sie unnütz geworden.'[18] Deshalb kannst du dich nicht reinwaschen. Denn es steht geschrieben: ‚Wonach ein jeder richtet, so wird auch er gerichtet werden.'[19] Und wiederum: ‚Wie du richtest, so wirst du auch gerichtet werden, und wie du handelst, so wird es auch dir ergehen.'[20]" 4. Marcianus sagte: „Mir ist nicht befohlen worden, zu richten, sondern zu zwingen.[21] Deshalb darf man sich über die Strafe sicher sein, auch wenn du sie verachtest." 5. Acacius antwortete: „Und mir ist geboten, niemals meinen Gott zu verleugnen. Wenn du einem vergänglichen und fleischlichen Menschen dienst, der schnell aus dieser Welt verschwinden wird, und von dem du weißt, dass die Würmer ihn bald fressen werden, um wie viel mehr muss ich dem allermächtigsten Gott gehor-

---

14 Zum seit Euhemeros lebhaft und kontrovers diskutierten Zeusgrab auf Kreta vgl. OR.Cels. 3,43 (FC 50, 2,588 Fiedrowicz – Barthold mit Anm. 198) sowie WINIARCZYK, Euhemeros (2002) 43.
15 Die kriegerischen Dalmater, vgl. CIC.fam. 5, 11,3 (BSGRT 142 Shackleton Bailey) begegnen mit dem topischen Attribut *feroces*, das auf Tacitus zurückgehen soll, u. a. TERT.anim. 20,3 (CChr.SL 2, 812 Waszink) und HIER.in Gal. 3,1 [416] (CChr.SL 77A, 65,7 f Raspanti).
16 Eine Zusammenstellung der einschlägigen Gesetze zur Magie und einen Überblick über die Entwicklung gibt FÖGEN, Wahrsager (1997) bes. 20–53 zu COD.Iust. 9, 18,2 (CIC[B].C 379 Krüger), dem die künftige Entwicklung bestimmenden Gesetz Diokletians von 294.
17 Vgl. zu dieser Unterscheidung IVL.VICT.rhet. 3,1 (BSGRT 10, 379 Giomini – Celentano): *Hoc autem genus quaestionis totiens nascitur, quotiens nulla lex certam poenam constituit maleficio, quod constat; at, cum plura genera poenarum sunt diversis legibus constitutarum, contra voluntatem alter alterius sibi vindicabunt, et non arbitrium iudicis, sed necessitatem legis spectabunt.*
18 Vgl. Ps 13,3 Vg.; Ps 52,4 Vg.
19 Mt 7,1.
20 Röm 2,1.
21 Das magistratische Coercitionsrecht ermöglicht als ein die Ordnung wiederherstellendes Polizeirecht eine außerordentliche Gerichtsbarkeit, vgl. KUNKEL – WITTMANN, Staatsordnung (1995) 149–160.176.

deo oboedire debeo, cuius virtute firmata sunt omnia, quae constant in saecula[36], et cuius illud est dictum[37]: Qui me negaverit coram hominibus, et ego negabo illum coram patre meo qui est in caelis, quando venero[38] in gloria et virtute praedicta iudicare vivos et mortuos.

4. Marcianus ait: Quod discere semper optabam, repente confessus es errorem vestrae persuasionis et legis. Habet ergo, ut dicis, filium deus? Respondit Acacius: Habet. 2. Marcianus dixit: Quis est filius dei? Respondit Acacius: Verbum veritatis et gratiae. 3. Marcianus dixit: Hoc habet nomen? Respondit Acacius: Non de nomine interrogaveras, sed de ipsa filii potestate. 4. Marcianus ait: Nomen explana. Respondit Acacius: Iesus Christus vocatur. 5. Marcianus ait: Ex qua dei[39] uxore conceptus est? Respondit Acacius: Non hominis more deus filium ex muliebri coitu genuit, sed Adam primum dextera sua faciente[40] formavit[41] – nam absit ut tu maiestati divinae contactum puellae mortalis affirmes[42] – luto primi illius hominis membra composuit et ubi integram iam compleverat effigiem, animam spiritumque concessit — sic et[43] filius dei, verbum veritatis, ex dei corde processit. Ideo scriptum est: Eructavit cor meum verbum bonum. 6. Marcianus ait: Corporalis igitur deus est? Acacius dixit: Ipse solus agnoscit, nos vero non agnoscimus invisibilem formam, sed virtutem potentiamque veneramur. 7. Marcianus ait: Si in corpore non est, etiam cordis ignarus est nam sensus non potest esse sine membris. Respondit Acacius: Non in his[44] membris sapien-

---

36 cuius virtus constat in saecula PB
37 est edictum: edictum P
38 negavero P
39 dic B
40 *om.* P
41 plasmavit B
42 mortalis convenesse affirmes B, mortalis adscribas P
43 secundus autem Weber *sequens 1 Cor 15,45*
44 *om.* B

chen, durch dessen Kraft alle Dinge Bestand haben, die in diesem Zeitalter bestehen, und dessen Wort dieses ist: ‚Wer mich verleugnet vor den Menschen, den werde auch ich vor meinem Vater, der im Himmel ist, verleugnen,[22] wenn ich kommen werde in der vorhergesagten Macht und Kraft zu richten die Lebenden und die Toten.'[23]"

4. Marcianus sagte: „Was ich immer erfahren wollte, hast du sofort bekannt als den Irrtum[24] eurer Einbildung und eures Gesetzes. Hat also, wie du sagst, Gott einen Sohn?" Acacius antwortete: „Er hat einen." 2. Marcianus sagte: „Wer ist der Sohn Gottes?" Acacius antwortete: „Das Wort der Wahrheit und der Gnade."[25] 3. Marcianus sagte: „Hat das einen Namen?" Acacius antwortete: „Du hast mich nicht nach dem Namen gefragt, sondern eben nach der Macht des Sohnes[26]." 4. Marcianus sagte: „Kläre mich über den Namen auf!" Acacius antwortete: „Er wird Jesus Christus genannt." 5. Marcianus sagte: „Von welcher Frau eines Gottes ist er geboren worden?" Acacius antwortete: „Gott hat den Sohn nicht nach Art des Menschen in einem Beischlaf mit einer Frau geschaffen – das sei nämlich ferne, dass du der göttlichen Majestät einen Kontakt mit einem sterblichen Mädchen zuschreibst – sondern er schuf Adam als ersten durch seine schöpferische Rechte – die Glieder dieses ersten Menschen schuf er aus Lehm und als er die Gestalt schon als Ganze vollendet hatte, gewährte er [ihr] Seele und Geist – (der zweite aber), der Sohn Gottes, das Wort der Wahrheit, ist aus dem Herzen Gottes hervorgegangen.[27] Darum steht geschrieben: ‚Mein Herz hat hervorspringen lassen das gute Wort.'[28] 6. Marcianus sagte: „Also ist Gott körperlich?" Acacius sagte: „Das weiß allein er selbst, wir erkennen in Wahrheit seine unsichtbare Gestalt nicht, sondern wir verehren seine Kraft und Macht." 7. Marcianus sagte: „Wenn er nicht in einem Körper ist, dann ist ihm auch das Herz und die Sinneswahrnehmung[29] unbekannt. Denn es kann keine Sinneswahrnehmung ohne Körperglieder geben." Acacius antwortete: „Nicht in diesen Gliedern wird die Weisheit geboren, sondern sie wird von Gott gegeben. Was also geht den Körper die

---

22 Mt 10,33.
23 Mt 24,30; 1 Petr 4,5.
24 Verbotsirrtum schützt nicht vor Strafe: PLIN.epist. 10, 96,7 (339 Mynors); vgl. SCHIEMANN G., Ignorantia, DNP 5, 1998, 926: „Bei den Römern hat man *error* und *i(gnorantia)* vermutlich gleich bewertet...".
25 Vgl. Joh 1,14.17 (Gnade und Wahrheit); Apg 14,3; 20,32 (Wort der Gnade); 2 Kor 6,7; Eph 1,13; Jak 1,18 (Wort der Wahrheit).
26 Für magisches Denken gilt, dass, wer den Namen kennt, auch Macht über den Namensträger besitzt oder jedenfalls eine Beziehung zu ihm aufbauen kann. Damit soll hier zugleich ein positives oder negatives Beziehungsfeld zu überirdischen religiösen Mächten eröffnet werden, vgl. GRAF, Gottesnähe (1996) 192–198.
27 Vgl. 1 Kor 15,38–48.
28 Ps 44,2 Vg.; vgl. BAUER J. – FELBER A., Herz, RAC 14, 1988, 1093–1131, bes. 1127 f.
29 TERT.anim. 15,5 (802): *ut et ille uersus Orphei uel Empedoclis: namque homini sanguis circumcordialis est sensus*; vgl. BAUER J. – FELBER A., Herz, RAC 14, 1988, 1093–1131, hier 1111 f.

tia nascitur⁴⁵, sed a deo datur. Quid ergo pertinet corpus ad sensum? 8. Marcianus ait: Cataphrygas aspice omnes⁴⁶ religionis antiquae⁴⁷ ad mea sacra conversos⁴⁸ reliquisse quod fuerant et nobiscum diis vota persolvere: et tu similiter parere festina. Omnes catholicae legis⁴⁹ collige Christianos et cum his religionem nostri imperatoris
5 imitare⁵⁰. Veniat tecum totus populus qui ex tuo pendet arbitrio. 9. Respondit Acacius: Illi omnes non meo nutu, sed dei praecepto reguntur. Audiunt me itaque, si iusta persuadeam; sin vero perversa et nocitura, contemnunt.

5. Marcianus ait: Omnium trade mihi nomina. Respondit Acacius: nomina eorum caelesti libro indita et divinis sunt paginis annotata. Quomodo ergo oculi mortales
10 aspiciunt quod immortalis virtus dei et invisibilis annotavit? 2. Marcianus ait: Ubi sunt magi, socii artis tuae vel doctores huius artificiosae fallaciae? Respondit Acacius: Nos a deo et meruimus omnia et meremur, sectam vero magicae artis horremus. 3. Marcianus ait: Ideo magi estis, quia novum nescio quod genus religionis inducitis. Respondit Acacius: Illos destruimus⁵¹, quos vos prius facitis sic timetis⁵². Deficient
15 enim vobis dii, si aut artifex saxo aut saxum non abundaverit artifici. Timemus enim illum, non quem fabricamus, sed a quo fabricati sumus: qui nos creavit ut dominus, amavit ut pater et ab aeterna morte quasi bonus patronus⁵³ eripuit. 4. Marcianus ait: Da nomina, ne poenae ipse succumbas. Respondit Acacius: Ante tribunal ipse assisto et nomen inquiris? An speras quod multos valeas vincere quem ego solus exstinguo⁵⁴?
20 Si cordi tibi nomina sunt, Acacius dicor, et si proprium nomen meum exploras⁵⁵, vocor Agathangelus et⁵⁶ Piso Traianorum episcopus⁵⁷ et Menander presbyter. Faciam quod placet. 5. Marcianus ait: Recipieris in carcerem ut imperator gesta cognos-

---

45 cognoscitur P
46 homines Weber
47 regionis Liantique N, religionis antiquae et Weber
48 ad me deum sacrum conversos P
49 catholicae religionis et legis T
50 adtende P, hanc sententiam Weber putat recentiorem
51 despuimus Weber
52 et a vobis factus ipsi timetis AB
53 pastor T
54 vinco T
55 si proprius ergo n[o]m[e]n m[eu]m exploras Agacius dicor P, si proprium nomen meum exploras, Acacius dicor; at si cordi tibi nomina sunt Weber
56 et socii mei *coniecerunt*. Bollandistae ActaSS Mart. 3, 905B
57 *fortasse* Piso Traianopolitanus

Sinneswahrnehmung an?" 8. Marcianus sagte: „Denke daran, dass die Kataphryger[30], Menschen einer alten Religion, nachdem sie sich meinen Opferungen zugewandt hatten, aufgegeben haben, was sie waren, und mit uns zusammen den Göttern Opfer dargebracht haben: Auch du beeile dich, ähnlich zu gehorchen! Sammle alle Christen des katholischen Gesetzes und folge mit ihnen der Religion unseres Kaisers nach. Es soll mit dir das ganze Volk kommen, das von deiner Entscheidung abhängig ist." 9. Acacius antwortete: „All jene werden nicht durch meinen Willen, sondern durch das Gebot Gottes regiert. Sie hören mich daher, wenn ich sie vom Rechten überzeuge; wenn es aber verrufene und schädliche Dinge sind, verdammen sie mich."

5. Marcianus sagte: „Verrate[31] mir die Namen aller!" Acacius sagte: „Ihre Namen stehen in einem himmlischen Buch geschrieben und sind auf heiligen Seiten notiert.[32] Wie also können sterbliche Augen erblicken, was die Kraft des ewigen und unsichtbaren Gottes geschrieben hat?" 2. Marcianus sagte: „Wo sind die Magier, die Verbündeten deiner Kunst oder die Lehrer dieser kunstvollen Täuschung?" Acacius antwortete: „Wir haben alles von Gott erhalten und sind seine Schuldner, die Sekte der magischen Kunst verabscheuen wir aber." 3. Marcianus sagte: „Ihr seid deshalb Magier, weil ihr irgendeine neue Art der Religion einführt." Acacius antwortete: „Wir zerstören jene (Götter), die ihr erst schafft und dann fürchtet.[33] Euch werden nämlich die Götter ausgehen, wenn der Bildhauer keinen Stein hat oder der Stein keinen Bildhauer. Wir nämlich fürchten jenen, den nicht wir erschaffen, sondern von dem wir geschaffen worden sind: der uns als Herr erschaffen, uns wie ein Vater geliebt und uns wie ein guter Patron[34] dem ewigen Tod entrissen hat." 4. Marcianus sagte: „Gib mir die Namen, damit du selbst nicht der Bestrafung unterliegst." Acacius antwortete: „Ich selbst stehe vor dem Richterstuhl und du fragst mich nach einem Namen? Hoffst du etwa, viele besiegen zu können, du, den ich doch allein auslösche? Wenn du meinen gebräuchlichen Namen erfragst, ich werde Acacius genannt. Wenn dir Namen am Herzen liegen, so werde ich Acacius genannt, und wenn du meinen eigentlichen Namen erfahren willst, so werde ich Agathangelus gerufen, auch Piso, Bischof der Trajaner[35], und Presbyter Menander. Tu nun ganz wie es dir gefällt." 5. Marcianus sagte: „Du wirst ins Gefängnis geworfen, damit der Kaiser die Akten zur

---

30 Die Negativbezeichnung Kataphryger zielt diskriminierend auf eine lokale Gruppe in einer abgelegenen Gegend und erfreut sich im 4. Jh. großer Beliebtheit im lateinischen und griechischen Sprachraum für die Montanisten, vgl. MARKSCHIES CH., Montanismus, RAC 24, 2012, 1197–1220, bes. 1198.
31 Die Aufforderung zur Denunziation spielt in der Märtyrerliteratur eine große Rolle; sie wird, wie auch hier, stets abgewiesen, oft mit juristischer Begründung, vgl. das Verhör Cyprians 257: ACypr. 1,4.
32 Phil 4,3; Offb 3,5; 17,8; vgl. KOEP, Buch (1952).
33 Zu diesem apologetischen Standardargument s. FUNKE H., Götterbild, RAC 11, 1981, 659–828, bes. 786–789; FIEDROWICZ, Apologie (2000) 236–238.
34 Vgl. etwa PAVL.NOL.epist. 20,3 (CSRL 29², 145 f de Hartel – Kamptner).
35 Möglicherweise: Piso aus Trajanopolis, vgl. OLSHAUSEN E., Traianopolis 2, DNP 12.1, 2002, 746.

cat et ex eius nutu, quid de te agi debeat, decernatur. 6. Lectis itaque omnibus gestis Decius imperator altercationem tam celebrem responsionibus admirans versus in risum est et Marciano mox praefecturam Pamphyliae dedit, Acacium vero vehementer admirans aestimationi propriae et legi suae reddidit. 7. Acta sunt haec Marciano consulare sub imperatore Decio quarto Kalendas Aprilis[58].

---

[58] Acta ... Aprilis: Qui bono consummato cursu perrexit ad dominum Iesum Christum qui ante cuncta saecula regnat cum patre et spiritu sancto infinita saecula saeculorum. Amen. P

Kenntnis nimmt und auf seinen Wink[36] hin beschlossen wird, was mit dir geschehen muss." 6. Nach dem Lesen aller Akten bewunderte der Kaiser Decius den geistreichen Wortstreit mit seinen Erwiderungen und brach in Lachen aus. Dem Marcianus gab er bald die Präfektur Pamphylien, den Acacius bewunderte er aber sehr und schenkte ihm seine persönliche Hochschätzung und gab ihn seinem Gesetz zurück. 7. Das geschah unter dem *consularis* Marcianus während der Regierungszeit des Imperators Decius am 29. März.

---

36 Das *numen* äußert sich durch den – etymologisch verwandten – *nutus* und bezeichnet den zustimmenden Willen eines Gottes oder des Kaisers, vgl. Verg.Aen. 9,106 (309 Mynors) und Flor.epit. 2, 14 (4, 3,6) (176 Malcovati²): *nisi unius praesidis nutu quasi anima et mente regeretur*, vgl. Test.Seb. 1,5.

D. Historische und literarische Aspekte

Die Einmaligkeit unseres Textes besteht darin, dass wir es hier mit dem Freispruch eines Christen durch einen Kaiser zu tun haben, der als Christenverfolger berüchtigt war. Das hat schon früh zu den Fragen nach der historischen Echtheit oder Unechtheit unseres Textes und darüber hinaus nach der Genese der Überlieferung und der Funktion des vorliegenden Textes geführt, den Harnack als „unbrauchbar" und „unglaubwürdig" bezeichnete[1] und Franz Görres schon zuvor als „ein durch und durch gefälschtes Machwerk" über „einen geschichtlichen Decius-Bekenner"[2].

Dabei handelt es sich aber unseres Erachtens um einen einheitlichen[3] und literarisch anspruchsvollen Text, der sich selbst mit den Bezeichnungen *disputatio* (2,1) und *altercatio* (5,5) kennzeichnet, jedoch die Protokollform eines Verhörs besitzt und dabei in einer Art Streitgespräch mit den Elementen des philosophischen Dialogs spielt.

In das Verhörszenario gehören der Opferzwang und das Drängen des *consularis* auf Anzeige von Mitchristen durch Acacius. Die Inhumanität des Ansinnens wird drastisch im Vergleich mit barbarischen Räuberbanden zum Ausdruck gebracht. Es werden also nicht blutige Verhörszenen geschildert. Sein verbaler Angriff auf den *consularis* erhellt die psychologische Situation des Angeklagten mit einem gelehrten Rückgriff auf ein als Räuber und inhumane Krieger bekanntes Volk, mit dem der *consularis* identifiziert wird (3,19).

Die Überlegenheit des Acacius, dessen Rang als Kleriker nie erwähnt[4] wird und der auch keine hagiologische Attribuierung als *sanctus* erhält, dem *consularis* gegenüber zeigt sich darin, dass antike Mythen von ihm lächerlich gemacht werden. In apologetischer Tradition spielen dabei ethische Argumente eine Rolle. Zudem offenbart der Text die Ungebildetheit des *consularis* darin, dass er elementare biblische Namen und Vorstellungen nicht kennt bzw. missversteht. Hier erfüllt der weise Lehrer Acacius, dessen kirchliche Funktion als Bischof seltsam unklar bleibt, eine ausgesprochen katechetische Aufgabe. Der Verfasser des Textes nimmt altbekannte Vorwürfe gegen Christen auf, nennt Decius als den berüchtigten Verfolger, weist aber indirekt mit der Bemerkung über die Präfektur Pamphylien in die Zeit der Tetrarchie[5]. Diese zeitliche

---

1 HARNACK, Geschichte 2/2 (1904) 468. Deswegen fehlen die *Acta Acacii* auch in den modernen Sammlungen etwa bei MUSURILLO, Acts (1972) und BASTIAENSEN, Atti (1987). Aber selbst wenn es sich bei diesem Text um eine literarische Persiflage handelt, bleibt er als Beispiel für Möglichkeiten der Rezeptionsgeschichte wertvoll.
2 GÖRRES, Kirche (1890) bes. 470–472. Ders. hat sich schon vorher zum Thema geäußert: GÖRRES, Achatius (1879).
3 Anders HARNACK, Geschichte 2/2 (1904) 468 und DELEHAYE, Passions (1966) 252–256.
4 In 5,4 verschleiert Acacius seinen kirchlichen Rang durch den Hinweis auf die eigene Polyonomie.
5 Zur äußerst komplizierten Verwaltungsgeschichte Anatoliens vgl. JACQUES – SCHEID, Struktur (1998) 187. Die Selbständigkeit der alten Doppelprovinz Lykien und Pamphylien unter dem alleinigen

Einordnung wird durch den seit 294 aktuellen Magievorwurf gestützt.⁶ Das unbedingt unhistorische Kaiserreskript mit der Freilassung und Restituierung des Bischofs dürfte darauf hinweisen, dass der Text nach der Verfolgungszeit geschrieben ist.

So wird ein Verhör unter Decius fingiert, wobei die apologetischen und katechetischen Argumente in der Auseinandersetzung mit dem Heidentum über die Götter, die Körperlosigkeit Gottes sowie die Jungfrauenschaft Mariens und christologische Grundbegriffe für eine Gemeinde des 4. Jhs. bestimmt sind, die den bischöflichen Confessor wohl am 29. März kommemorierte.

Damit wird die These von Weber hinfällig, die Absicht des Textes sei in einer Anweisung zu sehen, durch eine geschickte Argumentation einer Verfolgungssituation zu entkommen⁷. Der Gedankengang des Verfassers und die ungewöhnliche Form, die er für seine Darstellung gewählt hat, kann aber vielleicht dahingehend interpretiert werden, dass mit unserem Text indirekt Kritik geübt wird an einer exzessiven Märtyrerverehrung und an Schilderungen, die die Folterqualen der Märtyrer in einer Art und Weise beschreiben, die den Sadismus der Gladiatorenspiele noch zu überbieten sucht.

Außergewöhnlich ist jedenfalls die Gestaltung der Erinnerung an einen Confessor-Bischof darin, dass hier nicht eine historische, sondern eine gleichsam anekdotische Form der Darstellung gewählt zu sein scheint, um einen nach dem Ende der decischen Verfolgung freigelassenen Confessor zu kommemorieren.

Es können dabei auch noch weitere Motive eine Rolle spielen: Durch das vom *consularis* als vorbildlich geschilderte Beispiel der Montanisten als Apostaten, die nun seit Konstantin mit in die staatliche Häretikergesetzgebung einbezogen waren⁸, dürfte ein weiterer zeitlicher Hinweis auf das 4. Jh. gegeben sein und ein regionaler Bezug auf den kleinasiatischen Raum vorliegen.

Der *consularis* mag in sich die Erinnerung an einen besonders strengen Verfolger unter den Statthaltern bergen, die Reaktion des Imperators die Vorstellung von der Gestaltung eines neuen Verhältnisses von Staat und Kirche spiegeln. Unser Text dürfte so wohl im Laufe des 4. Jhs. entstanden sein, worauf auch die Bemerkungen zur Magie und die Erwähnung der administrativen Ordnung Kleinasiens hinweisen. Das *Martyrologium Hieronymianum* kennt dann im 5. Jh. Acacius am 29. März.

Interessanterweise ist der im Osten zu lokalisierende Text in lateinischen liturgisch-kalendarischen Handschriften überliefert und ein seltenes literarisch erhaltenes Beispiel für einen verehrten Confessor in der Frühzeit. Die Frage der Sprache des Urtextes unseres im kleinasiatischen Raum angesiedelten Textes muss offen bleiben. Es

---

Namen Pamphylien und ihre Zugehörigkeit zur *dioecesis Asiana* bei der diokletianischen Provinzreform zeigt der *laterculus Veronesis*: MOMMSEN, Verzeichnis (1862) 491 und 506.
6 COD.IUST. 9, 18,2 (379), vgl. FÖGEN, Wahrsager (1997) 20–34.
7 WEBER, Acacii (1913) 41.
8 EVS.V.C. 3,64 f (FC 83, 404 Bleckmann – Schneider), vgl. auch das Gesetz von 398, COD.THEOD. 16, 5,34 (866 Mommsen).

gibt keinen eindeutigen Hinweis, der auf einen griechischen Urtext weist, obwohl ein solcher wahrscheinlich ist.[9] Es gab dann aber auch, wie die Überlieferung in den Menäen zeigt, eine griechische Fassung, die unseren Confessor zum Bischof von Melitene macht.

E. Spezialliteratur

AIGRAIN R., L'hagiographie. Ses sources. Ses methodes. Son histoire, Paris 1953, 216 f.
BARDENHEWER O., Geschichte der altkirchlichen Literatur 2, Freiburg i. Br. ²1914, 687 f.
DELEHAYE H., Les passions des martyrs et les genres littéraires, Brüssel ²1966, 246–258: Les actes de saint Acace.
DELEHAYE H., Saints de Thrace et de Mesie, AnBoll 31, 1912, 228–232.
HARNACK A., Geschichte der altchristlichen Literatur bis Eusebius 2: 2. Die Chronologie der Literatur von Irenäus bis Eusebius, Leipzig 1904 = 1968, 468 f.
JANIN R., Constantinople byzantine: développement urbain et répertoire topographique, Paris 1950, 118.
JANIN R., La géographie ecclésiastique de l'empire byzantin 1. Les églises et les monastères, Paris 1953, 17–19.
WEBER J., De actis S. Acacii, Diss. Straßburg 1913.
WLOSOK A., Acta disputationis Acacii (Achatii), HLL 4, 1997, 432: § 472.9.

---

9 WEBER, Acacii (1913) 41 geht von einem griechischen *lepidissimus libellus* aus.

Vierzig Märtyrer

A. Zum Text

1. Griechische Überlieferung

Im Unterschied zur weitverbreiteten Passio der Vierzig (BHG 1201 und 1202) und zu der seit der zweiten Hälfte des 4. Jhs. dichten Predigtliteratur zu diesen Märtyrern besitzen wir von dem sogenannten Testament (BHG 1203) nur drei griechische Handschriften:

V   Wien, Österreichische Nationalbibliothek, cod. theol. graec.10, fol. 111^v–113^r (Sizilien?; 10. Jh.)

P   Paris, Bibliothèque nationale de France, cod. graec. 1500 (ehem. Colbert. 563), fol. 171^r–172^r (12. Jh.)

O   Oxford, Bodleian Library, cod. Laudianus 41, fol. 160^v–163^r (Papier, Ende 14. Jh.)

2. Slawische Überlieferung

S   Slawische Version: von Bonwetsch in Sergijew Possad, Dreifaltigkeitskloster des Hl. Sergius, eingesehene Handschriften Nr. 180 [1859], fol. 403ff (1445 n. Chr.) und Nr. 755 [1628], fol. 398ff (15. Jh.); deutsche Übersetzung des Textes aus Nr. 180 bei BONWETSCH, Testament (1897) 713–721.

Die Erstedition erfolgte 1671 auf der alleinigen Basis von V durch LAMBECIUS, Commentariorum (1671) 97–100.
  Eine kritische Edition legte
Bo BONWETSCH, Testament (1897) 75–80
vor, bei der er zusätzlich P sowie S berücksichtigte und auf O aufmerksam machte.
Weitere Editionen:
Ge GEBHARDT, Acta martyrum (1902) 166–170
Mu MUSURILLO, Acts (1972) 354–361,
Or ORBÁN, Testamentum (1987), mit Kommentar 582f.

Die Handschrift O, die P näher steht als V, wird im Folgenden erstmals berücksichtigt.

B. Zum Inhalt

Um 320 in Kappadokien (Ibora oder Sebaste?): Rundschreiben des Meletios, Aetios und Eutychios an den Klerus und die Mitglieder ländlicher kleinasiatischer Gemeinden in Phydela, Sareim, Chadouthb, Charisphone und Ximaroi im Auftrag einer vierzig Männer starken Christengruppe, die im Gefängnis auf die Todesstrafe wartet. Darin bestimmen sie, dass der Presbyter Proidos zusammen mit anderen namentlich genannten Gemeindemitgliedern nach ihrem Tod durch Verbrennung für eine gemeinsame Bestattung im Territorium von Sareim bei Zelon Sorge tragen soll und niemand etwas von ihren Gebeinen zur persönlichen Verehrung beiseite schaffen dürfe. Der Sklave Eunoikos solle sich, falls er überlebt, um einen Martyriumsbericht (oder einen Kultbau?) kümmern. Grüße werden an zahlreiche Verwandte und Freunde ausgerichtet, die namentlich aufgeführt werden.

C. Testamentum sanctorum XL martyrum Christi Sebastorum

Testament der heiligen vierzig Märtyrer Christi von Sebaste

Διαθήκη¹ τῶν ἁγίων² τοῦ Χριστοῦ τεσσαράκοντα³ μαρτύρων⁴

Μελέτιος καὶ Ἀέτιος καὶ Εὐτύχιος οἱ δέσμιοι τοῦ Χριστοῦ τοῖς⁵ κατὰ πᾶσαν⁶ πόλιν καὶ χώραν⁷ ἁγίοις ἐπισκόποις τε καὶ πρεσβυτέροις, διακόνοις τε καὶ ὁμολογηταῖς καὶ τοῖς λοιποῖς ἅπασιν ἐκκλησιαστικοῖς ἐν Χριστῷ χαίρειν.

1. Ἐπειδὰν τῇ τοῦ θεοῦ χάριτι καὶ ταῖς κοιναῖς τῶν πάντων εὐχαῖς τὸν προκείμενον ἡμῖν⁸ ἀγῶνα τελέσωμεν καὶ ἐπὶ τὰ βραβεῖα τῆς ἄνω κλήσεως φθάσωμεν,⁹ τότε καὶ ταύτην ἡμῶν τὴν γνώμην κυρίαν εἶναι βουλόμεθα, ἐπὶ τὸ τὰ λείψανα ἡμῶν ἀνακομίζεσθαι¹⁰ τοῖς περὶ τὸν πρεσβύτερον καὶ πατέρα ἡμῶν Πρόϊδον καὶ τοὺς¹¹ ἀδελφοὺς ἡμῶν Κρισπῖνον καὶ Γόρδιον σὺν σπουδάζοντι λαῷ,¹² Κύριλλόν τε καὶ Μάρκον καὶ Σαπρίκιον τὸν τοῦ Ἀμμωνίου, εἰς τὸ κατατεθῆναι τὰ λείψανα ἡμῶν ὑπὸ τὴν πόλιν Ζηλῶν ἐν τῷ χωρίῳ Σαρείμ. Εἰ γὰρ καὶ ἐκ διαφόρων χωρίων τυγχάνομεν πάντες, ἀλλάγε μίαν καὶ τὴν αὐτὴν τῆς καταπαύσεως εἱλόμεθα κατάθεσιν. Ἐπειδὴ γὰρ κοινὸν ἐθέμεθα τὸν τοῦ ἄθλου ἀγῶνα, κοινὴν συνεθέμεθα καὶ τὴν κατάπαυσιν ποιήσασθαι ἐν τῷ προειρημένῳ χωρίῳ. Ταῦτα οὖν καὶ τῷ ἁγίῳ πνεύματι ἔδοξεν, καὶ ἡμῖν ἤρεσεν.

2. Τούτου ἕνεκεν ἡμεῖς οἱ περὶ Ἀέτιον καὶ Εὐτύχιον καὶ τοὺς λοιποὺς ἐν Χριστῷ ἀδελφοὺς¹³ ἡμῶν παρακαλοῦμεν τοὺς κυρίους ἡμῶν γονεῖς¹⁴ καὶ ἀδελφοὺς¹⁵ πάσης λύπης καὶ ταραχῆς ἐκτὸς γενέσθαι, τῆς δὲ φιλαδέλφου κοινωνίας τιμῆσαι τὸν ὅρον καὶ τῷ βουλήματι ἡμῶν σπουδαίως συνάρασθαι, ὅπως τῆς ὑπακοῆς καὶ τῆς συμπαθείας τὸν μέγαν μισθὸν παρὰ τοῦ κοινοῦ πατρὸς ἡμῶν¹⁶ κομίσησθε.

3. Ἔτι δὲ ἀξιοῦμεν πάντας¹⁷, μηδένα τῶν ἐκ τῆς καμίνου ἀνελομένων λειψάνων¹⁸ ἡμῶν ἐν ἑαυτῷ περιποιήσασθαι, ἀλλὰ καὶ τῆς ἐν ταὐτῷ συναθροίσεως φροντίσαντα

---

1 Διάταξις O
2 ἁγίων καὶ ἐνδόξων P
3 μεγάλων O
4 MO, *add.* τῶν ἐν Σεβαστείᾳ τελειωθέντων P
5 τοῖς O edd.
6 *omm.* PO
7 χώραν καὶ πόλιν O
8 VO Ge Mu Or, *del.* Bo
9 καὶ ... φθάσωμεν VP, *om.* O
10 ἀνακομισθῆναι O
11 πρὸς τοὺς O
12 σὺν ... λαῷ VP, *om.* O
13 Bo HAUSSLEITER, Testament (1892) 986, τοῖς λοιποῖς ... ἀδελφοῖς VP; οἱ λοιποὶ ... ἀδελφοὶ καὶ συναθληταὶ ἡμῶν O
14 τοὺς κυρίους γονεῖς O; τοῖς κυρίοις ἡμῶν γονεῦσι V
15 ἀδελφοῖς V; ἀδελφοὺς ἡμῶν O
16 *om.* O
17 *om.* V
18 τὸν ... ἀνελομένον λείψανον O

Testament der heiligen vierzig Märtyrer Christi

Meletios, Aetios und Eutychios, die Gefangenen Christi[1], grüßen überall in Stadt und Land die heiligen Bischöfe und Presbyter, Diakone und Bekenner und alle übrigen Gemeindeglieder in Christus.

1. Wenn wir durch die Gnade Gottes und die gemeinsamen Gebete aller den uns bestimmten Kampf[2] beendet haben und zu den Siegespreisen der himmlischen Berufung[3] eilen werden, dann wünschen wir, dass auch dieser unser Entschluss bezüglich der Bestattung unserer Überreste gültig sei bei den Leuten um unseren Presbyter und Vater Proidos und bei unseren Brüdern[4] Krispinos und Gordios zusammen mit dem eifrigen Volk, bei Kyrillos, Markos und Saprikios, dem Sohn des Ammonios, sodass sie unsere Überreste bei der Stadt Zelon im Territorium von Sareim[5] bestatten. Wenn wir auch alle aus verschiedenen Territorien stammen, wählen wir doch ein und dasselbe Grab zu unserer Ruhestätte. Da wir nämlich den gemeinsamen Wettkampf um den Lohn bestreiten, sind wir übereingekommen, uns eine gemeinsame Ruhestätte im genannten Territorium zu wählen. Dies gefiel also dem Heiligen Geist, und wir stimmten zu.[6]

2. Deswegen rufen wir, die wir bei Aetios und Eutychios und bei unseren übrigen Brüdern in Christo sind, unsere Herren Eltern und Brüder auf, frei von jedem Schmerz und jeder Bestürzung zu sein, die Entscheidung unserer brüderlichen Gemeinschaft zu respektieren und unseren Willen eifrig zu unterstützen, sodass ihr euch bei unserem gemeinsamen Vater den großen Lohn für den Gehorsam und das Mitgefühl verschafft.

3. Außerdem bitten wir alle, dass sich niemand von unseren aus dem Ofen geborgenen Überresten etwas für sich selbst verschafft. Vielmehr soll man sich darum

---

1 Vgl. Eph 3,1.
2 Vgl. Hebr 12,1.
3 Vgl. Phil 3,14.
4 Die Verwandtschaftsbezeichnungen werden in unserem Text in unterschiedlicher Weise genealogisch und spirituell gebraucht, sodass sich ein familiäres Netz nicht eindeutig rekonstruieren lässt; weiteres dazu bei den literarischen und historischen Aspekten.
5 Cumont, Sarin (1906); Ders. in Anderson – Cumont – Grégoire, Studia Pontica 3 (1910) 243–249; Grégoire, Rapport (1909) bes. 24–27; Ruge R., Sarein, PW II 1.2, 1920, 2497.
6 Der Heilige Geist sanktioniert den letzten Willen der Vierzig auf ein gemeinsames Grab und macht ihn nach ihrer Vorstellung zu einem göttlichen Rechtssatz.

ἀποδοῦναι τοῖς προειρημένοις,[19] ἵνα καὶ τῆς σπουδῆς τὸν τόνον[20] ἐπιδειξάμενος καὶ τῆς εὐγνωμοσύνης τὸ ἀκέραιον αὐτῶν τῶν πόνων τῆς συμπαθείας τὸ κέρδος κομίσηται. Καθάπερ ἡ Μαρία προσκαρτερήσασα τῷ τάφῳ τοῦ Χριστοῦ καὶ πρὸ πάντων θεασαμένη τὸν κύριον, πρώτη καὶ τῆς χαρᾶς καὶ εὐλογίας ἐδέξατο τὴν χάριν.

4. Εἰ δέ τις τῷ βουλήματι ἡμῶν ἐναντιωθῇ, τοῦ μὲν θείου κέρδους ἀλλότριος ἔστω, τῆς δὲ παρακοῆς πάσης ὑπόδικος, μικρῷ βουλήματι ἀπολέσας τὸ δίκαιον, τέμνειν ἡμᾶς ἀπ' ἀλλήλων ὅσον τὸ ἐφ' ἑαυτὸν βιαζόμενος, οὓς ὁ ἅγιος ἡμῶν σωτὴρ ἰδίᾳ χάριτι καὶ προνοίᾳ τῇ πίστει συνέζευξεν.

5. Εἰ δὲ καὶ ὁ παῖς Εὐνοϊκὸς νεύματι τοῦ φιλανθρώπου θεοῦ ἐπὶ τὸ αὐτὸ τοῦ ἀγῶνος καταντήσει τέλος[21] τὴν αὐτὴν ἡμῶν[22] ἠξίωσεν ἔχειν[23] καταμονήν· ἐὰν δὲ διαφυλαχθῇ ἀβλαβὴς τῇ τοῦ κυρίου χάριτι[24] καὶ ἔτι ἐν τῷ κόσμῳ ἐξετάζοιτο, σχολάζειν αὐτὸν μετ' ἐλευθερίας τῷ μαρτυρίῳ ἡμῶν παραγγέλλομεν καὶ τὰς ἐντολὰς τοῦ Χριστοῦ φυλάττειν παρακαλοῦμεν, ἵνα ἐν τῇ μεγάλῃ τῆς ἀναστάσεως ἡμέρᾳ τῆς μεθ' ἡμῶν ἀπολαύσεως τύχῃ[25], ἐπειδὴ καὶ ἐν τῷ κόσμῳ ὢν τὰς αὐτὰς ἡμῖν[26] ὑπέμεινε θλίψεις.

6. Ἡ γὰρ πρὸς τὸν ἀδελφὸν εὐγνωμοσύνη δικαιοσύνην βλέπει θεοῦ, ἡ δὲ πρὸς τοὺς ὁμοιογενεῖς[27] παρακοὴ ἐντολὴν[28] θεοῦ πατεῖ· γέγραπται γάρ, ὅτι ὁ ἀγαπῶν τὴν ἀδικίαν μισεῖ τὴν ἑαυτοῦ ψυχήν.

2. Τοιγαροῦν ἀξιῶ ὑμᾶς, ἀδελφὲ Κρισπῖνε [καὶ Γόρδιε][29], καὶ παραγγέλλω, πάσης[30] κοσμικῆς ἡδυπαθείας καὶ πλάνης γενέσθαι ξένους, σφαλερὰ γὰρ καὶ οὐκ εὔωνος[31] ἡ τοῦ κόσμου δόξα, ἢ πρὸς ὀλίγον μὲν ἀνθεῖ καὶ αὖθις μαραίνεται χόρτου δίκην, ταχύτερον τῆς ἀρχῆς δεξαμένη τὸ τέλος. Προσδραμεῖν δὲ μᾶλλον θελήσατε τῷ φιλανθρώπῳ θεῷ, ὃς πλοῦτον μὲν ἀνελλιπῆ παρέχει τοῖς εἰς αὐτὸν προστρέχουσι, ζωὴν δὲ αἰώνιον βραβεύει τοῖς εἰς αὐτὸν πιστεύουσι.[32]

2. Καιρὸς οὗτος ἐπιτήδειος τοῖς σῴζεσθαι θέλουσι, ἄφθονον μὲν παρέχων τῆς μετανοίας τὴν προθεσμίαν, ἀπροσδόκητον[33] δὲ τῆς πολιτείας τὴν πρᾶξιν, μηδὲν

---

19 ἀλλὰ ... προειρημένοις: ἀλλὰ τὸν τῆς τούτων συναθροίσεως φροντίσαντα ἀποδοῦναι τοῖς λοιποῖς λειψάνοις ἡμῶν, εἰς τὸ κατατεθῆναι ἔνθα διαταττόμεθα O
20 PO, πόνον V
21 ἐπὶ ... τέλος: ἐπ' αὐτὸ καταντήσει τὸ τοῦ ἀγῶνος τέλος O
22 ἡμῖν O
23 ἔχειν καὶ V
24 τῇ ... χάριτι om. V
25 ἐπιτύχῃ O
26 om. O
27 ὁμογενεῖς O
28 ἐντολὰς O
29 καὶ Γόρδιε edd. (cfr 1,1)
30 ὡς πάσης V
31 εὔτονος V
32 ζωὴν ... πιστεύουσι omm. PS
33 ἀπροφάσιστον V

kümmern, sie an einem Ort zu sammeln und sie den Genannten zu übergeben, damit der, der die Anstrengung des Eifers und die Reinheit edler Gesinnung gezeigt hat, auch den Lohn des Mitgefühls für diese Mühen erwirbt. Gleichwie Maria, die am Grab Christi ausharrte und vor allen anderen den Herrn sah,[7] als erste die Gnade sowohl der Seligkeit als auch des Ruhmes empfing.

4. Wenn sich aber jemand unserem Willen widersetzt, sei er vom göttlichen Lohn ausgeschlossen, schuldig wegen vollkommenen Ungehorsams. Es zerstört das Rechte durch sein keckes Verlangen, wer aus Interesse am Eigenen uns zwingt, uns voneinander zu trennen, uns, die uns unser heiliger Retter durch seine eigene Gnade und Vorhersehung durch den Glauben verbunden hat.

5. Wenn aber der Sklave Eunoikos durch das bejahende Zeichen[8] des menschenliebenden Gottes auch zu demselben Ziel des Kampfes gelangt, ist er würdig, an demselben Ort wie wir zu ruhen. Falls er aber durch die Gnade des Herrn unversehrt bewahrt und noch in dieser Welt geprüft wird, fordern wir ihn auf, sich mit aller Freiheit unserem *martyrion*[9] zu widmen, und wir ermahnen ihn, die Gebote Christi zu halten, damit er am großen Tag der Auferstehung mit uns die Belohnung erhalte, da er auch in dieser Welt mit uns dieselbe Bedrängnis ertragen hat.

6. Denn die gute Gesinnung dem Bruder gegenüber schaut die Gerechtigkeit Gottes, der Ungehorsam gegen die Glaubensgenossen aber tritt das Gebot Gottes mit Füßen. Denn es steht geschrieben: „Wer das Unrecht liebt, hasst seine eigene Seele."[10]

2. Deshalb bitte ich euch, Bruder Krispinos [und Gordios], und ermahne euch, dass ihr aller weltlichen Wollust und Verderbtheit fern seid. Denn der Ruhm der Welt ist trügerisch und wohlfeil, er blüht für kurze Zeit und schwindet sofort dahin wie Gras[11], das Ende zeigt sich schneller als der Anfang. Eilt lieber dem menschenliebenden Gott entgegen, der denen, die zu ihm hinlaufen, unermesslichen Überfluss bereitet und das ewige Leben für die bestimmt, die an ihn glauben.

2. Diese Zeit ist günstig für die, die gerettet werden wollen, weil sie eine großzügige Frist der Buße bietet[12] und eine Form des Lebens, die diejenigen nicht erwarten, die

---

7 Vgl. Joh 20,1–18.
8 Eventuell eine Anspielung auf den *nutus*, das numinose „Nicken" einer Gottheit oder des Kaisers als Ausdruck von Wille und Macht, s. PRESCENDI F., Numen, DNP 8, 2000, 1047–1049, vgl. AAcac. 5,5. Der Bezug des Sklavenmärtyrers auf den *nutus* des christlichen Gottes entfaltet natürlich hier auch seine paradoxe und gewissermaßen subversive Wirkung. Im Martyrium werden hier zudem Sklaven und Soldaten in einer aus dem gesellschaftlichen Rahmen der Antike fallenden Verbindung zu einer neuen Gemeinschaft zusammengebracht, vgl. PPerp.
9 Offen bleibt, ob hier der Kult oder ein Kultbau oder doch wohl eher der literarische Bericht gemeint ist.
10 Ps 10,5 LXX.
11 Jes 40,6 f = 1 Petr 1,24.
12 Die Zeit der Verfolgung stellt im Verständnis der Märtyrer eine apokalyptische Zeit dar, in der es für sie ebenso wie für die Überlebenden darum geht, Gott entgegenzueilen. Dazu ist die „reine Gesinnung der Gottesfurcht" nötig, als deren bedeutendstes Element Bußgesinnung angesehen wird,

ἀναβαλλομένοις πρὸς τὸ μέλλον, ἀπροόρατος γὰρ ἡ τοῦ βίου μεταβολή. Ἀλλ' εἰ καὶ[34] ἐγνώρισας, ὅρα τὸ χρήσιμον καὶ[35] ἐν αὐτῇ ἐπίδειξαι τῆς[36] θεοσεβείας τὸ ἄχραντον, ἵνα ἐν αὐτῷ[37] καταληφθεὶς τῶν προγεγονότων ἁμαρτημάτων ἀπαλείψῃς τὸ χειρόγραφον· ἐν ᾧ γὰρ εὑρῶ[38] σε, φησίν, ἐν τούτῳ καὶ κρινῶ σε.

3. Σπουδάσατε οὖν ἐν ταῖς ἐντολαῖς τοῦ Χριστοῦ εὑρεθῆναι ἄμεμπτοι, ὅπως φύγητε τὸ ἀκοίμητον καὶ αἰώνιον[39] πῦρ· ὅτι γὰρ ὁ καιρὸς συνεσταλμένος πάλαι βοᾷ ἡ θεία φωνή.

4. Ἀγάπην οὖν πρὸ πάντων τιμήσατε· αὕτη γὰρ μόνη τιμᾷ τὸ δίκαιον φιλαδελφίας νόμῳ πειθομένη θεοῦ[40]· καὶ γὰρ διὰ τοῦ ὁρωμένου ἀδελφοῦ ὁ ἀόρατος τιμᾶται θεός. Καὶ πρὸς μὲν τοὺς ὁμομητρίους ἀδελφοὺς ὁ λόγος, πρὸς δὲ πάντας τοὺς φιλοχρίστους ἡ γνώμη. Καὶ γὰρ ὁ ἅγιος ἡμῶν σωτὴρ καὶ θεὸς ἐκείνους ἔφασκεν ἀδελφοὺς εἶναι, τοὺς οὐχὶ τῇ φύσει κοινωνοῦντας ἀλλήλοις, ἀλλὰ τῇ ἀρίστῃ πράξει πρὸς τὴν πίστιν[41] συναπτομένους καὶ τὸ θέλημα ἐκπληροῦντας τοῦ πατρὸς ἡμῶν τοῦ ἐν τοῖς οὐρανοῖς. Ταῦτα τοίνυν ἀδελφὲ Κρισπῖνε καὶ πρὸς σὲ καὶ πρὸς τοὺς λοιποὺς ἀδελφοὺς παραγγέλλομεν.[42]

3. Προσαγορεύομεν τὸν κύριν[43] τὸν πρεσβύτερον Φίλιππον καὶ Προκλιανὸν καὶ Διογένην ἅμα τῇ ἁγίᾳ ἐκκλησίᾳ. Προσαγορεύομεν τὸν κύριν Προκλιανὸν τὸν ἐν τῷ χωρίῳ Φυδελᾷ ἅμα τῇ ἁγίᾳ ἐκκλησίᾳ μετὰ τῶν ἰδίων, προσαγορεύομεν Μάξιμον μετὰ τῆς ἐκκλησίας, Μάγνον μετὰ τῆς ἐκκλησίας. Προσαγορεύομεν Δόμνον[44] μετὰ τῶν ἰδίων καὶ Ἴλην τὸν πατέρα ἡμῶν, Οὐάλην μετὰ τῆς ἐκκλησίας. Προσαγορεύω καὶ ἐγὼ Μελέτιος τοὺς συγγενεῖς μου Λουτάνιον Κρίσπον καὶ Γόρδιον μετὰ τῶν ἰδίων, Ἐλπίδιον μετὰ τῶν ἰδίων, Ὑπερέχιον μετὰ τῶν ἰδίων.[45]

2. Προσαγορεύομεν καὶ τοὺς ἐν τῷ χωρίῳ Σαρεῖμ, τὸν πρεσβύτερον μετὰ τῶν ἰδίων, τοὺς διακόνους[46] μετὰ τῶν ἰδίων, Μάξιμον[47] μετὰ τῶν ἰδίων, Ἡσύχιον μετὰ τῶν ἰδίων, Κυριακὸν μετὰ τῶν ἰδίων.[48] Προσαγορεύομεν τοὺς ἐν Χαδουθβ'[49] πάντας κατ' ὄνομα.[50] Προσαγορεύομεν καὶ τοὺς ἐν Χαρισψώνῃ πάντας κατ' ὄνομα. Προσαγορεύω καὶ ἐγὼ

---

34 om. V
35 om. V
36 καὶ τῆς O
37 αὐτῷ τούτῳ O
38 P, εὑρῶ VO
39 καὶ αἰώνιον om. V
40 O, θεῷ VP
41 σὺν τῇ πίστει O
42 ταῦτα ... παραγγέλλομεν O
43 δὲ καὶ τὸν κύριον O, omm. VP
44 προσαγορεύομεν Δόμνον om. O
45 Ὑπερέχιον ... ἰδίων om. O
46 τοῖς διακόνοις O
47 Μαξίμου O
48 Ἡσύχιον ... ἰδίων om. P
49 Χαδουθι Ge Mu Or
50 Ἡσύχιον ... ὄνομα om. O

nichts in die Zukunft aufschieben wollen. Denn unvorhersehbar ist das Wechselspiel des Lebens. Aber wenn du das erkannt hast, achte darauf, in ihm die reine gute Gesinnung der Gottesfurcht zu zeigen, damit du, wenn du in dieser (Gesinnung vom Tod) ergriffen wirst, den Schuldschein der früher begangenen Sünden loswirst.[13] „So, wie ich dich finde," spricht er, „so werde ich dich beurteilen."[14]

3. Seid also eifrig darum bemüht, dass man euch gemäß den Geboten Christi untadelig findet, damit ihr dem endlosen und ewigen Feuer[15] entflieht. Schon lange nämlich ruft die göttliche Stimme: „Die Zeit ist kurz."[16]

4. Stuft also die Liebe vor allen anderen Dingen hoch ein; sie allein nämlich hält die gebührende Brüderlichkeit hoch, indem sie dem Gesetz Gottes gehorcht. Denn durch den Bruder, den man sieht, wird dem unsichtbaren Gott Ehrerbietung gezeigt.[17] Dieses Wort ist zwar an unsere leiblichen Brüder gerichtet, aber der Spruch betrifft alle, die Christus lieben. Denn unser heiliger Retter und Gott hat nicht diejenigen zu Brüdern erklärt, die durch die Natur untereinander verbunden sind, sondern diejenigen, die durch die beste Glaubenspraxis untereinander verbunden sind und die den Willen unseres Vaters, der in den Himmeln ist, erfüllen. Dazu nun, Bruder Krispinos, fordern wir dich auf und die bei dir und die bei den übrigen Brüdern.

3. Wir grüßen den Herrn Presbyter Philippos und Proklianos und Diogenes sowie die heilige Kirche. Wir grüßen den Herrn Proklianos, der im Territorium von Phydela lebt, die heilige Kirche dort und die Seinen. Wir grüßen Maximus sowie seine Kirche, Magnus und seine Kirche. Wir grüßen Domnos sowie die Seinen und unseren Vater Iles, Vales sowie seine Kirche.

Und ich, Meletios, grüße meine Verwandten Lutanios Krispos[18] und Gordios sowie die Seinen, Elpidios sowie die Seinen, Hyperechios sowie die Seinen.

2. Wir grüßen auch die im Territorium von Sareim, den Presbyter sowie die Seinen, die Diakone sowie ihre Familien, Maximus sowie die Seinen, Hesychios sowie die Seinen, Kyriakos sowie die Seinen. Wir grüßen alle, die in Chadouthb leben, persönlich. Wir grüßen alle, die in Charisphone leben, persönlich.

---

für die die Zeit in dieser Welt „eine großzügige Frist" darstellt. Damit ist nichts über einmalige oder mehrmalige Buße oder eine Sakramentalisierung oder Verrechtlichung gesagt, wohl aber wird die Buße als permanente christliche heilsnotwendige Möglichkeit angesehen.
13 Vgl. Kol 2,14
14 Das beliebte Agraphon findet sich zuerst IvsT.dial. 47,5 (Par. 47/1, 302 Bobichon), wörtlich zuerst bei CLEM.q.d.s. 40,3 (GCS 17, 186 Stählin) und geht wohl auf antike Wortspiele zurück, vgl. HOFIUS O., AcA 1,1, 188 Nr. 1.
15 Vgl. Mt 25,41.
16 1 Kor 7,29.
17 Vgl. 1 Joh 4,20 f.
18 Der Gebrauch von lateinischen Gentilnamen und Cognomina, etwa Lutanius Crispus und Lutanius Gordius, Lutanius Elpidius und Lutanius Hyperechius, fällt auf. Es könnte sich um eine aus dem Westen stammende Soldatenfamilie handeln.

Ἀέτιος⁵¹ τοὺς συγγενεῖς μου Μάρκον καὶ Ἀκυλίναν καὶ τὸν πρεσβύτερον Κλαύδιον καὶ τοὺς ἀδελφούς μου Μάρκον, Τρύφωνα, Γόρδιον καὶ Κρίσπον καὶ τὰς ἀδελφάς μου καὶ τὴν σύμβιόν μου Δόμναν μετὰ τοῦ παιδίου μου.

3. Προσαγορεύω καὶ ἐγὼ Εὐτύχιος τοὺς ἐν Ξιμάροις⁵² τὴν μητέρα μου Ἰουλίαν καὶ
5 τοὺς ἀδελφούς μου Κύριλλον, Ροῦφον, Ῥίγλον καὶ Κυρίλλαν καὶ τὴν νύμφην μου Βασίλλαν καὶ τοὺς διακόνους Κλαύδιον, Ῥουφῖνον καὶ Πρόκλον. Προσαγορεύομεν καὶ τοὺς ὑπηρέτας τοῦ θεοῦ Σαπρίκιον, Ἀμμώνιον,⁵³ Γενέσιον, καὶ Σωσάνναν μετὰ τῶν ἰδίων.

4. Προσαγορεύομεν τοίνυν πάντες ἡμεῖς οἱ τεσσαράκοντα⁵⁴ ἀδελφοὶ καὶ συνδέσμιοι
10 πάντες Μελέτιος, Ἀέτιος, Εὐτύχιος, Κυρίων, Κάνδιδος, Ἀγγίας, Γάϊος, Χουδίων, Ἡράκλειος, Ἰωάννης, Θεόφιλος, Σισίνιος, Σμάραγδος, Φιλοκτήμων, Γοργόνιος, Κύριλλος, Σεβηριανός, Θεόδουλος, Νίκαλλος⁵⁵, Φλάβιος, Ξάνθιος⁵⁶, Οὐαλέριος, Ἡσύχιος, Δομετιανός, Δόμνος, Ἡλιανός⁵⁷, Λεόντιος ὁ καὶ Θεόκτιστος⁵⁸, Εὐνοϊκός, Οὐάλης, Ἀκάκιος, Ἀλέξανδρος, Βικράτιος ὁ καὶ⁵⁹ Βιβιανός, Πρίσκος, Σακέρδων,
15 Ἐκδίκιος, Ἀθανάσιος, Λυσίμαχος, Κλαύδιος, Ἴλης καὶ Μελίτων, ἡμεῖς οὖν οἱ τεσσαράκοντα⁶⁰ δέσμιοι τοῦ κυρίου⁶¹ Ἰησοῦ Χριστοῦ⁶² ὑπεγράψαμεν τῇ χειρὶ δι' ἑνὸς ἡμῶν Μελετίου καὶ ἐκυρώσαμεν πάντα τὰ προγεγραμμένα καὶ ἠρέσθη πᾶσιν ἡμῖν. Ψυχῇ δὲ καὶ πνεύματι θείῳ εὐχόμεθα, ὅπως τύχωμεν ἅπαντες τῶν αἰωνίων τοῦ θεοῦ ἀγαθῶν καὶ τῆς βασιλείας αὐτοῦ νῦν καὶ εἰς τοὺς αἰῶνας τῶν αἰώνων.⁶³ Ἀμήν.

---

51 Ἀέτιος O, *coni.* HAUSSLEITER Testament (1892) 984, Μελέτιος VP
52 Ζιμάροις *coni.* CUMONT, Zimara (1904)
53 <τὸν τοῦ> Ἀμμωνίου edd.
54 πάντες ... τεσσαράκοντα: πάντας ὑμᾶς οἱ κύριοι ἡμῶν V
55 Νίκανδρος O
56 Ξάνθος O
57 Ἰουλιανὸς O
58 ὁ καὶ Θεόκτιστος *om.* P
59 Βικράτιος ὁ καὶ *om.* P
60 οὖν ... τεσσαράκοντα *om.* V
61 *om.* V
62 *om.* O
63 ὅπως ... αἰώνων *om.* V

Und ich, Aetios, grüße meine Verwandten, Markos und Aquilina, den Presbyter Klaudios, meine Brüder Markos, Tryphon, Gordios und Krispos[19] und meine Schwestern und meine Frau Domna mit meinem Kind.

3. Und ich, Eutychios, grüße die, die in Ximaroi[20] leben, meine Mutter Iulia und meine Geschwister Kyrillos, Rufos, Riglos und Kyrilla, meine Braut Basilla und die Diakone Klaudios, Rufinos und Proklos. Wir grüßen auch die Diener Gottes[21], Saprikios, Ammonios und Genesios, und Susanna mit den ihren.

4. Wir alle grüßen euch alle, die vierzig Brüder und Gefangenen: Meletios, Aetios, Eutychios, Kyrion, Kandidos, Angias, Gaios, Choudion, Heraklios, Iohannes, Theophilos, Sisinios, Smaragdos, Philoktemon, Gorgonios, Kyrillos, Severianos, Theodoulos, Nikallos, Flavios, Xanthios, Valerios, Hesychios, Dometianos, Domnos, Helianos, Leontios, der auch Theoktistos genannt wird, Eunoikos[22], Vales, Akakios, Alexandros, Bikratios, der auch Bibianus genannt wird, Priskos, Sakerdon, Ekdikios, Athanasios, Lysimachos, Klaudios, Iles und Meliton. Wir vierzig Gefangene unseres Herrn Jesu Christi haben durch die Hand eines von uns, nämlich des Meletios, unterschrieben, wir autorisierten alles, was vorher geschrieben ist, und befanden es für gut. In unserer Seele und im göttlichen Geist beten wir, dass wir alle der ewigen Wohltaten Gottes und seines Reiches teilhaftig werden, jetzt und in alle Ewigkeit. Amen.

---

[19] Wenn hier die Familienbezeichnung „Bruder" gebraucht wird, könnte es sich auch um vier Brüder neben Aetios handeln: Markos, Tryphon, Gordios und Krispos. Es zeigen sich aber, sofern wir es mit mehrgliedrigen Namen zu tun haben, auch weitere Möglichkeiten: Zwei Brüder, etwa Markos Tryphon Gordios und Markos Tryphon Krispos oder Markos Tryphon und Gordios Krispos oder drei Brüder Markos, Tryphon und Gordios Krispos.
[20] Nach CUMONT, Zimara (1904) 448 ist Zimaroi zu lesen.
[21] Nach HAUSSLEITER, Testament (1892) 981f handelt es sich hier um Subdiakone, vgl. LAMPE, ὑπηρέτης E, 1444. Der ländliche Klerus dürfte also aus Presbytern, Diakonen und Subdiakonen bestanden haben.
[22] Vgl. 1,5.

D. Literarische und historische Aspekte

Die Textsorte „Testament" stellt im einschlägigen Schrifttum zu den Märtyrern ein Unikum dar. In der bekannteren *Passio XL martyrum* liegt dagegen ein Text in konventioneller Erzählweise vor. Vielleicht ist das Wort „Testament" in unserem Text, das nur in der Überschrift begegnet, ein Missverständnis. Dabei gebrauchen die Handschriften in den vielleicht sekundären Überschriften zwei griechische Wörter, διαθήκη in V und P und διάταξις in O. Der Anordnungscharakter des Ganzen besteht darin, dass die Vierzig darauf dringen, nach dem bevorstehenden Martyrium durch Verbrennung zusammen in Sareim bestattet zu werden.

Es handelt sich bei unserem Text um einen Brief mit Adresse und ausführlicher Grußliste am Ende. Diese beiden Teile rahmen einen paränetischen Mittelteil, der eine stark apokalyptisch geprägte Grundstimmung verrät und wohl auf stärker rigoristisch geprägte christliche Kreise weist, für die eine lebenslange Bußgesinnung charakteristisch ist. Der Brief ist in einer unrhetorisch einfachen Sprache geschrieben. Allein im paränetischen Teil begegnet agonistische Topik, die biblisch grundiert ist. Die Namen der zukünftigen Märtyrer sind mit keinen hagiologischen Attributen versehen.

Die Ortsbezeichnungen Zelon, Sareim und Ximaroi führen in die von Diokletian geschaffene römische Provinz Armenia minor. Die Ortsbezeichnung der Provinzhauptstadt Sebaste begegnet nur in der Überschrift in P. Aufgrund der Passio wird die Prolongierung der sogenannten diokletianischen Verfolgung durch Licinius vor und nach 320 als Datum des Martyriums der Vierzig angenommen.

Der Wortführer der Vierzig, Meletios, schreibt nach Haußleiter[1] an seinen Vater in seinem Heimatort. Mit „Vater" sei hier die Verwandtschaftsbezeichnung gemeint, da der Würdetitel für einen Presbyter in unserem Text „Herr" (3,1) ist. Von daher ergeben sich die von Haußleiter weiter verfolgten Fragen nach den engen verwandtschaftlichen Beziehungen zwischen den Testatoren und den Angeredeten. Insbesondere sieht Haußleiter hier eine Klerikerfamilie mit dem Vater Proidos als Presbyter und den Söhnen Krispos (Krispinos) und Gordios als Diakonen. Dazu kommen neben Meletios selbst noch zwei weitere Brüder, Markos und Tryphon (3,2), die im Heimatort Sareim Laien waren, und namentlich nicht genannte Schwestern. Meletios ist verheiratet mit Domna, die mit dem gemeinsamen Kind ebenfalls in Sareim wohnt.

Eine genauere Beobachtung des Textes zeigt aber, dass wegen des ambivalenten Gebrauchs von „Vater" und „Bruder" im genealogischen und spirituellen Sinn sich die Beziehungen nicht so eindeutig rekonstruieren lassen, sondern dass sie sich auf verschiedenen Ebenen bewegen. Dabei kann man nicht von der Voraussetzung ausgehen, dass mit identischen Namen jeweils dieselbe Person gemeint ist.

Die Beziehungsebenen sind solche geographischer und sozialer Natur. Bei letzteren lässt sich engere von weiterer Verwandtschaft unterscheiden. Angaben zur engeren

---

[1] Haussleiter, Testament (1892) 983.

Familie gibt es nur für Aetios und Eutychios, beide sind aber lokal getrennt. Die einzige Verbindung zwischen ihnen stellt der Subdiakon Saprikios her, der in 1,1 als in Sareim befindlich gegrüßt wird, aber in 3,3 zur Grußliste nach Ximaroi gehört.

In Sareim stehen anscheinend Aetios und Meletios in einem gemeinsamen Sozialverband, denn die zwei Brüder des Aetios, Gordios und Krispos, gehören zur Verwandtschaft des Meletios.

Bietet sich so ein Blick auf den starken Grad der Christianisierung von ländlichen Großfamilien und die institutionellen kirchlichen Strukturen mit Presbytern, Diakonen und Subdiakonen sowie die religiöse Stimmung, so stellt die eigentliche Verfügung des Textes, nämlich die Nichtverteilung der Reliquien und die Unversehrtheit des gemeinsamen Begräbnisses, angesichts der weiteren Geschichte des Kultes der Vierzig ein großes Problem mit einer ganzen Reihe von Aspekten dar.

Wir wissen nämlich seit den Kappadoziern, dass die Reliquien schon bald verteilt worden sind und dabei teilweise in den Besitz der Familien aus der Oberschicht mit ihren Latifundien gelangten, zu denen auch die Bischöfe Basilius von Caesarea und Gregor von Nyssa gehörten.[2] Deren Familie besaß ein Landgut bei Ibora, das nicht weit von Sareim entfernt liegt.

Wird so „der letzte Wille der Vierzig" von der seit der Mitte des 4. Jhs. im großen Stil erwachten Jagd nach Reliquien überrollt?[3] Steht hier das dörfliche Interesse, das mit dem Heiligtum für die Vierzig ein religiöses Zentrum darstellt, als Wallfahrtsort auch ein Machtzentrum und eine Quelle des Reichtums, gegen das Interesse, das die Großgrundbesitzer vertreten? Da Gregor in seiner Predigt darauf verweist, dass er als Kind am Fest der Märtyrer auf dem Familiengut teilgenommen habe, besaß seine Familie schon in den vierziger Jahren des 4. Jhs. Reliquien[4]. Das bedeutet, dass die Verteilung der Reliquien, die Gregor als bedeutendes Ereignis hervorhebt, schon in der ersten Generation nach dem Martyrium stattfand.

Durch diese Aufhellung der historischen Situation anhand der frühen Verehrungsgeschichte muss die Authentizität des Textes in Frage gestellt werden, von der ein Teil der Forschung seit Bonwetsch[5] ausgeht. Liegt es nicht näher, als ein Dokument der Märtyrer vor ihrem Tode anzunehmen, in unserem Text vielmehr eine Schrift zu sehen, die die Deposition der Reliquien in Sareim verteidigt und dazu den gewaltigen Personenapparat derer aufbietet, die zu den Märtyrern in einer mehr oder weniger nahen Verbindung standen? Der Autor einer solchen Schrift könnte der in 1,5 erwähnte

---

2 Vgl. GIRARDI, Basilio (1990) 121–136; VAN DAM, Families (2003) 17.101 f; DERS., Becoming Christian (2003) 132–150; LIMBERIS, Architects (2011) 68–96 versucht aus der Ekphrasis in Gregor von Nyssas Briefen 16 und 25 eine archäologische Rekonstruktion des Martyrions in Nyssa im Vergleich zu den Martyrien, die Basilius in Caesarea und die Mutter der Brüder in Ibora haben errichten lassen.
3 COD.THEOD. 9, 17,7 (466 Krüger – Mommsen), das die Übertragung von Märtyrern, die Zerstückelung ihrer Leiber und den Verkauf von Teilen verbietet, dürfte auf eine ähnliche Situation antworten.
4 GR.NYSS.marty. 2 (GNO 10/1, 166 Lendle).
5 BONWETSCH, Testament (1892) und DERS., Testament (1897).

Sklave Eunoikos gewesen sein, der dort den Auftrag erhält, sich um die *memoria* der Märtyrer und die Gebote Christi zu kümmern. Zu einer solchen Verteidigungslinie in der Situation einer Bedrohung der eigenen religiösen Schätze passen auch die apokalyptische Stimmung und die Bußfrömmigkeit, die unserem Text eignen. Nach dieser These erstellte man um die Mitte des 4. Jhs. einen einheitlichen Text neu.

Es lässt sich aber methodisch nicht ausschließen, dass es zuvor einen ursprünglichen Brief der Märtyrer gegeben hat. Wie dieser aussah, wissen wir nicht. Zwei Möglichkeiten bieten sich an:

1. Es könnte sich bei Kapitel 2 und 3 um einen ursprünglichen Brief der Märtyrer aus dem Gefängnis handeln, dem sekundär Kapitel 1 mit dem Bestattungswunsch hinzugefügt wurde.
2. Weniger wahrscheinlich: Der ursprüngliche Brief der Märtyrer bestand aus den Kapiteln 1 und 3 und Kapitel 2 wurde sekundär hinzugefügt, als der Kampf um gemeinsame Bestattung oder Reliquienaufteilung begann.

Die Vierzig, meist die Vierzig Märtyrer von Sebaste genannt, gehören zu den bedeutendsten Heiligengestalten der Gesamtorthodoxie.[6] Die Gruppe der Märtyrer wurde durch die Passio als Soldaten gekennzeichnet und profitierte von der außerordentlich großen Beliebtheit, derer sich die Soldatenheiligen als machtvolle Patrone in der Volksfrömmigkeit seit theodosianischer Zeit erfreuten.[7] Davon zeugen sowohl die Vielzahl der Kirchendedikationen wie auch die Bilder, die ihr Leiden in der Kälte zeigen. Dass im Ort Sareim ein islamisches Heiligtum der Vierzig bekannt ist, belegt Kultkontinuität bei gleichzeitiger Transformation.[8]

E. Spezialliteratur

ANGIÒ F., Un epigramma anonimo dal codice Vat. Pal. gr. 141, BBGG 49–50, 1995–96, 117–120.
BONWETSCH N., Das Testament der vierzig Märtyrer zu Sebaste, NKZ 3, 1892, 705–726.
BONWETSCH N., Das Testament der vierzig Märtyrer, Leipzig 1897.
BUCKLE D. P., The Fourty Martyrs of Sebaste. A Study of Hagiographic Developments, BJRL 6, 1921–22, 352–360.
COLIN J., L'empire des Antonins et des martyrs gaulois de 177, Bonn 1964, 101–137.177–194.
CUMONT F., Zimara dans le Testament des martyrs de Sébaste, AnBoll 23, 1904, 448.
CUMONT F., Sarim dans le Testament des martyrs de Sébaste, AnBoll 25, 1906, 241–242.
DELEHAYE H., The Forty Martyrs of Sebaste, ACQR 24, 1899, 161–171.
DELEHAYE H., Les origines du culte des martyrs (SHG 20), Brüssel ²1933, 61.85.177.
DUBOIS J., Le Martyrologue d'Usard (SHG 40), Brüssel 1965, 192.

---

6 Vgl. MARAVAL, Développements (1999) 193–209.
7 Vgl. AMaximil. Historische und literarische Aspekte.
8 HASLUCK, Forty (1912/3) weist auf das islamische Heiligtum der Vierzig in Sareim hin, wo man vierzig Djinns (Geister) kennt.

FRANCHI DE'CAVALIERI P., I santi quaranta martiri di Sabastia, in: DERS., Note Agiografiche 7 (StT 49), Rom 1928, 155–184.
GEBHARDT O.v. (Hrsg.), Acta martyrum selecta. Ausgewählte Märtyreracten und andere Urkunden aus der Verfolgungszeit der christlichen Kirche, Berlin 1902, 166–181.
GULOWSEN K., The Oratory of the Forty Matyrs, AAAHP 15 (NS 1), 2001, 77–91.
GYSENS ST., Le „genus supplicii" des quarante martyrs de Sébaste. Un mémoire inédit de Gerardus Vossius (1602), AnBoll 110, 1992, 135–141.
HAGEDORN M. D., PUG I 41 und die Namen der vierzig Märtyrer von Sebaste, ZPE 55, 1984, 146–153.
HAUSSLEITER J., Zu dem Testament der vierzig Märtyrer zu Sebaste, NKZ 3, 1892, 978–988.
INGLISIAN V., Sebaste. Vierzig Martyrer v. S., LThK² 9, 1964, 556.
KARLIN-HAYTER P., Passio of the XL Martyrs of Sebasteia. The Greek Tradition: the Earliest Account (BHG1201), AnBoll 109, 1991, 249–304.
KNOPF R., Ausgewählte Märtyrerakten (neu bearbeitet von G. KRÜGER), Tübingen 1929 (= SQS NF 3), 116–119.
LUCCHESI E., Les quarante martyrs de Sebaste, in: DERS. – ZANETTI U. (Hrsg.), Ægyptus Christiana. Mélanges d'hagiographie égyptienne et orientale dédiés à la mémoire du P. Paul Devos Bollandiste (COr 25), Genf 2004, 111–118.
LUCCHESI E., L'encomion copte des XL Martyrs de Sébaste: Un nouveau folio repéré à la Pierpont Morgan Library, AnBoll 126, 2008, 178.
MARAVAL P., Les premiers développements du culte des XL Martyrs de Sébastée dans l'Orient byzantin et en Occident, VetChr 36, 1999, 193–209.
MOSS C. R., The Other Christs. Imitating Jesus in Ancient Christian Ideologies of Martyrdom, Oxford 2010, 200 f.

Dativus, Saturninus und andere Märtyrer aus Abitinae

A. Zum Text

Der verwendete Text (BHL 7492) folgt Franchi und gibt die wichtigsten Lesarten des Textes wieder. Ihm liegen folgende Handschriften zugrunde:
A   Paris, Bibliothèque nationale de France, cod. lat. 17625, fol. 142–154 (Compiègne; 10./12. Jh.)
B   Paris, Bibliothèque nationale de France, cod. lat. 5297, fol. 35^r–39^r (Foucarmont, dann Bibliotheca Colbertina; 12. Jh.). Der schlechte Zustand der Handschrift erlaubt keine Reproduktion, sie wurde deshalb nicht eingesehen.
C   Paris, Bibliothèque nationale de France, cod. lat. 5318, fol. 204^r–207^v (*olim* Bigottianus; 12. Jh.)
D   Paris, Bibliothèque nationale de France, cod. lat. 9741, p 386–396 (Trier, St. Maximin; 13. Jh.)
E   Trier, Stadtbibliothek, cod. lat. 1152 (Trier, St. Matthias; 12. Jh.)
F   Montpellier, Bibliothèque Interuniversitaire, Section Médecine H 1 vol. 1 (Clairvaux; 12. Jh.)

Nach der Beobachtung von Franchi gehören A, D und E als eine Handschriftenfamilie zusammen und stehen dem vermuteten Archetyp am nächsten. Nicht sehr weit entfernt ist jedoch die Familie B, C und F, von der dann eine Reihe späterer Handschriften des 12. bis 15. Jhs. abhängig sei, die Franchi aber nicht berücksichtigt.

Zu beachten ist, dass A oft fehlerhaft ist, D und E häufig den Text kürzen, was teilweise zu Flüchtigkeitsfehlern und Missverständnissen in der Überlieferung führt.

Die Erstausgabe erfolgte durch SURIUS, De probatis sanctorum historiis 1 (1570) 949–956.[1] Weitere Editionen:
BARONIUS, Annales 2 (1590) 711–717: c. 2–18 (ab c. 19 mit teilweise dazwischengeschobenen Kommentar paraphrasiert, Schluss gekürzt).
HENSCHENIUS, ActaSS Feb. 2 (1658) 515–519,
RUINART, Acta (^{1}1689) 409–419; (^{2}1731) 338–346; (^{3}1859) 414–422,
BALUZIUS, Miscellanea 2 (1761) 14–18 (erste Gesamtausgabe, benutzt für den Schluss eine sonst unbekannte Handschrift),
FRANCHI, Note 8 (1935) 47–71,

---

[1] In der zweiten Auflage dieses Werkes, Bd. 1 (1576) 981–986, fehlen bereits c. 19–23, die als Appendix ausgeschieden werden, weil dort die donatistischen Bischöfe Mensurius und Caecilian erwähnt werden.

TILLEY, Stories (1996) 27–49,
MAIER, Dossier (1987) 57–92.

Die frühen Editionen bis zu Ruinart kürzen den Text und beenden ihn mit c. 18. Erst Baluzius edierte den gesamten Text bis c. 23 auf der Basis von B. Die Meinung, dass der Epilog der Acta nur in B zu finden wäre (so auch PL 8, 688), hat erst Franchi durch seine Edition des gesamten Textes auf der Basis der sechs Handschriften beseitigt. Die englische Übersetzung von Tilley orientiert sich primär an B, wobei auf andere Lesarten in älteren Editionen hingewiesen wird.

B. Zum Inhalt

303–305 in Nordafrika, zuerst in Abitinae, dann in Karthago. In Abitinae finden Gottesdienste in Privathäusern statt, von denen einer unter der Leitung des Presbyters Saturninus von den städtischen Magistraten unterbrochen wird, die eine große Zahl von Teilnehmern verhaften. Nach einer Verhandlung auf dem Forum, wo schon vorher einmal ein Regenwunder die Verbrennung von konfiszierten christlichen Schriften verhinderte, werden die Verhafteten nach Karthago überführt. Im *officium* des Prokonsuls Annius Anullinus (303–305) kommt es zu individuellen Verhören unter Folter, die den Leiter der verbotenen Versammlungen und ihren Charakter erforschen wollen. Die Verhandlung wird durch charismatische Christen wie Tazelita gestört, die mit ihrem Bekenntnis zum Martyrium drängen und dabei den Presbyter als Versammlungsleiter und die ganze Versammlung denunzieren. Als Nebenkläger will der nichtchristliche Kuriale Fortunatianus mit Hilfe des Advokaten Pompeianus die Freilassung seiner Schwester Victoria erreichen, indem er eine zusätzliche Anklage gegen Dativus wegen sexueller Verführung erhebt, die Victoria zurückweist. Folter und Tod heben diese Märtyrer deutlich von der großkirchlichen „Traditorenbande" eines Fundanus von Abitinae oder von Mensurius und Caecilian in Karthago ab.

Von einigen der Märtyrer erfährt man mehr als den bloßen Namen:
    Caecilia, *matrona*
    Dativus mit dem Zusatznamen Senator[1]
    Emeritus, Hausbesitzer und Patron der Gemeinde[2]
    Felix, Lektor, Sohn des Saturninus Presbyter[3]
    Hilarianus, jüngster Sohn des Saturninus Presbyter[4]

---

[1] MANDOUZE, Prosopographie 1 (1982) 267 f: Dativus 1.
[2] Ebd. 410 f: Emeritus 1.
[3] Ebd. 410 f: Felix 3. Möglicherweise ist ein zweiter Felix identisch mit Octavius Felix und damit der andere Hausbesitzer und Patron der Gemeinde neben dem in der Liste ebenfalls vorne stehenden Emeritus.
[4] Ebd. 556 f: Hilarianus 1.

Ianuaria, *matrona*[5]
Maria, Asketin, Tochter des Saturninus Presbyter[6]
Saturninus, Presbyter[7], Vater von Felix (1), Hilarianus, Maria und Saturninus iunior
Saturninus iunior, Lektor, Sohn des Saturninus Presbyter[8]
Victoria[9], Schwester des Fortunatianus, Senator von Karthago und Grundbesitzer in Abitinae[10], und ihre vielen Begleiterinnen

Mit Hilfe des Namensmaterials ist aber eine genaue Bestimmung der etwa fünfzig abitinischen Märtyrer nicht möglich.

---

[5] Ebd. 579: Ianuaria 5.
[6] Ebd. 698 f: Maria 1.
[7] Ebd. 1037: Saturninus 4.
[8] Ebd. 1038: Saturninus 5.
[9] Ebd. 1185 f: Victoria 2.
[10] Ebd. 481 f: Fortunatianus 1.

C. Abitinensium martyrum confessiones et actus

Confessionen und Akten der abitinischen Märtyrer

[Abitinensium martyrum confessiones et actus]

Incipiunt confessiones et actus martyrum Saturnini presbyteri, Dativi, Felicis, Ampelii[1] et ceterorum infra scriptorum, qui propter collectas et scripturas dominicas sub Anulino tunc proconsule Africae die pridie idus februarii[2] Kartagine dominum confessi, diversis locis temporibusque discretis beatissimum sanguinem profuderunt[3].

1. Qui religionis sanctissimae[4] fide praeditus exultat et gloriatur in Christo, quique dominica veritate gaudet errore damnato, ut ecclesiam catholicam teneat, sanctam quoque communionem a profana. discernat, acta martyrum legat, quae necessario in archivo memoriae conscripta sunt, ne saeculis transeuntibus obsolesceret et gloria martyrum et damnatio traditorum. 2. Adgredior itaque caelestes pugnas novaque certamina gesta per fortissimos milites Christi, bellatores invictos, martyres gloriosos; adgredior, inquam, ex actis publicis scribere, non tam ingenio praeditus quam civico[5], illis amore coniunctus, consulto quidem hoc faciens duplici scilicet modo, ut et imitatoribus eorum ad martyrium animos praeparemus et, quos vivere in perpetuum atque cum domino Christo regnare confidimus, etiam confessiones ipsorum, pugnas atque

---

1 Ampelii *om.* A
2 que est XV kl. Febr. A, die XV k. Febr. E
3 Incipit passio s. Dativi, Saturnini presbyteri et aliorum D
4 religionis sanctissimae BCF, religione sanctissime AE, religione sacra D
5 civili quo illis BCF

Es beginnen die Confessionen und Akten der Märtyrer, des Presbyters Saturninus, des Dativus, des Felix, des Ampelius und der übrigen, die unten beschrieben werden, die um der Versammlungen[1] und Schriften des Herrn willen unter Anulinus[2], der damals Prokonsul Afrikas war, am 12. Februar in Karthago den Herrn bekannt haben (und) an verschiedenen Orten und unterschiedlichen Zeiten ihr überaus gesegnetes Blut vergossen haben.

1. Derjenige, der beschenkt mit dem Glauben der hochheiligen Religion frohlockt und sich rühmt in Christus[3] und der sich über die Wahrheit – weil der Fehler verdammt worden ist – des Herrn freut, so dass er die katholische Kirche bewahrt (und) die katholische *communio*[4] von der profanen fernhält, möge die Akten der Märtyrer lesen, die notwendigerweise im Archiv der Erinnerung[5] niedergeschrieben sind, damit nicht durch die verstreichenden Zeiten der Ruhm der Märtyrer und die Verdammung der Traditoren[6] in Vergessenheit geraten. **2.** Ich beginne deshalb (mit) den himmlischen Schlachten und den unerhörten Kämpfen, die durch die tapfersten Soldaten Christi geführt worden sind[7], die unbesiegten Krieger, die glorreichen Märtyrer; ich beginne, das betone ich, aus den öffentlichen Akten[8] zu exzerpieren, weil ich nicht mit einem ebenso großen Talent ausgestattet bin wie ich in mitbürgerlicher Liebe mit ihnen verbunden bin. Indem ich dies tue, trage ich jedoch Sorge für ein wohlgemerkt zweifaches Ziel: zum einen, dass wir als ihre Nachahmer[9] unsere Seelen zum Martyrium vorbereiten, zum anderen, dass wir den Bekenntnissen derer ewiges Gedächtnis zukommen lassen – indem wir dies schriftlich niederlegen –, von denen wir glauben, dass sie in Ewigkeit leben und zusammen mit dem Herrn Chris-

---

1 Zu *collecta* vgl. CAPELLE, Collecta (1930).
2 Nach PLRE 1 (1971) 79 handelt es sich um Anullinus 3.
3 Vgl. Röm 5,11; 15,17; 1 Kor 1,31; 15,31; 2 Kor 10,17; Gal 6,14, Phil 1,26; 3,3.
4 Der donatistische Autor betont mit dem Wort *communio* sowohl den Gemeinschaftsaspekt als auch die sakramentale Bedeutung.
5 Die Verschriftlichung dient der *memoria*, durch die die Märtyrer geehrt werden, vgl. dazu MPol. 18,3 (LINDEMANN – PAULSEN, Väter [1992] 280); auch 2 Makk 2,26 sowie THEILER W., Erinnerung, RAC 6, 1966, 43–54, hier 51 f. Bemerkenswert ist die Formulierung *archivum memoriae*, für die keine weiteren Belegstellen gefunden werden konnten.
6 Während der diokletianischen Verfolgung entwickelte sich das Gegensatzpaar *martyr – traditor*. Zuvor wurden die *traditores lapsi* genannt, vgl. SLUSSER M., Martyrium III. Christentum, TRE 22, 1992, 207–212, hier 208.
7 Vgl. 2 Kor 10,4; 1 Tim 1,18; OR.princ. 3, 2,5 (GCS 22, 252–254 Koetschau); TERT.apol. 50 (CChr.SL 1, 169–171 Dekkers); fug. 10 (CChr.SL 2, 1147 f Thierry); mart. 3 (CChr.SL 1, 5 f Dekkers); CYPR.epist. 10,1–2 (CChr.SL 3B, 46–50 Diercks); 15,1 (85–87); 28,1–2 (133–136); vgl. HARNACK, Militia (1905) 32–44.
8 Die *acta publica* beinhalten die Prozessprotokolle, vgl. MOMMSEN, Strafrecht (1899) 512–520. – Der Verweis auf die offiziellen Akten soll im Streit zwischen Donatisten und Großkirche die Glaubwürdigkeit des Folgenden erhöhen. Seit CONC.Arel. a. 314, can. 14 (13) (CChr.SL 148, 12 Munier) spielen die *acta publica* als Beweismittel im Streit der verschiedenen christlichen Gruppen eine Rolle.
9 Vgl. MPol. 1,2 (262); 17,3 (278–280) zum Motiv der Nachahmung.

victorias, cum in litteras digerimus, aeternae memoriae conferamus. 3. Sed non invenio, fratres dilectissimi, quibus utar exordiis quove principio laudis adgrediar sanctissimorum martyrum felicissimam confessionem. 4. Magnis enim rebus magnisque virtutibus rapior, et quicquid est quod in ipsis aspicio, id totum divinum atque caeleste admiror, in devotione fidem, in vita sanctitatem, in confessione constantiam, in passione victoriam. 5. Quae res quanto solae in suis virtutibus fulgent, tanto sunt omnes in singulis martyribus clariores. 6. Placet igitur in principio[6] causam ipsius belli tractare totiusque mundi discrimen necessario breviter omni celeritate discurrere, ut agnita veritate et praemia martyrum et poenas quis noverit traditorum.

2. Temporibus namque Diocletiani et Maximiani bellum diabolus christianis indixit isto modo, ut sacrosancta domini testamenta scripturasque divinas ad exurendum peteret, basilicas dominicas subverteret et ritus sacros coetusque sanctissimos celebrari domino prohiberet. 2. Sed non tulit exercitus domini tam inmane praeceptum, sacrilegamque iussionem perhorruit et mox fidei arma corripuit, descendit in proelium, non tam contra homines quam contra diabolum pugnaturus. 3. Et quamvis

---

6 in principio *omm.* DE

tus regieren¹⁰. 3. Aber ich weiß nicht, liebste Brüder, welchen Anfang ich nehmen soll, mit welchem Anfang des Lobes ich herangehen soll an das sehr heilbringende Bekenntnis der heiligsten Märtyrer. 4. Denn heftig bin ich ergriffen von den großen Taten und großen Tugenden¹¹, und was auch immer es ist, was ich in ihnen sehe, ich bewundere es als völlig göttlich und himmlisch: in Frömmigkeit den Glauben, im Leben die Heiligkeit, im Bekenntnis die Beständigkeit, im Leiden den Sieg. 5. Und je mehr diese Dinge einzeln in ihrer Tugendhaftigkeit glänzen, desto heller sind sie alle (zusammen) in den einzelnen Märtyrern. 6. Deshalb halte ich es für sinnvoll, zu Beginn den Grund des Krieges¹² selbst abzuhandeln und dann in notwendiger Kürze und aller Schnelligkeit den Riss durch die ganze Welt abzuhandeln, damit ein jeder, nachdem die Wahrheit anerkannt worden ist, den Lohn der Märtyrer und die Strafen der Traditoren kennen lerne¹³.

2. Denn zu den Zeiten des Diokletian und des Maximian erklärte der Teufel den Christen auf diese Weise den Krieg¹⁴: Er suchte die allerheiligsten Testamente des Herrn und die göttlichen Schriften, um sie zu verbrennen, er zerstörte die Kirchen des Herrn und verbot, die heiligen Riten und hochheiligen Versammlungen zu feiern¹⁵. 2. Das Heer des Herrn jedoch ertrug nicht eine so entsetzliche Forderung, es entsetzte sich angesichts des gottlosen Befehls und ergriff bald die Waffen des Glaubens, um nicht so sehr gegen Menschen als vielmehr gegen den Teufel zu kämpfen. 3. Und

---

10 Vgl. 2 Tim 2,12.
11 *Res* und *virtutes* des Verstorbenen sind Bestandteil der *laudatio funebris*; dazu vgl. KIERDORF W., Laudatio funebris, DNP 6, 1999, 1184–1186.
12 Hier wird die *causa* genannt, die für die rhetorische Gestaltung wichtig wird: Verfolgung durch das Reich und ebenso durch die Großkirche zeigt die eschatologische Situation, in der sich die wahren Christen donatistischer Prägung befinden, nämlich in einem apokalyptischen Krieg mit dem Teufel.
13 Der Verfasser bedient sich im Proömium der drei proöminalen Suchformeln *iudicem benevolum parare* (Lob des Publikums und seiner Urteilsfähigkeit, Lob der Rechtschaffenheit der eigenen Sache und Ungerechtigkeit/Verdammnis der Gegner, Verbergen der eigenen *eloquentia*), *iudicem docilem parare* (Aufzählung der in der *narratio* behandelten Gegenstände) und *iudicem attentum parare* (Betonung der Bedeutung des Gegenstandes, Versprechen der *brevitas* der *narratio*), vgl. LAUSBERG, Rhetorik (³1990) §§ 266–279.
14 Apokalyptische Deutung der diokletianischen Verfolgung.
15 Danach umfasst das Edikt des Diokletian also die folgenden drei Punkte: 1. Auslieferung der Heiligen Schriften und deren Verbrennung; 2. Zerstörung der Kirchen; 3. Verbot des Gottesdienstes sowie sakramentaler Handlungen, hier *collecta* und *dominicum*. Nach Evs.h.e. 8, 2,4–5 (GCS 9/2, 742 Schwartz) beinhaltet das erste Edikt Diokletians gegen die Christen vom 23.02.303 1. Zerstörung der Kirchen; 2. Verlust aller Ämter und Würden sowie der Rechtsfähigkeit der Christen, Freigelassene im kaiserlichen Dienst verlieren ihre Freiheit; 3. Verbrennung der Heiligen Schriften. Ein späteres Edikt (Frühsommer 303) perfektioniert die Selektion der christlichen Elite: Kleriker werden zu Opferhandlungen gezwungen und eingekerkert. Im Frühjahr 304 ergeht ein Opferbefehl an die gesamte Bevölkerung. Vgl. auch die divergierende Darstellung bei LACT.mort.pers. 12,1–15,4 (FC 43, 120–126 Städele), der nur ein Edikt kennt. Eine eingehende Würdigung der diokletianischen Religionspolitik in ihren verschiedenen Aspekten findet sich bei SCHWARTE, Christengesetz (1994) und KUHOFF, Diokletian (2001) 246–306, bes. 281–284.

tradendo gentilibus scripturas dominicas atque testamenta divina profanis ignibus comburenda a fidei cardine cecidere[7] non nulli, conservando tamen ea et pro ipsis libenter suum sanguinem effundendo, fortiter fecere[8] quam plurimi. 4. Quique pleni deo, devicto ac prostrato diabolo, victoriae palmam in passione gestantes, sententiam in traditores atque in eorum consortes, qua illos ab ecclesiae communione reiecerant, cuncti[9] martyres proprio sanguine consignabant; fas enim non fuerat ut in ecclesia dei simul essent martyres et traditores. 5. Advolabant igitur undique versum ad certaminis campum inmensa agmina confessorum, et ubi quisque hostem reppererat, castra illic dominica collocabat. 6. Namque in civitate Abitinensi[10], in domo Octavii Felicis, bellica cum caneret tuba, dominica signa gloriosi martyres erexerunt, ibique celebrantes ex more dominicum[11] a coloniae magistratibus atque ab ipso stationario milite adprehenduntur Saturninus presbyter cum filiis quattuor, id est Saturnino iuniore et Felice lectoribus Maria sanctimoniali Hilariano infante itemque Dativus qui et Senator Felix alius[12] Felix Emeritus Ampelius Rogatianus Quintus Maximianus Telica Rogatianus Rogatus Ianuarius Cassianus Victorianus Vincentius Caecilianus Restituta Prima Eva Rogatianus Givalius Rogatus Pomponia Secunda Ianuaria Saturnina

---

7 cecinere AE
8 ferre A, finiere BCF, restituerunt DE, fecerunt Surius et Franchi
9 cunctos *codd*.
10 Abitinensi DE, Alitinensi A, Alutinense BCF
11 dominica sacramenta BCF
12 Dativus ... alius *om*. A

obwohl nicht wenige vom Hauptpunkt des Glaubens abfielen durch die Auslieferung der Schriften des Herrn und göttlicher Testamente zur Verbrennung in unheiligen Feuern, handelten trotzdem die allermeisten tapfer, indem sie sie bewahrten und für sie gerne ihr Blut vergossen. 4. Nachdem der Teufel überwunden und niedergeworfen war, trugen sie erfüllt von Gott die Palme des Sieges in ihrem Leiden; und alle Märtyrer besiegelten mit ihrem eigenen Blut das Urteil gegen die Traditoren und gegen ihre Helfer, durch das sie sie von der Gemeinschaft der Kirche ausschlossen. Denn es konnte nicht sein, dass in der Kirche Gottes zugleich Märtyrer und Traditoren waren.[16] 5. Daher eilten von allen Seiten immense Scharen an Bekennern zum Schlachtfeld, und wo ein jeder den Feind ausfindig gemacht hatte, dort stellte er das Feldlager des Herrn auf. 6. Als nämlich in der *civitas* von Abitinae[17], im Haus des Octavius Felix, die Kriegstrompete ertönte, richteten die glorreichen Märtyrer die Banner des Herrn auf. Während sie dort, wie gewöhnlich, das Herrenmahl[18] feierten, wurden sie von den Magistraten der *colonia* und dem dortigen *stationarius*[19] ergriffen; nämlich der Presbyter Saturninus mit (seinen) vier Kindern – das sind die Lektoren Saturninus der Jüngere und Felix, die Asketin[20] Maria (und) das Kind Hilarianus – und ebenso Dativus mit dem Beinamen Senator[21], Felix, der andere Felix, Emeritus, Ampelius, Rogatianus, Quintus, Maximianus, Telica, Rogatianus, Rogatus, Ianuarius, Cassianus, Victorianus, Vincentius, Caecilianus, Restituta(,) Prima, Eva, Rogatianus, Givalius, Rogatus, Pomponia(,) Secunda, Ianuaria, Saturnina, Martinus, Clautus, Felix, Marga-

---

16 Abfall wird hier spezifisch mit *traditio* verbunden. Die Konsequenz der *traditio* ist der Ausschluß, womit sich die Donatisten gegen jede Vorstellung der Kirche als *corpus permixtum* abgrenzen. Das Ausliefern (*tradere*) der Bücher mit den christlichen heiligen Schriften und der Kirchengeräte assoziiert gewissermaßen das Kapitalverbrechen Hochverrat und kriminalisiert die daran Beteiligten unwiderruflich in höchstem Maße, vgl. WISCHMEYER, Sukzessionsgedanke (1979); KRIEGBAUM, Kirche (1986) 165f.
17 Vgl. SCHMIDT J., Abitinae, PW 1, 1893, 101; BESCHAOUCH, Localisation (1976); LEPELLEY, Notice (1982) 56–58. Abitinae war *municipium* unter Commodus, seit severischer Zeit *colonia*; inschriftlich belegt als Avinae oder Avitinae; der heutige Name ist Chouhoua el-Bâtin, Den heutigen Namen bringt BESCHAOUCH, Localisation (1976) 266, mit „les témoins de Bâtin" in Verbindung, offensichtlich eine Erinnerung an die Märtyrer von Abitinae.
18 Die Eucharistiefeier geschieht also hier ohne den Bischof Fundanus, der von der Sondergemeinde schon als *traditor* entlarvt ist, vgl. 3,6.
19 Entsprechend der Verwaltungsstruktur einer *colonia* werden die *duumviri* aktiv. Der *stationarius* wiederum fungiert hier entsprechend seinen Aufgaben bei der Strafrechtspflege, vgl. MOMMSEN, Strafrecht (1899) 297–322.
20 Das erst spät belegte Wort *sanctimonialis* betont in besonderer Weise die Jungfräulichkeit, so auch CONC.Carth. a. 345/8 can. 3 beim Verbot des Syneisaktentums (CChr.SL 149, 5 Munier), vgl. BLAISE, Dictionnaire (1967) 736.
21 Dativus war karthagischer Kurialer, ohne *senator romanus* zu sein, wie seine Behandlung zeigt, s.u. 10,6 und vgl. LEPELLEY, Notice (1982) 59. Das Supernomen Senator zeigt möglicherweise den Wunsch kurialer Eltern nach einem Aufstieg der Familie in die Reichsführungsschicht. Der Autor der Akten gibt im Folgenden dem Supernomen eine singuläre religiöse Deutung, die deutlich sekundär ist: „Senator der himmlischen Kurie."

Martinus Clautus Felix Margarita Maior Honorata Regiola Victorianus Pelusius Faustus Dacianus Matrona Caecilia Victoria Berectina[13] Secunda item Matrona Ianuaria.

3. Qui adprehensi producebantur alacres ad forum. 2. Adhuc in primum certaminis campum prior Dativus ibat, quem sancti parentes candidum senatorem caelesti curiae genuerunt. 3. Ibat etiam presbyter Saturninus numerosa vallatus propagine liberorum, cuius partus partem sibi sociam ad martyrium destinavit, partem sui nominis pignus ecclesiae relinquebat. 4. Hos agmen dominicum sequebatur, in quo fulgebat caelestium splendor armorum, scutum fidei, lorica iustitiae, salvationis galea et gladius spiritus qui est[14] sermo dei: quorum praesidio fulti spem victoriae fratribus promittebant. 5. Sed iam ad supra dictae civitatis pervenerunt forum, ibique primo congressi confessionis palmam magistratus elogio sustulerunt: 6. in isto namque foro iam pro dominicis scripturis dimicaverat caelum, cum Fundanus, ipsius civitatis quondam episcopus, scripturas dominicas traderet exurendas. Quibus cum magistratus sacrilegos ignes adponerent[15], subito imber sereno caelo diffunditur, ignis scripturis sanctis admotus extinguitur, grandines adhibentur omnisque ipsa regio, pro scripturis dominicis elementis furentibus, devastatur.

4. De hac igitur civitate martyres Christi exoptata prima vincula susceperunt, directique ad Kartaginem, alacres ac laeti per totum iter hymnos domino canticaque psallebant. 2. Quique cum ad officium Anulini tunc proconsulis pervenirent starentque in acie constanter ac fortiter, saevientis impetus diaboli dominica constantia retun-

---

13 *codices diversi et aliter*, Herectina Surius, Berectina Franchi, Hecretina Tilley
14 B, vibrans ADE, bifrons C(F)
15 sacrilegus igni aponeret BCF

rita(,) Maior, Honorata, Regiola, Victorianus, Pelusius, Faustus, Dacianus, Matrona(,) Caecilia, Victoria, Berectina(,) Secunda, ebenso Matrona (und) Ianuaria[22].

3. Nachdem sie verhaftet worden waren, wurden sie, die freudig gestimmt waren, zum Forum geführt. 2. Auf das bis jetzt neue Schlachtfeld ging Dativus als erster, den seine heiligen Eltern als weißgekleideten[23] Senator für die himmlische Kurie erzogen hatten. 3. Es ging auch der Presbyter Saturninus, umgeben von der zahlreichen Nachkommenschaft seiner Kinder; von dieser Leibesfrucht bestimmte er einen Teil für sich als Begleitung zum Martyrium, den anderen Teil ließ er für die Kirche als Unterpfand seines Namens zurück[24]. 4. Ihnen folgte der Heereszug des Herrn, in dem der Glanz der himmlischen Waffen leuchtete, das Schild des Glaubens, der Panzer der Gerechtigkeit, der Helm der Errettung und das zweischneidige Schwert, das Wort Gottes[25]: Unterstützt auf deren Hilfe sicherten sie den Brüdern die Hoffnung auf den Sieg zu. 5. Aber sie gelangten schon zum Forum der oben genannten Stadt, und dort nahmen die Versammelten zuerst die Palme des Bekenntnisses auf durch das Protokoll[26] des Magistrats. 6. Auf diesem Forum nämlich hatte der Himmel schon einmal für die Schriften des Herrn gekämpft, als Fundanus, damals Bischof dieser Stadt, die Schriften des Herrn zur Verbrennung übergeben hatte: Als die Magistraten ihnen die gottlosen Fackeln nähern wollten, ergoss sich plötzlich ein Regen aus dem heiteren Himmel (und) das Feuer wurde ausgelöscht, als es sich den heiligen Schriften näherte. Hagelkörner fielen herab und das ganze Gebiet selbst wurde völlig verwüstet, weil die Elemente für die Schriften des Herrn tobten[27].

4. Von dieser Stadt also erhielten die Märtyrer Christi die ersten ersehnten Ketten. Während sie nach Karthago geführt wurden, psallierten sie auf dem ganzen Weg freudig und heiter Hymnen und Lieder für Gott[28]. 2. Als sie zum *officium* des Anulinus,

---

22 Die Anzahl der genannten Personen ist unsicher, da es z. B. bei Restituta Prima unklar bleibt, ob es sich – wie eher anzunehmen ist – hier um Namen und Beinamen einer Person oder aber um Namen zweier Personen handelt; ähnlich Margarita maior oder Matrona Caecilia. Der Name Felix begegnet wiederum viermal.
23 Vgl. Offb 19,14; TERT.scorp. 12, 10 (CChr.SL 2, 1093 Reifferscheid – Wissowa).
24 Der Presbyter und *pater familias* will also über Martyrium und Nicht-Martyrium seines Nachwuchses entscheiden, wobei den Überlebenden die *memoria* des Märtyrervaters obliegt.
25 Vgl. Eph 6,14-17; Hebr 4,12. Ausgehend von diesen Stellen wird nicht nur das Bild des *miles Christianus* entwickelt, sondern gesteigert bis zum „Heerzug des Herrn". S. auch 2,2.
26 Das *elogium* enthält Namen, Herkunft und Verbrechen eines Delinquenten, vgl. SCHIEMANN G., Elogium [2], DNP 3, 1997, 999.
27 Variante des Regenwunders, nach dem während der Markomannenkriege die römischen Soldaten 172 n. Chr. durch ein plötzlich einsetzendes Gewitter vor dem Verdursten gerettet worden sind; dieses „Regenwunder" reklamierten die Christen schon früh für sich als Folge ihrer Fürbitte, vgl. TERT.apol. 5,6 (96); scap. 4,6 (CChr.SL 2, 1131 Dekkers); Evs.h.e. 5, 5,1-3 (434-436). Das Regenwunder wird auch in der paganen Geschichtsschreibung erwähnt (ohne christliche Zuweisung), vgl. u. a. HIST.AVG.Aur. 24,4 Vopiscus (BSGRT 1, 68f Hohl); D.C.hist.rom. 72,8-10 (26-32 Foster). Vgl. KLEIN, Regenwunder (1991).
28 Lange vor Ambrosius (vgl. ANDRESEN, Kirchen [1971] 663) haben die Christen im Westen gesungen.

debant. 3. Sed cum non contra omnes simul milites Christi diabolica rabies praevaleret, singulos in certamina postulavit. 4. Quorum certaminum pugnas non tam meis exequar quam martyrum dictis, ut et saevientis hostis audacia. in tormentis atque in ipsa sacrilega invectione[16] noscatur et Christi domini praepotentis virtus in tolerantia martyrum atque in ipsa confessione laudetur.

5. Cum igitur ab officio proconsuli offerrentur suggeriturque quod a magistratibus Abitinensium[17] transmissi essent christiani, qui contra interdictum imperatorum et caesarum collectam sive[18] dominicum celebrassent, primum proconsul[19] Dativum interrogat cuius esset condicionis et utrum collectam fecisset. 2. Qui cum se christianum et in collecta fuisse profiteretur, auctor ab ipso collectionis sanctissimae postulatur: statimque iubetur officium eundem in eculeum sublevare extensumque ungulis praeparare. 3. Sed cum carnifices iussa crudelia truci velocitate complerent starentque saevientes in dictis[20] et denudatis ad vulnera martyris lateribus erectis ungulis imminerent, subito sese in medium Tazelita fortissimus martyr tormentis obiecit exclamavitque: Christiani sumus nos, nos, inquit[21], collegimus. 4. Statim proconsulis furor exarsit, et ingemiscens, spiritali gladio graviter vulneratus, martyrem Christi gravissimis ictibus tutudit[22], in eculeum suspensum extendit, ungulis perstridentibus laniavit. 5. At contra gloriosissimus Tazelita martyr media de ipsa carnificum rabie huius modi preces domino cum gratiarum actione effundebat: Deo gratias. In nomine tuo, Christe dei filius, libera servos tuos.

---

16 inventione A
17 abstinentium AE
18 *omm.* BCF
19 consulem BCF
20 in dignitis A, *de* in digitis *cfr apud* Franchi p. 14, Tilley
21 Inquid A, inquit BCDEF
22 percussit DE, *om.* A

des damaligen Prokonsuls, kamen und in einer Schlachtlinie ruhig und mutig standen, stießen sie die Angriffe des wütenden Teufels mit der Beharrlichkeit des Herrn zurück. 3. Aber da die teuflische Wut nicht gegen alle Soldaten Christi zugleich obsiegen konnte, forderte er sie einzeln zum Wettkampf heraus. 4. Deren Wettkämpfe sollte ich nicht mit meinen als vielmehr mit den Worten der Märtyrer beschreiben[29], damit sowohl die Dreistigkeit des wütenden Feindes in den Folterungen und in dem gottlosen Angriff selbst erkannt als auch die Kraft des übermächtigen Herrn Christus in der Geduld der Märtyrer und in dem Bekenntnis selbst gelobt werde.

5. Als sie also vom *officium* des Prokonsuls[30] herbeigeführt wurden und kundgetan wurde, dass die Christen von den Magistraten aus Abitinae überstellt worden seien, weil sie gegen das Verbot der Imperatoren und Caesaren den Gottesdienst oder das Herrenmahl gefeiert hätten, fragte der Prokonsul als ersten Dativus, welchen Standes er sei[31] und ob er die Gebetsversammlung abgehalten hätte. 2. Als er frei heraus sagte, dass er Christ und in der Gebetsversammlung gewesen sei, wurde von ihm der (Name des) Leiter(s) der hochheiligen Gebetsversammlung verlangt: und sofort wurde befohlen, dass das *officium* ihn auf den *eculeus*[32] hebe und ihn, sobald er gestreckt worden sei, mit der Kralle[33] bearbeite. 3. Aber als die Folterknechte mit grimmiger Schnelligkeit die grausamen Befehle ausführten und wütend dastanden und als sie die zur Verwundung entblößten Seiten des Märtyrers mit den angekündigten, erhobenen Krallen bedrohten, warf sich plötzlich der äußerst tapfere Märtyrer Tazelita[34] in die Mitte, den Marterwerkzeugen entgegen und rief: „Christen sind wir, wir", sagte er, „gehören zusammen[35]." 4. Sofort entbrannte der Zorn des Prokonsuls und aufstöhnend, weil er vom geistlichen Schwert schwer verwundet worden war, schlug er den Märtyrer Christi mit heftigsten Hieben, streckte ihn, als er auf dem *eculeus* lag, und zerriss ihn mit den zerfleischenden Krallen. 5. Aber der glorreichste Märtyrer Tazelita[36] ließ während des Wütens der Folterknechte Gebete von dieser Art für Gott, (verbunden) mit Gesten des Danks, hören: „Dank sei Gott! In deinem Namen, Christus, Sohn Gottes, befreie deine Sklaven."

---

29 Literarische Technik des Perspektivwechsels: Die Sicht der Betroffenen wird geschildert. Hier liegt wieder eine Formel vor, mit der das Publikum aufmerksam gemacht werden soll. Dem dient der Hinweis auf die Größe der behandelten Sache, auch wenn das Folgende – entgegen der Ankündigung – nicht aus der Sicht der Märtyrer geschildert wird.
30 Zum *officium* des Prokonsuls, dem Amtslokal, vgl. WISCHMEYER, Cyprianus (1991) 407 f.
31 Dativus' offensichtlich kurialer Stand (siehe Anm. 21) ist auch der Grund, warum er als erster vorgeführt wird.
32 *eculeus*: eine hölzerne Folter in Gestalt eines Pferdes. Dazu vgl. SCHIEMANN G., Folter, DNP 4, 1998, 584–587 (Abb. 586).
33 *ungula*: ein Marterinstrument in Krallenform.
34 Tazelita wird im obigen Katalog nicht erwähnt. Es könnte sich um den dort genannten Thelica handeln, so schon die älteren Hagiologen.
35 Die Wortverwandtschaft zwischen *collecta* und dem hier verwendeten *colligo* ist zu beachten.
36 Im Folgenden steht Tazelita im Vordergrund, Dativus wird erst wieder in 7,1 erwähnt.

6. Talia precanti proconsul: Quis est auctor tecum, inquit, congregationis vestrae? 2. Qui crudelius saeviente carnifice[23] clara voce respondit: Saturninus presbyter et omnes. O martyrem primatum omnibus dantem! non enim presbyterum fratribus praetulit, sed presbytero fratres confessionis consortio copulavit. 3. Quaerenti igitur proconsuli[24] Saturninum ostendit; non quod illum prodidit, quem secum adversus diabolum pariter dimicare cernebat, sed ut illi panderet integre se celebrasse collectam, quando cum ipsis etiam presbyter fuerat. 4. Manabat igitur cum voce sanguis dominum deprecantis, et praeceptorum evangelii memor inimicis suis veniam martyr in ipsa corporis sui laniamenta poscebat. 5. Inter ipsos namque vulnerum gravissimos cruciatus tortores pariter et proconsulem his vocibus exprobrabat: Iniuste facitis, infelices[25]; contra deum facitis. Deus altissime, noli illis consentire ad haec peccata. Peccatis additis[26], infelices. Contra[27] deum facitis, infelices[28]. Custodimus[29] praecepta dei altissimi. Iniuste agitis, infelices; innocentes laniatis. Non sumus homicidae; non fraudem fecimus. Deus miserere, gratias tibi ago, pro nomine tuo, domine, da sufferentiam. Libera servos tuos de captivitate huius saeculi. Gratias tibi ago, nec sufficio tibi gratias agere. 6. Et cum ictibus ungularum concussa fortius latera sulcarentur profluensque sanguinis unda violentis tractibus emanaret, proconsulem sibi dicentem audivit: Incipies[30] sentire quae vos pati oporteat. Et adiecit: Ad gloriam gratias ago deo regnorum. Apparet regnum aeternum, regnum incorruptum. Domine Jesu,

---

23 sevienti carnifici ABCF
24 quaerente i. proconsule BCF
25 *omm.* DE
26 A
27 A, adversus BCDEF
28 *omm.* DE
29 custodite ADE
30 incipe DE

6. Als er auf diese Weise betete, fragte der Prokonsul: „Wer ist mit dir der Leiter eurer Gemeinschaft?"[37] 2. und er antwortete mit klarer Stimme, während der Folterknecht noch unbarmherziger wütete: „Der Presbyter Saturninus und alle[38] (anderen)." Oh Märtyrer, der allen den Vorrang zukommen lässt! Er gab nämlich nicht dem Presbyter den Vorzug vor den Brüdern, sondern verband in der Gemeinsamkeit des Bekenntnisses die Brüder mit dem Presbyter.[39] 3. Als der Prokonsul nun (danach) fragte, zeigte er ihm den Saturninus; nicht dass er ihn verriet, den er mit sich zusammen in gleicher Weise gegen den Teufel kämpfen sah, sondern (er tat dies,) um deutlich zu machen, dass er mit ihnen zusammen die Versammlung gemeinschaftlich gefeiert hatte, als er (ihr) Presbyter gewesen war. 4. Nun floss zusammen mit der Stimme das Blut dessen, der zu Gott flehte, und in Erinnerung an die Gebote des Evangeliums[40] bat der Märtyrer um Vergebung für seine Feinde selbst während der Zerfleischung seines Körpers. 5. Während der schlimmsten Passionsleiden[41] durch seine Wunden selbst allerdings machte er (seinen) Peinigern und zugleich dem Prokonsul mit diesen Worten Vorwürfe: „Ihr handelt ungerecht, ihr Unglückseligen; ihr handelt gegen Gott. Allerhöchster Gott, sei nicht mit ihnen in diesen Sünden einverstanden! Ihr vermehrt (eure) Sünden, Unglückselige! Ihr handelt gegen Gott, Unglückselige! Wir beachten die Gebote des allerhöchsten Gottes. Ihr handelt ungerecht, Unglückselige; ihr zerfleischt Unschuldige. Wir sind keine Mörder; wir haben keine Verbrechen begangen. Gott erbarme dich: ich danke dir, um deines Namens willen, Herr, gib Geduld. Befreie deine Sklaven aus der Gefangenschaft dieser Welt. Ich danke dir und ich lasse nicht nach, dir zu danken."[42] 6. Und während seine zerschlagenen Seiten von den Stößen der Krallen heftiger durchpflügt wurden und eine empor schnellende Blutwelle aufgrund der grausamen Dehnungen hervorschoss, hörte er, wie der Prokonsul zu ihm sagte: „Du beginnst nun zu fühlen, was ihr erleiden müsst." Er (Tazelita) fügte (aber) hinzu: „Für die Ehre danke ich dem Gott der Königreiche. Das ewige Königreich wird sichtbar, das unverfälschte Reich. Herr Jesus, wir sind Christen, dir dienen wir. Du

---

37 Die römische Administration hat offensichtlich eine kollegiale Vorstellung von der christlichen Organisationsleitung. Die Frage nach dem *auctor* der Versammlung könnte ein Hinweis auf das in unserem Text zwar nicht erwähnte, speziell gegen den Klerus gerichtete Edikt sein, von dem Eusebius berichtet (vgl. Anm. 15).
38 Zum Verbot, die Namen anderer Christen zu verraten, vgl. Conc.Arel. a. 314, can. 14 (13) (CChr.SL 148, 12). Hier handelt es sich nach dem Verständnis des Autors nicht um Verrat bzw. um durch den Prokonsul herausgepresste Untersuchungsergebnisse, sondern um eine vom Geist gewirkte „Enthüllung" des Namens.
39 In Fortsetzung des Gedankens von 5,3 wird die Gemeinschaft betont und ihre Versammlung als nicht hierarchisch strukturiert dargestellt. Dies ist aber auch im Zusammenhang klerikaler Demutstopik zu sehen.
40 Vgl. Mt 5,44; Lk 23,34: Der Zusammenhang ist die jesuanische *imitatio* des Märtyrers.
41 Die Wortwahl *cruciatus* ist ein Hinweis auf das Verständnis des Martyriums als *imitatio Christi*, s. auch unten 9,4.
42 Die Bitte um die Vergebung für den Feind wird in dem wörtlichen Zitat von einer Bußpredigt dominiert.

christiani sumus, tibi servimus. Tu es spes nostra, tu es spes christianorum. Deus sanctissime, deus altissime, deus omnipotens, tibi laudes; pro nomine tuo[31], domine deus omnipotens. 7. Cui talibus[32] oranti cum a diabolo per iudicem diceretur: Custodire te oportuit iussionem imperatorum et caesarum, defatigato iam corpore, forti atque constanti sermone victrix anima proclamavit: Non curo nisi legem dei, quam didici; ipsam custodio, pro ipsa morior, in ipsa consumor; in lege dei[33], praeter quam non est alia. 8. Talibus itaque dictis Anulinum gloriosissimus martyr in suis tormentis magis ipse torquebat[34]. 9. Cuius tandem rabies ferocitate saginata. Parce, inquit[35], reclusumque in carcerem passioni condignae martyrem destinavit.

7. Post hunc Dativus a domino in certamen erigitur, qui Tazelitae fortissimum[36] proelium de proximo comminus[37], cum penderet[38] eculeo, spectarat extensus, idemque cum se voce saepius repetita christianum esse et collectam fecisse fortiter proclamaret, emersit Fortunatianus sanctissimae Victoriae martyris frater, vir sane togatus[39], sed a religionis christianae sanctissimo cultu ipsis temporibus alienus. 2. Qui suspensum in eculeo martyrem profanis vocibus hactenus arguebat: Hic est, ait, domine, qui per absentiam patris nostri, nobis hic studentibus, sororem nostram Victoriam seducens, hinc de splendidissima Kartaginis civitate una cum Secunda et Restituta ad Abitinensem coloniam secum usque perduxit, quique numquam domum nostram ingressus est, nisi tunc, quando quibusdam persuasionibus puellares animos illicie-

---

[31] tuo agimus BCF, tuo reddimus D
[32] talia BCF
[33] in lege Dei *omm.* BCF
[34] dictis gloriosissimi martyris in suis tormentis magis ipse Anolinus torquebatur BC
[35] inquit *omm.* BCF, inquid A
[36] ad fortissimum BCF
[37] coniunctus est BCF
[38] qui cum pedendo BCF
[39] tegatus A; rogatus C

bist unsere Hoffnung, du bist die Hoffnung der Christen. Hochheiliger Gott, höchster Gott, allmächtiger Gott, dir die Lobgesänge. Für deinen Namen, Herr, allmächtiger Gott."[43] 7. Als dem, der so betete, vom Teufel durch den Richter gesagte wurde: „Du hättest dem Befehl der Imperatoren und der Caesaren gehorchen müssen", rief, obwohl der Körper schon erschöpft war, die siegreiche Seele in kräftiger und ruhiger Rede[44]: „Ich ehre nur das Gesetz Gottes, das ich gelernt habe; dieses bewahre ich, für dies sterbe ich, in ihm verzehre ich mich; im Gesetz Gottes, außer dem kein anderes existiert." 8. So quälte der glorreichste Märtyrer selbst in seinen eigenen Folterqualen durch derartige Worte den Anulinus noch schlimmer. 9. Als dessen Wut schließlich mit Übermut gemästet war, sagte er, „Lass ab!", ließ ihn wieder in das Gefängnis einschließen und bestimmte ihn für ein angemessenes Leiden.

7. Nach diesem wurde Dativus vom Herrn für den Kampf aufgerichtet, der den überaus tapferen Kampf des Tazelita aus unmittelbarer Nähe ausgestreckt[45] beobachtet hatte, während er auf dem *eculeus* gehangen hatte. Und als er tapfer mit seiner Stimme öfter wiederholend rief, dass er Christ sei und die Gebetsversammlung abgehalten habe, tauchte Fortunatianus auf, der Bruder der allerheiligsten Märyrerin Victoria, auch ein Kurialer, der aber damals dem allerheiligsten Kult der christlichen Religion gegenüber feindselig eingestellt war. 2. Dieser beschuldigte den auf dem *eculeus* gespannten Märtyrer mit folgenden unheiligen Worten: „Dieser ist es", sprach er, „Herr, der während der Abwesenheit unseres Vaters und während ich hier beschäftigt war[46], meine Schwester verführte, (und der) sie von dieser überaus prächtigen Stadt Karthago zusammen mit Secunda und Restituta[47] in das Landstädtchen Abitiniae mit sich geführt hat. Niemals ist er in unser Haus gekommen außer dann, wenn er ihre mädchenhaften Seelen durch irgendwelche Ansichten verlocken (wollte)."[48]

---

43 Hier könnte es sich um ein liturgisches Stück handeln, das sekundär benutzt wird.
44 Es taucht die Metaebene einer Psychomachia auf.
45 *extensus*, d.h. er war auch schon im „Folterungsprozess". Der Prokonsul verschärft also die Verhörsituation durch eine gleichzeitige Folterung von mehreren Personen während ihrer Befragung.
46 Fortunatianus war wohl als Jurist beschäftigt, vgl. Lepelley, Notice (1982) 38.
47 Nach dem Märtyrerkatalog oben dürfte es sich um Pomponia Secunda oder Berectina Secunda sowie um Restituta Prima handeln.
48 Deutlich tritt in diesem Moment des Verhörs die Anklage wegen Entführung und Verführung (*perduco* und *illicio*) einer *virgo honesta* in den Vordergrund. Darauf weist auch die Beteiligung des zweiten Advokaten, Pompeianus, hin. Dieser Skandal rechtfertigt in den Augen der in der Christenfrage eher neutral oder zu Kompromissen aufgelegten breiteren Öffentlichkeit und der Kurien die Christendekrete. Der Zusammenhang mit dem Vorwurf von Entführung und Verführung legitimiert zusätzlich die auch alle Standesgrenzen überschreitende Grausamkeit und ihre Darstellung. Die Anklage wegen Entführung hat vielleicht den ganzen Christenprozess in Abitinae erst hervorgerufen, vgl. Lepelley, Notice (1982) 59 f.

bat. 3. Sed enim non tulit Victoria, clarissima martyr domini, collegam et conmartyrem suum falso adpeti Senatorem: statimque christiana libertate prorumpens: Nullius, inquit, persuasionibus profecta sum, nec cum ipso ad Abitinas veni. Hoc possum per cives probare. Omnia mea sponte atque voluntate perfeci; nam et in collecta fui
5 et dominicum cum fratribus celebravi, quia christiana sum. 4. Tunc impudens advocatus maledicta exaggerabat in martyrem: e contra martyr gloriosus de eculeo cuncta vera responsione solvebat.

8. Inter haec Anulinus ardescens premi ungulas in martyrem iubet. 2. Statim carnifices in nuda praeparataque ictibus latera cruentis vulneribus venerunt. 3. Advo-
10 labant truces manus[40] iussis velocibus leviores secretaque pectoris disruptis cutibus visceribusque divulsis nefandis aspectibus profanorum adnexa crudelitate pandebant. 4. Inter haec martyris mens inmobilis perstat et licet membra rumpantur, divellantur viscera, latera dissipentur, animus tamen martyris integer inconcussusque perdurat. 5. Denique dignitatis suae memor Dativus, qui et Senator, tali voce preces
15 domino sub carnifice rabiante fundebat: O Christe domine, non confundar. 6. His dictis beatissimus martyr quod[41] a domino poposcerat tam facile meruit quam breviter postulavit. 7. Denique mox proconsul, mente concussa, lingua nolenti: Parce, prosili-

---

40 cruces in manus BCF
41 actibus quod DE

3. Aber Victoria, erlauchte Märtyrerin[49] des Herrn, ertrug nicht, dass ihr Mitchrist und Mitmärtyrer Senator ungerechtfertigterweise angegriffen wurde: Und sofort stürzte sie in christlicher Freiheit vor und sprach: „Weder habe ich aufgrund irgendjemandes Überredungskünste die Reise angetreten, noch bin ich mit ihm nach Abitiniae gekommen. Dies kann ich durch (das Zeugnis von) Bürgern beweisen. Alles habe ich aus meinem eigenen Antrieb und Willen getan; auch ich bin nämlich in der Gebetsversammlung gewesen und habe das Herrenmahl gefeiert, weil ich Christin bin."[50]
4. Darauf vermehrte der schamlose Anwalt[51] seine Verwünschungen gegen den Märtyrer. Der glorreiche Märtyrer dagegen löste vom *eculeus* aus alles mit wahrhaftiger Erwiderung auf.

8. Inzwischen entbrannte Anulinus (vor Wut) und befahl, dass die Krallen in den Märtyrer gedrückt wurden. 2. Und sofort griffen die Folterknechte die nackten und durch die blutenden Wunden (übel) zugerichteten Seiten mit Hieben an. 3. Ihre rauen Hände flogen flinker als die schnellen Befehle und sie eröffneten das Innere seines Brustkorbs, nachdem die Haut zerrissen und die Eingeweide herausgerissen worden waren, den gottlosen Blicken der Heiden mit der damit verbundenen Grausamkeit[52].
4. Währenddessen verharrte der Geist des Märtyrers unerschüttert, und mag es auch sein, dass seine Glieder gebrochen, seine Eingeweide herausgerissen und seine Seiten zerrissen wurden, die Seele des Märtyrers hielt es dennoch unversehrt und unangefochten aus. 5. Darauf brachte, eingedenk seiner Würde[53], Dativus mit dem Beinamen Senator unter dem wütenden Henkersknecht folgende Bitten zum Herrn hervor: „Oh Herr Christus, dass ich nicht zuschanden werde[54]!" 6. Mit diesen Worten erhielt der überaus glückselige Märtyrer ebenso leicht, was er vom Herrn haben wollte, wie er es kurz erbeten hatte. 7. Bald darauf sprang der Prokonsul, dessen Geist zerrüttet war,

---

49 Unser Text verleiht das Attribut der Mitglieder des römischen Senats und ihrer Familien *vir clarissimus* bzw. *femina clarissima* den Märtyrern, vgl. 17,11, und Propheten, vgl. 22,7. Dazu kann Dativus mit dem Beinamen Senator (8,5) der Anlass sein, da dieser auch selbst in 9,2 das Attribut erhält. Bemerkenswert ist die mit diesem Sprachgebrauch ausgesprochene Relativierung der sozialen Ordnung des Clarissimats.
50 Victoria betont ihre Emanzipation, d. h. rechtliche Eigenständigkeit gegenüber dem Vater, anderen männlichen Familienmitgliedern und dem Ehemann durch autonomes Zitieren von Zeugen vor Gericht und stellt gleichzeitig mit ihrem Bekenntnis als Christin klar, dass es in ihrem Verhältnis zu Dativus nie zu delikaten Situationen wie einer gemeinsamen Reise gekommen sei, die die Anklage des Bruders rechtfertigen könnte. Damit wird der Vorwurf des Verbrechens gegen die Sittlichkeit von den Christen abgewehrt. Weiter zu Victoria unten 17.
51 Die rhetorische Retorsion besteht darin, im schamlosen Verdacht gegen Dativus den schlechten Charakter des Fortunatianus aufzuweisen.
52 Die Folterdarstellung hier und unten 11,7, ähneln einer Anatomieschilderung.
53 Vgl. 2 Makk 6,23; es handelt sich hier aber wohl auch um eine Anspielung auf den *honor* des Kurialen im Senat der *splendissima Karthaginis civitas*.
54 Vgl. Ps 30,18 Vg.

vit. 8. Cessavere carnifices: fas enim non erat, martyrem Christi in conmartyris suae Victoriae causa torqueri.

9. Namque cum contra eum etiam Pompeianus suspicionis indignae saevus accusator accederet calumniosamque coniungeret actionem, despectus a martyre est et
⁵ retusus[42]: Quid agis hoc in loco, diabole? Quid contra martyres Christi adhuc usque conaris? A Senatore domini martyre et potestas simul et forensis[43] rabies superata est. 2. Sed quoniam debuerat[44] clarissimus martyr etiam pro Christo torqueri[45], cum interrogatus utrum in collecta fuisset et profiteretur constanter et diceret ad collectam se supervenisse et dominicum cum fratribus congrua religionis devotione celebrasse
¹⁰ auctoremque eiusdem collectionis sanctissimae non[46] unum fuisse, in sese rursus proconsulem acrius excitavit. 3. Cuius recrudescente saevitia geminata martyris dignitas iterato ungulis sulcantibus exaratur. 4. At martyr inter vulnerum cruciatus gravissimos[47] pristinam suam repetens orationem, Rogo te, ait, Christe, non confundar. Quid feci? Saturninus est presbyter noster.

¹⁵ **10.** Huius cum latera duri trucesque carnifices magistra crudelitate monstrante aduncis ungulis raderent, Saturninus presbyter ad proelium postulatur. 2. Quique caelestis regni contemplatione considerans parva admodum ac levia suos conmartyres sustinere, congredi etiam ipse taliter coepit. 3. Nam dicente proconsule: Tu contra iussionem imperatorum et caesarum fecisti ut hos omnes colligeres? Respondit
²⁰ presbyter Saturninus domini spiritu suggerente securus[48]: Dominicum celebravimus. 4. Proconsul ait: Quare? Respondit Saturninus: Quia non potest intermitti domi-

---

42 percussus BCF
43 florensis F
44 *omm.* BCF
45 tortus BCF
46 *omm.* BCF
47 sevissimos BCF
48 suggerente: Securi dominicum Henschenius et Franchi

auf und sagte gegen seinen Willen: „Lass ab!" 8. Die Henkersknechte ruhten: Denn es war nicht zulässig, dass der Märtyrer Christi in der Angelegenheit seiner Mitmärtyrerin Victoria gefoltert würde.[55]

9. Als schließlich auch Pompeianus[56] gegen ihn anging als wütender Ankläger wegen einer unwürdigen Verdächtigung und (ihn) mit einer schändlichen Handlung in Verbindung brachte[57], wurde er von dem Märtyrer verachtet und zurückgewiesen: „Was tust du an diesem Ort, Teufel? Was versuchst du bis jetzt gegen die Märtyrer Christi?" Von dem Senator des Herrn, dem Märtyrer, wurden sowohl zugleich die Macht[58] als auch der gerichtliche Wahnsinn besiegt. 2. Aber da nun der erlauchte Märtyrer auch für Christus gefoltert werden musste, brachte er den Prokonsul wiederum leidenschaftlicher gegen sich auf, als er gefragt wurde, ob er in der Versammlung gewesen sei, und dies standhaft bekannte und sagte, dass er zu der Versammlung gekommen sei und das Herrenmahl mit den Brüdern entsprechend den Andachtsformen (seiner) Religion gefeiert habe und dass der Leiter dieser hochheiligen Versammlung nicht (nur) einer gewesen sei. 3. Durch die schlimmer werdende Grausamkeit wurde die Würde des Märtyrers verdoppelt, als er wiederum mit den durchschneidenden Krallen gepflügt wurde. 4. Aber unter den schwersten Passionsleiden durch die Wunden wiederholte der Märtyrer sein vormaliges Gebet, „Ich bitte dich", sagte er, „Christus, dass ich nicht zuschanden werde.[59] Was habe ich getan? Saturninus ist unser Presbyter![60]"

10. Während die derben und wilden Folterknechte seine Seiten mit den gekrümmten Krallen aufrissen – wobei sich die Grausamkeit als (ihre) Lehrerin erwies[61] –, wurde der Presbyter Saturninus zum Kampf aufgefordert. 2. Dieser sah es in (seiner) Betrachtung des himmlischen Königreichs als völlig leicht und gering an, seinen Mitmärtyrern beizustehen,[62] und fing an, auch selbst auf diese Art zu kämpfen. 3. Als nämlich der Prokonsul sagte: „Hast du gegen den Befehl der Imperatoren und Caesaren gehandelt, um diese alle zu versammeln?", antwortete der Presbyter Saturninus, wie es (ihm) der Geist des Herrn eingab[63]: „Wir haben furchtlos[64] das Herrenmahl gefeiert". 4. Der Prokonsul sagte: „Warum?" Saturninus antwortete: „Weil das Herren-

---

55 Die Anklage wegen Entführung und Vergewaltigung hat sich als nichtig herausgestellt.
56 Der Advokat in den AMaximil. von 295 hat den gleichen Namen.
57 Das Auftreten des Advokaten Pompeianus wirkt derart, dass der Prozess wegen Entführung gegen Dativus (LEPELLEY, Notice [1982] 39 Anm. 103) nun vom Prokonsul mit dem Christenprozess zusammengezogen wird.
58 *potestas*: auch „Behörde".
59 Vgl. Ps 30,18 Vg.
60 Auch hier die „Enthüllung" des Namens, siehe oben 6,2.
61 *crudelitas* als Lehrmeisterin: Perversion des Handelns, hier antithetisch gebraucht zu Wendungen wie Weisheit, Frömmigkeit, Menschlichkeit.
62 Der Gemeinschaftsaspekt wird vorangestellt.
63 Vgl. Joh 14,26.
64 Hier soll wohl betont werden, dass die Christen das Herrenmahl nicht heimlich gefeiert haben.

nicum. Qui mox ut haec dixit, contra Dativum statim iubetur aptari. 5. Spectabat interea Dativus lanienam corporis sui potius quam dolebat, et cuius ad deum mens animusque pendebat, nihil dolorem corporis aestimabat, sed tantum ad dominum precabatur dicens: Subveni, rogo, Christe, habe pietatem; serva animam meam, custodi spiritum meum ut non confundar. Rogo, Christe, da sufferentiam. 6. Cui cum a proconsule diceretur: Ex hac splendidissima civitate magis debueras alios ad bonam mentem vocare et non contra praeceptum imperatorum et caesarum facere, fortius atque constantius adclamat: Christianus sum. 7. Qua voce diabolus superatus: Parce. inquit, simulque illum in carcerem tradens, passioni condignae martyrem reservabat.

11. At vero presbyter Saturninus recenti martyrum sanguine delibutus[49] cum penderet eculeo, admonebatur in eorum fide persistere, in quorum cruore perstabat. 2. Hic cum interrogaretur utrum auctor ipse esset et omnes ipse adunasset et diceret: Etiam, ego praesens in collecta fui, Emeritus lector ad certamen exiliens congrediente presbytero: Ego sum auctor, inquit, in cuius domo collectae factae sunt. 3. At proconsul, qui iam totiens victus fuerat, impetus Emeriti perhorrebat; et tamen in presbyterum versus: Quare contra praeceptum faciebas, inquit, secundum quod profiteris[50], Saturnine? 4. Cui Saturninus: Intermitti dominicum non potest, ait, lex sic iubet. 5. Tunc proconsul: Non tamen debuisti prohibita contempnere, sed observare potius et non facere contra praeceptum imperatorum. 6. Et meditata iam diu in martyribus voce tortores[51] saevire commonuit[52]. 7. Cui non pigro paretur obsequio; nam carnifices in senile corpus presbyteri ruunt et grassante rabie ruptam nervorum connexionem discerpunt. 8. Ingemiscenda supplicia et novi generis in sacerdotem dei exquisita tormenta! Videbas, quasi in pabulum, vulnerum fame rabida saevire car-

---

49 delibuto ABCF
50 secundum quod profiteris DE. secundum quod proteras A, *omm.* BCF
51 tortorem DE, terrorem BCF
52 suae ire commovit BCF

mahl nicht ausgelassen werden kann." Sobald er dies gesagt hatte, wurde befohlen, dass er gegenüber Dativus aufgerichtet werden solle. 5. Inzwischen aber betrachtete Dativus die Verstümmelung seines Körpers mit größerer Leichtigkeit als er Schmerzen fühlte, und er, dessen Verstand und Seele am Herrn hing, erachtete die Schmerzen des Körpers für nichts, sondern so oft er zum Herrn betete, sprach er: „Hilf mir, ich bitte dich, Christus, habe Gnade; bewahre meine Seele, bewache meinen Geist, dass ich nicht zuschanden werde[65]! Ich bitte, Christus, gib Geduld." 6. Als ihm vom Prokonsul gesagt wurde „Aus dieser überaus prächtigen Stadt[66] hättest du lieber andere zur guten Vernunft rufen müssen anstatt gegen das Gesetz der Imperatoren und Caesaren zu handeln!", rief er tapferer und standhafter: „Ich bin Christ!" 7. Durch diese Aussage wurde der Teufel überwunden. „Lass ab!", sagte er, lieferte ihn zugleich in das Gefängnis ein und sparte den Märtyrer für ein angemessenes würdiges Leiden auf.

11. Als aber nun der Presbyter Saturninus, benetzt mit dem frischen Blut der Märtyrer, auf dem *eculeus* hing, wurde er damit gemahnt, fest im Glauben derjenigen zu verharren, in deren Blut er stand. 2. Als er nun befragt wurde, ob er der Leiter gewesen sei und alle vereinigt habe, und sagte: „Auch ich bin in der Versammlung anwesend gewesen.", sprang der Lektor Emeritus dem kämpfenden Presbyter zur Hilfe im Kampf bei[67] und sagte: „Ich bin der Leiter, in dessen Haus die Versammlungen abgehalten worden sind."[68] 3. Aber der Prokonsul, der schon so oft besiegt worden war, erschrak heftig über den Vorwärtsdrang des Emeritus; und schließlich sagte er zu dem Presbyter gewandt: „Warum hast du gegen das Gesetz gehandelt gemäß dem, was du bekennst, Saturninus?" 4. Darauf sagte ihm Saturninus. „Das Herrenmahl kann nicht ausgelassen werden, das Gesetz befiehlt so." 5. Darauf (antwortete) der Prokonsul: „Dennoch hättest du nicht die Verbote missachten, sondern einhalten sollen, anstatt gegen die Vorschrift der Imperatoren zu handeln."[69] 6. Und mit einer schon lange gegen die Märtyrer eingeübten Stimme mahnte er die Folterer zu wüten. 7. Ihm wurde mit unverdrossenem Gehorsam willfahren: Denn die Folterknechte stürzten sich auf den alten Körper des Presbyters und zerstückelten mit auflodernder Wut die zerrissene Verbindung der Sehnen. 8. Beklagenswerte Martern und ausgesuchte Folterungen neuer Art gegen den Priester Gottes! Man sah, wie die Folterknechte gleichsam in ungestümen Hunger

---

65 Vgl. Ps 30,18 Vg.
66 Gemeint ist Karthago. Der Statthalter erinnert im Folgenden subtil an die Gemeinschaftsverpflichtungen eines Kurialen. Vielleicht bedingt seine Selbsterinnerung an den *honor* des Dativus den Abbruch der Folter.
67 Vgl. das Auftreten des Tazelita und der Victoria.
68 Im Kampf um die Krone des Martyriums zeigen sich trotz aller kommunitären Töne leichte hierarchische Verwerfungen, zwar weniger zwischen dem Presbyter und dem Lektor als zwischen dem Kleriker und dem Hausbesitzer, der auch selbst Kleriker, doch minderen Ranges ist und hier vielleicht seine Stellung als Inhaber eines *titulus* und als Patron einer Hauskirche in die Waagschale wirft.
69 Wortspiel: *lex christianorum – lex imperatorum*.

nifices, apertisque visceribus ad horrorem videntium, inter ruborem sanguinis ossa nudata pallere, et ne inter moras torquentium exclusa anima corpus supplicio pendente desereret, tali voce deum presbyter precabatur: Rogo, Christe, exaudi! Gratias tibi ago, deus iube me decollari. Rogo, Christe, miserere dei filius, subveni. 9. Cui proconsul: Quare contra praeceptum faciebas, et presbyter: Lex sic iubet, lex sic docet, inquit. 10. O admiranda satis ac praedicanda presbyteri doctoris divina responsio! Legem sanctissimam etiam in tormentis presbyter praedicat, pro qua libenter supplicia sustinebat. 11. Legis denique voce deterritus Anulinus: Parce, inquit, eumque in custodiam carceris redigens exoptato supplicio destinavit.

12. At vero Emerito applicito: In tua, inquit proconsul, domo collectae factae sunt contra praeceptum imperatorum? Cui Emeritus sancto Spiritu inundatus: In domo mea, inquit, egimus dominicum. 2. At ille: Quare permittebas, ait, illos ingredi? Respondit Emeritus:[53] Quoniam fratres mei sunt et non poteram illos prohibere. 3. Sed prohibere, inquit illos debuisti. Ait ille: Non poteram, quoniam sine dominico non possumus. 4. Statim etiam ipse in eculeo iubetur extendi extensusque vexari. 5. Qui cum validos ictus innovato[54] carnifice pateretur: Rogo, Christe, ait, subveni! Contra praeceptum dei facitis, infelices. 6. Et interloquenti proconsuli: Non oportuerat te eos suscipere, respondit: Non poteram nisi suscipere fratres meos. 7. At proconsul sacrilegus: Sed prior, inquit, erat iussio imperatorum et caesarum. Contra religiosissimus martyr: Deus, inquit, maior est, non[55] imperatores. Rogo, Christe; tibi laudes; Christe domine, da sufferentiam! 8. Cui talia precanti haec proconsul iniecit: Habes ergo scripturas aliquas in domo tua? Et respondit: Habeo, sed in corde meo. 9. Et proconsul: In domo tua, inquit, habes an non? Emeritus martyr ait: In corde meo

---

53 A, *omm.* DCBEF
54 invocato DE
55 quam BCF

nach Futter von Wunden gierten[70], und (man sah) wie, nachdem die Eingeweide zum Entsetzen der Zuschauenden sichtbar gemacht wurden, die entblößten Knochen zwischen dem Rot des Blutes weiß hervorleuchten. Damit nicht während der Ruhepausen der Folternden die (von den Qualen) ausgeschlossene Seele seinen Körper verließe, während er am *eculeus* hing, rief der Presbyter mit solchen Worten Gott an: „Ich bitte dich, Christus, erhöre (mich). Ich danke Dir, Gott, befiehl, mich zu enthaupten. Ich bitte dich, Christus, erbarme dich, Sohn Gottes, hilf!"[71] 9. Der Prokonsul fragte ihn: „Warum hast du gegen die Vorschrift gehandelt?" und der Presbyter antwortete: „Das Gesetz befiehlt so, das Gesetz lehrt so." 10. Oh, was muss doch diese bewundernswerte, göttliche Antwort des gelehrten Presbyters reichlich bekannt gemacht werden! Der Presbyter verkündigte das allerheiligste Gesetz auch unter den Torturen, für das er gerne die Qualen auf sich nahm. 11. Darauf sagte der von der Stimme des Gesetzes erschreckte Anulinus „Halt ein", und er ließ ihn in die Gefängnisverwahrung zurückbringen und bestimmte ihn für die erwünschte Hinrichtung.

12. Als jedoch Emeritus vorgeführt[72] wurde, fragte der Prokonsul: „In deinem Haus sind Versammlungen entgegen der Vorschrift der Imperatoren abgehalten worden?" Ihm antwortete Emeritus, erfasst vom Heiligen Geist: „In meinem Haus haben wir das Herrenmahl gefeiert." 2. Und jener sagte: „Warum hast du ihnen erlaubt, einzutreten?" Emeritus antwortete: „Weil sie meine Brüder sind und ich es ihnen nicht verbieten konnte." 3. „Aber", sagte er, „du hättest es ihnen verbieten müssen." (Emeritus) sagte: „Ich konnte es nicht, weil wir ohne Herrenmahl nicht sein können."[73] 4. Sofort wurde befohlen, auch ihn auf dem *eculeus* zu strecken und den Gestreckten dann zu quälen. 5. Als er die starken Hiebe durch einen neu eingesetzten Folterknecht erlitt[74], sagte er: „Ich bitte dich, Christus, hilf. Ihr handelt gegen die Vorschrift Gottes, ihr Unglückseligen!" 6. Und als der Prokonsul dazwischen einwarf: „Du hättest sie nicht aufnehmen sollen!", antwortete er: „Ich hätte nicht anders gekonnt, als meine Brüder aufzunehmen." 7. Der gottlose Prokonsul sagte: „Aber wichtiger ist der Befehl der Imperatoren und Caesaren." Dagegen sagte der allerfrömmste Märtyrer: „Gott ist größer, nicht die Imperatoren. Ich bitte Dich, Christus; dir seien Lobgesänge; Christus Herr, gib Geduld!" 8. Als er dies so betete, unterbrach ihn der Prokonsul: „Hast du in deinem Haus also irgendwelche Schriften?" und er antwortete: „Das habe ich, aber in meinem Herzen." 9. Und der Prokonsul fragte: „Hast du in deinem Hause also welche oder nicht?" Der Märtyrer Emeritus sagte: „Ich habe sie in meinem Herzen. Ich bitte

---

[70] Andere Zeichensetzung ist möglich: *(...) pabulum, vulnerum fame rabida:* (...) als Futter, mit ungestümem Hunger nach Wunden.
[71] Dahinter steht wohl die uns schwer verständliche Vorstellung, nur der Tod während einer aktiven Folterphase mache zum Märtyrer.
[72] *applicare* ist hier in einer juristischen Bedeutung verwendet.
[73] Die christliche Gemeinschaft wurde also durch die Eucharistie konstituiert.
[74] Im Gegensatz zu den Märtyrern erschlaffen die Folterknechte.

illas habeo. Rogo, Christe, tibi laudes. Libera me, Christe: patior in nomine tuo: breviter patior, libenter patior. Christe domine, non confundar.[56] 10. O martyrem apostoli memorem, qui legem domini conscriptam habuit, non atramento sed spiritu dei vivi, non in tabulis lapideis sed in tabulis cordis carnalibus! O martyrem legis sacrae idoneum diligentissimumque custodem! Qui traditorum facinus perhorrescens, scripturas dominicas ne perderet, intra secreta sui pectoris collocavit. 11. Quo cognito proconsul: Parce, inquit, eiusque professionem in memoriam una cum ceterorum confessionibus redigens: Pro meritis vestris omnes, inquit, secundum confessionem vestram poenas meritas persolvetis.

13. Sed iam ferina rabies ore cruento[57] tormentis martyrum saginata languebat. 2. Sed cum Felix nomine et passione processisset in proelium aciesque domini omnis incorrupta invictaque perstaret, tyrannus mente prostrata, voce dimissa, animo et corpore dissolutus: Spero vos, inquit, hanc partem potius eligere, quo possitis vivere, ut iussiones conservetis. 3. Quae contra confessores domini, invicti martyres Christi, tamquam ex uno ore dixerunt: Christiani sumus: non possumus nisi legem domini sanctam usque ad effusionem sanguinis custodire. 4. Qua voce percussus inimicus Felici dicebat: Non quaero utrum christianus sis, sed an collectam feceris vel scripturas aliquas habeas. 5. O stulta iudicis et ridenda interrogatio! Christianus, inquit, utrum sis tace; et addidit: si in collecta fuisti responde! Quasi christianus sine dominico possit, aut dominicum sine christiano celebrari. An nescis, satanas, in dominico christianum et in christiano dominicum constitutum, nec alterum sine altero valere aut esse? Cum nomen audieris, frequentiam domini disce, et cum collectam audieris, nomen agnosce. 6. Denique cognosceris a martyre et rideris; tali responsione confunderis: Collectam, inquit, gloriosissimam celebravimus, ad scripturas dominicas legendas in dominicum convenimus semper. 7. Qua professione concussus[58] graviter

---

56 breviter ... confundar *om.* A
57 converso A
58 confusus BCF

dich, Christus; dir seien Lobgesänge[75]. Befreie mich, Christus; ich leide in deinem Namen; ich leide kurz, ich leide gerne. Christus Herr, lass mich nicht zuschanden werden[76]." 10. Oh Märtyrer, der du den Apostel kennst, der das eingeschriebene Gesetz des Herrn hatte: nicht durch Tinte, sondern durch den Geist des lebendigen Gottes, nicht auf steinernen Tafeln, sondern auf fleischlichen Tafeln des Herzens![77] Oh Märtyrer, fähiger und höchst gewissenhafter Wächter des heiligen Gesetzes! Entsetzt über das Verbrechen der Traditoren sammelte er die Schriften des Herrn im Inneren seines Herzens, um sie nicht zu verlieren. 11. Als er dies erkannt hatte, sagte der Prokonsul: „Halte ein!" und sprach, indem er sich sein Geständnis zusammen mit den Bekenntnissen der übrigen wieder ins Gedächtnis rief: „Ihr alle werdet für euer Verschulden die verdienten Strafen gemäß eurem Bekenntnis erleiden!"

13. Aber schon schlaffte die animalische Wut ab, da durch die Qualen der Märtyrer ihr blutgieriger Mund gesättigt war. 2. Als aber Felix[78], vom Namen und vom Leiden her (so genannt), in die Schlacht einrückte und die ganze Schlachtreihe des Herrn unverletzt und unbesiegt blieb, sagte der Tyrann, (sein) Verstand vernichtet, (seine) Stimme geschwunden, zunichte gemacht an Geist und Körper: „Ich hoffe, dass ihr diese Seite wählt, durch die ihr leben könnt, indem ihr die Befehle beachtet." 3. Dagegen sagten die Confessoren des Herrn, unbesiegte Märtyrer Christi, wie aus einem Mund: „Wir sind Christen: Wir können nicht anders als das heilige Gesetz Gottes bis zum Vergießen unseres Blutes bewahren." 4. Durch diese Antwort schockiert sagte der Feind zu Felix: „Ich frage nicht, ob du Christ bist[79], sondern ob du Gebetsversammlungen abgehalten hast oder irgendwelche Schriften besitzt?" O (was für eine) dumme und lächerliche Frage des Richters! Ob du Christ bist, sagt er, verschweige; und er fügt hinzu: Wenn du in der Versammlung gewesen bist, antworte! Als ob ein Christ ohne Herrenmahl sein könne, oder das Herrenmahl ohne einen Christen gefeiert werden könne! Oder weißt du etwa nicht, Satan, dass der Christ im Herrenmahl und das Herrenmahl im Christen gegründet sind, und dass das eine nicht ohne das andere überdauern oder sein kann? Wenn du den Namen hörst, mach dir die große Zahl des Herrn klar, und wenn du „Versammlung" hörst, erkenne den Namen. 6. Und nun wirst du von dem Märtyrer erkannt und verlacht; durch diese Antwort wirst du zuschanden: „Wir haben", sagte er, „die höchst ruhmvolle Gebetsversammlung gefeiert, immer haben wir uns zum Herrenmahl zusammen gefunden, um die Schriften des Herrn zu lesen." 7. Durch dieses Geständnis schwer erschüttert, fügte Anulinus den leblosen Märtyrer, der durch

---

75 Mit der formelhaften Wendung *Christe ... tibi laudes* assoziiert Emeritus die donatistische Akklamation *deo laudes*, vgl. FREND W. H.C., Deo laudes, DPAC 1, 1983, 920 f.; KLÖCKENER M., Deo gratias, deo laudes, AugL 2, 2002, 294–296.
76 Vgl. Ps 30,18 Vg.
77 2 Kor 3,3.
78 Welcher der vier Träger dieses Namens aus obigem Katalog in 2,6 gemeint ist, bleibt offen.
79 Streng legalistische Orientierung des Statthalters an den Dekreten, die die Frage des Christseins, des Namens, offen lässt.

Anulinus fustibus caesum exanimem caelesti consilio⁵⁹ martyrem prope ante ipsa tribunalia⁶⁰ expleta passione consociat.

14. Sed Felicem alius sequitur Felix nomine pariter et confessione atque ipsa passione consimilis. 2. Pari etenim virtute congressus, etiam ipse fustium illisione⁶¹ quassatus animam in tormenta carceris ponens, superioris Felicis est martyrio copulatus. 3. Post hos suscepit certamen Ampelius, custos legis scripturarumque divinarum fidelissimus conservator. 4. Hic quaerente proconsule an in collecta fuisset, hilaris atque securus alacri voce respondit: Cum fratribus, inquit, feci collectam, dominicum celebravi et scripturas dominicas habeo mecum, sed in Corde meo conscriptas. Christe, tibi laudes. exaudi, Christe! 5. Qui cum haec dixisset, cervice contusus, in carcerem, quasi lumen⁶² in dominicum tabernaculum, laetus cum fratribus religatur. 6. Hunc sequitur Rogatianus, qui confessus domini nomen supra dictis fratribus iungebatur illaesus. 7. Verum Quintus applicitus nomen domini egregie magnificeque confessus caesus fustibus in carcerem truditur digno martyrio reservatus. 8. Hunc sequebatur et Maximus⁶³ in confessione par, congressione similis, in victoriae triumphis aequalis. 9. Post quem iunior Felix spem salutemque christianorum dominicum esse proclamans, cum similiter etiam ipse fustibus caederetur: Ego, inquit, devota mente celebravi dominicum, collectam cum fratribus feci, quia christianus sum. 10. Qua confessione supra dictis fratribus meruit etiam ipse sociari.

15. At iunior Saturninus, martyris Saturnini⁶⁴ sancta⁶⁵ progenies, in certamen optatum festinus accessit adproperans patris virtutibus gloriosissimis adaequari. 2. Cui cum proconsul furibundus diabolo suggerente dixisset: Et tu, Saturnine, interfuisti?, responditque Saturninus: Christianus sum. Non a te quaero, inquit, hoc, sed utrum egeris dominicum. 3. Cui Saturninus respondit: Egi dominicum, quia salvator⁶⁶ est

---

59 concilio BCDF
60 prope ... tribunalia: properantem ad syderea t. BCF
61 lesione BCF
62 iam BCF
63 Maximilianus BCF
64 m. S. presbyteri edd.
65 aucta BCF
66 maior ADE

die Schläge gestorben war, der Versammlung des Himmels zu, nachdem gerade zuvor (sein) Leiden vor dem eigentlichen Tribunal[80] erfüllt worden war.[81]

14. Aber dem Felix folgte ein anderer Felix, gleich im Namen, und im Bekenntnis und selbst im Leiden identisch. 2. Nachdem er sich mit gleicher Tugend in den Kampf eingelassen hatte und auch selbst von dem Aufprall der Schläge zerschmettert worden war und seine Seele in den Folterungen des Gefängnisses abgab, wurde er mit dem Martyrium des vorhergehenden Felix vereinigt.[82] 3. Nach ihnen nahm Ampelius den Kampf auf sich, Wächter des Gesetzes und getreuester Bewahrer der Schriften des Herrn.[83] 4. Als der Prokonsul (ihn) fragte, ob er in der Versammlung gewesen sei, antwortete er heiter und furchtlos mit munterer Stimme. „Mit den Brüdern", sagte er, „habe ich die Versammlung abgehalten, ich habe das Herrenmahl gefeiert und die Schriften des Herrn habe ich mit mir, aber eingeschrieben in meinem Herzen. Christus, dir seien Lobgesänge[84]! Christus, erhöre mich!" 5. Als er dies gesagt hatte, wurde er, am Nacken gequetscht, im Gefängnis mit den Brüdern zusammen gebunden, er war fröhlich, gleichsam ein Licht im Zelt des Herrn. 6. Diesem folgte Rogatianus, der, nachdem er den Namen des Herrn bekannt hatte, mit den oben genannten Brüdern unverletzt vereinigt wurde. 7. Dann wurde Quintus hineingebracht, nachdem er den Namen des Herrn außerordentlich und ruhmvoll bekannt hatte. Niedergeworfen von den Schlägen wurde er in das Gefängnis gestoßen, aufbewahrt für ein würdiges Martyrium. 8. Ihm folgte auch Maximus, gleich im Bekenntnis, ähnlich im Kampf und entsprechend im Triumph des Sieges. 9. Als nach diesem der jüngere Felix, der erklärte, dass das Herrenmahl die Hoffnung und das Heil der Christen sei, auch selbst ähnlich von den Schlägen niedergeworfen wurde, sagte er: „Ich habe mit frommem Sinn das Herrenmahl gefeiert und die Versammlung mit den Brüdern abgehalten, weil ich Christ bin." 10. Durch dieses Bekenntnis war er würdig, mit den oben genannten Brüdern vereinigt zu werden.

15. Aber nun trat der jüngere Saturninus, der heilige Nachkomme des Märtyrers Saturninus, eilfertig zum erhofften Kampf herbei; er eilte herbei, um den überaus ruhmvollen Taten des Vaters gleichgestellt zu werden. 2. Als der zornerfüllte Prokonsul unter dem Einfluss des Teufels zu ihm sagte: „Auch du, Saturninus, warst beteiligt?", antworte Saturninus: „Ich bin Christ." „Nicht dies habe ich von dir wissen wollen"[85], sagte er, „sondern ob du am Herrenmahl teilgenommen hast." 3. Saturninus antworte ihm: „Ich habe am Herrenmahl teilgenommen, weil Christus der Ret-

---

80 Gemeint ist wohl der Richterstuhl Christi.
81 Bisher das einzige unmittelbare Opfer des Verhörs.
82 Das zweite Todesopfer; es ist möglich, dass der Tod der beiden Felices eine direkte Anspielung auf ihren Namen darstellt.
83 Es muss offen bleiben, ob es sich hier um rein hagiologische Attribute handelt oder um ein Gemeindeamt, etwa Diakon oder Lektor.
84 Vgl. Anm. 75.
85 Siehe oben, Anm. 79.

Christus. 4. Quo nomine salvatoris audito Anulinus exarsit et in filium patrium instaurat eculeum extensoque Saturnino: Quid, inquit, Saturnine, profiteris? Vide ubi positus sis! Habes scripturas aliquas. Respondit: Christianus sum. 5. Proconsul: Ego quaero an conveneris et an scripturas habeas. Respondit: Christianus sum. Aliud non est nomen, quod[67] post Christum oportet nos sanctum observare. 6. Qua confessione diabolus inflammatus: Quoniam permanes, inquit, in obstinatione tua, etiam tormentis oportet te fateri an[68] aliquas scripturas habeas et ad officium dixit: Vexa illum! 7. Ibant in adolescentis latera paternis vulneribus lassati tortores et adhuc humentem in ungulis patrium sanguinem cognato filii cruori miscebant. 8. Videbas per hiantium[69] vulnerum sulcos de lateribus nati[70] genitoris sanguinem fluere et cruorem filii paterno permixtum ungulis rorantibus[71] emanare. 9. At iuvenis genuini sanguinis admixtione recreatus medelam potius quam tormenta sentiebat et decepto in tormenta tortore[72] fortissimis vocibus exclamabat: Scripturas dominicas habeo, sed in corde meo. Rogo, Christe, da sufferentiam! Spes est in te. 10. Et Anulinus: Quare contra praeceptum faciebas? Respondit: Quia christianus sum. 11. Quo audito: Parce, inquit, et statim cessante tormento in patrium consortium religatur.

16. Interea mergebat in noctem horis labentibus dies, et consumptis cum sole tormentis defatigata[73] tortorum rabies cum sui iudicis crudelitate languebat. 2. Sed legiones dominicae, in quibus Christus perpetuum lumen, armorum caelestium corusco splendore fulgebat, fortius atque constantius in certamina prosilibant. 3. Cumque adversarius domini tot martyrum proeliis gloriosissimis victus tantisque ac talibus congressionibus superatus, desertus a die, comprehensus a nocte, deficiente iam carnificum rabie profligatus cum singulis congredi ulterius non valeret, totius exercitus domini animos percunctatur devotasque confessorum mentes tali interrogatione pro-

---

67 nomen quod *omm.* BCF
68 opportet te fateri an D, facere an E, affligere an A, affici. Dic an BCF
69 manantium A
70 antea BCF
71 roborantibus A
72 Franchi, decepto in tormenta tortori DE, mittente eo in tormenta tortore A, recepta in tormentis fortitudine BCF.
73 defecit atra BCF

ter ist." 4. Als er den Namen des Retters gehört hatte, entbrannte Anulinus im Zorn und bereitete den *eculeus* des Vaters für den Sohn; als Saturninus gestreckt worden war, sagte er: „Was, Saturninus, bekennst du? Siehe, wo du hingestellt bist. Hast du irgendwelche Schriften?" Er antwortete: „Ich bin Christ." 5. Der Prokonsul (sagte): „Ich frage, ob du an Versammlungen teilnimmst und irgendwelche Schriften hast." Er antwortete: „Ich bin Christ. Es gibt keinen anderen Namen, den wir nach Christus als heilig verehren dürfen[86]." 6. Durch dieses Bekenntnis wurde der Teufel wutentbrannt und sagte: „Weil auch du in deinem Starrsinn[87] verharrst, ist es nötig, dass du durch die Folter verrätst, ob du irgendwelche Schriften hast." Und zu dem Gerichtsbeamten sagte er: „Quäle ihn!" 7. Die von den Verwundungen des Vaters ermüdeten Folterer nahmen sich die Seiten des jungen Mannes vor, und das noch feuchte väterliche Blut auf den Krallen vermischte sich mit dem verwandten Blut des Sohnes. 8. Man sah durch die Furchen der klaffenden Wunden das Blut des Vaters von den Seiten des Sohnes fließen und das mit dem väterlichen vermischte Blut des Sohnes floss durch die triefenden Krallen. 9. Aber der Jüngling, gestärkt durch die Beimischung des verwandten Blutes, empfand es eher als Heilmittel denn als Folter, und er rief mit äußerst lauter Stimme zu dem in der Folter irregeleiteten Peiniger: „Ich habe Schriften des Herrn, aber in meinem Herzen. Ich bitte dich, Christus, gib Geduld. In dir ist die Hoffnung." 10. Darauf Anulinus: „Warum hast du gegen den Befehl gehandelt?". Er antwortete: „Weil ich Christ bin.". 11. Als er dies gehört hatte, sagte (Anulinus) „Halte ein", und sofort hörte die Folter auf, und Saturninus wurde zusammen mit seinem Vater inhaftiert.

16. Inzwischen tauchte der Tag mit den dahingleitenden Stunden in die Nacht ein, und mit der Sonne wurden die Folterungen weniger, die Wut der Folterer erlahmte, da sie zusammen mit der Grausamkeit ihres Richters ermüdet war.[88] 2. Aber die Legionen des Herrn[89], in denen Christus als ewiges Licht mit dem schimmernden Glanz himmlischer Waffen leuchtete, eilten tapferer und beharrlicher zu den Kämpfen hervor. 3. Und der Feind des Herrn wurde durch so viele überaus ruhmvolle Kämpfe der Märtyrer besiegt und durch die so große und derartige Zusammenkunft vernichtet, verlassen vom Tag, ergriffen von der Nacht, überwältigt, weil die Wut der Folterknechte schon schwächer wurde. Da er sich nicht mehr gegen sie als Einzelne in den Kampf einlassen konnte, verhörte er die Seelen des ganzen Heeres des Herrn und peinigte den frommen Verstand der Confessoren mit einer derartigen Befragung:

---

[86] Vgl. Apg 4,12.
[87] Starrsinn (*obstinatio*) ist die grundlegende Eigenschaft christlicher Märtyrer aus paganer / römischer Sicht, vgl. M.Avr. Ad se ipsum 11,3 (BSGRT 98 Dalfen); Epict.diss. 4, 7,6 (BSGRT 417 f Schenkl); Plin.epist. 10,96 (338,17 Mynors). Diese Haltung wird später wiederum den Donatisten als μανία vorgeworfen, vgl. den bei Evs.h.e. 10, 6,5 (890) zitierten Brief Konstantins an den späteren Bischof von Karthago, Caecilianus (s. u. 20,4–7; 23,4); vgl. dazu Grasmück, Coercitio (1964) 28 mit Anm. 87.
[88] Rhetorische Einlage als retardierendes Moment.
[89] Hier wird wohl auf Mt 26,53 (*legiones angelorum*) angespielt.

pulsat: Vidistis⁷⁴, inquit, eos qui perseveraverunt quid sustinuerunt vel quid in sua confessione perstantes adhuc habeant sustinere. Et ideo qui vult vestrum ad indulgentiam pervenire, ut salvus esse possit, profiteatur. 4. Ad haec confessores domini, gloriosi martyres Christi, laeti ac triumphantes simul, non ex proconsulis dictis, sed ex victoria passionis, Spiritu sancto ferventes, fortius clariusque tamquam ex uno ore dixerunt: Christiani sumus. 5. Qua voce prostratus est diabolus et concidit Anulinus confususque omnes in carcerem trudens sanctos illos martyrio destinavit.

17. Et ne devotissimus feminarum sexus florentissimusque sacrarum virginum chorus certaminis tanti gloria privaretur, omnes feminae Christo domino auxiliante in Victoria congressae sunt et coronatae. 2. Etenim Victoria, sanctissima feminarum, flos virginum, decus et dignitas confessorum, honesta natalibus, religione sanctissima, moribus temperata, in qua naturae bonum candida pudicitia relucebat resplendebatque[75] pulchritudini corporis fides pulchrior mentis et integritas sanctitatis, ad secundam palmam restitutam sibi in domini martyrio laetabatur. 3. Huic namque ab infantia iam clara pudicitiae signa fulgebant et in rudibus adhuc annis apparebat rigor castissimus mentis et quaedam dignitas futurae passionis. 4. Denique, postquam plena virginitas adultum[76] aetatis tempus explevit, cum puella nolens et reluctans in nubtias a parentibus cogeretur invitaeque sibi traderent sponsum parentes, ut praedonem [pud]oris urgeret[77], clam sese per praeceps puella dimittit aurisque famulantibus subportata incolumis gremio terrae suscipitur. 5. Neque fuerat postmodum

---

74 audistis DE
75 respondebatque ADE
76 ad ultimum CF
77 ut praedonem pudoris urgeret Franchi, *in codicibus depravatum*

„Ihr habt gesehen", sagte er, „was diejenigen, die beharrlich geblieben sind, erhalten haben, oder was die, die auf ihrem Bekenntnis beharren, noch immer auszuhalten haben. Und daher, wer von euch Gnade erlangen möchte, damit er gerettet werden kann, möge sich erklären." 4. Die Confessoren des Herrn, die glorreichen Märtyrer Christi, fröhlich und triumphierend zugleich, nicht aufgrund dessen, was der Prokonsul gesagt hatte, sondern aufgrund des Sieges des Leidens, sagten darauf tapferer und klarer, gleichsam aus einem Mund: „Wir sind Christen." 5. Durch diese Stimme wurde der Teufel niedergeworfen und Anulinus fiel zu Boden.[90] Verwirrt stieß er alle in das Gefängnis und bestimmte jene Heiligen für das Martyrium.

17. Und damit nicht das überaus fromme Geschlecht der Frauen und der blühendste Chor der Jungfrauen der Ehre eines so großen Kampfes beraubt sei, sind alle Frauen mit der Hilfe Christi des Herrn in Victoria eins geworden und bekränzt. 2. Victoria nämlich (war) die heiligste unter den Frauen, eine Blüte der Jungfrauen, Zierde und Würde der Confessoren, hervorgehoben[91] durch Geburt, überaus gottgefällig in ihrer Gottesverehrung und selbstbeherrscht in den Sitten[92]. In ihr spiegelte die hellstrahlende Sittsamkeit das Gute der Natur und der schönere Glaube der Seele und die Vollkommenheit der Heiligkeit fanden ihren Widerschein in der Schönheit des Körpers. Sie freute sich auf die zweite[93] Siegespalme, die für sie durch das Martyrium im Herrn bereitgestellt wurde. 3. Für sie leuchteten schon von ihrer Kindheit an klare Zeichen ihrer Keuschheit und schon in ihren jungen Jahren kam eine überaus reine Strenge des Geistes und die gewisse Würdigkeit ihres zukünftigen Leidens zum Vorschein. 4. Als schließlich das Mädchen, nachdem es in unversehrter Jungfräulichkeit das heiratsfähige Alter erreicht hatte, gegen seinen Willen und seinen Widerstand von den Eltern zu einer Heirat gezwungen werden sollte und seine Eltern es entgegen seinem Wunsch einem Verlobten übergaben, stürzte sich das Mädchen heimlich kopfüber in die Tiefe, um den Räuber ihrer Keuschheit zu vertreiben. Da sie von hilfreichen Luftströmungen getragen worden war, wurde sie unversehrt vom Schoß der Erde aufgenommen.[94] 5. Sie hätte später nicht auch für Christus, den Herrn, leiden können, wenn

---

90 Zeichen der Schwäche und Ohnmacht, was gleichzeitig einer *prostratio* vor der Macht Christi entspricht.
91 Die Bezeichnung *honesta* verweist auf den kurialen Stand des Vaters.
92 Vgl. die Darstellung der Vibia Perpetua in PPerp. 18,2 (SC 417, 164 Amat), vgl. AMELING, Femina (2012).
93 Die erste Siegespalme erhielt Victoria wegen ihres Gelöbnisses der Virginität.
94 Sie stürzte sich also aus dem Fenster oder vom Dach des Hauses. Hier liegt implizit eine Bejahung des Selbstmartyriums vor, die von großkirchlicher Seite den Donatisten stets vorgeworfen wurde, vgl. BUTTERWECK, Martyriumssucht (1995) 123–140. Hiermit ist der – mit der Selbsttaufe verbundene – Sprung der Thekla in die große Wassergrube mit den wilden Robben zu vergleichen: APaulThecl. 34 (AAAp 1, 260f Lipsius). Victorias Selbstopfer kann aber in diesem Moment noch nicht zum Tode führen, weil die *virgo honesta* noch die zweite Siegespalme des Martyriums neben derjenigen der Virginität erhalten soll. Bemerkenswert ist die rationalisierende Beschreibung des Wunders.

etiam pro Christo domino passura, si pro sola tunc pudicitia moreretur. 6. Liberata igitur nubtialibus taedis illusoque simul cum parentibus sponso media paene de ipsa nubtiarum frequentia prosiliens ad aedem pudicitiae portumque pudoris ecclesiam intacta virgo confugit. Ibique consecrati deo dicatique capitis in perpetuam virginitatem sacratissimum crinem[78] inconcusso pudore servavit. 7. Haec ergo ad martyrium properans florentem pudicitiae palmam triumphali dextera praeferebat. 8. Namque interrogante proconsule, quid profiteretur, clara voce respondit: Christiana sum. 9. Et cum a Fortunatiano fratre togato eiusque defensore vanis argumentationibus mente capta esse diceretur, Victoria respondit: Mens mea est, inquit, numquam mutata sum. 10. Ad haec proconsul: Vis ire, inquit, cum Fortunatiano fratre tuo? Respondit: Nolo, quia christiana sum et illi sunt fratres mei, qui dei praecepta custodiunt. 11. O puellam divinae legis auctoritate fundatam! O virginem gloriosam aeterno Regi merito consecratam! O beatissimam martyram[79] evangelica professione clarissimam! Quae dominica voce respondit: hii sunt fratres mei, qui Dei praecepta custodiunt. 12. Quibus auditis Anulinus deposita iudicis auctoritate, ad persuasionem puellae descendit. Consule tibi, inquit, vides enim fratrem tuum providere cupientem saluti tuae. 13. Cui martyra[80] Christi: Mens mea est, inquit, numquam mutata sum; nam et in collecta fui et dominicum cum fratribus celebravi, quia christiana sum. 14. Mox cum haec Anulinus audisset, furiis agitatus exarsit et puellam sacratissimam martyrem Christi in carcerem una cum ceteris religans passioni omnes dominicae reservavit.

---

78 crimen A
79 martyrem BCDEF
80 martyr BCDEF

sie damals allein für ihre Keuschheit gestorben wäre.⁹⁵ 6. Befreit also von der lästigen Hochzeit und zugleich von dem enttäuschten Verlobten und den Eltern, stürzte sie sozusagen aus einer großen Hochzeitsgesellschaft fort und die unversehrte Jungfrau suchte Zuflucht bei dem Haus der Reinheit und dem Tor der Keuschheit, der Kirche. Dort bewahrte sie das heiligste Haar ihres geheiligten und gottgeweihten Hauptes zur ewigen Jungfräulichkeit durch unerschütterliche Keuschheit auf.⁹⁶ 7. Während sie nun zum Martyrium eilte, hielt sie in ihrer rechten Hand die blühende Palme triumphierender Keuschheit. 8. Als nun der Prokonsul fragte, was sie bekennen würde, antwortete sie mit klarer Stimme: „Ich bin Christin." 9. Und als von ihrem Bruder Fortunatianus, dem Kurialen(,) und ihrem Verteidiger⁹⁷, mit wahnhaften Argumenten erklärt wurde, dass sie verrückt sei, antwortete sie: „Ich habe Verstand", sagte sie, „und er wurde niemals geändert." 10. Darauf sagte der Prokonsul: „Möchtest du mit deinem Bruder Fortunatianus gehen?" Sie antwortete: „Ich möchte nicht, weil ich Christin bin und diejenigen meine Brüder sind, die die Gebote Gottes bewahren⁹⁸." 11. O Mädchen, fest stehend in dem Willen des göttlichen Gesetzes! O erlauchte Jungfrau, geweiht dem ewigen Dienst des Königs! O glückseligste Märtyrerin, hochadlig wegen (deines) Bekenntnisses zum Evangelium!⁹⁹ Sie antwortete mit der Stimme des Herrn: „Diejenigen sind meine Brüder, die die Gebote Gottes bewahren." 12. Als er dies gehört hatte, stieg Anulinus, indem er die Vollmacht des Richters beiseite ließ, zu dem Mädchen herab, um es zu überzeugen: „Überlege es dir", sagte er, „du siehst, dass dein Bruder begierig ist, für dein Wohlergehen zu sorgen." 13. Die Märtyrerin Christi sagte zu ihm: „Ich bin bei Verstand, und das hat sich niemals geändert; ich bin nämlich in der Versammlung gewesen und habe das Herrenmahl mit den Brüdern gefeiert, weil ich Christin bin." 14. Als Anulinus dies gehört hatte, entbrannte er alsbald erregt vor Zorn und er sperrte das höchstheilige Mädchen, die Märtyrerin Christi, zusammen mit den übrigen im Gefängnis ein, er bestimmte sie alle für das Leiden des Herrn.

---

95 Man kennt also ein Martyrium für die Keuschheit, das mit einer Siegespalme belohnt wurde, doch als höherwertig gilt das Martyrium für Christus.
96 Das religionsgeschichtlich uralte und auch alttestamentliche Motiv des nichtgeschnittenen Haares als Zeichen des Geistbesitzes (vgl. Simson: Ri 13,5; 16,17) scheint hier mit paulinischen Mahnungen, 1 Kor 11,4–14, verbunden. Damit unterscheidet sich die donatistische Kirche von großen Teilen der östlichen Kirche, vor allem in späterer Zeit. Dort galten Haare als Zeichen der Abhängigkeit. Deshalb „war es Brauch, dass die Frauen mit dem Jungfräulichkeitsgelübde auch die H(aare) ablegten, weil sie den Schleier nahmen als Zeichen der Vermählung mit Christus", KÖTTING B., Haar, RAC 13, 1986, 177–203, hier 199. Doch vergleiche den Hinweis auf den Kanon 17 der Synode von Gangra (FCCO 9, 1, 2,96 Joannou), den Kötting als bischöfliche Ablehnung „eine(r) Art von Emanzipationsgelüst" von frommen Frauen durch Scheren des Haares interpretiert. Der Kanon verurteilt Frauen, die sich aus „sogenannter Frömmigkeit das Haar abschneiden", wo doch Gott das Haar gerade zur Erinnerung an ihre Unterordnung gegeben habe. Somit verstoßen solche Frauen gegen das Gebot des Gehorsams.
97 Es bleibt offen, ob es sich hier um Fortunatianus allein oder um ihn und Pompeianus handelt, die auf Strafminderung wegen *mens capta* dringen.
98 Vgl. Mt 12,50; Mk 3,35.
99 Der Verfasser legt hier wohl liturgische Akklamationen zu Grunde.

18. Sed Hilarianus adhuc supererat, unus de natis presbyteri martyris Saturnini, qui aetatem parvulam suam ingenti devotione vincebat. 2. Hic patris fratrumque triumphis adproperans iungi diras tyranni minas non tam exhorruit quam in nihilum duxit. 3. Huic cum diceretur: Patrem tuum aut fratres tuos secutus es?, subito brevi de corpore vox iuvenalis auditur et angustum pueri pectus ad confessionem domini totum aperitur in voce respondentis: Christianus sum et mea sponte atque voluntate cum patre meo et cum fratribus feci collectam. 4. Audiebas patris Saturnini martyris vocem per dulces filii meatus exire et confitentem Christum dominum linguam de fratris exemplo securam. 5. Sed proconsul stultus non intelligens contra se non homines sed deum martyribus dimicare nec quia in puerilibus annis ingentes animos sentiebat, putabat puerum tormentis infantiae posse terreri. 6. Denique: Amputabo[81], inquit, et comam[82] tibi et nasum et auriculas et sic te dimittam. 7. Ad haec Hilarianus puer patris fratrumque virtutibus gloriosus, qui iam didicerat a maioribus suis tormenta contemnere, clara voce respondit: Quicquid facere volueris fac; christianus sum. 8. Mox in carcerem recipi etiam ipse iubetur, ingentique cum gaudio vox Hilariani auditur dicentis: Deo gratias! 9. Hic certaminis magni pugna perficitur, hic diabolus superatur et vincitur, hic martyres Christi de passionis futurae gloria aeterna cum gratulatione laetantur.

19. Verum quoniam nos, ut supra diximus, scismatis tempus admonuit confessionibus tantis ac talibus martyrum decreta coniungere[83] constitutionesque sanctissimas

---

81 ambulabis DE
82 tollo DE
83 colligere A, conlugere E

18. Aber Hilarianus blieb bis jetzt übrig, einer von den Söhnen des Presbyters und Märtyrers Saturninus, der sein kindliches Alter durch außerordentliche Frömmigkeit besiegte. 2. Dieser eilte herbei, um mit den Triumphzügen seines Vaters und seiner Brüder vereinigt zu werden; die schwachen Drohungen des Tyrannen schreckten ihn nicht so sehr, weil er sie für nichtig erachtete. 3. Als von diesem gesagte wurde: „Du folgst deinem Vater und deinen Brüdern?", hörte man plötzlich aus dem zarten Körper eine jugendliche Stimme und in der Stimme des Antwortenden wurde das kleine Herz des Jungen zu einem vollständigen Bekenntnis zu Gott geöffnet: „Ich bin Christ und aus eigenem Antrieb und eigenem Willen habe ich mit meinem Vater und meinen Brüdern an der Versammlung teilgenommen." 4. Man hörte die Stimme des Vaters Saturninus, des Märtyrers, durch den süßen Atem des Sohnes hinausgehen und die Christus als den Herrn bekennende Zunge, die unbesorgt war aufgrund des Beispiels der Brüder. 5. Aber der dumme Prokonsul verstand nicht, dass gegen ihn nicht Menschen, sondern Gott in den Märtyrern kämpfte, weil er angesichts der kindlichen Jahre nicht die außerordentlichen Geisteskräfte bemerkte. Er glaubte, dass der Junge durch Foltervorstellungen, wie sie Kinder fürchten, erschreckt werden könne. 6. Darauf sagte er: „Ich werde dir das Haar, die Nase und die Ohren abschneiden und dich so fortschicken[100]." 7. Darauf antwortete der Junge Hilarianus, ruhmreich in den Tugenden des Vaters und der Brüder, der schon von seinen älteren Verwandten gelernt hatte, die Folter zu verachten, mit klarer Stimme: „Was immer du tun willst, tue; ich bin Christ." 8. Darauf wurde befohlen, auch ihn in das Gefängnis zurückzubringen, und man hörte die Stimme des Hilarianus, der mit außerordentlicher Freude sagte: „Gott sei Dank!" 9. Hier vollendet sich eine Schlacht des großen Kampfes, hier wird der Teufel überwunden und besiegt, hier freuen sich die Märtyrer Christi mit ewigem Frohlocken über den Ruhm des kommenden Leidens.

19.[101] Wahrhaftig, weil uns, wie wir oben gesagt haben, die Zeit des Schismas[102] dazu ermahnt, die Grundsätze der Märtyrer mit so großen und derartigen Bekenntnissen zu verbinden und die überaus heiligen Verfügungen der Freunde Gottes mit

---

100 Aufgezählt sind hier Verstümmelungsstrafen, deren schreckliche Erscheinungen Kinder kannten, und mit denen man ihnen dann, wie beim Struwwelpeter (Petrulus Hirrutus, ed. BORNEMANN E., Frankfurt 1956), drohen konnte.
101 Vgl. die editorische Vorbemerkung. Mit 19 beginnt der letzte Teil unseres Textes, der (ebenso wie 1–2) in den meisten älteren Editionen nicht zu finden ist bzw. als Anhang betrachtet wird, weil jene nur am Prozess selbst interessiert und abgeschreckt waren durch den Hass auf die Catholica. Erst FRANCHI, Passio (1935) fertigte eine moderne kritische Ausgabe des ganzen Textes. Als Anhang werden 19–23 weiter betrachtet bei LEPELLEY, Cités 1 (1979) 342 Anm. 48 und 2 (1982) 39 Anm. 106 („un pamphlet") sowie MAIER, Dossier 1 (1987) 58.84.
102 „Zeit des Schismas" ist für unseren Autor das Stichwort, von den *acta* und den *passiones* der Märtyrer während der Personen- und Vergehensfeststellung zu einer allgemeinen Schilderung der verfolgten Kirche in Nordafrika vom donatistischen Standpunkt aus überzugehen, bei der es um die einzig wahre Kirche der Märtyrer und um die Glieder der *catholica* als Schismatiker geht, die *lapsi* und *traditores*.

amicorum dei gestis superioribus catenare, necessario breviter cuncta, quae martyres in carcere ex auctoritate legis divinae sanxerunt servandaque posteris reliquerunt[84], discurram nec lapsorum superbiam atque audaciam traditorum in hac ipsa mea festinatione praeteream. 2. Cogit enim me transcendere nihil gestorum fides, amor legis, ecclesiae status, salus publica, vita communis. 3. His enim de rebus catholica ecclesia, quae sit, poterit recognosci, si labes pestifera traditorum nefandis actibus suis sententiaque martyrum omnibus saeculis declaretur. 4. Postquam igitur supra dictos martyres Christi exoptatus carcer excepit[85], confessores, qui priores illuc detrusi fuerant, victricibus palmis triumphales dexteras venientibus adiungebant. 5. Veniebant praeterea ad eundem locum et ex diversis provinciae partibus alii quoque quam plurimi confessores, inter quos erant episcopi, presbyteri, diaconi ceterique clerici[86] dignitatis praepositi[87]. Qui legem domini asserentes, collectam dominicumque constanter et fortiter celebrabant, quique scripturas dominicas divinaque testamenta de flamma atque de incendio conservantes, se ipsos diris ignibus cruciatibusque diversis machabeico more pro divinis legibus obtulerunt.

20. Ea igitur tempestate cum horridus carcer[88] intra se clusos retineret, testes fidelissimos dei crassisque tenebris et ingenti catenarum pondere devota membra vinceret[89], cum debilitaret fames, fatigaret sitis, frigus quateret, turba comprimeret, latera denique ipsa recenti ungularum laceratione disrupta ferverent, inter catenas et ferrum instrumentaque omnia tormentorum ex auctoritate legis divinae, quam sibimet posterisque martyres conservarant, celebrantes concilium caelestia decreta condebant. 2. Vivit enim, vivit sanctus ille Spiritus confessorum, qui aeternis auris et

---

84 reliquere Franchi:stilus melioris dictionis
85 Christus in optato carcere cepit A
86 clerice D *corr. ex* clerici
87 clericae dignitatis praepositi Franchi *qui originalem textum autoris suggerit* clerici dignitate praepositi
88 carcer crassaeque tenebrae BCF
89 ABE Maier, vincirent BCF, vinciret Franchi

den oben genannten Taten zusammenzustellen, werde ich aus Notwendigkeit alles, was die Märtyrer im Gefängnis aus dem Willen des göttlichen Gesetztes festgelegt und zu bewahren den Späteren hinterlassen haben, kurz durchgehen, den Hochmut der Gefallenen und die Kühnheit der Traditoren werde ich in meiner Eile nicht auslassen. 2. Der Glaube, die Liebe zum Gesetz, der Zustand der Kirche, das öffentliche Wohl und das gemeinschaftliche Leben zwingen mich, nichts von den Taten zu übergehen.[103] 3. Von diesen Dingen aus kann nämlich erkannt werden, welches die katholische Kirche ist, (nämlich daran,) ob der Verderben bringende Fall der Traditoren in ihren gottlosen Taten und die Gesinnung der Märtyrer in allen Zeitaltern offenbar werden.[104] 4. Nachdem nun das erhoffte Gefängnis die oben genannten Märtyrer Christi aufgenommen hatte, streckten die Confessoren, die vorher dorthin hinabgestoßen worden waren, den Ankommenden ihre triumphierenden rechten Hände mit den Siegespalmen entgegen. 5. Inzwischen kamen dorthin aus den verschiedenen Teilen der Provinz noch sehr viel mehr andere Confessoren, unter ihnen waren Bischöfe, Presbyter, Diakone und die übrigen Kleriker sowie würdige Vorsteher[105]. Sie hielten das Gesetz Gottes unverletzt, feierten die Gebetsversammlung und das Herrenmahl beständig und tapfer und sie bewahrten die göttlichen Testamente vor der Flamme und dem Feuer, sie gaben sich selbst nach Art der Makkabäer den grauenvollen Feuern und den unterschiedlichen Grausamkeiten für die göttlichen Gesetze preis[106].

20. Obwohl zu diesem Zeitpunkt der entsetzliche Kerker die gläubigsten Zeugen Gottes in sich und in tiefer Finsternis gefangen halten und die frommen Mitglieder durch das ungeheure Gewicht der Ketten besiegen wollte, obwohl der Hunger sie schwächte, der Durst sie ermüdete, die Kälte sie schüttelte, das Gedränge sie niederdrückte, und schließlich ihre Seiten brannten, die erst kürzlich durch die Zerfleischung der Krallen zerrissen worden waren, feierten sie ein Konzil – zwischen den Ketten, dem Eisen und allen Folterwerkzeugen – aus der Macht des göttlichen Gesetzes, das die Märtyrer für sich selbst und (ihre) Nachfolger bewahrten, und sie setzten himmlische Dekrete fest[107]. 2. Er lebt nämlich, jener heilige Geist der Confessoren

---

103 Eine solche umfassende Darstellung ist nicht nur christliche, sondern auch öffentliche Pflicht.
104 Darüber hinaus wurde diese Aufdeckungspflicht geradezu zum *signum ecclesiae*. Von daher lässt sich vielleicht die ausgeprägte Prozesssucht (vgl. GIRADET, Kaisergericht [1975] 17–26) der Donatisten erklären: Das Verderben bringende Faktum der *traditio* muss juristisch eindeutig festgestellt werden.
105 Bei der ungeheuren Zahl der Confessoren und Märtyrer wird hier ihre Herkunft auch aus dem Klerus betont. Unklar bleibt die Wendung „die würdigen Vorsteher", wenn hier nicht Patrone oder *seniores laici* gemeint sein sollten.
106 Hier verweist der Verfasser einmal explizit auf den seiner Darstellung zugrunde liegenden Subtext.
107 Nach unserem Text stellt die karthagische Synode im Kerker vom Februar 304 deutlich den Höhepunkt des nordafrikanischen Synodalismus mit einer antiepiskopalen Stoßrichtung dar, da hier die Kirche der Märtyrer am Ort des Leidens selbst in allen ihren Gliedern und somit in einer neuen Hierarchie der Leidenden versammelt ist. Das ist jedenfalls dem Peristasenkatalog am Beginn dieses Paragraphen zu entnehmen. Die *canones* der Synode sind in 21 zu finden. Die sich anschließende

divino colloquio pascebantur⁹⁰ post crudelem ac saevam sui temporis tempestatem ac persecutoris horribiles minas. 3. Qui, d[um]⁹¹ christianam religionem tyrannica rabies infestabat, fore quondam sanctissimum diem sciebant, quo se iterum purior ac serenior ab iacturis extollens⁹² christiani nominis pax aeterna lucesceret nec defuturam traditorum omnium callidissimam fraudem conspirationemque pestiferam naufragorum diabolica arte compositam, quae sub praetextu religionis impugnaret fidem, everteret legem divinaque iura turbaret, maxime cum iam Mensurius, Kartaginis quondam episcopus, recenti scripturarum traditione pollutus post paenitendam sui sceleris amentiam peiora coepisset facinora⁹³ publicare. Quippe qui ambustorum⁹⁴ veniam librorum a martyribus poscere atque implorare debuerat. Ut delicta sua flagitiis maioribus cumularet, eo animo saeviebat in martyres, quo divinas tradiderat leges. 4. Etenim hic tyranno saevior, carnifice crudelior, idoneum sceleris ministrum diaconum suum elegit Caecilianum eundemque loris ac flagris armatum ante fores carceris ponit, ut ab ingressu atque aditu cunctos, qui victum potumque in carcere martyribus afferebant, gravi affectos iniuria propulsaret. 5. Et caedebantur a Caecili-

---

90 vivit ... pascebantur ADE, vere enim vivus sanctus ille spiritus mentes aeternis aspirando et divinis colloquiis exercebat BCF
91 qui d[um] Franchi, quid ADE, quibus BCF
92 ab iact. ext. *omm.* BCF
93 ferocia BCF
94 combustorum BCDEF

lebt, die genährt werden durch ewigen Lichtglanz und göttliche Unterredung nach der grausamen und furchtbaren Zeit ihrer Epoche und den schrecklichen Drohungen des Verfolgers. 3. Sie wussten, während die tyrannische Wut die christliche Religion angriff, dass es dereinst einen hochheiligen Tag geben würde, an dem der ewige Frieden des christlichen Namens zu leuchten anfängt, indem er sich nach dem Leiden reiner und heiterer erhebt. (Sie wussten,) dass es an der verschlagenen Boshaftigkeit aller Traditoren und der nach teuflischer Kunst zusammengesetzten, Verderben bringenden Verschwörung derer, die Schiffbruch erlitten, nicht mangeln würde, die unter dem Vorwand der Religion den Glauben bekämpfte, das Gesetz verdrehte und das göttliche Recht verwirrte. Sie wussten es ganz genau, als Mensurius, einst[108] Bischof von Karthago, entehrt durch seine vorhergehende Übergabe der Schriften, nachdem er über den Irrsinn seines Frevels Reue gezeigt hatte, anfing, schlimmere Untaten öffentlich zu zeigen. Er war es, der wegen der verbrannten Bücher von den Märtyrern Gnade hätte erbitten und erflehen müssen.[109] Um seine Vergehen mit (noch) größeren Freveltaten zu überbieten, wütete er aus demselben Geist gegen die Märtyrer, aus dem er die göttlichen Gesetze verraten hatte. 4. Wütender als der Tyrann, grausamer als der Folterknecht, wählte er schließlich als geeigneten Diener seines Frevels den Diakon[110] Caecilianus aus, und diesen stellte er bewaffnet mit Riemen und Peitschen vor die Türen des Gefängnisses, um alle, die durch das schwere Unrecht betroffen waren und die den Märtyrern Speise und Trank in das Gefängnis brachten, vom Näherkommen und Eintreten abzuhalten.[111] 5. Und diejenigen wurden unterschiedslos von Caecili-

---

Aufzählung von den Leiden und von den Hoffnungen beginnt in einem langen Satz mit dem „heiligen Geist der Confessoren" und endet mit dem Traditor Mensurius. Vgl. FREND, Donatist church (1965) 8: „The whole hierarchical principle was being attacked." MAIER, Dossier 1 (1987) 85 Anm. 82 bestreitet die Historizität der Versammlung und hält sie für fiktional, da die Versammlung sonst nirgends erwähnt wird und als frühestes donatistisches Konzil die wohl im Jahre 307 stattgefundene Versammlung von Cirta gilt.

108 Jetzt hat er das Bischofsamt verwirkt.
109 Erwartet wurde ein öffentlicher Bußakt des Bischofs vor den Confessoren.
110 Wortspiel: der Diakon als Diener des Frevels.
111 Das Verhalten des späteren großkirchlichen Bischofs von Karthago Caecilian als Diakon hat in der Literatur große Beachtung und unterschiedliche Deutungen gefunden: „Außerdem behauptete man, er habe verhindert, dass den Märtyrern von Abitinae Lebensmittel ins Gefängnis gebracht wurden", so FREND W. H.C., Donatismus, RAC 4, 1959, 130. „On accusait Mensurius et Cécilian d'avoir laissé les confesseurs d'Abitinae mourir de faim dans leur prison", LEPELLEY, Cités 1 (1979) 342 Anm. 48. Nach LEPELLEY, Cités 2 (1982) 39 ist das Verhalten Caecilians eventuell dadurch zu erklären, dass Dativus ein Sexualdelikt zur Last gelegt worden war, von dem sich die Christen Karthagos distanzieren wollten. – Es bleiben Zweifel, ob die Funktion Caecilians als Diakon der Großkirche die fast karikaturhafte Schilderung aus sich heraus gesetzt hat. Eine Interpretation des Verhaltens des Caecilianus, er habe in der Stadt anstößige Unruhen durch die Scharen der zum Gefängnis strömenden Christen mit ihren Liebesgaben verhindern wollen, hat keinen Anhalt im Text, wohl aber kann man mit einer zurückhaltenden Unterstützung rechnen, weil Bischof Mensurius und sein Diakon die „immer noch recht guten Beziehungen zum Prokonsul" nicht gefährden wollten, vgl. KRIEGBAUM, Kirche (1986) 72f.114f und DERS., Caecilianus Carthaginiensis episcopus, AugL 1, 1986–1994, 686–688.

ano passim, qui ad alendos martyres veniebant. Sitientibus intus in vinculis confessoribus pocula frangebantur ante carceris limina, cibus passim lacerandus canibus spargebatur. 6. Iacebant martyrum patres ante carceris fores matresque sanctissimae et ab extremo conspectu liberorum exclusi⁹⁵ graves noctu dieque vigilias ad ostium carceris exercebant. 7. Erat fletus horribilis et acerba omnium, qui aderant, lamentatio prohiberi a complexu⁹⁶ martyrum pios et divelli a pietatis officio christianos Caeciliano saeviente tyranno et crudeli carnifice.

21. Interea martyres Christi non carceris squalor, non viscerum dolor, non denique ulla rerum penuria commovebat sed mentis pura consilia ipsi iam deo de confessione sua vicini dirigebant⁹⁷ in posteros salutemque communem et christiani nominis progeniem redivivam ab omni faece et communione traditorum secernendam esse⁹⁸ tali sub comminatione censebant: Si quis traditoribus comunicaverit, nobiscum partem in regnis caelestibus non habebit. 2. Et hanc sententiam suam sancti Spiritus auctoritate conscriptam tali de comparatione firmabant: Scriptum est, inquiunt, in Apocalypsi: quicumque adiecerit ad librum istum apicem unum aut litteram unam, adiciet dominus super illum innumerabiles plagas; et quicumque deleverit, delebit dominus partem eius de libro vitae. 3. Si ergo additus apex unus aut littera una vel adempta de libro sancto radicitus amputat et sacrilegi facti⁹⁹ subvertit auctorem, necesse est omnes eos, qui testamenta divina legesque venerandas omnipotentis dei et domini nostri Iesu Christi profanis ignibus tradiderunt exurendas, aeternis gehennae ardoribus atque intextinguibili igne torqueri. 4. Et ideo, ut supra diximus, si quis traditoribus communicaverit, nobiscum partem in regnis caelestibus non habebit. Haec

---

95 excussi ABCF
96 complexu ADE Franchi, complexus BC
97 mentis ... dirigebant ADE, meritis iam domino et confessione vicini direxerunt BCF
98 cecerneret BCF
99 sacrilegum facit et BCF

anus geschlagen, die kamen, um den Märtyrern Lebensmittel zu bringen. Während die Confessoren drinnen in den Ketten Durst hatten, wurden vor den Schwellen des Gefängnisses die Becher zerbrochen, Nahrung wurde überall hin verteilt, um von den Hunden gefressen zu werden.[112] 6. Es lagen die Väter der Märtyrer und ihre überaus heiligen Mütter vor den Türen des Gefängnisses, und weil sie vom entferntesten Blick auf ihre Kinder ausgeschlossen wurden, mühten sie sich mit anstrengenden Wachen bei Nacht und Tag am Eingang des Gefängnisses. 7. Es war ein schreckliches Weinen und bitteres Wehklagen von allen, die da waren, dass die Frommen an der Umarmung der Märtyrer gehindert und die Christen von (ihrer) Pflicht der Frömmigkeit gewaltsam abgehalten würden durch Caecilianus, der wie ein Tyrann und grausamer Folterknecht wütete.

21. Inzwischen berührte die Märtyrer Christi weder der Schmutz des Gefängnisses, noch der Schmerz des Fleisches noch schließlich irgendein Mangel an Dingen,[113] sondern sie richteten ihre reinen Gedanken des Verstandes, da sie selbst Gott durch ihr Bekenntnis nahe waren, auf die Späteren und das gemeinsame Heil; sie urteilten, damit sich die wieder lebendig gemachte Nachkommenschaft des christlichen Namens von allem Bodensatz und der Gemeinschaft mit den Verrätern trennte, mit dieser Drohung: „Wenn jemand mit den Traditoren Gemeinschaft hat, wird er nicht mit uns Anteil am Königreich der Himmel haben."[114] 2. Und diesen ihren Urteilsspruch, geschrieben in der Vollmacht des Heiligen Geistes, bekräftigten sie durch diesen Schriftbeweis: „In der Apokalypse", sagten sie, „steht geschrieben: ‚Jeder, der zu diesem Buch ein einziges Häkchen oder einen einzigen Buchstaben hinzufügt, über den wird Gott unzählige Plagen schicken; und jeder, der etwas wegnimmt, dem wird Gott seinen Teil aus dem Buch des Lebens wegnehmen.'"[115] 3. Wenn also ein einziges hinzugefügtes Häkchen oder ein einziger entfernter Buchstabe von dem heiligen Buch den Urheber dieses Sakrilegs mit der Wurzel ausreißt und vernichtet, dann ist es notwendig, dass alle diejenigen, die die göttlichen Testamente und verehrungswürdigen Gesetze des allmächtigen Gottes und unseres Herrn Jesu Christi den weltlichen Feuern zur Verbrennung übergeben haben, in den ewigen Flammen der Hölle und dem unauslöschlichen Feuer gequält werden. 4. Und daher, wie wir oben gesagt haben, wenn jemand mit den Verrätern Gemeinschaft hat, wird er nicht mit uns einen Teil am himmlischen Königreich haben." Dies drohten sie an und ein jeder eilte zum

---

112 Bei Caecilian mischen sich Grausamkeit und Perversität, und im Folgenden verhindert er die Pflichten der Menschlichkeit.
113 Die Ataraxie der Märtyrer, vgl. WISCHMEYER W., Märtyrer II. Alte Kirche, RGG⁴ 5, 2002, 862–865, hier 863.
114 Kanon des Kerkerkonzils.
115 Vgl. Offb 22,18 f; ein weiterer Kanon des Kerkerkonzils dürfte in 21,2–4 vorliegen, der mit den Folgerungen aus der ursprünglich alttestamentlichen, dann in der Apokalypse benutzten Formel das typisch donatistische Bibelverständnis zeigt, das als ein fundamentalistisches angesehen werden kann, dem hermeneutische Reflexion fremd ist. Dies zeigt sich auch beim Umgang mit älteren theologischen Autoritäten, z. B. Cyprian, vgl. WISCHMEYER, Sukzessionsgedanken (1979) 84 f.

comminantes singuli ad passionis gloriam festinabant supremamque testationem.[100] Ita unusquisque martyrum cruore proprio consignabat.[101] Exinde ecclesia sancta sequitur martyres et detestatur Mensurii perfidia traditoris[102].

22. Igitur cum haec ita sint, quisnam est divini iuris peritia pollens, fide praeditus, devotione praeclarus, religione sanctissimus, qui iudicis dei memor veritatem ab errore discernat, a fide perfidiam disiungat simulationemque fictam a certa et integra sanctitate secludat, separet ab stante lapsum, ab integro vulneratum, ab iusto reum, ab innocente dampnatum, a custode legis proditorem, a confessore[103] Christi nominis negatorem, a martyre domini persecutorem, et unum atque idem esse existimet et ecclesiam martyrum et conventicula traditorum? 2. Nemo scilicet, quoniam haec inter se ita repugnant contrariaque sunt sibi ut lux tenebris, vita morti, sanctus angelus diabolo, Christus antichristo, Paulo apostolo dicente[104]: Quasi filiis dico, dilatamini et vos et nolite coniungi cum infidelibus. Quae est enim participatio iustitiae et iniquitati? Aut quae communicatio est lumini ad tenebras? Quis autem consensus est Christo ad Belial? Quae particula est fideli cum infidele? Quae est autem conventio templo dei cum simulacris? Vos autem templum dei vivi estis; dicit enim quia: Inhabitabo in eis et in eis ambulabo et ero illorum deus et ipsi erunt mihi populus. Propter quod discedite de medio eorum et separamini, dicit dominus omnipotens, et inmundum ne tetigeritis et ego recipiam vos et ero vobis in patrem, et vos eritis mihi in filios, dicit dominus omnipotens. 3. Quam ob rem fugienda bonis et vitanda semper est religiosis conspiratio traditorum, hypocritarum domus pharisaeorumque sententia. 4. Utinam in adoptionem filiorum filiarumque dei in sancta ecclesia spiritaliter nati digne succedant et non alienis facinoribus mersi[105] pro luce tenebras, pro vita mortem, interitum sibi pro salute adquirant. 5. Hanc etenim non dico partem, quia[106] ecclesia domini, quae una semper singularis est, contra sese scindi[107] et in partes duas dividi non potest sed potius curiam naufragorum[108] post teterrimam

---

100 Franchi, Maier, primamque testationem A, suppremaque testatione BCDEF
101 Franchi, Maier, se consignabat AD, consignabatur BCEF
102 Mensurii (Mensoris A) perfidia traditoris ADE, execratae perfidiae traditores BCF
103 confessione A
104 2 Cor 6,13–18 Vg.: Tamquam filiis dico: dilatamini et vos nolite iugum ducere cum infidelibus. Quae enim participatio iustitiae cum iniquitate aut quae societas luci ac tenebras? Quae autem conventio Christi ad Belial aut quae pars fideli cum infidele? Qui autem consensus templo Dei cum idolis? Vos enim estis templum Dei vivi, sicut dicit Deus: Quoniam inhabitabo in illis et inambulabo et ero illorum Deus et ipsi erunt mihi populus, propter quod exite de medio eorum et separamini, dicit dominus, et inmundum ne tetigeritis et ego recipiam vos et ero vobis in patrem et vos eritis mihi in filios et filias, dicit Dominus omnipotens.
105 *omm.* BCF
106 hanc ... quia ADE, talis est enim BCF *editores veteres*
107 *omm.* BCF
108 sed potius curiam (curia A) naufragorum *omm.* BCF

Ruhm der Passion zum höchsten Zeugnis. So drückte sich jeder einzelne Märtyrer mit seinem eigenen Blut das Siegel auf. Seitdem folgt die heilige Kirche den Märtyrern und der Verrat des Traditors Mensurius wird verabscheut.[116]

22. Da die Dinge also so sind: Wer stark ist in der Kenntnis des göttlichen Rechts, begabt im Glauben, hervorstechend in der Frömmigkeit, überaus heilig in der Religion, wer eingedenk Gottes des Richters die Wahrheit vom Irrtum unterscheidet, vom Glauben die Untreue trennt und die erlogene Täuschung von der sicheren und unversehrten Wahrheit absondert, wer den Gefallenen von dem Stehenden trennt, vom Unversehrten den Verwundeten, vom Gerechten den Schuldigen, vom Unschuldigen den Verdammten, vom Wächter des Gesetzes den Verräter, vom Bekenner Christi den Verleugner des Namens, vom Märtyrer des Herrn den Verfolger, wird dieser glauben, dass die Kirche der Märtyrer und die „Traditorenbanden" ein- und dasselbe sind?[117] 2. Natürlich nicht, weil diese untereinander sich so entgegenstehen und sich entgegengesetzt sind wie das Licht der Finsternis, das Leben dem Tod, der heilige Engel dem Teufel, Christus dem Antichrist, wie der Apostel Paulus sagt: „Wie zu Kindern rede ich, macht (euer Herz) weit und verbindet euch nicht mit den Ungläubigen. Denn welche Teilhabe ist bei Gerechtigkeit und Ungerechtigkeit? Oder welche Gemeinschaft hat das Licht mit der Finsternis? Welche Übereinstimmung hat Christus mit Belial? Welchen kleinen Teil hat der Gläubige mit dem Ungläubigen (gemeinsam)? Was ist die Gemeinsamkeit des Tempels Gottes mit den Götzenbildern? Ihr seid jedoch der Tempel des lebendigen Gottes; weil er gesagt hat: ‚Ich werde unter ihnen wohnen und unter ihnen wandeln und ich werde ihr Gott sein und sie werden mein Volk sein. Deswegen geht aus ihrer Mitte heraus und sondert euch ab, spricht Gott der Allmächtige, und ihr werdet das Unreine nicht berühren und ich werde euch aufnehmen und ich werde für euch Vater sein und ihr werdet für mich Kinder sein, spricht der Herr der Allmächtige'"[118]. 3. Die Verschwörung der Traditoren, das Haus der Heuchler und das Urteil der Pharisäer müssen die Guten deswegen fliehen und die Frommen immer meiden. 4. Hoffentlich bleiben diejenigen, die durch die Annahme als Söhne und Töchter Gottes in der heiligen Kirche geistlich geboren wurden, würdig in der Sukzession und erhalten nicht, weil sie durch fremde Untaten hinabgezogen worden sind, statt Licht Finsternis, statt Leben Tod, ihren Untergang statt Heil. 5. Ich rede nämlich nicht von einem Teil, weil die Kirche Gottes, die immer eine und einzig ist, sich nicht zerteilen und in zwei Teile getrennt werden kann, sondern (ich rede) treffender von

---

116 Die charismatische Autorität der Märtyrer ist donatistisches Entscheidungs- und Unterscheidungskriterium. Der *testatio suprema* entspricht im lateinischen Wortspiel die *detestatio* des Mensurius.
117 Hier findet sich die große Scheidung (19,1) zwischen der Kirche der Märtyrer und der „Traditorenbande".
118 Vgl. 2 Kor 6,13–18.

persecutionis noctem turbinesque pestiferos tyrannorum ad deceptionem innocentium praedamque populorum diabolus sibi versutia callidissimae fraudis invenit, ut quos aperta persecutionis clade transvorare non valuit nec in saeculo sacrilego idolorum servitio mancipatos delictorum nexibus in perpetuam perniciem potuit retinere,
5 eos pollutis traditoribus[109] iungens sub praetextu sanctissimae religionis extinguat.
6. Denique illic falsi sacrorum ritus fictaque mysteria non tam in salutem quam in perniciem miserorum celebrantur, cum erigit altare sacrilegus, celebrat sacramenta profanus, baptizat reus, curat vulneratus, nominat[110] martyres persecutor, legit evangelia traditor, hereditatem caeli promittit divinorum testamentorum exustor, quos
10 increpat dominus et obiurgat in evangelio dicens: Vae vobis, scribae et pharisaei hypocritae, quoniam circuitis mare et aridam facere unum proselytum, et cum factus fuerit, facitis eum filium gehennae dupliciter plus quam estis vos.[111] 7. Et per prophetam polluta eorum sacrificia respuens ait: Sacrificia eorum tamquam panis luctus: omnis qui tetigerit illum inquinabitur.[112] Sed et per Aggeum clarissimum prophetа-
15 rum[113]: Interroga, inquit dominus, sacerdotes legem: Si acceperit homo carnem sanctam in summo vestimenti sui et tetigerit summitas vestimenti eius aliquam creaturam panis, vini aut olei, si sanctificabitur? Et dixerunt sacerdotes: Non. Et dixit dominus: Si tetigerit inquinatus in anima horum aliquid, si inquinabitur? Et dixerunt sacerdotes: Inquinabitur. Et dixit dominus: Sic et populus hic et sic gens haec coram me, dicit
20 dominus, et omnis quicumque accesserit illuc inquinabitur.

23. Fugienda est ergo et execranda pollutorum omnium congregatio vitiosa et adpetenda omnibus beatissimorum martyrum successio gloriosa, quae est ecclesia una, sancta et vera catholica, ex qua martyres profecti sunt et cui martyres testamenta

---

109 traditionibus BCF
110 veneratur BCF
111 Mt 23,15 Vg.: Vae vobis scribae et pharisaei hypocritae, quia circuitis mare et aridam, ut faciatis unum proselytum et cum fuerit factus, facitis eum filium gehennae duplo quam vos.
112 Hos 9,4 Vg.: Sacrificia eorum quasi panis lugentium. Omnes qui comedunt eum, contaminabuntur.
113 Hag 2,12–15 Vg.: Haec dicit dominus exercituum: 'Interroga sacerdotes legem dicens: Si tulerit homo carnem sanctificatam in ora vestimenti sui et tetigerit de summitate eius panem aut pulmentum aut vinum aut oleum aut omnem cibum, numquid sanctificabitur?' Respondentes autem sacerdotes dixerunt: 'Non.' Et dixit Aggeus: 'Si tetigerit pollutus in anima ex omnibus his numquid contaminabitur?' Et responderunt sacerdotes et dixerunt: 'Contaminabitur.' Et respondit Aggeus et dixit: 'Sic populus iste et sic gens ista ante faciem meam, dicit Dominus; et sic omne opus manuum eorum et omnia, quae obtulerint, ibi contaminata erunt.'

der Kurie[119] der Schiffbrüchigen[120], die nach der grässlichsten Nacht der Verfolgung und den Verderben bringenden Stürmen der Tyrannen der Teufel zur Täuschung der Unschuldigen und zum Raub der Völker durch seine Schlauheit von gewitztester Bosheit erfunden hat. (Er tat dies,) um diejenigen unter dem Schein der überaus heiligsten Religion auszulöschen, die er nicht durch das offenkundige Unheil der Verfolgung zu verschlingen vermochte, die er nicht, weil sie sich in einem gottlosen irdischen Leben dem Dienst an den Göttern verschrieben haben, durch die Schuldverstrickungen der Sünder in den ewigen Untergang ziehen konnte, indem er sie mit den entehrten Traditoren verband. 6. Darauf wurden dort falsche Riten des Heiligen und erlogene Mysterien nicht so sehr zum Heil als zum Untergang der Unglückseligen gefeiert[121], weil der Frevler sich einen Altar errichtet, der Gottlose die Sakramente feiert, der Schuldige tauft, der Verwundete heilt, der Verfolger die Namen der Märtyrer (beim Gottesdienst) nennt, der Traditor die Evangelien liest, der Verbrenner der göttlichen Testamente die Erbschaft des Himmel verspricht. All diese tadelt der Herr im Evangelium und mahnt, indem er sagt: „Wehe euch, ihr Schriftgelehrten, Pharisäer und Heuchler, denn ihr durchzieht das Meer und das trockene Land, um einen Proselyten zu machen, und sobald jemand zu einem gemacht ist, macht ihr ihn zu einem Sohn der Hölle, doppelt so schlimm wie ihr seid!"[122] 7. Und durch den Propheten sagte er, ihre unreinen Opfer zurückweisend: „Ihre Opfer sind wie das Trauerbrot: Jeder, der es berührt hat, wird unrein werden."[123] Durch Haggai, den erlauchten Propheten, (sagt er): „ ‚Frage', spricht der Herr, ‚die Priester nach den Opfern: Wenn ein Mensch mit dem Äußeren seines Gewandes Opferfleisch aufgenommen hat und ein Zipfel seines Gewandes berührt eine andere Sorte von Brot, Wein oder Öl, wird dies geheiligt werden?' Und die Priester sagten ‚Nein', und der Herr sprach: ‚Wenn irgendetwas davon ein in der Seele Unreiner berührt, wird es dann unrein?' Und die Priester sagten: ‚Es wird unrein.' Und der Herr spricht: ‚So ist auch dieses Volk und dieses Geschlecht vor mir', spricht der Herr, ‚und jeder, der dort hinzutritt, wird unrein sein.'"

23. Daher muss man also fliehen und ausspeien vor der lasterhaften Versammlung aller Unreinen[124] und alle müssen die ruhmreiche Sukzession der glückseligen Märtyrer anstreben, die die eine heilige und wahrhaft katholische Kirche ist, aus der die

---

119 Die *curia* der Schiffbrüchigen im Gegensatz zur wahren *ecclesia* der Märtyrer.
120 Die in der Verfolgung Geretteten, die nicht zu den Donatisten halten. D. h. es gab Anstrengungen beider Seiten, diese Christen für die eigene Partei zu gewinnen. Für diese Bemühungen von Seiten der donatistischen Partei ist auch dieser Text besonders mit seinen rahmenden theologischen Ein- und Ausleitungsstücken – aber auch mit den eingeschobenen Kommentierungen – ein Beleg.
121 Auch der unbelastete Teil der Christen, der sich zur antidonatistischen Partei hält, ist der Verdammnis verfallen, weil es dort keine Sakramente, ja überhaupt keinen Gottesdienst, sondern nur ein teuflisches Widerspiel von solchen gibt und man sich somit in der Gemeinschaft derer befindet, die durch unvergebbare Sünde kontaminiert sind.
122 Vgl. Mt 23,15.
123 Vgl. Hos 9,4.
124 Die antidonatistische Gruppe ist keine Kirche.

divina[114] servarunt[115]. 2. Haec etenim sola persecutionis infestae impetus[116] fregit, haec legem domini usque ad effusionem sanguinis conservavit, in hac virtutes populi[117] sancti Spiritus praesentia frequentantur, baptisma a salvatore[118] perficitur, vita perpetua reparatur. 3. Semper enim illi propitius insidet deus, adest dominus Christus, collaetatur et gaudet Spiritus sanctus in confessoribus victor, in martyribus triumphator.

4[119]. Postremo cum nec Mensurius nec minister eius Caecilianus ab hac inmani crudelitate cessare vellent, Anulino proconsule aliisque persecutoribus interim circa alia negotia occupatis beati martyres isti corporeis alimentis destituti paulatim et per intervalla dierum naturali conditioni famis atrocitate cogente cesserunt et ad siderea regna cum palma martyrii migraverunt praestante domino nostro Iesu Christo, qui cum Patre regnat in saecula saeculorum. Amen.[120]

---

114 divina mysteria D et E *in margine*
115 cui ... servarunt: a quibus divina testamenta servata sunt BCF
116 impetum BCF
117 BCF, apostolicae ADE Franchi, Maier
118 BCF, salutare ADE Franchi, Maier
119 § 4 Postremo ....Amen *secundum* Baluze.
120 explicit deo gratias Christo laudes A, explicit passio sanctorum Saturnini presb. Dativi Felicis Amplei et aliorum multorum D, explicit deo gratias Christo laudes. Explicit martyrium sancti Saturnini et aliorum E, expliciunt confessions et actus martyrum Saturnini presb. et comitum eius BCF

Märtyrer hervorgegangen sind und für die die Märtyrer die göttlichen Testamente bewahren.[125] 2. Sie allein nämlich brach den Ansturm feindseliger Verfolgung, sie hat das Gesetz des Herrn bis zum Blutvergießen bewahrt, in ihr sind die apostolischen Tugenden des Volkes des Heiligen Geistes unmittelbar versammelt, (in ihr) wird die Taufe vom Erlöser gespendet, (in ihr) wird das ewige Leben erneuert. 3. In ihr wohnt Gott ihr immer nahe, ist Christus der Herr anwesend, mit ihm zusammen freut sich und jubelt der Heilige Geist als Sieger unter den Confessoren, als Triumphator unter den Märtyrern.

4. Zuletzt, während weder Mensurius noch sein Diener Caecilianus von dieser ungeheuren Grausamkeit ablassen wollten und der Prokonsul Anulinus und die anderen Verfolger inzwischen mit anderen Angelegenheiten beschäftigt waren, verschieden die seligen Märtyrer, ferngehalten von der Nahrung für den Körper, bezwungen durch die Unbarmherzigkeit des Hungers durch natürliche Umstände nach und nach im Abstand von Tagen und gingen ins himmlische Königreich ein mit der Palme der Märtyrer, die (ihnen) unser Herr Jesus Christus darbot, der mit dem Vater regiert von Ewigkeit zu Ewigkeit. Amen.

---

[125] Das Bewahren der göttlichen Testamente durch die Märtyrer macht sie zu einer heilsgeschichtlichen Notwendigkeit und zu Konstituenten der Kirche. Das Stehen in der Tradition der Märtyrer bewahrt und garantiert die Anwesenheit Gottes.

D. Historische und literarische Aspekte

Der rhetorisch sehr durchgestaltete und literarisch anspruchsvolle Text zielt darauf, den Leser auf einer theologischen und pastoralen Ebene darüber zu belehren, dass die Kirche sich in einem endzeitlichen Kampf mit dem Staat und der diesem hörigen „Kirche der Traditoren" befindet. Dazu möchte der Text eine möglichst große Anzahl von heroischen Beispielen geben, die zeigen, wie Christen sehr unterschiedlicher sozialer Herkunft als Kleriker, Asket, Patron der Gemeinde oder als Frauen in verschiedenen Rollen den tödlichen Gefahren dieses Lebens entgegentreten können. Deshalb ist es die Absicht des Verfassers, ein „Archiv der Erinnerung" (1,1) zu geben, das – so zeigt sein Text deutlich – auch literarischen Ansprüchen genügen muss und sie mit den einschlägigen Topoi auch erfüllt, z. B. der Demutstopos der Einleitung und Lob und Ermahnung neben der Polemik im Epilog. Dabei spielen in den argumentativen Textteilen biblische Bezüge, vor allem aus dem Alten Testament, immer wieder eine Rolle.

Schon mit dem auffallend ausführlichen Proömium (1–2) des langen Textes ordnet der Autor die historische Situation in diese religiöse Weltdeutung ein. Der Aufgabe entspricht auch eine gewisse Typisierung der beiden Seiten, wo für Verfolgte und Verfolger jeweils extrem hyperbolische Darstellungsweisen[1] gewählt sind, die oft durch Parataxe noch zusätzlich gesteigert werden. Doch bösartiger und gefährlicher als die Verfolgung durch den Staat ist die Wut und Grausamkeit der Vertreter der Großkirche (20,4), die allein der den Märtyrern und Confessoren geschenkte Geist besiegen kann (20,2). Soweit entspricht die agonistische Sprache des elaborierten Textes, der durch seine Wechsel von Paränese und Narrativem auffällt, dem apokalyptischen Kampf zwischen Gut und Böse und sucht durch die große Zahl ähnlich wiederholter Folterschilderungen die Situation dem Leser einzuschärfen.

Dabei soll der Leser durch die ebenso häufig wiederholten exklamatorischen Enkomien (11,10; 12,10; 17,11) nicht nur zu einer vertieften Erinnerung geführt werden, sondern diese sollen ihn zu seinem eigenen Bekenntnis mitreißen. Gleichzeitig soll damit für das donatistische Kirchenverständnis geworben werden.[2] Dem dient im sehr ausführlichen Epilog (19–23) die Erzählung vom Konzil im Kerker (20,1) und die Zitation und gelehrte Interpretation seines Kanons. Die Autorität des Konzils und der charismatischen Rechtssetzung der Gefangenen wird noch dadurch erhöht, dass eine große Schar anderer Gefangener zu derjenigen aus Abitinae hinzukommt. Dabei betont der Autor die Historizität des von ihm geschilderten Ereignisses (19,1–3), weil er gerade damit die Polemik gegen Mensurius und Caecilian umso deutlicher und schärfer führen kann.

---

[1] 13,1: animalische Wut des Prokonsuls; 18,5 seine Dummheit, vgl. 8,7; 16,5: sein Geist ist zerrüttet, diabolische Deutung seiner Obsession; demgegenüber steht die ruhige *hilaritas* des Märtyrers; 4,1, seine Furchtlosigkeit und Tugendhaftigkeit, das Dulden unmenschlicher Qualen, das nicht daran hindert, wie ein weiser Philosoph besonnene Antworten im Verhör zu geben.

[2] Und so soll der Leser, wie 21,5f drastisch zeigt, vor der ewigen Verdammnis bewahrt werden.

Dies dürfte einer fortgeschrittenen Phase des donatistischen Streites entsprechen und vielleicht zu sehen sein im Zusammenhang mit dem Beginn staatlicher Zwangsgewalt nach der Mitte des 4. Jhs.

Eine eindeutige Identifikation der Gruppe aus Abitinae oder einzelner ihrer Mitglieder mit der übrigen reichen hagiologischen Überlieferung Nordafrikas, die bei Yvette Duval in ihrer ganzen Fülle ausgebreitet ist, ist wegen der zum Teil sehr häufigen Namen nicht möglich. Dies gilt auch für den *Saturninus presbyter* im Mosaik von Upenna.[3]

Seit den ältesten Handschriften ist der Text trotz seiner eindeutigen donatistischen Hinweise im Proömium und besonders im Epilog auch im liturgischen Kontext der Catholica verwendet worden[4]. Es ist zu vermuten, dass der Text im Zusammenhang mit Migrationen afrikanischer Christen unter vandalischer oder islamischer Herrschaft nach Gallien gebracht wurde.

E. Spezialliteratur

DOLBEAU F., La „passion" des martyrs d'Abitina: Remarques sur l'établissement du texte, AnBoll 121, 2003, 271–296.

DELEHAYE H., Les origines du culte des martyrs (SHG 20), Brüssel ²1933, 386–388.

DELEHAYE H., Les passions des martyrs et les genres littéraires (SHG 13B), Brüssel ²1966, 84 f.

DUVAL Y., Loca Sanctorum Africae. Le culte des martyrs en Afrique du IVᵉ au VIIᵉ siècle 2 (CEFR 58), Rom 1982, 684–691.

FONTAINE J., Passio sanctorum Saturnini, Dativi, Felicis, Ampelii et sociorum, HLL 5, 1989, 527 f: § 596.6.

FRANCHI DE'CAVALIERI P., Note agiografiche 8 (StT 65), Rom 1935, 3–71.

LEPELLEY C., Notice Abitinae, in: DERS., Les cités de l'Afrique romaine au Bas-Empire 2, Paris 1982, 56–62.

MAIER J.-L., Le dossier du donatisme 1 (TU 134), Berlin 1987, 57–92.

MANDOUZE A., Prosopographie chrétienne du Bas-Empire 1: Prosopographie de l'Afrique chrétienne (303–553), Paris 1982.

MONCEAUX P., Histoire littéraire de l'Afrique chrétienne depuis les origines jusqu'à l'invasion arabe 3, Paris 1905, 140–147.

MOSS C. R., The Other Christs. Imitating Jesus in Ancient Christian Ideologies of Martyrdom, Oxford 2010, 199 f.

---

[3] ILCV 2096; vgl. DUVAL, Loca 1 (1982) 64–66; 2 (1982) 684–691.

[4] KLÖCKENER M., Festa sanctorum et martyrum, AugL 2, 2002, 1281–1305, hier 1291. Zur Augustinuspredigt s. Sermo 335E = Lambot 7 (PLS 2, 781–785), die vielleicht am Fest der abitinischen Märtyrer gehalten wurde, das am 12.2. (?) gefeiert wurde.

Areadne

A. Zum Text

1. Griechische Überlieferung (BHG 165)

Vom griechischen Text des Martyriums der Areadne existiert nur ein einziger Zeuge im

    Vatikan, Biblioteca Apostolica Vaticana, Codex Vaticanus graecus 1853: Palimpsest.[1]

Der griechische Text stammt aus einem vormetaphrastischen Menologion des 9./10. Jhs. Leider nicht ganz vollständig, wurde er mit mehrfachen Korrekturen ediert durch

Fr   FRANCHI, Leggenda di S. Ariadne (1901) 123–133; 185;
    FRANCHI, Martirio di S. Ariadne (1902) 10–21.

2. Syrische Überlieferung (BHO 682)

Die ins späte 8. Jh. zu datierende Handschrift der syrischen Rezension veröffentlichte
S   SMITH, Women Text (1900) 48–61.[2]

3. Lateinische Überlieferung (BHL 5422)

Die auf zahlreichen Manuskripten beruhende kritische Edition der lateinischen Übersetzung stammt vom Bollandisten
L   v[AN] H[OOFF], ActaSS Nov. 1 (1887) 201–206: Prima passio S. Mariae ancillae.

Hier heißt die Titelheilige allerdings Maria.

   Der syrische Text ist der kürzeste und meist näher am griechischen als der lateinische. Wir geben den Text Franchis wieder und ergänzen ihn, wo der griechische lückenhaft ist, durch den lateinischen.

---

[1] Ausführliche Beschreibung des Codex bei MERCATI, Note (1901) 213 ff.
[2] Hierzu auch eine Übersetzung von DIES., Women Translation (1900) 83–95. Die im Folgenden zitierte Übersetzung des syrischen Textes ins Deutsche verdanken wir dem Kollegen D. Bumazhnov, St. Petersburg/Göttingen.

B. Zum Inhalt

138, Prymnessos (Phrygien): Der Stadtvorsteher, Gymnasiarch und Provinzialoberpriester Tertullus ist vor dem *praeses* Gordius angeklagt wegen des durch kaiserliches Edikt verbotenen Verbergens einer christlichen Sklavin, Areadne, einer in seinem Haus von christlichen Eltern geborenen Unfreien, die er bereits der Hauszucht unterworfen hat, da sie die Teilnahme an einem Familienfest verweigerte. Verteidigt durch den Anwalt Nikagoras wird er freigesprochen, die Sklavin hingegen gefoltert, um sie zum heidnischen Opferritus zu bewegen. Während der ihr eingeräumten Bedenkzeit gelingt ihr die Flucht. Sie verschwindet im Gebirge, ohne dass sie von einem Suchtrupp unter Führung des obersten Tempelaufsehers Philokomos gefunden werden kann.

C. Martyrium Areadnes

Martyrium der Areadne

Μαρτύριον τῆς ἁγίας Ἀρεάδνης

1. Ἀδριανὸς καὶ Ἀντωνῖνος βασιλεῖς ἐξαπέστειλαν εἰς πᾶσαν τὴν ὑποτεταγμένην αὐτοῖς βασιλείαν, ὥστε πάντας τοὺς θρησκεύοντας τὴν εὐσεβῆ τοῦ Χριστοῦ θρησκείαν μεταβαίνειν αὐτοὺς τῶν νόμων καὶ μιαρῶν ἀπογευσαμένους ἐδεσμάτων σώζεσθαι, τοὺς δὲ ἀντιλέγοντας τοῖς δικαστηρίοις παραδίδοσθαι. Κατ' ἐκεῖνον δὲ τὸν καιρὸν ἡ μακαρία ἀμνὰς τοῦ Χριστοῦ Ἀρεάδνη τοῖς τῆς ὁμολογίας ἀγῶσιν ἐφαιδρύνετο, δούλη γὰρ ὑπάρχουσα Τερτύλλου τινὸς πρώτου τῆς πόλεως Πρυμνησσοῦ Φρυγίας Σαλουταρίας, ὅλη διόλου ἐλευθέρα ἐν Χριστῷ ἐτύγχανεν, καθὼς γέγραπται. Ὁ ἐν κυρίῳ κληθεὶς δοῦλος ἀπελεύθερος κυρίου ἐστίν.

2. Γενεθλίων δὲ ἡμέραν ἄγοντος τοῦ Τερτύλλου τοῦ ἰδίου παιδὸς καὶ τοῖς ἀκαθάρτοις βδελύγμασιν καὶ δαιμονίοις θυσίαν ἐπιτελοῦντος, νηστείαις προσέχουσα ἡ ἁγία τοῦ θεοῦ Ἀρεάδνη ὑπὸ μιᾶς τῶν παιδίσκων τῇ δεσποίνῃ αὐτῶν διαβάλλεται. Καὶ προσκαλεσαμένη αὐτὴν ἡ δέσποινα αὐτῆς εἶπεν· Εἰπέ μοι σὺ τίνος ἕνεκεν νηστεύεις καὶ οὐχ ἑορτάζεις. Λυπῆσαι ὅτι δεσπότης σου ἐγεννήθη; Ἀρεάδνη εἶπεν· Ἐν πρώτοις γὰρ νηστεύω. Οὐκ οἶδας ὅτι χριστιανή εἰμι, ὡς καὶ οἱ γονεῖς μου; Ἡ δὲ κυρία αὐτῆς ἠνάγκαζεν αὐτὴν γεύσασθαι· ἡ δὲ τὸν κλήτορα τῆς ἐπουρανίου ἑορτῆς, μᾶλλον δὲ αὐτὸν τὸν νυμφίον ἐπικαλεσαμένη Χριστὸν Ἰησοῦν, εἶπεν· Τοῦ σώματός μου εἶ κυρία, οὐ τῆς ψυχῆς. Ἄκουε δὲ μετὰ παρρησίας· Οὐ δύναται ἡ ἑορτὴ τοῦ υἱοῦ σου πρὸς τὴν ἑορτὴν τοῦ Χριστοῦ μου· ἡ γὰρ ἑορτὴ τοῦ υἱοῦ σου ἐν αὐλοῖς καὶ κυμβάλοις καὶ ᾠδαῖς ἀτάκτοις καὶ ἤχοις ἀλαλαγμῶν, ἡ δὲ ἑορτὴ τῶν Χριστιανῶν ἐν νηστείαις καὶ ἁγνότητι καὶ σωφροσύνῃ καὶ ἐν ᾠδαῖς πνευματικαῖς. Ἐν τούτοις πανηγυρίζειν δεῖ καὶ οὐκ ἐν ἑορταῖς ματαίων εἰδώλων. Ἡ δὲ κυρία αὐτῆς μὴ φέρουσα τὴν παρρησίαν αὐτῆς ἔφη·

Martyrium der heiligen Areadne

1. Die Kaiser Hadrian und Antoninus[1] ließen im ganzen ihnen unterworfenen Herrschaftsgebiet verkünden, dass alle, die der frommen Religion Christi anhängen, übertreten müssten, und dass die am Leben blieben, welche an der Lebensform[2] und den abscheulichen Opfern teilnähmen, dass aber die Widerstrebenden vor die Gerichte gebracht werden sollten. Zu jener Zeit jedoch erfreute Areadne, das selige Lamm[3] Christi, diejenigen, die das Bekenntnis leisteten. Als Sklavin eines gewissen Tertullus, des ersten Magistraten der Stadt Prymnessos[4] in der Phrygia Salutaria[5], war es ihr vergönnt, ganz und gar in Christus frei zu sein, wie geschrieben steht: „Der im Herrn berufene Sklave ist ein Freigelassener des Herrn."[6]

2. Als nun Tertullus den Geburtstag seines eigenen Sohnes feierte und den unreinen Götzen und Dämonen Opfer darbrachte, wurde Areadne, die Heilige Gottes, welche das Fasten einhielt, von einer ihrer Mitsklavinnen bei ihrer Herrin denunziert. Und ihre Herrin rief sie zu sich und sagte: „Sage mir, weswegen du fastest und nicht feierst. Bist du betrübt, dass dein Herr geboren wurde?" Areadne sagte: „Ich halte das Fasten für erstrangig. Weißt du nicht, dass ich Christin bin wie meine Eltern auch?" Doch die Herrin zwang sie zu kosten. Sie aber betete zum Gastgeber des himmlischen Festes, mehr noch zu ihrem Bräutigam Christus Jesus und sagte (zu ihr): „Du bist die Herrin meines Leibes, nicht der Seele. Höre mir in aller Offenheit zu. Das Fest deines Sohnes bedeutet nichts gegenüber dem Fest meines Christus. Denn das Fest deines Sohnes ist eines mit Flöten und Zimbeln, zügellosen Gesängen und lautem Geschrei; das Fest der Christen aber wird mit Fasten, in Reinheit und Enthaltsamkeit und mit geistlichen Liedern begangen. Bei diesen Festen soll man lobsingen und nicht bei den Festen der nichtigen Götzen." Ihre Herrin, die ihre Offenheit nicht ertragen konnte,

---

[1] Hadrian (Augustus vom 11.8.117 bis 10.7.138) adoptierte am 25.2.138 seinen Nachfolger Antoninus Pius (Augustus vom 10.7.138 bis 7.3.161) und erhob ihn gleichzeitig zum Caesar; vgl. KIENAST, Kaisertabelle (⁵2011) 129.134. Demzufolge wäre das vorgebliche Edikt in die Zeit zwischen dem 25.2. und 10.7.138 zu datieren. Dies hielten wohl schon die frühen Übersetzer für unwahrscheinlich; beachte die von S und L in 4 genannten anderen Kaisernamen.
[2] Hier tritt zur üblichen Bedeutung die religiöse Terminologie im Sinne der Verwendung in Gal 6,2 und Röm 3,27 f hinzu; in 9 mit Bezug auf die christliche Lebensform gebraucht. Die Wortwahl zeigt, dass für den Redaktor einer späteren Zeit auch die pagane Religion nicht mehr anders als ein ganz von religiösen Vorschriften geprägtes Leben vorstellbar war.
[3] Die Lämmersymbolik ist auf der Basis von Jer 11,19; Joh 1,29; 1 Petr 1,19 oder Offb 5,12 im martyrologischen Sinn ab dem 4. Jh. besonders in der christlichen Ikonographie greifbar; vgl. DINKLER, Apsismosaik (1964) 75.103.
[4] In der Nähe von Süğlü (Türkei); vgl. ROBERT, Nonnos (1975) 171–173.
[5] Sie entstand als eigene Provinz erst in spätkonstantinischer Zeit durch die Aufteilung der Phrygia in eine Phrygia Salutaria und eine Phrygia Pacatiana; vgl. ROBERT, Asie mineure (1980) 245. Die Bezeichnung liefert somit einen Datierungshinweis.
[6] 1 Kor 7,22.

Ἐγώ σε ποιήσω μαστιζομένην ἀποθανεῖν. Καὶ Ἀρεάδνη ἀπεκρίνατο· Ποίει ὃ θέλεις. Μόνον¹ διὰ Χριστὸν τὸν βοηθοῦντά μοι.

3. Καὶ εἰσελθόντι τῷ ἀνδρὶ αὐτῆς Τερτύλλῳ εἰς τὴν οἰκίαν, ἀνήγαγεν αὐτῷ περὶ τῆς Ἀρεάδνης· ὁ δὲ ἀνεξετάστως ἐκέλευσεν αὐτὴν φραγελλοῦσθαι, καὶ ἐξ ὀφθαλμῶν αὐτὴν ποιήσας πάντων τῶν ἐν τῇ οἰκίᾳ αὐτοῦ, βραχεῖαν ἐκέλευσεν αὐτῇ τροφὴν δίδοσθαι. Ἡ δὲ ἁγία μάρτυς ἐδόξαζεν τὸν θεὸν προσευχομένη διὰ παντὸς καὶ εὐλογοῦσα τὸν κύριον καὶ ἐμμένουσα τῇ ὁμολογίᾳ τοῦ Χριστοῦ.

4. Ἡμερῶν δὲ τριάκοντα ὅλων διελθουσῶν γνωστὸν ἐγένετο τοῦτο τῷ ἡγεμόνι Γορδίῳ, ὅτι Τέρτυλλος ὁ πρῶτος τῆς πόλεως ἡμῶν χριστιανὴν ἔχει ἐν τῇ οἰκίᾳ αὐτοῦ, καὶ ἀξιοῦμεν τὸ ἀκίνδυνον τῇ πόλει ἡμῶν φυλαχθῆναι· φόβῳ γὰρ δεδοίκαμεν διὰ τὴν ἀπειλὴν τῶν Σεβαστῶν. Τῇ δὲ ἑξῆς προκαθεσθεὶς ὁ ἡγεμὼν πρὸ βήματος ἐν τῷ σεβαστείῳ τῆς πόλεως, ἐκέλευσεν ἄγεσθαι τὸν Τέρτυλλον. Καὶ συναθροισθέντος παντὸς τοῦ βουλευτηρίου σὺν τῷ δήμῳ ἐν τῷ δικαστηρίῳ, ἐπανέγνω αὐτοῖς Γόρδιος ὁ ἡγεμὼν τὸ τῶν βασιλέων δόγμα ἔχον τὸν τύπον τοῦτον: Βασιλεῖς μεγάλοι καὶ αὐτοκράτορες Ἀδριανὸς καὶ Ἀντωνῖνος σεβαστοὶ εὐσεβεῖς τροπαιοῦχοι σωτῆρες καὶ κτίσται τῆς οἰκουμένης πᾶσιν τοῖς ὑπὸ τὴν βασιλείαν ἡμῶν ὑπασπισταῖς καὶ εὐνοϊκῶς ἔχουσιν περὶ τὴν θρησκείαν τῶν θεῶν χαίρειν. Ἐπειδὴ ἦλθεν εἰς τὰς ἀκοὰς ἡμῶν περὶ ἑτεροδιδασκαλούντων ἀθρόως² ἀναφυσώντων παρὰ τὸν θεσμὸν τῶν μεγίστων θεῶν καὶ τὰ ἔθη τῶν ἱερῶν καταλύειν θελόντων καὶ τὰ ἐκ προγόνων θεσπίσματα ἡμῶν καὶ τὰς ἑορτάς, τούτου χάριν ἐδογμάτισεν τὸ κράτος ἡμῶν κοινῇ γνώμῃ τοὺς σημαινομένους ἡμῖν ἢ θύειν ἢ τοῦ βίου ἀπαλλάττεσθαι. Θέλομεν δὲ πάντας ἀνθρώπους τῇ φιλανθρωπίᾳ μίαν ἔχοντας θρησκείαν οὕτως ἐξευμενίζεσθαι τὸ θεῖον καὶ μὴ ὡς ἄλογα ζῷα ῥέμβεσθαι. Εἴ τις οὖν σκεπάσει τινὰ χριστιανὸν καὶ μὴ φανερώσει, ἤτοι νέον ἢ νέαν, ἢ γέροντα ἢ παιδίον, ὁ τοιοῦτος ξίφει τιμωρηθήσεται· ἡ δὲ ὑπόστασις αὐτοῦ τοῖς τοῦ ταμείου λόγοις εἰσκομισθήσεται, τὸν δὲ μηνύοντα τῷ δικαστηρίῳ τὰ χρήματα τοῦ μηνυθέντος ἐκ δεσποτικοῦ τίτλου λήψεσθαι κελεύομεν δηνάρια τετρακόσια. Εἰ δὲ

---

1 ἐμμενῶ Fr *suggerente* De Sanctis
2 *fortasse* ἀνθρώπων

sagte: „Ich lasse dich zu Tode geißeln."[7] Doch Areadne antwortete: „Tu, was du willst. Nur (möge dies geschehen) um Christi Willen, der mir beisteht."

3. Als nun ihr Mann Tertullus ins Haus trat, ging sie ihn wegen Areadne an. Und dieser befahl, ohne es zu prüfen, sie zu geißeln, und nachdem er sie aus den Augen aller in seinem Hause hatte entfernen lassen, ordnete er an, ihr kaum Nahrung zu geben. Die heilige Märtyrerin jedoch lobte Gott, betete ununterbrochen, pries den Herrn und verharrte im Bekenntnis Christi.

4. Nachdem nun volle dreißig Tage vergangen waren, wurde dem *praeses* Gordius bekannt, dass Tertullus, der erste Magistrat unserer Stadt, eine Christin in seinem Hause habe. Doch wir fordern zur Sicherheit für unsere Stadt, dass sie bewacht wird, denn wir waren in großer Furcht wegen der Strafandrohung der *augusti*. Am nächsten Tag setzte sich der *praeses* vor das Podium im Augustustempel der Stadt und befahl, den Tertullus herbeizuholen. Nachdem die ganze Ratsversammlung und das Volk[8] im Gerichtslokal versammelt waren, las ihnen der *praeses* Gordius die Verordnung[9] der Kaiser vor, die diesen Wortlaut hatte: „Die großen Kaiser und Imperatoren Hadrian und Antoninus,[10] die *augusti*, die Frommen, die Siegreichen, die Retter und Gründer des Erdkreises, allen dem Schutz unserer Herrschaft Unterworfenen, die willig sind zur Verehrung der Götter, unseren Gruß. Weil es uns zu Ohren gekommen ist, dass scharenweise Irrlehrer[11] aufschnauben gegen das Gesetz der mächtigsten Götter und die Tempelbräuche, sowie unsere von den Vorfahren stammenden Orakel und Feste auflösen wollen, so hat deswegen unsere Herrschergewalt durch gemeinsames Gesetz angeordnet, dass die uns Angezeigten entweder opfern oder ihr Leben verlieren müssen. Wir wollen nämlich aus Menschenliebe, dass alle Menschen eine einzige Religion haben, sich auf diese Weise die Gottheit geneigt machen und nicht herumschweifen wie das dumme Vieh. Wenn also jemand einen Christen verbirgt und es nicht anzeigt – sei es einen Jüngling oder ein Mädchen, einen Greis oder ein Kind – so soll derjenige mit dem Schwert bestraft werden. Sein Besitz[12] ist zum Vorteil der Finanzverwaltung einzuziehen. Wer dem Gericht die Vermögensverhältnisse[13] des Angezeigten offenbart, dem befehlen wir vierhundert Denare aus kaiserlichen Steuermitteln[14] zu geben. Wenn aber jemand entdeckt wird, der irgendeinen der zuvor

---

7 Unfreie unterstanden dem *iudicium domesticum*; dieser Hauszucht waren aber hinsichtlich der Todesstrafe Grenzen gesetzt, vgl. SEELIGER, Tertullusprozess (2001) 378 f.
8 βουλευτήριον σὺν τῷ δήμῳ, soviel wie *senatus populusque civitatis*: die städtische Kurie, die dekurionische Oberschicht der Stadt und das Volk.
9 In 4 und 5 spielt der Autor variantenreich mit der Terminologie für Gesetz und Verordnung.
10 S: Diokletian und Antoninus; L: Maximian, Hadrian und Antoninus, vgl. Anm. 1.
11 Der Verfasser formuliert das Edikt dermaßen, dass er die Kaiser die Weigerung, an paganen Riten teilzunehmen, mit einer christlichen Terminologie beschreiben lässt, vgl. 1 Tim 1,3; 6,3.
12 ὑπόστασις: Vermögensbestand, Besitz an Ländereien: vgl. PREISIGKE, Fachwörter (1915) 177 f und PREISIGKE/KIESSLING 2, 672.
13 χρήματα: Hausgerät, Kassenbestand, Geldsachen: ebd. 750.
14 τίτλος: Steuertitel, -gattung, -gruppe und Rechtstitel, -anspruch: ebd. 604.

φωραθῇ τις βουλόμενος σκεπάσαι τινὰ τῶν προγεγραμμένων, τοῖς τοῦ δικαστηρίου νόμοις καταδικασθήσεται³.

5. Καὶ μετὰ τὸ ἀναγνωσθῆναι τὸ βασιλικὸν πρόσταγμα ὁ ἡγεμὼν ἔφη· Τί δύναμαι, ἄνδρες, ποιῆσαι; Μὴ τῷ θείῳ θεσπίσματι ἀντιπρᾶξαι δύναμαι. Τὸ βουλευτήριον ἔφη·
5 Ἀξιοῦμεν τὴν ἀνυπέρβλητόν σου φιλανθρωπίαν μετὰ ἡπιότητος ἀκουσθῆναι ἡμᾶς. Ὁ ἡγεμὼν ἔφη· Τὰ λεγόμενα ἐγγράφως λεγέσθω καὶ μὴ ὡς ἐν παραδρομῇ. Καί τις σχολαστικὸς⁴ Νικάγορος ἀνεψιὸς τυγχάνων τοῦ προειρημένου Τερτύλλου, παντὸς τοῦ βουλευτηρίου προτρεψαμένου αὐτὸν καὶ μάλιστα τοῦ γένους αὐτοῦ συνηγορῆσαι τῷ προειρημένῳ Τερτύλλῳ, ὅπως μὴ μῶμόν τινα δέξηται, ἔφη πρὸς τὸν ἡγεμόνα οὕτως·
10 Ὁ τῆς ἐπαρχίας πρύτανις, ὁ ἑωσφόρος πάντων ἡμῶν, ἡ δεξιὰ τῶν κατερραγμένων, ὁ εὔδιος λιμήν⁵, τὸ φῶς τὸ ἡμέτερον, ὁ ἀρχηγὸς τῆς εὐδοκίας τῶν δεσποτῶν τῆς οἰκουμένης, τῶν ἀηττήτων βασιλέων, ὧν νόμοι τε καὶ φωναὶ ἐπετήρησαν <ἡμᾶς>⁶ εἰς εὔδιον λιμένα, ἐπακοῦσαι ἡμῶν καταξίωσον, δεόμεθα τῆς σῆς φιλανθρωπίας. Οὗτος ὁ ἀνὴρ εὐγενὴς ὑπάρχει, ἀρχιερεὺς μὲν τῶν Σεβαστῶν, δημιουργὸς δὲ τῇ πόλει καὶ ταῖς
15 ἄλλαις αὐτοῦ πάσαις δωρεαῖς ταῖς εἰς τὴν πατρίδα καὶ ταῖς εὐεργεσίαις αἷς εὐεργέτησεν τὴν πόλιν πρεσβεύων, ἐπὶ τῇ δωρεᾷ τοῦ βαλανείου, οὗτινος εἰς τὸν κόσμον λίθον Φρύγιον ποικίλας καὶ χαριτώσας, μεγάλως ἐπεμελήθη. Ὁ προειρημένος ἀρχηγὸς καὶ πρωτεύων γενόμενος τῆς τοιαύτης ἀρετῆς, λαμπρὸς καὶ ἄξιος ἀπεδείχθη. Καὶ τί λέγω; Τίς γὰρ δυνηθείη τὰς εὐεργεσίας αὐτοῦ ἐξειπεῖν μεγάλας οὔσας καὶ ἀναριθμήτους; Τὰ
20 δὲ ἀπαρχῆς αὐτοῦ εὐεργετήματα καὶ τὰς δωρεὰς ἃς παρέσχεν τῇ πόλει καθεκάστην, τίς ἂν ἐκφράσαι δυνηθείη; Ἀρχιερεὺς μὲν ἐκ προγόνων καὶ γυμνασίαρχος, ἀνὴρ καλὸς καὶ ἀγαθὸς γεγονὼς καὶ πάσῃ ἀρετῇ κεκοσμημένος, ἐπιτελέσας καὶ θυσίας ἐκ τῶν ἰδίων ὑπαρχόντων τοῖς τε πατρῴοις θεοῖς καὶ τῇ παρθένῳ Ἀρτέμιδι ἀσύλῳ δικαιοσύνῃ, καὶ τοὺς Σεβαστοὺς⁷ ἑστιάσας τούς τε πολίτας, ἐξαιρέτως δὲ τὴν γερουσίαν, τοὺς
25 δὲ παρεπιδημοῦντας ξένους καὶ αὐτοὺς ἑστιᾶτο, ἀπὸ πρώτης ἡλικίας εὐσεβῶς

---

3 εἰ ... καταδικασθήσεται *interpolatum esse coni.* Fr
4 σχολαστικός ὀνόματι *coni.* Fr
5 λιμὴν τῶν ναυαγούντων *coni.* Fr
6 *coni.* Fr
7 Σεβαστοὺς ἐπετίμησεν. τοὺς γεννήτας ἑστιάσας *coni.* Fr

Genannten zu verstecken beabsichtigt, der soll gemäß den Vorschriften des Gerichts verurteilt werden."

5. Und nachdem das Edikt verlesen war, sagte der *praeses*: „Was, ihr Männer, kann ich tun? Kann ich der göttlichen Verordnung entgegenhandeln?" Die Ratsversammlung sagte: „Wir ersuchen deine unübertreffliche Menschenliebe, uns mit Freundlichkeit anzuhören." Der *praeses* sagte: „Die Aussagen sollen protokollgemäß formuliert werden und nicht nur so nebenher." Und ein gewisser Anwalt[15] Nikagoras, der Neffe des oben erwähnten Tertullus, richtete, nachdem ihn die ganze Ratsversammlung und noch mehr seine Familie angefleht hatten, besagten Tertullus zu verteidigen, damit dieser nicht irgendeinen Tadel erhielte, in folgender Weise seine Worte an den *praeses*: „O Herrscher der Provinz! O unser aller Morgenstern! O rechte Hand der Gestrauchelten! O schützender Hafen! O unser Licht! O Anführer des Wohlgefallens der Herrscher des Erdkreises, den unbesiegbaren Kaisern, deren Gesetze und Worte (uns) den sicheren Hafen erblicken lassen! Erachte dich würdig uns anzuhören, so bitten wir deine Menschenfreundlichkeit. Dieser Mann ist edelgeboren, Provinzialoberpriester[16] und Erneuerer[17] der Stadt und nimmt mit all seinen anderen Schenkungen an die Vaterstadt und durch Wohltaten, die er der Stadt als Gesandter erwies, den ersten Platz ein und durch die Stiftung der Thermen, für die er große Sorge trug, als er zu ihrem Schmuck den phrygischen Stein bunt strahlen und glänzen ließ. Nachdem der Genannte Anführer und Erster in dieser Tugend geworden war, zeigte er sich als ruhmvoll und würdig. Doch was sage ich? Wer könnte seine Wohltaten aufzählen, die groß und ohne Zahl sind? Und wer könnte seine Wohltätigkeit von Beginn an und seine Schenkungen, die er der Stadt machte, im Einzelnen beschreiben? Erblicher Oberpriester seit Generationen und Gymnasiarch[18], von jeher ein Mann ohne Fehl und Tadel[19] und mit jeglicher Tugend geschmückt, hat er, nachdem er aus eigenen Mitteln Opferfeiern sowohl für die Götter der Stadt als auch für die Artemis, die Gerechtigkeit,[20] die unverletzliches Asyl gewährt,[21] durchgeführt hatte, nun auch die

---

15 σχολαστικός: Gelehrter, im späteren Griechisch dann auch Synonym für Anwalt, als welcher derselbe in 6 auch bezeichnet wird (δικολόγος).
16 Provinzialoberpriester des Staatskultes, vgl. ALFÖLDI-ROSENBAUM, Kaiserpriester (1983/84); das Beispiel eines solchen Kaiserpriesters am Kaisertempel von Ephesus bieten die Studien bei THÜR, Priester (1997).
17 δημιουργός ist im Sinne einer Amtstitulatur für den obersten Beamten der Stadt in Phrygien nicht gebräuchlich; vgl. ROBERT, Asie mineure (1980) 250.252.256; im hyperbolischen Sinn ist hier der Erneuerer der Stadt ihr „Schöpfer".
18 Dieser sorgte für den Unterhalt der Lehrer wie der Zöglinge des Gymnasiums und war der Veranstalter der Sportwettkämpfe, die häufig einen kultischem Hintergrund besaßen.
19 Die seit Homer feststehende Redewendung für „Ehrenmann, Aristokrat" ist das griechische anthropologische Ideal.
20 Numismatische Zeugnisse belegen die Verehrung der Gerechtigkeit als Göttin in Prymnessos bis zur Mitte des 3. Jhs; vgl. ROBERT, Asie mineure (1980) 254.
21 Ἄρτεμις ἄσυλος: die Formulierung dürfte sich an Inschriften für die Stadtgöttinnen von Ephesus und Perge (Pamphylien) anlehnen, deren Kultbezirke mit Asylien verbunden waren; vgl. ebd. 252.256.

διακείμενος πρός τε τοὺς⁸ Σεβαστούς, εὐνοϊκῶς δὲ καὶ περὶ τὴν πατρίδα, ὡς προεῖπον. Οὐδένα καιρὸν παραλέλοιπεν ὁ ἀνὴρ τῆς εὐσεβείας αὐτοῦ καὶ φιλοτιμίας. Πᾶσαν μὲν πεπλήρωκεν φιλοδοξίαν, ἀρχιερευσάμενος τῶν Σεβαστῶν καὶ ἀγωνοθετήσας τῶν μεγάλων καὶ ἱερῶν καισαρείων πενταετηρικῶν ἀγώνων, θεωρίας τε καὶ ἱερὰς
5 πανηγύρεις παρέσχεν, θηριομαχίας τε εὐπρεπεῖς παντοίων ζῴων μονομάχους τε τῇ τέχνῃ γυμνάσας καὶ τῷ κόσμῳ⁹. Διαφόρους πρεσβείας ἐπρέσβευσεν, δωρεὰν προκρίνας τοῦ ἰδίου λυσιτελοῦς τὸ τῇ πόλει συμφέρον.

6. Καὶ πολλὰ τοῦ δικολόγου λαλήσαντος εἰς ἔπαινον τοῦ Τερτύλλου, ὁ ἡγεμὼν εἶπεν· Ἀποκρίνου περὶ τοῦ ἐνεστῶτος πράγματος, οὐ γὰρ ὁ τυχὼν αὐτῷ κίνδυνος
10 ἐπίκειται. Καὶ ὁ δικολόγος εἶπεν· Ἐπάκουσον ἡμῶν, φιλάνθρωπε δικαστά. Αὕτη ἡ κόρη, περὶ ἧς ὁ ἀνέγκλητος ἐγκαλεῖται, ἐμπροίκιός ἐστιν· ἡ γὰρ ἐλευθέρα αὐτοῦ προσηγάγετο αὐτῷ ταύτην. Ὁ ἡγεμὼν ἔφη· Εὐγενής ἐστιν ἡ γυνὴ τοῦ Τερτύλλου; Ὁ δικολόγος ἀπεκρίνατο· Ναί, δέομαί σου [...]¹⁰ Ὁ ἡγεμὼν εἶπεν· Ἡ παιδίσκη αὐτοῦ οἰκογενής ἐστιν, ἢ ἀργυρώνητος; Ἀπεκρίνατο ὁ Τέρτυλλος· Οἰκογενής ἐστιν αὐτή, οἱ
15 δὲ γονεῖς αὐτῆς ἠγοράσθησαν [...]¹¹ Ὁ ἡγεμὼν ἐπηρώτησεν· Οἱ γονεῖς τοῦ κορασίου ζῶσιν; Ἀπεκρίνατο ὁ Τέρτυλλος· Οὐχί, δέομαί σου· ἐπηρώτησεν ὁ ἡγεμών· Τῆς αὐτῆς θρησκείας ἦσαν, ἢ περὶ τοὺς θεοὺς εὐσεβεῖς διέκειντο; Ἀπεκρίνατο ὁ Τέρτυλλος· Τῆς αὐτῆς δυσσεβείας ἦσαν τῶν χριστιανῶν, καὶ αὐτοὶ τὸν ἐσταυρωμένον ἔσεβον. Ὁ δικολόγος εἶπεν· Θαυμασιώτατε δικαστά, οὐ τὰς τυχούσας αὐτῇ βασάνους παρέσχεν
20 διὰ τὴν θρησκείαν ταύτην, καὶ οὐδὲν ἠδυνήθη ἀνύσαι· ἀλλ' ὅσῳ τὰς βασάνους αὐτῇ ἐπέτεινεν, ὑπερβαλλόντως ἐκείνη τῇ θρησκείᾳ αὐτῆς προσεκαρτέρει.

7. Τούτων οὕτως ῥηθέντων ὁ ἡγεμὼν μετὰ πολλῆς σκέψεως συμβουλίας τε πλείστης ἔφη· Ἐπειδὴ κατέθετο πᾶν τὸ βουλευτήριον περὶ τοῦ θαυμασιωτάτου Τερτύλλου, ὁμοῦ μὲν τιμὰς ἀπονέμοντες αὐτοῦ τῷ γένει διὰ τὸ εἶναι αὐτὸν ἐκ συγκλήτου,
25 αὐτοῦ δὲ τούτου ἔτι ἐγκεκολπωμένου τὰς δωρεάς, εὐδόκιμόν τε πανταχοῦ αὐτὸν συστησάμενον εὐγνώμονά τε πρὸς τοὺς θεοὺς καὶ τοὺς Σεβαστοὺς ἔφασαν, ἔτι δὲ καὶ περὶ τὴν πατρίδα, ἐπείσθην τε καὶ αὐτὸς ἐκ τίτλων, ὥς γε ἔφα<σαν>¹² [...] liber absce-

---

8 τοὺς θεοὺς καὶ τοὺς Σεβαστούς *coni.* Fr
9 κόσμῳ χορηγήσας *coni.* Fr
10 *lacunam coni.* Fr
11 *lacunam coni.* Fr
12 *Graecus desinit folio amisso; sequitur* οὔτε ζωή *in* 10.

augusti und die Mitbürger bewirtet, insbesondere die Gerusia[22]. Er bewirtete auch die kurzzeitig anwesenden Fremden. Von frühester Jugend an war er den *augusti* gegenüber fromm gesinnt und gegenüber dem Vaterland wohlwollend, wie erwähnt. Keinen Augenblick ließ dieser Mann seine Frömmigkeit und Ehre außer Acht. Seinen Ruhm brachte er zum Höhepunkt, als er das Amt des Provinzialoberpriesters übernahm und die großen und heiligen fünfjährlichen Kaiserfestspiele ausrichtete, sowohl Theateraufführungen und Reden auf den Kaiser[23] veranstaltete als auch wohl aufgenommene Hetzen von Tieren jeglicher Art und von gut geübten Einzelkämpfern mit Übung und Eleganz. Auf eigene Kosten nahm er an verschiedenen Gesandtschaften teil, indem er es vorzog, den Nutzen der Stadt über den eigenen zu stellen."

6. Und nachdem der Anwalt soviel zum Ruhm des Tertullus vorgebracht hatte, sagte der *praeses*: „Gib Auskunft über die anstehende Sache, denn ihm droht keine Gefahr von ungefähr." Und der Anwalt sagte: „Erhöre uns, du menschenfreundlicher Richter! Das Mädchen, dessentwegen der Vorgeladene angeklagt wird, ist eine Mitgift; denn seine freie (Ehefrau) brachte sie ihm mit." Der *praeses* sagte: „Ist die Frau des Tertullus von edler Abkunft?" Der Anwalt antwortete: „Ich bitte dich, ja (...)[24]." Der *praeses* sagte: „Ist die Sklavin im Haus geboren oder wurde sie gekauft?" Tertullus antwortete: „Sie ist im Haus geboren, aber ihre Eltern wurden gekauft (...)[25]." Der *praeses* fragte: „Leben die Eltern des Mädchens?" Tertullus antwortete: „Ich bitte dich, nein." Der *praeses* fragte: „Hingen sie derselben Religion an oder waren sie den Göttern gegenüber fromm gesinnt?" Tertullus antwortete: „Sie waren von der nämlichen Gottlosigkeit der Christen und auch sie verehrten den Gekreuzigten." Der Anwalt sagte: „Bewunderungswürdigster Richter! Hat er sie nicht allen möglichen Foltern wegen ihrer Religion ausgesetzt und konnte doch nichts ausrichten? Im Gegenteil, je mehr er die Folter verstärkte, desto mehr beharrte jene bei ihrer Religion."

7. Nachdem in dieser Weise geredet worden war, sagte der *praeses* nach gründlicher Untersuchung und ausführlicher Beratung: „Weil die ganze Ratsversammlung für den bewunderungswürdigsten Tertullus Zeugnis abgelegt hat und sie zugleich auch seiner Familie Ehre erwies, da sie senatorischen Ranges ist, nachdem ebenderselbe sich ferner die Schenkungen zur Herzensangelegenheit gemacht hat, und weil sie darlegten, dass er selbst überall in gutem Rufe steht, und man sagte, dass er sowohl den Göttern

---

[22] Öffentliche Gastmähler, die durch Einzelpersonen gesponsert wurden, spielten in der Antike eine große Rolle, so auch für die Gerusia, oft zusammen mit dem Rat der Stadt. Gelegenheit dazu waren Bankette, die in der Kaiserzeit bei Mysterienfeiern für die Götter oder bei Opferfeiern zum Geburtstag des Imperators veranstaltet wurden; oft wurden auch Geldgeschenke ausgebracht, vgl. HOTZ, Rituale (2005) 38–42.84 f.95.

[23] Es handelt sich um panegyrische Reden auf die Kaiser bei ihren Festen; vgl. dazu RONNING, Herrscherpanegyrik (2007).

[24] L: „Sie ist edelgeboren; ja sie gehört sogar zum vornehmsten Adel. Denn ihr Vater ist Elionides (S: Aklomis [Aquilinus?])."

[25] S: Der *praeses* fragte ihn wiederum: „Lebt der Prokurator (L: dein Schwiegervater) noch oder ist er tot?" Tertullus sagte: „Ja, mein Herr, er ist tot."

dat. Nullum calumniatorem metuat, nullum judicem pertimescat, dum haec omnia sacris auribus intimentur; scelestissimam vero hanc puellam offerri mihi jubeo, simul ut habeat et culpa supplicium et populus exemplum. Traditur enim mox carnificibus devota mens Christo; et quantum sexu femineo et puellari fragilitate dejicitur, tanto plus virtute christianitatis attollitur.

8. Stetit itaque adducta tandem; et quamvis contra judicem oculos tenderet, animum tamen habebat ad Christum. Clamor undique populi frementis attollitur. Dicebant: Viva duro cremetur incendio. Illa vero intrepida, quippe quae Dei sui nosset auxilium, coelum intuens sic clamavit: Domine Jesu Christe, fili dei vivi, certa salus hominum, solus de solo genite, cujus digne nemo potest naturam comprehendere aut referre virtutem, non angeli, non sedes, non potestates, non virtutes, non astra, non sidera, non cherubim, non seraphim; omnia enim per te facta sunt, Christe, et sine te factum est nihil; qui solus patrem nosti, et quem solus pater cognoscit; Domine, salvator animarum, qui semper omnibus affuisti; nec enim alius est defensor: agnoscant omnes virtutem tuam, Domine, et advertant noceri non posse quem diligis.

9. Ad haec praeses per integram horam stupens, tandem quae vocaretur inquirit. Respondit Maria: Cur nomen interrogas et de lege nihil dicis? Illa debet percunctandi esse ratio, quae vocatur ad crimen; nec enim me ream nomen fecit esse, sed cultus. Secura itaque interrogationi tuae ante respondebo: christiana sum. Praeses ait: Do-

wie den *augusti* gegenüber wohlgesinnt ist und darüber hinaus auch dem Vaterland, und auch ich selbst aus rechtlichen Gründen[26] überzeugt bin, wie ja (gesagt) [...] sei er freigelassen. Er fürchte keinen Ankläger, vor keinem Richter habe er Angst, insofern dies alles den geheiligten Ohren[27] mitgeteilt wird. Jene wahrhaft verbrecherische Sklavin aber befehle ich mir vorzuführen, damit zugleich die Schuld eine Strafe und das Volk ein Exempel habe." In der Tat wurde die Christus ergebene Seele bald den Henkern überliefert, und was ihr durch das weibliche Geschlecht und die jugendliche Schwäche abgeht, das wird durch die Stärke des Christentums hinzugefügt.

8. Endlich stand die Vorgeführte da; und wenn sie auch die Augen auf den Richter lenkte, war ihr Geist dennoch bei Christus. Von allen Seiten erhebt sich der Lärm des brüllenden Volkes. Sie schrien: „Lebendig soll sie im verzehrenden Feuer verbrannt werden." Sie aber blieb unerschrocken, weil sie die Hilfe ihres Gottes erfahren hatte, schaute zum Himmel und rief folgendermaßen:[28] „Herr Jesus Christus, Sohn des lebendigen Gottes, sicheres Heil der Menschen, Einziger vom Einzigen Geborener, dessen Natur zu begreifen oder seine Macht zu beschreiben niemand würdig ist, nicht die Engel, nicht die Throne, nicht die Gewalten, nicht die Mächte[29], nicht die Sterne, nicht die Gestirne, nicht die Cherubim und nicht die Seraphim; alle nämlich sind durch dich geschaffen, Christus, und ohne dich wurde nichts geschaffen, du, der du allein den Vater kennst, Herr, Retter der Seelen, der du immer allen geholfen hast; es gibt ja keinen anderen Verteidiger: so mögen alle deine Macht erkennen, Herr, und begreifen, dass der, den du liebst, nicht zuschanden wird."

9. Darüber staunte der *praeses* eine volle Stunde und fragte schließlich, wie sie heiße. Maria antwortete: „Warum fragst du nach meinem Namen und zur Lebensform[30] sagst du nichts? Jene Angelegenheit muss untersucht werden, die als Verbrechen angeklagt wird; doch nicht mein Name machte mich zur Angeklagten, sondern meine Religion. Furchtlos werde ich daher noch vor deiner Frage antworten: Ich bin Christin."[31] Der *praeses* sagte: „Dein Herr wartet hier auf dich, damit er dir entweder, wenn du das Zugeständnis machst, eine Belohnung, oder, wenn du widerstrebst, die

---

26 τίτλος: hier Rechtstitel, rechtlicher Grund; vgl. oben unter 4 und Anm. 14.
27 Die „heiligen Ohren" der Kaiser, die offensichtlich das Urteil zu bestätigen haben.
28 In S lautet das folgende bekenntnishafte Gebet: „O Herr Jesus Christus, Sohn des lebendigen Gottes, der wahre Sohn des Vaters, dessen Geburt ein Mensch nicht ergreifen kann: weder Könige noch Richter, noch Herrscher, noch Mächte, noch Herrschaften, noch Cherubim, noch Seraphim, denn sie alle, o mein Herr, wurden mit deinen Händen geschaffen, und ohne deinen Willen ist nichts geworden. Dein Vater allein kennt dich, deswegen hat er dich vom höchsten Himmel zu den Sündern gesandt, die auf dich gewartet hatten. Du, o Herr Christus, bist Hoherpriester, Erlöser und Lebensspender unserer Seelen. Hilf deiner Magd, mein Herr, die außer dir keine Hilfe hat, auf dass dein heiliger Name verherrlicht werde, indem du das schnell machst. Nimm das Gebet deiner Magd entgegen."
29 Vgl. Kol 1,16.
30 Vgl. Anm. 2.
31 Das Bekenntnis zum Christsein geht mit der Verweigerung der Angabe des Namens einher wie in AMaximil. 1,2.

minus tuus te hic opperitur, ut aut praemium confitenti aut supplicium repugnanti inferat. Elige itaque quid sequaris. Respondit Maria: Corporis ille est dominus, non animae. Praeses ait: Cur religionem domini, cum sis ancilla, non sequeris? Respondit Maria: Christiana sum; intellectum sapientiae habeo, et quid sit rationis agnosco;
5 contemno simulacra sine sensu; adoro illum qui me fecit, non quem[13] ipsa construxi. Praeses ait: Ex qua successione haec ad te vanitas religionis advenit? Respondit Maria: A parentibus informata sic credo. Praeses dixit: Parentes tui hujus fuere sententiae? Respondit Maria: Semper in hac religione manserunt.

10. Praeses ait: Ante Deucalionem, ut dicis, hanc credendi insaniam suscepistis?
10 Quin imo confitere, ut et te et dominum tuum exuas culpa. Respondit Maria: Quid enim aequalitatis est inter coelestem dominum et famulam peccatricem, aut quem timere potest cujus nutu omnes et ipsa reguntur elementa? Quaslibet ergo cruces perferam; dulcissimae videbuntur pro amore domini nostri Jesu Christi, qui hic auxilium, ibi vero reddet praemium. Ille nos per apostolum suum Paulum contra omnium insidian-
15 tium tela firmavit, dicens: Quis nos separabit a charitate Christi? [...] <οὔτε θάνατος> οὔτε ζωὴ οὔτε ἄγγελοι οὔτε δυνάμεις οὔτε ἐνεστῶτα οὔτε μέλλοντα οὔτε ὕψωμα οὔτε βάθος οὔτε τις κτίσις ἑτέρα δυνήσεται ἡμᾶς χωρίσαι ἀπὸ τῆς ἀγάπης τοῦ θεοῦ τῆς ἐν Χριστῷ Ἰησοῦ τῷ κυρίῳ ἡμῶν. Ἀλήθειαν λέγω, οὐ ψεύδομαι, συμμαρτυρούσης μοι τῆς συνειδήσεώς μου, ἧς ἔχω πρὸς τὸν θεόν, ὅτι χριστιανήν με δεῖ ἀναλῦσαι ἐκ
20 τούτου τοῦ ματαίου κόσμου. Ὁ ἡγεμὼν εἶπεν· Θῦσον ἄνευ βασάνων· εἰ δὲ μή γε, ποιῶ σε κακιγκάκως τοῦ βίου ἀναλῦσαι. Ἀρεάδνη εἶπεν· Μὴ αἱ βάσανοί σου διαιωνίσαι ἔχουσιν, οὐχὶ βραχυτάτης ὥρας εἰσὶν τὰ βασανιστήριά σου. Μὴ ὀκνήσῃς οὖν, ἡγεμών,

---

13 quae: quem *coni.* Van Hooff

Strafe zuteil werden lässt. Wähle also, was du vorziehst." Maria antwortete: „Er ist der Herr meines Leibes, nicht meiner Seele." Der *praes* sagte: „Warum gehörst du, wo du doch Sklavin bist, nicht der Religion deines Herrn an?" Maria antwortete: „Ich bin Christin, ich habe die Erkenntnis der Weisheit und verstehe, was der Vernunft entspricht; ich verachte die bewusstlosen Götterbilder; ich bete jenen an, der mich gemacht hat, und nicht den, welchen ich selbst geschaffen habe." Der *praes* sagte: „Von wem kam das Blendwerk dieser Religion durch Weitergabe zu dir?" Maria antwortete: „Von meinen Eltern unterrichtet glaube ich so." Der *praes* frug: „Hingen deine Eltern jener Lehre an?" Maria antwortete: „Sie gehörten immer zu dieser Religion."

10. Der *praes* äußerte: „Schon vor Deukalion[32], wie du sagst,[33] habt ihr es übernommen, diesen Wahnsinn zu glauben? Wohlan, gestehe endlich, damit du dich, aber auch deinen Herrn von der Schuld freimachst." Maria antwortete:[34] „Wie kann man zwischen dem himmlischen Herrn[35] und der sündigen Dienerin Gleichheit herstellen, oder wen kann der fürchten, durch dessen Befehl alle und selbst die Elemente gelenkt werden? Ich will also beliebige Kreuzesfoltern bis zum Ende ertragen; überaus süß werden sie mir aus Liebe zu unserem Herrn Jesus Christus erscheinen, der hier die Hilfe, dort aber den Siegespreis gewährt. Er hat uns durch seinen Apostel Paulus gegen die Pfeile aller Nachsteller stark gemacht, da er sagte. ‚Wer kann uns trennen von der Liebe Christi? [...] (weder Tod) noch Leben, weder Engel noch Mächte, weder Gegenwärtiges noch Zukünftiges, weder die Höhe noch die Tiefe noch irgendeine Kreatur kann uns scheiden von der Liebe Gottes, die in Jesus Christus unserem Herrn ist.'[36] Ich sage die Wahrheit, ich lüge nicht, und mein Gewissen, das ich bei Gotte bewahre, bezeugt es mir,[37] dass ich als Christin aus dieser nichtigen Welt scheiden muss." Der *praes* sagte: „Opfere, ohne dass ich Foltern anordne! Wenn aber nicht, dann veranlasse ich, dass du auf elende Weise aus dem Leben scheidest." Areadne sagte: „Deine Foltern dauern doch nicht ewig? Werden deine Folterinstrumente denn

---

32 Sohn des Prometheus und Heros einer urgeschichtlichen Sintflut; bei Philo.praem. 23 (340f Cohn – Wendland), Ivst.apol. 2, 7,2 (PTS 38, 147 Marcovich) und Thphl.Ant.Autol. 3, 19,3 (PTS 44 119 Marcovich) mit Noa identifiziert, taucht er auch im Altersbeweis Tatians auf: orat. 39,4 (PTS 43 [1995] 71 Marcovich) sowie im MPion. 4,23. Hier als Metapher einer grauen Vorzeit gemeint. Die Stelle zeigt deutlich einen Einfluss der apologetischen Literatur.
33 Der Rückverweis macht klar, dass hier, zwischen 9 und 10, ein Textstück verloren gegangen ist.
34 S: „Er zwang mich sehr oft zum Essen des Geopferten und quälte mich mit vielen Schlägen. Aber die Liebe Christi, die in mir (ist), gewann mächtig Oberhand über ihn durch Barmherzigkeit. (Sie ist) stärker als die Folter der Frevler." Danach führt der Text ebenfalls zu den Zitaten aus Röm.
35 Der in L als Schöpfergott verstandene „Herr" ist im Gegensatz zum Text S nicht der Sklavenbesitzer, auf den der *praes* mit seiner vorausgehenden Frage zielt. Dass der griechische Text mit 10 beginnend vermutlich verderbt war, zeigen die verschiedenen Übersetzungen und vor allem der Sinnbruch in L. Erschwert wird die Antwort auf die Frage nach dem sachgemäßen Text durch den Blattverlust der griechischen Überlieferung.
36 Vgl. Röm 8,38 f.
37 Vgl. Röm 9,1.

ἀλλὰ ποίει ὃ θέλεις· Χριστὸν γὰρ ἔχω τὸν ἐνδυναμοῦντά με. Τούτων ἀκούσας ὁ ἡγεμὼν ἐκέλευσεν αὐτὴν[14] παρασκευασθῆναι ἐπὶ τούτῳ. Παρασκευασθείσης δὲ αὐτῆς ἔφη ὁ ἡγεμών· Ἀναρτήσατε αὐτὴν ἐπὶ τὸ ξύλον.

11. Καὶ ὁ ὄχλος εἰς οἶκτον τραπεὶς δάκρυσιν μὲν ἀμυθήτοις, βοῇ δὲ ἀκαταπαύστῳ
5 ἔκραζον πρὸς τὸν ἡγεμόνα λέγοντες· Ἐνδοθῆναι αὐτῇ ἀξιοῖ ὁ Πρυμνησέων δῆμος. Τοῦ δὲ δικαστοῦ βουλομένου αὐτὴν βασανίζειν, πάλιν ἐξεβόησαν· Ἀδίκως κρίνεις, ἀδίκως βασανίζεις, παρὰ τοὺς νόμους πράττεις. Ἐκπλαγεὶς δὲ ὁ ἄρχων ἐπὶ τῇ βοῇ τοῦ ὄχλου (δοκεῖν γὰρ ἦν μὴ μόνον τοὺς ἀνθρώπους, ἀλλὰ καὶ τὰς οἰκοδομὰς συνεπιβοᾶν), ἐπέτρεψεν μὴ ἅμψασθαι αὐτῆς, καὶ τοῖς δήμοις εἶπεν·

10 12. Τί θορύβους ποιεῖτε; Κατὰ <τῶν>[15] βασιλέων ἀγωνίζεσθε, εἴπατε οὖν, οὐ δεῖ τοῖς προστάγμασιν τῶν βασιλέων ἀκολουθεῖν; Καὶ πάντες ὡς ἐξ ἑνὸς στόματος εἶπον· Ἄρχων τῆς ἐπαρχίας, οἱ ἀήττητοι σεβαστοὶ μετὰ ἠπιότητος προσέταξαν τοὺς εἰς τοῦτο καλουμένους ἢ θύειν ἢ ἀποφάσει ὑποβάλλεσθαι. Οὐ βούλεται θύειν; Ἀποφαίνου κατ' αὐτῆς. Ἀξιοῦμεν δὲ ἐνδοθῆναι αὐτῇ προθεσμίαν ἕως ἡμερῶν τριῶν, μή ποτε
15 μετανοήσῃ.

13. Ὁ ἡγεμὼν εἶπεν· Πείσατε αὐτὴν ὑμεῖς· ὡς γὰρ ὁρᾶτε, παρακληθεῖσα ὑπὸ τῆς ἐμῆς καθοσιώσεως οὐκ ἐνέδωκεν. Τί λέγεις, Ἀρεάδνη; Ἐὰν ἐνδοθῇ σοι ἕως τριήμερος διορία, θύεις; Καὶ ἡ Ἀρεάδνη εἶπεν· Τοῦ κρείττονος ἔχομαι. Ὁ ἡγεμὼν εἶπεν· Ἐνδίδωμί σοι καὶ τὰς τρεῖς <ἡ>μέρας, καὶ μὰ τοὺς θεοὺς ἅπαντας, ἐὰν ἐπιμείνῃς τοῖς αὐτοῖς,
20 βασάνοις σε πολυπλόκοις ἀναλίσκω· μὴ γὰρ μανῇς ὅτι συγχωρηθήσεταί σοι. Ἡ δὲ ἔφη· Ἕν σε ἐρωτᾶν ἀξιῶ, ἀνέγκλητον ἀπολυθῆναι τὸν ἐμὸν δεσπότην ἧς νομίζεις αἰτίας. Ὁ ἡγεμὼν εἶπεν· Οὗτος μὲν ἀπολυθήσεται ἄνευ παντὸς ἐγκλήματος, σὺ δὲ ἂν πεισθῇς ἐμοί, δώματα καὶ δωρεὰς λήψει καὶ τῆς ἐλευθερίας τεύξῃ, ἧς οὐδὲν ἄμεινον ἐν ἀνθρώποις. Καὶ ἡ Ἀρεάδνη ἀπεκρίνατο· Ζῇ μου ὁ Χριστὸς ὁ πᾶσαν ἐλευθερίαν μοι
25 χαρισάμενος, ὅτι τὸ συμφέρον μοι καὶ ποιῶ καὶ ποιήσω. Καὶ ἐκέλευσεν ὁ ἡγεμὼν φρουρηθῆναι μὲν αὐτήν, εἶναι δὲ ἐν ἀνέσει.

14. Καὶ ἡ μακαρία μάρτυς κατελθοῦσα ἀπὸ τοῦ ξύλου καὶ σφραγίσασα ἑαυτήν, δρόμῳ εὐταξίας χρωμένη ἔσπευσεν ἐπὶ τὸ προκείμενον αὐτῇ τέλος τοῦ μαρτυρίου, καὶ διάρασα

---

14 αὐτὴν ἀποδυθῆναι καὶ *coni.* Fr *secundum Syriacum*
15 *add.* Fr

nicht nur eine ganz kurze Stunde angewandt? Zögere also nicht, *praeses*, sondern tu, was du willst. Ich aber habe Christus, der mich bestärkt." Als er dies hörte, befahl der *praeses*, sie für das Weitere vorzubereiten. Als sie vorbereitet war, sagte der *praeses*: „Hängt sie auf dem Holzbalken auf."

11. Doch die Volksmenge, mit Mitleid gerührt, schrie unter unzähligen Tränen und mit unaufhörlichem Gebrüll zum *praeses* und rief: „Das Volk der Prymnesser fordert, sie zu begnadigen!" Als aber der Richter sie foltern lassen wollte, schrien sie von neuem: „Du richtest ungerecht, du folterst ungerecht, du handelst gegen die Gesetze." Erschrocken vom Geschrei der Volksmenge (es schien nämlich, als ob nicht allein die Menschen, sondern auch die Häuser mitschrien) ordnete der Statthalter an, sie nicht zu ergreifen, und sagte zum Volk:

12. „Warum stiftet ihr Unruhe? Ihr widersetzt euch den Herrschern; sagt also: Muss man die Edikte der Herrscher nicht befolgen?" Doch alle sagten wie aus einem Mund: „Statthalter der Provinz, die unbesiegbaren *augusti* haben in Milde bestimmt, dass die in dieser Sache Angezeigten entweder opfern oder verweigern sollen. Sie will nicht opfern, sprich also das Urteil über sie. Wir wollen aber, dass ihr ein Aufschub von drei Tagen gewährt wird, damit sie vielleicht doch ihren Sinn ändert."

13. Der *praeses* sagte: „Überredet sie doch selbst, denn wie ihr seht, hat sie, obwohl sie von meiner Heiligkeit[38] dazu aufgefordert worden war, nicht nachgegeben. Was sagst du, Areadne? Wenn dir ein Termin gesetzt wird bis zu drei Tagen, opferst du dann?" Doch Areadne sagte: „Ich bleibe beim Besseren." Der *praeses* sagte: „Ich werde dir die drei Tage sogar gewähren, doch bei allen Göttern, wenn du bei denselben [Überzeugungen] bleibst, vernichte ich dich durch schärfste Foltern. Und erhebe keine Vorwürfe, damit man sich dir gegenüber nachsichtig zeige." Sie aber sagte: „Eines freilich halte ich für angemessen zu erbitten: Dass mein Herr als Unbescholtener freigesprochen werde von der Anklage, die du erhoben hast." Der *praeses* sagte: „Dieser wird ohne jeden Vorwurf freigesprochen, du aber wirst, falls du dich von mir überreden lässt, Gaben und Geschenke erhalten und du wirst die Freiheit erlangen; nichts besseres gibt es bei den Menschen." Doch Areadne antwortete: „Es lebt mein Christus,[39] der mir jede Freiheit schenkt, damit ich jetzt und künftig tue, was für mich von Vorteil ist." So befahl der *praeses*, sie unter Bewachung zu stellen, aber in leichter Form.

14. Und die selige Märtyrerin eilte, nachdem sie vom Holzbalken gestiegen war und sich bekreuzigt[40] hatte, im Lauf[41] in rechter Ordnung auf ihr vorherbestimmtes Ziel

---

38 Heiligkeit im Sinne der Titulatur kaiserzeitlicher Würdenträger: vgl. Evs.h.e. 9, 1,5 (GCS 9/2, 804 Schwartz).
39 Vgl. Phil 1, 21.
40 Besiegeln im Sinne von „sich bekreuzigen": vgl. YSEBAERT, Terminology (1962) 410–421.
41 Die Vorstellung vom Glaubensleben als Wettlauf oder Wettrennen ist grundgelegt in Apg 13,25; 20,24; 2 Tim 4,7, und integraler Teil des Verständnisses des Märtyrers als einem „Athleten Christi".

εἰς τὸν οὐρανὸν τὸν αὐχένα καὶ ἐπευξαμένη καὶ εἰποῦσα Ἦρα τοὺς ὀφθαλμούς μου εἰς τὰ ὄρη, ὅθεν ἥξει ἡ βοήθειά μοι, ἡ βοήθειά μου παρὰ τοῦ κυρίου τοῦ ποιήσαντος τὸν οὐρανὸν καὶ τὴν γῆν, ταῦτα λέγουσα ἤρξατο τοῖς ποσὶν τρέχειν ἐπὶ τὸ παρακείμενον ὄρος, ὃ καὶ φθάσασα τοιαύτης ἐπλήσθη χαρᾶς, ὡς δοκεῖν εἰσεληλυθέναι εἰς τὰς πύλας
5 τοῦ παραδείσου. Καὶ οἱ καταδιώκοντες αὐτὴν νάρκῃ κατεσχέθησαν, τῆς τοῦ θεοῦ δυνάμεως βοηθούσης τῇ δικαίᾳ. Ὅμως κατεδίωκον. Ἡ δὲ διωκομένη καὶ ἤδη πρὸς κατάσχεσιν οὖσα, ἐβόησεν πρὸς τὸν θεὸν κλαίουσα καὶ λέγουσα· Κύριε Ἰησοῦ Χριστέ, ὁ συγκατελθὼν τοῖς τρισὶν νεανίσκοις εἰς τὴν κάμινον πυρὸς ἐν Βαβυλῶνι καὶ ῥυσάμενος αὐτοὺς ἐκ τῆς φλογός (καὶ οὐδὲ ὀσμὴ πυρὸς ηὑρέθη ἐν αὐτοῖς), ὁ ῥυσάμενος Δανιὴλ ἐκ
10 λάκκου λεόντων, ὁ ῥυσάμενος καὶ τὸν Ἰωνᾶν ἐκ κοιλίας κήτους καὶ τριήμερον αὐτὸν πάλιν ἀναγαγών, ὁ χαρισάμενος τῷ τυφλῷ ἀναβλέψαι, ὁ προσδοκώμενος ἐλθεῖν ἐν δόξῃ κρῖναι ζῶντας καὶ νεκρούς, ὁ βοηθὸς τῶν ἀβοηθήτων, δέξαι τὴν ψυχήν μου, ὅτι διώκουσίν με κύνες πολλοί. Μὴ παραδῷς τὴν δούλην σου εἰς χεῖρας ἀσεβῶν, ἀλλὰ ποίησον τὰ ἐλέη σου ἐν τάχει. Ναί, μεσῖτα θεοῦ καὶ ἀνθρώπων, ἐπάκουσον τῆς δούλης
15 σου, ἐπάκουσόν μου, κύριε βασιλεῦ.

15. Καὶ ταῦτα προσευξαμένης αὐτῆς ἡ παρακειμένη ἄψυχος πέτρα νεύματι θείῳ προσσχοῦσα, ἥπλωσεν τὸν ἑαυτῆς κόλπον ὥσπερ τιθηνός, καὶ τὰς ἰδίας ἀνοίξασα πύλας, προσεδέξατο τὴν Χριστοῦ νύμφην. Οἱ δὲ[16] τῆς ἀσεβοῦς θρησκείας ὥσπερ θησαυρὸν ἀπολελωκότες, ἐζήτουν ἐν τῷ ὀρεινῷ τόπῳ, καὶ ηὗρον ἐν τῷ τόπῳ τῆς
20 πέτρας ἐκκρεμάμενον ἐκ τοῦ ὑφάσματος τοῦ μαφορίου αὐτῆς ὡσεὶ δακτύλους τρεῖς σὺν τοῖς κροσσοῖς. Ἀπελθόντες ἐδήλωσαν τῷ ἡγεμόνι τὰ γενόμενα.

16. Ἀκούσας δὲ ταῦτα ὁ ἡγεμὼν κατῃσχύνθη, καὶ ὀργῇ ἀκατασχέτῳ συσχεθείς, προσέταξεν Φιλοκώμῳ τινὶ πρώτῳ τῶν νεωκόρων ἐπιβῆναι τῷ τόπῳ μετὰ πλήθους

---

16 οἱ δε ὑπηρέται *coni.* Fr

des Martyriums zu und erhob ihr Haupt[42] betend zum Himmel, indem sie sagte: „Ich habe meine Augen zu den Bergen erhoben, woher kommt mir die Hilfe? Meine Hilfe kommt vom Herrn, der Himmel und Erde gemacht hat."[43] Während sie dieses noch sagte, fing sie an, zu Fuß zu dem nahegelegenen Berg zu laufen. Und als sie ihn erreicht hatte, wurde sie von solcher Freude erfüllt, dass sie meinte, in die Pforten des Paradieses hineingegangen zu sein. Ihre Verfolger jedoch wurden durch Erstarrung zurückgehalten, weil der Gerechten die Kraft Gottes zu Hilfe kam. Gleichwohl blieben sie ihr auf den Fersen. Die Verfolgte und schon beinahe Gepackte schrie weinend zu Gott und sprach. „Herr Jesus Christus, der du zu den drei Jünglingen in den Feuerofen hinzukamst[44] und sie vor den Flammen gerettet hast (und nicht einmal Brandgeruch an ihnen wahrzunehmen war[45]), der du den Daniel aus der Löwengrube errettet hast, der du auch den Jona aus dem Bauch des Seeungeheuers gerettet hast, indem du ihn nach drei Tagen wieder heraufführtest, der du dem Blinden zu sehen schenktest,[46] du, von dem wir erwarten, dass du in Herrlichkeit kommst, zu richten die Lebenden und die Toten, du Helfer der Hilflosen, nimm meine Seele auf, denn viele Hunde verfolgen mich.[47] Liefere deine Magd nicht in die Hände der Gottlosen aus, sondern erweise schnell dein Erbarmen. Ja, du Mittler zwischen Gott und den Menschen, höre auf deine Sklavin, erhöre mich, Herr und König."

15. Und nachdem sie so gebetet hatte, breitete der nahe gelegene unbeseelte Felsen auf göttlichen Wink hin seinen Schoß wie eine Amme aus und er öffnete seine Pforten und nahm die Braut Christi auf. Die Diener des gottlosen Kultes jedoch suchten, wie wenn sie einen Schatz verloren hätten, in der gebirgigen Gegend und fanden an der Stelle des Felsens vom Gewebe ihres Schleiers[48] hängen geblieben drei Finger breit samt den Quasten. Sie gingen weg und taten dem *praeses* kund, was geschehen war.

16. Als der *praeses* dies hörte, fühlte er sich in seiner Ehre gekränkt, und von unbändigem Zorn ergriffen befahl er einem gewissen Philokomos[49], dem Neokoren[50] der Tempelaufseher,[51] mit einem Haufen Menschen zu der Stätte hinaufzusteigen und sie

---

42 αὐχήν: wörtlich Nacken, Hals.
43 Ps 120,1 f LXX.
44 Nach Dan 3,92 LXX sah Nebukadnezzar neben den drei Jünglingen im Feuerofen einen weiteren vierten, der aussah wie ein „Göttersohn". Diesen identifizert bereits Hipp.Dan. 2,33 (GCS N. F. 7, 120 Bonwetsch – Richard) als „den Sohn Gottes".
45 Vgl. Dan 3,94 LXX.
46 Beispiel für die Erweiterung eines sog. Paradigmengebets mit seinen überwiegend alttestamentlichen Motiven um ein neutestamentliches; diese Gebete sind im Zusammenhang von Exorzismen, Gebeten für Verstorbene, aber auch Fluchformeln sowie hagiographischen Texten (Märtyrergebete) seit dem 4. Jh. belegt: vgl. Seeliger, Palai martyres (1983) 294–302.
47 Vgl. Ps 21,17 LXX.
48 μαφόριον: erst im 4. Jh. bezeugtes Wort, vgl. Lampe, 834.
49 S: Placimus.
50 Priester des Staatskultes (vgl. Anm. 16); zum Ganzen: Burrell, Neokoroi (2004).
51 L: dem Oberhaupt <der Stadt> Neochorena.

καὶ τοῦτον ἕως ἐδάφους κατασκάψαι. Ὃς τοιαύτην παραγγελίαν λαβών, ἐκέλευσεν κήρυκι βοᾶν ἐν τῇ πόλει καὶ λέγειν· Πάντες οἱ πολῖται συνέλθετε εἰς τὴν ἐκδίκησιν τῆς θεᾶς ἡμῶν. Συνελθόντων δὲ πάντων ἐν τῷ ναῷ τοῦ βδελύγματος, προστάξας ἐργαλεῖα βασταχθῆναι ἐπὶ καταστροφῇ τοῦ τόπου, πρόχειρος πάντων γίνεται, ἐπὶ τὴν ὀργὴν
5 πικροτέρως ἐκλυμαινόμενος[17] τῷ πράγματι. Πάντων δὲ ἐπακολουθησάντων αὐτῷ καὶ βουλευομένων ἐπὶ τὸ ἔργον γενέσθαι, ἄφνω ἀστραπὴ ἐγένετο ἀπὸ ἀνατολῶν καὶ βροντὴ μεγάλη καὶ πάταγος καὶ σεισμὸς ἐπιπλεῖον, καὶ ἰδοὺ δύο ἐφάνησαν ἔφιπποι φοβεροειδεῖς οὐρανόθεν, καὶ οἱ σιρομάσται αὐτῶν ὡς λαμπάδες πυρός, καὶ ἔπαισάν τινας ἐξ αὐτῶν, καὶ ἀπέπνευσαν καὶ ἐκ τῆς θέας αὐτῶν καὶ τῶν ἵππων αὐτῶν.
10 17. Τοὺς λοιποὺς ἐδίωξαν ἕως τῶν θυρῶν τοῦ ναοῦ τοῦ βδελύγματος. Ὁ δὲ νεωκόρος προσπλασθεὶς[18] τῷ πυλεῶνι τοῦ μιαροῦ εἰδώλου, οὕτως ἀπέπνευσεν. Καὶ πῦρ κατελθὸν ἐνεπύρισεν τὸν ναὸν σὺν τοῖς εἰδώλοις, ὡς καὶ τινας τῶν ἀσεβῶν ἀποθανεῖν ἐν αὐτῷ. Καὶ ἐγένετο ὁ ἀριθμὸς τῶν τελευτησάντων σὺν τοῖς ἡμιθανέσιν ὀνομάτων δισχιλίων ἑπτακοσίων.
15 18. Οἱ δὲ λοιποὶ φεύγοντες εἰς τὴν πόλιν ἔκραζον λέγοντες· Μέγας ὁ θεὸς τῶν Χριστιανῶν· ἀληθῶς οὗτος ἐστὶν θεός. Καὶ ἐλθόντες ἐν τῷ κυριακῷ τόπῳ ἐξιλεοῦντο τὸν θεὸν ἐφ' οἷς ἔπραξαν κακοῖς, καὶ εὐξάμενοι ἐπίστευσαν τῷ Χριστῷ ὡσεὶ τρισχίλιοι. Καὶ ἐπὶ τῇ μαρτυρίᾳ τῆς ἐνδόξου μάρτυρος Ἀρεάδνης ἐπαύσατο ὁ διωγμός. Ἐμαρτύρησεν δὲ ἡ ὁσία μάρτυς Ἀρεάδνη μηνὶ[19] ὀκτωβρίῳ[20] κατὰ Ἀσιανοὺς ἔχοντι
20 τετάρτην. Ἡ τιμὴ οὖν τοῖς ὁσίοις τοῦ Χριστοῦ, βασιλεία δὲ ἀήττητος δόξα τῷ πατρὶ καὶ τῷ υἱῷ καὶ τῷ ἁγίῳ πνεύματι νῦν καὶ ἀεὶ καὶ εἰς τοὺς αἰῶνας τῶν αἰώνων. Ἀμήν.

---

17 ἐκλυμαινόμενος ex ἐλυμενόμενος em. Fr
18 προσπλασθεὶς e προσπελασθεὶς em. Fr
19 locum corruptum em. Fr πρὸ ε' καλανδῶν ὀκτωμβρίων, κατὰ Ἀσιανοὺς δὲ μηνὶ α' ἔχοντι τετάρτην
20 ὀκτωμβρίῳ Fr

dem Erdboden gleichzumachen. Mit solchen Vollmachten ausgestattet, befahl dieser dem Herold, in der Stadt kundzutun und zu rufen: „Alle Bürger, versammelt euch, um unsere Göttin zu rächen!" Als sie sich nun alle im Götzentempel versammelten, ordnete er an, Werkzeuge zum Niederreißen der Stätte hinzutragen und erwies sich selbst voll Zorn als Frechster dabei, weil er damit auf umso widerwärtigere Weise Zerstörung anrichten wollte. Aber als sich alle ihm angeschlossen hatten und sich ans Werk machen wollten, zuckte plötzlich von Osten her ein Blitz und man hörte einen lauten Donnerschlag, lautes Getöse und darüber hinaus bebte die Erde. Und siehe, zwei Reiter[52] von schrecklichem Aussehen erschienen vom Himmel her: ihre Lanzen waren wie lodernde Fackeln, und sie schlugen einige von ihnen und diese starben, als sie sie und ihre Pferde sahen.

17. Die übrigen verfolgten sie bis an die Tore des Götzentempels. Der Neokore klopfte noch an die Torhalle des abscheulichen Götzenbildes und so verschied er. Und Feuer kam herab und verbrannte den Tempel mit den Götzenbildern wie auch einige der Gottlosen, sodass sie in ihm starben. Und die Zahl der ums Leben Gekommenen einschließlich der Halbtoten betrug 2700 Namen.

18. Die Überlebenden flohen in die Stadt und riefen mit lautem Geschrei: „Groß ist der Gott der Christen! Dieser ist wahrhaft Gott!" Und sie kamen zur Stätte des Herrn[53], baten Gott um Erbarmen für alle Untaten, die sie verübt hatten, und etwa dreitausend glaubten an Christus. So endete mit dem Martyrium der ruhmreichen Märtyrerin Areadne die Verfolgung.

Die heilige Märtyrerin Areadne erlitt das Martyrium im Monat Oktober, gemäß den Asianern am vierten Tag.[54] Ehre sei also den Heiligen Christi, unbesiegbare Herrschaft und Lobpreis dem Vater und dem Sohn und dem Heiligen Geist, jetzt und immer und von Ewigkeit zu Ewigkeit. Amen.

---

52 Zum apokalyptischen Motiv der Reiter vgl. Offb 6,1–8.
53 D. h. zum christlichen Versammlungsort.
54 Fr konjiziert: „fünf Tage vor den Kalenden des Oktobers, nach dem asianischen Kalender am vierten Tag des ersten Monats." Der 27. September nach dem römischen Kalender (5. Tag vor den Kalenden des Oktobers) ist nach dem asianischen Kalender der 4. Tag des Dios, welcher der erste Monat des Jahres ist: vgl. LIETZMANN – ALAND, Zeitrechnung (³1956) 107.116 (Ephesos).

D. Historische und literarische Aspekte

Der zum Teil sprachlich recht anspruchsvolle Text[1] besteht im Wesentlichen aus vier Teilen: dem Tertullusprozess (4–7) als Voraussetzung für den dann folgenden Prozess der Märtyrerin, Areadne (8–13). Diese beiden Hauptteile werden eingerahmt von zwei voneinander unabhängigen Erzählungen: der Geschichte der Denunziation Areadnes bei ihrem Herrn (1–3) und der ihres Verschwindens in einem Bergmassiv im Rahmen eines apokalyptischen Szenarios (14–18).

Die literarische Gestalt der beiden Prozesse ist sehr unterschiedlich. Der Tertullusprozess zeigt im Kern die Form des antiken Gerichtsprotokolls mit allen wesentlichen Merkmalen: *caput*, Lesephase, Verteidigungsrede und Verhör in *oratio recta* sowie Urteilsbegründung und Urteil.[2]

Der Areadneprozess lässt hingegen fast alle diese Merkmale vermissen: Er beginnt mit einem Hinweis auf den Volkszorn und einem Gebet Marias (wie Areadne hier im lateinischen Text heißt), in das ein Glaubensbekenntnis einfließt; die Frage nach ihrem Namen erfolgt zu Beginn des Verhörs in indirekter Rede und während der *inquisitio* verteidigt sich die Angeklagte mit langen Einlassungen unter ausgiebiger Zitation des Römerbriefs. Das Ergebnis ist zunächst ein Umschwung der Volksmeinung, die nun Bedenkzeit für Areadne fordert, die auch gewährt wird. Dies ist eher ein Bericht über einen Prozess denn ein Gerichtsprotokoll und kann in dieser Form kaum Anspruch auf Historizität erheben, während dieser Aspekt für den Tertullusprozess schon allein aufgrund der literarischen Form günstiger beurteilt werden könnte.

Bedenken muss freilich das in 4 überlieferte Edikt der Kaiser Hadrian und Antoninus Pius hervorrufen, das als Fälschung anzusehen ist, da es für seine Existenz keine weiteren historischen Anhaltspunkte gibt. Das darin ausgelobte Kopfgeld von 400 Denaren hat indes schon Franchi de'Cavalieri dazu veranlasst, hinter dem Ganzen einen Vorgang aus der Zeit „vor der großen monetären Krise des 3. Jhs." zu vermuten.[3] In der Tat erhärtet sich dieser Eindruck bei genauerer Durchleuchtung der wirtschaftshistorischen und geldgeschichtlichen Verhältnisse. Zwar war der Denar noch das ganze 3. Jh. über eine weitverbreitete Rechnungseinheit; geprägt wurde er seit Gordian III. (238–244) jedoch nicht mehr. Ende des 3. Jhs. waren 400 Denare aber im Vergleich zur frühen Kaiserzeit, in der dies der Preis für einen minderen Sklaven war, für ein Kopfgeld keine allzu große und attraktive Summe mehr.[4]

---

[1] Hinweise auf Stil- und Wortfelderübungen lassen sich in 4 und 5 finden und bieten Lampe den Anlass zu Einträgen s. v. ἀμνάς (1), δυσσέβεια (6), κακιγκάκως (10), τίτλος (4) und φοβεροειδής (16).
[2] Näheres dazu bei Seeliger, Tertullusprozess (2001) 372–377.
[3] Franchi, Martirio di S. Ariadne (1902) 7.
[4] Vgl. Seeliger, Tertullusprozess (2001) 369 f und zusätzlich auch die bei Drexhage, Preise (1991) 261–274 mitgeteilten Preise in Drachmen, welche andernorts dem Denar gleichzusetzen sind.

Auch das sehr rhetorisch gehaltene Plädoyer des Anwalts Nikagoras mit dem ganzen *cursus honorum* des Tertullus[5] macht nicht den Eindruck, als könne es in seiner prunkenden Weise wörtlich so innerhalb eines *commentarius* protokolliert worden sein. Andererseits zeigt die Erwähnung der Verehrung der Dikaiosyne deutliches Lokalkolorit, das Verhältnisse in Prymnessos aus der Zeit vor der Mitte des 3. Jhs. widerspiegelt.[6]

Für die Annahme, dass es sich beim Tertullusprozess um ein ursprüngliches, aber stark überarbeitetes Gerichtsprotokoll handelt, spricht, dass der Anwalt des Tertullus als δικολόγος bezeichnet wird (6), während der Redaktor den erst später für Anwälte gebräuchlichen Titel σχολαστικός verwendet (5). Dabei ist freilich davon auszugehen, dass dieser Prozess nicht durch ein kaiserliches Edikt veranlasst wurde, sondern eine Maßnahme magistratischer *coercitio* darstellt, die die Folge von Unruhen und Denunziationen war wie im Falle der Märtyrer von Lyon im Jahre 177.[7] Der Prozess könnte im Blick auf das dabei ausgelobte Kopfgeld einerseits und die erwähnte Verehrung der Dikaiosyne andereseits in die Zeit etwa um 200 zu datieren werden.

Hingegen ergibt die Teilung Phrygiens[8] in zwei Provinzen in spätkonstantinischer Zeit, welche die Erwähnung der Phrygia Salutaria voraussetzt, einen Terminus post quem für die Redaktion. Auch andere Merkmale weisen in das fortgeschrittene 4. Jh.: die für Areadne verwandte Lämmermetapher (1), das ihr in den Mund gelegte Paradigmengebet (14) sowie das von ihr im Gebet formulierte Glaubensbekenntnis (8), das die lateinische Version kennt. Dieses macht Aussagen über das Wesen des Sohnes nur mit dem Begriff der φύσις[9], und meint damit die göttliche Natur des Sohnes im Sinne der Auseinandersetzungen des 4. Jhs. Gleichzeitig aber zitiert das Bekenntnis den Kolosserhymnus (Kol 1,15–18), jedoch ohne eine „arianische" Anspielung auf die dort vorhandene Abbildtheologie. Im Grunde macht dieses Glaubensbekenntnis, abgesehen vom johanneischen Titel des Einziggeborenen (Joh 3,16.18), nur Aussagen in der Form der negativen Theologie. Es erinnert in gewisser Weise an das Symbol von Sirmium von 359 (die sogenannte vierte sirmische Formel), welches jede Spekulation über das Wesen des Logos unterbinden sollte. Neu-arianische bzw. homöische Absichten sind im Gebet der Areadne-Maria nicht greifbar, aber auch nicht auszuschließen. Es ist vielmehr geprägt von der poetischen Sprache einer philosophischen Religiosität.

---

5 FRANCHI, Leggenda di S. Ariadne (1908) 111 und ROBERT, Asie mineure (1980) 250 diskutieren, ob dafür die Inschrift CIG 4377 aus Sagalassos (Pisidien), die einem Tertullus gewidmet ist, das Vorbild abgegeben haben könne.
6 Vgl. dazu die Anm. zur Übersetzung unter 5.
7 Vgl. dazu hier Lugd.
8 Ähnlich VAberc. 1.
9 Freilich nicht im Sinne der späteren Unterscheidung der Naturen in Christus im 5. Jh. (Ephesus und Chalkedon).

Der Text erweist sich auf diese Weise als Produkt eines theologisch recht gebildeten Autors. Auch andere Stellen zeigen dies, etwa die Erwähnung Deukalions (10) und damit eines Details aus den Altersbeweisen der altchristlichen Apologeten. Schließlich offenbart die durchgehende Unfähigkeit, pagane Religiosität anders als in christlicher Terminologie zu schildern, die Perspektive eines Theologen, für den pagane Kulte keine Rolle mehr spielen. Man wird den Redaktor deshalb am besten ins vorgerückte 4. Jh. datieren. In den Erzählungen, mit denen er die Prozessberichte rahmt, offenbart er zugleich sein erzählerisches Talent.

Der textliche Befund legt die Vermutung nahe, dass man in Prymnessos eine Konfliktgeschichte kannte, in deren Mittelpunkt eine christliche Sklavin stand. Diese Geschichte enthielt folgende Bestandteile: Aufgrund magistratischer Verfügung wurde in der Zeit um 200 unter Auslobung eines Kopfgeldes nach Christen gefahndet. Der zum lokalen Adel gehörige Tertullus wurde im Verlauf von Coercitionsmaßnahmen als Besitzer einer christlichen Sklavin denunziert, wurde aber frei gesprochen. Die christliche Gemeinde verehrte die Sklavin, der offensichtlich die Flucht (vor der Rache ihres Besitzers?) gelang, als Bekennerin (*confessor* / ὁμολογήτρια), weshalb man sich möglicherweise das Gerichtsprotokoll besorgte, das Auskunft auch über die martyrologisch bedeutsame Züchtigung der Areadne wegen ihres Glaubens im Hause ihres Besitzers gab.

Die hagiographische Redaktion des Protokolls im späteren 4. Jh. gestaltete das Verschwinden der Bekennerin um zu einem christianisierten Daphne-Mythos[10] und ist damit Beispiel für das Bemühen theologischer Schriftsteller der Spätantike, an die Stelle mythologischer Erzählstoffe christliche zu setzen.

Die eigentliche Bedeutung des Textes ist darin zu sehen, dass zwei religionsgeschichtlich hochwertige Themen hier christlich adaptiert und verbunden werden: Erstens die arkadische Version des Daphnemythos,[11] in der Daphnes Mutter Gaia diese schützend aufnimmt. Das ist in unserem Text sicher ein Hinweis auf einen Verehrungsort für Areadne. Hinzu tritt zweitens das Schleiermotiv[12], das die Jungfräulichkeit der Areadne und damit ihre Heiligkeit betont symbolisiert. Beide Motive sind auch in einer späten Version der apokryphen Thekla-Akten zu finden.[13] Die Frage der

---

10 So schon FRANCHI, Reminiscenze (1908) 131.
11 Vgl. HARRAUER CH. – HUNGER H., Dáphne, Lexikon der griechischen und römischen Mythologie, ⁹2006, 126. – Zum Daphne-Mythos in der Spätantike vgl. SEELIGER, Frauen (2002) 181f.
12 Opfer, Gebet und Gelübde fanden in der nichtchristlichen Antike zum Zeichen der Weihung an die Gottheit vielfach *capite velato* statt: FREIER, Caput (1963). Bei der Eheschließung trug die Braut einen Schleier (*velatio nuptualis*); verheiratete wie verwitwete Frauen der Römer verhüllten ihren Kopf in der Öffentlichkeit mit der *palla*: SCHADE, Frauen (2003), 104–107.116. Als Zeichen der *virgines Dei* im Unterschied zu den *virgines hominum* tritt der Schleier bereits bei TERT.virg.vel. 3,3 (SC 424, 136,11f Schulz-Flügel – Mattei) in Erscheinung; weitere Belege: BERCOT, Dictionary (1998) 666–668 (s.v. veil). Zur späteren Entwicklung: HUNTER, Celibacy (1999) und JUNGBAUER [G.], Schleier, HWDA 7, 1936=2000, 1207–1215.
13 APaulThecl. 44f (AAAp 1, 270–272 Lipsius); vgl. dazu DRAGON, Sainte Thècle (1978) 48–52.

Priorität ihnen gegenüber ist angesichts der letztlich unsicheren Datierung beider Texte nicht zu entscheiden.

Primärer Beleg für die Verehrung Areadnes im griechischen Osten (beziehungsweise der Maria ancilla in Syrien und im Westen) ist die Überlieferung des Textes selbst. Das Menologion, das den Text zum 25. September überliefert, weicht von der sonst üblichen Datierung des Festes auf den 18. September ab.[14] Der überlieferte Text selbst gibt keinen präzisen Tag an; Franchi de'Cavalieri konjizierte den 27. September.[15]

Einen Hinweis auf eine wohl zeitweise in Prymnessos vorhandene Tuchreliquie dürften die recht genauen Angaben zu den in 15 erwähnten Stofffragmenten geben. Darin kommt deutlich die kultätiologische Seite des Textes zum Vorschein.

E. Spezialliteratur

FRANCHI DE'CAVALIERI P., La leggenda di S. Ariadne. Introduzione, in: DERS., I martirii di S. Teodoto e di S. Ariadne con un'appendice sul testo originale del martirio di S. Eleuterio (StT 6), Rom 1901, 89–119.

FRANCHI DE'CAVALIERI P., Ancora del martirio di S. Ariadne, in: DERS., Note agiografiche (StT 8), Rom 1902, 3–21.

GORDINI G. D., Ariadne (Aredane), BSS 2, Rom 1962 = 1983, 406–408.

ROBERT L., La pierre phrygienne dans la Passion d'Ariadne à Prymnessos, in: DERS., Asie mineure (1980) 244–256.

SEELIGER H. R., Der Tertullusprozess. Zum Besitz christlicher Sklaven im 2. und 3. Jahrhundert, in: BELLEN H. – HEINEN H. (Hrsg.), Fünfzig Jahre Forschungen zur Antiken Sklaverei an der Mainzer Akademie 1950–2000. Miscellanea zum Jubiläum (Forschungen zur Antiken Sklaverei 35), Stuttgart 2001, 365–380.

---

[14] Synaxarion von Konstantinopel: ActaSS Propyl. Nov. 57 f Delehaye.
[15] In das Martyrologium Romanum erfolgte die Eintragung freilich unter dem 17. September: ActaSS Propyl. Dec. 401 Delehaye.

Maximilian

A. Zum Text

Der Text (BHL 5813) ist heute durch vier Handschriften bekannt:
S   Salisbury, Cathedral Library, Ms 223, fol. 29^v–30^r (Salisbury; 11./12. Jh.), früher Oxford, Bodleian Library, Ms Fell 3 (Summary Catalogue 8687)
M   Avranches, Bibliothèque municipale, Ms 167, fol. 80–81 (Mont Saint-Michel; 13. Jh.)
J   Dublin, Trinity College, Ms 171 (B.1.16), fol. 37–39 (Jarrow; 13. Jh.)
C   Canterbury, Cathedral Library, Ms 42 (Cantuarensis mutilus), fol. 35^v (Canterbury; 12. Jh.): bricht ab nach 1,5 *respondit*.

Die Handschriften aus Salisbury (S) und vom Mont Saint-Michel (M) bieten den besten Text, wobei S zu Kürzungen neigt. Die erst seit 1928 bekannte Handschrift aus Jarrow (J)[1] geht meist zusammen mit der nur unvollständigen aus Canterbury (C); sie zeigt die Tendenz zu Glättungen und Abwechslungen in der Wortwahl sowie zu biblischen und narrativen Erweiterungen.

Ein Stemma der Handschriften hat Jakobi aufgestellt.[2] Nach diesem bildet die Handschrift S den ältesten Textzeugen des Zweiges, dem auch J und C zuzuordnen sind, während M für sich steht. S und M gehen auf einen gemeinsamen verlorenen Archetyp zurück.

Der Text ist seit 1680 bekannt. Die editio princeps[3] legte der Oxforder Bischof John Fell (1625–1686) vor, die Mabillon in seinen *Vetera analecta* wiedergab.[4]

Wir drucken zusammen mit den wichtigsten Lesarten den Text der ersten kritischen Edition von BASTIAENSEN, Acta Maximiliani (1987).

B. Zum Inhalt

295, 12. März, Tebessa: Gerichtliche Klage des Prokonsuls Dion gegen den wehrtüchtigen Rekruten Maximilian unter Beteiligung von dessen Vater Fabius Victor als

---

[1] Vgl. CATALOGUS DUBLIN (1928) 85.
[2] JAKOBI, Authentizität (2004) 217. Die Erläuterungen zum Stemma sind zu korrigieren: Zeile 5 von oben: 2, 15 *om*. plumbum] in; (...) Sonderfehler J gegen MSC: 1, 7 quid] quis, umgekehrt C gegen J: 1, 8 dixit] respondit.
[3] Im Anhang zur Ausgabe von LACT.mort.pers., hrsg. v. J. FELL (1680) 39–46; vgl. die Edition der PPerp., hrsg. v. VAN BEEK (1936) 69*–72*.
[4] MABILLON, Analecta IV (1685) 566–568; zur weiteren Editionsgeschichte vgl. SINISCALCO, Massimiliano (1974) 162.

temonarius, des Advokaten Pompeianus und des *praepositus Caesariensis* Valerianus Quintianus. Maximilianus verweigert die Angabe seines Namens und die Annahme der militärischen Kennzeichnung sowie die Militärweihe mit Hinweis auf seine christliche Religion. Nachdem weder Drohungen noch gutes Zureden fruchten, wird er zum Tode verurteilt. Das Urteil wird sofort vollstreckt. Den Leichnam birgt und beerdigt die Matrone Pompeiana in unmittelbarer Nähe des Cypriansgrabes in Karthago.

C. Acta Maximiliani Thebestensis

Die Akten Maximilians von Tebessa

1. Tusco et Anolino¹ consulibus quarto idus martii Teveste² in foro inducto³ Fabio Victore una cum Maximiliano et⁴ admisso Pompeiano advocato, idem dixit: Fabius Victor timonarius⁵ est constitutus cum Valeriano⁶ Quintiano, praeposito Caesariensi; cum bono tirone⁷ Maximiliano, filio⁸ Victoris, quoniam probabilis est, rogo ut incumetur⁹. **2.** Dion¹⁰ proconsul dixit¹¹: Quis vocaris?. Maximilianus respondit: Quid autem vis scire nomen meum?¹² Mihi non licet militare, quia christianus sum. **3.** Dion proconsul dixit: Apta illum. Cumque aptaretur, Maximilianus respondit: Non possum militare; non possum malefacere; christianus sum¹³. **4.** Dion proconsul dixit: Incu-

---

1 aquilono M, anulino *coni.* edd.
2 *om.* J C
3 induto SM ducto Fabio Victore una cum Maximiliano filio eius in forum JC, in foro inducto edd.
4 et admisso ... incumetur *om.* JC
5 Fabianus timonarius SM, Fabius Victor temonarius edd.
6 Valerio *coni.* Dolbeau
7 timore S
8 combonem tyronem Maximilianum filium M
9 S² *edd.*, incometur S¹, incommeturi M
10 idem M
11 dixit ad Maximilianum JC
12 *post* meum *add.* JC: Dion proconsul dixit: milita imperatori. Maximilianus respondit (dixit C)
13 Dion ... sum *om.* SJC

1. Als Tuscus und Anolinus Konsuln waren,¹ am 12. März, wurden auf dem Marktplatz in Tevestis² Fabius Victor zusammen mit Maximilian vorgeführt und Pompeianus als Anwalt³ zugelassen. Derselbe sagte: „Der für die Gestellung eines Rekruten Zuständige⁴ Fabius Victor steht bereit zusammen mit Valerianus Quintianus, dem kaiserlichen Kommandanten⁵, und dem wehrtüchtigen Rekruten Maximilian, dem Sohn Victors. Weil er tauglich erscheint, beantrage ich, ihn zu vermessen⁶." **2.** Prokonsul Dion⁷ sagte: „Wie heißt du?" Maximilian antwortete: „Wozu denn willst du meinen Namen wissen? Mir ist es nicht erlaubt, als Soldat zu dienen, weil ich Christ bin." **3.** Prokonsul Dion sagte: „Ergreift⁸ ihn." Während er ergriffen wurde, antwortete Maximilian: „Ich kann nicht Kriegsdienst leisten; ich kann nichts Böses tun; ich bin Christ."⁹ **4.** Prokonsul Dion sagte: „Maß nehmen!" Als Maß genommen worden

---

1 An den Konsens der Herausgeber anschließend: Anullinus, Konsul im Jahre 295: vgl. PLRE 1, 295: Anullinus 3; ebd. 926 f: Nummius Tuscus 1.
2 Thevestis (Tebessa, Algerien): vgl. LEPELLEY, Cités 2 (1982) 185–189. Die Militärkolonie gehörte zunächst zur Numidia, wurde unter Diokletian aber der Africa proconsularis zugeschlagen, daher die Zuständigkeit des Prokonsuls Dion.
3 Der *advocatus fisci* (vgl. KUBITSCHEK W., advocatus fisci, RECA 1.1, 1893, 438 f), der die Ansprüche des Staates auf eine Rekrutenstellung durch Fabius Victor in Gestalt seines Sohnes Maximilian vertritt; anders WISCHMEYER, Golgatha (1992) 41, der diskutiert, ob es sich um einen dem Maximilian von der christlichen Gemeinde gestellten Rechtsbeistand handele.
4 Seit Diokletian waren Dekurionen u. a. Kurialen verpflichtet, regelmäßig Rekruten zu stellen bzw. diese wie eine Steuerlast wirkende Verpflichtung, die *temo* hieß, durch eine Geldzahlung abzulösen. Die Kosten der Gestellung bzw. der Ablösesumme waren meist nur als Gemeinschaftsleistung aufzubringen, für die eine *capitulum* oder *consortium* genannte Vereinigung gebildet wurde. Für die Eintreibung des Geldes bzw. die Gestellung des Rekruten war der *temonarius* der Vereinigung zuständig. 375 wurde die Pflicht auf alle Grundbesitzer ausgeweitet: vgl. COD.THEOD. 7, 13,7 (337 f Krüger – Mommsen) und ZUCKERMAN, Two Reforms (1998) 105–109 mit überzeugender Kritik an der älteren Forschung zu dieser Frage.
5 Es handelt sich um einen militärischen *praepositus* (zu diesen: GROSSE, Militärgeschichte [1920] 144 f), der als kaiserlich gekennzeichnet wird, nicht jedoch um einen Hinweis auf Caesarea (Cherchel, Algerien), die weit entfernte Hauptstadt der Mauretania, oder das erst später bezeugte Caesarea in Numidien (vgl. DESSAU H., Caesarea 15, RECA 3.1, 1897, 1295). Der vollständige Titel lautet *praepositus Caesariensis seu numerorum (nouorum militum)*: vgl. MUSURILLO, Acts (1972) 246.
6 *incumare*: ein Hapaxlegomenon; vgl. dazu *incoma* (Rekrutenmaß) bei VEG.mil. 1, 5,1 (BSGRT 15 Önnerfors).
7 Dion: Konsul 291, Prokonsul von Africa 294/95, *praefectus Urbi* 296/97: vgl. PLRE 1, 253; wahrscheinlich ein Urenkel des Historikers Cassius Dio.
8 *aptare* ist mehrfach als Terminus technicus der Amtssprache im Sinne der Vorbereitung oder Einleitung einer amtlichen oder gerichtlichen Maßnahme, besonders der Folter, belegt: vgl. A.purg.Fel. f.27b (KlT 122, 30,160 Soden – Campenhausen); Abit. 9; PBon. 2 (Ruinart, Acta ³1859, 610).
9 Deutliche Parallelen finden sich in der PTheag. 1 (BHL 8106: AnBoll 2 [1883] 207): *Theagenis ad tribunum et ad praepositum cogebatur suscipere militiam. Ille autem cum esset fidelis et Deo repletus, dixit in medio legionis: Ego christianus sum, et et [sic!] probatus sum magno imperatori, regi regum. Ipsi milito, et non possum alii militare. Zelicentius dixit: Militare, et accipe chlamydem et balteum et arma, et esto miles Licinii, magni regis. Theagenis dixit: Ego milito regi meo, et alii militare non possum.*

metur[14]. Cumque incumatus[15] fuisset, ex officio recitatum est: Habet pedes quinque, uncias decem[16]. 5. Dion dixit ad officium: Signetur. Cumque resisteret Maximilianus, respondit: Non facio[17]; non possum militare.

2. Dion dixit: Milita ne pereas. Maximilianus respondit: Non milito; caput mihi[18] praecide; non milito saeculo, sed milito deo meo. 2. Dion proconsul dixit[19]: Quis tibi hoc[20] persuasit?. Maximilianus respondit: Animus meus et is, qui me vocavit. 3. Dion ad Victorem patrem eius dixit: Consiliare filium tuum[21]. Victor respondit: Ipse scit – habet[22] consilium suum – quid illi expediat. 4. Dion ad Maximilianum dixit: Milita et accipe signaculum. Respondit: Non accipio signaculum; iam habeo signum Christi mei[23]. 5. Dion proconsul dixit: Statim te[24] ad Christum tuum mitto. Respondit: Vellem modo facias hoc et[25] mea laus est. 6. Dion ad officium dixit: Signetur. Cumque reluctaret[26], respondit: Non accipio signaculum saeculi; et si[27] signaveris, rumpo illud, quia nihil valeo[28]. Ego christianus sum; non licet mihi plumbum collo[29] portare post signum salutare domini mei Iesu Christi, filii dei vivi, quem tu ignoras, qui passus est pro saeculi[30] vita[31], quem deus tradidit pro peccatis nostris. Huic omnes christiani

---

14 incometur JC
15 incucumatus S, incumetus M, incomatus JC
16 ex ... decem *om.* JC
17 non facio *om.* SJ
18 sed capud meum J
19 respondit J
20 *om.* SJ
21 consule filio tuo J
22 *om.* SJ
23 Christi dei mei M, Christi mei signum S
24 *om.* M
25 faceres hoc enim J
26 reluctaretur J
27 *om.* S
28 qu. n. v. *om.* J, valet *coni.* edd.
29 in collo M
30 salute SJ
31 nostra J

war, wurde amtlich festgestellt: „Fünf Fuß, zehn Zoll groß."[10] 5. Dion sagte zu den Beamten: „Kennzeichnet ihn!" Maximilian widersetzte sich dabei und antwortete: „Ich tue es nicht[11]; ich kann nicht als Soldat dienen."

2. Dion sagte: „Diene als Soldat, sonst bist du des Todes." Maximilian antwortete: „Ich werde nicht Soldat; schlag mir den Kopf ab; ich diene nicht als Soldat der Welt, sondern diene als Soldat meinem Gott." 2. Prokonsul Dion sagte: „Wer hat dir das eingeredet?" Maximilian antwortete: „Mein eigenes Verlangen[12] und der, der mich berufen hat."[13] 3. Dion sagte zu dessen Vater Victor: „Rede deinem Sohn gut zu." Victor antwortete: „ Er hat seine eigene Gesinnung und weiß selbst, was für ihn richtig ist." 4. Dion sagte zu Maximilian: „Diene als Soldat und nimm das Dienstabzeichen in Empfang."[14] Es antwortete dieser: „Ich nehme das Dienstabzeichen nicht in Empfang; ich trage schon das Zeichen meines Christus." 5. Prokonsul Dion sagte: „Gleich schicke ich dich zu deinem Christus!" Antwort: „Es ist mein Wunsch, dass du so tust und dies geschieht zu meinem Ruhm." 6. Dion sagte zu den Beamten: „Kennzeichnet ihn!" Derweil er sich sträubte, antwortete er: „Ich nehme das Dienstabzeichen der Welt nicht in Empfang. Und wenn du mich damit kennzeichnen solltest, zerbreche ich es, weil ich es für wertlos halte. Ich bin Christ; es ist mir nicht erlaubt, eine Bleimarke am Hals zu tragen nach dem Empfang des heilbringenden Zeichens meines Herrn Jesus Christus, des Sohnes des lebendigen Gottes[15], den du nicht kennst, der gelitten hat für das Leben der Welt[16], den Gott hingegeben hat für unsere Sünden[17]. Ihm dienen treu wir Christen alle[18]; ihm folgen wir nach als dem Herrscher über das

---

Zelicentius dixit: Non tibi videtur Licinius rex esse? Theagenis dixit: Ego nescio; christianus sum, non mihi licet negare meum regem. Zelicentius dixit: Hi astantes numquid non sunt christiani et militant? Theagenis dixit: Nescio. Unusquisque scit quomodo militet. Ego tamen scio quid susceperim. Non enim mihi licet negare meum, et non me oportet alii regi militare absque eo cui milito.

10 Maximilian entspricht damit dem in COD.Theod. 7, 13,3 (336) und bei VEG.mil. 1, 5,1 (15) genannten Rekrutenmaß (*incoma*) von sechs Fuß oder mindestens fünf Fuß und zehn Zoll (entsprechend 1,72–1,77 m). Vgl. zum Ganzen DAVIES, Roman Army (1969) 218 f.
11 Vgl. die Standardantwort bei der Aufforderung zum Opfer: *non facio* in PPerp. 6,4 (SC 417, 124,11 Amat); ACypr. 3,4.
12 Vgl. Eph 6,6 Vg.: *servi Christi facientes voluntatem Dei ex animo: animus* als Sitz der Gesinnung, des Verlangens, der Absicht, des Vorsatzes (im christlichen Latein sonst eher *anima*); hier auch in 3,1.
13 Zu *vocare* (καλέω) vgl. die reichen neutestamentlichen Beispiele, bes. Gal 1,15 und 2 Thess 2,14; hier offensichtlich mit martyrologischem Unterton.
14 *signaculum* ist eigentlich ein tätowiertes Stigma, wie es COD.Theod. 10, 22,4 (567) und VEG.mil. 1, 8,1 (19); 2, 5,1 (61) für Soldaten erwähnen und wie es auch auf einigen Portraits mitten auf der Stirn angebracht auftaucht. Es war auch Zeichen von Mithrasmysten (s. zum Ganzen: HEINTZE, Studien [1957] 75.81–85). Hier wird es als das Zeichen der Welt im Gegensatz zur geistlichen σφραγίς der Taufe gesehen. Nach 2,6 handelt es sich um eine einem Phylakterion vergleichbare um den Hals getragene Bleimarke. Vgl. DÖLGER, Sacramentum (1930); SESTON, Passio (1950) 242.
15 Mt 16,16.
16 Joh 6,52 (VLJül 65): *pro saeculi vita*.
17 Vgl. Jes 53,12 und CYPR.testim. 2,13 (CChr.SL 3,45 f Weber): *Deus tradidit illum pro peccatis nostris*.
18 Vgl. ACypr. 1,2: *huic deo nos christiani deservimus.*

deservimus³²; hunc sequimur vitae principem, salutis auctorem. 7. Dion dixit: Milita et accipe signaculum, ne miser male pereas. Maximilianus respondit: Non pereo. Nomen meum iam ad dominum meum est; non possum militare³³. 8. Dion dixit: Attende in³⁴ iuventutem tuam et milita; hoc enim decet iuveni. Maximilianus respondit: Militia mea ad dominum meum est; non possum saeculo militare. Iam dixi³⁵: christianus sum. 9. Dion proconsul dixit: In sacro comitatu dominorum nostrorum Diocletiani et Maximiani, Constantii et Maximi, milites sunt christiani et militant. Maximilianus respondit: Ipsi sciant quid eis expediat. Ego tamen³⁶ christianus sum, et non possum mala facere. 10. Dion dixit: Qui militant, quid mali faciunt?³⁷. Maximilianus respondit: Tu enim scis quae faciunt. 11. Dion³⁸ dixit: Milita, ne contempta militia incipias male interire³⁹. Maximilianus respondit: Ego non pereo; et si de⁴⁰ saeculo exiero, vivit anima mea cum Christo domino meo.

3. Dion⁴¹ dixit: Sterne nomen eius. Cumque stratum fuisset, Dion dixit: Quia indevoto animo militiam recusasti, congruentem accipies sententiam ad⁴² ceterorum exemplum. Et decretum ex tabella recitavit⁴³: Maximilianum, eo quod indevoto animo

---

32 servimus SJ
33 pereo ... militare SM: peribit nomen meum quod in celo scriptum est J
34 *om.* M
35 *om.* S
36 *om.* J
37 qui ... faciunt *om.* S
38 Dion proconsul M
39 incipias ... interire SJ: intereas M
40 de hoc J
41 Dion proconsul M
42 *om.* S J
43 recitatum est J

Leben und dem Urheber des Heils[19]." 7. Dion sagte: „Diene als Soldat und nimm das Dienstabzeichen in Empfang, damit du nicht jämmerlich und elend zugrunde gehst." Maximilian antwortete: „Ich gehe nicht zugrunde. Mein Name ist schon bei meinem Gott eingeschrieben[20]; ich kann nicht Militärdienst leisten." 8. Dion sagte: „Denk an dein jugendliches Alter und tue Dienst als Soldat; das gehört sich doch so für einen jungen Mann." Maximilian antwortete: „Meinen Militärdienst leiste ich bei meinem Herrn;[21] der Welt kann ich nicht als Soldat dienen. Ich sagte ja schon: ‚Ich bin Christ.'" 9. Prokonsul Dion sagte: „Im geheiligten Gefolge[22] unserer Herren Diokletian, Maximian, Constantius und Maximus[23] gibt es christliche Soldaten, die Militärdienst tun." Maximilian antwortete: „Sie mögen selbst wissen, was für sie richtig ist. Ich aber bin Christ und kann nichts Böses tun." 10. Dion sagte: „Die da Militärdienst tun, was tun sie Böses?" Maximilian antwortete: „Du weißt schon, was sie tun." 11. Dion sagte: „Diene als Soldat, damit du nicht mit der Verachtung des Militärdienstes den Anfang zu deinem Untergang setzt." Maximilian antwortete: „Ich gehe nicht zugrunde; und wenn ich aus dieser Welt scheide, lebt meine Seele mit Christus, meinem Herrn."

3. Dion sagte: „Sein Name werde gelöscht."[24] Und als er gelöscht war, sagte Dion: „Weil du mit respektloser Gesinnung den Militärdienst verweigerst, empfängst du das gebührende Urteil[25] als warnendes Beispiel für die übrigen." Und er verkündete die Entscheidung aus der Niederschrift[26]: „Maximilian wird deshalb, weil er in respekt-

---

19 Vgl. Cypr.idol. 15 (CSEL 3/1, 31,14 f Hartel): *habemus itineris ducem, lucis principem, salutis auctorem.*
20 Vgl. Offb 3,5; für die Lesart in J: euer Name ist im Himmel aufgeschrieben, vgl. Lk 10,20.
21 Zur Metaphorik des Begriffs der *militia Christi* vgl. neben der klassischen Arbeit von Harnack, Militia (1905) mit ihrem Quellenanhang 93–121 die dem Neudruck Darmstadt 1963 beigegebene Studie von H. Emonds, Geistlicher Kriegsdienst. Der Topos der militia spiritualis in der antiken Philosophie, 133–162.
22 *in comitatu* hieß ab der Mitte des 3. Jhs. der Militärdienst in der Leibstandarte des Kaisers; vgl. Jones, Later 1 (1964) 52–55; so taucht die Bezeichnung auch als Synonym für die *equites singulares* des Maxentius auf: vgl. Seeliger, Katakombe (1987) 64 f.
23 Galerius *Maxim*(ian)*us*; zum ursprünglichen bzw. vollständigen Namen vgl. Kienast, Kaisertabelle ([5]2011) 283 f; hier werden die Tetrarchen der Jahre 293 bis 305 genannt.
24 Gemeint ist wahrscheinlich die Streichung des Namens aus der Matrikel der wehrpflichtigen Soldaten- bzw. Veteranensöhne; vgl. Grosse, Militärgeschichte (1920) 205.
25 Obwohl mit dem Übergang zum Berufsheer unter Kaiser Hadrian (117–138) die allgemeine Wehrpflicht de facto abgeschafft war, bestand seit Diokletian für Söhne von Veteranen (vgl. Seeck, Untergang [[2]1921] 498) sowie für die von Grundbesitzervereinigungen zu stellenden Rekruten eine Dienstpflicht, der sich zu entziehen gemäß alten, aus der Zeit der allgemeinen Wehrpflicht stammenden Bestimmungen mit der Todesstrafe bedroht war: vgl. Dig. 49, 16,4 § 1 (CIC[B].I 1/2, 888 Mommsen); Jung, Rechtsstellung (1982) 887 f; Kissel, Kriegsdienstverweigerung (1996). Ein solcher Fall von Wehrpflicht liegt bei Martin von Tours als Veteranensohn vor: er wird zum Fahneneid gezwungen: Sulp.Sev.Mart. 2,5 (CSEL 1, 112 Halm).
26 Vgl. PScill. 14; ACypr. 4,3.

sacramentum militiae recusaverit, gladio animadverti placuit. 2. Maximilianus respondit: Deo gratias. Annorum fuit in saeculo XXI et mensium III, dierum XVIII[44]. Et cum duceretur ad locum, sic ait: Fratres dilectissimi[45], quantacumque[46] potestis virtute avida cupiditate properate[47] ut dominum vobis videre contingat, et talem etiam vobis coronam[48] tribuat. 3. Et[49] hilari vultu ad patrem suum sic ait: Da huic speculatori[50] vestem meam novam quam mihi ad militiam praeparaveras, sic[51] cum centenario numero te suscipiam et simul cum domino gloriemur[52]. Et ita mox passus est. 4. Et Pompeiana matrona corpus eius de iudice meruit[53] et imposito in dormitorio[54]

---

44 annorum ... XVIII *om.* J
45 karissimi J
46 quantumcumque M
47 prosperate M
48 coronam vitae vobis J
49 ex S
50 spectaculatori S
51 si M
52 sic ... gloriemur *om.* J
53 eruit M
54 corpus ... dormitorio: tulit corpus eius impositum in vehiculo J

loser Gesinnung die Militärweihe²⁷ zurückwies, zum Tod durch das Schwert verurteilt²⁸." 2. Maximilian antwortete: „Gott sei Dank!"²⁹ Er war auf dieser Welt 21 Jahre, 3 Monate und 18 Tage.³⁰ Und als er zur (Hinrichtungs-)Stätte³¹ abgeführt wurde, sagte er: „Liebste Brüder, so sehr ihr könnt, beeilt euch mit leidenschaftlichem Verlangen³² und aller Tugend, dass es euch glückt, den Herrn zu sehen,³³ damit er euch auch eine solche Krone (des Martyriums³⁴) verleiht." 3. Und mit heiterem Gesicht³⁵ sagte er zu seinem Vater: „Gib dem Scharfrichter mein neues Kleid,³⁶ das du mir für den Militärdienst hast machen lassen, so will ich dich aufnehmen mit hundertfacher Belohnung³⁷ und zusammen mit dem Herrn sollen wir verherrlicht werden." Und so erlitt er bald den Tod. 4. Und Pompeiana,³⁸ eine vornehme Dame,³⁹ ließ sich gegen Geld

---

27 *sacramentum militiae* hier wohl im engeren Sinn zu verstehen als der Akt, bei dem der Diensteid zu leisten war; im weiteren Sinne kann aber auch der Militärdienst mit all seinen Obliegenheiten gemeint sein: vgl. AMarc. rec.M 5 (254,3 Musurillo): *abiecto sacramento se polluere*; rec.N 4 (256,14 Musurillo): *proicere sacramentum*. – Zur verwickelten Begriffsgeschichte von *sacramentum* siehe die Literatur bei SIEBEN, Voces (1980) 389 f, bes. GÁSPÁR, Remarques (1976) sowie zusätzlich MOHRMANN, Sacramentum (1954).
28 Vgl. PScill. 14; ACypr. 4,3: *gladio animadverti placet*.
29 Zur Standardantwort nach dem Urteilsspruch vgl. PScill. 15; ACypr. 4,3: *Deo gratias*.
30 *annorum ... XXI et mensium III dierum XVII*: in dieser Form auf Grabinschriften anzutreffen: vgl. z. B. ILCV 436; 1263A; deshalb vielleicht vom Grabepigramm Maximilians in Karthago herrührende Angabe.
31 *ad locum*: ergänze *supplicii*.
32 Vgl. CYPR.mortal. 26 (CChr.SL 3A, 31 f,454–456 Simonetti): *auida cupiditate properemus, ut ... cito ad Christum uenire contingat optemus*.
33 Das Thema der Gottesschau, der man entgegeneilen soll, besitzt in der biblischen und nachbiblischen Literatur eine solche Verbreitung, dass die Vermutung SINISCALCOS, Massimiliano (1974) 23 Anm. 75, hinter dem Motiv des *properare ad Dominum* stecke donatistisches Gedankengut, nicht zwingend ist.
34 J: des Lebens, vgl. Offb 2,10.
35 PPerp. 18,1 (164): *processerunt ... in amphitheatrum ... hilares, vultu decori*.
36 Vgl. das Geschenk Cyprians an seinen Henker (*speculator*): ACypr. 4,1; *spiculator* (*speculator*) ist ein militärischer Dienstrang im *officium* der Statthalter. Er übt Polizeigewalt aus; die Henkerstätigkeit gehörte zu den ältesten Aufgaben; vgl. CLAUSS, Untersuchungen (1973) 66 f.69.
37 Vgl. Mt 13,8 bzw. 19,29 den hundertfachen Ernteertrag bzw. Lohn, der den erwartet, der um Jesu Namen willen seinen Vater verlässt. Zum Ganzen DEN BOEFT – BREMMER, Notiunculae 2 (1982) 393–395 sowie allgemein SELLEW, Reward (2001); die bei MUSURILLO, Acts (1972) 294 Anm. 8 vorgeschlagene Interpretation (zustimmend GUYOT – KLEIN, Christentum 1 [1993] 401 Anm. 29), nach der Maximilian als himmlischen Lohn die Beförderung zum *centurio* als Kommandant einer Hundertschaft (*centuria*) erwartet, ist unwahrscheinlich, da philologisch und sachlich schwierig.
38 Dass es sich um eine Angehörige des Advokaten Pompeianus in 1,1 handelt (CORSSEN, Martyrium [1915] 223 und MAYOL DE LUPÉ, Actes [1939] 95), ist unwahrscheinlich; BASTIAENSEN, Atti (1987) 495 Anm. 7–8 vermutet, dass der Name von der Grabinschrift der Matrone in Karthago stammt.
39 Zum sozialgeschichtlich innerhalb der Kirche wichtigen Stand der Matronen, die auch eine große Rolle für die Märtyrerverehrung spielen, vgl. WISCHMEYER, Golgatha (1992) 116 f.152. In der römischen Tradition gehört es auch zu den Pflichten vornehmer Frauen, um verdiente Mitbürger zu trauern (*luctus matronarum*). Im Verhalten der Pompeiana liegt damit so etwas wie eine Verchristlichung dieser Tradition vor.

suo perduxit ad Cartaginem et sub monticulo iuxta Cyprianum martyrem secus palatium[55] condidit. Et ita post tertium decimum diem eadem matrona discessit, et illic posita est. 5. Pater autem eius Victor regressus[56] est domui suae cum gaudio magno, gratias agens deo quod tale munus domino praemisit[57], ipse postmodum secuturus.[58]

---

55 secus palacium M, secus platum S, *om.* J, *coni.* secus platanum *ed. princeps et* Mabillon, planum Theurer, plateam Saumagne, pluteum Dolbeau
56 egressus S, ingressus J
57 permisit M
58 *add.* deo gratias amen M

vom Richter seinen Leichnam geben, und nachdem sie ihn zunächst in ihre eigene Sänfte[40] gelegt hatte[41], überführte sie ihn nach Karthago und begrub ihn am Hügel neben Cyprian, dem Märtyrer, nahe dem Palast (nahe der Trennschranke?)[42]. Und als dieselbe vornehme Dame nach dreizehn Tagen selbst starb, wurde sie dort auch beigesetzt.[43] 5. Sein Vater Victor aber kehrte nach Hause zurück mit großer Freude und dankte Gott, weil er dem Herrn eine solche Gabe hatte vorausschicken dürfen, er, der alsbald folgen sollte.[44]

---

40 *dormitorium*: mögliche Übersetzungen: Schlafgemach, im Sinne von κοιμητήριον/ *coemeterium* auch Grab (vgl. ILCV 4985a) oder Sänfte. In jedem Fall entstand auf diese Weise ein Privatkult, der zu einer Bestattung in Karthago führte und dort als solcher fortgesetzt wurde.
41 Nachklassischer (von J allerdings mit einer Allusion an Joh 19,38 korrigierter) Ablativus absolutus mit Unterdrückung des Pronomens *eo* im Sinne eines Participium coniunctum; vgl. HOFMAN/SZANTYR, 141 (ε).
42 *secus palatium (pluteum)*: ein *palatium* ist in Karthago quellenmäßig erst in justinianischer Zeit belegt: VICT.TONN.chron. 136 (CChr.SL 173A, 45,807 Cardelle de Hartmann). Nach Auffassung von DUVAL, Supplément (2006) 162 wurde Cyprian in der Sommerresidenz des Prokonsuls vor der Stadt hingerichtet (vgl. ACypr. 21,3; 4,1), wo sich dann später eine der beiden Cypriansmemorien Karthagos befand (Komplex von Bir Ftouha – Mensa Cypriani). – Die Konjektur DOLBEAUS, Rez. Siniscalco (1976) 424, die der von SAUMAGNE, Basiliques (1909) 199 vorzuziehen ist, verdient indes ebenfalls Beachtung: *pluteum* kann als Trennmauer, Schranke oder Transenna verstanden werden, sodass es sich unter Umständen um eine Beisetzung in der Cypriansmemorie selbst handeln könnte; vgl. ACypr. 4,3.
43 Beleg von Bestattungen *ad sanctos*: vgl. DUVAL, Saints (1988) 52–54.
44 CYPR.Fort. 11 (CChr.SL 3, 209,188 Weber): *illis* (scil. fratribus Maccabaeis) *gloriae iungeretur* (i.e. mater eius) *et quos ad Deum praemiserat ipsa quoque sequeretur*.

D. Historische und literarische Aspekte

Während in der älteren Literatur die *Acta Maximiliani* als authentische Quelle behandelt werden, sind neuerdings Zweifel an ihrer Echtheit laut geworden.[1] David Woods äußerte den Verdacht, der Text sei wegen Ähnlichkeiten mit den lateinischen Martyrien des Theodor von Euchaïta (bzw. Theodorus tiro: BHL 8077) und des Theagenes von Parium (BHL 8106 f) von diesen abhängig.[2] In einem Aufsatz von 2003 hat er diese These weiter entfaltet.[3] Woods weist darauf hin, dass der Text in verschiedener Hinsicht historische Schwierigkeiten bereite: Ein Dienstabzeichen (*signaculum*) in Form einer um den Hals getragenen Bleimarke sei als antike Realie bislang unbekannt und Konsul Cassius Dio sei als Prokonsul von Africa nur durch diesen Text belegt[4].

Aufgrund der Ähnlichkeit mit der Passio des Theagenes hält Woods den Text für ein Plagiat der letzteren, denn diese sei vom Griechischen (BHG 2416) ins Lateinische übersetzt worden, während von den *Acta Maximiliani* keine griechische Fassung bekannt sei, die umgekehrt hätte Einfluss auf jene ausüben können.

Die griechische *Passio Theagenis* datiert er nach 385[5], sodass die *Acta Maximiliani* später seien, und zwar aus dem frühen 8. Jh., denn für die Zeit des Umayyaden-Kalifen Al-Walid I. (705–715) ist eine Kennzeichnung derjenigen Männer, welche die von den nichtgläubigen „Schutzbefohlenen" erhobene Kopfsteuer (Jizya) entrichtet hatten, mittels eines um den Hals getragenen Bleisiegels belegt.[6] Die *Acta* schaffen nach dieser Hypothese ein Vorbild für den Widerstand gegen die muslimische Herrschaft.

Gegen diese Hypothesen Woods spricht dreierlei: Sie setzt erstens voraus, dass die lateinische Übersetzung der *Passio Theagenis* (BHL 8106), die als Vorbild der *Acta Maximiliani* gedient haben soll, vor dem späten 7. Jh. entstanden ist und in Nordafrika verbreitet war. Die lateinische Fassung ist jedoch nur aus einer einzigen Handschrift bekannt[7] und stellt einen selten bezeugten Text dar, dessen Bekanntheit in Nordafrika zu Anfang des 8. Jhs. nur schwer wahrscheinlich zu machen ist.

Zweitens erscheint es auch abgesehen von dieser Frage schwierig, eine literarische Abhängigkeit schlüssig aufzuweisen. Es gibt zwar gewisse Ähnlichkeiten beim Verhör des Theagenes und des Maximilian[8], aber diese bedingen nicht die Annahme einer direkten literarischen Beeinflussung. Im Gegenteil ist auf die Unterschiede zu ver-

---

[1] Die Datierung ins 13. Jh. durch SANDER E., Prototypia, RECA Suppl. 10, 1965, 676–680, hier 680 beruht freilich auf einem Missverständnis von OSWALD J., Maximilian „v. Celeia", LThK² 7, 1962, 204.
[2] WOODS, Origin (1999) 414.
[3] WOODS, Maximilian (2003).
[4] Vgl. PLRE 1, 253 Cassius Dio.
[5] WOODS, Origin (1999) 375.378.
[6] WOODS, Maximilian (2003) 272 f.
[7] Passio Sancti Theogenis [sic] ex cod. Brux. 207, AnBoll 2, 1883, 206–210; der Codex gehört dem 13. Jh. an.
[8] Diese sind auch schon PUCCIARELLI, Cristiani (1987) 311 f aufgefallen, doch fehlen vergleichbare Schlussfolgerungen.

weisen: Die *Acta Maximiliani* sind im Gegensatz zur *Passio Theagenis* völlig frei von Wunderelementen[9] und polemischen Überzeichnungen der Staatsorgane[10], wie sie für legendarische Texte typisch sind. Solche Motive pflegen allgemein im Lauf der Geschichte hagiographischer Texte nicht zu verschwinden, sondern hinzuzuwachsen.

Zum Dritten sollte beachtet werden, dass ein Dienstabzeichen[11] etwas anderes ist als eine diskriminierende Kleidervorschrift aus muslimischer Zeit.

Anders, im Sinne einer Redaktionsgeschichte des Textes, plädiert Constantine Zuckerman[12], und zwar auf der Basis historischer Umstände, die den Text von vorneherein als widersprüchlich erscheinen lassen. In einer ersten Version der *Acta* habe für Maximilian als Sohn eines Veteranen Dienstpflicht als Soldat bestanden, nachdem seit Diokletian der Soldatenberuf mit dem Erbzwang belegt war.[13] Nichts aber habe einen späteren zivilen Rekrutenbeauftragten (*temonarius*) in späterer Zeit verpflichtet, statt eines Freiwilligen oder Leibeigenen seinen eigenen Sohn zu stellen. Andererseits spreche die Auskunft über die neue Uniform, die Maximilian vor der Hinrichtung wegschenkt (3,3), dafür, dass sich die Gestellungsverpflichtung aus der Erblast als Sohn ergäbe. Sonst nämlich wäre die *nova vestis militaris* Besitz des *capitulum* derjenigen gewesen, in deren Auftrag der *temonarius* den Rekruten stellte; sie hätte deshalb nicht einfach verschenkt werden können.

Nach Zuckermans Ansicht spiegelt die vorliegende Textfassung der *Acta* den rechtlichen Zustand nach 375 wieder, als die *temonarii* keine Freiwilligen mehr als Rekruten anwerben durften – wodurch allerlei zwielichtige Gestalten zur Truppe gestoßen waren –, sondern Leibeigene aus den Reihen ihres *capitulum* stellen mussten und diese Pflicht auf alle Grundbesitzer ausgeweitet worden war.

Der Redaktor des späten 4. Jhs. habe sich darüber gewundert, dass der Veteran seinen dienstunwilligen Sohn in einen Konflikt gebracht habe, denn um diese Zeit war es für Veteranensöhne, wenn auch mit Einschränkungen, möglich, statt des für sie verpflichtenden Militärdienstes auch einen kurialen „Ersatzdienst" zu wählen; diese Möglichkeit bestand zur Zeit Diokletians aber noch nicht.[14] Deshalb habe er den Vater zum *temonarius* gemacht, der seinen Sohn zum Militärdienst abgestellt habe, um ihn Gott zu opfern, und zusätzlich die ersten und letzten Sätze (mithin 1,1 und 3,5) hinzugefügt.

---

9 Vgl. PTheag. 7 f (209): Der Heilige Geist ernährt Theagenes, der im Gefängnis Hungers sterben soll, und die Gefängniswärter hören ihn zusammen mit anderen Psalmen singen, sehen diese aber nicht.
10 PTheag. 3 (207): *tribunus furore correptus stridere dentibus coepit*.
11 Als Dienstabzeichen diskutiert wird ein im Kastel Hofheim (Hessen) gefundenes zweiseitig beschriebenes Bleietikett mit Öse vom Ende des 1./Anfang des 2. Jhs., welches die Aufschrift IVSTINUS (recto) und SCORPIONARI[us] (verso) trägt: NUBER, Steinkastell (1986) 229 f Abb. 3,1; IRIARTE, Plumbum (1996). Es bleibt freilich unklar, ob der Schütze Justinus dieses Etikett als Erkennungsmarke um den Hals getragen hat, ob damit Teile seines Eigentums gekennzeichnet waren oder ob es noch eine andere Zweckbestimmung hatte.
12 ZUCKERMAN, Reforms (1998) 136.139.
13 Vgl. oben den Kommentar zu (3,1): *congruens sententia*.
14 Zum Ganzen: GROSSE, Militärgeschichte (1920) 205.

Der Opfergedanke als interpretatorische Leitidee ist sicher eine Überinterpretation Zuckermans. Eine gewisse Wahrscheinlichkeit dürfte jedoch seine zeitliche Ansetzung des Textes besitzen, da der Terminus *temonarius* sehr selten und nur in drei Gesetzen des späten 4. Jhs. belegt ist[15]. Bei ihm fehlen zudem Ausführungen zur frühen Wortgeschichte von *temonarius*, die die These einer Redaktion nach dem Gesetz von 375 stützen könnten.

Vornehmlich philologisch argumentierend kommt Rainer Jakobi, insbesondere durch Beobachtung intertextueller Referenzen, ebenfalls zu einer Datierung nach der Mitte des 4. Jhs., wobei er den Text dem donatistischen Milieu zuweist.[16] Hauptargument ist eine im Bekenntnis Maximilians "*Huic* [scil. Iesu Christo] *omnes Christiani deservimus, hunc sequimur vitae principem, salutis auctorem*" (2,6) konstatierbare deutliche Allusion[17] zur pseudo-cyprianischen, von Laktanz abhängigen Schrift *Quod idola dii non sunt*[18]: "*Hunc* [scil. Christum] *sequimur, hunc habemus itineris ducem, lucis principem*[19], *salutis auctorem.*"

Schwierigkeiten bei der Verortung des Textes im donatistischen Milieu bereitet allerdings der Umstand, dass Maximilian auf das Urteil mit *Deo gratias* (3,2) antwortet, nicht aber dem donatistischen *Deo laudes*, wofür ein Vorbild insbesondere die donatistische Fassung der Passio Cyprians von Karthago bietet.[20]

Formgeschichtlich zeigen die *Acta* alle Merkmale des Gerichtsprotokolls[21] einer *cognitio* mit formgerechtem *caput* sowie Verhör und Urteilsbegründung in direkter Rede, eingeleitet stets mit stereotypem *dixit* / *respondit*. Die Antworten Maximilians, teilweise aber auch die des Prokonsuls, sind umgangssprachlich (1,5: *non facio*; 2,5: *vellem modo faciam*; 2,6: *post signum salutare*; 2,11: *incipias male interire*).[22]

Nun waren die in den Gerichtsarchiven aufbewahrten Protokolle allerdings keine wörtlichen Mitschriften der Verhandlungen, sondern vom Protokollanten (*notarius*

---

15 COD.Theod. 6, 4,32 (258) von 372; 7, 13,7 (337 f) von 375; 7, 18,3 (344) von 380; vgl. BLECKMANN B., DNP 12/1, 2002, 107.
16 JAKOBI, Authentizität (2004) 215.
17 Jakobi verwendet hier und an anderen Stellen den Begriff des Zitats.
18 CYPR.idol. 15 (31,14 f); zur Zuschreibung und Datierung dieser Schrift vgl. WLOSOK, Pseudo-Cyprianus (1997); HOFFMANN A., Cyprian von Karthago, LACL³, 2002, 169–174, hier 172.
19 JAKOBI, Authentizität (2004) 211 zitiert *principium* ohne Anhalt in den Handschriften.
20 Vgl. ACypr. 3¹,5. JAKOBI, Authentizität (2004) 216 argumentiert, *Deo gratias* begegne auch „in den frühen Passiones donatistischer Provenienz". In den dafür genannten Beispielen hingegen findet man den Ausruf *Deo gratias* als solchen lediglich in der *Passio Maximae, Secundae et Donatillae* 6 (MAIER, Dossier 1 [1987] 105.268) und der *Passio Crispinae* 2,4 (MAIER, ebd. 112.145). Drei von vier Handschriften kennen *Deo gratias*, nur eine von Mabillon edierte und heute verlorene Hs. ersetzt dies durch *Christo laudes ago* (MAIER, ebd. 111f Anm. 25). Die Endgestalt dieser Texte datiert allerdings ebenfalls „spät", d. h. nach der Mitte des 4. Jhs., vgl. MAIER, ebd. 95.106. In den anderen angeführten Texten handelt es sich um Formulierungen wie *Deus, gratias tibi*; *Gratias ago deo meo*; *Deus (...) tibi laudes* u. ä. und somit nicht um den eigentlichen donatistischen „Schlachtruf". ACypr. 5,4.
21 S. dazu die Bemerkungen in der Einführung zu diesem Band.
22 Vgl. SCHUCK, Latino (1962) 198–200.

bzw. *commentariensis*) ausgearbeitete Reinschriften seiner kurzschriftlichen Notizen, die den Prozessverlauf in den wesentlichen Zügen mit kurzen Fragen sowie Antworten wiedergaben.[23] Ein solches Protokoll begegnet in den *Acta Maximiliani* in einer wohl im 4. Jh. redigierten Form.

Die Hand des christlichen Redaktors, der das Gerichtsprotokoll hagiographisch aufbereitete, ist dabei überall spürbar. Die verschiedenen Biblizismen, auch die ultima verba Maximilians (3,2), die einen Anklang an eine Formulierung in Cyprians *De mortalitate* bieten, sowie weitere Allusionen an das cyprianische Schrifttum zeigen den Einfluss eines theologisch versierten Bearbeiters. Er verstand das militärische *signaculum* nicht als Tätowierung, sondern wie ein magisches Bleiamulett.[24] Der Verfasser des 4. Jhs. ist offensichtlich der Meinung, dass es ein solches idolatrisches Abzeichen zur Zeit der nichtchristlichen Kaiser gegeben habe. So legte er Maximilian die Formulierung in den Mund, er werde es vom Hals herunterreißen, wenn man es ihm umhänge. Das Verschenken der neuen Uniform vor der Hinrichtung hat seine Parallele im Geschenk Cyprians an seinen Henker,[25] ist historisch als Handlung durchaus als Cypriansimitation denkbar und nicht als bloßes literarisch übernommenes Motiv; die literarische Erklärung dieser Tat jedoch, aufgrund derer Maximilian seinem Vater den hundertfachen Lohn im Himmel verspricht (Mt 13,8; 19,29) im (pseudo-) cyprianischen Sinn dürfte sicher auf den Redaktors zurückgehen.

Für die literarische Nähe zu Cyprian bietet allein schon die unmittelbare Nachbarschaft des Maximiliansgrabes zu dem des hochverehrten Cyprian eine ausreichende Erklärung. Bei der Frage, für wen der Text verfasst wurde, muss allerdings berücksichtigt werden, dass es keinen Beleg für einen Maximilianskult vor der Eintragung in das frühmittelalterliche Florus-Martyrologium gibt[26] – mit Ausnahme des nur in diesem Text erwähnten Privatkults der Matrone Pompeiana an eben jener prominenten Stelle in Karthago.

Bei der Deutung der vieldiskutierten *Acta* sind zwei Schichten zu beachten. Im Geschehen der frühtetrarchischen Zeit tritt uns Maximilian historisch als Christ gegenüber, der den mit dem Soldatenberuf unweigerlich verbundenen Kaiserkult[27] als Idololatrie kategorisch ablehnt.[28]

Darüber hinaus lehnt er, indem er auf das Tun der Soldaten hinweist (2,10: *tu enim scis quae faciunt*) und dieses als *mala facere* qualifiziert, den Soldatenstand als sol-

---

23 COLES, Reports (1966) 19–27; BISBEE, Pre-Decian Acts (1988) 58.
24 Beispiele dafür: ENGEMANN, Übelabwehr (1975) 25 f.
25 ACypr. 5,4.
26 S. dazu Anm. 40. – Möglicherweise war der Gedenktag des Maximilian im verlorenen ersten Teil des *Kalendarium Carthaginense*, das heute von Mitte April bis Dezember reicht, zu finden.
27 Vgl. CLAUSS M., Heerwesen (Heeresreligion), RAC 13, 1986, 1073–1113.
28 DÖLGER, Sacramentum (1930) 269 f.274; SESTON, Passio (1950) 241 f.244; HELGELAND, Christians (1979) 777 f. Zu den religiösen Verhältnissen im Heer vgl. HILALI, Mentalité (2006); HAENSCH, Priester (2006).

chen ab. Dies kann nicht anders denn als moralische Verurteilung des mit dem Soldatenberuf verbundenen Tötungsrechts verstanden werden, sowohl in der Schlacht wie auch bei der Mitwirkung an Hinrichtungen und anderen staatlich verordneten Zwangsmaßnahmen. Die Haltung des Christentums gegenüber den damit verbundene Problemen war in den ersten Jahrhunderten allerdings keineswegs zu jeder Zeit und allerorts gleich und eindeutig.[29]

Im Blick darauf sowie auf den Umstand, dass es im Heer durchaus christliche Soldaten gab, wie die *Acta* selbst (2,9) und weitere Quellen belegen,[30] erscheint Maximilian mithin als religiöser und moralischer Rigorist. Er steht in der nordafrikanischen Tradition des Tertullian, der in *De idololatria* 19[31] und *De corona* 11[32] den Soldatendienst als grundsätzlich unvereinbar mit dem Christentum darstellt:[33] „Es harmonieren nicht zusammen der göttliche Fahneneid (*sacramentum*) und der menschliche, das Zeichen (*signum*) Christi und das Zeichen des Teufels, die Feldlager des Lichts und die Feldlager der Finsternis; eine und dieselbe Seele kann nicht zweien verpflichtet sein, Christus und dem Kaiser."[34] Im Verhör des Maximilian ist in dessen Antworten diese schroffe, für Tertullian typische Antithetik deutlich präsent.; gleichzeitig aber auch das von Cyprian immer wieder herausgestellte Verständnis des Gläubigen als *miles Christi*,[35] der durch die *signatio* des Sakraments der Taufe dem Heer Christi eingegliedert wird, wo der geistliche Kampf gegen die Welt, das *saeculum*, geleistet wird, und dessen Prototyp der Märtyrer ist.

Für eine vornehme karthagische Familie, die die Reliquien des zusammen mit ihren Vorfahren bestatteten Märtyrers ihr Eigen nannte, ist im vorgerückten 4. Jh. eine donatistische Gesinnung weniger wahrscheinlich. Es mag aber durchaus für sie von Interesse gewesen sein, dass „ihr" Märtyrer als einer erschien, der durch sein Handeln sich den vielfältigen Zwängen verweigerte, die in dieser Zeit in immer größerer Weise auf den Besitzenden lasteten. Auch eine theologisch motivierte pazifistische Haltung, wie sie sich gleichzeitig bei Paulinus von Nola findet,[36] lässt sich als Hintergrund durchaus denken. Auch passt die Redaktion der *Acta Maximiliani* gut in die theodosianische Zeit, in der insgesamt eine vermehrte Verehrung von Soldatenheiligen festzustellen ist.[37]

---

29 Vgl. die Quellensammlung von PUCCIARELLI, Cristiani (1987) sowie KARPP, Stellung (1957); SWIFT, War (1979) 835–868; CLAUSS, Kaiser (1998); WESCH-KLEIN, Heerwesen (1998). Einen Forschungsbericht über die ältere Literatur bietet FONTAINE, Christen (1965).
30 BRENNECKE, Fidelis (1997).
31 CChr.SL 2, 1120 Reifferscheid – Wissowa.
32 CChr.SL 2, 1056–1058 Kroymann.
33 Weitere Quellenbelege bei HARNACK, Militia (1905) 104–111.
34 TERT.idol. 19,2 (1120).
35 Quellenbelege bei HARNACK, Militia (1905) 110f; zum Ganzen: CAPMANY CASAMITJANA, Miles (1956).
36 PAVL.NOL.epist. 8,3,11 f.25,3 (CSEL 29, 48.225 de Hartel).
37 FONTAINE, Culte (1980).

Trotz der Angabe des präzisen und prominenten Begräbnisplatzes bei dem des hl. Cyprian und damit eines hervorgehobenen Verehrungsortes ist dieses Grab – genauso wie das Cyprians[38] – bis heute unbekannt geblieben. Es gibt weder ein epigraphisches Zeugnis noch andere archäologische Hinweise dafür, dass Maximilian während des Altertums in Africa verehrt wurde.[39]

Florus nahm Maximilianus in der ersten Hälfte des 9. Jhs. erstmals in ein Martyrologium auf.[40]

E. Spezialliteratur

AMORE A., Massimiliano, BSS 9, 1967, 25.
BROCK P., Why Did St Maximilian Refuse to Serve in the Roman Army?, JEH 45, 1994, 195–200.
BUTTURINI E., Massimiliano: un coscritto obiettore, in: DERS., La nonviolenza nel cristianesimo dei primi secoli. Antologia di prosatori latini (= Civiltà letteraria di Grecia e di Roma 38), Turin 1979 = 1986, 24–35.
CACITTI R., Massimiliano – un obiettore di conscienza del tardo impero, Hum(B) 36, 1980, 828–841.
CACITTI R., „Mihi non licet militare". Fondamento biblico, sacramento battesimale e istanze morali del rifiuto della guerra nel cristianesimo delle origini, in: MERLO G. G. (Hrsg.), Lombardia monastica e religiosa. FS M. BETTELLI (Studi di storia del cristianesimo e delle chiese cristiane 2), Mailand 2001, 11–64.
CLAUSS M., „Gebt dem Kaiser, was des Kaisers ist!" Bemerkungen zur Rolle der Christen im römischen Heer: in: KNEISSL P. (Hrsg.), Imperium Romanum: Studien zu Geschichte und Rezeption. FS K. CHRIST, Stuttgart 1998, 93–104, hier 97–99.
CRESCENTI G., La figura spirituale dell'obiettore tipico di coscienza. I martiri Massimiliano coscritto, Marcello centurione e Taraco, Probo ed Andronico soldati, in: DERS., Obiettori di coscienza e martiri militari dei primi cinque secoli del cristianesimo, Palermo 1966, 209–226.
DAHM H. J., Lateinische Märtyrerakten und Märtyrerbriefe. Kommentar (Aschendorffs Sammlung lateinischer und griechischer Klassiker), Münster 1986, 180–204.
DE STE. CROIX G. E.M., A Worm's-Eye View of the Greeks and Romans and How They Spoke: Martyr-Acts, Fables, Parables and Other Texts, Latin teaching 37.4 [richtig: 36], 1984, 16–30, hier 19f.
DELEHAYE H., Les origines du culte des martyrs (SHG 20), Brüssel ²1933, 394f.
DELEHAYE H., Les passions des martyrs et les genres littéraires (SHG 13B), Brüssel ²1966, 77–81.
DELEHAYE H., La persécution dans l'armée sous Dioclétien, BCLAB 1921, 150–166 = DERS., Mélanges d'hagiographie grecque et latine (SHG 42), Brüssel 1966, 256–268.
DELEHAYE H., Réfractaire et martyr, in: DERS., Mélanges d'hagiographie grecque et latine (SHG 42), Brüssel 1966, 375–378.
DELEHAYE H., Le refus de servir et l'église primitive, in: ebd. 379–383.
DEN BOEFT J. – BREMMER J., Notiunculae martyrologicae 2, VigChr 36, 1982, 383–402, hier 393–395.
DI LORENZO E., Gli Acta S. Maximiliani Martyris. Introduzione, testo, traduzione e commento, Neapel 1975.

---

38 Vgl. dazu ENNABLI, Carthage (1997) 18.21.
39 Entsprechend kein Nachweis bei DUVAL, Loca (1982).
40 DUBOIS – RENAUD, Martyrologes (1976) 48. Beachte die Nichtidentität mit Maximilian von Lorch, der für den bayerisch-österreichischen Raum zu einem bedeutenden Patron wurde.

Dölger F. J., Sacramentum militiae. Das Kennmal der Soldaten, Waffenschmiede und Wasserwächter nach Texten frühchristlicher Literatur, AuC 2, 1930, 268–280.

Dolbeau E., Rez. Siniscalco, Massimiliano (1974) und Ders., Bibbia (1975), AnBoll 94, 1976, 422–425.

Fontaine J., Les chrétiens et le service militaire dans l'antiquité, Conc(F) 7, 1965, 95–105.

Fontaine J., Passio sancti Maximiliani, HLL 5, 1989, 520 f: § 594.

Franchi de'Cavalieri P., Sopra alcuni passi del „De corona" di Tertulliano, in: Ders., Note agiografiche 8 (StT 65), Rom 1935, 355–386.

Gnilka Ch., Ultima verba, JAC 22, 1979, 5–21.

Harnack A., Militia Christi. Die christliche Religion und der Soldatenstand in den ersten drei Jahrhunderten, Tübingen 1905 = Darmstadt 1963, 84 f.114–117.

Helgeland J., Christians and the Roman Army from Marcus Aurelius to Constantine, in: Haase W. (Hrsg.), Religion (Vorkonstantinisches Christentum: Verhältnis zu römischem Staat und heidnischer Religion) (ANRW 2, 23/1), Berlin 1979, 724–834, hier 777–780.

Jakobi R., Zwischen Authentizität und Intertextualität. Die Passio S. Maximiliani, WSt 117, 2004, 209–217.

Lanata G., Gli atti dei martiri come documenti processuali (Studi e testi per un Corpus Iudiciorum 1), Mailand 1973, 194–200.

Lanata G., Processi contro cristiani nelli atti dei martiri, Turin ²1989 (2. veränd. Aufl. von Dies., Gli atti dei martiri come documenti processuali [Studi e testi per un Corpus Iudicorum 1], Mailand 1973), 51–58.

Leclercq H., Militarisme, DACL 11/1, 1933, 1108–1181, bes. 1133–1137 (Le martyre du conscrit Maximilien).

Mayol de Lupé J. de, Les actes des martyrs comme source de renseignements pour le langage et les usages des IIe et IIIe siècles, REL 17, 1939, 90–104.

Monceaux P., Histoire littéraire de l'Afrique chrétienne depuis les origins jusqu'à l'invasion arabe: 3. Le IVe siècle, d'Arnobe à Victorin, Paris 1905 = Brüssel 1963, 115 f.

Moss C. R., The Other Christs. Imitating Jesus in Ancient Christian Ideologies of Martyrdom, Oxford 2010, 191 f.

Pucciarelli E., I cristiani e il servizio militare. Testimonianze dei primi tre secoli (BPat 9), Florenz 1987, 284–299.

Saxer V., Afrique latine, in: Philippart G. (Hrsg.), Hagiographies. Histoire internationale de la littérature hagiographique latine et vernaculaire en Occident des origines à 1550 (CChr. Hagiographies 1), Turnhout 1994, 49–52.

Saxer V., Saints anciens d'Afrique du Nord, Vatikan 1979, 117–124.

Schmidt Ch., Der Liber Peristephanon des Prudentius als Kommentar authentischer Märtyrerberichte der lateinischen Tradition, Diss. Bochum 2003, 128–131.

Seeliger H. R., Kaiser oder Kalif – wem sollte die Verweigerung Maximilians gelten und wer verehrte ihn? Zur neueren Diskussion um die Acta Maximiliani, in: Merkt A. – Grieser H. (Hrsg.), Volksglaube im antiken Christentum. FS Th. Baumeister, Darmstadt 2009, 176–186.

Siniscalco P., Bibbia e letteratura cristiana d'Africa nella „Passio S. Maximiliani", in: Forma Futuri. FS M. Pellegrino, Turin 1975, 595–613.

Siniscalco P., Massimiliano: un obiettore di coscienza del tardo impero. Studi sulla „Passio S. Maximiliani" (Historica, Politica, Philosophica. Il pensiero antico, studi e testi 8), Turin 1974.

Theurer J., Passio S. Maximiliani martyris e latino in graecum versa quibusdam notis illustrata, Straßburg 1697.

Woods D., St. Maximilian of Tebessa and the Jizya, in: Defosse P. (Hrsg.), Hommages C. Deroux 5, Christianisme et Moyen-Âge. Néolatin et survivance de la latinité (Latomus 279), Brüssel 2003, 266–276.

Zuckerman C., Two Reforms of the 370s: Recruiting Soldiers and Senators in the Divided Empire, REByz 56, 1998, 79–139, hier 136–139.

Aberkios

A. Zum Text

Epigraphische Überlieferung

Die *Vita Abercii* schildert in c. 77, dass Aberkios den Text auf seinem Grabmonument vor seinem Tode diktiert habe, und der Hagiograph betont, er habe diesen Text von der Inschrift kopiert. W. M. Ramsay fand im Jahre 1883 Fragmente der Aberkiosinschrift, nachdem er schon im Jahre 1881 die auf das Jahr 216 datierbare Alexanderinschrift, die den Anfang der Aberkiosinschrift zitiert, gefunden hatte[1].

Ab IGR 4, 696; Vatikan, Museo Pio Cristiano, Photo: GUARDUCCI, Epigrafia (1978) Fig. 111a und b.; Umzeichnung: WIRBELAUER, Aberkios (2002) 363, Abb. 3 nach FERRUA, Osservazioni (1943) 290; Skizze der beiden neugefundenen Fragmente im Tagebuch von J. R. SITLINGTON STERRET, einem amerikanischen Begleiter Ramsays, bei KANT, Inscription (2001) 17.

Al IGR 4, 694; Istanbul, İstanbul Arkeoloji Müzesi, MENDEL, Catalogue (1913) 569 f, Nr. 778; Umzeichnung: WIRBELAUER, Aberkios (2002) 364, Abb. 4 nach RAMSAY, Cities (1897) 725; Photo: MITCHELL, Abercius (2008) 333 f, Fig. 9.9 und 9.10.

Handschriftliche Überlieferung

In der Manuskriptüberlieferung der *Vita Abercii* hat Th. Nissen drei Rezensionen festgestellt. Sie müssen heute um eine weitere ergänzt werden.

1. Rezension I (BHG 2)

Hiervon gibt es eine Lang- und eine Kurzfassung.

Handschriften der Langfassung:

P Paris, Bibliothèque nationale de France, cod. graec. 1540 (10./11. Jh.), fol. 129^v–151^{v2}

R Russische Übersetzung. Die späte Übersetzung in den Menäen, wohl auf dem Weg über eine bulgarische Version entstanden, geht auf vormetaphrastische Texte zurück und kann in Handschriften vor allem des 16. und 17. Jhs. gefunden werden.[2]

---

1 RAMSAY, Cities (1897) 720–723: Nr. 656 Alexanderinschrift, Nr. 657 Aberkiosinschrift.
2 Vgl. LÜDTKE – NISSEN, Grabschrift (1910) 6–8.

Handschriften der Kurzfassung:
M Moskau, Synodalbibliothek 379 (11. Jh.), fol. 355^r–370^v
H Jerusalem, Patriarchatsbibliothek 27 (Mar Saba; 11./12. Jh.), fol. 283^v–305^v
Ed.: NISSEN, Abercii (1912) 1–55.

2. Rezension II (BHG 3)
C Paris, Bibliothèque nationale de France, cod. Coislianus 110 (Athos, Esphigmenou-Kloster; 14. Jh.), fol. 105–115^v
Ed.: BOISSONADE, Anecdota (1833) 462–488 = NISSEN, Abercii (1912) 57–83.

3. Epitome (BHG^n 3z)
O Ohrid, Nationalmuseum, cod. 4 (10. Jh.), p 513–517[3]
Ed.: HALKIN, Inédits (1963) 23–29.

4. Rezension III: Metaphrastischer Text (BHG 4)
Von den zahllosen Handschriften des metaphrastischen Menologions hat NISSEN, Abercii (1912) 85–123, folgende benützt:
A Paris, Bibliothèque nationale de France, cod. graec. 1480 (11. Jh) fol. 171^v–193^r
M Paris, Bibliothèque nationale de France, cod. graec. 1484 (12./13. Jh) fol. 168^v–187^r
    = B. BOSSUE, ActaSS Oct. 9 (1858) 493–509, sowie in der Ausgabe von H. MALOU, PG 115 (1899) 1212–1248
C Paris, Bibliothèque nationale de France, cod. graec. 1495 (11. Jh.), fol. 178^v–199^v
D Paris, Bibliothèque nationale de France, cod. graec. 1494 (12. Jh.), fol. 103^r–144^v
E Paris, Bibliothèque nationale de France, cod. graec. 1501 A (11. Jh), fol. 1–23 (Anfang beschädigt)
F Paris, Bibliothèque nationale de France, cod. graec. 1512 (12. Jh.), fol. 175^v–193^v
G Paris, Bibliothèque nationale de France, cod. graec. 1503 (11. Jh.), 139^v–156^r
H Paris, Bibliothèque nationale de France, Fonds Coislin 145 (11. Jh.), fol. 183–202^v
R Paris, Bibliothèque nationale de France, cod. graec. 2720 (16. Jh.), fol. 225^v (Sammelhandschrift mit nichtchristlichen philosophischen und grammatischen Texten, welche den Brief Marc Aurels aus *Vita Abercii* 48 f enthält; BHG 4b und Addenda)

---

[3] HALKIN, Manuscrits (1962) 7–9.

Vom metaphrastischen Text existiert eine armenische Übersetzung (BHO 8), die eine verlorene syrische Übersetzung voraussetzt[4].

Arm Paris, Bibliothèque nationale de France, Ms arm. 118, ehem. Anciens Fonds Arméniens 46[3] (Heilig-Kreuz-Kloster, Caffa/Feodossija, Ukraine; 1307), fol. 100ᵛ–106ᵛ.

Ed. unter Hinzuziehung weiterer Handschriften: AKINIAN, Vark' (1911)[5]

Es gibt Gründe, davon auszugehen, dass am Anfang der Text der Vita überlang war. Im Laufe der Überlieferung wurde er auf verschiedene Weise bis hin zu einer Epitome gekürzt. Von den Rezensionen wurde hier diejenige aus dem Menologion des Symeon Metaphrastes (BHG 4; 1. Hälfte des 10. Jhs.) ausgewählt. Symeon bringt die Vita zum 22. Oktober. Der Text des Metaphrasten steht in der Tradition der Langfassung von Rezension I, kürzt aber einiges. Unsere Wahl hat mehrere Gründe: Sie dokumentiert die zeitlichen Eckpfeiler der Überlieferung und ihres Wandels vom Epigramm der Aberkiosinschrift in Hierapolis (Ende 2. Jh.) zur in den Menologien tradierten, klassizistisch geprägten mittelbyzantinischen Heiligenmetaphrase Konstantinopels, die liturgisch weiteste Verbreitung im Raum der Orthodoxie findet.

B. Zum Inhalt

Sieht man als ältesten Kern der *Vita Abercii* die Inschrift der Grabstele in c. 77 an, so erfahren wir den Namen des Aberkios, seine Herkunft aus Hierapolis und sein Alter von mindestens 72 Jahren. Er habe viele und große Reisen unternommen, in den Westen in die Hauptstadt Rom und in den Osten bis zum römisch-persischen Grenzzentrum Nisibis. Bei seiner Reisetätigkeit spielen die Verbindung mit einer schwer zu bestimmenden, aber doch wohl als Christen zu verstehenden Gruppe eine entscheidende Rolle und der Bezug auf einen gewissen Paulus. Diesen als den Apostel zu verstehen legt eine gewisse Konvergenz der poetischen Assoziationen im Grabepigramm nahe. Ganz im Stile von Grabdenkmälern ist Aberkios um die Sicherung seines Grabes durch Androhung von Geldstrafen bei Grabfrevel besorgt.

Die *Vita* beginnt damit, dass die Kaiser Marc Aurel und Lucius Verus dem Statthalter von Kleinphrygien Publius (Dolabella) Opferfeiern auftragen. Solch eine Feier soll auch in Hierapolis durchgeführt werden. Aberkios, der Bischof von Hierapolis, der sich als Beter, Prediger und Wunderheiler auszeichnet, bekommt in einer Vision den Auftrag zur Zerstörung der Apollo-Statue und anderer Götterbilder. Sein erfolgreiches nächtliches Vorgehen führt aber zum Streit mit den Tempeldienern. Während Aberkios zu Hause weilt, eilen die Priester des Tempels und die Neokoren, die Kaiserkultpriester, zum Stadtrat, um ihn anzuklagen. Der Stadtrat lässt Aberkios vorführen, um

---
4 CONYBEARE, Harnack (1895); BUNDY, Life (1989/90) 166 Anm. 14, 169 Anm. 27.
5 Vgl. AKINIAN, Studies (1913) 325–344.520–525. Zu weiteren armenischen Synaxarien mit der Aberkios-Vita vgl. KEVORKIAN – TER-STEPANIAN, Manuscrits (1958) Nr. 180.181.182. 183.197.189.190.

ihn und seine Helfer dem Statthalter auszuliefern. Angesichts eines drohenden Volksaufstandes gegen Aberkios mit seinen unübersehbaren Folgen, etwa Brandstiftung, kommt es zum Vorschlag, Aberkios solle fliehen. Das lehnt dieser ab und predigt stattdessen. Es kommt dadurch zur Taufe von 500 Männern aus Großphrygien und den Provinzen Asien, Lydien und Karien.

Heilungen von dämonenbewirkten Krankheiten durch Aberkios leiten danach die Erzählung von der Heilung der blinden Phrygella ein, der Mutter des Euxeinianus Publius (Pollio), der zur Stadtaristokratie gehört und Einfluss am Kaiserhof besitzt. Das Angebot von großen Stiftungen und einer Ehreninschrift lehnt Aberkios ab. Er führt vielmehr mit Euxeinianus eine theologisch-philosophische Diskussion. Weitere Heilungen charakterisieren das Wirken des Bischofs in den Dörfern. Dabei wird ein Warmwasserheilbad erwähnt.

Es schließt sich der Kampf des Bischofs mit dem Teufel an, der sich Centurio nennt. Dieser und eine Christusvision künden die Romreise an. In Rom hat der Dämon Lucilla, die Tochter des Imperators Antoninus und der Faustina, befallen. Sie ist mit Lucius Verus verlobt, der sich auf einem Kriegszug gegen den Perserkönig Vologesus befindet. Lucius soll im Artemistempel in Ephesus heiraten. Da wegen der Besessenheit der Lucilla die Hochzeit nicht stattfinden kann, zieht sich Lucius nach Daphne bei Antiochia zurück. Antoninus wird nach vergeblichen Versuchen, die Tochter mit Hilfe von Priestern und etruskischen Vogelschauern zu heilen, von Lucilla aufgefordert, Aberkios aus Hierapolis zu holen, damit der sie gesund mache. Durch den Prätorianerpräfekten Cornelianus stellt der Kaiser die Verbindung mit Euxeinianus her und schreibt diesem einen Brief, der die Verdienste des Euxeinianus beim Erdbeben in Smyrna rühmt und ihn auffordert, Aberkios mit den Beamten der kaiserlichen Kanzlei Valerius und Bassianus nach Rom zu schicken.

Sie reisen über Brindisi zur Peloponnes und von da mit dem *cursus publicus* nach Byzantion, von dort über Nikomedien weiter nach Synada, der Hauptstadt Phrygiens, und erhalten dort vom Präses Spinther einen Führer nach Hierapolis. Hier treffen sie mit der Frage nach Euxeinianus sofort auf Aberkios, der in der von Valerius wegen gekränkter Würde angefangenen Auseinandersetzung seine Wunderkraft zeigt und die Hand lähmt, die den Bischof schlagen will. Euxeinianus verweist die Kanzleibeamten dann auf den ihnen schon bekannten Aberkios, mit dem sie sich in vierzig Tagen in Portus treffen und zusammen in Rom einziehen wollen. Auf der Reise, die Aberkios mit dem von ihm ausgewählten Winzer Trophimion zuerst auf einem von Fohlen gezogenen Wagen unternimmt, dienen wenig Brot als Nahrung sowie ein Schlauch, der mit Wein, Essig und Öl ungetrennt gefüllt ist. Dem trinkfreudigen Trophimion lässt Aberkios Wein nur zukommen, wenn es der Bischof will, sonst erhält der Diener durch ein Wunder nur Essig oder Öl. Vom pamphylischen Hafen Attalia erreichen sie dann mit dem Schiff Portus drei Tage vor den Kanzleibeamten, die in großer Angst sind, weil sie den Termin versäumt haben.

Der Präfekt Cornelianus führt sie zur Augusta Faustina, da Antoninus sich auf einem Feldzug am Rhein befindet. Die Anwesenheit des Aberkios lässt den Dämon Lucilla

ungewöhnlich heftig quälen. Er redet auch Aberkios direkt an und behauptet, er habe ihn nach Rom geführt, wie er es ihm vorhergesagt habe. Die Heilung findet in einem Hippodrom von Rom statt. Zum Beweis seiner Stärke lässt Aberkios den Dämon den dortigen Altar nach Hierapolis tragen und am Südtor aufstellen. Als Belohnung erbittet sich Aberkios von der Kaiserin, das Thermalheilbad in Agros auszubauen und eine Kornspende für die Armen der Stadt Hierapolis einzurichten. Agros hieß von da an Agros Thermon. Die Kornspende gab es bis zu Julian Apostata.

In Rom hat Aberkios eine neue Vision, die ihn nach Syrien führt. Dazu erhält er von Faustina ein Schiff. Über Antiochia und Apameia gelangt er nach Überquerung des Euphrats bis Nisibis. Die Gemeinden dort waren von der Häresie des Markion zerrissen. Finanzielle Belohnungen für seine erfolgreichen Bemühungen um kirchliche Einigung und Rechtgläubigkeit, die mit Krankenheilungen zu vergleichen sind, lehnt er ab. Er erhält aber auf Anregung eines gewissen Barchasanes den Titel „der Apostelgleiche", der sowohl seine Reisetätigkeit als auch seine Sorge für die Gemeinden charakterisiert. Nach dem Besuch der beiden Kilikien, Lykaoniens und Pisidiens kehrt Aberkios über Synada nach Hierapolis zurück. Dabei führen ihn weitere Wundertaten schwankhaften Charakters in die bäuerliche Welt Phrygiens beim Ort Aulon.

In Hierapolis setzt er sein durch Gebet, Predigen und Heilungen bestimmtes Leben fort, schreibt aber auch ein „Buch der Lehre". Eine Quelle auf einem Berg, die „Ort des Kniebeugens" heißt, erinnert an das Wunder, dass dort eine Quelle entsprang, als Aberkios beim ausdauernden Gebet vom Durst geplagt wurde.

Eine neue Vision weist Aberkios auf seinen baldigen Tod hin. Deswegen lässt er auf dem Altar, den der Dämon aus Rom schleppen musste, eine Stele errichten, auf die er seine Grabschrift schreiben läßt, die der Verfasser der Vita möglichst genau abgeschrieben hat. In seinem Abschiedsreden fordert Aberkios die Presbyter, Diakone und einige andere auf, seinen Nachfolger zu wählen. Neuer Bischof von Hierapolis wird der Archipresbyter, der ebenfalls Aberkios heißt. Nachdem er diesen gesegnet hat, stirbt Aberkios beim Gebet und wird dann feierlich am 22. Oktober begraben.

C. Vita Abercii

Leben des Aberkios

Βίος καὶ πολιτεία τοῦ ἐν ἁγίοις πατρὸς ἡμῶν Ἀβερκίου ἐπισκόπου Ἱεραπόλεως

1. Μάρκου Ἀντωνίνου[1] καὶ Λευκίου Βήρου τὴν αὐτοκράτορα Ῥωμαίοις διεπόντων ἀρχὴν δόγμα ἐπὶ πᾶσαν ἐφοίτα τὴν γῆν ὅση τότε Ῥωμαίοις ὑπήκουε δημοτελεῖς κελεῦον τοῖς λεγομένοις θεοῖς σπονδάς τε καὶ θυσίας ἐπιτελεῖν. Τοῦ γοῦν τοιούτου δόγματος καὶ αὐτῷ Ποπλίῳ τῆς μικρᾶς Φρυγίας ἡγεμονεύοντι τότε καταπεμφθέντος ἦν δρᾶν τὴν ὑπὸ Ῥωμαίους πᾶσαν ἑορτάς τε ἄγοντας καὶ θυσίας καὶ σπουδῇ τῷ τῶν αὐτοκρατόρων προστάγματι διακονουμένους, ἥ τε βουλὴ τῶν Ἱεραπολιτῶν καὶ ὁ δῆμος οὐδὲ οὗτοι τῆς κοινῆς ἐκείνης ἀπελιμπάνοντο τελετῆς.

2. Αὐτὸς δὲ οὗτος ὁ νῦν ὑπόθεσις ἡμῖν ὑπάρχων[2] Ἀβέρκιος τὴν Ἱεραπολιτῶν ἐπισκοπὴν ἐγκεχειρισμένος λευχειμονοῦντάς τε τοὺς πολίτας καὶ τὰς ἀνεόρτους ἐκείνας ἑορτὰς ἐπὶ καταστροφῇ φεῦ τῆς ἑαυτῶν ψυχῆς ἐπιτελοῦντας ἰδὼν καὶ τὸν μὲν ἀληθῆ θεὸν ἀθετούμενον, εἴδωλα δὲ κωφὰ προσκυνούμενα ψευδῆ φαντασίαν εἶναι, ἵνα τὸ τοῦ θείου Ἀμβακοὺμ φθέγξωμαι, καὶ πλάνης ἀχλὺν ἐπὶ πολλοὺς διαχεομένην χαλεπὸν τὸ πρᾶγμα καὶ δεινῶς ἄτοπον ἡγησάμενος καὶ οἷα ὑπὲρ ἀδελφῶν πληγεὶς[3] τὴν ψυχὴν ἐν δάκρυσι τῷ θεῷ καταμόνας[4] προσηύχετο· Θεὲ λέγων τῶν αἰώνων καὶ κύριε τοῦ ἐλέους καὶ δημιουργὲ τοῦ σύμπαντος τοῦδε καὶ συνοχεῦ, ὁ ἐνανθρωπῆσαι[5] τὸν μονογενῆ σου παῖδα δι' ἡμᾶς εὐδοκήσας ἔπιδε καὶ νῦν ἐφ' ὃν ἐδημιούργησας κόσμον μηδὲ τὴν σὴν ταύτην πόλιν ἐν ᾗ με ποιμένα τῶν σῶν ἔθου προβάτων καὶ ἧς τῷ ἀναξίῳ ἐμοὶ τὴν ἐπισκοπὴν ἐνεχείρισας χειροποιήτοις οὕτω περιίδῃς βδελύγμασι

---

1 Ἀντωνίου H
2 νῦν ἡμῖν ὑπάρχων ὑπόθεσις D
3 πληγείς: τρωθείς F
4 καταμόνας τῷ θεῷ ACF
5 τοῦ σύμπαντος τοῦδε κόσμου ὁ ἐνανθρωπίσαι D

Leben und Lebenswandel unseres heiligen Vaters Aberkios, Bischof von Hierapolis

1. Als Marc Aurel und Lucius Verus das Imperium bei den Römern innehatten[1], erging an das ganze Gebiet, das damals den Römern unterstand, die Verordnung, die den sogenannten Göttern öffentliche Trank- und Brandopfer darzubringen befahl[2]. Als schließlich diese Verordnung auch an Publius[3] geschickt worden war, den Statthalter von Kleinphrygien[4], war er darauf bedacht, dass alle, die unter den Römern lebten, Feste und Opfer veranstalteten und eifrig der Anordnung der Kaiser Folge leisteten. Der Stadtrat der Hieropolitaner[5] und das Volk blieben dieser gemeinsamen Feier nicht fern.

2. Aber eben dieser Aberkios – der nun der Gegenstand unserer Rede ist –, dem zum Bischofsamt der Hieropolitaner die Hand aufgelegt worden war, sah, wie die Mitbürger sich weiß bekleideten[6] und bei jenen nicht festlichen Festen Opfer darbrachten zum Verderben – ach wehe! – ihrer eigenen Seele, wie der wahre Gott verleugnet wurde, wie stumme Trugbilder angebetet wurden – ein Lügengespinst, um es mit dem Wort des göttlichen Habakuk zu sagen[7] – und wie sich die Finsternis dieses Irrtums bei vielen ausbreitete. Deshalb hielt er die Sache für schlimm und völlig wahnsinnig und betete für sich unter Tränen inbrünstig zu Gott, weil er über die Brüder in seiner Seele beunruhigt war. „Gott der Ewigkeiten", sprach er, „und Herr der Barmherzigkeit und Schöpfer dieses Ganzen und sein Bewahrer, der du es für gut befunden hast, dass dein eingeborener Sohn Mensch wurde, schaue nun auf diese Welt, die du geschaffen hast, und lasse nicht zu, dass diese deine Stadt, in der du mich zum Hirten deiner Schafe bestellt hast und deren Bischofsamt mir Unwürdigen in die Hände gelegt hast,

---

1 Marc Aurel 161–180 n. Chr., Lucius Verus 161–169 n. Chr.; zur Vita des Aberkios und zur Inschrift vgl. GRÉGOIRE, Bardesane (1955/57); WISCHMEYER, Aberkiosinschrift (1980); KEARSLEY, Epitaph (1992); MITCHELL, Anatolia 2 (1993) 38 f.41; WISCHMEYER W., Aberkios-Inschrift, LThK³ 1, 1993, 46 f; MERKELBACH, Grabepigramm (1997); KOCH G., Aberkiosinschrift, RGG⁴ 1, 1998, 62 f; HIRSCHMANN, Untersuchungen (2000); MERKELBACH – STAUBER, Steinepigramme (2001) 182–185; WIRBELAUER, Aberkios (2002); HIRSCHMANN, Rätsel (2003); THONEMANN, Maeander (2011) 85–87; DERS., Abercius (2012).
2 SIKER, Christianity (2000) 244.
3 Nach den Versionen I 1 sowie II 1ᵇ ist der Name Publius Dolabella, also ein Angehöriger der in spätrepublikanischer Zeit und bis an den Anfang des 2. Jhs. einflussreichen Familie, vgl. das Stemma Dolabellorum, PIR² (1936), Taf. nach 318. Im Jahre 43 v. Chr. folgte ein P. Cornelius Lentulus Spinther einem P. Cornelius Dolabella als Statthalter der Provinz Asia. Vielleicht kannte der Verfasser der *Vita Abercii* die Namen aus Inschriften, vgl. THONEMANN, Abercius (2012) 274.
4 Kleinphrygien, das wiederholt in unserem Text begegnet, ist aufgrund seiner Hauptstadt Synada, siehe 51 und 71, mit der Phrygia Salutaria (so auch Version I 1) zu identifizieren, wie seit dem 5. Jh. die diokletianische Provinz Phrygia Secunda genannt wurde, vgl. OLSHAUSEN E. – NIEHOFF J., Kleinasien H und J, DNP 6, 1999, 549–551 und die Karte 543 f; THONEMANN, Abercius (2012) 264.
5 Zu diesem Hierapolis in Phrygien: BELKE – MERSICH, Phrygien (1990) 272 f: Hierapolis (2).
6 Weiße Kleider sind Festkleider im antiken und im christlichen Bereich, v. a. im kultischen Zusammenhang als Ausdruck von Reinheit, vgl. z. B. Offb 3,5.18.
7 Hab 2,18 LXX.

προσκειμένην, ἀλλὰ τοῦ ἐπισκοτοῦντος αὐτῇ τῆς ἀπάτης νέφους ἀπαλλάξας τῷ σῷ φωτὶ προσοικείωσον.

3. Ταῦτα ἐπὶ πολὺ τῆς ἡμέρας προσευξάμενος καὶ ὕπνῳ δοὺς ἑαυτὸν ὁρᾷ νεανίαν ὡραῖόν τε καὶ καλὸν τὸ εἶδος ῥάβδον αὐτῷ ἐγχειρίζοντα καὶ· Ἐν τῷ ὀνόματί μου, Ἀβέρκιε, λέγοντα, πορεύθητι νῦν καὶ σύντριψον τῇ βακτηρίᾳ ταύτῃ τοὺς τῆς πλάνης αἰτίους. Διυπνισθεὶς οὖν καὶ ὅτι κύριος ἦν ὁ φανεὶς αὐτῷ καλῶς ἐννοήσας εὐθὺς διανίσταται καὶ θάρσους ἐμπίπλαται καὶ παμμέγεθές τι ξύλον ἁρπάσας ἄπεισι πνέων ζήλου καὶ ὀργῆς ἐκεῖνος παρὰ τὸ τοῦ Ἀπόλλωνος ἱερόν, ἔνθα αἱ πλεῖσται σπονδαὶ καὶ θυσίαι διετελοῦντο· ἦν δὲ περί που τὴν ἐνάτην ὥραν ἡ νύξ.

4. Καὶ τῇ θείᾳ πεποιθὼς ἐμφανείᾳ πρῶτα μὲν αὐταῖς χερσὶ τὰς τοῦ νεώ[6] πύλας ὠθεῖ, καὶ ἐπεὶ αἵ τε κλεῖδες αὐτῷ καὶ οἱ μοχλοὶ συνετρίβησαν καὶ αἱ πύλαι ἀνεπετάσθησαν, εἰς μέσον τὸν ναὸν εἰσδραμὼν τὸ ἑστὼς ἐκεῖσε τοῦ Ἀπόλλωνος εἴδωλον[7] κατέαξέ τε καὶ εἰς λεπτὰ διεῖλεν, εἶτα καὶ τὰ τῶν ἄλλων θεῶν περιελθὼν ἐπίσης διέθηκε. Καὶ οἱ θεοὶ οὐκ ἠμύναντο καὶ τὰ κωφὰ καὶ μάταια κωφὰ οὕτω καὶ ἄφωνα ἦν φωνὴν μεγίστην ἀπὸ τῶν ἔργων ἀφιέντα, ὅτι μεμήνασιν ἄνθρωποι τοιούτοις οὖσι προσέχοντες καὶ θεοὺς αὐτοὺς ὀνομάζοντες καὶ ὅτι ταῦτα ἃ πάσχει νῦν δικαίως ἐκεῖνα πάσχει καὶ λίαν ἐπαινετῶς.

Οἱ μέντοι θεραπευταὶ τῶν θεῶν καὶ τοῦ νεὼ ὑπηρέται τὰ γεγενημένα ταῦτα κατὰ πολλὴν τόλμαν ἰδόντες[8] μεστοὶ ἐκπλήξεως καὶ ἀπορίας εἱστήκεισαν. Ὁ δὲ πρὸς αὐτοὺς ἐπιστραφεὶς ὀργῇ τε δικαίᾳ ὁ δίκαιος ἀπιδών· Ἄπιτε, φησί, τῇ βουλῇ καὶ τῷ δήμῳ παντὶ ἀπαγγείλατε, ὡς οἱ θεοὶ ὑμῶν τῇ παραθέσει χθὲς αὐτοῖς εὐωχίᾳ καὶ τῷ κώμῳ[9] μεθύσαντες συνέτριψάν τε ἀλλήλους καὶ εἰς ἔδαφος οὕτω κατέσπασαν. Ἀλλ' ὑμεῖς, εἴ γε δὴ καὶ ὀλίγα φρενῶν μετέχετε, τὰ συντρίμματα τῶν εἰδώλων ταῦτα καμίνῳ παράδοτε καὶ πυρί. Τάχα γὰρ ἂν οὕτως ὑμῖν οἱ θεοὶ χρήσιμοί που ὀφθεῖεν, διὰ τῆς ἀσβέστου φημὶ τῆς ἐξ αὐτῶν ἐκείνων γενησομένης[10]. Ταῦτα πράξας Ἀβέρκιος καὶ εἰπὼν οἴκαδε ἐπανῆκε καθάπερ τις ἀριστεὺς κοινοὺς ἀνελὼν πολεμίους, πολλῶν ὄντως[11] ψυχῶν ἀπωλείας αἰτίους. Ἐπανελθὼν δὲ τοὺς πρὸς αὐτὸν συρρέοντας ἐδίδασκεν ὄχλους θεοσεβείας ἀληθοῦς ἔχεσθαι καὶ βίου σώφρονος ἐπιμελεῖσθαι.

---

6 νεών D
7 ἄγαλμα A
8 ἰδότες A (ν post. man. superscr.)
9 εὐωχίᾳ καὶ κώμῳ H, εὐωχίᾳ καὶ αὐτῷ κώμῳ M
10 γεγενημένης A
11 ὄντων H

handgefertigten Götzen anhängt, sondern setze [sie] in dein Licht, indem du die verfinsternde Wolke des Betrugs von ihr entfernst."

3. Als er so den größten Teil des Tages gebetet hatte, fiel er in einen Traum und sah einen jungen Mann von prächtigem und schönem Aussehen, der ihm einen Stab[8] in die Hände legte und sprach: „In meinem Namen, Aberkios, gehe nun hin und vernichte mit diesem Stab die Urheber dieses Betrugs!" Als er nun wach geworden war, stand er sofort auf – denn er vermutete richtig, dass es der Herr war, der ihm erschienen war – und erfüllt von Mut ergriff er ein sehr großes Holz(stück) und er ging schnaubend vor Eifer und Zorn zum Tempel des Apollo[9], wo die meisten Trank- und Brandopfer durchgeführt wurden. Es war aber nachts, um die neunte Stunde.

4. Vertrauend auf die göttliche Erscheinung schlug er zuerst mit seinen eigenen Händen gegen die Türen des Tempels, und als er die Riegel und Querbalken zerschlagen hatte und die Türen geöffnet waren[10], ging er in die Mitte des Tempels, wo sich das Standbild des Apollo befand, und stürzte es nieder und zerteilte es in Stücke. Darauf ging er auch zu den Standbildern der anderen Götter und verfuhr mit ihnen ähnlich. Und die Götter wehrten sich nicht, und so war das Stumme und Nichtige stumm und sprachlos.[11] Und er rief mit gewaltiger Stimme nach diesen Taten, dass die Menschen, die diesen ergeben seien und sie Götter nennten, verrückt seien und dass jene Götterbilder das, was sie nun erlitten, zu Recht erlitten und dass es sehr lobenswert sei.

Die Diener der Götter allerdings und die Tempelgehilfen, die dies Geschehen mit viel Wut sahen, standen völlig in Bestürzung und Ratlosigkeit da. Nachdem er sich aber zu ihnen umgedreht hatte, sah der Gerechte sie mit gerechtem Zorn an und sagte: „Geht, meldet dem Rat der Stadt und dem ganzen Volk, dass eure Götter nach der ihnen gestern dargebrachten Bewirtung im Schlaf trunken waren und sich gegenseitig zerschlagen haben und so auf den Erdboden hinabgesunken sind. Ihr aber, wenn ihr auch nur ein wenig bei Verstand seid, übergebt diese Trümmerstücke der Standbilder dem Brennofen und dem Feuer. Denn vielleicht, sage ich, erweisen sich die Götter für euch irgendwie nützlich durch den Kalk, der aus ihnen entsteht."

Nachdem Aberkios dies getan und gesagt hatte, kehrte er nach Hause zurück wie ein Held, der die gemeinsamen Feinde vernichtet hat, die tatsächlich die Urheber des Verderbens vieler Seelen waren. Als er aber zurückgekehrt war, lehrte er die bei ihm zusammenströmende Menge, wie die wahre Gottesverehrung gepflegt und ein vernünftiges Leben geführt wird.

---

8 Neben allgemeinen Erinnerungen an eine *virga thaumaturgica* besonders aus dem Zusammenhang der Moseserzählungen (vgl. Ex 7,5.17; 14,16) steht hier wohl auch Jes 11,4 im Hintergrund; BISCONTI F., Virga (iconografia), DPAC 2, 1984, 3597 f; UTRO, Virga (2000).
9 Zum kleinasiatischen Apollo: HIRSCHMANN, Secta (2005) 55–59.
10 Ps 107,16 Vg.
11 Vgl. Hab 2,18 LXX.

5. Ὑπὸ δὲ τὴν αὐτὴν νύκτα οἵ τε θύται καὶ οἱ νεωκόροι προσίασι τῇ βουλῇ καὶ προσαγγέλλουσι μὲν Ἀβέρκιον, ἀναδιδάσκουσι δὲ τὰ γεγενημένα, καὶ ἅμα φωτὶ λόγος εὐθὺς διὰ πάντων ἐχώρει ὡς μεγάλη μὲν Ἀβέρκιος περιπέσοι πλάνῃ, καταπαρθείη δὲ τῶν θεῶν κἀντεῦθεν οὐχ ὅπως αὐτὸν τοῖς θεοῖς καὶ τοῖς αὐτοκράτορσι μόνον, ἀλλὰ καὶ
5 τῷ δήμῳ καὶ τῇ πόλει πάσῃ δίκας ὀφείλειν.

Σπουδῇ τοίνυν πάντες ἐπὶ τὸν ναὸν ἀθροισθέντες ἐσκέπτοντό[12] τε καὶ ἀλλήλοις περὶ τοῦ ἀνδρὸς ἐκοινοῦντο. Οἱ μὲν οὖν βελτίους τῶν πολιτῶν καὶ πολὺ τῶν ἄλλων[13] διενεγκόντες τοὺς δημοσίους συνεβούλευον ὑπηρέτας πέμψαι καὶ τὸν Ἀβέρκιον ἀγαγεῖν ὑφέξοντα λόγον ὅτου χάριν τοιαῦτα τολμῆσαι[14] καὶ τίνας αὐτῷ τοὺς
10 συναραμένους ἔχοι· Οὐδὲ γάρ ἐστι τῶν εἰκότων, φασί[15], τηλικούτοις ἐπιχειροῦντα μὴ καὶ πλείονας ἔχειν τοὺς συνεργούς. Κἀκείνους οὖν κατασχόντες δεσμίους τῷ ἡγεμόνι σὺν Ἀβερκίῳ ἀποστελοῦμεν, ὅπως ἀξίαν γε δῶσι τὴν δίκην, ὧν εἴς τε τοὺς θεοὺς αὐτοὺς καὶ τοὺς αὐτοκράτορας ὕβρισαν. Τοῖς μὲν οὖν συνέσει τῶν πολλῶν[16] διαφέρουσιν ὥσπερ ἔφημεν τοῦτο λυσιτελεῖν ἐδόκει καί· Οὕτω ποιητέα ἡμῖν, ἔφασαν,
15 ἔσται.

6. Ὁ δὲ δῆμος τάς τε χεῖρας καὶ τοὺς πόδας καὶ τὰ πρόσωπα τῶν θεῶν ἐρριμμένα κατὰ γῆς θεασάμενοι σφόδρα τε κινηθέντες ἀνόητοι φαίη τις ὑπὲρ ἀνοήτων καὶ ξύλα καὶ λίθους ἁρπάσαντες — τοιοῦτον γὰρ ὄχλος ἅπαξ εἰς ὀργὴν κινηθεὶς καὶ οὕτως ἀλογίστῳ τῇ ὁρμῇ χρώμενος — ἴωμεν, πρὸς ἀλλήλους ἐβόων, ἴωμεν, πῦρ κατὰ τῆς
20 αὐτοῦ βάλωμεν οἰκίας καὶ ταύτην ὅτι τάχος ἀνάψωμεν, ὡς ἂν μὴ ἐκεῖνος μόνον, ἀλλὰ καὶ πᾶς ὅστις σύνοικος αὐτῷ καὶ ὁμόφρων κακῶς ἀπόλωνται.

Ἡ μέντοι βουλὴ δείσασα μὴ τῆς Ἀβερκίου οἰκίας ἐμπρησθείσης αἵ τε τῶν γειτόνων καὶ πολλῶν ἄλλων ἀναιτίων συμμετάσχωσι τοῦ κακοῦ εἶτα δίκας οὗτοι Ποπλίῳ ὑπόσχωσι τῷ πλήθει ἑαυτοὺς διανείμαντες κατέψων τε ἀγριαίνοντας καὶ φλεγμαινούσας
25 καταστέλλειν αὐτοῖς τὰς ψυχὰς ἐπειρῶντο.

7. Ἐν τούτῳ τοίνυν διατριβῆς οὐ[17] μικρᾶς γενομένης αἰσθόμενοί τινες τῶν τὴν εὐσέβειαν ἤδη καταμαθόντων[18] ἐν πολλῷ τῷ τάχει πρὸς τὸν τοῦ Ἀβερκίου οἶκον ἐφίστανται καὶ τοῦτον καταλαβόντες τῇ τῆς εὐσεβείας διδασκαλίᾳ τοὺς παρόντας ὡς ἥδιστα ἐν ἡμέρῳ τε τῇ ὄψει καὶ φαιδρᾷ δεξιούμενον ὥσπερ οὐδενὸς καινοῦ γενομένου
30 φράζουσιν αὐτῷ τὴν ἐπιβουλὴν καὶ ἀντιβολοῦσι μικράν τινα χώραν τῇ ἀτάκτῳ τοῦ δήμου δοῦναι ῥοπῇ[19] καὶ τῆς πόλεως αὐτίκα ὑπεξελθεῖν, ὡς ἂν μὴ δύο τὰ καιριώτατα πατέρα τε ζημιωθῶσι καὶ ἀδελφούς, αὐτὸν δηλαδὴ τὸν θεῖον Ἀβέρκιον, ὃν εἰς πατρικὴν

---

12 ἐσκέποντο Malou
13 πολλοὶ τῶν ἄλλων D
14 τολμῆσοι ADGH
15 φησὶ CDGH
16 συνέσει τῶν ἄλλων D
17 οὐ *delendum videtur* Nissen
18 καταμαθόντων: μετεσχηκό]των *cum rasura* A, *correctum ut videtur ex* μεταμαθόντων, *quod exhibet* C
19 χώραν δοῦναι τῇ ἀτάκτῳ ῥοπῇ M

5. In derselben Nacht aber gingen die Opferpriester und die Neokoren[12] zum Rat der Stadt und klagten Aberkios an und unterrichteten ihn [den Rat] genau über das Vorgefallene. Und mit dem Morgengrauen war die Rede überall verbreitet, dass Aberkios in einen großen Irrtum verfallen sei und sich gegen die Götter erhoben habe; und daher sei er nicht nur vor den Göttern und den Kaisern, sondern auch vor dem Volk und der ganzen Stadt strafwürdig.

Nun versammelten sich alle eilig beim Tempel und überlegten das Geschehene und tauschten ihre Meinungen über den Mann aus. Die Angesehensten unter den Bürgern, die sich sehr vor den anderen auszeichneten, schlugen vor, die städtischen Büttel zu schicken und Aberkios vorzuführen, damit er Rede und Antwort stehe, wem zu Gefallen er so gewütet habe und ob er irgendwelche Helfer hätte. „Denn es ist nicht wahrscheinlich", sagten sie, „dass jemand in diesem Alter etwas derartiges unternimmt, wenn er nicht mehrere Helfer hat. Sobald wir von jenen Kenntnis haben, werden wir sie gefesselt zusammen mit Aberkios dem Statthalter überstellen, damit sie eine gerechte Strafe für das erleiden, was sie gegen die Götter selbst und gegen die Imperatoren gefrevelt haben." Dies schien denen, die sich, wie wir gesagt haben, von den meisten hinsichtlich der Urteilsfähigkeit unterschieden, angemessen zu sein. Und sie sagten: „So ist es von uns zu tun."

6. Aber das Volk, als man die Hände und Füße und die auf die Erde geworfenen Porträts der Götter sah, erregte sich sehr – Unvernünftige über Unvernünftiges, wie man sagen könnte – und sie nahmen Stöcke und Steine – denn ist der Mob auf diese Weise einmal in Zorn geraten, gebraucht er so die Unvernunft als Antrieb. „Lasst uns gehen," riefen sie einander zu, „lasst uns gehen und lasst uns Feuer in seinem Haus legen, und lasst es uns möglichst schnell anzünden, damit nicht nur dieser allein, sondern jeder, der bei ihm wohnt und gleicher Gesinnung ist, elend zugrunde geht!"

Der Rat der Stadt allerdings fürchtete, dass, wenn das Haus des Aberkios in Brand gesteckt würde, auch die Häuser der Nachbarn und anderer Unschuldiger in Mitleidenschaft gezogen und sie dann deswegen von Publius bestraft würden[13]. Deswegen hielten (die Mitglieder des Rates) die Wütenden zurück und versuchten, die erhitzten Gemüter zu beruhigen, indem sie sich unter die Menge mischten.

7. Inzwischen war aber nicht wenig Zeit vergangen und einige von denen, die dies gehört und die schon die Frömmigkeit kennen gelernt hatten, kamen eilig zum Haus des Aberkios und trafen ihn. Er begrüßte die Ankommenden höchst liebenswürdig mit einer Unterweisung in der Frömmigkeit, mit Milde und heiterem Gesicht, als ob nichts Neues geschehen wäre. Sie berichteten ihm von dem [geplanten] Anschlag und baten ihn, der tumultuarischen Entscheidung des Volkes eine Zeit lang nachzugeben und sogleich heimlich aus der Stadt wegzuziehen. So sollten zwei außerordentlich wichtige Dinge keinen Schaden nehmen, der Vater und die Brüder, offensichtlich er,

---

12 Vgl. ALFÖLDI-ROSENBAUM, Kaiserpriester (1983/84) 34–39; WILLIAMS J., Neokoros, DNP 8, 2000, 827 f; BURRELL, Neokoroi (2004); speziell zum Beispiel Ephesus: SCHERRER, Anmerkungen (1997).
13 Der Rat der Stadt ist für die Ordnung und Sicherheit zuständig und dem Statthalter verantwortlich.

μοῖραν αὐτοῖς τὸ πνεῦμα τὸ ἅγιον ἔταξε καὶ ἀδελφοὺς ἐκείνους, οὓς εἰ οὗτος ἐπιβιῴη προσάξοι[20] τῇ εὐσεβείᾳ.

8. Ὁ δέ· Δραπέται μέν, ἔφη, πάντως ἂν τῶν ὑπὲρ Χριστοῦ παθημάτων, ἀδελφοί, νομισθείημεν, εἰ[21] τὸ δι' αὐτὸν παθεῖν ἀγεννῶς οὕτως ἐκφύγοιμεν καὶ ταῦτα τοῖς ἱεροῖς ἀποστόλοις ἐκείνου κελεύσαντος κηρύττειν σὺν παρρησίᾳ τὸν τῆς ἀληθείας λόγον τοῖς ἔθνεσι μηδὲ φοβεῖσθαί τι τῶν ἀβουλήτων ἕνεκεν τοῦ ὀνόματος αὐτοῦ ἐν καιρῷ τῆς τῶν ἐπηρεαζόντων ἐπαγωγῆς. Τό τε γὰρ κακοπαθεῖν δι' αὐτὸν ἡδὺ καὶ τὸ ὑπὲρ ἐκείνου ἀποθανεῖν ζωῆς πάσης ἀληθῶς ἥδιον. Πλὴν ἀλλὰ πειστέον ὑμῖν[22] οὕτω βουλομένοις καὶ τοὺς ἐπιόντας καθ' ἡμῶν φευκτέον, ἐπεὶ καὶ τοῦτο νόμος Χριστοῦ φεύγειν ἀτεχνῶς τοὺς διώκοντας. Ταῦτα ἔφη καὶ ἅμα σὺν αὐτοῖς ἐξελθὼν ἄπεισι κατὰ μέσην τὴν πόλιν παρὰ τὴν ἀγοράν, ἔνθα δὴ καὶ εἰς τόπον ὃς οὕτω παρ' αὐτοῖς Φραγέλλιον ἐκαλεῖτο καθίσας τό κήρυγμά τε τῆς ἀληθείας ἐδίδασκε[23] τοὺς παρόντας καὶ τῆς τοῦ θεοῦ γνώσεως ἠξίου, ὡς ἐκείνους ἀξιοῦσθαι δυνατὸν ἦν καὶ δεῖν ἔλεγε τὸν τῷ θείῳ βαπτίσματι τελειωθέντα καὶ χριστιανὸν ἀξιωθέντα ἤδη καὶ εἶναι καὶ ὀνομάζεσθαι τῶν μὲν παρόντων ἡδέων καταφρονεῖν, ἐπίκαιρα γάρ, ὀρέγεσθαι δὲ[24] μόνης τῆς ἀθανάτου ζωῆς, ἐπεὶ καὶ μόνη ὡς ἀληθῶς αὕτη ζωή, ἣν τοῖς ἀγαπῶσιν αὐτὸν ἡτοίμασεν ὁ θεός.

9. Ἐν ὅσῳ οὖν ταῦτα οὕτω[25] πρὸς αὐτοὺς διελέγετο, τὸ κατ' αὐτοῦ φερόμενον πλῆθος τὸ πρᾶγμα μαθόντες καὶ ὅτι οὐκ ἠγάπησεν οἴκοι περὶ τῆς οἰκείας διεξιέναι πίστεως, ἀλλὰ καὶ δημοσίᾳ κηρύσσει καὶ παρρησιάζεται τὴν εὐσέβειαν, εἰς πλείονα τὴν μανίαν παροξυνθέντες καὶ θερμοτέρῳ ζέσαντες πνεύματι οὐκέτι καθεκτοὶ ἔμενον οὐδὲ τοῖς βελτίστοις τῆς πόλεως[26] ὑπεῖξαι οἷοί τε ἦσαν, ἀλλὰ σὺν θορύβῳ καὶ κραυγῇ κατ' αὐτοῦ ὥρμων μονονοῦ τοῖς ὀδοῦσιν αὐτόν τε καὶ τοὺς σὺν αὐτῷ διασπαράξαι βουλόμενοι. Ἐπειδὴ δὲ ὡς αὐτόν τε ἤδη ἐγένοντο καὶ ὅσον οὔπω τὰς χεῖρας ἐπιβαλεῖν αὐτῷ ἔμελλον, ἰδοὺ τρεῖς νεανίσκοι πονηρῶν πάλαι δαιμόνων εἰς τὰς ψυχὰς αὐτῶν ἐνσκηψάντων ἐκ τοῦ αἰφνιδίου περιρρηξάμενοι τὰς ἐσθῆτας ἐκθέουσι τοῦ ὄχλου, τὰς οἰκείας αὐτῶν χεῖρας δάκνοντές τε καὶ στρεβλοῦντες, τοὺς ὀφθαλμοὺς διαστρέφοντες[27], ἀφρὸν τοῦ στόματος ἀποπτύοντες, ἄσημόν τινα καὶ ἀλλόκοτον[28]

---

20 προάξει CF, προσάγοι Malou
21 εἰς C
22 ἡμῖν D, om. ACF
23 ἐδίδαξε D
24 δὲ om. H
25 οὗτος C
26 βελτ. τῶν πόλεων H
27 τοὺς ὀφθ. διαστρ. om. H
28 ἄσμον τ. κ. ἀλλόκοτον om. D

der göttliche Aberkios, den der Heilige Geist ihnen als Vater zugeteilt hatte, und sie, die Brüder, die dieser zur Frömmigkeit führen sollte, wenn er weiterlebte.

8. Er aber sagte: „Wir könnten allerdings für Flüchtlinge vor den Leiden für Christus gehalten werden, Brüder, wenn wir so dem Leiden um seinetwillen schmählich entrinnen; und doch hat jener den heiligen Aposteln befohlen, das Wort der Wahrheit mit Freimut[14] zu verkündigen und sich nicht zu fürchten vor irgendeinem der unerwünschten Dinge wegen seines Namens in der Zeit, wenn die anrücken, die euch bedrohen[15]. Denn um seinetwillen Unglück zu erleiden, ist süß, und für ihn zu sterben, ist wahrhaftig süßer als jedes Leben. Gleichwohl dürften auch wir uns überreden lassen, wenn ihr es so wollt, und vor unseren Angreifern fliehen. Denn auch dies ist das Gesetz Christi, ohne Umstände den Verfolgern zu entfliehen[16]." Dies sagte er, ging zusammen mit den Seinen hinaus und ging mitten in die Stadt zum Marktplatz. Da saß er nun auf dem Platz, er, der von ihnen Phragellion[17] gerufen wurde, und lehrte die Anwesenden die Botschaft der Wahrheit und hielt sie der Erkenntnis Gottes für würdig, soweit es möglich war, dass jene für würdig gehalten wurden. Er sagte, dass der, der durch die göttliche Taufe vollendet und schon gewürdigt worden sei, ein Christ zu sein und genannt zu werden, die gegenwärtigen angenehmen Dinge, denn sie seien vergänglich, verachten und allein das ewige Leben begehren müsse. Dies sei allein nämlich das Leben, das Gott denen bereite, die ihn lieben.

9. Während er dies so mit ihnen besprach, wurde die Menge gegen ihn aufgebracht, als sie seine Sache kennen lernte; und weil er es nicht liebte, zuhause über den häuslichen Glauben zu reden, sondern die Frömmigkeit auch öffentlich verkündigte und freimütig darüber sprach, wurden (die Leute) zu noch größerer Wut gebracht und kochten mit hitzigerem Gemüt. Und die Menge war nicht mehr zurückzuhalten und sie waren auch nicht bereit, sich den Angesehensten[18] der Stadt unterzuordnen, sondern sie stürzten sich mit Lärm und Geschrei auf ihn und wollten ihn und die, die bei ihm waren, fast mit den Zähnen zerreißen. Als sie aber schon fast bei ihm waren und beinahe schon ihre Hände an ihn legen wollten, siehe, da stürzten plötzlich drei junge Männer – die bösen Dämonen waren vor langer Zeit in ihre Seelen hineingefahren – aus dem Mob, rissen sich ihre Kleider vom Leib, bissen und verdrehten ihre Hände, schielten mit den Augen, spieen Schaum aus dem Mund (und) ließen eine

---

14 Die Parrhesia, die bei Paulus (2 Kor 7,4 u.ö.), aber auch schon vorchristlich als freimütige Rede auch vor Tyrannen begegnet (D. S. 14, 65,4 [BSGRT 283 f Vogel]), wird in der Spätantike, besonders bei Johannes Chrysostomos, zum Vorbild für die Predigttätigkeit. Es spielen aber ebenso auch die Traditionen aus Apg 2,29; 4,13; 14,19; 28,31 eine Rolle; vgl. BAUMEISTER, Anfänge (1980) 121 f.
15 Sir 2,2 LXX.
16 Mt 10,23. Das Thema der Flucht in der Verfolgung wird seit MPol. 5,1 (LINDEMANN-PAULSEN, Väter [1992] 264) und Tertullians Schrift *De fuga in persecutione* (CChr.SL 2, 1135–1155 Thierry) von 208/9 kontrovers diskutiert; vgl. KÖTTING, Bischof (1984).
17 Hier Beiname des Aberkios: der Geißler bzw. die Geißel als Personifikation. In Version I 8 heißt ein Teil der Agora „Phrougis" oder „Phrougin".
18 Terminus technicus für die Mitglieder des Rates, vgl. 5.

φωνὴν ἀφιέντες, οἳ καὶ προσδραμόντες τῷ Ἀβερκίῳ· Ὀρκοῦμέν σε κατὰ τοῦ ἀληθινοῦ καὶ μόνου²⁹ θεοῦ, ὃν σὺ κηρύττεις, ἰσχυρῶς ἐβόων, μὴ πρὸ καιροῦ βασανίσαι ἡμᾶς.

10. Τοῦτο τῷ μὲν πλήθει τὴν ἄλογον ἐκείνην ἐπέσχεν ὁρμήν, τοῖς νεανίσκοις δὲ πέρας ἐγένετο τοῦ κακοῦ, μᾶλλον δέ, εἰ δεῖ³⁰ ἀληθέστερον εἰπεῖν, ἀμφοτέροις ἔστησε τὴν μανίαν, τοῖς μὲν τὴν ἐκ τῶν δαιμόνων, τῷ πλήθει δὲ τὴν ἐξ ἀπαιδεύτου φύσεως κατὰ τοῦ ἁγίου κεκινημένην. Ἵσταντο οὖν πάντες ἀτενὲς εἰς³¹ αὐτὸν βλέποντες³², μόνῃ τῇ κοσμιότητι τοῦ ἀνδρὸς καὶ τῇ τῶν ἠθῶν γαληνότητι τὰς ὁρμὰς πεδηθέντες καὶ τὸ μέλλον εἰς ὅ τι ἂν³³ ἐκβῇ περιμένοντες.

11 Ὁ μέντοι θεῖος Ἀβέρκιος οὐδὲν μελλήσας εἰς εὐχὴν ἑαυτὸν τρεψάμενος· Ὁ τοῦ ἁγίου παιδός σου Ἰησοῦ³⁴ πατήρ, εἶπεν, ὁ κἂν μυριάκις ἁμάρτωμεν αὐτὸς τὰ πρὸς σωτηρίαν οἰκονομῶν, δέομαι καὶ ἱκετεύω σε λῦσαι τοῖς νεανίσκοις τὴν ἐκ τῶν δαιμόνων ἐπήρειαν, ἵνα καὶ αὐτοὶ τὸ λοιπὸν κατὰ τὸ σὸν ὦσι θέλημα πορευόμενοι καὶ πολλοὺς ἄλλους τῷ περὶ αὐτοὺς θαύματι προστεθῆναί σοι παρασκευάσωσιν, ὥστε πάντας γνῶναι ὅτι σὺ εἶ θεὸς μόνος καὶ οὐκ ἔστιν ἕτερος πλὴν σοῦ. Ταῦτα εὐξάμενος τῷ θεῷ³⁵ καὶ εἰς τοὺς νεανίσκους ἰδὼν πλήττει τούτων τῇ μετὰ χεῖρας ῥάβδῳ τὰς κεφαλάς· Ἐν ὀνόματι τοῦ ἐμοῦ³⁶ Χριστοῦ, εἰπών, ἐξέλθετε ἐκ τῶν νεανίσκων τούτων, δαιμόνια πονηρά, μηδὲν αὐτοὺς λυμηνάμενα, καὶ τὰ μὲν δόξαντά τινα μεγίστην ἀφεῖναι φωνὴν εὐθὺς ἀπηλλάττοντο, οἱ δὲ τὴν κατέχουσαν αὐτοὺς τέως ὑπὸ δαιμόνων ἀχλὺν ἀποβεβληκότες διαβλέψαντές τε μικρὸν καὶ οἷον ἀνενεγκόντες τοῖς ἁγίοις ἐκείνου ποσὶν ἑαυτοὺς διδόασι καὶ ἄφωνοι τούτων ἐπὶ πολὺ ἔχονται, ὥστε καὶ θανεῖν αὐτοὺς νομίζεσθαι παρὰ πάντων. Αὐτὸς μέντοι λαβόμενος ἑκατέρου τῆς δεξιᾶς νήφοντας αὐτοὺς διανίστησι. Καὶ οἱ μὲν ἐσθῆτας ἐπιζητήσαντες καὶ ταύτας ἐνδύντες εἱματισμένοι τὸ λοιπὸν ἑωρῶντο καὶ σωφρονοῦντες καὶ Ἀβερκίου μηδ' ὁπωσοῦν ἀφιστάμενοι.

12. Ὁ δὲ ὄχλος ταῦτα ἰδόντες ὥσπερ ὑπὸ μιᾷ πάντες καὶ γνώμῃ καὶ γλώττῃ· Σὺ εἶ ὁ μόνος ἀληθινὸς θεὸς ὁ διὰ τοῦ σοῦ κηρυττόμενος Ἀβερκίου μέγα ἐφθέγξαντο. Μαρτυρεῖ τῷ πράγματι καὶ ἡ ἀθρόα τοῦ πλήθους ἐκείνου μεταβολὴ οὕτω κατ' ἄκρας ἁλόντων τῷ θαύματι ὡς μηδένα τούτων ἀπολειφθῆναι τῆς ἐπιγνώσεως, ἀλλὰ τῷ θείῳ πάντας βαπτίσματι προσδραμεῖν, καλὸν πάρεργον τῆς Ἀβερκίου ἐπιβουλῆς τὴν ἑαυτῶν σωτηρίαν ποιησαμένους, πλὴν εἶναί τι τὸ μάλιστα θορυβοῦν αὐτοὺς ἔλεγον· Δεδοικέναι γὰρ καὶ τρέμειν, μήποτε διὰ τὴν πολλὴν αἰσχύνην, ἣν τὸ τῶν ἁμαρτιῶν πλῆθος τῆς ψυχῆς αὐτῶν κατεσκέδασεν, ἀπρόσδεκτοι οὕτω παρὰ θεῷ διαμείνωσιν.

---

29 καὶ μόνου *om.* D
30 δὴ A
31 εἰς *inseruit* Nissen
32 βλέποντες ἀτενὲς εἰς αὐτόν D
33 οὖν M
34 Ἰησοῦ *om.* D
35 τῷ θεῷ *om.* H
36 ἐμοῦ *om.* H

unbekannte und ungewöhnliche Stimme ertönen. Sie liefen zu Aberkios und riefen laut: „Wir beschwören dich bei dem wahren und einzigen Gott, den du verkündigst, uns nicht vor der Zeit zu foltern."

10. Für die Menge brachte dies den unvernünftigen Eifer zum Stillstand, für die jungen Männer war es die Grenze des Bösen, oder vielmehr, wenn man es ganz richtig ausdrücken will, dies brachte bei beiden den Wahnsinn zum Einhalten; für die einen den aus den Dämonen, für die Menge aber den, der von der rohen Natur gegen den Heiligen in Gang gesetzt worden war. Sie hielten also alle inne und starrten angespannt auf ihn, allein gebändigt durch den Glanz dieses Mannes und durch die Sanftheit seines Verhaltens, und sie warteten ab, was sich als Nächstes ereignen würde.

11. Der göttliche Aberkios zögerte freilich nicht und wandte sich zum Gebet: „Vater deines heiligen Sohnes Jesus," sprach er, „der du, wenn wir auch unzählige Male sündigen, selbst die Dinge zum Heil bereitest. Ich bitte und flehe dich an, für die jungen Männer die Bedrohung durch die Dämonen zu lösen, damit sie selbst künftig nach deinem Willen wandeln und viele andere durch das an ihnen vollbrachte Wunder dazu bringen, dir anzuhangen, so dass alle erkennen, dass du der einzige Gott bist und es keinen anderen außer dir gibt." Nachdem er so zu Gott gebetet hatte, blickte er die jungen Männer an und schlug mit der Geißel in den Händen auf ihre Köpfe und sagte: „Ihr bösen Dämonen, fahrt im Namen meines Christus aus diesen jungen Männern und schadet ihnen nicht." (Die Dämonen) erschienen mit einem sehr lauten Schrei und machten sich davon.

Aber (die jungen Männer) schüttelten die Dunkelheit, die sie bis dahin gefangen gehalten hatte, ab, blickten um sich, erholten sich ein wenig und warfen sich vor seine heiligen Füße. Sie hielten sich eine ganze Zeit lang an ihnen fest, ohne zu sprechen, so dass von allen geglaubt wurde, sie seien gestorben. Er aber ergriff die rechte Hand von beiden und ließ sie mit klarem Verstand aufstehen. Und nachdem sie ihre Kleider gesucht und sie angezogen hatten, zeigten sie sich danach bekleidet und vernünftig und wichen nicht mehr von der Seite des Aberkios.

12. Als aber das Volk dies sah, riefen sie laut wie mit einem Sinn und einer Zunge: „Du, der du durch deinen Aberkios verkündigt wirst, bist der einzige, wahrhaftige Gott." Von dieser Sache legt der vollkommene Umschwung der Menge Zeugnis ab: Sie wurden durch das Wunder von oben so eingenommen, dass sich keiner von ihnen der Einsicht entzog, sondern alle zur göttlichen Taufe drängten, und sie machten so ihr eigenes Heil zu einem schönen Nebenergebnis des Anschlages auf Aberkios. Sie sagten, es gäbe etwas, was sie zudem am meisten beunruhige: denn sie fürchteten sich und zitterten, dass sie immer wegen der großen Schande, die die Menge an Sünden auf ihre Seelen ausgegossen hat, bei Gott unwillkommen bleiben würden. Und so liefen sie herbei und sagten: „Lehre uns, Mann Gottes, ob Gott in Langmut auf uns

Ἀμέλει καὶ προσιόντες· δίδαξον ἡμᾶς, ἔλεγον, ἄνθρωπε[37] τοῦ θεοῦ, εἰ ἀνεξίκακον ἡμῖν ὁ θεὸς ἐπιβλέψει ἢ ἀποδιδοὺς ἔσται ἐφ᾿ οἷς εἰς αὐτὸν ἐν ἀγνοίᾳ πεπλημμελήκαμεν, ὃ καὶ φρίττομεν[38], ἐφ᾿ ᾧπερ ἀλγοῦμεν[39], ὑπὲρ οὗ φοβούμεθα καὶ δεδοίκαμεν[40].

13. Ὁ δὲ προσσχὼν[41] μεγάλῃ ὡς δυνατὸν καὶ λαμπρᾷ τῇ φωνῇ· Ἄνδρες οἱ νῦν πιστεύσαντες, ἔφη, εἰ μὴ ἐπιμείνητε τοῖς παλαιοῖς ὑμῶν ἔργοις καὶ ταῖς πατρικαῖς παραδόσεσιν, ἀλλὰ πάσης ἀποστῆτε κακίας, φθόνου φημὶ καὶ μίσους, ἀκαθαρσίας καὶ τῶν ἄλλων ὅσα πρότερον ἐν ἀγνοίᾳ ὄντες ἐπράττετε, ἵλεως[42] ὑμῖν αὐτὸς ἔσται, εἰς ὃν γνησίως νῦν πεπιστεύκατε, ὃς καὶ προσκαλούμενος[43] τοὺς ἁμαρτίαις βεβαρημένους „δεῦτε πάντες" φησὶν „οἱ κοπιῶντες καὶ πεφορτισμένοι, κἀγὼ ἀναπαύσω ὑμᾶς." Ἔχομεν[44] μυρία τῆς αὐτοῦ χρηστότητος ὑποδείγματα, διόπερ εἰς αὐτὸν πιστεύσαντες αὐτῷ καὶ τὰς ψυχὰς ἀνάθεσθε πάντες, καὶ τῶν ἐλπίδων οὐχ ἁμαρτήσετε.

14. Ἀλλὰ πληγάς, εἶπον, ἐλάβομεν χαλεπάς, ὅλους ἑαυτοὺς πρὸς τὰς ἀτόπους τοῦ βίου ἡδονὰς πάντα τὸν ἔμπροσθεν χρόνον ἀνέντες καὶ πολλὰ ταῖς τοῦ σώματος ἐπιθυμίαις δουλεύσαντες καὶ τὴν[45] πονηρὰν ἔτι συνήθειαν τυραννοῦσαν ἐν ἑαυτοῖς ἔχοντες. Ἀλλὰ δράμετέ, φησιν, ὡς τάχος ἐπὶ τὸν ἰατρὸν καὶ νηστείαν, πόνους, προσευχάς, δάκρυα,

15. τὸ τὴν ἁμαρτίαν ἐξαγορεύειν,

16. καὶ αὐτοὺς ἐκείνους τοὺς ἐνοχλοῦντας ὑμῖν λογισμοὺς καὶ πρὸς τὴν τοῦ κακοῦ πρᾶξιν ὠθοῦντας, ὃ καὶ διὰ Ὡσηὲ[46] τοῦ θείου πολλοῖς πρότερον ὁ θεὸς χρόνοις ὀνειδίζει τοῖς Ἰουδαίοις[47]· Ἵνα τί, λέγων, παρεσιωπήσατε ἀσέβειαν καὶ τὸν καρπὸν αὐτῆς ἐτρυγήσατε; Ταῦτα δὴ τὰ ἀνυσιμώτατα φάρμακα αὐτοὶ ἑαυτοῖς ἐπίθετε καὶ οὐδὲ ἴχνος ὑμῖν τῶν τραυμάτων ὑπολειφθήσεται.

17.[48] (a) Οὕτω τοῦ θείου πρὸς αὐτοὺς Ἀβερκίου διεξιόντος, ἡ ἐνάτη τῆς ἡμέρας ὥρα πρὸς τὸ τέλος ἤδη γενομένη τέλος αὐτῷ καὶ τῶν λόγων[49] ἐπάγει, καὶ διέλυσεν ἐν τούτοις τὴν ὁμιλίαν, τῆς συνήθους αὐτὸν προσευχῆς ἑλκούσης εἰς[50] ὁμιλίαν ἄλλην τοῦ ποθουμένου. Ὁ μὲν οὖν ἀνέστη καὶ τὰς ἱερὰς ἐκείνας χεῖρας τοῖς κακῶς ἔχουσιν ἐπιθεὶς ἔσβεσέ τε αὐτοῖς τὰς ὀδύνας καὶ πρὸς τελείαν ὑγίειαν ἐπανήγαγεν[51].

---

37 ἄνερ Malou
38 φρίττωμεν D, φριττόμενος Malou
39 ἐφ᾿ ᾧπερ ἀλγοῦμεν om. M
40 ὑπὲρ οὗ φ. κ. δεδοίκαμεν om. D
41 προσσχὼν Nissen, προσέχων sic Malou, προσχὼν ACDGH
42 ἵλεος D
43 παρακαλούμενος D
44 ἔχοιμεν H
45 τὴν om. D
46 ὀσηὲ D
47 τοὺς Ἰουδαίους M
48 Breviorem lectionem in 17(a) invenies apud Nicolaum Grammaticum, De graecorum jejuniis 5, ed. J. B. Pitra, Spicilegium Solesmense 4, 1858, 483 f. (J apud Nissen)
49 τέλος αὐτῷ καὶ τῷ τῶν λόγων M
50 πρὸς J
51 καὶ τὰς ἱερὰς ... ἐπανήγαγεν om. J

sehen wird oder ob er Vergeltung üben wird wegen der Dinge, die wir gegen ihn in Unwissenheit getan haben. Das entsetzt uns, so dass wir dadurch leiden, dies fürchten und davor Angst haben."

13. (Aberkios) aber trat hinzu und sagte so laut und klar wie möglich: „Männer, die ihr nun gläubig geworden seid, wenn ihr nicht bei euren früheren Werken und väterlichen Traditionen bleibt, sondern euch von allem Übel fernhaltet – ich meine Neid und Hass, Lasterhaftigkeit und all die anderen Dinge, die ihr früher, als ihr noch in Unwissenheit wart, getan habt[19] –, dann wird er selbst euch gnädig sein, er, an den ihr nun unverfälscht glaubt, er, der auch die zu sich ruft, die von Sünden beschwert sind. ‚Kommt alle', spricht er, ‚die ihr müde und beladen seid, und ich werde euch Ruhe geben.'[20] Wir haben unzählige Beispiele seiner Güte. Ihr alle, die ihr an ihn glaubt, vertraut ihm eure Seelen an, und ihr werdet nicht um eure Hoffnung betrogen werden."

14. „Aber," sagten sie, „wir haben schlimme Verwundungen erlitten, wir haben uns selbst vollkommen den gottlosen Vergnügungen des Lebens während der ganzen vorhergehenden Zeit hingegeben und oft den Begierden des Körpers gedient, und haben noch die schlechte Gewohnheit, die uns beherrscht." „Wohlan denn," sagte er, „lauft so schnell wie möglich zum Arzt und zum Fasten, zu Anstrengungen, Gebeten, Tränen

[15./16.][21] und zum Bekenntnis der Sünde und jener Vorhaben selbst, die euch beunruhigen und zum Tun des Schlechten drängen. Das wirft Gott auch durch den göttlichen Hosea vor vielen Zeiten den Juden vor: ‚Weshalb', spricht er, ‚habt ihr die Gottlosigkeit verschwiegen und ihre Frucht geerntet?'[22] Also legt euch selbst diese sehr nützlichen Heilmittel auf, und es wird an euch keine Spur der Wunden zurückbleiben."

17. Als der göttliche Aberkios so zu ihnen gesprochen hatte, war die neunte Stunde des Tages schon zu Ende gekommen, und das ließ ihn seine Rede beenden, und er schloss seine Ansprache an sie ab, weil das gewohnte Gebet ihn zu einer anderen Ansprache des (von ihm) Ersehnten zog.[23] Er stand also auf und legte die heiligen Hände auf die, die sich elend fühlten, stillte ihnen die Qualen und führte sie zu vollkommener Gesundheit.

---

19 Vgl. 1 Petr 1,14.
20 Mt 11,28.
21 Die Zählung folgt Nissen, der aus Gründen der Vergleichbarkeit der drei Versionen die Kapiteleinteilung der längsten Version I auch auf die anderen Versionen überträgt, also auch auf den Text des Metaphrasten.
22 Vgl. Hos 10,13 LXX.
23 Wie Aberkios in seiner Ansprache die anderen belehrt hat, so ersehnt er jetzt im Gebet die Ansprache Gottes zu seiner Belehrung.

Εἶτα πᾶσιν ἐπευξάμενός τε καὶ εὐλογήσας, ἀλλὰ μὴν καὶ τοῦ ἐν κυρίῳ φιλήματος μεταδοὺς καὶ οἷόν τινα σφραγῖδα τοῦτο αὐτοῖς ἐπιθεὶς ὥστε καλῶς φυλαχθῆναι παρὰ τούτοις τὰ εἰρημένα⁵², οἴκαδε σὺν τοῖς ἀδελφοῖς ἐχώρει⁵³. (b) Τὸ δὲ πλῆθος ἐπηκολούθουν καὶ βαπτισθῆναι ὑπ' ἐκείνου⁵⁴ ἐδέοντο.

5 Ὁ δὲ ἀποδέχεται μὲν τὸ πρόθυμον, ὥσπερ εἰκός, πολλῷ πλείονα καὶ αὐτὸς ἔχων ἐν τούτῳ τὴν προθυμίαν· ἐπεὶ δὲ μὴ καὶ τὰ τῆς ὥρας συμβαίνοντα ἦν, εἰς τὴν αὔριον τὸ βάπτισμα ἀνεβάλετο. Οἱ μὲν οὖν πολλοὶ τούτων τῷ θερμῷ ἔρωτι τοῦ βαπτίσματος οὐδὲ τὴν οἴκαδε ὑποστροφὴν ὑπομείναντες αὐτοῦ που παρὰ τὸ δωμάτιον ἐκοιμήθησαν.

18. Ἐπειδὴ δὲ ἦν ἐκ μέσων νυκτῶν, ὁ τοσοῦτον ἐν χάριτι λάμψας Ἀβέρκιος
10 προσευξάμενος τῷ θεῷ ἔξεισι τῆς οἰκίας καὶ τὸν ὄχλον περιεστῶτάς τε καὶ ὑπομένοντας θεασάμενος τὰ ὄμματα εἰς οὐρανοὺς ἀνασχών· Εὐχαριστῶ σοι, δέσποτα καὶ θεέ, εἶπεν, ὅτι με τὸν ποιμένα τῶν σῶν λογικῶν προβάτων ἠλέησας καὶ τὸν ἀγρυπνοῦντα καθ' ἡμῶν λύκον κεχηνότα μάτην ἀπέδειξας καὶ τὴν διασπασθεῖσαν ἀπὸ τῆς ἀληθείας τοῦ ποιμνίου⁵⁵ μοῖραν ἀνεκαλέσω καὶ τῆς διὰ τοῦ βαπτίσματος υἱοθεσίας ἤδη καταξιοῖς⁵⁶.
15 Ταῦτα τῷ τῶν ὅλων θεῷ διαλεχθεὶς ἀκολουθεῖν αὐτῷ πρὸς τὴν ἐκκλησίαν τὸ πλῆθος προτρέπεται.

19. Ἐπειδὴ δὲ ἀφίκοντο ἤδη τὰς συνήθεις αὐτοῖς εὐχὰς ἐπειπὼν τελειοῖ τῷ βαπτίσματι ἄνδρας πεντακοσίους τὸν ἀριθμόν. Πολλοὶ οὖν παρὰ τὸν ἄνδρα τὸ ἀπ' ἐκείνου συνέρρεον, οὐ τῆς μεγάλης μόνον Φρυγίας καὶ τῆς περιχώρου πάσης, ἀλλὰ καὶ
20 ὅσοι τὴν Ἀσίαν ᾤκουν ὅσοι τε τῇ Λυδίᾳ καὶ ὅσοι τῇ Καρίᾳ ταῖς ἐπαρχίαις ἐπεδήμουν. Καὶ γὰρ διὰ πάσης πόλεως περὶ αὐτοῦ λόγος ἐχώρει οὐ κενὸς ὢν καὶ μάταιος καὶ διὰ τοῦτο καὶ σβεσθῆναι τὸ τάχος δυνάμενος, ἀλλὰ πολλὴν ἔχων τὴν ῥώμην ἀπὸ τῆς ἀληθείας. Συνέρρεον τοίνυν παρ' αὐτὸν οἱ μὲν ὥστε τὰ σωτήρια διδαχθῆναι, οἱ δὲ καὶ

---

52 ἀλλὰ μὴν ... εἰρημένα om. J
53 ἐχώρησε J
54 ὑπ' ἐκείνου om. A, ὑπ' αὐτοῦ D
55 ποι νίου Nissen, *probaliter per errorem*
56 κατηξίου Malou

Dann betete er nicht nur mit ihnen allen und segnete sie, sondern gab ihnen auch den Kuss im Herrn – und diesen prägte er ihnen wie ein Siegel auf[24], so dass das Gesamte von ihnen gut bewahrt werden würde – und ging mit den Brüdern nach Hause. Aber die Menge folgte ihm und verlangte, von ihm getauft zu werden.

Er aber billigte, wie es recht ist, ihr Verlangen, weil er inzwischen ein weit größeres Verlangen dazu hatte. Da es aber nicht die passende Stunde war, wurde die Taufe auf den nächsten Morgen verschoben. Da aber viele von ihnen wegen der heißen Liebe zur Taufe die Rückkehr nach Hause nicht auf sich nahmen, schliefen sie in der Nähe seines Hauses.

18. Als es aber Mitternacht war, kam Aberkios, der überaus in der Gnade leuchtete[25], aus dem Haus, nachdem er zu Gott gebetet hatte. Als er die umstehende und beharrende Menge sah, hob er die Augen zum Himmel und sprach: „Ich danke dir, Herr und Gott, dass du dich als Hirt deiner vernunftbegabten Schafe erbarmt hast, und den, der unermüdlich gegen uns ist, als einen vergeblich schnappenden Wolf erwiesen hast[26] und dass du den von der Wahrheit getrennten Teil der Herde herbeigerufen hast und sie der Sohnschaft durch die Taufe für würdig erachtest!" Nachdem er dies zum Gott aller Dinge gesagt hatte, forderte er die Menge auf, ihm zur Kirche zu folgen.

19. Als sie aber angekommen waren, sprach er die passenden Gebete für sie und vervollkommnete durch die Taufe 500 Männer[27]. Viele waren wegen seiner Taten bei dem Mann zusammengekommen; sie wohnten nicht nur in Großphrygien[28] und dem ganzen Umland, sondern einige auch in (der Provinz) Asien, andere waren in den Provinzen Lydien und Karien zuhause. Es verbreitet sich nämlich in der ganzen Stadt über ihn die Rede, dass er nicht schwach und erfolglos sei und daher nicht schnell vernichtet werden könne, sondern dass er große Stärke aus der Wahrheit besitze. Es kamen also die einen bei ihm zusammen, um über das Heil belehrt zu werden, die anderen aber, welche offensichtlich irgendeine Krankheit drückte oder irgendein anderes Übel behinderte, kamen, um von den Beschwernissen erlöst zu werden. Er

---

24 Der Dialog und die folgende Ansprache des Bischofs führen zum Taufbegehren. Der Vollzug der Taufe wird dann in 19 als außerordentlicher Akt um Mitternacht geschildert. In der Versiegelung liegt eine Anspielung auf die Taufe vor. Vgl. zum Siegel: HERM.sim. 9, 16 (LINDEMANN – PAULSEN, Väter [1992] 510–512); vgl. auch BLUMBERG, Signaculum (2012). Zum Kuss: IVST.apol. 1, 65,1–3 (PTS 38,125f Marcovich); HERM.sim. 9, 6,2 (494); 11,4 (502); vgl. auch THRAEDE K., Kuss, RAC 22, 2008, 545–576.
25 Solche Wendungen fanden großen Beifall; die Vorstellung wurde gerne in hagiologischen Texte über Asketen als materielle Lichterscheinungen ausgestaltet, die den Heiligen umgaben, vgl. PRATSCH, Topos (2005) 213–216. Dabei ist die Verklärung Jesu (Mt 17,2) ebenso wichtig wie die paulinische Beschreibung der Gemeindemitglieder, die „die Herrlichkeit des Herrn widerspiegeln" (2 Kor 3,18), vgl. ANGENENDT, Heilige (²1997) 115f.
26 Vgl. Joh 10,12.
27 Vielleicht liegt in der Zahl eine Anspielung auf die Ostererscheinung „vor mehr als 500 Brüdern" (1 Kor 15,6) vor und soll, dem Zusammenhang bei Paulus folgend, der sich dort selbst als letzten nennt, auf den Ehrentitel des „Apostelgleichen" für Aberkios in 70 vorweg weisen.
28 Also die Phrygia Pacatiana oder Phrygia Prima, vgl. THONEMANN, Abercius (2012) 264.

τῶν ἐνοχλούντων ἀπαλλαγῆναι ὅσους δηλαδὴ νόσος ἐπίεζέ τις ἤ τι καὶ ἄλλο κατεῖχε κακόν. Ἦν γὰρ διδάξαι[57] τὸν τῆς ἀληθείας λόγον δεξιώτατος καὶ οἰκειώσασθαι τοὺς προσιόντας διὰ Χριστὸν[58] ἑτοιμότατος καὶ ἀπαλλάξαι κακῶν ὀξύτατος.

20. Ὀλίγαι γοῦν παρῆλθον ἡμέραι καὶ τοὺς πρεσβυτέρους καὶ διακόνους πρὸς δὲ καὶ
5 τὴν λοιπὴν ἀδελφότητα παραλαβὼν πρόεισι καὶ καθίσας εἰς ὅνπερ εἰώθει τόπον ὥσπερ ἔκ τινος ἡδίστης πηγῆς τὰ γλυκύτατα τῆς διδασκαλίας ῥεῖθρα προΐει τοῦ στόματος. Ἐν τούτῳ δὲ προσῆλθέ τις ὑπὸ χειραγωγῷ γυνὴ τῶν ἐπιφανῶν ἐκκεκομμένη τοὺς ὀφθαλμούς, ὄνομα Φρύγελλα, Εὐξεινιανοῦ μήτηρ Ποπλίωνος. Ὁ δὲ ἦν τῶν παρὰ τῷ αὐτοκρατορί τε καὶ τῇ πόλει πάσῃ τὰς πρώτας ἐχόντων τιμὰς[59] ὁ Ποπλίων.

10 Χειραγωγῷ οὖν, ὥσπερ ἔφημεν, ἡ ἐκείνου μήτηρ χρωμένη ἐπειδὴ τὸν μέγαν Ἀβέρκιον αὐτοῦ τε ἤδη καθῆσθαι καὶ διδάσκειν ἐπύθετο[60] σπουδῇ αὐτῷ προσδραμοῦσα καὶ τῶν ἐκείνου λαβομένη ποδῶν πολλή τις ἦν δεομένη καὶ· Οἴκτειρον, ἀνθρώπων ἐμοὶ τιμιώτατε καὶ τῷ μόνῳ καὶ ἀληθεῖ θεῷ φίλε, τὴν ἱκέτιν, ἔλεγεν, οἴκτειρον· ἀπόδος μοι πάλιν τοὺς ὀφθαλμούς, τὸ μέγα τοῦ θεοῦ κτίσμα, τὸν γλυκὺν ἥλιον ἰδεῖν ἐμὲ
15 παρασκεύασον μηδὲ οὕτως ἔχουσαν ἐλεεινῶς περιίδῃς· παραμύθησαί μοι τὴν συμφοράν, τὸ τῆς ἐμῆς περιφανείας μέγεθος δυσωπήθητι. Ἔστι μοι Ποπλίων υἱός, μέγα παρὰ βασιλεῖ καὶ τῇ πόλει δυνάμενος· ἐγὼ δὲ αὐτὸν οὐχ ὁρῶ. Ἔστι μοι πλοῦτος παντοδαπός, οἰκέται, χρήματα, κτῆσις ὅση· ἐγὼ δὲ μᾶλλον τῶν ἐνδεῶν πρὸς ταύτην ἔχω κακῶς. Τοῖς μὲν γὰρ καὶ δυνατὸν ἀπολαύειν τῆς θέας τῶν ὀλίγων ὧν ἔχουσι καὶ
20 διατίθεσθαι τὰ ὄντα ὥσπερ ἂν βούλωνται· ἐγὼ δὲ οὐδὲ δρᾶν ἔχω ταῦτα, ὧν εἶναι κυρία πιστεύομαι· ὤφελον[61] γε τούτων πάντων ἀφῃρημένη τοὺς ὀφθαλμοὺς εἶχον μόνους. Διὰ τοῦτο δέομαί σου τῆς φιλανθρώπου ψυχῆς, πάνυ δέομαι καὶ ἱκέτις ἡ ἀθλία γίνομαι διανοῖξαι τοὺς ὀφθαλμοὺς τοὺς ἐμοὺς καὶ τῇ σῇ πρὸς τὸν ἀληθῆ[62] θεὸν παρρησίᾳ τὴν τοῦ βλέπειν αὐτοῖς δύναμιν ἐνθεῖναι.

25 21. Ὁ δέ· Ἀλλὰ κἀγὼ ἁμαρτωλός, ἔφη, γύναι, καὶ ἐλέου μᾶλλον δεόμενος καὶ τῆς τοῦ ἀγαθοῦ φιλανθρωπίας ἐμαυτὸν[63] ἀναρτήσας. Εἰ δὲ ἐφ' ὃν ἐγὼ πέποιθα καὶ σὺ πιστεύεις θεόν, δυνατὸν αὐτῷ πάντως[64] ὥσπερ δὴ τῷ ἐκ γενετῆς[65] τυφλῷ καὶ σοὶ τὸ βλέπειν χαρίσασθαι.

Ἡ δέ· Πιστεύω, φησίν, εἰς τὸν ἀληθῆ δεσπότην Χριστὸν καὶ πιστευούσης τῶν ἐμῶν
30 ἁψάμενος ὀφθαλμῶν τὸ ποθεινὸν τούτοις χάρισαι φῶς. Ταῦτα οὐ λόγοις μόνον ἐφώνει

---

57 γὰρ καὶ διδάξαι AD
58 τοὺς πρὸς χριστὸν προσιόντας D
59 ἀρχὰς C
60 ἐπυνθάνετο D
61 ὄφελον M
62 ἀληθινὸν AC
63 φιλανθρωπίας ὅλον ἐμαυτὸν C
64 πάντα Malou
65 γεννητῆς AC, γεννετῆς D

war nämlich sehr geschickt darin, das Wort der Wahrheit zu lehren, und er war sehr willig, die, die durch Christus hinzukamen, heimisch werden zu lassen, und er war sehr leidenschaftlich dabei, sie von den Übeln zu erlösen.

20. Wenige Tage später zog er zusammen mit den Presbytern und Diakonen und dem Kreis der übrigen Brüder (in die Kirche) ein und ließ, nachdem er sich an den gewohnten Ort gesetzt hatte, die lieblichsten Flüsse der Lehre wie aus einer sehr süßen Quelle aus seinem Mund hervorströmen. Da trat eine Frau, die ihr Augenlicht verloren hatte, mit Hilfe eines Blindenführers hinzu; ihr Name war Phrygella, die Mutter des Euxeinianus Publius[29]. Dieser aber gehörte zu denen, die beim Imperator und in der ganzen Stadt die höchsten Ehren innehatten.

Seine Mutter benötigte also einen Blindenführer, wie wir sagten. Nachdem sie gehört hatte, dass der große Aberkios dort sitze und lehre, eilte sie mit Eifer zu ihm und berührte seine Füße. Sie bat ihn flehentlich und sprach: „Erbarme dich meiner, verehrungswürdigster aller Menschen und Freund des einzigen und wahren Gottes, erbarme dich meiner flehentlichen Bitte. Gib mir die Augen wieder, die großartige Schöpfung Gottes, ermögliche mir, die liebliche Sonne zu sehen, damit du mich nicht mehr in meinem bemitleidenswerten Zustand anschauen musst! Lindere mein Unglück, lass dich von der Größe meines Ansehens erweichen! Mein Sohn ist Publius, der sehr einflussreich beim Kaiser und in der Stadt ist. Ich aber kann ihn nicht sehen. Ich besitze mannigfaltigen Reichtum, Sklaven, Vermögen, einen so großen Besitz. Mir aber geht es schlechter als denjenigen, denen es daran mangelt. Denn ihnen ist es möglich, den Anblick des Wenigen, das sie besitzen, zu genießen und über ihre Güter zu verfügen, wie sie wollen. Ich aber kann das nicht sehen, dessen Herrin zu sein ich glaube. Ach, wenn ich doch, aller dieser Dinge beraubt, die Augen allein hätte! Deshalb bitte ich deine menschenfreundliche Seele, ich bitte sehr und bin eine elendig um Hilfe Flehende, dass du meine Augen öffnest und ihnen die Kraft zu sehen gibst durch deinen Freimut gegenüber dem wahren Gott."

21. Er aber sagte: „Auch ich bin ein Sünder, Frau, und ich habe noch viel mehr Erbarmen nötig und überlasse mich der Menschenfreundlichkeit des guten Gottes. Wenn du aber an den Gott glaubst, auf den ich vertraue, ist es ihm jedenfalls möglich, dir das Sehen zu schenken, wie bei dem blind Geborenen[30]."

Sie aber sagte: „Ich glaube an den wahren Herrscher Christus; und weil ich glaube, schenke, indem du meine Augen berührst, ihnen das ersehnte Licht." Dies sagte sie

---

[29] Die Versionen I und II haben hier und in 48 die Namensform Pollio. THONEMANN, Abercius (2012) erkennt in 48 einen Brief des Marc Aurel an Euxeinianius Publius, den der Verfasser der *Vita Abercii* von einer Inschrift kopiert hat. Er identifiziert ihn mit Claudius Pollio, der durch eine Prägung von Stadtmünzen in Hierapolis bekannt ist, die anlässlich seiner Funktion als Asiarch zwischen 161 und 169 geprägt wurden. Eine noch nicht publizierte Inschrift aus Ahat sichert seinen vollen Namen Quintus Claudius Pollio, Sohn des Tiberius Claudius Euxenos. Euxeinianus ist also „a patronymic adjective or *signum*" (ebd. 272).
[30] Vgl. Joh 9,1–12.

ψιλοῖς, ἀλλὰ καὶ τῷ ἤθει καὶ ταῖς τῶν δακρύων πηγαῖς ἐπιστοῦτο. Σπλαγχνισθεὶς οὖν ὁ ἅγιος καὶ εἰς οὐρανοὺς ἰδὼν ὁ τῶν οὐρανῶν ὄντως ἄξιος· Ἐλθὲ τὸ ἀληθινόν, ἔφη, φῶς Ἰησοῦ Χριστὲ καὶ διάνοιξον ταύτης τοὺς ὀφθαλμούς.

22. Εἶτα ἐπιστραφεὶς καὶ τῶν ὀμμάτων αὐτῆς ἁψάμενος· Εἰ ἀληθῶς, εἶπεν, εἰς Χριστὸν ἐπίστευσε Φρύγελλα, παραχρῆμα ἀναβλεψάτω. Οὕτως εἰπόντος ἥ τε πήρωσις αὐτῇ διελύετο καὶ ἡ πρὸς Χριστὸν πίστις ἀληθὴς[66] ἐδείκνυτο. Ἡ γὰρ τῶν σωματικῶν ὀφθαλμῶν ἀνάβλεψις τῆς ψυχῆς ἐδήλου πεφωτίσθαι τοὺς ὀφθαλμούς. Ἀμέλει καὶ εὐγνώμων περὶ τὴν δωρεὰν ἐγνωρίζετο· Εὐχαριστῶ σοι, κύριε, λέγουσα, ὅτι μοι διπλῆ τὸ φῶς ἐχαρίσω· τῶν γὰρ ὁρωμένων τούτων[67] τοῦ σώματος ὀφθαλμῶν πολλῷ πλέον ἐμοὶ τοὺς τῆς καρδίας διήνοιξας. Ὅθεν μοι καὶ προσήκει τὰ τοῦ Δαυὶδ τοῦ σοῦ[68] φθέγγεσθαι ὅτι „ἐρρύσω τοὺς ὀφθαλμούς μου ἀπὸ δακρύων καὶ τοὺς πόδας μου[69] ἀπὸ ὀλισθήματος·" ἐρρύσθην γὰρ ἀληθῶς τοῦ προσκόπτειν οὐδὲν ἧττον[70] τῶν σωματικῶν καὶ τὰ τῆς ψυχῆς διαβήματα. Ἐντεῦθεν καὶ θερμῷ τῷ εἰς Χριστὸν ἔρωτι ληφθεῖσα[71] καὶ ὅλη τῶν ἐντολῶν αὐτοῦ γενομένη

23. Ἰδού, φησι, πάτερ, εἰς τὸν ἅγιον ἀποβλέψασα συντίθημί σοι ὑπὸ πολλοῖς μάρτυσι τούτοις τὸ ἥμισυ τῆς οὐσίας διαδοῦναι[72] τοῖς ἐνδεέσιν.

Ὁ τοίνυν περιεστηκὼς ὄχλος τὸ καινὸν τοῦ θαύματος ἐκπλαγέντες· Μέγας εἶ, καὶ οὗτοι, ὁ τῶν Χριστιανῶν θεός, ἀνεβόησαν, ἐπεὶ καὶ μεγάλων ὄντως ἀπολαύουσι τῶν χαρίτων οἱ τὸ σὸν ἐπικαλούμενοι ὄνομα.

Ἐν τούτῳ δὲ ὁ θεῖος Ἀβέρκιος· Ἰδού, γύναι, φησίν, ἔγνως ὅπως ὁ ἐμὸς δεσπότης ἀμείβεται φιλοτίμως[73] τοὺς ἐλπίζοντας ἐπ' αὐτόν· πορεύου τοιγαροῦν εἰς εἰρήνην ἑαυτῇ τε προσέχουσα κἀκείνῳ προσήκουσαν τὴν εὐχαριστίαν ἀποδιδοῦσα. Ταῦτα ὁ μὲν ἔλεγεν· ἡ δὲ πρὸς μὲν τὸ παρὸν ἀφίστατο, πάλιν δὲ ἐπανήρχετο καὶ κατὰ πολὺ τὸ σέβας αὐτοῦ εἴχετο καὶ οὐδαμῶς τὸ μετὰ ταῦτα διίστατο.

24./ 25. Ἥπτετο μὲν οὖν Ἀβέρκιος[74] αὖθις τῆς συνήθους διδασκαλίας, τοῦ δὲ κατὰ τὴν Φρύγελλαν θαύματος εἰς πολλὰ τῆς γῆς μέρη διαδοθέντος

26. προσέρχονται αὐτῷ πρεσβύτιδες τρεῖς τὰς ὄψεις καὶ αὗται πεπηρωμέναι· Πιστεύομεν, λέγουσαι, καὶ ἡμεῖς εἰς τὸν ὑπὸ σοῦ κηρυττόμενον Ἰησοῦν· φανήτω τοιγαροῦν ἡ εὐσπλαγχνία τοῦδε καὶ ἐφ' ἡμᾶς καὶ δεῖξον ὦ θαυμάσιε καὶ ἡμῖν ὥσπερ ἄρα καὶ Φρυγέλλῃ τὸ φῶς.

---

66 ἡ πίστις ἡ πρὸς Χριστὸν ἀληθῶς D
67 γὰρ ὁρωμένων τούτων om. D
68 Λαυὶδ τοῦ σοφροῦ D
69 ἀπὸ δ. κ. τ. π. μου om. D
70 οὐδὲν ἧττον τοῦ προσκόπτειν C
71 καὶ θερμῷ ἔρωτι ληφθεῖσα τῷ εἰς Χριστὸν A
72 διδόναι D
73 φιλοτίμως omm. AC
74 ὁ θεῖος Ἀβ. D

nicht nur mit schlichten Worten, sondern sie bestärkte es auch durch ihr Tun und einen Strom an Tränen. Der Heilige hatte Mitleid, und indem er zum Himmel schaute, sagte er: „Komm, wahres Licht, Jesus Christus, und öffne ihre Augen!"

22. Dann drehte er sich um, berührte ihre Lider und sprach: „Wenn Phrygella wirklich an Christus glaubt, so soll sie auf der Stelle wieder sehen!" Während er noch sprach, wurde die Blindheit von ihr genommen und so ihr wahrer Glaube an Christus erwiesen. Denn die Wiederherstellung der Sehkraft der leiblichen Augen gab zu erkennen, dass die Augen der Seele schon erleuchtet worden waren. Sofort wurde sie als jemand bekannt, der hinsichtlich der Gabe verständig war, als sie sagte: „Ich danke dir, Herr, dass du mir das Licht zweifach geschenkt hast. Denn während diese Augen des Körpers sehen können, hast du mir, was viel wichtiger ist, die des Herzens geöffnet. Deshalb geziemt es mir auch zu sagen, was dein David gesagt hat: ‚Du hast meine Augen von den Tränen befreit und meine Füße von dem Sturz'[31] Denn ich bin wahrhaftig davon befreit worden, sowohl von den geringen Stürzen des Körpers als auch von den Fehltritten der Seele." Von da an war sie von einer glühenden Liebe zu Christus ergriffen und widmete sich ganz seinen Geboten.

23. „Siehe, Vater," sagte sie, indem sie zu dem Heiligen aufblickte, „ich übertrage dir vor vielen Zeugen die Hälfte meines Besitzes, um ihn an die Bedürftigen zu verteilen."

Die umstehende Menge aber bewunderte die Außerordentlichkeit des Wunders und sie riefen laut: „Groß bist du, der Gott der Christen, denn wahrhaftig großer Wohltaten werden die teilhaftig, die deinen Namen anrufen!"

Darauf aber sagte der göttliche Aberkios: „Siehe, Frau, du hast erkannt, dass mein Herrscher freigebig diejenigen beschenkt, die auf ihn hoffen. Gehe daher in Frieden, sei wachsam und bringe ihm gebührenden Dank dar." Dies sagte er. Sie aber entfernte sich für einen Augenblick, kehrte aber wieder zurück, verehrte ihn überaus und verließ ihn von da an nie mehr.

24/25. Aberkios aber befasste sich wieder mit der gewohnten Unterweisung. Als sich aber [die Kunde von dem] Wunder an Phrygella in viele Teile des Landes verbreitet hatte,

26. kamen drei alte Frauen zu ihm, die auch ihres Augenlichts beraubt waren, und sprachen: „Auch wir glauben an den von dir verkündigten Jesus. Seine Barmherzigkeit soll daher auch an uns sichtbar werden. Zeige uns, Bewunderungswürdiger, das Licht wie auch der Phrygella!"

---

[31] Ps 114,8 LXX.

27. Ὁ δέ· Εἰ ἡ πίστις ὑμῶν πρὸς τὸν ἀληθῆ θεὸν ἀληθής ἐστιν ὥς φατε, τοῖς νοητοῖς αὐτὸν τῆς καρδίας ὄψεσθε ὀφθαλμοῖς, ταῦτά τε εἴρηκε καὶ τοὺς ὀφθαλμοὺς ἀνατείνας· Κύριε[75] Ἰησοῦ Χριστέ, δέομαί σου, ἔφη, ἰδέτωσαν καὶ αὗται τὸ φῶς τῆς σῆς ἐπιγνώσεως καὶ τῆς ἐπικειμένης αὐταῖς ἀχλύος ἀνενεγκοῦσαι διαβλεψάτωσαν, δέσποτα, πρὸς τὰς
5 σὰς τῆς ἀληθείας αὐγάς.

28. Οὕτως ηὔξατο, καὶ ἰδοὺ τὸν τόπον, ἔνθα δὴ καὶ εἱστήκεσαν, φῶς ἄνωθεν περιαστράπτει[76] μέγα καὶ πάντας εἶχε πεσόντας ἡ γῆ τῷ παραδόξῳ τῆς θέας καταπλαγέντας· τὸ δὲ φῶς οὐχ οἷον ἐξ ἡλίου καὶ ἀστραπῆς ἔρχεται, ἀλλὰ καινὸν ἄλλως καὶ φρικτὸν καὶ ἀσύνηθες.

10 29. Ἵσταντο τοίνυν ἀκλινεῖς αὗται πάντων τῷ ἐδάφει καταπεσόντων καὶ τὸ φανὲν ἐκεῖνο φῶς πολὺ ταῖς ὄψεσι τούτων ἐγκατασκῆψαν ἀναβλέψαι τε αὐτὰς ἐποίησε παραχρῆμα καὶ τὸ ἡλιακὸν τοῦτο φῶς τὸ γλυκὺ καὶ φίλον ἀνθρώποις ἰδεῖν. Ὁ δὲ ὡς οὕτως ὑγιῶς τῶν ὀμμάτων ἐχούσας εἶδε· Τί ἄρα τὸ φανὲν ὑμῖν, ἤρετο, καὶ τί πρῶτον διαβλέψασαι εἴδετε; Ἡ μὲν οὖν· Πρεσβύτην, ἔφη, τὸ εἶδος ἄρρητον, τὴν ὥραν
15 φαιδρόν· ἡ δέ· Νεανίσκος ὤφθη μοι· ἡ δὲ ἑτέρα· Παιδάριον κομιδῇ φησιν ἥψατό μου τῶν ὀφθαλμῶν.

30. Τούτων ἀκούσας Ἀβέρκιος καὶ τῷ τῶν θαυμασίων χάριν ὁμολογήσας θεῷ διέλυσε τὴν διδασκαλίαν. Ἐκ δὲ τῶν παρόντων τοὺς συνήθεις παραλαβὼν οἴκαδε ἐπανῆκε[77] καὶ τοὺς τῆς ἐνάτης ὥρας ὕμνους ἀποδούς[78] — τοῦτο γὰρ αὐτῷ ἔθος, οἱονεὶ κατὰ
20 πάρεργον καὶ πρὸς τῷ τέλει[79] τῆς ἡμέρας ποιεῖσθαι καὶ τοῦ σώματος λόγον — βραχύ τι ἄρτου μεταλαμβάνει. Τῶν τοίνυν ὑπ᾽ αὐτοῦ γενομένων θαυμάτων διὰ πάσης ᾀδομένων τῆς περιχώρου[80], πολλοὺς ἦν ὁρᾶν πρὸς τὸν ἄνδρα συρρέοντας καὶ εἰς ὄνομα πατρὸς καὶ υἱοῦ καὶ πνεύματος ἁγίου βαπτιζομένους.

31. Ἐν τοσοῦτα δὲ τὰ κατὰ τὴν μητέρα γνοὺς Εὐξεινιανός[81], ὅπως τε χειραγωγουμένη
25 προσέλθοι τῷ ἁγίῳ καὶ ὅπως πεπηρωμένων αὐτῇ τῶν ὀφθαλμῶν ἀναβλέψειεν, ἀκριβῶς πάντα ἐξ αὐτῆς πυθόμενος ἄπεισι παρὰ τοῦτον καὶ ἀσπασάμενος· Εἴ σε ᾔδειν, πάτερ, ἐγώ, φησιν, ἡδέως εἰς χρήματα βλέποντα, οὐκ ὀλίγον ἄν σοι μέρος ἀπένειμα τῆς οὐσίας ἀνθ᾽ ὧν μοι χάριτος εἰς τὴν μητέρα τοιαύτης ὑπῆρξας αἴτιος. Ἐπεὶ δὲ μετὰ τῶν ἄλλων ὧν ἐδωρήσατό σοι θεὸς καὶ κρείττονά σε χρημάτων διέθηκε, τί ἂν
30 σε τῆς δωρεᾶς ταύτης ἀμειψαίμεθα κατὰ λόγον; Τί ἄλλο γε ἢ ἀναγραπτά σοι τὰ τῆς

---

75 κύριε μου C
76 περιήστραπτε M
77 *In altero fragmento Nicolai Grammatici*: ἐπανήκει J^A, ἐπανήει J^Γ, ἐπανείκει Pitra, 484.
78 ἀποδοὺς τῷ θεῷ C
79 πρὸς τὸ τέλος J (πρὸς τῷ τέλει sic J^Γ)
80 τούτων τοίνυν ὑπ᾽ αὐτοῦ γενομένων τῆς περιχώρου θαυμάτων M
81 Εὐξηνιανός D

27. Er aber sagte: „Wenn euer Glaube an den wahren Gott wahrhaftig ist, wie ihr sagt, werdet ihr ihn mit den geistigen Augen des Herzens sehen." Dies sagte er, und indem er seine Augen emporhob, sprach er: „Herr Jesus Christus, ich bitte dich, sie sollen das Licht deiner Erkenntnis sehen, sie sollen sich aus der ihnen auferlegten Dunkelheit emporheben und den Glanz deiner Wahrheit schauen, o Herrscher."

28. So betete er; und siehe, an der Stelle, wo sie standen, leuchtete von oben ringsum ein großes Licht, und alle fielen auf die Erde, weil sie vor der Unbegreiflichkeit des Anblicks in Angst gerieten. Das Licht war aber nicht so wie das, was aus der Sonne und dem Blitz kommt, sondern ungewöhnlich anders, sowohl schrecklich als auch unbegreiflich.

29. Nun aber standen sie (die drei alten Frauen) erstarrt da, während alle zu Boden gestürzt waren, und jenes hell scheinende Licht brach in ihre Augen ein und machte, dass sie auf der Stelle wieder sahen und das den Menschen angenehme und freundliche Sonnenlicht erblickten[32]. Er aber sah, wie sie wieder gesunde Augen hatten, und frug: „Was ist euch erschienen? Was habt ihr als erstes sehen können?" Die eine antwortete nun: „Einen alten Mann, von unbeschreiblichem Aussehen, leuchtend in Vollkommenheit." Die andere aber sagte: „Mir ist ein junger Mann erschienen." Die nächste sagte. „Ein liebliches Kind hat meine Augen berührt."[33]

30. Nachdem Aberkios dies gehört und Gott wegen der Wunder gepriesen hatte, beendete er die Unterweisung. Von den Umstehenden lud er seine Vertrauten ein und ging nach Hause. Nachdem er die Hymnen zur neunten Stunde gebetet hatte, nahm er ein Stück Brot, denn dies war seine Gewohnheit, gewissermaßen als Nebensache und zum Ende des Tages Rücksicht auf den Körper zu nehmen. Da nun die durch ihn geschehenen Wunder im ganzen Land gepriesen wurden, konnte man viele sehen, die bei dem Mann zusammenströmten und die auf den Namen des Vaters, des Sohnes und des Heiligen Geistes getauft wurden.

31. Inzwischen aber hatte Euxeinianus von den Geschehnissen um seine Mutter erfahren, wie sie an der Hand geführt zu dem Heiligen gekommen war und wie sie, obwohl ihre Augen blind gewesen waren, wieder sah. Nachdem er alles genau von ihr erfahren hatte, ging er zu ihm, begrüßte ihn und sagte: „Wenn ich wüsste, dass du begierig auf das Geld schaust, würde ich dir einen nicht geringen Teil meines Vermögen geben, weil du für mich die Ursache bist, dass meine Mutter eine so große Gnade empfangen hat. Da aber Gott dich durch die anderen Dinge, die er dir geschenkt hat, an Schätzen überlegen gemacht hat, wie könnten wir dir dieses Geschenk angemes-

---

[32] Nach dem platonischen Sonnengleichnis (Pl.r. 6,507D–509B [Burnet]) ist es die Sonne, die es dem Menschen möglich macht, zu sehen. So ist der Name „Auge" für Sonne auch weitest verbreitet. Bei christlichen Autoren findet sich diese Theorie zur „Aktivität der Gesichtswahrnehmung" neben anderen häufig, vgl. WILPERT P., Auge, RAC 1, 1950, 957–969.

[33] Das Wunder des Wiedersehenkönnens der drei Frauen wird als Vision beschrieben, die in einer an den drei Lebensaltern orientierten triadischen Variation die Größe des Wunders und die Verschiedenheit der nun eröffneten Perspektiven schildert.

εὐεργεσίας⁸² κείσεται παρ' ἡμῖν; Ταῦτα ὁ μὲν εἰπὼν τῶν ποδῶν ἥψατο τοῦ ἁγίου· ὁ δὲ τῆς δεξιᾶς λαβόμενος· Ἐμὲ μηδενὸς ἴσθι χρῄζοντα, ἔφη, ὦ βέλτιστε, παρὰ σοῦ ἢ ὅπως οὕτω συνετὸς ὢν πιστός τε ἐξ ἀπίστου γένοιο καὶ τῆς δυσσεβοῦς θρησκείας μεταβαλὼν εἰς ἐπίγνωσιν ἔλθοις τῆς ἀληθείας. Βούλομαι γάρ σε πιστὸν εἶναι πένητα
5 μᾶλλον ἢ ἄπιστον περιφανῆ τε καὶ πλούσιον.

32. Καὶ ὁ Εὐξειανός· Οὐκοῦν, ὦ ἱερὰ κεφαλή, εἴπερ βούλει ζητητέον ἡμῖν περὶ τούτου. Πολλάκις γὰρ ἤκουσα παρακαθήμενος τῇ μητρὶ ὡς ὑπὸ σοῦ διδαχθεῖη τὸν θεὸν νῦν μὲν φιλάνθρωπόν τε καὶ ἀγαθόν, νῦν δὲ φοβερὸν εἶναι καὶ δίκαιον, καὶ τοὺς μὲν ὡς σφόδρα ἀγαθὸν ἀγαθοῖς ἀμείβεσθαι, τοὺς δὲ οἷα δίκαιον ἀμύνεσθαι καὶ κολάζειν. Εἰ
10 τοίνυν ἐξ ἀγάπης μὲν ἡ εὐεργεσία καὶ τὸ ἀμείβεσθαι, ἡ τιμωρία δὲ καὶ τὸ κολάζειν ἐκ μίσους, πῶς ἔνι τὸν αὐτὸν ἀγαθόν τε εἶναι καὶ δικαίας ἐπάγειν τιμωρίας;

Ὅτι, φησὶν ὁ μέγας Ἀβέρκιος, τοῦ κατ' ἀξίαν ἑκάστῳ⁸³ συντηρουμένου τοὺς μὲν τὰ ἀγαθὰ πράσσοντας οἷα φύσει ἀγαθὸς ὢν εὐεργετεῖ, τοὺς δὲ τὰ φαῦλα μετιόντας ἅτε δικαίως πάντα ποιῶν τιμωρεῖται, μηδενὸς αὐτοῦ τὴν γνῶσιν ὧν ἡμεῖς πράττομέν τε
15 καὶ μόνον εἰς νοῦν λαμβάνομεν διαφεύγοντος. Αὐτὸς γάρ ἐστιν καὶ τῶν ἐν⁸⁴ βάθει τῆς διανοίας ἐξεταστὴς ἀκριβέστατος δοκιμάζων καρδίας καὶ νεφροὺς διικνούμενος ἄχρι μερισμοῦ ψυχῆς καὶ πνεύματος ἁρμονιῶν⁸⁵ τε καὶ μυελῶν⁸⁶ καὶ κριτικὸς ἐνθυμήσεων καὶ ἐννοιῶν καρδίας.

33. Καὶ ὁ Εὐξειανός· Τοῦτο μὲν οὖν ὀρθῶς ἐπιλέλυται· πλὴν ἀλλ' ἐκεῖνό με δίδαξον·
20 Εἰ τοῖς ἀγαθοῖς ὁ θεὸς ἥδεται, διὰ τί μὴ τὴν ἀρχὴν⁸⁷ τοιοῦτον ἐποίει τὸν ἄνθρωπον, ὥστε τὸ μὲν ἀγαθὸν ἐργάζεσθαι⁸⁸ δυνατὸν εἶναι, πονηρὸν δὲ μηδ' ὁτιοῦν πρᾶξαι δύνασθαι; οὕτω γὰρ ἂν τά τε κατὰ γνώμην αὐτῷ πράττοντες ἦμεν καὶ ἀπαθεῖς πάσης διεμένομεν τιμωρίας.

Ὁ δέ· Καὶ τοῦτο σφοδρῶς⁸⁹ κηδομένου, ἔφη, καὶ τὸ ἡμέτερον ἀγαθὸν ἐκ παντὸς
25 θέλοντος· εἰ γὰρ μὴ τὰ φαῦλα πράττειν δυνατῶς εἴχομεν⁹⁰, οὐδὲν ἂν οὐδὲ ἀπὸ τοῦ τὰ ἀγαθὰ ποιεῖν ἐκερδαίνομεν. Οὔτε γὰρ ἐπαίνου παρὰ τοῦτο πάντως οὔτε ἀποδοχῆς ἦμεν⁹¹ ἄξιοι. Τότε γὰρ οὐ παρὰ τὴν ἡμετέραν ἐγίνετο τὸ πραχθὲν προαίρεσιν, ἀλλὰ παρὰ τὴν τοῦ πράγματος φύσιν. Οὐ γὰρ ὁ μὴ ποιεῖν τὸ κακὸν δυνάμενος οὗτος μὴ πράττων ἐπαινετός, ἀλλ' ὁ πράττειν μὲν δυνατὸς ὤν, ἀπεχόμενος δὲ διὰ τὴν πρὸς τὸ
30 καλὸν ἔφεσιν⁹². Ἐπειδὴ δὲ ἀμφότερα παρ' ἡμῖν καὶ εἴτε ἀγαθοί ἐσμεν, εἰ βουλοίμεθα,

---

82 εὐχαριστίας Μ
83 ἑκάστου D
84 ἐν om. D
85 ἀρμῶν Μ
86 ἄχρι χερισμοῦ (sic) ψυχῆς καὶ σώματος, ἁρμονιῶν τε καὶ μυελῶν AC
87 τὴν ἀρχὴν omm. AC
88 ἐργάεσθαι D
89 σφόδρα Α
90 ἔχομεν ΜΑ
91 ἦμεν om. D
92 διὰ τὴν τοῦ καλοῦ ἔφεσιν Α

sen vergelten? Was gibt es anderes, als dass dir eine Inschrift zur Erinnerung an die Wohltat bei uns gesetzt wird?" Während er dies sagte, berührte er die Füße des Heiligen. Der aber nahm seine Rechte und sprach: „Wisse, Bester, dass ich mir nichts von dir wünsche, als dass du, weil du verständig bist, von einem Ungläubigen zu einem Gläubigen wirst und dass du, indem du den gottlosen Aberglauben verwirfst, zur Einsicht der Wahrheit kommst. Denn ich möchte lieber, dass du glaubst und arm bist, als dass du ungläubig, aber berühmt und reich bist."

32. Euxeinianus sagte: „Wenn du es also wünschst, heiliges Haupt[34], müssen wir darüber nachdenken. Oft, wenn ich neben meiner Mutter saß, habe ich gehört, wie von dir gelehrt wurde, dass Gott einerseits menschenfreundlich und gut, andererseits aber furchteinflößend und gerecht sei; und dass er die einen wie ein sehr Guter mit guten Dingen belohne, sich aber an den anderen wie ein Gerechter räche und sie bestrafe. Wenn die Wohltat und das Belohnen aus der Liebe, die Strafe und das Bestrafen aus dem Hass (kommen), wie ist es dann möglich, dass er sowohl gut ist als auch gerechte Strafen zufügt?"

Der große Aberkios sagte: „Weil er jeden gemäß seinem Verdienst beobachtet, erweist er, der von Natur aus gut ist, Wohltaten denen, die Gutes tun. Die aber, die dem Bösen nachgehen, bestraft er, denn er handelt bei allen gerecht. Nichts von dem, was wir tun und auch nur, was wir im Sinn haben, entgeht seinem Urteil. Denn er ist ein sehr genauer Prüfer der Dinge, die in der Tiefe des Verstandes sind, er prüft Herzen und Nieren[35], er dringt durch bis zur Scheidung von Seele und Geist, von Bein und Mark, und er ist der Richter der Gedanken und der Sinne des Herzens."[36]

33. Euxeinianus sagte: „Dies also ist richtig erörtert. Gleichwohl aber belehre mich über Folgendes: Wenn Gott Gefallen an den Guten hat, warum hat er den Menschen im Anfang nicht so geschaffen, dass er zwar das Gute tun kann, aber auch nicht das geringste Böse zu tun fähig ist? Denn so würden wir seinem Willen gemäß handeln und blieben frei von jeder Strafe."

(Aberkios) aber sprach: „Und darum macht er sich auch große Sorgen und aus allem will er unser Gutes. Wenn wir nämlich nicht das Böse tun könnten, hätten wir überhaupt keinen Vorteil daraus, das Gute zu tun. Denn wir wären dabei weder eines Lobes noch eines Beifalls würdig. Denn dann wäre das Getane nicht entsprechend unserem Entschluss geschehen, sondern entsprechend der Natur der Sache. Es ist nämlich nicht derjenige, der das Schlechte nicht tun kann, lobenswert, wenn er es nicht tut, sondern derjenige, der es zwar tun kann, sich (des Schlechten) aber enthält aufgrund seines Verlangens nach dem Guten. Wenn uns aber beides möglich ist, und wir entweder gut sind, wenn wir wollen, oder schlecht – ‚Wenn ihr wollt' sagt sie

---

34 Wie nach Eph 1,22 und Kol 2,10 Christus das Haupt jeder Macht und Gewalt ist, so ist er es natürlich auch für die Gemeinde, vgl. Eph 4,15; 5,23b. Hier kann seit ATH.apol.sec. 89 (PG 25, 407–409) der Bischof an seine Stelle treten.
35 Jer 11,20 LXX.
36 Hebr 4,12.

εἴτε φαῦλοι — „ἐὰν θέλητε," γάρ φησι „θεοὶ ἔσεσθε" — τί τῆς εὐδοκιμήσεως τὴν πρόφασιν ἀναιρεῖς καὶ τῶν στεφάνων ἐκβάλλεις τὰς ἀφορμάς;

(34–37)

38 Πρὸς ταῦτα ὁ Εὐξεινιανός· Ἀκριβῶς πέπεισμαι τὸν ἄνθρωπον, ἔφη, αὐτόνομόν τε εἶναι καὶ αὐτεξούσιον καὶ κατὰ γνώμην ἐπὶ τὸ ἁμαρτάνειν ἔρχεσθαι.

Τοιαῦτα πρὸς ἀλλήλους διαμιλλωμένων αὐτῶν ἡ ἐνάτη πάλιν καταλαβοῦσα διέλυσε τὰς ζητήσεις. Ἀναστὰς γὰρ εὐθὺς[93] ὁ θεῖος Ἀβέρκιος ἀσπάζεται τοὺς περιεστῶτας καὶ εὐλογήσας οἴκαδε σὺν Εὐξεινιανῷ πέμπει.

39. Ὀλίγαι τὸ μετὰ ταῦτα διῆλθον ἡμέραι, καὶ τὰς πέριξ κώμας καὶ πρό γε τῶν ἄλλων τὰς ἐν[94] γειτόνων ἅμα τοῖς ἀδελφοῖς περιῄει. Ἐμάνθανε γὰρ ἤδη πολλοὺς ἐκεῖ διαφόροις πιέζεσθαι νόσοις. Περιελθὼν οὖν καὶ θεραπεύσας εὐχῇ καὶ χειρῶν ἐπιθέσει, ἐπεὶ βαλανείου ἄπορον ἑώρα τὸν τόπον, πρᾶγμα νοσοῦσι δεξιὸν παραμύθιον, εἴς τινα χῶρον ἐλθὼν ᾧ Ἀγρὸς μὲν ἡ κλῆσις, ποταμὸς δὲ αὐτῷ παρέρρει[95], τὰ γόνατα τῷ θεῷ κλίνας τοῦ ἐδάφους γίνεται. Καὶ ἰδοὺ βροντὴ μὲν ἐξ ἀκριβοῦς καταρρήγνυται τῆς αἰθρίας·

40. ἀναδίδωσι δὲ πηγὰς θερμῶν ὑδάτων ἡ γῆ, καὶ διὰ πάντων ὑμνεῖτο θεὸς ἐπήκοος οὕτω δικαίων ἀνδρῶν γινόμενος. Ἡ μέντοι μακαρία ἐκείνη γλῶσσα λάκκους ὀρύξαι

---

[93] εὐθὺς om. M
[94] ἐκ D
[95] παραρρέει M

(die Schlange)³⁷, ‚werdet ihr Götter sein!' –, warum willst du die Ursache dessen, wie man zu Ehren gelangt, beseitigen und verwirfst den Grund für Siegeskränze?"³⁸

(34–37)³⁹

38. Darauf sagte Euxeinianus: „Ich bin völlig davon überzeugt, dass der Mensch frei und sein eigener Herr ist und nach seinem eigenen Urteil zum Sündigen kommt."

Während sie miteinander diskutierten, war es wieder die neunte Stunde und sie beendete die philosophischen Untersuchungen. Denn der göttliche Aberkios stand plötzlich auf, verabschiedete die Umstehenden, segnete sie und schickte sie zusammen mit Euxeinianus nach Hause.

39. Wenige Tage vergingen danach und er besuchte zusammen mit den Brüdern die Dörfer ringsum und besonders die in der Nachbarschaft. Denn er hatte erfahren, dass dort viele durch verschiedene Krankheiten in Not geraten waren. Er ging also hin und heilte durch Gebet und Handauflegung. Nachdem er aber eine Badestelle gesehen hatte – für die Kranken eine nützliche Hilfe zur Linderung –, die schwer zugänglich war, kam er zu einem Ort, der den Namen Agros⁴⁰ hatte. Ein Fluss floss an ihm vorbei und indem er die Knie vor Gott beugte, legte er den Grundstein. Und siehe, aus dem vollkommen heiteren Himmel ertönte ein Donnerschlag,

40. die Erde ließ Quellen warmen Wassers hervorsprudeln, und Gott, der so auf die gerechten Männer hört, wurde von allen gepriesen. Wahrlich selig ist jene Stimme, die den Anwesenden befahl, Gruben zu graben, so dass warme Wasser zusammen-

---

37 Anspielung auf Gen 3,5.
38 Gegenüber dem von Euxeinianus vorgeschlagenen Modell einer Ethik, in der das Gute zwangsläufig entsteht, beharrt Aberkios auf einem Modell, das in biblischer Tradition die menschliche Entscheidungsfreiheit betont, diese mit einem System der Belohnungen in einen Zusammenhang stellt und in agonistischer Bildersprache zum Ausdruck bringt: Entscheidend ist der Siegeskranz, der aufgrund der eigenen Leistungen errungen wird.
39 Hier lassen sich wichtige Beobachtungen zur Arbeitsweise und zu den Vorlagen des Metaphrasten machen. Was also auf den ersten Blick aussieht wie eine einfache Kürzung eines religionsphilosophischen Dialogs, stellt sich bei näherem Hinsehen als Zusammenhang mit den in sich divergierenden Versionen der Aberkiosüberlieferung heraus. Die nach Nissen als älteste Version I betrachtete Überlieferung gab es nämlich in einer Langfassung und in einer Kurzfassung. Es zeigt sich, dass der Metaphrast bei seinen Auslassungen dem unvollständigen Dialog der Kurzfassung folgt. Von den fünf diskutierten Fragekomplexen werden nur behandelt: Frage 1 „Wie es möglich ist zu glauben, dass Gott zugleich gut und gerecht ist?"; Frage 2 „Warum Gott den Menschen nicht so geschaffen habe, dass er nur das Gute tun könne?" und die Schlussbemerkung zu Frage 5 „Ob nicht der Mensch von Natur und nicht aus Vorsatz sündige?", vgl. NISSEN, Petrusakten (1908). – Inhaltlich gibt es eine Verbindung zu Bardesanes (Namensnennung in 70) bzw. seiner Schule. Nicht zu erkennen ist hier eine Polemik gegen Markion (69). Zwar schreibt Bardesanes gegen Markion (Evs.h.e. 4, 30,1 [GCS 9/1, 392 Schwartz]), und dieser nimmt in der Ketzerpolemik des 4. Jhs. einen immer fester werdenden Platz gerade im kleinasiatisch-syrischen Raum ein (THONEMANN, Amphilochius [2011]), doch wissen wir kaum etwas über die markionitische Theologie der Spätzeit. Der dem Sinopener eigentümliche Dualismus scheint auch hier nicht angesprochen zu sein.
40 Vgl. auch 66, dazu BELKE – MERSICH, Phrygien (1990) 172f.

τοῖς παροῦσιν ἐντειλαμένη ὥστε σύρροιαν ἐν τούτοις γίνεσθαι[96] τῶν θερμῶν ὑδάτων, καὶ εἰς ἀνάκτησιν αὐτὰ σωμάτων εἶναι πεπονηκότων, ἐπανῄει[97] πρὸς τὴν οἰκίαν.

41. Ἐν τούτῳ οὖν ὁ τῶν πειρασμῶν καὶ τῆς ἀπάτης πατὴρ ὁ πονηρὸς δαίμων γυναικείαν ὑποκριθεὶς μορφὴν πρόσεισι τῷ ἁγίῳ εὐλογίας δῆθεν παρ' αὐτοῦ τυχεῖν
5 βουλομένης. Ὁ δὲ ἐπιβαλὼν ἐκείνῳ τοὺς ὀφθαλμοὺς καὶ τὸν εἴσω κρυπτόμενον λύκον οὐκ ἀγνοήσας, εἰ καὶ τὴν τοῦ προβάτου δορὰν περιέκειτο, εὐθὺς μεταστρέφεται καὶ λίθῳ προσπταίει[98] τὸν πόδα τὸν δεξιόν. Περιαλγὴς οὖν γενόμενος ἅπτεται τῇ χειρὶ τοῦ ἀστραγάλου αὐτὸν γὰρ ἦν πεπληγώς. Καὶ ὁ πονηρὸς εἰς ἑαυτὸν πάλιν μεταβαλὼν ἥδιστόν τε καὶ θερμὸν ἀνεγέλα καὶ ἀπὸ τῆς φίλης εὐθὺς ὑπερηφανίας· Μήτι[99] με
10 νόμιζε, λέγει, τῶν ταπεινῶν ἐκείνων εἶναι δαιμονίων, ἃ σὺ πολλάκις φυγαδεύειν οἶδας καὶ μόνῳ τῷ ῥήματι· ἀλλ' αὐτός εἰμι αὐτὸς ἑκατόνταρχος[100], οὗ δὴ καὶ νῦν εἰς πεῖραν ἐλθὼν ὁρᾷς πῶς χαλεπαῖς βέβλησαι περιωδυνίαις ὁ πολλοῖς ἑτέροις λυσάμενος τὰς ὀδύνας. Οὕτως ἀπὸ τοῦ βλάπτειν ὁ μιαρός, οὐδέποτε δὲ ἀπὸ τοῦ ὠφελεῖν οὐδένα ἑαυτῷ τὸν ἔπαινον περιτίθησι.

15 42. Ταῦτα τοίνυν πρὸς τὸν θαυμαστὸν Ἀβέρκιον εἶπε καὶ τινι τῶν περιεστηκότων αὐτὸν νεανίσκων ἐπιπηδᾷ· ὃν χαλεπῶς σπαράξας τε καὶ διαταράξας μεταξὺ πάντων ἐλεεινῶς καταβάλλει. Ὁ μέντοι μέγας Ἀβέρκιος ἔλεον αὐτίκα τοῦ νεανίσκου λαβὼν καὶ δεηθεὶς τοῦ θεοῦ λύσιν τε αὐτῷ δίδωσι τοῦ κακοῦ[101] καὶ τὸν μιαρὸν ἐκεῖνον δαίμονα ἐκποδὼν τίθησιν, ἔργῳ δηλώσας τίς ὁ τοῦ ἀγαθοῦ μαθητὴς καὶ ἀγαθύνειν δεδιδαγμένος,
20 καὶ τίς ὁ ἐξ ἀρχῆς πονηρὸς καὶ τοῦ πράττειν ἄλλους τὰ πονηρὰ διδάσκαλος.

Ἐκεῖνος δὲ ἀλλ' οὐ μέχρι τούτου ἔστη οὐδὲ ἐπὶ μόνῃ τῇ τοιαύτῃ ἔμεινεν ἥττῃ, ἀλλὰ καὶ ἑτέραν αὐτῷ προκηρύττει πάλην, οὗ μηδὲ τὴν πρώτην ὑπενεγκεῖν ἴσχυσεν.

Ἐπειδὴ γὰρ καὶ ἄκων ἀπῄει τὸν νεανίσκον ἀπολιπὼν τραχεία ὡς εἶχε καὶ ἀναιδεῖ χρησάμενος τῇ φωνῇ· Ταχύ σε, ἔφη, Ἀβέρκιε, καὶ ἄκοντα παρασκευάσω τὴν Ῥωμαίων
25 ἰδεῖν.

Τὸ δὲ ἄρα οὐ πολλῷ ὕστερον ἐξέβη, ὡς τὰ ἑξῆς τοῦ λόγου δηλώσει.

43. Ὁ μὲν γὰρ θεῖος Ἀβέρκιος εἰς τὴν ἑαυτοῦ οἰκίαν ἐπανελθὼν ἑπτὰ ὅλας εἷλκεν ἡμέρας ἐν νηστείαις καὶ παννυχίσιν ἅμα τοῖς ἀδελφοῖς, δεόμενος μὴ τοιαύτην γενέσθαι κατ' αὐτοῦ ἰσχὺν τῷ ἐχθρῷ ὡς ᾖπερ[102] ἂν ἐκεῖνος ἄγῃ καὶ αὐτὸν ἕπεσθαι·
30 ὑπὸ δὲ τὴν ἑβδόμην νύκτα ὄναρ αὐτῷ[103] τὸν κύριον ἐπιστάντα ὁρᾷ[104] καί· Εἰς Ῥώμην, φάναι, Ἀβέρκιε, οἰκονομίᾳ τῇ ἐμῇ ἀφίξει, ὥστε δὴ καὶ τοὺς ἐν αὐτῇ τὸ ἐμὸν ὄνομα ἐπιγνῶναι. Θάρρει τοιγαροῦν· ἡ γὰρ χάρις μου μετὰ σοῦ ἔσται. Τότε διυπνισθέντα τὸν

---

96 γενέσθαι D
97 ἐπανήκει Bossue
98 προσπαίει A
99 μήτοι MD
100 καὶ μόνῳ ... ἑκατόνταρχος *om.* A
101 τοῦ κακοῦ *om.* AC
102 εἴπερ AC
103 αὐτὸν D
104 ὁρᾶν A, *om.* M

fließen konnten zur Gesundung der leidenden Körper. Danach kehrte er nach Hause zurück.

41. Inzwischen nun näherte sich – getarnt in einer weiblichen Gestalt – der Vater der Versuchungen und der Täuschungen, der böse Dämon, dem Heiligen, um Bewunderung von ihm zu erlangen. Er aber richtete seine Augen auf ihn und erkannte sehr wohl den sich darin verbergenden Wolf, obwohl dieser sich einen Schafspelz umgelegt hatte[41], wandte sich brüsk ab und stieß dabei mit seinem rechten Fuß gegen einen Stein. Von Schmerz gequält griff er mit der Hand an seinen Knöchel, denn den hatte er sich angeschlagen. Da verwandelte der Böse sich wieder zu sich selbst, lachte sehr vergnügt und schallend, und sagte mit geradezu jovialem Hochmut: „Glaube nicht, dass ich einer von diesen schwachen Dämonen bin, die du oft imstande bist, durch ein einziges Wort zu verjagen; sondern ich, den du jetzt kennen lernst, bin der Centurio[42] selbst, und ich schlage dich mit schlimmen Schmerzen, der du viele andere von Qualen befreit hast." So verschafft sich der Gottlose seinen Ruhm aus dem Schadenzufügen, niemals aber aus dem Gutestun.

42. Dies sagte er also zu dem verehrungswürdigen Aberkios und fuhr in einen der um ihn stehenden jungen Männer. Diesen quälte und verwirrte er schrecklich und warf ihn bemitleidenswert in die Mitte von allen. Der große Aberkios jedoch bekam sofort Mitleid mit dem jungen Mann und bat Gott, ihm Erlösung von dem Übel zu geben und jenen gottlosen Dämon wegzunehmen. Durch diese Tat bewies er, dass der, welcher ein Jünger des Guten ist, auch Gutes zu tun gelernt hat, und wer von Anfang an schlecht ist, auch ein Lehrer ist, anderen Schlechtes zu tun.

Jener aber blieb nicht dabei stehen und ließ es auch nicht bei dieser einen Niederlage bleiben, sondern er kündigte ihm laut einen anderen Kampf an, wo er den ersten zu gewinnen nicht stark genug war.

Denn da er ungewollt aus dem jungen Mann ausgefahren war, als er ihn verlassen musste, sagte er in der ihm eigenen Grobheit und Unverschämtheit: „Ich werde dafür sorgen, Aberkios, dass du bald gegen deinen Willen die Stadt der Römer siehst!"

Nicht wenig später ereignete sich dies auch, wie der weitere Verlauf des Berichts zeigen wird.

43. Nachdem der göttliche Aberkios in sein Haus zurückgekehrt war, verbrachte er zusammen mit den Brüdern genau sieben Tage mit Fasten und nächtlichen Gebeten. Er bat, dass dem Feind nicht eine solche Macht über ihn zukomme, ihm folgen zu müssen, wohin auch immer jener ihn führe. In der siebenten Nacht sah er, dass der Herr dastand und sagte: „Durch meine Vorhersehung, Aberkios, wirst du nach Rom gelangen, damit auch die Leute dort meinen Namen erkennen. Sei deshalb guten Mutes, denn meine Gnade wird mit dir sein." Da wachte der Heilige auf und sagte:

---

41 Vgl. Mt 7,15.
42 Zugrunde liegt die Vorstellung von den Dämonen, die wie ein Heer organisiert sind, vgl. Mk 5,9.15 par. Dieser Dämon stellt sich als der Hauptmann des Heeres vor.

ἅγιον· Γένοιτο, φάναι, τὸ θέλημά σου, Χριστέ, καὶ τὴν θείαν ἐκείνην ἐμφάνειαν τοῖς ἀδελφοῖς ἀπαγγεῖλαι.

44. Ἀλλὰ τῷ μὲν οὕτω καὶ παρὰ τὴν Ῥωμαίων πόλιν ἀφικέσθαι προείρητο, ὁ δὲ πονηρὸς δαίμων ἐκεῖνος ὁ μικρῷ πρόσθεν τῷ ἁγίῳ τὴν ἄφιξιν ταύτην ἐπισείσας οὐδὲν ἀναβαλόμενος εἰς Ῥώμην φοιτᾷ καὶ τὴν τοῦ βασιλέως Ἀντωνίνου[105] παῖδα ἐπίγαμόν τε ἤδη καὶ ἑκκαιδεκέτην[106] οὖσαν, ἣ Βήρῳ μὲν Λευκίῳ ἀνδρὶ κατηγγύητο, Λουκίλλα δὲ ἐκαλεῖτο, κάλλει καὶ μεγέθει τὰς κατ' αὐτὴν ὑπερενεγκοῦσαν εἰσδύεται καὶ αὐτίκα ἐκμαίνει[107], ὡς σπαράττεσθαί τε καὶ καταβάλλεσθαι καὶ ὀδοῦσι τῶν χειρῶν ἅπτεσθαι[108] καὶ τὰς αὐτῆς σάρκας διαμασᾶσθαι.

Ἡ οὖν μήτηρ Φαυστῖνα — τοῦτο γὰρ ἦν ὄνομα τῇ Αὐγούστῃ — λύπῃ σὺν Ἀντωνίνῳ καὶ ἀπορίᾳ δεινῶς εἴχοντο καὶ συμφορὰν ἐσχάτην τὸ πρᾶγμα ἐτίθεντο· ἦν δὲ τὸ μάλιστα τούτοις[109] ἐπιτεῖνον τὴν ἀθυμίαν ἡ πρὸς τὸν Λεύκιον τῆς κόρης μνηστεία. Τοῦτον γὰρ ἀπεστάλκει μὲν Ἀντωνῖνος ἤδη πρὸς τὴν ἕωαν πόλεμον συμβαλοῦντα βασιλεῖ Βουλγέσῳ[110].

45. Ὑπῆρχε δὲ ἀλλήλοις συγκείμενον κατά τινας ῥητὰς ἡμέρας, τὸν μὲν ἀπὸ τῆς ἕω, τὸν Λεύκιον, τὸν δὲ ἀπὸ Ῥώμης τὴν Ἔφεσον καταλαβεῖν καὶ ἐν τῷ κατ' αὐτὴν ναῷ τῆς Ἀρτέμιδος τὸν μὲν ὑπὸ μάρτυρι τῇ θεῷ καταθέσθαι Λευκίῳ τὴν παῖδα, τὸν δὲ δέξασθαι. Ἐπεὶ οὖν ὁ Λεύκιος κατὰ τὰς συνθήκας ἔπλει πρὸς τὴν Ἔφεσον ἐπειγόμενος, οὐκ ἔχων ὅ τι χρήσαιτο ἑαυτῷ Ἀντωνῖνος δαιμονώσης αὐτῷ τῆς παιδὸς προφάσει διακρούεται τὸν καιρὸν γράψας Λευκίῳ ὡς τὸ Γερμανῶν ἔθνος διαβὰν τὸν Ῥῆνον τάς τε πόλεις Ῥωμαίων καὶ τὰς κώμας λῄζεται· κἀντεῦθεν μηδὲ κατὰ τὰ συγκείμενα δύνασθαι

---

[105] Ἀντωνίου D
[106] ἑκκαιδεκέτην Nissen, ἑκκαιδεκάτην D, ἐξκαιδεκάτην A, ἐκξαιδεκέτην C, ἑκκαιδεκέτιν M
[107] καὶ αὐτίκα ἐκμαίνει om. D
[108] καὶ ὀδοῦσι τ. χ. ἅπτεσθαι om. D
[109] αὐτοῖς M
[110] Βουλγέσῳ D, Βουλγέσσῳ M, Βουγέλπῳ AC

„Dein Wille geschehe, Christus." Und er berichtete den Brüdern von dieser göttlichen Erscheinung.

44. Es war ihm aber auf diese Weise vorausgesagt, dass er auch in die Stadt der Römer gelangen werde[43]. Jener böse Dämon, der kurz zuvor dem Heiligen diese Reise angedroht hatte, eilte unverzüglich nach Rom. Er fuhr in die Tochter des Kaisers Antoninus[44], die, da sie gerade im heiratsfähigen Alter von sechzehn Jahren war, mit Lucius Verus[45] verlobt war. Ihr Name war Lucilla[46]. Sie überragte an Schönheit und Großmut die Frauen ihrer Zeit. Er (der Dämon) ließ sie rasen, sodass sie sich mit wilden Zuckungen auf den Boden warf, zerrte, mit den Zähnen in ihre Hände biss und ihr eigenes Fleisch zerkaute.

Die Mutter Faustina[47] – das war nämlich der Name der Augusta – geriet in Betrübnis zusammen mit Antoninus, sie wurden von einer schrecklichen Ratlosigkeit befallen und hielten die Sache für das größte Unglück. Denn was ihre Niedergeschlagenheit am meisten vergrößerte, war die Verlobung ihrer Tochter mit Lucius. Denn diesen hatte Antoninus schon in den Osten geschickt, um dort einen Krieg mit dem König Vologesus[48] zu beginnen.

45. Es war zwischen ihnen seit geraumer Zeit verabredet, dass der eine, Lucius, aus dem Osten, der andere aus Rom nach Ephesus kommen sollte, und dass der eine im dortigen Tempel der Artemis seine Tochter – mit der Göttin als Zeugin – dem Lucius übergeben, der andere sie heiraten sollte[49]. Als nun Lucius vereinbarungsgemäß eilig zu der Verabredung nach Ephesus segelte, wusste er nicht, wie Antoninus mit ihm verfuhr, weil seine Tochter von einem Dämon besessen war.

(Antoninus) schrieb Lucius einen Brief und verschob den Zeitpunkt unter dem Vorwand, dass das Volk der Germanen, nachdem es den Rhein überquert hätte, die Städte und Dörfer der Römer plündere. Deshalb könne er nicht zum vereinbarten Zeitpunkt mit seiner Tochter nach Ephesus kommen, sondern erst im folgenden Jahr[50].

---

43 Für das Motiv einer Romreise des Heiligen und der Heilung der Kaisertochter vgl. das *Martyrium S. Tryphonis* (BHG 8156); eine Kaisertochter heilt etwa auch Cyriacus in der *Passio S. Polychronii* (BHL 2056).
44 Vollständiger Name Marc Aurels nach der Erhebung zum Kaiser am 7. März 161: Marcus Aurelius Antoninus Augustus.
45 Lucius Verus, 130 bis Anfang 169, Augustus seit 7. März 161, vgl. Kienast, Kaisertabelle ([5]2011) 143–145.
46 Annia Galeria Lucilla, die zweite Tochter des Marc Aurel, war nach März 161 verlobt mit Lucius Verus, der sie 163 (?) auf einer Reise nach Ephesus dort heiratete, woraufhin sie zur Augusta erhoben wurde; vgl. Kienast, Kaisertabelle ([5]2011) 143–146; Strothmann M., Lucilla, DNP 7, 1999, 466.
47 Zu Annia Galeria Faustina (Faustina II.), ca. 130–176, seit Frühjahr 145 verheiratet mit Marc Aurel, seit 147 Augusta, vgl. Kienast, Kaisertabelle ([5]2011) 141 f.
48 Lucius Verus führt 166 Krieg mit den Parthern, sein Gegner ist wohl Vologaises III. (IV.?), vgl. Schottky M., Vologaises [4], DNP 12.2, 2002, 310.
49 Ähnlich Hist.Avg.Ver. 7,7 (BSGRT 1, 79 f Hohl). Die Hochzeit fand nach Halfmann, Itinera (1986) 210–212 in Ephesus im Jahr 163 statt.
50 Hier könnte eine Erinnerung an Marc Aurels Feldzug gegen die Germanen 169 vorliegen.

νῦν εἰς Ἔφεσον μετὰ τῆς παιδὸς συνδραμεῖν, ἀλλ' εἰς τὸ ἐπιὸν ἔτος. Τῷ δέ, ἐπειδὴ κατὰ μέσον τὸν πλοῦν τὰ παρὰ βασιλέως ὑπήντα γράμματα, σφόδρα τε ἀθυμήσας καὶ χαλεπῶς ἐνεγκὼν εἰς τὴν ἐν Δάφνῃ Ἀντιόχειαν ὑποστρέφει.

46. Βασιλεὺς δὲ Ἀντωνῖνος τοῦτο μὲν καὶ τοῖς οἰκείοις σπλάγχνοις περὶ τὴν τῆς παιδὸς φροντίδα πολὺς ὤν, τοῦτο δὲ καὶ ὑπὸ τῆς συζύγου παροξυνόμενος πάντα τε ἐποίει καὶ οὐδενὸς ἀπείχετο τῶν λόγον ἐχόντων. Τοὺς Ῥωμαίων τοίνυν καὶ Ἰταλῶν ἱερεῖς συναγαγὼν καὶ οἰωνοσκόπους ἀπὸ Τυρρηνίας μεταστειλάμενος ἐξώρκιζέ τε τὸν δαίμονα δι' αὐτῶν καὶ οὐδὲν ὅ τι οὐκ ἐπενόει πρὸς τὴν τοῦ κακοῦ θεραπείαν. Τὰ δὲ κενά τε ἠλέγχετο καὶ ἀγριώτερον ἐποίει τὸν πονηρὸν δαίμονα τῇ κόρῃ. Ἀμέλει καὶ τοιάνδε τινὰ διὰ τῆς παιδὸς ἐκείνης[111] ἠφίει φωνὴν ὡς· Εἰ μὴ Ἀβέρκιος ὁ τῆς ἐν μικρᾷ[112] Φρυγίᾳ τῶν Ἱεραπολιτῶν ἐπίσκοπος ἔλθοι, οὐκ ἂν ἀπὸ τοῦ σκηνώματος ἐξέλθοιμι τοῦδε.

47. Ὡς οὖν ἐπὶ συχνὰς ἡμέρας ταῦτα ἐβόα, διηπορεῖτο καθ' ἑαυτὸν Ἀντωνῖνος, τί ἂν εἴη τοῦτο σκοπούμενος, καί ποτε εἰσκαλέσας τὸν ἔπαρχον τῆς αὐλῆς Κορνηλιανὸν ἀνεπυνθάνετο, εἴ πού τις Ἱεράπολις ὑπὸ μικρὰν Φρυγίαν ἐστίν. Ὁ δέ· Καὶ μάλα[113], δέσποτα, ἔφη, καὶ ἀπ' αὐτῆς Εὐξεινιανὸν ὁρμᾶσθαι, ᾧ πολλάκις περὶ δημοσίων ἐπέστειλας πραγμάτων. Τοῦτο ἀκούσας ὁ[114] Ἀντωνῖνος ἥσθη τε οἷα τῆς φροντίδος ἀπολυθείς, ὅτιπερ Εὐξεινιανὸς ἐκεῖ διατρίβων δεξιὸς αὐτῷ ἔσται τοῦ πράγματος οἰκονόμος. Καὶ Οὐαλέριον καὶ Βασσιανὸν μαγιστριανοὺς εὐθὺς εὐτρεπισθῆναι κελεύσας ἐπιστέλλει αὐτῷ ταῦτα·

48. Ἀντωνῖνος αὐτοκράτωρ σεβαστὸς Εὐξεινιανῷ Ποπλίωνι[115] χαίρειν. Ἐγὼ εἰς πεῖραν τῆς σῆς ἀγχινοίας ἔργοις αὐτοῖς καταστὰς καὶ μάλιστα οἷς ἔναγχος προστάξει τοῦ ἡμετέρου κράτους διεπράξω[116] κατὰ τὴν Σμύρναν, ἐπικουφίσας Σμυρναίοις τὴν ἐκ τοῦ κλόνου τῆς γῆς ἐπιγενομένην[117] αὐτοῖς συμφοράν, ἥσθην τε, ὥσπερ εἰκός,

---

111 ἐκεῖνος C
112 τῇ μικρᾷ M
113 μάλιστα D
114 ὁ *omm.* A Bossue
115 Πομπλίονι R, ποπλίω K
116 διέπραξα R
117 ἐπιγομένην D

Als Lucius mitten während der Überfahrt das Schreiben vom Kaiser entgegennahm, wurde er darüber sehr niedergeschlagen und unwillig und kehrte nach Antiochia in Daphne[51] zurück.

46. Der Imperator Antoninus, der einerseits in seinem eigenen Herzen über seine Tochter sehr besorgt war, andererseits von seiner Gattin angetrieben wurde, tat alles und ließ niemanden von denen unberücksichtigt, die Rat wussten. Er versammelte die Priester der Römer und Italer und ließ die Vogelschauer aus Tyrrenia holen. Durch sie ließ er den Dämon beschwören und es gab nichts, was er zur Heilung des Übels nicht besorgte. All dies erwies sich aber als vergeblich und machte den bösen Dämon zum Schaden des Mädchens noch wilder. Im Übrigen ließ er folgende Stimme durch jenes Kind ertönen: „Wenn nicht Aberkios, der Bischof der Hierapolitaner, aus der Stadt in Kleinphrygien kommt, weiche ich nicht aus dieser Behausung."

47. Als sie dies über mehrere Tage hinweg rief, überlegte Antoninus bei sich, was dies wohl bedeute. Endlich rief er den *praefectus praetorio* Cornelianus[52] und erforschte, ob es irgendwo in Kleinphrygien ein gewisses Hierapolis gebe. „Allerdings, o Herrscher," sagte er, und dass Euxeinianus von dort stamme, „den du schon oft mit öffentlichen Aufgaben betraut hast." Als er dies hörte, freute Antoninus sich, weil er so von seiner Sorge befreit war, denn natürlich würde Euxeinianus, der dort wohnte, für ihn ein ausgezeichneter Sachwalter sein. Sofort befahl er, dass sich die Kuriere[53] Valerius und Bassianus sich bereit hielten und fertigte ihm diesen Brief aus[54]:

48. „Antoninus Imperator Augustus[55] grüßt Euxeinianus Publius. Zur Überprüfung deiner Urteilsfähigkeit habe ich dich mit diesen Aufgaben betraut, unter denen du an erster Stelle zuletzt in Vertretung unserer Gewalt für die Stadt Smyrna erfolgreich gewirkt hast. Darüber, wie du für die Smyrnäer das durch das Erdbeben eingetre-

---

51 Gemeint ist wohl der Villen- und Badevorort Daphne bei Antiochia am Orontes, vgl. J. LASSUS, Antioch on the Orontes, PECS, 1976, 61–63; REHM E., Antiocheia/Antakya/Hatay, in: EICHLER S. U. A. (Hrsg.), Antike Stätten am Mittelmeer, Darmstadt 1999, 459–462. Schon in Version I 45 scheint eine Lokalkenntnis über die Lage von Antiochia und Daphne zu fehlen. Das dürfte darauf hinweisen, dass der Autor, so gut er den kleinasiatischen Raum kannte, über Syrien wenig wusste, was sich auch in den letzten Kapiteln über die Syrienreise des Aberkios zeigt.
52 Zur Zeit Marc Aurels gab es mehrere hohe Beamte des Namens Cornelianus: 1. den als Erneuerer der klassischen Rhetorik gefeierten griechischen Sekretär der kaiserlichen Kanzlei, dem der zeitgenössische Lexikograph Phrynichos die Ekloge *Attikistes* widmete; 2. den Administrator der Provinz Syrien während des Krieges mit den Parthern, HIST.AVG.Aur. 8,6 (54); vgl. HANSLIK R., Cornelianus, KlP 1, 1979, 1307.
53 Als Kuriere verwendete *agentes in rebus* heißen seit konstantinischer Zeit μαγιστριανοί. Der Gebrauch dieser Amtsbezeichnung im zweiten Teil des Kaiserbriefes ist also anachronistisch.
54 Inschriften mit Kaiserbriefen sind ein bekanntes epigraphisches Genus, vgl. HERRMANN – GÜNTHER – EHRHARDT, Inschriften (2006) Nr. 1071.
55 Die Kaisertitulatur lautet in I 48: Imperator Caesar Marcus Aurelius Antoninus Augustus Germanicus Sarmaticus. Diese Titulatur war 175–178 gültig. In II fehlen die Siegestitel Germanicus und Sarmaticus.

καί σε τῆς τῶν πραγμάτων ἐπιμελείας ἐπήνεσα· ἔμαθον γὰρ ἅπαντα μετὰ ἀκριβείας ὡσπερανεὶ παρών. Ἥ τε γὰρ παρὰ σοῦ πεμφθεῖσα ἀναφορὰ ὅ τε ἀποδιδοὺς ταύτην Καικίλιος[118] ὁ ἐπίτροπος ἡμῶν[119] ἅπαντά μοι σαφῶς διηγήσαντο[120].

49. Ἐπὶ δὲ τοῦ παρόντος γνωσθὲν τῷ ἡμετέρῳ κράτει Ἀβέρκιόν τινα τῆς Ἱεραπολιτῶν ἐπίσκοπον παρὰ σοὶ διατρίβειν, ἄνδρα εὐσεβῆ οὕτω τὰ τῶν Χριστιανῶν ὡς δαιμονῶντάς[121] τε ἰᾶσθαι καὶ νόσους ἄλλας εὐκολώτατα θεραπεύειν, τούτου[122] κατὰ τὸ ἀναγκαῖον ἡμεῖς χρῄζοντες Οὐαλέριον καὶ Βασσιανὸν μαγιστριανοὺς τῶν θείων ἡμῶν ὀφφικίων ἐπέμψαμεν τὸν ἄνδρα μετ' αἰδοῦς καὶ τιμῆς ἁπάσης ὡς ἡμᾶς ἀγαγεῖν. Κελεύομεν οὖν τῇ σῇ στερρότητι πεῖσαι τὸν ἄνδρα σὺν προθυμίᾳ πάσῃ πρὸς ἡμᾶς ἀφικέσθαι εὖ εἰδότι ὡς οὐ μετρίως[123] σοι κείσεται παρ' ἡμῖν καὶ ὑπὲρ τούτου ὁ ἔπαινος. Ἔρρωσο.

50. Ταύτην τοῖς μαγιστριανοῖς δοὺς τὴν ἐπιστολὴν ἀπέπεμψεν ἀπὸ Ῥώμης εἰπὼν ὅτι· Πολλαπλάσιον ὑμῖν θήσει τὴν εἰς ἐμὲ θεραπείαν τῷ Ἀβέρκιον ἐνεγκεῖν, προστεθὲν καὶ τὸ τάχος. Οἱ δὲ λαβόντες[124] οὐδὲν τάχους καὶ συντονίας ἐνέλιπον, ἀλλὰ δυσὶ τὸ Βρεντήσιον[125] ἡμέραις καταλαβόντες πλοίου τε ἐπὶ τοῦτο[126] παρεσκευασμένου[127] παρὰ τοῦ ὑπάρχου[128] Κορνηλιανοῦ ἐπιβάντες κατὰ πρύμναν αὐτοῖς τοῦ πνεύματος ἱσταμένου τῇ ἑβδόμῃ τὸν Ἰώνιον διαπλεύσαντες καταίρουσιν ἐν Πελοποννήσῳ. Ἐκεῖθεν δὲ δημοσίοις ἵπποις χρησάμενοι ἀφικνοῦνται τῆς πεντεκαιδεκάτης[129] εἰς τὸ Βυζάντιον.

51. Εἶτα πρὸς τὴν Νικομηδέων αὐθημερὸν διαπεραιωθέντες[130] καὶ αὖθις δημοσίῳ χρησάμενοι δρόμῳ εἰς Σύναδα μητρόπολιν ἥκουσι τῆς Φρυγίας, ἡγεμόνας τε τῆς ὁδοῦ παρὰ τοῦ ἡγεμονεύοντος ἐκεῖ Σπινθῆρος λαβόντες[131] οἷα προστεταγμένον αὐτῷ παρὰ Κορνηλίου τοῦ ἐπάρχου περί που τὴν ἐνάτην ὥραν τὴν Ἱεραπολιτῶν καταλαμβάνουσιν.

52. Εἰσιόντες τοιγαροῦν τὴν πόλιν ὑπαντῶσι τῷ Ἀβερκίῳ καὶ ταῦτα ἀπὸ τοῦ παρήκοντος· εἰώθει γὰρ κατὰ τὴν ἐνάτην ὥραν ἐκ τῆς διδασκαλίας οἴκαδε ἀναστρέφειν τὰς συνήθεις ἀποδώσων εὐχὰς τῷ θεῷ. Οἱ μὲν οὖν ὑπαντήσαντες[132] αὐτῷ ἀνεπυνθάνοντο, ποῦ ποτε ὑπάρχοι Εὐξεινιανὸς καὶ ὅπῃ[133] γενόμενοι ἐντύχοιεν τῷ

---

118 κικίλιος AC, κεκίλλιος D, καὶ κέλιος M
119 ὑμῶν MR
120 διηγήσατο MRK
121 δαιμονῶντα A
122 τοῦτον MRK
123 μετρίως C, μετρίοις R
124 λαβόντες γράμματα D
125 Βρεντίσιον M
126 τούτω M
127 παρασκευασμένου D
128 ἐπάρχου D
129 τῇ πεντεκαιδεκάτῃ D
130 περαιωθέντες MD
131 παραλαβόντες D
132 ἀπανθήναντες D
133 ὑπάρχει ὁ Εὐξεινιανὸς καὶ ὅποι D

tene Unglück gemildert hast[56], habe ich mich gefreut und, wie es billig ist, habe dich gelobt für die Sorgfalt deiner Taten. Denn ich habe alles mit Genauigkeit erfahren, als ob ich selbst dabei gewesen wäre. Denn von dir wurde ein Bericht gesendet, und indem mir unser Prokurator Caecilius[57] diesen ablieferte, wurde mir alles ganz genau beschrieben.

49. Jetzt wurde unserer Gewalt bekannt, dass sich ein gewisser Aberkios, Bischof der Hieropolitaner, bei dir aufhält, ein Mann so gottesfürchtig nach Art der Christen, dass er von Dämonen Besessene heilen und andere Krankheiten sehr leicht lindern kann. Da wir seiner unbedingt bedürfen, haben wir die Kuriere Valerius und Bassianus geschickt, diesen Mann mit Ehrfurcht und allen Ehren so zu geleiten, also ob wir selbst es wären. Wir befehlen also deiner Hartnäckigkeit, den Mann zu überzeugen, mit aller Bereitwilligkeit zu uns zu kommen. Sei gewiss, dass dir auch dafür ein nicht geringes Lob von uns zuteil wird. Lebe wohl!"

50. Diesen Brief gab er den Kurieren und sandte sie aus Rom fort. Dabei sagte er: „Euer Dienst, Aberkios zu bringen, wird euch vielfältig angerechnet werden!" So wurde ihre Eile gesteigert. Sie empfingen den Brief und ließen es nicht an Eile und Anstrengung fehlen, sondern erreichten in zwei Tagen Brindisi und bestiegen ein dort vom Präfekten Cornelianus bereitgestelltes Boot. Weil sie vom Heck her Wind hatten, erreichten sie nach der Fahrt über Tag das Ionische Meer am siebenten Tag die Peloponnes. Dort bedienten sie sich staatlicher Pferde und gelangten am 15. Tag nach Byzantion.

51. Nachdem sie noch am selben Tag nach Nikomedia übergesetzt und sich dann wieder des *cursus publicus* bedient hatten, trafen sie in Synada[58] ein, der Hauptstadt Phrygiens. Sie erhielten vom dortigen *praeses* Spinther[59], wie es diesem vom Präfekten Cornelius befohlen war, einen Führer für den Weg und erreichten ungefähr zur neunten Stunde Hierapolis.

52. Sofort, als sie in die Stadt einzogen, begegneten sie Aberkios. Dies geschah folgendermaßen, denn Aberkios hatte die Gewohnheit, zur neunten Stunde von der Unterweisung nach Hause zurückzukehren, um seinem Gott die herkömmlichen Gebete darzubringen. Als sie ihm also begegneten, frugen sie ihn, wo Euxeinianus sei und wie sie den Mann treffen könnten. Als (Aberkios) aber frug, welches Begehren sie an den Mann hätten und warum sie gekommen seien, wurde Valerius über seine

---

56 Das große Erdbeben von Smyrna war im Jahr 177, vgl. THONEMANN, Abercius (2012) 265.
57 Ein Prokurator Marcus Caecilius Numa ist als Verantwortlicher für den Bau der Straße von Ephesus nach Magnesia am Ende des 2. Jhs. bekannt: MERIÇ – MERKELBACH – NOLLÉ – SENCER, Inschriften (1981) Nr. 3157; vgl. THONEMANN, Abercius (2012) 268.
58 S. BELKE – MERSICH, Phrygien (1990) 393–395.
59 Zu Spinther vgl. Anm. 3.

ἀνδρί. Ὁ δέ, ἐπειδὴ καὶ αὐτὸς τίς τε ἡ ζήτησις τοῦ ἀνδρὸς καὶ ἐφ' ὅτῳ ἥκοιεν ἤρετο, τὴν ἐκείνου ἐρώτησιν χαλεπῶς ἐνεγκὼν Οὐαλέριος, ὅτι μὴ ταχὺ ἀπεκρίνατο, τολμᾷ τι καὶ θρασύτερον, ἴσως ὑπὸ τοῦ πονηροῦ κινηθείς, καὶ ἀνατείνει κατὰ τοῦ ἁγίου τὴν δεξιάν, πλῆξαι τοῦτον τῇ μάστιγι βουληθείς· καὶ εὐθὺς ἡ φρουροῦσα χεὶρ ἄνωθεν οὐκ ἠμέλει,
5 καὶ ἡ τολμηρὰ χεὶρ[134] ἐκολάζετο καὶ ἀκίνητος ἦν ὥσπερ τινὶ προκατασχεθεῖσα[135] πέδῃ.

53. Λαμβάνει καὶ τὸν ἕτερον δέος ἐπὶ τῷ καινῷ τούτῳ θεάματι, καὶ ἀποβάντες ἄμφω τῶν ἵππων προσπίπτουσί τε τοῖς τοῦ ἁγίου ποσὶ καὶ ἱκέται γίνονται ταπεινοὶ λίαν, ὥστε τὴν ἀπομαρανθεῖσαν χεῖρα καὶ οἱονεὶ τεθνηκυῖαν ἀναθῆλαι πάλιν καὶ ἀναζῆσαι μηδὲ οὕτως ἀπολειφθῆναι νεκράν. Ὁ δὲ τῆς συνήθους κἂν τούτῳ γίνεται συμπαθείας
10 καὶ ἅπτεται μὲν τῆς πηρωθείσης, ὑγιᾶ δὲ αὐτὴν εὐθὺς δείκνυσιν.

Εἶτα τὴν αἰτίαν καὶ πάλιν τῆς τοῦ ἀνδρὸς χρείας ἐρόμενος καὶ μαθὼν ὅτι βασιλικὰ πρὸς αὐτὸν κομίζοιεν γράμματα, ὁδηγὸς γίνεται τῶν ἀνδρῶν καὶ εἰς τὸν Εὐξεινιανοῦ οἶκον τὸ τάχος ἀπάγει[136]. Ἐκεῖνος μέντοι τὰ γράμματα εἰς χεῖρας λαβὼν καὶ τὰ ἐγκείμενα ἐπελθὼν μεταδίδωσι τὴν ἐπιστολὴν εὐθὺς τῷ ἁγίῳ καὶ ἠξίου μηδὲν ὑπερθέσθαι, ἀλλ' ὥσπερ αὐτὴ ἠβούλετο, τὴν ταχίστην ἅπτεσθαι πορείας.

54. Ὁ δὲ καὶ αὐτὸς ἀναγνούς· Ἐλεύσομαι, ἔφη, καὶ οὐκ ἀπροθύμως τὴν πορείαν ἀνύσω, ἐπεὶ κατὰ γνώμην θεοῦ τὸ γινόμενον, ὡς κἀμοὶ ἤδη παρὰ τοῦ κυρίου μου ἐδηλώθη. Οἱ μὲν οὖν μαγιστριανοὶ λαμπρῶς παρ' Εὐξεινιανῷ ξενισθέντες δύο τέ τινας ἡμέρας παρ' αὐτῷ μείναντες τὴν πορείαν τε πᾶσαν αὐτῷ καὶ τὸν πλοῦν ἀπαγγείλαντες τῇ τρίτῃ ἀντίγραφα λαβόντες ἀπῇεσαν, ὑπεσχημένον αὐτοῖς ὑπὸ τοῦ θαυμαστοῦ Ἀβερκίου μετὰ τεσσαράκοντα ὅλας ἡμέρας κατὰ τὸν λεγόμενον Πόρτον, ὃς ἐχόμενος[137] Ῥώμης ἐστίν, ἀλλήλοις ἐντυχεῖν καὶ οὕτως ἅμα ἐκείνοις τῆς πόλεως ἐπιβῆναι. Οἱ δὲ ἀπιστεῖν οὐκ ἔχοντες — ἔκρινον γὰρ ὀρθῶς ἐξ ὧν ἔπαθόν τε καὶ εἶδον, ὅτι ἀδύνατον ἄνδρα τοιούτων ἠξιωμένον τό τε συνειδὸς καὶ τὴν γλῶτταν ἔχειν[138] οὐχ ὑγιᾶ — τοῖς δημοσίοις καὶ αὖθις ἐπιβάντες ἵπποις ἐπανῄεσαν.

55. Ἀβέρκιος δὲ ὁ θεῖος οἶνόν τε καὶ ὄξος καὶ ἔλαιον εἰς ἕνα καὶ τὸν αὐτὸν ἀσκὸν ἐμβαλών, πρὸς δὲ καὶ ἄρτους ὀλίγους λαβών, εἶτα τοῖς ἀδελφοῖς διαλεχθεὶς τὰ εἰκότα τὴν ἐκείνου τε ἀποδημίαν ἐλεεινῶς ἀποδυρομένους δεξιώτατα παραμυθησάμενος ὀχήματος πωλικοῦ[139] ἐπιβαίνει καὶ τῆς πόλεως ἔξεισι.

---

134 χεὶρ omm. MD
135 κατασχεθεῖσα D
136 ἐπάγει MD
137 ἐχόμενα MACD
138 εἶχεν C
139 πολιτικοῦ AD

Frage ärgerlich, weil er nicht sofort geantwortet hatte. Er leistete sich etwas noch Unverschämteres, vermutlich vom Bösen getrieben, und erhob seine rechte Hand gegen den Heiligen, weil er ihn mit seiner Peitsche schlagen wollte. Und sofort griff die schützende Hand von oben ein und die dreiste Hand wurde gehindert und war gelähmt, als ob sie durch eine Fessel gebunden worden sei.

53. Den anderen ergriff die Furcht aufgrund dieses unerwarteten Anblicks. Nachdem sie beide von den Pferden abgestiegen waren, warfen sie sich vor die Füße des Heiligen und sie fingen an, äußerst demütig zu flehen, dass die Hand, die verwelkt und gleichsam gestorben war, wieder aufblühe und auflebe und nicht wie tot zurückbliebe. Er zeigte auch in diesem Fall das gewohnte Mitleid, ergriff die verstümmelte Hand und zeigte sie sofort als gesund.

Als er wiederum nach dem Grund für die Suche nach Euxeinianus gefragt und erfahren hatte, dass sie ein kaiserliches Schreiben für ihn brächten, wurde Aberkios zum Führer der Männer und führte sie so schnell wie möglich zum Haus des Euxeinianus. Als jener jedoch das Schreiben in Empfang genommen hatte und den Inhalt durchgegangen war, übergab er (den Brief) sofort dem Heiligen (und) bat, nichts aufzuschieben, sondern, so wie es der Brief wünschte, den schnellsten Weg zu nehmen.

54. Als (Aberkios den Brief) selbst gelesen hatte, sagte er: „Ich werde gehen und den Weg ohne Zögern zurücklegen, weil es nach dem Willen Gottes geschieht, wie es auch mir von meinem Herrn offenbart worden ist." Nachdem die Kuriere von Euxeinianus mit allen Ehren aufgenommen worden waren, blieben sie zwei Tage bei ihm und berichteten ihm von der ganzen Reise und der Schifffahrt. Am dritten Tag nahmen sie das Antwortschreiben und kehrten zurück. Ihnen war vom höchst verehrungswürdigen Aberkios vorausgesagt worden, dass sie einander nach genau vierzig Tagen im sogenannten Portus, das nahe bei Rom gelegen ist, treffen würden und dass er so zusammen mit ihnen die Stadt betreten werde. Sie aber konnten nicht anders als dies zu glauben – denn sie urteilten richtig aus dem, was ihnen widerfahren war und was sie gesehen hatten, dass es unmöglich ist, dass ein Mann, der derartiger Dinge würdig war, kein gesundes Gewissen und keine klare Sprache hätte – und sie kehrten zurück, indem sie wieder die staatlichen Pferde bestiegen.

55. Der göttliche Aberkios aber füllte Wein, Essig und Öl in ein und denselben Schlauch und nahm sich außerdem wenige Brote. Dann unterhielt er sich in der für ihn gewöhnlichen Weise mit den Brüdern, die seinen Weggang jämmerlich beklagten, indem er sie sehr klug beruhigte. Er bestieg einen von Fohlen gezogenen Wagen[60] und verließ die Stadt.

---

[60] Hiermit dürfte die Demut des Aberkios gekennzeichnet sein, der nicht die Pferde des *cursus publicus* benützt, aber auch nicht reitet wie Jesus beim Einzug in Jerusalem, sondern Fohlen als Zugtiere gebraucht, die nach Sach 9,9 auch in Mt 21,5.7 erwähnt werden.

56. Βραχὺ δὲ τῆς ὁδοῦ προελθὼν ὁρᾷ τινα ἀμπελουργὸν σκάπτοντα καὶ περὶ τὰς ἀμπέλους ἐπιμελῶς ἔχοντα· ὄνομα τῷ ἀνδρὶ Τροφιμίων[140]. Τοῦτον ὀνομαστὶ καλέσας· Δεῦρο, φησίν, ἀδελφέ, συνδιάνυσόν μοι τὴν ἐπὶ Ῥώμην ὁδόν. Ἤκουσεν ἐκεῖνος καὶ τὴν δίκελλαν[141] εὐθὺς καὶ τὸ σκαφεῖον ἀπολιπὼν τὴν οἰκείαν τε ἁρπάσας ἐσθῆτα, ἣν διὰ τὸν ἐκ τῆς ἐργασίας κόπον τῇ γῇ καταθεὶς ἦν, εἵπετο τῷ ἁγίῳ. Ἐπειδὴ δὲ συνώδευον ἤδη — ἀλλὰ νῦν ὅτι μάλιστα προσέχειν ὑμᾶς ἀξιῶ, θαῦμα γὰρ ἀκούσεσθε σύμμικτον ἡδονῇ — καὶ γὰρ ὁπότε μὲν ὁ Τροφιμίων εἰς κοινὴν δὴ χρείαν ἐπιτρέψαντος τοῦ ἁγίου τὸν τοῦ ἀσκοῦ πόδα λύσειεν, αὐτὸ δὴ τὸ πρὸς τὸ παρὸν συντελούμενον[142] ἀμιγὲς ἦν[143], οἶνος τυχὸν ἢ ὄξος ἢ ἔλαιον, τῶν ἄλλων κατὰ χώρας[144] μενόντων· ὁπότε δὲ πάλιν ἐκεῖνος ἐν χρείᾳ τινὸς καταστὰς οὐ κατὰ γνώμην τοῦ ἁγίου λύσειε τὸν ἀσκόν, τἀναντία ἢ αὐτὸς ἠβούλετο θαυμαστῶς ἐξῄει· ὄξος μὲν γὰρ καὶ ἔλαιον εἰ δίψῃ τυχὸν ληφθεὶς πειρῷτο πιεῖν[145]· εἰ δὲ καὶ ἔμπαλιν αὐτῶν δεηθείη, οἶνος ἀκραιφνὴς τοῦ ἀσκοῦ ἀπέρρει.

Οὕτως ὁ ἑκοντὶ δολερὸς ἄκων ὑπῆρχε πιστός, οὐδενὸς ὧν ἠβούλετο κατὰ χρείαν ἁπτόμενος, σαφῶς αὐτὸν τοῦ πράγματος ἐκδιδάσκοντος ὀρθῶς ἔχειν καὶ ἀκεραίως καὶ μηδὲν παρὰ τὴν τοῦ χρησαμένου γνώμην ποιεῖν. Τοιούτων Ἀβέρκιος τῶν παρὰ θεοῦ θείων ἀπέλαυε χαρισμάτων.

57. Πᾶσαν οὖν εὐμαρῶς ἀνύσαντες τὴν ὁδὸν ἐν Ἀτταλείᾳ[146] τῆς Παμφυλίας κατάγονται, ἐν ᾗ πλοίου τινὸς τῶν ἐπὶ Ῥώμην ἀναγομένων ἐπιβάντες εἰς τὸν ὡρισμένον καταίρουσι τόπον, πέρας ἄρτι καὶ τοῦ τῶν ἡμερῶν λαβόντος συνθήματος. Τῶν οὖν μαγιστριανῶν τρισὶν[147] ὕστερον ἡμέραις καὶ αὐτῶν[148] καταχθέντων, πολὺν γὰρ αὐτοῖς ἐτρίβη χρόνον ὁ πλοῦς διὰ τὸ τῆς ὥρας χειμέριον, καὶ πολλὰ σφίσιν αὐτοῖς μεμφομένων τῆς βραδυτῆτος οὕτω τε οἰομένων ὡς εἰ μὴ τῷ ἁγίῳ κατὰ τὰς συνθήκας ἐντύχοιεν ἢ ἑαυτοὺς ὠμῶς διαχρήσασθαι ἢ εἰ τῷ αὐτοκράτορι κεναῖς ὃ δὴ λέγεται χερσὶν ἐμφανισθεῖεν ὑπ' ἐκείνου ἀναιρεθῆναι.

58. Ταῦτα τούτων καθ' ἑαυτοὺς διασκοπουμένων ἐπειδὴ ἀπέβησάν τε τῆς νηὸς ἤδη καὶ τὰς καταγωγὰς ἀνηρεύνων καὶ τὴν ἀκτὴν περιῄεσαν ἐντυγχάνουσι τῷ ἁγίῳ. Ὁ μὲν οὖν τὴν δεξιὰν προτείνας καὶ αὐτοὺς ἀσπασάμενος προσφιλές τε εἶδε τοὺς ἄνδρας καὶ πράως τοῦ συνθήματος ὑπεμίμνησκεν. Οἱ δὲ ἄσμενοι τοῦτον ὡς οὐκ ἂν ἤλπισαν ἰδόντες προσεκύνουν εὐθέως, περιεπτύσσοντο, περιέβαλλον, πάντα τἆλλα[149] ἐποίουν, ὅσα ψυχῆς ὑπὸ περιχαρείας κεκινημένης ἐστὶ σύμβολα. Εἶτα παραλαβόντες εἰσίασί τε τὴν Ῥώμην καὶ ὣς τὸν ὕπαρχον ἄγουσι Κορνηλιανόν.

---

140 ὄνομα τ. ἀ. Τροφιμίων omm. AC
141 δέκελλαν M
142 συντελοῦν μόνον MD
143 ἐξῄει MD
144 χώραν M
145 πιεῖν οἶνον D
146 ἀταλεία D
147 τισιν C
148 αὐτῶ M
149 τὰ ἄλλα A

56. Als er aber eine kurze Strecke des Weges vorangekommen war, sah er einen Winzer, der grub und sorgfältig mit den Weinstöcken beschäftigt war. Der Name des Mannes war Trophimion[61]. Diesen rief er bei seinem Namen und sprach: „Wohlan, Bruder, lege mit mir den Weg nach Rom zurück!" Jener hörte und er folgte dem Heiligen, nachdem er sofort Hacke und Spaten niederlegt und rasch das passende Gewand ergriffen hatte, das er wegen der Anstrengungen der Feldarbeit auf die Erde abgelegt hatte. Als sie aber schon zusammen reisten – aber ich wünsche nun, dass ihr besonders aufmerksam seid, denn ihr werdet von einem mit Spaß verbundenen Wunder hören –, war jedes Mal, wenn nämlich Trophimion, nachdem der Heilige es (ihm) aufgetragen hatte, den Verschluss des Schlauches zum gemeinsamen Gebrauch öffnete, unvermischt, was bis dahin vermischt war, nämlich Wein oder Essig oder Öl, während die beiden anderen an ihrem Platz blieben. Jedes Mal aber, wenn jener nach seinem Bedürfnis stehen blieb und ohne Einverständnis des Heiligen den Schlauch öffnete, kam auf wundersame Weise das Gegenteil oder was er nicht trinken wollte heraus: Essig nämlich und Öl, wenn er, von Durst gequält, zu trinken versuchte. Wenn er aber ihrer im Gegenteil bedurfte, floss unvermischter Wein aus dem Schlauch.

So war der freiwillig Listige widerwillig treu, weil er nichts von dem bekam, was er nach seinem Bedürfnis wollte. Der Vorgang belehrte ihn deutlich, sich richtig und untadelig zu verhalten und nichts zu tun ohne das Einverständnis dessen, der das Wunder eingerichtet hatte. Derartige göttliche Gnadenkräfte verdankte Aberkios Gott.

57. Sie legten den ganzen Weg mühelos zurück und kamen nach Attalia in Pamphylia[62]. Nachdem sie dort eines der Boote zur Überfahrt nach Rom bestiegen hatten, erreichten sie den verabredeten Ort, als die vereinbarte Tagesfrist fast abgelaufen war Die Kuriere kamen drei Tage später als sie an, denn das Schiff hatte wegen des stürmischen Wetters viel Zeit gebraucht. Sie machten sich selbst wegen der Langsamkeit große Vorwürfe, denn sie fürchteten, dass, wenn sie den Heiligen nicht zum verabredeten Zeitpunkt anträfen, sie entweder sich selbst grausam töten müssten oder wenn sie, wie man sagt, mit leeren Händen vor dem Herrscher erschienen, sie von ihm getötet würden.

58. Während sie das bei sich überlegten, nachdem sie schon aus dem Schiff ausgestiegen waren, die Herbergen durchsuchten und am Strand umherliefen, trafen sie den Heiligen. Er aber streckte seine rechte Hand aus, begrüßte sie, sah die Männer freundlich an und erinnerte sie gelassen an ihre Verabredung. Sie freuten sich aber, als sie ihn sahen, was sie nicht (mehr) gehofft hatten, und warfen sie sich sofort nieder, schmiegten sich an (ihn), umarmten (ihn) und taten alles andere, was Zeichen einer von übermäßiger Freude bewegten Seele sind. Sie nahmen ihn, zogen in Rom ein und führten ihn zum Präfekten Cornelianus.

---

[61] Der auch sonst sehr häufige Name Trophimos kann hier in der Diminutivform Trophimion den humoresk-abwertenden Nebensinn „Fresssack" enthalten.
[62] BEAN G. E., Attaleia, PECS, 1976, 111; KLOSE D. O.A, Atteleia/Antaya in: EICHLER S. U. A. (Hrsg.), Antike Stätten am Mittelmeer, Darmstadt 1999, 481–483.

59. Ὁ δὲ ἐπειδὴ τὸν αὐτοκράτορα Ἀντωνῖνον ἡ κατὰ τῶν βαρβάρων εἶχεν ἐκστρατεία[150] τὸν Ῥῆνόν τε διαβάντων καὶ τὴν Ῥωμαίων λεηλατούντων, τὸν ἄνδρα πρὸς τὴν Αὐγούσταν ἄγει Φαυστῖναν.

60. Ὃν ἐκείνη θεασαμένη γεραρὸν οὕτω καὶ σεμνὸν καὶ τὸ εὔκοσμον οἷον καὶ γαληνὸν ὑποφαίνοντα αἰδοῦς ὑπόπλεως γίνεται καὶ σὺν πολλῇ αὐτὸν ἀσπάζεται τῇ σεμνοπρεπείᾳ. Καί· Ὅτι μὲν ἀγαθοῦ καὶ πάντα δυναμένου, λέγει, θεοῦ δοῦλος εἶ, δῆλον ἐξ ὧν ἄλλοι τε πολλοὶ πρότερον καὶ νῦν ἀπήγγειλαν ἐπανελθόντες οἱ μαγιστριανοί — καὶ γὰρ ἤδη καὶ παρ' αὐτῶν ἡ Φαυστῖνα τὰ κατὰ τὸν ἄνδρα[151] ἐμεμαθήκει — δέομαι οὖν μηδὲν ἀναβαλέσθαι καὶ βασιλέων εὐεργέτης ὀφθῆναι καὶ τὸ ταπεινὸν ἡμῶν σῶσαι καὶ θεραπεῦσαι θυγάτριον. Οὕτω γάρ σοι μεγάλαι τιμαὶ παρ' ἡμῶν καὶ δωρεαὶ τὴν χάριν ἀμείψονται.[152] Ταῦτα μετὰ πολλῆς ὑπηγόρευε τῆς περιπαθείας· ἔκαμπτον γὰρ αὐτὴν αἱ τῆς φύσεως ἀνάγκαι καὶ βοηθὸν ἐποίουν ἐκεῖνον ἐπιζητεῖν, ὅν, κατὰ τὸν θεῖον φάναι Δαυίδ, δωρεὰν ἐμίσουν καὶ ὡς θεὸν[153] ἀληθῆ προσκυνεῖν οὐκ ἠνείχοντο.

61. Ὁ δέ· Ἀποδεκτὰ μὲν τὰ τῆς προαιρέσεως, ἔφη, τῆς σῆς, πλὴν οὐδενὶ τούτων ἡμεῖς τῶν παρ' ὑμῖν τιμωμένων[154] ἡδόμεθα, πάλαι τὴν κενὴν ταύτην διαπτύσαντες φαντασίαν ἄλλως τε δὲ οὐδὲ ἐμμίσθους τὰς παρὰ θεοῦ δοθείσας ἡμῖν παρέχομεν χάριτας, δωρεὰν λαβόντες καὶ δωρεὰν διδόναι κεκελευσμένοι. Ἀλλὰ ποῦ σοί, φησιν, ἡ θυγάτηρ; Καὶ ἡ Φαυστῖνα ὡς εἶχε τάχους εὐθὺς εἰς τὸν θάλαμόν τε εἰστρέχει καὶ τῆς παιδὸς αὐτὴ λαβομένη ἐφέλκεται πρὸς τὸν ἅγιον μεθ' ὅσης ἂν τῆς θερμότητος εἴποις καὶ τῆς σπουδῆς.

Ὁ μέντοι ἐνοικῶν τῇ παιδὶ πονηρότατος δαίμων, ἐπεὶ πρὸς αὐτὸν ἀπαγόμενος ἔγνω, οὗ καὶ πρότερον ἐγίνωσκεν ἡττηθείς, ἐσπάραττε τὴν παῖδα, κατέβαλλε, δεδοικέναι ταράττεσθαι τρέμειν ἰλιγγιᾶν ἐποίει. Εἶτα καὶ φωνὴν ἐκ ταύτης ἠφίει· Ἰδοὺ Ἀβέρκιε, λέγουσαν, καὶ εἰς Ῥώμην σε ἤγαγον, ὥσπερ ἄρα ἐπηγγειλάμην. Ὁ δέ· ναί, φησιν, ἀλλ' οὐ χαιρήσεις τούτου γε ἕνεκεν.

62. Οὕτως ἔφη καὶ τὴν κόρην εἰς ὕπαιθρον ἀχθῆναι κελεύει. Ἤχθη οὖν ἀνὰ τὸν ἱππόδρομον ἡ παῖς ὑπασπιστῶν τε βασιλικῶν πρότερον καὶ φρουρῶν τὸν τόπον διαλαβόντων. Ἐν τούτῳ δὲ τοῦ ἀναιδοῦς ἐκείνου καὶ μιαροῦ δαίμονος σπαράττοντός τε καὶ καταβάλλοντος τὴν κόρην καὶ οὐδὲν ἄλλο βοῶντος ὅτι μὴ τὰ ὀφρὺν καὶ κόμπον δηλοῦντα μόνον, ἐφ' ᾧ τὸν ἅγιον τοσαύτην θάλασσάν τε καὶ γῆν δι' αὐτὸν ἀγάγοι, τὸ ὄμμα εἰς οὐρανοὺς ἐπάρας Ἀβέρκιος καὶ προσευξάμενος τῷ θεῷ δριμύ τε τῇ κόρῃ ἐμβλέπει καί· Ἔξελθέ, φησι, ταύτης, πονηρὲ δαῖμον ἐπιτάσσει σοι Χριστὸς ὁ ἐμός· μηδὲν αὐτὴν λυμηνάμενος.

---

150 ἐκστρατειὰ M
151 τὰ κ. τ. ἄνδρα om. A
152 Οὕτω ... ἀμείψονται om. C
153 θεὸν om. M, ἀληθῆ θεὸν D
154 τιμίων MD

59. Da aber ein Feldzug gegen die Barbaren, die den Rhein überquert hatten und das Gebiet der Römer plünderten, den Imperator Antoninus beschäftigte, führte er (Cornelianus) den Mann zur Augusta Faustina.

60. Als jene den ehrwürdigen Greis sah, der so edel, beispiellos wohlgestaltet und ruhig auftrat, überkam sie Ehrfurcht, und sie begrüßte ihn mit allem gebührenden Anstand. Sie sprach: „Dass du ein Diener des guten und alles vermögenden Gottes bist, ist aus dem offensichtlich, was viele andere zuvor, und jetzt auch die zurückgekehrten Kuriere, berichtet haben." Faustina hatte nämlich von ihnen bereits alles das über den Mann erfahren. „Ich bitte dich, dass du nicht zögerst und dich als Wohltäter[63] der Kaiser zeigst und unser elendes Töchterlein rettest und heilst. Denn große Ehren von uns und Gaben werden dir dann deinen Liebesdienst vergelten." Dies sagte sie mit großer Trauer. Denn die Zwänge der Natur ließen sie umdenken und veranlassten sie, jenen als Helfer aufzusuchen, den – um es mit dem göttlichen David zu sagen – sie ohne Grund hassten[64] und nicht ertrugen, dass er den wahren Gott verehrte.

61. Er aber sagte: „Dein Vorsatz ist willkommen, nur haben wir keine Freude an den Dingen, die bei euch hoch geachtet werden, weil wir diese schon lange als leeres Trugbild verachten. Überdies aber machen wir die Liebesdienste, die uns von Gott gegeben wurden, nicht zu Geld, denn wir haben umsonst empfangen und uns ist befohlen, umsonst zu geben[65]. Aber wo" frug er, „ist deine Tochter?" Und Faustina lief, so schnell sie konnte, in das Schlafgemach, und indem sie selbst das Kind nahm, brachte sie es mit sozusagen großer Wärme und Eifer zu dem Heiligen.

In dem Kind jedoch wohnte der äußerst bösartige Dämon. Da er erkannte, dass er zu jenem geführt wurde, von dem er schon vorher wusste, dass er (selbst) ihm unterlegen war, quälte er das Kind, warf es zu Boden und machte, dass es erschrak, verwirrt war, zitterte und taumelte. Dann ließ er eine Stimme aus ihr heraus, die sagte: „Siehe, Aberkios", sagte sie, „ich habe dich doch nach Rom geführt, wie ich es dir ja versprochen habe!" Er aber sagte: „Allerdings, aber du wirst deswegen keine Freude haben!"

62. So sprach er und ließ das Mädchen unter freien Himmel bringen. Das Mädchen wurde nun in das Hippodrom geführt, nachdem die kaiserliche Garde und die Wachsoldaten den Ort zuvor abgesichert hatten. Währenddessen aber quälte jener scham- und gottlose Dämon das Mädchen und warf es zu Boden und rief nichts anderes außer, dass es nicht allein von Hochmut und Prahlerei zeuge, wenn er den Heiligen selbstständig über das so große Meer und über Land herbeigeführt habe. Aberkios aber erhob seine Augen zum Himmel, und nachdem er zu Gott gebetet hatte, sah er streng auf das Mädchen und sagte: „Geh aus ihr heraus, böser Dämon. Mein Christus befiehlt dir: Schade ihr nicht!"

---

63 Die Kaiserin weist auf die Paradoxie der Situation hin: Der Heilige wird zum Wohltäter des Kaisers, der in der sozialen Welt des römischen Reiches der oberste Wohltäter ist.
64 Vgl. Ps 68,5 LXX.
65 Vgl. Mt 10,8.

63. Ὁ δὲ εὐθὺς τὸ λεόντιον ἐκεῖνο θράσος εἰς δειλίαν ἀλώπεκος μεταβεβληκώς· Ὁρκίζω σε κἀγώ, ἔφη, κατὰ τοῦ αὐτοῦ Χριστοῦ, μὴ εἰς ἐρημίαν με, μὴ εἰς ἕτερον ἀποπέμψαι τόπον, ἀλλ' ἔνθα δὴ καὶ πρότερον ᾤκουν. Καὶ τὸν ἅγιον· Ἀπελεύσῃ μέν, εἰπεῖν, οὐκ εἰς ἐρημίαν, ἀλλ' εἰς τόπον τὸν πατρικόν. Ἀνθ' ὅτου δέ με καὶ τὴν Ῥώμην
5 ἰδεῖν ἐποίησας, ἐπιτάττω σοι καὶ αὐτὸς πάλιν ἐν τῷ ὀνόματι Ἰησοῦ τὸν βωμὸν τοῦτον ἆραι – δείξας αὐτῷ τῇ χειρὶ βωμὸν λίθινον – μέχρι τε Ἱεραπόλεως τῆς ἐμῆς ἐνεγκεῖν καὶ παρὰ τῇ νοτίῳ φέροντι ἐπιστῆσαι¹⁵⁵ πύλῃ. Ἤκουσεν ὁ δαίμων, καὶ εὐθὺς οἷα δοῦλος φοβερῷ δεσπότῃ πάντα ὑπείκειν πεπαιδευμένος ἀπαλλάττεται μὲν τῆς κόρης μηδ' ὁτιοῦν αὐτὴν δράσας κακόν. Εἶτα μυρίων ὁρώντων ὀμμάτων — ὦ τίς μὴ θαυμάσει σου
10 πάντα, Χριστὲ βασιλεῦ; — ὑπέρχεται τὸν βωμὸν καὶ ἀναιρεῖται βαρὺ στενάξας, δίεισι διὰ τοῦ ἱπποδρόμου — καινὸν δὲ τοῦτο θέαμα Ῥωμαίοις — καὶ τῷ ὡρισμένῳ φέρων ἐναποτίθησι τόπῳ κατὰ τὴν Ἱεράπολιν.

64. Ἡ δὲ κόρη τοῦ ἐνοχλοῦντος ἀπαλλαγεῖσα δαίμονος ἄφωνος ἐπὶ πολὺν χρόνον τῶν ποδῶν εἴχετο τοῦ ἁγίου· ὃ καὶ μάλιστα τὴν μητέρα καὶ τοὺς παρόντας ἐθορύβει
15 δεδοικότας μὴ καὶ τὴν ψυχὴν ὁ δαίμων¹⁵⁶ ἀφείλετο τῆς παιδός. Τὴν μέντοι Φαυστῖναν μὴ δυνηθῆναι σιωπῇ¹⁵⁷ τοῦτο διενεγκεῖν, ἀλλὰ μεστὴν ἀγωνίας ἔχουσαν τὴν καρδίαν πρὸς τὸν ἅγιον φάναι· Ἦ που μετὰ τοῦ δαίμονος ἀπήλλαξας τὴν παῖδα καὶ τῆς ζωῆς. Ὁ δὲ οὕτως αὐτὴν διακειμένην ἰδὼν καὶ οἰκτείρας¹⁵⁸, τὴν χεῖρα τῇ παιδὶ προτείνας, ὥσπερ ὑπὸ βαθεῖ ὕπνῳ κατειλημμένην νήφουσαν ἐγείρει καὶ σωφρονοῦσαν καὶ
20 πρὸς τὴν Φαυστῖναν ἐπιστραφείς· Ἰδού, φησιν, παρέστηκέ σοι ἡ παῖς οὔτε τῆς ζωῆς στερηθεῖσα καὶ τῆς τοῦ δαίμονος ἐπηρείας ἀπαλλαγεῖσα.

65. Ὡς οὖν οὕτω τὴν παῖδα ἡ μήτηρ εἶδε, περιβαλοῦσα ταύτην καὶ δάκρυα χαρᾶς αὐτῇ καταχέασα παρειάν τε παρειᾷ ἐπετίθει καὶ στόματι στόμα χερσί τε ἐνέβαλλε χεῖρας καὶ ὥσπερ ἔνδον λαβεῖν καὶ γυμνῇ αὐτῇ συγγενέσθαι¹⁵⁹ τῇ ψυχῇ γλιχομένη οὐκ
25 εἶχεν ὅ τι καὶ γένοιτο.

Ἐπειδὴ δὲ ἱκανῶς αὐτῇ ἤδη τὰ πρὸς τὴν παῖδα εἶχεν, ἠξίου τὸν θεῖον Ἀβέρκιον θερμότατα λίαν ἡ βασιλὶς μὴ παραιτήσασθαι παρ' ἐκείνης λαβεῖν ἀμοιβήν, ἥτινι μεγάλης οὕτως αὐτὸς καὶ ἀναγκαίας ὑπῆρξε χάριτος αἴτιος¹⁶⁰. Ὁ δὲ χρημάτων μὲν οὐδὲ μνήμην ἀτέχνως ἠνέσχετο, εἰρηκὼς ὅτι· Τί δεήσοι χρημάτων ᾧπερ ἄρτος καὶ
30 ὕδωρ πολυτελὴς ἄριστος; Οἰκοδομηθῆναι δὲ βαλανεῖον αἰτεῖ ἐπὶ τῷ παρὰ ποταμὸν Ἀγρῷ, ἔνθα κλίνας αὐτὸς τὰ γόνατα ηὔξατο καὶ ἡ γῆ πηγὰς ὑδάτων ἀνῆκε θερμῶν, σιτηρέσιόν τε τοῖς ἐν τῇ πόλει αὐτοῦ πτωχοῖς εἰς τρισχιλίους μοδίους ἀποταγῆναι.

66. Τούτων ἡ βασιλὶς ἅμα τε ἤκουσε καὶ ἀσμένως ἁρπάζει τὸ αἰτηθὲν Κορνηλιανόν τε τὸν ἔπαρχον ὡς τάχος μετακαλεῖται καὶ σπουδὴν πᾶσαν εἰσενεγκεῖν πρὸς¹⁶¹ τὰ

---

155 παραστῆσαι MD
156 ὁ δαίμων om. D
157 σιωπῇ om. A
158 οἰκτειρίσας D
159 γυμνῇ αὐτῆς γενέσθαι D
160 αἴτιος om. M
161 εἰς D

63. Indem (der Dämon) aber jene löwengleiche Kühnheit sofort in die Feigheit des Fuchses verwandelte, sprach er: „Ich beschwöre dich bei Christus selbst, schicke mich weder in die Einsamkeit noch an einen anderen Ort, sondern dahin, wo ich schon zuvor gewohnt habe." Der Heilige sprach: „Du wirst nicht in die Einsamkeit, sondern in meinen Heimatort gehen. Da du bewirkt hast, dass ich Rom sehe, befehle ich dir umgekehrt im Namen Jesu, diesen Altar zu nehmen" – er zeigte ihm mit der Hand einen steinernen Altar – „und ihn bis in mein Hierapolis zu tragen und ihn beim sogenannten Südtor aufzustellen." Der Dämon hörte das, und weil er erzogen war, sich in allem dem furchteinflößenden Herrscher unterzuordnen, ließ er sofort von dem Mädchen ab, ohne ihr irgendeinen Schaden anzutun. Dann sahen unzählige Augen – oh, wer wird dich nicht in allem bewundern, Christus König! – wie er unter den Altar kroch und ihn heftig ächzend emporhob. Er ging durch das Hippodrom – dies war ein neues Schauspiel für die Römer – und stellte ihn am festgelegten Ort bei Hierapolis wieder auf.

64. Das von dem so umtriebigen Dämon befreite Mädchen aber hielt eine geraume Zeit die Füße des Heiligen fest und gab keinen Ton von sich. Das beunruhigte die Mutter und die Anwesenden sehr, weil sie fürchteten, dass der Dämon die Seele des Kindes geraubt hätte. Faustina jedoch konnte dies nicht lange schweigend ertragen und sagte zu dem Heiligen, während ihr Herz voller Todesangst war: „Sicherlich hast du das Kind zusammen mit dem Dämon auch vom Leben getrennt." Als er aber sah, dass sie in einem solchen Zustand war, bemitleidete er sie. Er streckte seine Hand nach dem Mädchen aus und weckte es, als ob es von einem tiefen Schlaf ergriffen gewesen wäre, als Besonnenes und Verständiges auf. Indem er sich zu Faustina umdrehte, sagte er: „Siehe, das Kind steht neben dir, nicht des Lebens beraubt, aber von der Bedrohung des Dämons befreit."

65. Als aber die Mutter das Kind so sah, umarmte sie es und vergoss Freudentränen, sie legte Wange an Wange, Mund an Mund, Hände legte sie in Hände, gleich als ob sie das Innere zu erfassen und tief in ihrer Seele sich mit ihr zu vereinigen verlangte, und sie wusste nicht, was geschah.

Nachdem sie sich aber nun ausreichend mit dem Kind beschäftigt hatte, bat die Kaiserin den göttlichen Aberkios wärmstens und inständig, sich nicht zu weigern, eine Belohnung anzunehmen von ihr, für die er der Urheber einer so großen und dringlichen Liebestat sei. Er aber ließ die Erwähnung von Geld überhaupt nicht zu, indem er sagte: „Wozu bedarf der des Geldes, für den Brot und Wasser das teuerste und beste sind?" Er bat darum, dass ein Heilbad bei dem Fluss in Agros gebaut werde, wo er selbst die Knie gebeugt und gebetet hatte und die Erde Quellen warmen Wassers hervorquellen ließ, und dass eine Kornspende von 3000 Scheffeln für die Armen in seiner Stadt angewiesen werde.

66. Gleich als die Kaiserin dies hörte, gewährte sie erfreut das Erbetene. Sie ließ so schnell wie möglich den Präfekten Cornelianus herbeirufen und befahl, allen Eifer dem Erbetenen zukommen zu lassen, damit nicht die Liebestat des schnell Gewährten durch die Langsamkeit der Wohlfahrtsbehörde abgeschwächt werde. So freuen

αἰτηθέντα κελεύει, ὥστε μὴ ἀμβλῦναι τὴν χάριν τῶν ταχέως ὑποσχεθέντων βραδυτῆτι διακονίας. Οὕτω φύσει καὶ πάθει ψυχῆς οἱ ἄνθρωποι τοῖς ὀκνοῦσι τὰς δωρεὰς μᾶλλον ἢ τοῖς πρὸς τὸ λαβεῖν ἑτοίμοις ἡδόμεθα χαριζόμενοι, τοὺς μὲν διὰ τὸ ἥττους ὁρᾶσθαι τῶν διδομένων περιφρονοῦντες, τῶν δὲ τὸ ὑψηλὸν ἀσπαζόμενοι.

5 Ὁ ἔπαρχος μέντοι μελλήσας[162] οὐδὲν τὸν ἀρχιτέκτονα πρὸς τὸν κατ' ἐκεῖνο καιροῦ ἄρχοντα Φρυγίας ἐκπέμπει, ἐφ' ᾧ χρήματα λαβεῖν παρ' αὐτοῦ πρὸς τὴν τοῦ βαλανείου οἰκοδομήν, ὅσων[163] δέοιτο, καὶ μοδίους τοῖς ἐν τῇ Ἱεραπόλει πένησι τρισχιλίους[164] ἀπονεῖμαι[165]· ἐπειδὴ δὲ καὶ τὸ βαλανεῖον οἰκοδομούμενον τέλος εἶχεν, οὐκέτι τὸ ἀπ' ἐκείνου παρὰ ποταμὸν Ἀγρός, ἀλλ' Ἀγρὸς θερμῶν[166] τῷ τόπῳ τὸ ὄνομα· καὶ τὸ 10 σιτηρέσιον δὲ διέμεινε χορηγούμενον ἕως τῶν Ἰουλιανοῦ χρόνων τοῦ δυσσεβοῦς. Ἐκεῖνος δὲ καθάπερ τῶν ἄλλων ἀγαθῶν πάντων οὕτω δὴ καὶ τούτου φθονήσας Χριστιανοῖς τὴν χορηγίαν εὐθὺς ἵστησιν.

67. Ὁ θεῖος τοιγαροῦν Ἀβέρκιος, ἵν' ἐπ' αὐτὸν ἐπανίωμεν, Ῥωμαίοις χρόνον ἱκανὸν συγγενόμενος καὶ τὸν ὑγιαίνοντα τῆς πίστεως λόγον Χριστιανῶν παραδοὺς ἐκκλησίαις, 15 ὄναρ ποτὲ τὸν κύριον ἐπιστάντα ὁρᾷ καί· Δεῖ σε, Ἀβέρκιε, λέγοντα, καὶ τῶν ἐν τῇ Συρίᾳ φροντίσαι μερῶν. Ἀνεγερθεὶς[167] οὖν τοῦ ὕπνου αἰτεῖ τὴν βασιλίδα μεθεῖναι αὐτόν·

68. περιείχετο γὰρ τέως ἰσχυρότατα τοῦ ἀνδρὸς δεδοικυῖα μὴ μετὰ τὴν ἐκείνου ἀποδημίαν ἀδείας τυχὸν τὸ δαιμόνιον ἐμπεδήσῃ πάλιν τῇ θυγατρί. Ὁ δὲ θαρρεῖν τούτου γε ἕνεκεν εἰρηκὼς ἐδεῖτο καὶ αὖθις ναῦν αὐτῷ παρασκευασθῆναι, δι' ἧς ἐπὶ τὰ 20 τῆς Συρίας πλεύσειε μέρη.

Μόλις οὖν ποτε καὶ τῇ πολλῇ πεισθεῖσα προσεδρείᾳ κελεύει Κορνηλιανῷ πλοῖόν τε αὐτῷ εὐτρεπίσαι καὶ τὰ ἐπιτήδεια ὅτι τάχος ἐνθέσθαι.

69. Καθορμισθείσης οὖν αὐτῷ τῆς νεὼς ἐμβὰς ἑβδόμῃ τῇ πρὸς τὸν πλοῦν ἡμέρᾳ τὴν Συρίαν καταλαμβάνει. Καὶ πρῶτα μὲν τῇ Ἀντιοχέων ἐπιδημεῖ· εἶτα δέχεται τοῦτον 25 Ἀπάμεια κἀκεῖθεν ἐπὶ τὰς λοιπὰς μεταβαίνει πόλεις καὶ στασιαζούσας διαλλάττει τὰς ἐκκλησίας· πάνυ γὰρ τότε τὸ τῆς αἱρέσεως τοῦ Μαρκίωνος κακὸν ἐνέμετο ταύτας. Τὸν Εὐφράτην δὲ[168] διαβὰς ταῖς κατὰ Νίσιβίν τε καὶ πᾶσαν τὴν Μεσοποταμίαν ἐκκλησίαις ἐπιφοιτᾷ κἀκείνας τὸν ἴσον διατίθησι τρόπον. Ἐντεῦθεν χρήματα αὐτῷ κομίζεται παρὰ

---

162 μελήσας C
163 ὅσον M
164 τρισχιλίους σίτου D
165 ἀπονέμαι MD
166 θερμῶν ὑάτων D
167 ἀνεθεὶς M
168 τε A

sich die Menschen von Natur und Gefühl aus, wenn sie schenken, mehr über diejenigen, die Bedenken haben, Geschenke anzunehmen, als über die, die sie bereitwillig annehmen. Wir verachten die einen, weil sie geringer als die Gebenden angesehen werden, aber wir freuen uns über die Seelengröße der anderen.

Der Präfekt zögerte jedoch nicht und schickte einen Architekten nach Phrygia zum seinerzeitigen Statthalter, um von ihm das nötige Geld für die Errichtung des Heilbades zu erhalten und um 3000 Scheffel an die Armen in Hierapolis zu verteilen. Nachdem aber die Erbauung des Heilbades beendet war, war der Name des Ortes von diesem Zeitpunkt an nicht mehr ‚Agros beim Fluss', sondern ‚Agros bei den warmen Quellen'[66]. Die Kornspende wurde laufend gewährt bis zu den Zeiten des gottlosen Julian[67]. Dieser stellte aus Hass gegen die Christen die Lieferung wie alle guten Dinge sofort ein.

67. Nachdem nun der göttliche Aberkios, um auf ihn zurückzukommen, eine geraume Zeit bei den Römern gewesen war und den Gemeinden der Christen das heilsame Wort des Glaubens überliefert hatte, sah er im Traum den Herrn dastehen, welcher sagte: „Es ist notwendig, Aberkios, dass du auch für die Landstriche in Syrien Sorge trägst." Als er nun aus dem Schlaf aufgewacht war, bat er die Kaiserin, ihn ziehen zu lassen.

68. Inzwischen hing sie sehr stark an dem Mann, weil sie fürchtete, dass nach seiner Abreise der Dämon die Unverschämtheit besäße, ihre Tochter wieder gefangen zu nehmen. Indem er ihr sagte, dass sie diesbezüglich beruhigt sein könne, bat er sie erneut, dass ihm ein Schiff bereitgestellt werde, mit dem er in Richtung Syrien segeln könne.

Als sie endlich sich durch seine große Hartnäckigkeit hatte überreden lassen, befahl sie Cornelianus, ihm ein Boot bereitzustellen und das Erforderliche so schnell wie möglich hineinzuschaffen.

69. Als das Schiff für ihn in den Hafen gebracht war, stieg er ein und am siebenten Tag der Seereise erreichte er Syrien. Als erstes besuchte er Antiochia. Dann empfing ihn Apameia[68] und von dort ging er weiter in die übrigen Städte und versöhnte die zerstrittenen Gemeinden miteinander. Denn damals trennte sie das Übel der Häresie des Markion[69]. Nachdem er den Euphrat überquert hatte, besuchte er die Gemeinden in Nisibis[70] und ganz Mesopotamien und ordnete sie auf dieselbe Art und Weise. Dort wurde ihm von vielen auch Geld angeboten, ein Lohn für seine vielfache Heilungs-

---

66 Vgl. BELKE – MERSICH, Phrygien (1990) 172f und Abb. 105 mit Hinweis auf spätere christliche Denkmäler. Hier fand William Ramsay 1883 die beiden Fragmente der Aberkiosinschrift. In Agros Thermon ist eine kaiserliche Stiftung nicht nachgewiesen, doch kennen wir von Faustina gestiftete Thermen in Milet, vgl. REHM – HERRMANN, Inschriften (1997) Nr. 339f.
67 Flavius Claudius Julianus, alleiniger Kaiser 361–363.
68 Zu Apameia am Orontes vgl. BALTY, Apamée (1981).
69 KÖNIG H., Marcion, LACL³, 2002, 483–485; MAY G., Markion/Markioniten, RGG⁴ 5, 2002, 834f.
70 DRIJVERS H. J.W., Nisibis, TRE 24, 1994, 573–576; KESSLER K., Nisibis, DNP 8, 2000, 962f.

πάντων, ἀμοιβὴ μετρία τῆς πολλῆς αὐτοῦ δῆθεν περὶ τὰς ἐκκλησίας κακοπαθείας. Ἠγνόουν δὲ ὅμοιόν τι ποιοῦντες, ὥσπερ εἴ τινι τῶν τρέχειν ὀξύτατα δυναμένων πέδας παρεῖχον, γέρας τι τῆς εὐκινησίας, εἰ βούλει δέ, καθάπερ οἱ τὸν γυμνὸν ἤδη παλαίειν πεπαιδευμένον πειρώμενοι ἐνδιδύσκειν, ὥστε λαβὰς ἔχειν ἐπὶ αὐτὸν τὸν ἀντίπαλον.

5 70. Ἐπεὶ οὖν ὁ μὲν ἀνένευε τὴν ἀνάληψιν τὰ τῆς βασιλίδος πλείονα εἰρηκὼς εἶναι καὶ εὐλογωτέρας ἐχόμενα πρὸς τὸ λαβεῖν ἀφορμῆς, οἱ δὲ προσκείμενοι πείθειν οὐκ εἶχον, εἰς μέσον τις αὐτῶν καταστὰς Βαρχασάνης ὄνομα, ἀνὴρ τὸ γένος λαμπρότατος, τὸν πλοῦτον διαφορώτατος· Βιάζεσθαι μέν, ἀδελφοί, τὸν ἄνδρα χρημάτων ἕνεκα, ἔφη, οὔτε αὐτῷ πρέπον οὔθ' ἡμῖν ὅλως λυσιτελές. Ὃ δὲ οὐκ ἔστιν διδόμενον ἀποθέσθαι καὶ
10 ὅπερ αὐτῷ μᾶλλον αἱ πράξεις διδόασιν, ἐκεῖνο δὴ καὶ ποιητέον ἡμῖν. Καὶ ψηφισώμεθα[169] τοῦτον ἰσαπόστολον ὀνομάζειν, ἐπεὶ μηδὲ περιελθόντα ἕτερον ἴσμεν γῆν τοσαύτην καὶ θάλατταν ἐπὶ προνοίᾳ τῶν ἀδελφῶν, ὅτι μὴ τοὺς κορυφαίους ἐκείνους τοῦ Χριστοῦ μαθητάς, οἷσπερ δὴ καὶ οὗτος ὤφθη ἑπόμενος. Ταῦτα ὁ μὲν εἶπε, τοῖς δὲ δεῖν ἐδόκει, καὶ τὸ ἀπ' ἐκείνου ταύτην ἔλαχε τὴν ἐπωνυμίαν ὁ καὶ πρὸ τῆς ἐκείνων ψήφου τοῖς
15 ἔργοις αὐτὴν κληρωσάμενος.

71. Ἀναζεύξας τοίνυν ἐκεῖθεν ἐν ἑκατέρᾳ τε Κιλικίᾳ γενόμενος καὶ τῇ Λυκαονίᾳ καὶ Πισιδίᾳ ἐπιδημήσας εἰς Σύναδα τῆς μικρᾶς Φρυγίας μητρόπολιν ἥκει. Ἐπιξενωθεὶς δέ τισι τῶν ἐκεῖ Χριστιανῶν καὶ μικρὸν ἑαυτὸν ἀναπαύσας πρὸς τὴν οἰκείαν ὥρμησε πόλιν.

20 72. Τὸ χωρίον οὖν ὅπερ Αὐλὼν ἐκαλεῖτο θέρους καταλαβὼν ἐπὶ τῆς πλησίον ἐκάθισε πέτρας. Ἐπειδὴ δὲ τό τε πνεῦμα ἐπίφορον ἔπνει καὶ τοῖς ἀγρόταις ὁ σῖτος

---

[169] ψηφισόμεθα A

kunst, die er für die Kirchen einsetzte. Sie wussten aber nicht, dass sie das gleiche taten, als wenn sie jemandem, der sehr schnell laufen kann, Fußfesseln anböten – gewissermaßen als Ehrengabe der Wendigkeit, wenn du willst –, und als ob sie versuchten, den, der nackt zu kämpfen gelernt hat, anzuziehen, so dass der Gegner Angriffsflächen an ihm findet. Als er nun die Annahme verweigerte, indem er sagte, dass das von der Kaiserin mehr gewesen sei und dass es anzunehmen einen vernünftigeren Grund gegeben hätte, (und) als die Dabeistehenden (ihn) nicht überzeugen konnten,

70. stand aus ihrer Mitte jemand mit Namen Barchasanes[71] auf, ein Mann aus vorzüglichster Familie und mit größtem Vermögen, und sprach: „Den Mann wegen des Geldes zu bedrängen, Brüder, ist weder seiner würdig noch überhaupt für uns vorteilhaft. Er ist nicht einer, der, was gegeben ist, ablehnt und was ihm die Taten an Besonderem geben, das also müssen auch wir tun. Lasst uns beschließen, ihn ‚apostelgleich'[72] zu nennen, weil wir niemand anderen kennen, der auf der großen Erde und dem Meer herumreist zur Fürsorge für die Brüder außer jenen Leitfiguren, den höchsten Jüngern Christi, denen er, wie man sieht, auch selbst folgt." Dies sagte er, ihnen aber erschien es zwingend und von diesem Zeitpunkt an hatte (Aberkios) diesen Beinamen, den er diesen schon vor ihrem Beschluss durch seine Taten erhalten hatte.

71. Nachdem er nun von dort aufgebrochen, beide Kilikien[73] besucht und in Lykaonien[74] und Pisidien[75] geweilt hatte, kam er nach Synada, der Hauptstadt von Kleinphrygien. Dort wurde er von einem der dortigen Christen als Gast aufgenommen und erst als er ein wenig Ruhe gefunden hatte, brach er zu seiner Heimatstadt auf.

72. Als er im Sommer einen Ort, der Aulon[76] genannt wurde, erreichte, setzte er sich auf einen Fels in der Nähe. Als aber ein heftiger Wind wehte und von den Bauern das Getreide auf der Tenne gedroschen wurde und der Wind die kleinen Spelzen hin

---

[71] Gemeint sein dürfte Bardesanes, der am Hof in Edessa in der zweiten Hälfte des 2. Jhs. und am Anfang des 3. Jhs. eine christliche Philosophie lehrte, vgl. BROCK S., Bardesanes, DNP 2, 1997, 446; DRIJVERS H. J.W., Bardesanes, RGG⁴ 1, 1998, 1106f; BRUN P., Bardaisan, LACL³, 106f.

[72] So bezeichnen etwa eine Handschrift der ApaulThecl. in der Überschrift Thekla (AAAp 1, 235 Lipsius). Das Attribut begegnet erst spät und eignete sich natürlich sehr gut, solche christlichen Nichtmärtyrer auszuzeichnen, wie die Apostelfreundin Thekla oder den wie Paulus vielgereisten Aberkios. Später wurde es am häufigsten auf Kaiser Konstantin bezogen, vgl. ἰσαπόστολος in TLG.

[73] Die seit Beginn der römischen Herrschaft oft wechselnde Einteilung des rauen und ebenen Kilikien führte unter Diokletian dazu, dass Isauria von Kilikien getrennt wurde. Im 5. Jh. begegnet dann unter Beibehaltung der Abtrennung von Isauria die Teilung in Cilicia prima und Cilicia secunda: TÄUBER H. – BERGER A., Kilikes, Kilikia III, DNP 6, 1999, 455f.

[74] Innerhalb der im 2. Jh. geschaffenen Großprovinz Galatia bezeugen Münzen ein κοινὸν Λυκαόνων, bevor um 370 die Provinz Lykaonia gegründet wurde, vgl. BELKE K., Lykaonia, DNP 7, 1999, 555-557.

[75] Im Zuge der diokletianischen Provinzreform entstand aus der Großprovinz Lycia et Pamphylia die Provinz Pisidia, vgl. BRANDT H., Pisidia, DNP 9, 2000, 1043-1045.

[76] Nicht identifizierter Ort zwischen Synada und Hierapolis: TALBERT, Map (2000) 567: Aulon Chorion.

ἐπὶ τῆς ἅλωνος ἐλικμᾶτο καὶ ἡ αὔρα τὰ λεπτὰ τῶν ἀχύρων διαρριπίζουσα ταῖς ὄψεσι προσέβαλλε τοῦ ἁγίου, δεῖται τῶν γεωργῶν ἀνεῖναι πρὸς βραχὺ τὸν πόνον[170].

Οἱ δὲ οὐχ ὑπήκουον εἶτα ὁ μὲν προσευχῇ μόνῃ τὸ πνεῦμα κοιμίζει, τοῖς δὲ καὶ ἄκουσιν ἐπαύετο ἡ σπουδή· μὴ ἔχοντες οὖν ὅ τι καὶ ἑαυτοῖς χρήσονται, οἱ μὲν ἐπὶ δεῖπνον τρέπονται, ὁ δέ — καὶ γὰρ ἔτυχε δίψει ἁλούς — ὕδωρ παρ' αὐτῶν ᾔτει. Ἀλλ' ἐκεῖνοι δεινῶς ἄξενοι ὄντες καὶ ἀκριβῶς ἄγροικοι παρεθεώρουν τὴν αἴτησιν καὶ χλεύην τὸ πρᾶγμα ἐποίουν· εἰ δι' ἕνα γέροντα, λέγοντες, ἀφεξόμεθα τραπέζης. Ἐμέμψατο[171] τὴν ἀπανθρωπίαν ταύτην ὁ φιλανθρωπότατος ἀνδρῶν Ἀβέρκιος καὶ τὸ μηδέποτε κορέννυσθαι αὐτοῖς ἐπηράσατο[172]· ὃ καὶ ἔσχον εἰς δεῦρο παραμένον αὐτοῖς, μισανθρωπίας φιλάνθρωπον ἀτεχνῶς ἐπιτίμιον.

73. Εἶτα τῆς πέτρας ἀναστὰς τὴν ἑαυτοῦ πόλιν καταλαμβάνει. Τὸ γοῦν πλῆθος αἰσθόμενοι τῆς τοῦ ἀνδρὸς παρουσίας συνέρρεον πανδημεὶ γλιχόμενοι ὄψιν τε τὴν γλυκεῖαν ἰδεῖν καὶ φωνῆς ἀκοῦσαι τῆς ποθουμένης.

74. Ὁ μὲν οὖν ἀσμένως αὐτοὺς εὐλογήσας καὶ ἀσπασάμενος περιῄει καὶ αὖθις τὴν πόλιν διδάσκων τε τὸν λόγον τῆς ἀληθείας σὺν παρρησίᾳ καὶ τοὺς προσιόντας διὰ τοῦ θείου βαπτίσματος τελειῶν, δαιμονῶσι λύσιν τοῦ κακοῦ παρέχων, νόσους ἰώμενος καὶ παντὸς ἰσχυροτέραν πάθους τὴν ἐν αὐτῷ τοῦ πνεύματος δύναμιν προβαλλόμενος. Συνθεὶς δὲ καὶ βίβλον διδασκαλίας πάνυ ὠφελίμως ἔχουσαν καταλείπει τοῖς ὑπ' αὐτὸν πρεσβυτέροις ἅμα καὶ διακόνοις, ἵνα καὶ μετὰ θάνατον φθέγγηται δι' αὐτῆς καὶ τρόπον τινὰ μηδέποτε ὠφελῶν παύηται.

75. Ἀνελθὼν οὖν ποτε εἰς ὄρος ὑψηλὸν οὕτω δεῆσαν ἐπεὶ δίψῃ δεινῇ αὐτός τε καὶ ὅσοι αὐτῷ συνῆσαν ἥλωσαν, ἐπὶ τὸν πάντα δυνάμενον καταφεύγει. Καὶ αὐτὸς μὲν εἰς προσευχὴν κλιθεὶς τὰ γόνατα τῷ ἐδάφει δίδωσιν· ὕδωρ δὲ πότιμον εὐθὺς ἀνῆκεν ἡ γῆ, καὶ ὁ τόπος ἐξ ἐκείνου τόπος γονυκλισίας τὸ λοιπὸν ἐκλήθη.

---

170 τόπον MD
171 ἐμέμψατο οὖν M
172 ἐπηρᾶτο A

und her trieb und in die Augen des Heiligen blies, bat er die Bauersleute, die Arbeit für eine kurze Zeit ruhen zu lassen. Sie aber hörten nicht hin. Dann brachte er den Wind allein durch das Gebet zur Ruhe und sie mussten gegen ihren Willen mit ihrer Tätigkeit aufhören.

Sie nun, die nichts mehr hatten, womit sie sich beschäftigen mussten, wandten sich der Mahlzeit zu, er aber – denn er erreichte sie vom Durst gepackt – erbat Wasser von ihnen. Aber weil sie schrecklich ungastlich waren und vollkommen ungesittet, lehnten sie seine Bitte ab und gossen ihren Spott darüber aus. „Wir werden doch nicht" sagten sie, „wegen eines einzigen Greises von unserer Mahlzeit aufstehen." Diese Unmenschlichkeit tadelte der menschenfreundlichste aller Männer, Aberkios, und er verwünschte sie, so dass sie niemals satt werden konnten. Diese Eigenschaft blieb bei ihnen, und sie besitzen sie bis heute – offenbar eine menschenfreundliche Strafe für ihre Unmenschlichkeit.

73. Dann stand er von dem Felsen auf und erreichte seine eigene Stadt. Als die Menge freilich die Ankunft des Mannes bemerkte, strömten sie von überall her zusammen, weil sie danach verlangten, sein süßes Antlitz zu sehen und die ersehnte Stimme zu hören.

74. Nachdem er sie freudig gesegnet und begrüßt hatte, ging er umher und lehrte die Stadt wieder das Wort der Wahrheit mit Freimut, und die, die zur Gemeinde hinzukamen, brachte er durch die göttliche Taufe zur Vollkommenheit, Besessenen verschaffte er Befreiung von dem Übel, Kranke heilte er und bei jedem Leiden erwies er die Kraft des Geistes in ihm als stärker. Er verfasste aber auch ein Buch der Lehre, das höchst nützlich war, und hinterließ es den Presbytern, die unter ihm dienten, zusammen mit den Diakonen, damit er auch nach seinem Tod dadurch spreche und niemals aufhörte, auf irgendeine Weise nützlich zu sein[77].

75. Einmal bestieg er einen hohen Berg, und so kam es, dass er und die, die bei ihm waren, von einem schrecklichen Durst gequält wurden. Er suchte Zuflucht bei dem, der alles vermag. Er beugte sich zum Gebet und kniete sich auf den Boden nieder. Sofort ließ die Erde Trinkwasser sprudeln, und danach wurde der Ort fortan als ‚Ort des Kniebeugens' bezeichnet[78].

---

[77] Möglicherweise kannte die kirchliche Tradition in Hierapolis ein apologetisches oder gegen Häretiker gerichtetes Werk des Aberkios. Aus Eusebs Kirchengeschichte ist aber auch ein Avirkios Markellos bekannt, wobei Avirkios eine andere Schreibweise für Aberkios ist. Diesem hat Apollinarius von Hierapolis, wohl identisch mit dem in demselben Zusammenhang erwähnten Apollonius, ein mehrbändiges Werk gegen die Montanisten gewidmet: Evs.h.e. 5, 16–19 (459–478). In unserer Vita könnte vielleicht der Empfänger der Widmung, Avirkios Markellos = Aberkios, als Autor des Werkes des Apollinarius angesehen worden sein.
[78] Ätiologie zum Namen eines unlokalisierten Ortes mit einer Quelle bei Lysias in der phrygischen Pentapolis: TALBERT, Map (2000) 968.

76. Πλὴν ἀλλὰ τότε μὲν εἰς τὸν οἶκον αὐτοῦ ἐπανῆκεν οὐ πολλῷ δὲ ὕστερον ὁρᾷ πάλιν ὄναρ αὐτῷ τὸν κύριον ἐπιστάντα καί· Ἀβέρκιε, λέγοντα, ἤγγικεν ἤδη ὁ καιρὸς ὥστε ἀναπαύσασθαί σε τῶν πόνων σου τῶν μακρῶν.

Διαγρηγορήσας δὲ καὶ γνοὺς τὴν τελευτὴν αὐτῷ προδηλοῦσθαι τὸ φανὲν τοῖς ἀδελφοῖς διηγεῖται καὶ λίθον τινὰ τετράγωνον μῆκός τε καὶ πλάτος ἴσον τάφον ἑαυτῷ κατασκευάζει καὶ τὸν βωμόν, ὃς ἐκείνου προστάξαντος ἀπὸ Ῥώμης ὑπὸ τοῦ δαίμονος ἐκεῖ μετηνέχθη, τῷ λίθῳ ἐφίστησι τοιόνδε τι ἐπίγραμμα αὐτῷ ἐγχαράξας.

77. Ἐκλεκτῆς πόλεως πολίτης τόδ' ἐποίησα[173] ζῶν, ἵν' ἔχω καιρῷ σώματος ἐνθάδε θέσιν[174]. Τοὔνομα Ἀβέρκιος ὁ ὢν μαθητὴς ποιμένος ἁγνοῦ[175], ὃς βόσκει προβάτων ἀγέλας οὔρεσι πεδίοις τε, ὀφθαλμοὺς ὃς ἔχει μεγάλους, πάντα καθορόωντας. Οὗτος γάρ με ἐδίδαξε γράμματα πιστά, εἰς Ῥώμην ὃς ἔπεμψεν ἐμὲ βασιλείαν ἀθρῆσαι[176] καὶ βασίλισσαν ἰδεῖν χρυσόστολον χρυσοπέδιλον.[177] Λαὸν δ' εἶδον ἐκεῖ λαμπρὰν σφραγῖδα ἔχοντα·[178] καὶ Συρίης πέδον χώρας εἶδον καὶ ἄστεα πάντα Νισῖβιν[179] Εὐφράτην διαβάς. Πάντας δ' ἔσχον συνομηγύρους,[180] Παῦλον ἔσωθεν. Πίστις δὲ παντὶ προῆγε[181] καὶ παρέθηκε τροφὴν ἰχθὺν ἀπὸ πηγῆς[182] παμμεγέθη καθαρόν, ὃν[183] ἐδράξατο παρθένος ἁγνή,[184] καὶ τοῦτον ἐπέδωκε φίλοις ἐσθίειν διαπαντός,[185] οἶνον[186] χρηστὸν ἔχουσα, κέρασμα διδοῦσα μετ' ἄρτου. Ταῦτα παρεστὼς εἶπον[187] Ἀβέρκιος ὧδε γραφῆναι, ἑβδομηκοστὸν ἔτος καὶ δεύτερον ἄγων ἀληθῶς. Ταῦθ' ὁ νοῶν εὔξαιτο ὑπὲρ Ἀβερκίου πᾶς ὁ συνῳδός. Οὐ μέντοι τύμβον ἕτερόν τις ἐπ'[188] ἐμοῦ ἐπάνω θήσει·[189] εἰ δ' οὖν, Ῥωμαίων ταμείῳ θήσει δισχίλια χρυσᾶ[190] καὶ χρηστῇ πατρίδι Ἱεραπόλει χίλια χρυσᾶ.[191]

Τὰ μὲν δὴ τοῦ ἐπιγράμματος[192] ὧδέ πως ἐπὶ λέξεως εἶχεν, ὅτι μὴ ὁ χρόνος ὑφεῖλε κατ' ὀλίγον τῆς ἀκριβείας καὶ ἡμαρτημένως ἔχειν τὴν γραφὴν παρεσκεύασεν.

---

173 Ἐ]κλεκτῆς πό|λεως ὁ πολεί | [της] τοῦτ' ἐποίη[σα Al.
174 ζῶν ἵ]γ'ἔχω φανερ[ῆν] | σώματος ἔνθα | θέσιν Al.
175 οὔνομα | Ἀλέξανδρος Ἀντ|ωνίου μαθητής | ποιμένος ἁγνοῦ Al.
176 εἰς Ῥώμη[ν ὃς ἔπεμψεν] | ἐμὲν βασιλ[ίδ' ἀναθρῆσαι] Ab.
177 καὶ βασίλισσ[αν ἰδεῖν χρυσό]σ|τολον χρυ[σοπέδιλον.] Ab.
178 Λαὸν δ' εἶδον ἐ[κεῖ λαμπρὰν] | σφραγεῖδαν ἔ[χοντα]. Ab.
179 καὶ Συρίης πέ[δον εἶδα] | καὶ ἄστεα πάν[τα, Νισῖβιν] Ab.
180 Εὐφράτην διαβ[άς· πάν] | τη δ' ἔσχον συνο[μαίμους.] Ab.
181 Παῦλον ἔχων ἐπ' ὄ[χῳ·] | Πίστις π[άντη δὲ προῆγε] Ab.
182 καὶ παρέθηκε [τροφὴν] | πάντη ἰχθὺν ἀ[πὸ πηγῆς] Ab.
183 οὗ D
184 παμμεγέθη καθ[αρόν, οὗ] | ἐδράξατο παρθέ[νος ἁγνή,] Ab.
185 καὶ τοῦτον ἐπέ[δωκε φι] | λ{ί}οις ἐσθε[ῖν διὰ πάντος, Ab.
186 οἶον D
187 εἶπεν M
188 ἀπ' MD
189 Οὐ μέντοι τύμβῳ | τις ἐμῷ ἕτερόν τι|να θήσει. Al.
190 Εἰ δ' οὖν, Ῥω|μαίων ταμείῳ θήσε<ι> | δισχίλια <χ>ρυσᾶ Al.
191 καὶ χρηστῇ πατρίδι | Ἱεροπόλει χείλια | χρυσᾶ. Al.
192 γράμματος A

76. Indessen kehrte er in sein Haus zurück. Nicht wenig später sah er wieder im Traum, wie der Herr dastand und sprach: „Aberkios, die Zeit ist schon nahe, dass du von deinen großen Mühen Ruhe findest."

Nachdem er wach geworden war und erkannt hatte, dass ihm (sein) Ende offenbart worden war, berichtete er den Brüdern die Erscheinung. Er beschaffte einen viereckigen Stein, gleich in Länge und Breite, als Grabmal für sich und setzte auf den Stein den Altar, der von dem Dämon dorthin auf seinen Befehl hin aus Rom getragen worden war. Folgende Inschrift ließ er darauf schreiben:

77. „Als Bürger einer auserwählten Stadt habe ich dies gemacht, während ich lebte, damit ich rechtzeitig einen Platz für meinen Leib habe. (Mein) Name ist Aberkios, Schüler des reinen Hirten, der die Herden der Schafe auf Bergen und Ebenen weidet, der große Augen hat, die auf alles hinabschauen. Dieser nämlich lehrte mich zuverlässiges Wissen. Er schickte mich nach Rom, um einen Blick zu werfen auf den Kaiserhof und die Kaiserin, das goldene Gewand, die goldenen Schuhe. Ich aber sah dort ein Volk, das ein strahlendes Siegel hat. Und ich sah die Ebene und die Orte Syriens und alle Städte, selbst Nisibis, nachdem ich den Euphrat überquert hatte. Ich konnte mich mit allen einmütig versammeln, Paulus hatten wir im Herzen. Der Glaube aber ging jedem voraus und bereitete als Speise den Fisch von der Quelle, den sehr großen und reinen, den eine reine Jungfrau gefangen hatte, und diesen gab sie beständig den Freunden zu essen, sie hatte einen guten Wein, als Gemischten gab sie (ihn) mit Brot. Dies habe ich, Aberkios, dabeistehend diktiert, damit es genauso geschrieben werde, als ich im 72. Jahr lebte. Der, der dies liest, möge für Aberkios beten, jeder, der damit übereinstimmt. Es soll aber niemand eine weitere Bestattung über meiner vornehmen. Wenn aber doch, muss er dem Fiskus der Römer 2000 Goldmünzen und der guten Vaterstadt Hierapolis 1000 Goldmünzen entrichten."[79]

Der Text der Inschrift war dem Wortlaut nach etwa so, soweit die Zeit nicht an Genauigkeit etwas zum Verschwinden gebracht hat und die Schrift so darbietet, dass sie fehlerhaft ist.

---

[79] Vgl. den Apparat zum griechischen Text, der auf die Fragmente der Aberkiosinschrift im Vatikan ebenso hinweist wie auf die Alexanderinschrift sowie auf die Editoren der Inschrift seit WISCHMEYER, Aberkiosinschrift (1980) 24 f. In der historisch-literarischen Würdigung gehen wir ausführlich auf die Bedeutung der Inschrift für die Genese der Vita ein. Allgemein wichtig für das Phänomen, dass Denkmäler zu Legenden führen können, sind die Ausführungen von Th. Klauser anhand des Catervius-Sarkophages in Tolentino: KLAUSER, Sarkophag (1967); DERS., Noch einmal (1968/1969); vgl. auch DRESKEN-WEILAND, Italien (1998) 52–54 Nr. 148. – Zur Interpretation der Details und der Topik der reichen Bildersprache der Inschrift vgl. die Literatur in Anm. 1.

78. Αὐτὸς δὲ τοὺς πρεσβυτέρους εἰς ταὐτὸν καὶ τοὺς διακόνους καί τινας τοῦ πλήθους καλέσας· Τεκνία, ἔφη, ἐμοὶ μὲν τὸ τοῦ βίου τέλος ἤδη πάρεστι[193] καὶ ἄπειμι, ὦ φίλον ἐμοὶ ποίμνιον, ἄπειμι πρὸς ἣν ἐπόθουν ἐκ νέου διαγωγὴν καὶ πρὸς ὃν μόνον ἐγὼ τὴν ἔφεσιν ἔχω καὶ οὗ με σφοδρῶς ὁ θεῖος ἐξέκαυσεν ἔρως, ἄπειμι τοῦτον ὀψόμενος.
5 Ὑμᾶς δὲ χρὴ σκοπεῖν, ὅν τινα ἑαυτοῖς ἐπίσκοπον ψηφιεῖσθε ὃς ποιμανεῖ τε ὑμᾶς μετ' ἐμὲ καὶ οὗ τῆς φωνῆς ἀκούσει τὰ ἐμὰ πρόβατα καλῶς καὶ ὡς θεῷ φίλον ὑπ' αὐτοῦ ποιμαινόμενα.

Ταῦτα τοῦ ἁγίου πρὸς αὐτοὺς εἰπόντος βραχέα ἐκεῖνοι πρὸς ἀλλήλους εὐθὺς κοινολογησάμενοι τὸν ἀρχιπρεσβύτερον τῆς ἐκκλησίας, ὄνομα καὶ αὐτὸν Ἀβέρκιον,
10 κοινῶς ἐψηφίσαντο·

καὶ αὐτὸς δὲ τῷ ἀνδρὶ τὴν ἐπισκοπὴν ἐπιψηφισάμενος ἐπιτίθησί τε αὐτῷ τὰς χεῖρας καὶ εὐλογήσας· σοί, ἔφη, ὦ Ἀβέρκιε, ἐπισκόπῳ εἶναι δίδωμι θεοῦ τε διδόντος καὶ ἐμοῦ ὅσον ἐπ' ἐμοί.

79. Εἶτα εἰς οὐρανοὺς σὺν τοῖς ὄμμασι καὶ χεῖρας ἀνασχὼν καὶ προσευξάμενος τῷ
15 θεῷ ἀπαίρει τε τῶν ἐνταῦθα τῷ πνεύματι καὶ πρὸς Χριστὸν διαβαίνει, χοροῖς ἀγγέλων ὁ κατ' ἄγγελον ἀληθῶς βιώσας παραπεμπόμενος. Τὸ μέντοι τὴν πόλιν οἰκοῦν πλῆθος παρὰ τὸ ἱερὸν ἐκεῖνο τοῦ ἀνδρὸς σῶμα συναθροισθέντες, ἱερά τε αὐτῷ ἐπάσαντες ᾄσματα καὶ λαμπρῶς ἀνελόμενοι ὥσπερ τινὰ κοινὸν θησαυρὸν ἐν τῷ λίθῳ κατέθεντο, δευτέραν τοῦ ὀκτωβρίου[194] πρὸς ταῖς εἴκοσιν ἄγοντος.
20 80. Εἶτα τὸν ὑπ' αὐτοῦ δεξάμενον τὴν ἐπισκοπὴν ἐπὶ τὸν αὐτοῦ θρόνον ἀναγαγόντες κοινῇ τὸν ἐπὶ θρόνου δόξης τῆς βασιλείας θεὸν ἐμεγάλυνον[195], ᾧ πρέπει πᾶσα δόξα, τιμὴ καὶ προσκύνησις νῦν καὶ ἀεὶ[196] καὶ εἰς τοὺς αἰῶνας τῶν αἰώνων, ἀμήν.

---

193 παρέστη D
194 ὀκτωβρίου μηνὸς D
195 ἐμεγάλυναν D
196 καὶ ἀεὶ om. C

78. Er aber rief die Presbyter, die Diakone und einige aus der Menge zu sich und sprach: „Kindlein, mir ist das Ende meines Lebens nahe und ich gehe fort, meine liebe Herde, ich gehe zu dem Ort, den ich von Jugendzeit an ersehnt habe, nach dem allein ich Verlangen habe und nach dem meine Liebe zu Gott heftig entbrannt ist, ich gehe fort, um ihn zu sehen. Es ist aber notwendig, dass ihr überlegt, wen ihr für euch zum Bischof wählen werdet, der nach mir euch weiden wird und auf dessen Stimme meine Schafe gut hören werden und von ihm gehütet werden, wie es Gott gefällt."[80] Nachdem der Heilige dies zu ihnen gesagt hatte, sprachen jene sofort kurz miteinander und wählten einstimmig durch Akklamation den Archipresbyter der Gemeinde, dessen Name auch Aberkios war.

Er aber, der auch selbst das Bischofsamt für diesen Mann längst vorherbestimmt hatte, legte ihm die Hände auf[81], segnete ihn und sprach: „Ich gebe es dir, Aberkios, das Amt, Bischof zu sein, weil Gott es gibt, und ich, soweit es an mir ist."

79. Dann erhob er seine Hände zusammen mit den Augen zum Himmel, betete, erhob sich in seinem Geist zu Gott und ging von seiner Gemeinde zu Christus, geleitet von Chören der Engel, er, der wahrhaftig einem Engel gemäß gelebt hatte[82]. Die Menge nun, die in der Stadt wohnte, versammelte sich zugleich bei jenem heiligen Leichnam des Mannes, während sie heilige Lieder dabei sangen, und sie bahrten ihn auf prächtige Weise auf wie einen gemeinsamen Schatz und legten ihn auf den Stein. Es war aber der 22. Oktober.

80. Dann führten sie den, der von ihm das Bischofsamt empfangen hatte, auf seinen Bischofsthron, gemeinschaftlich priesen sie Gott auf dem Thron der Herrlichkeit des Himmelreiches, dem alle Herrlichkeit, Ehre und Anbetung gebührt, jetzt und immer und bis in alle Ewigkeit. Amen.

---

80 Es liegt ein deutliches Mischzitat verschiedener neutestamentlicher Motive vor, besonders aus der großen Hirtenrede Joh 10,1–16.
81 Die Vita lässt hier in einer für die Zeit seit dem 4. Jh. doppelt unkanonischen Weise den Vorgänger seinen Nachfolger weihen, der von den Presbytern, Diakonen und einigen auserwählten Laien gewählt wurde, ohne dass weitere Bischöfe an der Ordination beteiligt sind.
82 Vgl. FRANK, Aggelikos bios (1964).

D. Historische und literarische Aspekte

Die Vita des Aberkios gehört im strengen Sinne nicht in die Märtyrerliteratur, denn Aberkios starb nicht als Märtyrer. Doch das Leben des heiligen Mannes ist beschrieben mit einer Reihe von Motiven, die in der Märtyrerliteratur eine große Rolle spielen. Diese dominieren und trennen diese Vita auch von den bekannten Lebensbeschreibungen etwa Cyprians und Augustins. Auf die Zusammenhänge zwischen Biographie und Märtyrerliteratur ist verschiedentlich hingewiesen worden[1].

Die Vita des Aberkios liegt in einer Reihe von Rezensionen vor, von denen die vormetaphrastische Version in P die längste ist. Sämtliche Versionen folgen einer durch das Grabepigramm des späten zweiten Jahrhunderts angedeuteten Sequenz der Ereignisse. Von den sparsamen und topischen Daten der Inschrift, die zudem in der poetischen, stark von homerischen Wendungen geprägten Sprache seltsam unkonkret[2] wirken, bis zur am 22. Oktober liturgisch verlesenen Vita in der Fassung des zehnten Jahrhunderts von Symeon Metaphrastes besteht ein weiter Spannungsbogen. Dieser wird durch Traditionsbausteine gefüllt, die das Leben des Aberkios konkretisieren und historisch einzuordnen suchen.

Das älteste Zeugnis für das Leben des Aberkios ist also die Inschrift. Ihr Text lautet in der Rekonstruktion:[3]

Ἐ]κλεκτῆς πόλεως ὁ πολεί[της] τοῦτ' ἐποίη[σα
ζῶν ἵ]γ'ἔχω φανερ[ῆν] σώματος ἔνθα θέσιν,
οὔνομ' <Ἀβέρκιος ὢν ὁ> μαθητὴς ποιμένος ἁγνοῦ,
[ὃς βόσκει προβάτων ἀγέλας ὄρεσι πεδίοις τε,
5 ὀφθαλμοὺς ὃς ἔχει μεγάλους πάντη καθορῶντας.
Οὗτος γάρ μ' ἐδίδαξε... γράμματα πιστά,]
εἰς Ῥώμη[ν ὃς ἔπεμψεν] ἐμὲν βασιλ[ηίδ' ἀναθρῆσαι]
καὶ βασίλισσ[αν ἰδεῖν χρυσό]στολον χρυ[σοπέδιλον.]
Λαὸν δ' εἶδον ἐ[κεῖ λαμπρὰν] σφραγεῖδαν ἔ[χοντα]
10 καὶ Συρίης πέ[δον εἶδα] καὶ ἄστεα πάν[τα, Νισῖβιν]
Εὐφράτην διαβ[άς· πάν]τη δ'ἔσχον συνο[μαίμους.]
Παῦλον ἔχων ἐπ' ὄ[χῳ·] Πίστις π[άντη δὲ προῆγε]
καὶ παρέθηκε [τροφὴν] πάντη ἰχθὺν ἀ[πὸ πηγῆς]
πανμεγέθη καθ[αρόν, οὗ] ἐδράξατο παρθέ[νος ἁγνή,]
15 καὶ τοῦτον ἐπέ[δωκε φι]λίοις ἐςθε[ῖν διὰ πάντος,
οἶνον χρηστὸν ἔχουσα, κέρασμα διδοῦσα μετ'ἄρτου.
Ταῦτα παρεστὼς εἶπον Ἀβέρκιος ὦδε γραφῆναι,
ἐβδομηκοστὸν ἔτος καὶ δεύτερον ἦγον ἀληθῶς.

---

1 BERSCHIN, Biographie (1986); speziell zur Vita Abercii: PRIESSNIG, Formen (1921) 53–55; VAN UYTFANGHE M., Biographie II, RAC Suppl. 1, 2000, 1197 f.
2 Vgl. zur Sprache der Inschrift und zur Geschichte ihrer Interpretation MITCHELL, Abercius (2008); DIES., Baptism (2011).
3 Vgl. den Text der Inschrift bei WISCHMEYER, Aberkiosinschrift (1980) 24 f; KEARSLY, Epitaph (1992) 177 und THONEMANN, Abercius (2012) 258 f.

Ταῦθ' ὁ νοῶν εὔξαιτο ὑπὲρ Ἀβερκίου πᾶς ὁ συνῳδός.]
20 Οὐ μέντοι τύμβῳ τις ἐμῷ ἕτερόν τινα θήσει.
Εἰ δ' οὖν, Ῥωμαίων ταμείῳ θήσε<ι> δισχείλια <χ>ρυσᾶ
καὶ χρηστῇ πατρίδι Ἱεροπόλει χείλια χρυσᾶ.

Übersetzung:

> Als Bürger einer auserlesenen Stadt habe ich dieses Grabmal zu meinen Lebzeiten errichten lassen, damit ich eine prächtige Grabstätte habe.
> Mein Name ist Aberkios, Schüler des reinen Hirten, der die Herden der Schafe auf den Bergen und in den Ebenen weidet, der große Augen hat, die überall hinschauen.
> Dieser nämlich hat mich gelehrt ... verlässliches Wissen, er, der mich nach Rom schickte, die Hauptstadt zu sehen, auch zu schauen die Königin mit dem Goldgewand und den Goldschuhen. Ich aber sah dort ein Volk, das ein glänzendes Siegel hat.
> Und Syriens Ebene sah ich und alle Städte (bis) Nisibis, nachdem ich den Euphrat überquert hatte; überall aber fand ich Glaubensgenossen.
> Paulus hatte ich auf dem Wagen, Pistis aber zog mir überall voraus.
> Und sie bereitete überall eine Speisung: den Fisch von der Quelle, den überaus großen, den reinen, den eine reine Jungfrau gefangen hatte; und diesen gab sie ihren Lieben, überall zu essen mit trefflichem Wein; ihn gab sie als Mischwein mit Brot[4].
> Daneben stehend habe ich, Aberkios, dieses, damit es so geschrieben werde, diktiert in meinem 72. Lebensjahr, ungelogen.
> Wer dies versteht und damit einverstanden ist, bete für Aberkios.
> Doch niemand soll in meinem Grab noch einen anderen bestatten. Wenn aber doch, so zahle er dem Fiskus der Römer 2000 Aurei und der lieben Vaterstadt Hierapolis 1000 Aurei.

In allen Rezensionen der Vita finden wir eine Verarbeitung verschiedener literarischer Traditionen, deren Sequenz abgesehen von Auslassungen identisch ist. Während der Anfang der hagiologischen Einleitung einer Märtyrerakte gleicht (1–6), zeigt der große Mittelteil (7–75) am ehesten eine Verwandtschaft zu den romanhaften apokryphen Apostelakten. Hier stellt sich eine besondere Nähe zu Motiven gerade der Petrusakten heraus, wie sie uns in den *Actus Vercellenses* erhalten sind. Motive sind hier die Heilung der drei alten Frauen (26–30)[5] und der Kampf mit dem Dämon Centurio (41.61–63), der in vielem der Auseinandersetzung des Apostels Petrus mit Simon Magus ähnelt, bis dahin, dass der Endkampf als öffentliches Schauspiel in Rom unter kaiserlichen Augen stattfindet. Auch bei den Predigten zeigt sich zwischen den beiden Überlieferungen eine große Nähe, die bis zu wirklichen Anklängen führt.[6] Dabei kann das durch die Grabinschrift vorgegebene Motiv „Rom" gerade den Blick auf die Taten des Petrus dort gelenkt haben.

---

4 Zum religionsgeschichtlichen Kontext des Motivkomplexes „Quelle – Fisch – Speisung": HEYDEN, Erzählung (2009) 243–261.
5 Vgl. Actus Vercell. 21 f (AAAp 1, 68–70 Lipsius).
6 In 12f; 15f; 24f; vgl. BALDWIN, Acts (2005) 197–241. Die beiden letzten Stellen finden sich beim Metaphrasten gekürzt.

Dieser Teil zeigt den „Apostelgleichen", den „Heiligen Mann" Aberkios als Missionar, Reisenden[7] und Wunderheiler, der, wie es den Motiven der beginnenden christlichen Legende in den apokryphen Apostelakten entspricht, in höchsten Kreisen seine Wirksamkeit entfaltet. Während seines Romaufenthaltes in Hofkreisen tätig, wird Aberkios auf der Syrienreise (67–70) zum großen kirchenorganisatorischen Einheitsstifter in diesem Raum, in den er – wie der Apostel Paulus nach Europa[8] – durch eine Vision berufen wurde. Dabei geht es um eine Abgrenzung zur Kirche Markions, die in diesem geographischen Raum, wie die Inschrift von 318 aus dem Dorf Deir Ali bei Damaskus zeigt, im 4. Jh. immer noch sehr verbreitet war.[9]

Der letzte Teil der Reisegeschichte (71–75) sammelt episodenhaft Erzählungen unterschiedlichen Charakters, burleske Strafwunder (72), summarische Erzählungen (74), eine aitiologische Erzählung zu einer Quelle mit dem Namen „Ort des Kniebeugens" (75), bevor der Erzähler zum Schluss (76–80) auf die von ihm kopierte Grabinschrift des Aberkios kommt.

In diesem langen Abschnitt scheinen unterschiedliche Lokaltraditionen, die mit Aberkios in Verbindung gebracht wurden, zusammengefasst worden zu sein. Die teilweise heitere Stimmung leitet dann über zum wichtigen Abschluss: Eine Vision kündet den Tod des Aberkios an und sein Grabmonument wird vorgestellt, das gewissermaßen als Tropaion über den Dämon und seinem nach Hierapolis geschleppten Götteraltar aus der Reisegeschichte errichtet wurde. Bedeutsam ist die Nachfolgeregelung, die wiederum einen Aberkios zum Bischof bestimmt.

Der Tod des Aberkios kann im Zusammenhang der sekundären Alexanderinschrift, die auf 216 zu datieren ist, und nach der Paläographie der Aberkiosinschrift[10] Ende des 2. Jhs. oder um 200 angesetzt werden. Offenbleiben muss aber, ob der bei Evs.h.e. 5, 16,3 bezeugte Avirkios Markellos, ein antimontanistischer Kämpfer, mit unserem Aberkios identisch ist und wieweit sich die Überlieferung bei Eusebius in der Traditionsbildung niedergeschlagen hat.[11]

Was die Datierung des Textes angeht, so ist es ein nicht zu beweisender, verführerischer Gedanke, dass hinter der Gesamtkomposition der in Chalkedon 451 bezeugte

---

7 Den Beginn der Verbindung von Märtyrer und Reisen untersucht WALDNER, Ignatius (2006).
8 Apg 16,9 f.
9 DITTENBERGER, Inscriptiones 1 (1903) Nr. 608.
10 Jedenfalls ist die Inschrift aus metrischen und paläographischen Gründen älter als die von ihr abhängige Alexanderi-Inschrift, die ebenfalls in der Umgebung von Hierapolis gefunden wurde und ins Frühjahr 216 zu datieren ist.
11 Ob die antimontanistische Tendenz des 2. Jhs. im Kontext des 4. Jhs. zu einer antimarkionitischen wurde, vgl. THONEMANN, Amphilochius (2011), muss gleichfalls offenbleiben; zur Ausbreitung der markionitischen Kirche: LÖHR W., Markion, RAC 24, 2010, 147–173, hier 165 f; zu Avirkios Markellos und dem antimontanistischen Anonymus bei Eusebius zuletzt MARKSCHIES CH., Montanismus, RAC 24, 2012, 1197–1220, hier 1202.

Bischof Aberkios steht.[12] Die in der Vita vorausgesetzte Teilung der Provinz Phrygien ist nicht vor dem 4. Jh. bezeugt. Der Hinweis auf die von Julian abgeschaffte Kornspende könnte als Terminus post quem für den Archetyp dienen und dann auf die Zeit um 400 führen, d. h. solange eine Erinnerung an die Kornspende in Hierapolis lebendig war.

Das entbindet aber nicht von einer Reihe von Fragen:
1. Was waren das für Traditionen, die mit Aberkios in Verbindung gebracht wurden, und aus was für Quellen stammen sie?
2. Warum wurden sie dem Aberkios des 2. Jhs. zugeschrieben?

Hier sind jeweils nur hypothetische Antworten möglich. Der Beginn der Vita mit den Merkmalen einer Märtyrerpassion führt in die alte Zeit, in die man später die schwer lesbare Inschrift zutreffend eingeordnet hat. Diese Zeit sieht man im späteren Rückblick ebenso vom Thema Christenverfolgung bestimmt, wie man sich an der Spitze der verfolgten Ortskirche unbedingt einen Bischof vorstellt. Der Terminus *episkopos* findet sich in der Inschrift nicht. Aberkios wird in diesem ersten Teil der Vita auch entsprechend der hagiographischen Tradition als „milde, heiter, sanft" attribuiert. Der Bischof erweist sich in seiner Stadt als Wohltäter und als Wundertäter, zeigt aber auch im Umland seine Menschenfreundlichkeit. Zugleich tritt der große Beter als erfahrener Disputant in der philosophischen und theologischen Debatte auf. Wie die Massentaufe der Fünfhundert zeigt, wird er dabei auch zum großen Missionar, der seine Stadt Hierapolis gewissermaßen zur Gänze christianisiert.

Das große Interesse des Hagiographen an Namen und Sachen des zweiten Jahrhunderts, das Merkelbach[13] und Hirschmann[14] als Indiz für Historizität sehen, dürfte wohl eher als ein antiquarisches Interesse des späten Hagiographen aufgefasst werden. Der Autor verbindet historische Nachrichten vom Kaiserhof, wie sie ähnlich in den *Scriptores historiae augustae* zu finden sind, mit dem ihn interessierende Lokalkolorit von Hierapolis. Damit soll der Ruhm der Stadt und ihre Hochschätzung, ähnlich wie es auch in der Grabinschrift des Aberkios selbst zum Ausdruck kommt, gesteigert werden. Dies gilt umso mehr, wenn auf weitere epigraphische Denkmäler zurückgegriffen wird, wie es etwa Thonemann für den Kaiserbrief an Euxeinianus und die Stiftungsinschrift von Agros Thermon annimmt.

Das Herausstellen des Rhetors Aberkios im philosophisch-theologischen Dialog über die Willensfreiheit wie in der katechetischen Predigt an die Gemeinde verfolgt dieselbe Intention. Mit der Überhöhung des Heiligen als Wundertäters und Weisen

---
12 Vgl. WIRBELAUER, Aberkios (2002) 376 Anm. 34. Es sei auf die Möglichkeit hingewiesen, dass die trinitätstheologischen Anspielungen in 29 und 56 mit der Diskussion, die mit dem Horos von Chalkedon und seinen Alpha privativa in einem Zusammenhang steht, zu tun haben. Der 451 präsente Bischof ist also neben den beiden der Vita der dritte Träger des Namens im Bischofsamt von Hierapolis; zum weiteren Vorkommen des Namens vgl. WISCHMEYER, Aberkiosinschrift (1980) 27.
13 MERKELBACH, Grabepigramm (1997).
14 HIRSCHMANN, Untersuchungen (2000).

wird seine Stadt gerühmt. Gleichzeitig wird seine Form der Askese und des pünktlichen und strengen Gebetes als gemeinkirchlich vorbildlich angesehen. Durch die für ihn postulierte Orthodoxie unterscheidet ihn aber der Autor von den in der Spätzeit immer wieder als markionitische Form der Häresie bekämpften asketischen Gruppen, die eine sehr ähnliche Lebensform besessen haben dürften. Auffällig ist, dass das Buch der Lehre, das Aberkios verfasst haben soll, nur kurz erwähnt, aber nicht zitiert wird (74).

Das kompositorische Interesse des Metaphrasten zeigen die drei Auslassungen gegenüber den anderen Rezensionen der Vita (15f, 24f, 34–37), die in unserem Text eine deutliche Bevorzugung der Mirakelgeschichten vor den Reden bezeugen. Typisch ist sein Bestreben, eine gewisse literarische Eleganz durch klassizistische Wendungen zu erreichen.

Die griechischen Menäen zum 22. Oktober erinnern an das Wein- und Ölwunder sowie an die Krankenheilungen.[15] In verschiedenen Menologien, aber auch in westlichen gedruckten Heiligensammlungen findet sich ein Bild des betenden Bischofs in der Wüste; es begegnet aber auch die Darstellung der Zerstörung des Götterbildes durch Aberkios.[16]

E. Spezialliteratur

ABEL A., Étude sur l'inscription d'Abercius, Byzantion 3, 1926, 321–411.
BATAREIKH É., Une nouvelle récension de la Vie d'Abercius, OrChr 4, 1904, 278–307.
DE ROSSI G. B., Inscriptiones Christianae urbis Romae septimo saeculo antiquiores 2, Rom 1888, 12–19.
FERRUA A., Nuove osservazioni sull'epitaffio di Abercio, RivAC 20, 1943, 279–305.
FERRUA A., Della patria e del nome di San Abercio, CivCatt 94.4, 1943, 39–45.
GRÉGOIRE H., Bardesane et s. Abercius, Byzantion 25–27, 1955–57, 363–368.
KLAUSER Th. – STRATHMANN H., Aberkios, RAC 1, Leipzig 1940, 12–17.
MERKELBACH R., Grabepigramm und Vita des Bischofs Aberkios von Hierapolis, Epigraphica Anatolica 28, 1997, 125–139.
NISSEN TH., S. Abercii Vita, Leipzig 1912.
NISSEN TH., Der Jerusalemer Text der Aberkiosvita, ByZ 17, 1908, 70–74.
NISSEN TH., Die Petrusakten und ein bardesanitischer Dialog in der Aberkiosvita, ZNW 9, 1908, 190–203.315–328.
THONEMANN P., Amphilochius of Iconium and Lycaonian Asceticism, JRS 101, 2011, 185–205.

---

15 Minäen 1 (übers. Plank) 190–193.
16 S. Abercius, Ep., VHL 1, 1858 = 1996, 6; KASTER G., Abercius, LCI 5, 1973, 5 f. – Der Beitrag von JOSI E., Abercio, BSS 1, 1961, 68–74 gilt ausschließlich der Vita und der Inschrift.

Quellen, Hilfsmittel und Literatur

1. Antike nichtchristliche Autoren und Werke

Acta Alexandrinorum
- The Acts of the Pagan Martyrs (Acta Alexandrinorum) (hrsg. v. H. MUSURILLO), Oxford 1954.

CHRONOGRAPHUS ANNI CCCLIIII
- Fasti consulares a regibus exactis ad a. 354 (hrsg. v. TH. MOMMSEN): Chronica Minora saec. IV, V, VI, VII, Bd. 1 (MGH.AA 9), Berlin 1892, 13–195.
- Das Kalenderhandbuch von 354. Der Chronograph des Filocalus (hrsg. v. J. DIVJAK – W. WISCHMEYER) 2: Der Textteil – Listen der Verwaltung, Wien 2014.

CICERO
De inventione
- Rhetorici libri duo qui vocantur De inventione (hrsg. v. E. STROEBEL): M. Tulli Ciceronis scripta quae manserunt omnia 1/2 (BSGRT), Leipzig 1915.

Epistulae
- M. Tulli Ciceronis epistulae ad familiares libri I–XVI (hrsg. v. D. R. SHACKLETON-BAILEY = BSGRT), Stuttgart 1988.

Codex Iustinianus
- Codex Iustinianus (hrsg. v. P. KRÜGER): Corpus iuris civilis 2, Berlin ^{15}1970.

Codex Theodosianus
- Theodosiani libri XVI cum constitutionibus 1–2 (hrsg. v. P. KRÜGER – TH. MOMMSEN), Berlin ^{2}1954.

Digesta
- Iustiniani digesta (hrsg. v. TH. MOMMSEN): Corpus iuris civilis 1/1 Institutiones, 1/2 Digesta, Berlin ^{16}1954.

DIO CASSIUS
Historia romana
- Dio's Roman History 1–9 (hrsg. v. H. B. Foster), London 1955.

DIODOR
Bibliotheca historica
- Diodori bibliotheca historica 3 (hrsg. v. F. Vogel = BSGRT), Stuttgart 1964.

EPIKTET
Dissertationes
- Epicteti dissertationes. Ab Arriani digestae (hrsg. v. H. SCHENKL = BSGRT), Stuttgart 1965.

FLORUS
Epitomae
- Epitomae (hrsg. v. H. MALCOVATI): L. Annaei Flori quae exstant (Scriptores graeci et latini consilio Academiae Lynceorum editi), Rom ²1972, 1–208.

HOMER
Odyssea
- Ὀδύσσειας 13–24 (hrsg. v. TH.W. ALLEN): Homeri Opera 4, Oxford ²1919.
- Homeri Odyssea (hrsg. v. H. VAN THIEL = Bibliotheca Weidmanniana 1), Hildesheim 1991.

IULIAN APOSTATA
Epistulae
- L'empereur Julien, Œuvres complètes 2, 1: Lettres et fragments (hrsg. v. J. BIDEZ = CUFr, auteurs grecs 25), Paris 1925.

IULIUS VICTOR
Ars rhetorica
- C. Iulii Victoris Ars rhetorica (hrsg. v. H. GIOMINI – M. S. CELENTANO = BSGRT), Leipzig 1980.

LUKIAN
Quomodo historia conscribenda sit
- Lukian, Πῶς δεῖ Ἱστορίαν συγγράφειν (Quomodo historia conscribenda sit) (hrsg. v. M. D. MACLEOD): Luciani opera 3, Libelli 44–68, Oxford 1980, 287–319.

MARC AUREL
Ad se ipsum
- Marci Aurelii Antonini Ad se ipsum libri XII (hrsg. v. J. DALFEN = BSGRT), Leipzig 1979.

OVID
Metamorphoses
- P. Ovidius Naso metamorphoses (hrsg. v. W. S. ANDERSON = BSGRT), München 2001.

PAULUS
Sententiae receptae
- Sententiarum receptarum libri quinque qui vulgo Julio Paulo adhuc tribuuntur (hrsg. v. J. BAVIERA = Fontes iuris romani antejustiniani 2), Florenz ²1940 = 1968, 321–417.

PHILO
De praemiis et poenis
- Philonis Alexandrini opera quae supersunt 5 (hrsg. v. L. COHN – P. WENDLAND), Berlin 1906 = 1962, 336–376.

PLATON
Res publica
- Politeia (hrsg. v. J. BURNET): Platonis opera 4 (SCBO), Oxford 1902 = 1978, 327a – 621d.

PLINIUS D. J.
Epistulae
- C. Plini Caecili Secundi epistolarum libri novem (hrsg. R. HANSLIK – M. SCHUSTER = BSGRT), Leipzig ³1958.
- C. Plini Caecili Secundi epistularum libri decem (hrsg. v. R. A.B. MYNORS = SCBO), Oxford 1963.

PLUTARCH
Vitae X oratorum
- Plutarchi moralia V 2,1 (hrsg. v. J. MAU = BSGRT), Leipzig 1971, 1–49.

PSEUDO-PLUTARCH
De Homero
- [Plutarchi] De Homero (hrsg. v. J. F. KINDSTRAND = BSGRT), Leipzig 1990.

QUINTILIAN
Institutionis oratoriae libri XII
- Marcus Fabius Quintilianus, Ausbildung des Redners. Zwölf Bücher, 1. Teil, Buch I–VI (hrsg. v. H. RAHN = TzF 2), Darmstadt 1972.
- Marcus Fabius Quintilianus, Ausbildung des Redners. Zwölf Bücher, 2. Teil, Buch VII–XII (hrsg. v. H. RAHN = TzF 3), Darmstadt 1975.

Rhetorica ad Herennium
- Incerti auctoris De ratione dicendi ad C. Herennium Lib. IV (hrsg. v. F. MARX): M. Tulli Ciceronis scripta quae manserunt omnia 1/1 (BSGRT), Leipzig 1923.

Seneca
Ad Lucilium epistulae morales
- L. Annaei Senecae ad Lucilium epistulae morales 1–2 (hrsg. v. L. D. Reynolds), Oxford 1965.

Servius Grammaticus
In Vergilii Aeneados commentarius
- Servii Grammatici qui feruntur in Vergilii carmina commentarii 1–3 (hrsg. von G. Thilo – H. Hagen), Leipzig 1881–1902 = Hildesheim 1986.

Sueton
De vita Caesarum
- De vita Caesarum libri VIII (hrsg. v. M. Ihm): C. Suetonius Tranquillus. Opera 1 (BSGRT), München 2003.

Tacitus
Annales
- Annales. Ab excessu divi Augusti (hrsg. v. H. Heubner): P. Cornelii Taciti libri qui supersunt 1 (BSGRT), Stuttgart 1983.

Vegetius
Epitoma rei militaris
- Epitoma rei militaris (hrsg. von A. Önnerfors = BSGRT), Stuttgart – Leipzig 1995.

Vergil
Aeneis
- P. Vergili Maronis opera (hrsg. v. R. A.B. Mynors = SCBO), Oxford 1969, 103–422.

Vita Marci Antonini
- Vita Marci Antonini philosophi Iuli Capitolini (hrsg. v. E. Hohl): Scriptores historiae augustae 1 (BSGRT), Leipzig 1965, 47–73.

2. Antike christliche Autoren und Werke

Acta Acacii
- Mombritius, Sanctuarium 1 (1910) 20–22.617.
- Weber J., De actis S. Acacii, Diss. Straßburg 1913.

Acta Cypriani
- RUINART, Acta (³1859) 261–264.
- KNOPF – KRÜGER – RUHBACH, Märtyrerakten (1965) 62–64.
- MUSURILLO, Acts (1972) 168–174.
- BASTIAENSEN, Acta Cypriani, in: BASTIAENSEN, Atti (1987) 206–231.

Acta Iustini
- Opera Iustini addubitata (hrsg. v. J. C.TH. DE OTTO): Iustini philosophi et martyris opera quae feruntur omnia 2 (CorpAp 3), Jena ³1879, XLVI–L; 266–279.
- RANCHI DE'CAVALIERI P., Gli atti di S. Giustino, in: DERS., Note agiografice (StT 8), Rom 1902, 23–36, Text 31–36.
- FRANCHI, Parafrasi (1902) 73–75.
- LATYŠEV, Menologii 2 (1911) 1–4.
- LAZZATI G., Gli atti di S. Giustino Martire, Aevum 27, 1953, 473–497, hier: 489–497 = LAZZATI, Sviluppi (1956) 119–127.
- KNOPF – KRÜGER – RUHBACH, Märtyrerakten (1965) 15–18.125 f.127–129.
- MUSURILLO, Acts (1972) 42–61.
- HILHORST, Acta Iustini, in: BASTIAENSEN, Atti (1987) 52–57.

Acta Marcelli
Recensio M
- MUSURILLO, Acts (1972) 250–254.
Recensio N
- MUSURILLO, Acts (1972) 254–258.

Acta Maximiliani
- MABILLON, Analecta 4 (1685) 566–568.
- LANATA, Atti (1973) 194–200.
- BASTIAENSEN, Acta Maximiliani, in: BASTIAENSEN, Atti (1987) 238–245.

Acta Pauli et Theclae
- Πράξεις Παύλου καὶ Θέκλης (hrsg. v. R. A. LIPSIUS): AAAp 1, Darmstadt 1959, 235–272.

Acta purgationis Felicis
- Protokoll des Untersuchungsprozesses gegen Felix von Abtugni: Urkunden zur Entstehungsgeschichte des Donatismus (hrsg. von H. V. SODEN – H. V. CAMPENHAUSEN = KlT 122), Berlin ²1950, 25–32.

Actus Vercellenses
- Actus Petri cum Simone, AAAp 1, 45–103.

Ad Diognetum
- Didache (Apostellehre). Barnabasbrief. Zweiter Klemensbrief. Schrift an Diognet (hrsg. v. K. Wengst = SUC 2), Darmstadt 1984, 312–341.

Ado von Vienne
Martyrologium
- Le martyrologe d'Adon. Ses deux familles, ses trois recensions. Texte et commentaire (hrsg. v. J. Dubois – G. Renaud), Paris 1984.

Ambrosius von Mailand
De virginibus
- Ambrosius, De virginibus. Über die Jungfrauen (übers. u. eingel. v. P. Dückers = FC 81), Turnhout 2009.

Saturnalia
- Ambrosii Theodosii Macrobii Saturnalia (hrsg. v. J. Willis = BSGRT), Stuttgart 1994.

Apologia Phileae
- Combefia F., Illustrium Christi martyrum lecti triumphi, Paris 1660, 145–181.
- Halkin F., L' „apologie" du martyr Philéas de Thmuis (Papyrus Bodmer XX) et les Actes latins de Philéas et Philoromus, AnBoll 81, 1963, 5–27.
- Martin V., Papyrus Bodmer XX: Apologie de Philéas, évêque de Thmouis, Genf 1964, 24–52.
- Martin V., Papyrus Bodmer XX: Apologie de Philéas, évêque de Thmouis. Essai de reconstitution du texte original grec, Genf 1964. [Beides wieder in: Bircher, Bibliotheca 4 (2000) 1513–1575].
- Musurillo, Acts (1972) 328–345.344–352.
- Pietersma A., The Acts of Phileas Bishop of Thmuis (Including Fragments of the Greek Psalter). P. Chester Beatty XV (with a new edition of P. Bodmer XX and Halkin's Latin Acta), edited with Introduction, Translation and Commentary (COr 7), Genf 1984.
- Kortekaas – Lanata, Acta Phileae, in: Bastiaensen, Atti (1987) 280–337.

Acta Phileae (coptice)
- Das Martyrium des Phileas von Thmuis (P.Köln 12) (hrsg. v. G. Schenke): Papyrologica Coloniensia 7/12, Paderborn 2010, 209–213: Nr. 492.

Acta Phileae (aethiopice)
- Bausi A., La versione etiopica degli Acta Phileae nel Gadla Samā'tāt (AION.S 92), Neapel 2002.

Athanasius
Apologia ad Constantium
- Athanase d'Alexandrie, Deux apologies (introduction, texte critique, traduction et notes de J.-M. Szymusiak = SC 56bis), Paris ²1987, 85–175.

Apologia contra Arianos
- S. P.N. Athanasii archiepiscopi Alexandriae apologia contra arianos (hrsg. v. J.-P. MIGNE = PG 25), Paris 1884, 247–410.

ATHENAGORAS
De resurrectione mortuorum
- Athenagorae qui fertur De resurretione mortuorum (hrsg. v. M. MARCOVICH = SVigChr 53), Leiden 2000.

Legatio pro christianis
- Athenagoras, Legatio pro Christianis (hrsg. v. M. MARCOVICH = PTS 31), Berlin 1990.

AUGUSTINUS VON HIPPO
Confessiones
- Confessionum libri XIII (hrsg. v. L. VERHEIJEN) : Aurelii Augustii opera 1/1 (CChr. SL 27), Turnhout 1981.

Epistulae
- Epistula 29*: Lettres 1*-29* (hrsg. v. J. DIVJAK): Œuvres de saint Augustin 46B (EAug), Paris 1987, 573–580.

Quaestiones euangeliorum
- Sancti Aurelii Augustini quaestiones evangeliorum cum appendice quaestionum XVI in Matthaeum (hrsg. v. A. MUTZENBECHER): Aurelii Augustini opera 13/3 [richtig: 12/3] (CChr.SL 44B), Turnhout 1980, 1–118.

Sermones
- Sermo 37: CChr.SL 41, 446–473.
- Sermo 155: PL 38, 841–849.
- Sermo 273: PL 38, 1247–1252.
- Sermo 299D = Denis 16: MA 1, 75–80 = PL 46, 869–874.
- Sermo 299E = Guelf. 30: MA 1, 550–557 = PLS 2, 625–632.
- Sermo 299F = Lambot 9: PLS 2, 788–792.
- Sermo 335E = Lambot 7: PLS 2, 781–785.

Breviarium Hipponense
- Breviarium Hipponense (hrsg. v. CH. MUNIER): Concilia Africae a. 345 – a. 525 (CChr.SL 149), Turnhout 1974, 23–53.

CASSIODOR
In psalmos
- Cassiodorus, Expositio psalmorum (hrsg. v. M. ADRIAEN = CChr.SL 97–98), Turnhout 1958.

Chronicon paschale
- Chronicon paschale ad exemplar Vaticanum (hrsg. v. L. DINDORF = CSHB 4/1–2), Bonn 1832 = 1924.

PSEUDO-CHROMATIUS
s. PSEUDO-HIERONYMUS

CLEMENS VON ALEXANDRIA
Protrepticus Sive Cohortatio Ad Gentes
- Protrepticus und Paedagogus (hrsg. v. O. STÄHLIN): Clemens Alexandrinus 1 (GCS 12), Leipzig 1905, 1–86.

Quis dives salvetur
- Stromata Buch VII und VIII. Excerpta ex Theodoto. Eclogae propheticae. Quis dives salvetur. Fragmente (hrsg. v. O. STÄHLIN – L. FRÜCHTEL): Clemens Alexandrinus 3 (GCS 17), Berlin ²1970, 157–191.

Concilium Arelatense a. 314
– Concilium Arelatense (hrsg. v. C. MUNIER): Concilia Galliae a. 314 – a. 506 (CChr.SL 148), Turnhout 1963, 2–25.

Concilium Carthaginense sub Grato
- Concilium Carthaginense sub Grato (hrsg. v. C. MUNIER): Concilia Africae a. 345 – a. 525 (CChr.SL 149), Turnhout 1974, 2–10.

Concilium Carthaginense a. 411
- Actes de la conférence de Carthage en 411, Bd. 4 (hrsg. v. S. LANCEL = SC 373), Paris 1991.

Concilium Hipponense a. 393
- Concilium Carthaginense sub Grato (hrsg. v. C. MUNIER): Concilia Africae a. 345 – a. 525 (CChr.SL 149), Turnhout 1974, 20 f.

Confessiones et actus Saturnini, Dativi et sociorum Abitinensium
- HENSCHENIUS, ActaSS Feb. 2 (1658) 515–519.
- RUINART, Acta (¹1689) 409–419; (²1731) 338–346; (³1859) 414–422.
- BALUZIUS, Miscellanea 2 (1761) 14–18.
- FRANCHI DE'CAVALIERI P., La passio dei martiri Abitinensi, in: DERS., Note agiografiche 8 (StT 65), Vatikanstadt 1935, 47–71.
- MAIER, Dossier (1987) 57–92.

Cyprian von Karthago
Ad Fortunatum
- Ad Fortunatum (hrsg. v. R. Weber): Sancti Cypriani episcopi opera [1] (CChr.SL 3), Turnhout 1972, 181–216.

De lapsis
- De lapsis (hrsg. v. M. Bénévot): Sancti Cypriani episcopi opera [1] (CChr.SL 3), Turnhout 1972, 221–242.

De mortalitate
- De mortalitate (hrsg. v. M. Simonetti): Sancti Cypriani episcopi opera [2] (CChr. SL 3A), Turnhout 1976, 15–32.

Epistulae
- Sancti Cypriani episcopi epistularium (hrsg. v. G. F. Diercks = CChr.SL 3 B/C), Turnhout 1994–1996.

Testimonia ad Quirinum
- Ad Quirinum (hrsg. v. R. Weber): Sancti Cypriani episcopi opera [1] (CChr.SL 3), Turnhout 1972, 1–179.

Quod idola non dii sunt
- Thascii Caecilii Cypriani opera omnia (hrsg. von G. Hartel = CSEL 3/1), Wien 1871 = New York 1965, 17–31.

Pseudo-Cyprian
De laude martyrii
- Thascii Caecilii Cypriani opera omnia (hrsg. v. G. Hartel = CSEL 3/3), Wien 1871 = New York 1965, 26–52.

Cyrill von Alexandria
Commentarius in Ioannem
- Sancti patris nostri Cyrilli archiepiscopi Alexandrini in d. Joannis evangelium 2 (hrsg. v. Ph.E. Pusey): Sancti Cyrilli opera 4, Brüssel 1965.

Didache
- Didache. Zwölf-Apostel-Lehre (hrsg. v. W. Rordorf – A. Tuillier, übers. u. eingel. v. G. Schöllgen = FC 1), Freiburg ²1992, 96–139.

Epiphanius von Salamis
Expositio fidei
- De fide (hrsg. v. K. Holl – J. Dummer): Epiphanius 3 (GCS [37]), Berlin ²1985, 496–526.

Eusebius von Caesarea
De vita Constantini
- Über das Leben des Kaisers Konstantin (hrsg. v. F. Winkelmann): Eusebius, Werke 1/1 (GCS 7), Berlin 1975.
- Eusebius von Caesarea, De vita Constantini. Über das Leben Konstantins (eingel. v. B. Bleckmann, übers. u. komm. v. H. Schneider = FC 83), Turnhout 2007.

Historia ecclesiastica
- Eusebii Pamphilii historiae ecclesiasticae libri X (hrsg. v. A. Schwegler), Tübingen 1852.
- Die Kirchengeschichte (hrsg. v. E. Schwartz): Eusebius, Werke 2/1–3 (GCS 9/1–3), Berlin 1903–1909 = (hrsg. v. F. Winkelmann = GCS N. F. 6/1–3) Berlin 1999.

Historia ecclesiastica (syriace)
- The ecclesiastical history of Eusebius in Syriac edited from the manuscripts with a collation of the ancient Armenian version (hrsg. v. W. Wright – M. Maclean – A. Merz), Cambridge 1898 = Piscataway 2003.

Rufinus, Eusebii historia ecclesiastica translata et continuata s. Rufinus

De martyribus Palaestinae
- Über die Märtyrer in Palästina (hrsg. v. E. Schwartz): Eusebius, Werke 2/2 (GCS 9/2), Leipzig 1908, 907–950.

De martyribus Palaestinae (syriace)
- History of the Martyrs in Palestine, by Eusebius, Bishop of Caesarea, discovered in a very antient [sic] syriac manuscript (hrsg. u. übers. V. W. Cureton), London 1861.
- Eusebius von Cäsarea: Die Märtyrer in Palästina, in: Violet B., Die palästinischen Märtyrer des Eusebius von Cäsarea. Ihre ausführliche Fassung und deren Verhältnis zur kürzeren (TU 14/4), Leipzig 1896, 1–109.

Florus von Lyon
Martyrologium
- Edition pratique des martyrologes de Béde, de l'anonyme Lyonnais et de Flore (hrsg. v. J. Dubois – G. Renaud), Paris 1976.

Gregor von Nyssa
Contra Eunomium libri
- Contra Eunomium libri 1–2 (hrsg. v. W. Jäger): Contra Eunomium libri 1 (Gregorii Nysseni Opera 1), Leiden 1960.

Sermones
- In quadraginta martyres. Oratio laudatoria dicta in eorum martyrio (hrsg. v. J. Gretser = PG 46), Paris 1863, 773–788.
- In XL martyres 2 (hrsg. v. O. Lendle): Gregorii Nysseni sermones 2 (Gregorii Nysseni opera 10/1), Leiden 1990, 157–169.

Gregor von Nazianz
Carmina
- Gregorii theologii archiepiscopi Constantinopolitani carmina 1/1: Poemata dogmatica (hrsg. v. J.-P. Migne = PG 37), Paris 1862, 397–522.

Gregor von Tours
Historia Francorum
- Gregorii episcopi Turonensis libri historiarum X (hrsg. v. B. Krusch – W. Levison = MGH.SRM 1/1), Hannover ²1937 = 1993.

Liber in gloria martyrum
- Gregorii episcopi Turonensis miracula et opera minora (hrsg. v. B. Krusch = MGH.SRM 1/2), Hannover ²1969, 34–111.

Hieronymus
De viris illustribus
- Gerolamo, Gli uomini illustri. De viribus illustris (hrsg. v. A. Ceresa-Gastaldo = BPat 12), Florenz 1988.

Commentarii in epistulam Pauli ad Galatas
- Commentarii in epistulam Pauli apostoli ad Galatas (hrsg. v. G. Raspanti): S. Hieronymi presbyteri opera 1/6 (CChr.SL 77A), Turnhout 2006.

Pseudo-Hieronymus
Epistulae supposititiae 48f
- Litteras fictitias Chromatii et Heliodori ad Hieronymum et Hieronymi ad eosdem (hrsg. v. H. Delehaye): ActaSS Nov. 2/2), Brüssel 1931, 1–2.

Hippolyt
Commentarius in Danielem
- Kommentar zu Daniel (hrsg. v. G. N. Bonwetsch – M. Richard = GCS N. F. 7), Berlin 2000.

Demonstratio de Christo et Antichristo
- De antichristo (hrsg. v. H. Achelis): Hippolyt's kleinere exegetische und homiletische Schriften (GCS Hippolytus 1/2), Berlin 1897, 1–47.

Ignatius von Antiochia
Ad Philadelphios
- Die apostolischen Väter (hrsg. v. J. A. Fischer = SUC 1), Darmstadt ¹⁰1993 = 2004, 194–202.

Ad Romanos
- Ebd., 182–192.

Ad Smyrnaeos
- Ebd., 204–214.

IRENAEUS VON LYON
Adversus haereses
- Irenäus von Lyon, Adversus haereses. Gegen die Häresien (hrsg. v. A. ROUSSEAU – L. DOUTRELEAU, übers. u. eingel. v. N. BROX = FC 8/1–5), Freiburg 1993–2001.

JOSEPHUS (christianus)
Libellus memorialis
- Ὑπομνηστικὸν βιβλίον (hrsg. v. G. W. MENZIES), in: Joseph's Bible Notes (Hypomnestikon), eingel., übers. u. komm. v. R. M. GRANT – G. W. MENZIES (SBL.TT 41 = Early Christian Series 9), Atlanta 1996, 36–349.

JUSTIN DER MÄRTYRER
Apologiae
- Apologia maior – Apologia minor: Iustini Martyris Apologiae pro christianis (hrsg. v. M. MARCOVICH = PTS 38), Berlin 1994, 31–159.

Dialogus cum Tryphone
- Dialogue avec Tryphon. Édition critique (hrsg. v. PH. BOBICHON = Par. 47/1), Fribourg 2003, 183–563.

LACTANTIUS
De mortibus persecutorum
- Lactantius Lucius Caecilius Firmianus, De mortibus persecutorum liber. Accesserunt passiones SS. Perpetuae et Felicitatis, S. Maximiliani, S. Felicis (hrsg. v. J. FELL), Oxford 1680.
- Laktanz, De mortibus persecutorum. Die Todesarten der Verfolger (übers. u. eingel. v. A. STÄDELE = FC 43), Turnhout 2003.

Divinae institutiones
- Divinarum institutionum libri septem (hrsg. v. E. HECK – A. WLOSOK): L. Caelius Firmianus Lactantius (BSGRT), 1 (libri I et II), München 2005; 2 (libri III et IV), Berlin 2007; 3 (libri V et VI), Berlin 2009; 4 (liber VII), Berlin 2011.

Martyrium Apollonii
- MUSURILLO, Acts (1972) 90–105.

Martyrium Areadnae
- FRANCHI DE'CAVALIERI P., Testo greco del Martirio di S. Ariadne, in: DERS., I martirii di S. Teodoto e di S. Areadne, con un'appendice sul testo originale del martirio di S. Eleuterio (StT 6), Rom 1901, 121–133 mit Corrigenda 185.
- FRANCHI DE'CAVALIERI P., Ancora del martirio di S. Ariadne, in: DERS., Note agiografiche (StT 8), Rom 1902, 3–21 (Text 10–21).

Martyrium Areadnae seu Mariae ancillae (latine)
- V[AN] H[OOFF], ActaSS Nov. 1 (1887) 201–206.

Martyrium Areadnae seu Mariae ancillae (syriace)
- SMITH LEWIS A., Select Narratives of Holy Women from the Syro-antiochene or Sinai Palimpsest as Written Above the Old Syriac Gospels by John The Stylite of Beth-Mari-Qanūn in A. D. 778. Syriac Text (Studia sinaitica 9), London 1900, 48–61.

Martyrium Carpi, Papyli et Agathonicae
- MUSURILLO, Acts (1972) 22–28.

Martyrium Carpi, Papyli et Agathonicae (latine)
- MUSURILLO, Acts (1972) 28–36.

Martyrium Cononis
- MUSURILLO, Acts (1972) 186–192.

Martyrium Lugdunensium: Evs.h.e. 5, 1,1– 4,3
- Die Kirchengeschichte (hrsg. v. E. Schwartz): Eusebius, Werke 2/1 (GCS 9/1), Berlin 1903, 400–435.
- ORBÁN, Martyrium Lugdunensium, in: BASTIAENSEN, Atti (1987) 62–95.

Martyrium Paesis et Theclae (coptice)
- Martyrdom of SS. Paese and Thecla from Pierpont Morgan Codex M 591 T. 28, ff. 49–88ʳ, in: REYMOND – BARNS, Martyrdoms (1973) 31–79.

Martyrium Pionii
- RUINART, Acta (^{3}1859) 188–198.
- GEBHARDT O. v., Das Martyrium des heiligen Pionius, Archiv für slavische Philologie 18, 1896, 156–171.
- GEBHARDT, Acta martyrum (1902) 96–114.
- HILHORST, Martyrium Pionii, in: BASTIAENSEN, Atti (1987) 154–191.
- ROBERT L., Le martyre de Pionios, prêtre de Smyrne. Édité, traduit et commenté (mis au point et complété par G. W. BOWERSOCK – C. P. JONES), Washington D. C. 1994.

Martyrium Pionii (armenice)
- SRAPIAN M., Das Martyrium des hl. Pionius. Aus dem Altarmenischen übersetzt, WZKM 28, 1914, 378–393.

Martyrium Pionii (slavonice)
- ZAIMOV J. – KAPALDO M. (Hrsg.), Suprasalski ili Retkov sbornik. Uvod i komentar na starobalgarskija tekst 1, Sofia 1982, 266–303.

Martyrium Polycarpi
- Martyrium Polycarpi, een literair-kritische studie (hrsg. v. B. Dehandschutter = BEThL 52), Löwen 1979, 110–127.
- Lindemann – Paulsen, Väter (1992) 260–285.
- Dehandschutter B., An Updated Edition of the Martyrium Polycarpi, in: Ders., Polycarpiana. Studies on Martyrdom an Persecution in Early Christianity. Collected Essays (BEThL 205), Löwen 2007, 3–22.

Martyrologium Hieronymianum
- Martyrologium Hieronymianum (hrsg. v. J. B. de Rossi – L. Duchesne = ActaSS Nov. 2/1), Brüssel 1931.
- Commentarius in Martyrologium Hieronymianum (hrsg. v. H. Delehaye – H. Quentin = ActaSS Nov. 2/2), Brüssel 1894, 1–156.

Martyrologium Romanum
- Martyrologium Romanum. Editio princeps [1584] (hrsg. v. M. Sodi – R. Fusco R. = Monumenta Liturgica Concilii Tridentini 6), Vatikanstadt 2005.
- Martyrologium Romanum ad novam Kalendarii rationem et ecclesiasticae historiae veritatem restitutum. Gregorii XIII Pont. Max. iussu editum notationibus illustratum. Novissimae et correctissimae huic editioni seorsim accedit Vetus Romanum Martyrologium, hactenus a Cardinale Baronio desideratum una cum martyrologio Adonis ad MSS exemplaria recensio (hrsg. v. H. Rosweydus), Antwerpen 1613.
- Martyrologium Romanum ad formam editionis typicae scholiis historicis instructum (hrsg. v. H. Delehaye u. a. = ActaSS Propyl. Dec.), Brüssel 1940.

Menäen
- Minäen. Sämtliche Vespertexte aus den griechischen Minäen in deutscher Sprache 1–4 (übers. v. P. Plank), Aschaffenburg 2010.

Menologium anonymum byzantinum
- Latyšev V. V., Menologii anonymi byzantini saeculi X quae supersunt 1–2, St. Petersburg 1911–1912 = (SubByz 12), Leipzig 1970.

Menologium graecorum Basilii Porphyrogeniti imperatoris
- Menologium Basilianum (hrsg. v. A. Albano): Leonis diaconi historia, Menologium graecorum et al. (PG 117), Paris 1894, 9–612.

Minucius Felix
Octavius
- M. Minuci Felicis Octavius (hrsg. v. B. Kytzler = BSGRT), Stuttgart ²1992.

Origenes
Contra Celsum
- Origenes, Contra Celsum. Gegen Celsus (eingel. u. komm. v. M. Fiedrowicz, übers. v. C. Barthold 1–5 = FC 50/1-5), Freiburg 2011–2012.

De principiis
- De principiis. Περὶ ἀρχῶν (hrsg. v. P. Koetschau): Origenes Werke 5 (GCS 22), Leipzig 1913.

Dialogus cum Heraclide
- Entretien d'Origène avec Héraclide (introduction, texte, traduction et notes de J. Scherer = SC 67), Paris 1960.

Orosius
Historiae adversum paganos
- Pauli Orosii historiarum adversum paganos libri VII (hrsg. v. K. Zangemeister = CSEL 5), Wien 1882.

Passio Bonosi et Maximiliani militum
- Ruinart, Acta (^{3}1859) 609–612.

Passio Felicis episcopi Tubzacensis
- Musurillo, Acts (1972) 266–271.

Passio Fructuosi, Augurii et Eulogii
- Wettstein H., Echte und ausgewählte Acten der ersten Martirer nach Th. Ruinart 3, Wien 1832, 269–281.
- Mombritius, Sanctuarium 1 (1910) 551–554 (mit Apparat 672f).
- Franchi de'Cavalieri P., Gli atti di S. Fruttuoso di Tarragona, in: Ders., Note agiografiche 8 (StT 65), Vatikanstadt 1935, 182–199.
- Lazzati, Sviluppi (1956) 160–167.
- Musurillo, Acts (1972) 176–184.

Passio Perpetuae
- Passio sanctarum Perpetuae et Felicitatis (hrsg. v. C. I.M. I. van Beek), Nimwegen 1936.
- The Passion of S. Perpetua (hrsg. v. J. A. Robinson): The Passion of S. Perpetua Together with an Appendix Containing the Original Latin Version of The Scillitan Martyrdom (TaS R.1, 2), Cambridge 1891 = Nendeln 1967.
- Passio sanctarum Perpetuae et Felicitatis: Passion de Perpétue et de Félicité suivi des actes (hrsg. v. J. Amat = SChr 417), Paris 1996.
- The Passion of Perpetua and Felicity (hrsg. v. Th.J. Heffernan), Oxford 2012, 100–124.

Passio Scilitanorum
- MABILLON, Analecta 3 (1685) 153 f (= 1723, 172).
- The Acts of the Scillitan Martyrs (hrsg. v. J. A. ROBINSON): The Passion of S. Perpetua Together with an Appendix Containing the Original Latin Version of The Scillitan Martyrdom (TaS R.1, 2), Cambridge 1891 = Nendeln 1967, 106–121.
- MUSURILLO, Acts (1972) 86–89.
- BASTIAENSEN, Acta Scilitanorum, in: BASTIAENSEN, Atti (1987) 100–105.
- RUGGIERO F., Atti dei martiri scitiani. Introduzione, testo, traduzione, testimonianze e commento (AANL.M 9/1-2), Rom 1991, 35–138.

Passio Theagenis
- Passio Sancti Theogenis ex cod. Brux. 207, AnBoll 2, 1883, 206–210.

Passio Victoris
- Passio S. Victoris (hrsg. v. C. NARBEY): Supplément aux Acta Sanctorum pour des vies de saints de l'époque mérovingienne 2, Paris 1900, 273–276.

PAULINUS VON NOLA
Epistulae
- Epistulae (hrsg. v. W. DE HARTEL): S. Pontii Meropii Paulini Nolani opera 1 (CSEL 29), Wien ²1999.

PONTIUS
Vita Cypriani
- BASTIAENSEN A. A.R., Vita Cipriani, in: MOHRMANN C. U. A. (Hrsg.), Vita di Cipriano, Vita di Ambrogio, Vita di Agostino (Fondazione Lorenzo Valla. Vite dei Santi 3), Mailand 1975 = 1997, 1–48.

PRUDENTIUS
Peristephanon 6: Hymnus in honorem beatissimorum martyrum Fructuosi episcopi Augurii et Eulogii
- Aurelii Prudentii Clementis Carmina (hrsg. v. M. P. CUNNINGHAM = CChr.SL 126), Turnhout 1971, 314–320.

Registri ecclesiae Carthaginensis
- Registri ecclesiae Carthaginensis excerpta (hrsg. v. CH. MUNIER = CChr.SL 149), Turnhout 1974, 173–247.

RUFINUS VON AQUILEIA
Eusebii historia ecclesiastica translata et continuata
- Die Kirchengeschichte (hrsg. v. TH. MOMMSEN): Eusebius, Werke 2/1-3 (GCS 9/1-3), Berlin 1903–1908 = (hrsg. v. F. WINKELMANN = GCS N. F. 6/1-3), Berlin 1999.

SULPICIUS SEVERUS
Vita sancti Martini
- Sulpicii Severi libri qui supersunt (hrsg. v. C. HALM = CSEL 1), Wien 1866 = Hildesheim 1983, 108–137.

Synaxarium Constantinopolitanum
- Synaxarium Ecclesiae Constantinopolitanae (hrsg. v. H. DELEHAYE = ActaSS Propyl. Nov.), Brüssel 1902.

Synodus Gangrensis
- Synode des Gangres (hrsg. v. P.-P. JOANNOU): Discipline générale antique (IVe–IXe s.). Les canons des Synodes Particuliers (FCCO 9,1,2), Grottaferrata 1962, 83–99.

TATIAN
Oratio ad Graecos
- Tatiani oratio ad graecos (hrsg. v. M. MARCOVICH = PTS 43–44), Berlin 1995.

TERTULLIAN
Ad martyras
- Ad martyras (hrsg. v. E. DEKKERS): Quinti Septimi Florentis Tertulliani opera 1 (CChr.SL 1), Turnhout 1954, 1–8.
Ad nationes
- Ad nationes (hrsg. v. J. G.PH. BORLEFFS): Quinti Septimi Florentis Tertulliani opera 1 (CChr.SL 1), Turnhout 1954, 9–75.
Ad Scapulam
- Ad Scapulam (hrsg. v. E. DEKKERS): Quinti Septimi Florentis Tertulliani opera 2 (CChr.SL 2), Turnhout 1954, 1125–1132.
Adversus Marcionem
- Adversus Marcionem (hrsg. v. AE. KROYMANN): Quinti Septimi Florentis Tertulliani opera 1 (CChr.SL 1), Turnhout 1954, 437–726.
Adversus Praxean
- Adversus Praxean (hrsg. v. AE. KROYMANN – E. EVANS): Quinti Septimi Florentis Tertulliani opera 2 (CChr.SL 2), Turnhout 1954, 1157–1253.
Apologeticum
- Apologeticum (hrsg. v. E. DEKKERS): Quinti Septimi Florentis Tertulliani opera 1 (CChr.SL 1), Turnhout 1954, 77–171.
De anima
- De anima (hrsg. v. J. H. WASZINK): Quinti Septimi Florentis Tertulliani opera 2 (CChr.SL 2), Turnhout 1954, 779–869.

De corona
- De corona (hrsg. v. Ae. Kroymann): Quinti Septimi Florentis Tertulliani opera 2 (CChr.SL 2), Turnhout 1954, 1037–1065.

De fuga in persecutione
- De fuga in persecutione (hrsg. v. J. J. Thierry): Quinti Septimi Florentis Tertulliani opera 2 (CChr.SL 2), Turnhout 1954, 1133–1155.

De idololatria
- De idololatria (hrsg. v. A. Reifferscheid – G. Wissowa): Quinti Septimi Florentis Tertulliani opera 2 (CChr.SL 2), Turnhout 1954, 1099–1124.

De ieiunio
- De ieiunio adversus psychicos (hrsg. v. A. Reifferscheid – G. Wissowa): Quinti Septimi Florentis Tertulliani opera 2 (CChr.SL 2), Turnhout 1954, 1255–1277.

De oratione
- De oratione (hrsg. v. G. F. Diercks): Quinti Septimi Florentis Tertulliani opera 1 (CChr.SL 1), Turnhout 1954, 255–274.

De pudicitia
- De pudicitia (hrsg. v. E. Dekkers): Quinti Septimi Florentis Tertulliani opera 2 (CChr.SL 2), Turnhout 1954, 1279–1330.

De virginibus velandis
- Le voile des vierges (hrsg. v. E. Schulz-Flügel – P. Mattei = SC 424), Paris 1997.

Scorpiace
- Scorpiace (hrsg. v. A. Reifferscheid – G. Wissowa): Quinti Septimi Florentis Tertulliani opera 2 (CChr.SL 2), Turnhout 1954, 1067–1097.

Testamentum sanctorum XL martyrum Sebastorum
- Bonwetsch G. N., Die Apokalypse Abrahams – Das Testament der Vierzig Märtyrer, Studien zur Geschichte der Theologie und der Kirche 1/1, Leipzig 1897 = Aalen 1972.
- Gebhardt, Acta martyrum (1902) 166–181.
- Knopf – Krüger, Märtyrerakten (1929) 116–119.
- Musurillo, Acts (1972) 354–361
- Orbán, Testamentum, in: Bastiaensen, Atti (1987) 342–351.

Theophilus von Antiochia
Ad Autolycum
- Theophili Antiocheni ad Autolycum (hrsg. v. M. Marcovich = PTS 44), Berlin 1995.

Traditio apostolica
- Traditio apostolica. Apostolische Überlieferung (hrsg. v. B. Botte, übers. u. eingel. v. W. Geerlings = FC 1), Freiburg ²1992, 210–313.

Usuard von Saint-Germain
Martyrologium
- Le martyrologe d'Usuard. Texte et commentaire (hrsg. v. J. Dubois = SHG 40), Brüssel 1965.

Victor von Tunnuna
Chronica
- Victoris Tunnunensis chronicon cum reliquiis ex consularibus Caesaraugustanis (hrsg. v. C. Cardelle de Hartmann = CChr.SL 173A), Turnhout 2001, 1–55.

Vita Abercii
- Boissonade J. F., Anecdota Graeca e codicibus regiis 5, Paris 1833, 462–488.
- Bossue, ActaSS Oct. 9 (1858) 493–519.
- Mallou, PG 115 (1864) 1212–1248.
- S. Abercii Vita (hrsg. v. Th. Nissen = BSGRT), Leipzig 1912, Text 1–55.
- Halkin F., Manuscrits byzantins d'Ochrida en Macédoine Yougoslave, AnBoll 80, 1962, 6–21.
- Halkin F., Inédits byzantins d'Ochrida, Candie et Moscou (Subsidia hagiographica 38), Brüssel 1963, 23–29.

Vita Abercii (armenice)
- Akinian N., Vark' ew yišatak Aberkiosi episkoposin Yerapolsi. Hamaŕōt B. xmbagrut'iwn, HandAm 25, 1911, 89–98.

Vita Polycarpi
- Vita et conversatio sancti et beati martyris Polycarpi episcopi Smyrnae Asiae (hrsg. v. F. X. Funk – F. Diekamp): Patres apostolici 2, Tübingen 1913, 402–450.

3. Sammeleditionen und Übersetzungen

Bastiaensen A. A.R. u. a. (Hrsg.), Atti e passioni dei martiri. Introduzione di A. A.R. Bastiaensen, testo critico e commento a cura di A. A.R. Bastiaensen – A. Hilhorst – G. A.A. Kortekaas – A. P. Orbán – M. M. van Assendelft (Fondazione Lorenzo Valla. Scrittori greci e latini), Vicenza 1987 = ⁶2007.

Bihlmeyer K., Die apostolischen Väter. Neubearbeitung der Funkschen Ausgabe (SQS 2, 1/1), Tübingen ³1970.

Bircher M. (Hrsg.), Bibliotheca Bodmeriana 4: Graeca biblica et christiana, München 2000.

Dahm H. J., Lateinische Märtyrerakten und Märtyrerbriefe. Text. Kommentar (Aschendorffs Sammlung lateinischer und griechischer Klassiker), Münster 1986.

GEBHARDT O.V. (Hrsg.), Acta martyrum selecta. Ausgewählte Märtyreracten und andere Urkunden aus der Verfolgungszeit der christlichen Kirche, Berlin 1902.
KNOPF R., Ausgewählte Märtyreracten (SQS 2, 2), Tübingen 1901.
KNOPF R., Ausgewählte Märtyrerakten (SQS 2, 2), Tübingen ²1913.
KNOPF R., Ausgewählte Märtyrerakten (neu bearbeitet von G. KRÜGER = SQS N. F. 3), Tübingen 1929.
KNOPF R. – KRÜGER G. – RUHBACH G. (Hrsg.), Ausgewählte Märtyrerakten (Neubearbeitung der Knopfschen Ausgabe von KRÜGER G. – RUHBACH G. = SQS N. F. 3), Tübingen ⁴1965, 62–64.
LANATA G., Gli atti dei martiri come documenti processuali (Studi e testi per un Corpus Iudiciorum 1), Mailand 1973.
LANATA G., Processi contro cristiani nelli atti dei martiri, Turin ²1989 (2. veränd. Aufl. von DIES., Atti [1973]).
LINDEMANN A. – PAULSEN H. (Hrsg.), Die Apostolischen Väter. Griechisch-deutsche Parallelausgabe auf der Grundlage der Ausgaben von F. X. FUNK, K. BIEHLMEYER und M. WHITTAKER mit Übersetzungen von M. DIBELIUS und D.-A. KOCH, Tübingen 1992.
MABILLON J., Vetera analecta 1–4, Paris 1675–1685; Ausg. in 1 Bd.: Paris 1723 = Farnborough 1967.
MOMBRITIUS B., Sanctuarium seu Vitae Sanctorum, [Mailand, vor 1480]; novam editionem curaverunt duo monachi Solesmenses 1–2, Paris 1910 = Hildesheim 1978.
MUSURILLO H., The Acts of the Christian Martyrs. Introduction, Texts and Translations (Oxford Early Christian Texts), Oxford 1972 = London 2000.
RAUSCHEN G., Echte alte Märtyrerakten aus dem Griechischen oder Lateinischen übersetzt, in: Frühchristliche Apologeten und Märtyrerakten 2 (BKV² 14), Kempten 1913, 289–369.
RUINART TH., Acta primorum martyrum sincera et selecta, Paris 1689.
RUINART TH., Acta martyrum, accedunt acta SS. Firmi et Rustici, Paris 1731 = 1781.
RUINART TH., Acta martyrum, accedunt acta SS. Firmi et Rustici, Regensburg ³1859.
SCHWERD A., Lateinische Märtyrerakten. Ausgewählt und erläutert (Humanitas christiana. Lateinische Reihe 1), München 1960.
SURIUS L., De probatis sanctorum historiis, partim ex tomis Aloysii Lipomani, doctissimi episcopi, partim ex egregiis manuscriptis codicibus, quarum per multae antehac nunquam lucem prodiere 1–6, Köln 1570–1575; 1–7 Köln ²1576–1586.

4. Hilfsmittel

BLAISE A., Dictionnaire latin-français des auteurs chrétiens, Dijon 1954 (Revu par CHIRAT H., Turnhout 1967).
LAMPE G. W.H., A Patristic Greek Lexicon, Oxford 1961 (¹⁶2001).
LIDDELL H. G. – SCOTT R., A Greek-English Lexicon, Oxford 1843 (erg. ⁹1996).

Thesaurus linguae latinae. Onomasticon 2–3, Leipzig 1907–1923.
Thesaurus linguae latinae. Index librorum scriptorum inscriptionum editio altera, Leipzig ⁵1990.

5. Literatur

ABEL A., Étude sur l'inscription d'Abercius, Byzantion 3, 1926, 321–411.
ACHELIS H., Die Martyrologien, ihre Geschichte und ihr Wert (AGWG.PH N. F. 3/6), Berlin 1900.
AIGRAIN R., L'hagiographie. Ses sources. Ses methodes. Son histoire, Paris 1953 = (SHG 80) Brüssel 2000.
AKINIAN N., Studies in the Life of St. Aberkios, HandAm 27, 1913, 325–344.520–525.
ALAND B., Märtyrer als christliche Identifikationsfiguren. Stilisierung, Funktion, Wirkung, in: DIES. – HAHN. J. – RONNING CH. (Hrsg.), Literarische Konstituierung von Identifikationsfiguren in der Antike, Tübingen 2003, 57–70.
ALFÖLDI A., Der Philosoph als Zeuge der Wahrheit und sein Gegenspieler der Tyrann, Scientiis Artibusque. Collectanea Academiae Catholicae Hungaricae 1, 1958, 7–19.
ALFÖLDI-ROSENBAUM E., Kaiserpriester, in: Spätantike und frühes Christentum. Ausstellung im Liebieghaus, Museum alter Plastik, Frankfurt am Main 1983/84, 34–39.
ALFÖLDY G., Der heilige Cyprian und die Krise des römischen Reiches, Historia 22, 1973, 479–501.
ALFÖLDY G., Die römischen Inschriften von Tarraco (Madrider Forsch. 10), Berlin 1975.
AMAT J., Songes et visions. L'au-delà dans la littérature latine tardive, Paris 1985.
AMELING W., The Christian lapsi in Smyrna, 250 A. D. (Martyrium Pionii 12–14), VigChr 62, 2008, 133–160.
AMELING W., Femina Liberaliter Instituta – Some Thoughts on a Martyr's Liberal Education, in: BREMMER – FORMISANO, Perpetua (2012) 78–102.
AMELING W., Die jüdischen Gemeinden im antiken Kleinasien, in: JÜTTE R. – KUSTERMANN A. P., Die jüdischen Gemeinden und Organisationsformen von der Antike bis zur Gegenwart (Aschkenas. Beih. 3), Wien – Köln – Weimar 1996, 29–55.
ANDERSON J. G.C. – CUMONT F. – GRÉGOIRE H., Studia Pontica 3. Recueil des inscriptions grecques et latines du Pont et de l'Arménie 3, Brüssel 1910.
ANDRESEN C., Die Kirchen der alten Christenheit, Stuttgart 1971.
ANGENENDT A., Heilige und Reliquien. Die Geschichte ihres Kultes vom frühen Christentum bis zur Gegenwart, München ²1997.
ANRICH G. (Hrsg.), Ernst Lucius. Die Anfänge des Heiligenkultes in der christlichen Kirche, Tübingen 1904 (franz.: Paris 1908).

AUBÉ B., Étude sur un nouveau texte des actes des martyrs scillitains, Paris 1881.
AUBREVILLE PH., Zur Motivation der tetrarchischen Christenverfolgung, ZAC 13, 2009, 415–429.
AUDIN A., L'amphithéâtre des Trois-Gaules à Lugdunum, Latomus 28, 1969, 19–27.
AUDIN A., L'amphithéâtre des Trois Gaules à Lyon, Gallia 37/1, 1979, 85–100.
AUDIN A. – LEGLAY M., L'amphithéâtre des Trois Gaules à Lyon: première campagne de fouilles, Gallia 28/1, 1970, 67–89.
AUGAR F., Die Frau im römischen Christenprocess. Ein Beitrag zur Verfolgungsgeschichte der christlichen Kirche im römischen Staat (TU 13/4), Leipzig 1905.
BABEL H., Der Briefwechsel zwischen Plinius und Trajan über die Christen in strafrechtlicher Sicht, Erlangen 1961.
BABUT E.CH., L'adoration des empereurs et les origines de la persécution de Dioclétien, RH 123, 1916, 225–252.
BACKHAUS K., Spielräume der Wahrheit. Zur Konstruktivität in der hellenistisch-reichsrömischen Geschichtsschreibung, in: DERS., Historiographie (^{2}2009) 1–29.
BACKHAUS K. – HÄFNER G., Historiographie und fiktionales Erzählen. Zur Konstruktivität in Geschichtstheorie und Exegese (BThSt 68), Neukirchen-Vlyn ^{2}2009.
BAL M., Perpetual Contest, in: BREMMER – FORMISANO, Perpetua (2012) 134–149.
BALDWIN M. C., Whose Acts of Peter? Text and Histural Context of the Actus Vercellenses (WUNT 2, 196), Tübingen 2005.
BALTY J.-C., Guide d'Apamée, Brüssel 1981.
BALUZIUS E., Miscellanea 2 (hrsg. von J. D. MANSI), Lucca 1761.
BALZARINI M., De iniuria extra ordinem statui. Contributo allo studio del diritto penale romano dell'età classica, Padua 1983.
BARADEZ J., Tipasa. Ville antique de Maurétanie, Algier 1952.
BARDENHEWER O., Geschichte der altkirchlichen Literatur 2, Freiburg i. Br. ^{2}1914 = Darmstadt 1962.
BARNES T. D., Early Christian Hagiography and Roman History (Tria Corda 5), Tübingen 2010.
BARNES T. D., Early Christianity and the Roman Empire (Variorum Reprint CS207), London 1984.
BARNES T. D. Legislation Against the Christians, JRS 58, 1968, 32–50 = DERS., Early Christianity (1984) c. II.
BARNES T. D., Pre-Decian Acta Martyrum, JThS N. S. 19, 1968, 509–531.
BARNES T. D., Tertullian. A Historical and Literary Study, Oxford 1971; korr. u. erg. ^{2}1985 = 2005.
BARONIUS C., Annales ecclesiastici a Christo nato ad annum 1198, Bd. 2, Rom 1590.
BARTON C. A., Savage Miracles: The Redemption of Lost Honor in Roman Society and the Sacrament of the Gladiator and the Martyr, Representations 45, 1994, 41–71.
BARTON C. A., The Scandal of the Arena, Representations 27, 1989, 1–36.

BARTON C. A., The Sorrows of the Ancient Romans: The Gladiator and the Monster, Princeton 1993.
BATAREIKH É., Une nouvelle récension de la Vie d'Abercius, OrChr 4, 1904, 278–307.
BAUER A., Heidnische Märtyrerakten, APF 1, 1900, 29–47.
BAUER F. A., Eine Stadt und ihr Patron. Thessaloniki und der Heilige Demetrios, Regensburg 2013.
BAUMAN R. A., Crime and Punishment in Ancient Rome, London 1996.
BAUMAN R. A., The Crimen maiestatis in the Roman Republic and Augustan Principate, Johannesburg 1967.
BAUMAN R. A., Human Rights in Ancient Rome, London 2000.
BAUMEISTER TH., Der ägyptische Bischof und Märtyrer Phileas, in: STRITZKY M.-B. v. – UHRIG CHR. (Hrsg.), Im Garten des Lebens. FS W. CRAMER (MThA 60), Altenberg 1999, 33–41 = BAUMEISTER, Martyrium (2009) 107–112.
BAUMEISTER TH., Die Anfänge der Theologie des Martyriums, Münster 1980.
BAUMEISTER TH., „Anytos und Meletos können mich töten, schaden jedoch können sie mir nicht". Platon, Apologie des Sokrates 30c/d bei Plutarch, Epiktet, Justin Martyr und Clemens Alexandrinus, in: BLUME H.-D. – MANNS F. (Hrsg.), Platonismus im Christentum. FS H. DÖRRIE (JAC.E 10), Münster 1983, 58–63 = BAUMEISTER, Martyrium (2009) 22–28.
BAUMEISTER TH., Der Brief der Gemeinden von Vienne und Lyon und die Offenbarung des Johannes, in: HORN F. W. – WOLTER M. (Hrsg.), Studien zur Johannesoffenbarung und ihrer Auslegung. FS O. BÜCHER, Neukirchen-Vluyn 2005, 339–355 = BAUMEISTER, Martyrium (2009) 50–65.
BAUMEISTER TH., Genese und Entfaltung der altkirchlichen Theologie des Martyriums (TC 8), Bern 1991.
BAUMEISTER TH., Martyrium, Hagiographie und Heiligenverehrung im christlichen Altertum (RQ.S 61), Freiburg i. Br. 2009.
BAUMEISTER TH., Das Martyrium in der Sicht Justins des Märtyrers (StPatr 17/2), Oxford 1982, 631–642 = DERS., Martyrium (2009) 29–40.
BAUMEISTER TH., Nordafrikanische Märtyrer in der frühen römischen Heiligenverehrung, RQ 98, 2003, 35–46 = DERS., Martyrium (2009) 293–304.
BAUS K., Der Kranz in Antike und Christentum. Eine religionsgeschichtliche Untersuchung mit besonderer Berücksichtigung Tertullians (Theoph 2), Bonn 1940 = 1965.
BECK A., Römisches Recht bei Tertullian und Cyprian. Eine Studie zur frühen Kirchengeschichte (SKG.G 7/2), Halle 1930 = Aalen 1967.
BECK E., Der syrische Diatessaronkommentar zu der unvergebbaren Sünde wider den Heiligen Geist, OrChr 73, 1989, 1–37.
BEHRWALD R. – WITSCHEL C. (Hrsg.), Rom in der Spätantike. Historische Erinnerung im städtischen Raum (HABES 51), Stuttgart 2012.
BELKE K. – MERSICH M., Phrygien und Pisidien (TIB 7 = DÖAW.PH 211), Wien 1990.
BENKO S., Pagan Criticism of Christianity during the First Two Centuries A. D., in:

HAASE W. (Hrsg.), Religion (Vorkonstantinisches Christentum: Verhältnis zu römischem Staat und heidnischer Religion) (ANRW 2, 23/2), Berlin 1980, 1055–1118.

BENNER M., The Emperor Says: Studies in the Rhetorical Style in Edicts of the Early Empire, Göteborg 1975.

BENZ E., Christus und Sokrates in der alten Kirche. Ein Beitrag zum altkirchlichen Verständnis des Märtyrers und des Martyriums, ZNW 43, 1950/51, 195–224.

BERCOT D. W., A Dictionary of Early Christian Beliefs. A Reference Guide to More Than 700 Topics Discussed by the Early Church Fathers, Peabody/Mass. 1998.

BERGER K., Die Auferstehung der Propheten und die Erhöhung des Menschensohnes. Traditionsgeschichtliche Untersuchungen zur Deutung des Geschickes Jesu in frühchristlichen Texten (StUNT 13), Göttingen 1976.

BERGER K., Einführung in die Formgeschichte, Tübingen 1987.

BERGER K., Hellenistische Gattungen im Neuen Testament, in: HAASE W. (Hrsg.), Religion (Vorkonstantinisches Christentum: Leben und Umwelt Jesu; Neues Testament, Forts, [Kanonische Schriften und Apokryphen]) (ANRW 2, 25/2), Berlin 1984, 1031–1432; 1831–1885.

BERSCHIN W., Biographie und Epochenstil im lateinischen Mittelalter 1. Von der Passio Perpetuae zu den Dialogen Gregors des Großen (Quellen und Untersuchungen zur lateinischen Philologie des Mittelalters 8), Stuttgart 1986.

BERWIG D., Mark Aurel und die Christen, Diss. München 1970.

BESCHAOUCH A., Sur la localisation d'Abitina, CRAI 120/2, 1976, 255–266.

BÉVENOT M., The Tradition of Manuscripts. A Study in the Transmission of St. Cyprian's Treatises, Oxford 1961.

BETZ H. D. (Hrsg.), The Greek Magical Papyri 1, Chicago ²1992.

BICKERMAN E. J., Trajan, Hadrian and the Christians, RFIC 96, 1968, 290–315.

BINDER T., Semen est sanguis Christianorum. Literarische Inszenierungen von Macht und Herrschaft in frühchristlicher Passionsliteratur, Berlin 2005.

BIRCHER M. (Hrsg.), Bibliotheca Bodmeriana. La collection des Papyrus Bodmer 4, Genf 2000, 1513–1575.

BIRLEY A. R., Die „freiwilligen" Märtyrer – Zum Problem der Selbst-Auslieferer, in: HAEHLING R. v. (Hrsg.), Rom und das himmlische Jerusalem. Die frühen Christen zwischen Anpassung und Ablehnung, Darmstadt 2000, 97–123.

BIRLEY A. R., Mark Aurel. Kaiser und Philosoph (Beck'sche Schwarze Reihe 160), München ²1977.

BIRLEY A. R., Persecutors and Martyrs in Tertullian's North Africa, in: CLARK D. F. – ROXAN M. M. – WILKES J. J. (Hrsg.), The Later Roman Empire Today. FS J. MANN (BIA 29), London 1992, 37–68.

BISBEE G. A., The Acts of Justin Martyr. A Form-Critical Study, SecCen 3, 1983, 129–157.

BISBEE G. A., Pre-Decian Acts of Martyrs and Commentarii (HDR 22), Philadelphia 1988.

BLECH M., Studien zum Kranz bei den Griechen (RVV 38), Berlin 1982.
BLOIS L. DE – FUNKE P. – HAHN J. (Hrsg.), The Impact of Imperial Rome on Religions, Ritual and Religious Life in the Roman Empire. Proceedings of the Fifth Workshop of the International Network Impact of Empire (Impact of Empire 5), Leiden 2006.
BLUDAU A., Die ägyptischen Libelli und die Christenverfolgung des Kaisers Decius (RQ Suppl. 27), Freiburg 1931.
BLUMBERG A., Accepisti signaculum spirituale. Das geistliche Siegel der Taufe im Spiegel der Werke des Ambrosius von Mailand (Eichstätter Studien N. F. 67), Regensburg 2012.
BONNER G., The Scillitan Saints and the Pauline Epistles, JEH 7, 1956, 141–146.
BONWETSCH N., Das Testament der vierzig Märtyrer zu Sebaste, NKZ 3, 1892, 705–726.
BOSMAN PH., Conscience in Philo and Paul (WUNT 2, 166), Tübingen 2003.
BOVINI G., La proprietà ecclesiastica e la condizione giuridica della chiesa in età precostantiniana, Mailand 1949.
BOVINI G., Die Mosaiken von Ravenna, Mailand – Würzburg – Wien ⁴1972.
BOWERSOCK G. W., The Imperial Cult: Perceptions and Persistence, in: MEYER B. F. – SANDERS E. P. (Hrsg.), Jewish and Christian Self-definition 3. Self-definition in the Greco-Roman World, Philadelphia 1983, 171–182.
BOWERSOCK G. W., Fiction as History. Nero to Julian (Sather classical lectures 58), Berkely 1994.
BOWERSOCK G. W., Martyrdom and Rome, Cambridge 1995.
BOYARIN D., Border Lines: The Partition of Judeo-Christianity, Pennsylvania 2004.
BOYARIN D., Dying for God. Martyrdom and the Making of Christianity and Judaism, Stanford 1999.
BOYARIN D., Martyrdom and the Making of Christianity and Judaism, JECS 6, 1998, 577–627.
BOYARIN D, Sparks of the Logos. Essays in Rabbinic Hermeneutics, Leiden 2003.
BOZZO G., Le vicende architettoniche del complesso, in: San Fruttuoso de Capodimonte. L'ambiente, il monumento (Le guide del FAI 2), Mailand 1990, 30–43.
BRAUN J., Die liturgische Gewandung im Abendland nach Ursprung und Entwicklung, Verwendung und Symbolik, Freiburg 1907 = Darmstadt 1964.
BREKELMANS A. J., Märtyrerkranz. Eine symbolgeschichtliche Untersuchung im frühchristlichen Schrifttum (AnGr 25), Rom 1965.
BREMMER J. N., „Christianus sum". The Early Martyrs and Christ, in: BARTELINK G. J.M. – HILHORST A. – KNEEPKES C. H., Eulogia. Mélanges A. A.R. BASTIAENSEN (IP 24), Steenbrugge 1991, 11–20.
BREMMER J. N., Contextualizing Heaven in Third-Century North Africa, in: BOUSTAN R. – REED A. (Hrsg.), Heavenly Realms and Earthly Realities in Late Antique Religions, Cambridge 2004, 159–173.
BREMMER J. N., Felicitas: The Martyrdom of a Young African Woman, in: BREMMER – FORMISANO, Perpetua (2012) 35–53.

BREMMER J. N., The Passion of Perpetua and the Development of Early Christian Afterlife, NTT 54, 2000, 97–111.
BREMMER J. N., Perpetua and Her Diary. Authenticity, Family and Visions, in: AMELING W. (Hrsg.), Märtyrer und Märtyrerakten, Stuttgart 2002, 77–120.
BREMMER J. N. – FORMISANO M., Perpetua's Passions. Multidisciplinary Approaches to the Passio Perpetuae et Felicitatis, Oxford 2012.
BRENK B., Die Christianisierung der spätrömischen Welt. Stadt, Land, Haus, Kirche und Kloster in frühchristlicher Zeit (Spätantike – Frühes Christentum – Byzanz. Kunst im ersten Jahrtausend 10), Wiesbaden 2003.
BRENNECKE H.CH., „An fidelis ad militiam converti possit"? [Tertullian, de idolatria 19,1]. Frühchristliches Bekenntnis und Militärdienst im Widerspruch, in: WYRWA D., Die Weltlichkeit des Glaubens in der Alten Kirche. FS U. WICKERT (BZNW 85), Berlin 1997, 45–100.
BRENNECKE H.CH., Tertullian, in: GRAF F. W., Klassiker der Theologie, München 2005, 28–42.
BRINGMANN K., Christentum und römischer Staat im ersten und zweiten Jahrhundert n. Chr., GWU 29, 1978, 1–19.
BROCK P., Why Did St Maximilian Refuse to Serve in the Roman Army?, JEH 45, 1994, 195–200.
BROTHERS J. T., The Interpretation of παῖς θεοῦ in Justin Martyr's Dialogue with Trypho (StPatr 9 = TU 94), Berlin 1966, 127–138.
BROWN P., The Cult of the Saints. Its Rise and Function in Latin Christianity (HLHR N. S. 2), Chicago 1981 (Übersetzung: Die Heiligenverehrung. Ihre Entstehung und Funktion in der lateinischen Christenheit, übers. v. J. BERNARD, Leipzig 1991).
BROWN P., Power and Persuasion in Late Antiquity, Madison 1992 (Übersetzung: Macht und Rhetorik in der Spätantike: Der Weg zu einem „christlichen Imperium", München 1995).
BROWN P., The Rise and Function of the Holy Man in Late Antiquity, Cambridge 1978 = DERS., Society and the Holy in Late Antiquity, London 1982, 103–152.
BROWN P., The Saint as Exemplar in Late Antiquity, Representations 2, 1983, 1–25.
BROWN P., Town, Village and Holy Man. The Case of Syria, in: PIPPIDI D. M. (Hrsg.), Assimilation et résistance à la culture gréco-romaine dans le monde ancien, Bukarest 1976, 213–220 = DERS., Society and the Holy in Late Antiquity, London 1982, 153–165.
BROWN S., Death as Decoration: Scenes from the Arena on Roman Domestic Mosaics, in: RICHLIN A. (Hrsg.), Pornography and Representation in Greece and Rome, Oxford 1992, 180–221.
BROX N., Zeuge und Märtyrer: Untersuchungen zur frühchristlichen Zeugnis-Terminologie, München 1961.
BRUHL A., La médecine à Lyon. Époque romaine, Revue lyon. de Médecine 7, 1958, 13–18.
BRUNT P., Evidence Given under Torture in the Principate, ZSRG.R 97, 1980, 256–265.

BUCKLEY E. – DINTER M. (Hrsg.), A Companion to the Neronian Age, Oxford 2013.
BUNDY D., The Life of Abercius: Its Significance for Early Syriac Christianity, The second century. A Journal of Early Christian Studies 7/3, 1989/90, 163–176.
BURKITT F. C., The Oldest MS of St. Justin's Martyrdom, JThS 11, 1909–1910, 61–66.
BURNS J. P. – JENSEN R. M., Christianity in Roman Africa. The Development of Its Practices and Beliefs, Grand Rapids, Mich. 2014.
BURRELL B., Neokoroi. Greek Cities and Roman Emperors (Cincinnati Classical Studies N. S. 9), Leiden 2004.
BURRUS V., Torture and Travail: Producing the Christian Martyr, in: LEVINE A.-J. (Hrsg.), A Feminist Companion to Patristic Literature, London 2008, 56–71.
BUSCHMANN G., Martyrium Polycarpi – Eine formkritische Studie. Ein Beitrag zur Frage nach der Entstehung der Gattung Märtyrerakte (ZNW Beih. 70), Berlin 1994.
BUSCHMANN G., Das Martyrium des Polykarp (KAV 6), Göttingen 1998.
BUTI I., La „cognitio extra ordinem": Augusto a Diocleziano, in: TEMPORINI H., Recht (Materien [Forts.]) (ANRW 2, 14), Berlin 1982, 29–59.
BUTTERWECK C., „Martyriumssucht" in der Alten Kirche? Studien zur Darstellung und Deutung frühchristlicher Martyrien (BHTh 87), Tübingen 1995.
BUTTURINI E., Massimiliano: un coscritto obiettore, in: DERS., La nonviolenza nel cristianesimo dei primi secoli. Antologia di prosatori latini (Civiltà letteraria di Grecia e di Roma 38), Turin 1979 = 1986, 24–35.
CACITTI R., Massimiliano – un obiettore di conscienza del tardo impero, Hum(B) 36, 1980, 828–841.
CACITTI R., „Mihi non licet militare". Fondamento biblico, sacramento battesimale e istanze morali del rifiuto della guerra nel cristianesimo delle origini, in: MERLO G. G. (Hrsg.), Lombardia monastica e religiosa. FS M. BETTELLI (Studi di storia del cristianesimo e delle chiese cristiane 2), Mailand 2001, 11–64.
CADOUX C. J., Ancient Smyrna. A History of the City from the Earliest Times to 324 A. D., Oxford 1938.
CAMERON A., Christianity and the Rhetoric of Empire, Berkeley 1991.
CAMERON A., On Defining the Holy Man, in: JOHNSTON – GAYWARD, Cult (1999) 27–43.
CAMPENHAUSEN H.v., Bearbeitungen und Interpolationen des Polykarpmartyriums (SHAW.PH 1957/3), Heidelberg 1957 = DERS., Aus der Frühzeit des Christentums. Studien zur Kirchengeschichte des ersten und zweiten Jahrhunderts, Tübingen 1963, 253–301.
CAMPENHAUSEN H.v., Die Idee des Martyriums in der alten Kirche, Göttingen 1936; durchges. u. erg. ²1964.
CAMPENHAUSEN H.v., Aus der Frühzeit des Christentums: Studien zur Kirchengeschichte des ersten und zweiten Jahrhunderts, Tübingen 1963.
CAPELLE B., Collecta, RBen 42, 1930, 197–204.

CAPMANY CASAMITJANA J., „Miles Christi" en la espiritualidad di San Cipriano (CSPac 1), Barcelona 1956.

CARFORA A., I cristiani al leone. I martiri cristiani nel contesto mediatico dei giochi gladiatorii (Oi cristianoi 10), Trapani 2009.

CARTER M., Gladiatorial Ranking and the SC De Pretiis Gladiatorum Minuendis (CIL II 6278 = ILS 5163), Phoenix 57, 2003, 83–114.

CASEAU B. – CHEYNET J.-C. – DÉROCHE V. (Hrsg.), Pèlerinages et lieux saints dans l'antiquité et le moyen-âge. Mélanges PIERRE MARAVAL (Collège de France – CNRS. Centre de recherche d'histoire et civilisation de Byzance Monographies 23), Paris 2006.

CASTELLI E. A., Asterius of Amesea: Ekphrasis on the Holy Martyr Euphemia, in: VALENTASIS R. (Hrsg.), Religions of Late Antiquity in Practice, Princeton 2000, 463–468.

CASTELLI E. A., „I will make Mary male": Pieties of the Body and Gender Transformation of Christian Women in Late Antiquity, in: EPSTEIN J. – STRAUB K. (Hrsg.), Body Guards: The Cultural Politics of Gender Ambiguity, New York 1991, 29–49.

CASTELLI E. A., Martyrdom and Memory. Early Christian Culture Making (Gender, Theory and Religion), New York 2004.

CASTELLI E. A., Persecution and Spectacle. Cultural Appropriation in the Christian Commemoration of Martyrdom, ARG 7, 2005, 102–136.

CAVVALLARO L., San Fruttuoso di Capodimonte. Una ‚storia' nella pietra, Ben. 33, 1986, 362–393.

Catalogus Codicum Hagiographicorum Latinorum Bibliothecarum Dublinensium, AnBoll 46, 1928, 85.

CERULLO D., Gli atti dei martiri Scillitani: un'esperienza di „lingua in atto". Lettura didattico-operativa, Aufidus 23, 1994, 99–126.

CHAGNY A., Les martyrs de Lyon de 177, Lyon 1936.

CHAPOT F., La liberté du chrétien dans l'apologétique et l'hagiographie antiques, Ktema 28, 2003, 71–80.

CHRISTERN J., Das frühchristliche Pilgerheiligtum von Tebessa: Architektur und Ornamentik einer spätantiken Bauhütte in Nordafrika, Wiesbaden 1976.

CHRISTOL M., La piété des tétrarques: une retractatio, in: Romanité et cité. Permanences et mutations, intégration et exclusion du Ier au IVe siècle. Mélanges YVETTE DUVAL, Paris 2000, 219–231.

CLARK E. A., John Chrysostom and the Subintroductae, ChH 46, 1977, 171–185 = DIES., Ascetic Piety and Women's Faith. Essays on Late Ancient Christianity (Studies in Women and Religion 20), Lewiston N. Y./Queenston, Ont. 1986, 265–290.

CLARK G., Christianity and Roman Society, Cambridge 2004.

CLARKE G. W., Two Measures in the Persecution of Decius?, BICS 20, 1973, 118–123.

CLARKE G. W., Some Observations on the Persecution of Decius, Antichthon 3, 1969, 63–76.

Clauss M., Untersuchungen zu den principales des römischen Heeres von Augustus bis Diokletian: corniculariii, speculatores, frumentarii, Diss. Bochum 1973.

Clauss M., „Gebt dem Kaiser, was des Kaisers ist!" Bemerkungen zur Rolle der Christen im römischen Heer, in: Kneissl P. (Hrsg.), Imperium Romanum: Studien zu Geschichte und Rezeption. FS K. Christ, Stuttgart 1998, 93–104.

Clauss M., Kaiser und Gott. Herrscherkult im römischen Reich, Stuttgart – Leipzig 1999.

Clavel-Lévêque M., L'empire en jeux, Paris 1984.

Clavel-Lévêque M., Rituels de mort et consommation de gladiateurs: Images de domination et pratique impérialistes de reproduction, in: Walter H. (Hrsg.), Hommages à Lucien Lerat 1 (CRHA 55/1 = ALUB 294/1), Paris 1984, 189–208.

Coleman K. M., Fatal Charades: Roman Executions Staged as Mythographical Enactment, JRS 80, 1990, 44–73.

Coles R. A., Reports of Proceedings in Papyri (PapyBrux 4), Brüssel 1966.

Colin J., L'empire des Antonins et les martyrs gaulois de 177, Bonn 1964.

Conybeare F. C., Harnack on the Inscription of Abercius, The Classical Review 9, 1895, 295–297.

Corke-Webster J., Mothers and Martyrdom. Familial Piety and the Model of the Maccabees in Eusebius of Caesarea's Ecclesiastical History, in: Johnson A. – Schott J. (Hrsg.), Eusebius of Caesarea. Tradition and Innovation (Hellenic Studies 60), Cambridge 2013, 51–82.

Corsaro F., Note sugli „Acta martyrum Scillitanorum", NDid 6, 1956, 5–51.

Corssen P., Das Martyrium des Bischofs Cyprian, ZNW 15, 1914, 221–233; ebd. 285–316; 16, 1915, 54–92; ebd. 198–230; 17, 1916, 189–206; 18, 1917/18, 118–139; ebd. 202–272; ebd. 249–272.

Corssen P., Die Vita Polycarpi, ZNW 5, 1904, 266–301.

Courtois C., Reliques carthaginoises et légende carolingienne, RHR 129, 1945, 57–83.

Coxe H., Catalogi codicum manuscriptorum Bibliothecae Bodleianae 1, Oxford 1853, 526–528.

Cracco Ruggini L., Il miracolo nella cultura del tardo impero: concetto e funzione, in: Hagiographie, cultures et sociétés, IVe-XIIe siècles. Actes du colloque organisé à Nanterre et à Paris 2–5 mai 1979 (Centre de recherches sur l'Antiquité tardive et le Haut Moyen Âge, Université de Paris X = Études Augustiniennes), Paris 1981, 161–204.

Crescenti G., La figura spirituale dell'obiettore tipico di coscienza. I martiri Massimiliano coscritto, Marcello centurione e Taraco, Probo ed Andronica soldati, in: Ders., Obiettori di coscienza e martiri militari dei primi cinque secoli del cristianesimo, Palermo 1966, 209–226.

Crislip A. T., From Monastery to Hospital. Christian Monasticism and the Transformation of Health Care in Late Antiquity, Ann Arbor 2005.

Crook J. A., Legal Advocacy in the Roman World, London 1995.

CUMONT F., Sarin dans le testament des martyrs de Sébaste, AnBoll 25, 1906, 241–242.
CUMONT F., Zimara dans le Testament des martyrs de Sébaste, AnBoll 23, 1904, 448.
CYRILLA Sr., Pionius of Smyrna, StPatr 10/1, 1970, 281–284.
DAGRON G., Naissance d'une capitale. Constantinople et ses institutions de 330 à 451 (BByz.E 7), Paris 1974 = 1984.
DAHM H. J., Lateinische Märtyrerakten und Märtyrerbriefe. Kommentar (Aschendorffs Sammlung lateinischer und griechischer Klassiker), Münster 1986.
DANIÉLOU J., Théologie du judéo-christianisme (Histoire des doctrines chrétiennes avant Nicée [1]), Tournai 1958.
DAUBE D., Civil Disobedience in Antiquity, Edinburgh 1972.
DAVIDS A., Iustinus philosophus et martyr. Bibliographie 1923–1973, Nimwegen 1983.
DAVIES R. W., Joining the Roman Army, BoJ 169, 1969, 208–232.
DAVIS S. J., Pilgrimage and the Cult of Saint Thecla in Late Antique Egypt, in: FRANKFURTER, Pilgrimage (1998), 303–339.
DE ROSSI G. B., Le martyrologue hiéronymien, MAH 5,1885, 115–119.
DE SPIRITO G., Balneum Timothinum, Lexicon topographicum Urbis Romae 1, hrsg. v. E. M. STEINBY, Rom 1993, 165 f.
DE STE. CROIX G. E.M., Christian Persecution, Martyrdom, & Orthodoxy (hrsg. v. M. WHITBY – J. STREETER), New York 2006 = 2008.
DE STE. CROIX G. E.M., Why were the Early Christians Persecuted ?, PaP 26, 1963, 6–38 = DERS., Persecution (2006) 105–152.
DE STE. CROIX G. E.M., A Worm's-Eye View of the Greeks and Romans and How They Spoke: Martyr-Acts, Fables, Parables and Other Texts, Latin teaching 37/4 [richtig: 36], 1984, 16–30.
DECREPT E., L'arrière-plan liturgique et ecclésial des Actes d'Ignace, REAug 49, 2003, 131–166.
DEGRASSI A., I fasti consolari dell'Impero Romano dal 30 avanti Cristo al 613 dopo Cristo (SusEr 3), Rom 1952.
DEHANDSCHUTTER B., A Community of Martyrs: Religious Identity and the Case of the Martyrs of Lyons and Vienne, in: LEEMANS – METTEPENIGEN, Memory (2005) 3–22 = DEHANDSCHUTTER, Polycarpiana (2007) 237–255.
DEHANDSCHUTTER B., Example and Discipleship: Some Comments on the Biblical Background of the Early Christian Theology of Martyrdom, in: DEN BOEFT J. – VAN POLL-VAN DE LISDONK M. L. (Hrsg.), The Impact of Scripture in Early Christianity (Texts and Studies of Early Christian Life and Language 44), Leiden 1999, 20–27.
DEHANDSCHUTTER B., Hagiographie et histoire. À propos des actes et passions des martyrs, BEThL 117, 1995, 295–301 = DERS., Polycarpiana (2007) 113–120.
DEHANDSCHUTTER B., Martyrium Polycarpi. Een literair-kritische studie (BEThL 52), Löwen 1979.

DEHANDSCHUTTER B., The Martyrium Polycarpi: A Century of Research, in: HAASE W. (Hrsg.), Religion (Vorkonstantinisches Christentum: Apostolische Väter und Apologeten) (ANRW 2, 27/1), 1993, 485–522.

DEHANDSCHUTTER B., Martyrium und Agon. Über die Wurzeln der Vorstellung vom ΑΓΩΝ im vierten Makkabäerbuch, in: VAN HENTEN, Entstehung (1989) 215–219.

DEHANDSCHUTTER B., Polycarpiana: Studies on Martyrdom and Persecution in Early Christianity. Collected essays (hrsg. v. J. LEEMANS) (BEThL 205), Löwen 2007.

DEICHMANN F. W., Frühchristliche Bauten und Mosaiken von Ravenna. Tafelband, Wiesbaden ²1995.

DEININGER J., Die Provinziallandtage der römischen Kaiserzeit von Augustus bis zum Ende des dritten Jahrhunderts n. Chr. (Vestigia 6), München 1965.

DEISSMANN A., Licht vom Osten. Das Neue Testament und die neuentdeckten Texte der hellenistisch-römischen Welt, Tübingen 1908 = ⁴1923.

DELÉANI-NIGOUL S., L'utilisation des modèles bibliques du martyre par les écrivains du IIIe siècle, in: FONTAINE J. – PIETRI CH. (Hrsg.), Le monde latin antique et la Bible, Paris 1985, 315–338.

DELEHAYE H., Étude sur le légendier romain. Les saints de novembre et de décembre (SHG 23), Brüssel 1936

DELEHAYE H., Les légendes hagiographiques (SHG 18A), Brüssel 1905, ³1927 (éd. rev.), ⁴1955 (augmentée d'une notice de l'auteur par P. Peeters) = 1973; Übersetzung: DELEHAYE H., Die hagiographischen Legenden, übers. v. E. A. STÜCKELBERG, Kempten 1907.

DELEHAYE H., Les martyrs d'Égypte, AnBoll 40, 1922, 5–154.299–364 = DERS., Les martyrs d'Égypte, Brüssel 1923.

DELEHAYE H., Mélanges d'hagiographie grecque et latine (SHG 42), Brüssel 1966.

DELEHAYE H., L'oeuvre des bollandistes à travers trois siècles 1615–1915 (SHG 13A), Brüssel ²1959.

DELEHAYE H., Les origines du culte des martyrs, Brüssel 1912; 2. durchges. Auflage: (SHG 20), Brüssel ²1933.

DELEHAYE H., Les passions des martyrs et les genres littéraires, Brüssel 1921; ergänzte und überarbeitete 2. Auflage: (SHG 13B), Brüssel ²1966.

DELEHAYE H., La persécution dans l'armée sous Dioclétien, BCLAB 1921, 150–166 = DERS., Mélanges (1966) 256–268.

DELEHAYE H., Réfractaire et martyr, in: DERS., Mélanges (1966) 375–378.

DELEHAYE H., Le refus de servir et l'église primitive, in: DERS., Mélanges (1966) 379–383.

DELEHAYE H., Saints de Thrace et de Mesie, AnBoll 31, 1912, 228–232.

DELEHAYE H., Sanctus. Essai sur le culte des saints dans l'antiquité (SHG 17), Brüssel 1927 = Mons 1954.

DEN BOEFT J., „Martyres sunt, sed homines fuerunt": Augustine on Martyrdom, in: BASTIAENSEN A. A.R. U. A. (Hrsg.), Fructus Centesimus. Mélanges G. J.M. BARTELINK (IP 19), Steenbrugge 1989, 115–124.

DEN BOEFT J. – BREMMER J., Notiunculae martyrologicae, VigChr 35, 1981, 43–56.
DEN BOEFT J. – BREMMER J., Notiunculae martyrologicae 2, VigChr 36, 1982, 383–402.
DEN BOEFT J. – BREMMER J., Notiunculae martyrologicae 3, VigChr 39, 1985, 110–130.
DEN BOEFT J. – BREMMER J., Notiunculae martyrologicae 4, VigChr 45, 1991, 105–122.
DEN BOEFT J. – BREMMER J., Notiunculae martyrologicae 5, VigChr 49, 1995, 146–164.
DÉROCHE V., Vraiment anargyres? Don et contredon dans les recueils de miracles protobyzantins, in: CASEAU – CHEYNET – DEROCHE, Pèlerinages (2006), 153–158.
DEVOS P., Bulletin des publications hagiographiques, AnBoll 107, 1989, 210–218.
DEVOS P., „Μέγα σαββάτον" chez Saint Épiphane, AnBoll 108, 1990, 293–306.
DEVOS P., Rez. von BASTIAENSEN, Atti (1987), AnBoll 107, 1989, 210–233.
DIEFENBACH S., Jenseits der „Sorge um sich". Zur Folter von Philosophen und Märtyrern in der römischen Kaiserzeit, in: BURSCHEL P. – DISTELRATH G. – LEMBKE S. (Hrsg.), Das Quälen des Körpers. Eine historische Anthropologie der Folter, Köln 2000, 99–131.
DIEFENBACH S., Römische Erinnerungsräume. Heiligenmemoria und kollektive Identitäten im Rom des 3. bis 5. Jahrhunderts n. Chr. (Millennium-Studien 11), Berlin 2007.
DINKLER E., Das Apsismosaik von S. Apollinare in Classe (WAAFLNW 29), Köln 1964.
DIOLI F., San Fruttuoso de Capodimonte. Percorso tra storia e arte, Recco ⁴2007.
DITTENBERGER W., Orientis Graeci inscriptiones selectae 1, Leipzig 1903.
DODWELL H., Dissertationes Cyprianicae, Oxford 1684.
DOLBEAU F., La „passion" des martyrs d'Abitina: Remarques sur l'établissement du texte, AnBoll 121, 2003, 273–296.
DÖLGER F. J., Sacramentum militiae. Das Kennmal der Soldaten, Waffenschmiede und Wasserwächter nach Texten frühchristlicher Literatur, AuC 2, 1930, 268–280.
DÖLGER F. J., Der Kampf mit dem Ägypter in der Perpetua-Vision. Das Martyrium als Kampf mit dem Teufel, AuC 3, 1932 = 1975, 177–188.
DOMASZEWSKI A.V., Die Rangordnung des römischen Heeres (BoJ 117), Bonn 1908 (2. durchges. Aufl. mit Einführung, Berichtungen u. Nachtrag v. B. DOBSON [BoJ.N 14], Köln 1967).
DOMERGUE C. – LANDES CH. – PAILLER J.-M. (Hrsg.), Spectacula 1: Gladiateurs et amphithéâtres, Lattes 1990.
DORAN R., The Martyr: A Synoptic View of the Mother and Her Seven Sons, in: NICKELSBURG G. W.E. – COLLINS J. J. (Hrsg.), Ideal Figures in Ancient Judaism: Profiles and Paradigms (SCSt 12), Chicago 1980, 189–221.
DORESSE J., Les anciens monastères coptes de Moyenne-Égypte (du Gebel-et-Teir à Kôm-Ishgaou) d'après l'archéologie et l'hagiographie, Neges Ebrix. Bulletin de l'Institut d'archéologie yverdonnoise 3–5, 1970.
DÖRING K., Exemplum Socratis. Studien zur Sokratesnachwirkung in der kynischstoischen Popularphilosophie der frühen Kaiserzeit und im frühen Christentum (Hermes.E 42), Wiesbaden 1979.

DRAGON G., Vie et miracles de Sainte Thècle. Texte grec, traduction et commentaire (SHG 62), Brüssel 1978.
DRESKEN-WEILAND J., Italien mit einem Nachtrag Rom und Ostia, Dalmatien, Museen der Welt (Repertorium der christlich-antiken Sarkophage 2), Mainz 1998.
DREXHAGE H. J., Preise, Mieten/Pachten, Kosten und Löhne im römischen Ägypten bis zum Regierungsantritt Diokletians (Vorarb. zu einer Wirtschaftsgesch. des röm. Ägypten 1), St. Katharinen 1991.
DROBNER H., Lehrbuch der Patrologie, Freiburg 1994, Frankfurt ³2011.
DROGE A. J., The Crown of Immortality: Towards a Rediscription of Christian Martyrdom, in: COLLINS J. J. – FISHBANE M. (Hrsg.), Death, Ecstasy, and Other Worldly Journeys, New York 1995, 155–169.
DROGE A. J. – TABOR J. D., A Noble Death: Suicide and Martyrdom among Christians and Jews in Antiquity, San Francisco 1992.
DUCHESNE L., Les sources du Martyrologue Hiéronymien, MAH 5, 1885, 120–160.
DUNN G. D., The Reception of the Martyrdom of Cyprian of Carthage in Early Christian Literature, in: LEEMANS J. (Hrsg.), Martyrdom and Persecution in Late Antique Christianity. FS B. DEHANDSCHUTTER, Löwen 2010, 65–86.
DUPRÉ I RAVENTÓS X. (Hrsg.), L'Amfiteatre romà de Tarragona, la basílica visigòtica i l'església romànica (Taller Escola d'Arqueologia, Memòries de excavació 3), Tarragona 1990.
DUPUIS X., Hagiographie antique et histoire: L'exemple de la passion de Lucius et de Montanus, REAug 49, 2003, 253–265.
DURRY M., Vocabulaire militaire. Praepositus, in: Mélanges de philologie, de littérature, et d'histoire anciennes offerts à A. ERNOUT, Paris 1940, 129–133.
DUVAL N., Les églises africaines à deux apsides: recherches archéologiques sur la liturgie chrétienne en Afrique du Nord 2, Paris 1974.
DUVAL N., Supplément à l'article Karthago/Carthago de J. Christen [sic], AnTard 14, 2006, 160–164.
DUVAL Y., Loca sanctorum Africae. Le culte des martyrs en Afrique du IVe au VIIe siècle 1–2 (CEFR 58), Rom 1982.
DUVAL Y., Auprès des saints corps et âme. L'inhumation „ad sanctos" dans la chrétienté d'Orient et d'Occident de IIIe au VIIe siècle, Paris 1988.
DUVAL Y., Chrétiens d'Afrique à l'aube de la paix constantinienne. Les premiers échos de la grande persécution (Collection des Études Augustiniennes. Série Antiquité 164), Paris 2000.
DUVAL Y., Lambèse chrétienne. La gloire et l'oubli: De la Numédie à l'Ifrîqiya (Collections des Études Augustiniennes. Série Antiquité 144), Paris 1995.
DYGGVE E., History of Salonitan Christianity (Instituttet for sammenlignende Kulturforskning, Serie A 21), Oslo 1951.
EBNER CH., Hinrichtungen in der Arena, in: ROLLINGER – LANG – BARTA, Strafe (2012) 95–127.

ECHOLS E., The Provincial Urban Cohorts, CJ 57, 1961, 25–28.
EDER W., Servitus publica. Untersuchungen zur Entstehung, Entwicklung und Funktion der öffentlichen Sklaverei in Rom (FASk 13), Wiesbaden 1980.
EDWARDS C., Death in Ancient Rome, New Haven 2008.
EHRHARD A., Überlieferung und Bestand der hagiographischen und homiletischen Literatur der griechischen Kirche von den Anfängen bis zum Ende des 16. Jahrhunderts 1: Die Überlieferung, 1 (TU 50) Leipzig 1937; 2 (TU 51) Leipzig 1938; 3,1 (TU 52/1) Leipzig 1943; 3,2 (TU 52/2) Berlin-Leipzig 1952.
EGGER B. – LANDFESTER M. (Hrsg.), Geschichte der antiken Texte. Autoren- und Werklexikon (DNP Suppl. 2) Stuttgart 2007.
ELLIOT D., Spiritual Marriage. Sexual Abstinence in Medieval Wedlock, Princeton N. J. 1993, 25–50.
ELM S., „Virgins of God". The Making of Ascetism in Late Antiquity, Oxford 1994.
ELSNER J., Piety and Passion: Contest and Consensus in the Audiences for Early Christian Pilgrimage, in: ELSNER J. – RUTHERFORD I. (Hrsg.), Pilgrimage in Graeco-Roman & Early Christian Antiquity. Seeing the Gods, Oxford 2005, 411–434.
EMMETT A. A. – PICKERING S. R., The Importance of P. Bodmer XX, The „Apologie of Phileas" and its Problems, Prudentia 7, 1975, 95–103.
ENGBERG J., Truth Begs No Favours – Martyr Literature and Apologetics, in: JACOBSEN A.-CH. – ULRICH J. – BRAKKE D. (Hrsg.), Critique and Apologetics. Jews, Christians and Pagans in Antiquity (Early Christianity in the Context of Antiquity 4), Frankfurt a. M. 2009, 177–208.
ENGEMANN, Magische Übelabwehr in der Spätantike, JAC 18, 1975, 22–48, Taf. 8–14.
ENNABLI L., Carthage. Une métropole chrétienne du IVe à la fin du VIIe siècle (Études d'Antiquités africaines), Paris 1997.
ENNABLI L., Les inscriptions funéraires chrétiennes de Carthage 3. Carthage intra et extra muros (CEFR 151), Rom 1991.
FAGAN G. F., The Lure of the Arena. Social Psychology and the Crowd at the Roman Games, Cambridge 2011.
FEIL E., Religio. Die Geschichte eines neuzeitlichen Grundbegriffs vom Frühchristentum bis zur Reformation (FKDG 36), Göttingen 1986.
FEISSEL D., Les martyria d'Anasartha, in: DEROCHE V. (Hrsg.), Mémoires Gilbert Dragon (Travaux et mémoires 14), Paris 2002, 201–220.
FERGUSON E., Early Christian Martyrdom and Civil Disobedience, JECS 1, 1993, 73–83.
FERRUA A., Nuove osservazioni sull'epitafio di Abercio, RivAC 20, 1943, 279–305.
FERRUA A., Della patria e del nome di San Abercio, CivCatt 94/4, 1943, 39–45.
FESTUGIÈRE A.-J., Lieux communs littéraires et thèmes de folklore dans l'hagiographie primitive, WSt 73, 1960, 123–152 = DERS., Études de Religion Grecque et Hellenistique, Paris 1972, 271–301.
FÉVRIER P.-A., Les chrétiens dans l'arène, in: DOMERGUE – LANDES – PAILLER, Spectacula 1 (1990) 265–273.

FIEDROWICZ M., Apologie im frühen Christentum. Die Kontroverse um den christlichen Wahrheitsanspruch in den ersten Jahrhunderten, Paderborn 2000.
FIEDROWICZ M., Theologie der Kirchenväter. Grundlagen frühchristlicher Glaubensreflexion, Freiburg 2007.
FIOCCHI NICOLAI V., Riflessi topografici e monumentali del culto dei martiri nei santuari paleocristiani del territorio laziale, in: LAMBERIGTS – VAN DEUN, Martyrium (1995), 197–232.
FISHWICK D., The Imperial Cult in The Latin West. Studies in the Ruler Cult of the Western Provinces of the Roman Empire 1/1 (EPRO 108), Leiden 1987.
FISHWICK D., The Imperial Cult in The Latin West. Studies in the Ruler Cult of the Western Provinces of the Roman Empire 2/1 (EPRO 108), Leiden 1991.
FISHWICK D., Pliny and the Christians, AJAH 9,1984, 123–130.
FITZMYER J., Romans: A New Translation with Introduction and Commentary (The Anchor Bible 33), New York 1993.
FLACH D., Plinius und Tacitus über die Christen: Imperium Romanum. Studien zur Geschichte und Rezeption, in: KNEISSL P. – LOSEMANN V. (Hrsg.), FS K. CHRIST, Stuttgart 1998, 218–232.
FLUSIN B., Martyrs, in: BOWERSOCK G. W. – BROWN P. – GRABAR O. (Hrsg.), Late Antiquity. A Guide to the Postclassical World, Cambridge Mass. 1999, 567 f.
FÖGEN M. T., Die Enteignung der Wahrsager. Studien zum kaiserlichen Wissensmonopol, Frankfurt 1997.
FONTAINE J., Les chrétiens et le service militaire dans l'antiquité, Conc(F) 7, 1965, 95–105.
FONTAINE J., Die Christen und der Militärdienst im Frühchristentum, Conc(D) 1/7, 1965, 592–598.
FONTAINE J., Le culte des martyrs militaires et son expression poétique au IVe siècle. L'Idéal évangelique de la non-violence dans le christianisme théodosien. FS A. G. HAMMAN (Aug. 20), Rom 1980, 141–171.
FORMISANO M., La Passione di Perpetua per la letteratura, in: DERS. (Hrsg.), La passione di Perpetua e Felicita, Mailand 2008, 7–61.
FOUCAULT M., Überwachen und Strafen. Die Geburt des Gefängnisses (aus dem Französischen von W. SEITTER), in: DERS., Die Hauptwerke, Frankfurt a. M. 2008, 701–1019.
FRANCHI DE'CAVALIERI, P., A proposito dei sacrifizi ordinati da Decio in Roma nell' anno 250, in: DERS., Note agiografiche 3 (StT 22), Rom 1909, 77 f.
FRANCHI DE'CAVALIERI P., Ancora del martirio di S. Ariadne, in: DERS., Note agiografiche (StT 8), Rom 1902, 3–21.
FRANCHI DE'CAVALIERI P., Della „custodia Mamertini" e della „Passio Ss. Processi et Martiani", in: DERS., Note agiografiche 9 (StT 175), Vatikanstadt 1953, 1–46.
FRANCHI DE'CAVALIERI P., Intorno ad alcune reminiscenze classice nelle leggende agiografiche del secolo IV, in: DERS., Hagiographica (StT 19), Rom 1908, 123–164.

Franchi de'Cavalieri P., La leggenda di S. Ariadne. Introduzione, in: Ders., I martirii di S. Teodoto e di S. Ariadne con un'appendice sul testo originale del martirio di S. Eleuterio (StT 6), Rom 1901, 89–119.
Franchi de'Cavalieri P., Di una nuova recensione del martirio dei ss. Carpo, Papilo et Agatonice, in: Ders., Note agiografice 6 (StT 33), Rom 1920, 1–45.
Franchi de'Cavalieri P., Di un nuovo studio sugli Acta proconsularia di S. Cipriano, Studi Romani 2, 1914, 189–215.
Franchi de'Cavalieri P., Osservazioni sopra alcuni atti di martiri da Settimio Severo a Massimino Daza, NBAC 10, 1904, 5–39.
Franchi de'Cavalieri P., La parafrasi del Martirio di s. Giustino e consoci nel cod. Vat. Gr. 1991, in: Ders., Nuove note agiografiche 2 (StT9), Addenda al fascicolo 8 degli „Studi e Testi", Rom 1902, 71–75.
Franchi de'Cavalieri P., Le reliquie dei martiri scillitani, RQ 17, 1903, 209–221 = Ders., Scritti agiografici 2 (StT 222), Vatikanstadt 1962, 37–48.
Franchi de'Cavalieri P., Sopra alcuni passi del „De corona" di Tertulliano, in: Ders., Note agiografiche 8 (StT 65), Rom 1935, 355–386.
Frank S., Aggelikos bios. Begriffsanalytische und begriffsgeschichtliche Untersuchungen zum „Engelgleichen Leben" im frühen Mönchtum (BGAM 26), Münster 1964.
Frank S., Lehrbuch der Geschichte der Alten Kirche, Paderborn 1996, ³2002.
Frankfurter D., The Cult of the Martyrs in Egypt before Constantine, VigChr 48, 1994, 25–47.
Frankfurter D., Espaces et pèlerinage dans l'Égypte de l'antiquité tardive, in: Caseau – Cheynet – Deroche, Pèlerinages (2006) 203–221.
Frankfurter D. (Hrsg.), Pilgrimage and Holy Space in Late Antique Egypt (Religion in the Graeco-Roman World 134), Leiden 1998.
Frankfurter D., Religion in Roman Egypt: Assimilation and Resistance, Princeton 1998.
Freier H., Caput velare, Diss. Tübingen 1963.
Frend W. H.C., The Donatist Church: A Movement of Protest in Roman North Africa, Oxford ³1985.
Frend W. H.C., The Failure of the Persecutions in the Roman Empire, PaP 16 (1959), 10- 30.
Frend W. H.C., Martyrdom and Persecution in the Early Church: A Study of Conflict from the Maccabees to Donatus, Oxford 1965.
Frend W. H.C., Persecutions: Genesis and Legacy, in: Mitchell M. M. – Young F. M., The Cambridge History of Christianity 1, Cambridge 2006, 503–523.
Freudenberger R., Die Acta Justini als historisches Dokument, in: Beyschlag K. – Gottfried M. – Wölfel E. (Hrsg.), Humanitas – Christianitas. FS W. v. Loewenich, Witten 1968, 24–31.
Freudenberger R., Die Akten der scilitanischen Märtyrer als historisches Dokument, WSt 86, 1973, 196–215.

FREUDENBERGER R., Anfänge des jüdisch-christlichen Problems. Ein programmatischer Entwurf, in: BAMMEL E. (Hrsg.), Donum gentilicium: New Testament Studies in Honour of DAVID DAUBE, Oxford 1978, 238–254.

FRÉZOULS E., L'évergétisme „alimentaire" dans l'Asie mineure, in: GIOVANNINI A. (Hrsg.), Nourrir la plèbe. Actes du colloque tenu à Genève les 28 et 29.IX.1989 en hommage à D. VAN BERCHEM (SBA 22), Basel 1991, 1–18.

FRIJA G., Les prêtres des empereurs. Le culte impérial civique dans la province romaine d'Asie, Rennes 2012.

FROS H., Inédits non recensés dans la Bibliotheca Hagiographica Latina, AnBoll 102, 1984, 163–196.

FÜRST A., Christentum im Trend. Monotheistische Tendenzen in der späten Antike, ZAC 9, 2005, 496–523.

FUTRELL A. A., Blood in the Arena: The Spectacle of Roman Power, Austin 1997.

GAIFFIER B. DE, À propos de S. Marcel le centurion, ArchLeon 23, 1969, 13–23.

GAIFFIER B. DE, L' „elogium" dans la passion de S. Marcel le centurion, ALMA 16, 1941, 127–136.

GAIFFIER B. DE, La lecture des Actes des Martyrs dans la prière liturgique. À propos du passionnaire hispanique, AnBoll 72, 1954, 134–166.

GAIFFIER B. DE, Un nouveau témoin de la passion de S. Marcel le centurion, AST 43, 1970, 93–96.

GAIFFIER B. DE, Rez. SIMONETTI M., Studi agiografici, AnBoll 75, 1957, 424–727.

GAIFFIER B. DE, S. Marcel de Tanger ou de Léon? Évolution d'une légende, AnBoll 61, 1943, 116–139.

GAIFFIER B. DE, Sub Daciano praeside. Étude de quelques passions espagnoles, AnBoll 72, 1954, 378–396.

GARCIA RODRIGUEZ C., El culto de los santos en la España romana y visigoda (MHEc 1), Madrid 1966.

GÄRTNER H. A., Die Acta Scillitanorum in literarischer Interpretation, WSt 102, 1989, 149–167.

GASCOU J., Pourquoi Eusèbe ne mentionne-t-il pas le martyre de Piérios? AnTard 22, 2014, 79–82.

GÁSPÁR D., Quelques remarques concernant le mot „sacramentum" et le serment militaire, AArH 28, 1976, 197–203.

GATIER P.-L., Un témoignage sur les églises d'Antioche, Syr. 65, 1988, 383–388.

GEARY P. J., Furta Sacra. Thefts of Relics in the Central Middle Age, Princeton 1990.

GEFFCKEN J., Die Acta Apollonii, NGWG.PH 1904, 262–284.

GEFFCKEN J., Die christlichen Martyrien, Hermes 45, 1910, 481–505.

GEFFCKEN J., Sokrates und das alte Christentum, Heidelberg 1909.

GEFFCKEN J., Zwei griechische Apologeten (Sammlung wissenschaftlicher Kommentare zu griechischen und römischen Schriftstellern), Berlin 1907 = Hildesheim 1970.

GERÖ ST., Jewish Polemic in the Martyrium Pionii and a „Jesus" Passage from the Talmud, JJS 29, 1978, 164–168.

GILLIARD F. D., Senatorial Bishops in the Fourth Century, HThR 77, 1984, 153–175,

GIRADET K. M., Kaisergericht und Bischofsgericht. Studien zu den Anfängen des Donatistenstreites (313–315) und zum Prozeß des Athanasius von Alexandrien (328–346) (Ant. 1/21), Bonn 1975.

GIRARDI M., Basilio di Cesarea e il culto dei martiri nel IV secolo: scrittura e tradizione (QVetChr21), Bari 1990.

GNILKA CH., Ultima verba, JAC 22, 1979, 5–21.

GNILKA CH., Der neue Sinn der Worte. Zur frühchristlichen Passionsliteratur, FMSt 26, 1992, 32–64 = DERS., Prudentiana II. Exegetica, Leipzig 2001, 321–363.

GONZATO A. – PONCINA M. (Hrsg.), Passioni e atti dei martiri (Corpus scriptorum ecclesiae Aquileiensis 2), Aquileia 2002.

GÖRRES F., Kritische Bemerkungen über den Bekenner Achatius, ZWTh 22, 1879, 66–99.

GÖRRES F., Kirche und Staat von Decius bis zum Regierungsantritt Diocletians (249 bis 284), JPTh 16, 1890, 454–472.594–619.

GRABAR A., Martyrium. Recherches sur le culte des reliques et l'art chrétien, 1. Architecture, Paris 1946 = London 1972.

GRABAR A., Martyrium. Recherches sur le culte des reliques et l'art chrétien. 2. Iconographie (Paris 1946) et Album (LXX planches, Paris 1943) = London 1972.

GRABAR A., Martyrium ou „vingt ans après", CAr 18, 1969, 237–244.

GRAF W., Gottesnähe und Schadenzauber. Die Magie in der griechisch-römischen Antike, München 1996.

GRANT M., Die Gladiatoren, Stuttgart 1970.

GRANT R. M., Eusebius and the Martyrs of Gaul, in: ROUGÉ J. – TURCAN R. (Hrsg.), Les martyrs de Lyon (177), Colloques Internationaux CNRS 575, Lyon 20–23 septembre 1977, Paris 1978, 129–136.

GRASMÜCK E. L., Coercitio. Staat und Kirche im Donatistenstreit (BHF 22), Bonn 1964.

GRÉGOIRE H., Bardesane et S. Abercius, Byzantion 25–27, 1955–57, 363–368.

GRÉGOIRE H., Rapport sur un voyage d'exploration dans le Pont et en Cappadoce, BCH 33, 1909, 3–169.

GREGOIRE H. – ORGELS P., La véritable date du martyre de S. Polycarpe (23.2.177) et le Corpus Polycarpianum, AnBoll 69, 1951, 1–38.

GRÉGOIRE H. – ORGELS P. – MOREAU J., Les martyres de Pionios et de Polycarpe, BAB.L 47, 1961, 72–83.

GREGOIRE H. – ORGELS P. u. a., Les persécutions dans l'empire romain (MAB.L 56/5), Brüssel ²1964.

GRÉGOIRE R., Manuale di agiologia. Introduzione alla letteratura agiografica (BMon 12), Fabriano ²1996.

GRIFFE E., La Gaule chrétienne à l'époque romaine 1. Des origines chrétiennes à la fin du IVe siècle, Paris ²1964.

GRIG L., Torture and Truth in Late Antique Martyrology, Early Medieval Europe 11, 2002, 321–336.

GRIG L., Making Martyrs in Late Antiquity, London 2004.
GRODZYNSKI D., Tortures mortelles et catégories sociales. Les *summa supplicia* dans le droit romain aux IIIe et IVe siecles, in: Du châtiment dans la cité. Supplices corporels et peine de mort dans le monde antique. Table ronde Rome 9–11 novembre 1982 (CEFR 79), Rom 1984, 361–403.
GROSJEAN P., Notes d'hagiographie celtique, AnBoll 76, 1985, 377–418.
GROSSE R., Römische Militärgeschichte von Gallienus bis zum Beginn der byzantinischen Themenverfassung, Berlin 1920 = New York 1975.
GROSSMANN, P., Christliche Architektur in Ägypten (HO 62), Leiden 2002.
GUARDUCCI M., Epigrafia Greca 4, Rom 1978.
GUEY J., L'amphithéâtre des Trois-Gaules à Lyon, Gallia 20, 1962, 117–144.
GUEY J. – AUDIN A., L'amphithéâtre des Trois Gaules à Lyon. Rapport préliminaire aux fouilles (Supplément: inscriptions, monnaies), Gallia 22/1, 1964, 37–62.
GUILLAUMIN M.-J., „Une jeune fille qui s'appelait Blandine". Aux origines d'une tradition hagiographique, in: FONTAINE J. – KANNENGIESSER C. (Hrsg.), Epektasis. Mélanges J.DANIÉLOU, Paris 1972, 93–98.
GUMBRECHT H. U., Faszinationstyp Hagiographie. Ein historisches Experiment zur Gattungstheorie, in: CORMEAU CH. (Hrsg.), Deutsche Literatur im Mittelalter. Kontakte und Perspektiven. FS H. KUHN, Stuttgart 1979, 37–84.
GUNDERSON E., The Ideology of the Arena, ClA 15, 1996, 113–151.
GUYON J., Le cimetière aux deux lauriers. Recherches sur les catacombes romaines (RSCr 7 = BEFAR 264), Vatikanstadt 1987.
GUYOT P. – KLEIN R., Das frühe Christentum bis zum Ende der Verfolgungen. Eine Dokumentation 1–2 (TzF 60.62), Darmstadt 1993–1994, Nachdr. in 1 Bd. ³2006.
HABERMEHL P., Perpetua und der Ägypter oder Bilder des Bösen im frühen afrikanischen Christentum: ein Versuch zur Passio sanctorum Perpetuae et Felicitatis (TU 140), Berlin ²2004.
HABICHT CH., 2. Makkabäerbuch (JSHRZ 1/3), Gütersloh 1976 = 2002.
HAENSCH R., Pagane Priester des römischen Heeres im 3. Jahrhundert nach Christus, in: BLOIS – FUNKE – HAHN, Impact (2006) 208–218.
HAENSCH R., Das Statthalterarchiv, ZSRG.R 109, 1992, 209–317.
HAFNER J. E., Religiöser Alltag der Christen in Lyon und seine Unterbrechung, in: EICH P. – FABER E. (Hrsg.), Religiöser Alltag in der Spätantike (Potsdamer altertumswissenschaftliche Beiträge 44), Stuttgart 2013, 225–242.
HAGEMEYER O., Ich bin Christ. Frühchristliche Martyrerakten, übertragen und erläutert (Alte Quellen neuer Kraft), Düsseldorf 1961.
HAHN J., Der Philosoph und die Gesellschaft. Selbstverständnis, öffentliches Auftreten und populäre Erwartungen in der hohen Kaiserzeit (Heidelberger althistor. Beitr. u. epigraphische Stud. 7), Stuttgart 1989.
HALFMANN H., Itinera principum. Geschichte und Typologie der Kaiserreisen im römischen Reich, Stuttgart 1986.

HALKIN F., À propos du martyre de Philéas de Thmuis (+ 306): Papyrus Bodmer et Actes latins, RHE 58, 1963, 136–139.

HALKIN F., Martyrs de Lyon ou d'Asie Mineure?, AnBoll 83, 1965, 189–190.

HAMMAN A., La confession de la foi dans les premiers actes des martyrs, in: FONTAINE J. – KANNENGIESSER C. (Hrsg.), Epektasis. Mélanges J. DANIÉLOU, Paris 1972, 99–105 = HAMMAN A., Études patristiques (Théologie historique 85), Paris 1991, 321–327.

HAMMAN A., Essai de chronologie de la vie et des oeuvres de Justin, Aug. 35, 1995, 231–239.

HAMMAN A., Le gesta dei martiri, Mailand 1959.

HAMMAN A., Valeur et signification des renseignements liturgiques de Justin (StPatr 13 = TU 116), Berlin 1975, 364–374.

HANSLIK R., Secretarium und Tribunal in den Acta Martyrum Scillitanorum, in: ENGELS L. J. – HOPPENBROUWERS H. W.F. M. u. a. (Hrsg.), Mélanges C. MOHRMANN, Utrecht 1963, 165–168.

HARNACK A., Einige Bemerkungen zum 5. Buch der Kirchengeschichte des Eusebius nach der neuen Ausgabe von Eduard Schwartz, SPAW 1903/1, 200–207.

HARNACK A., Geschichte der altchristlichen Literatur bis Eusebius 2: 1. Die Chronologie der Literatur bis Irenäus nebst einleitenden Untersuchungen, Leipzig 1897 = 1968; 2. Die Chronologie der Literatur von Irenäus bis Eusebius, Leipzig 1904 = 1968.

HARNACK A., Militia Christi. Die christliche Religion und der Soldatenstand in den ersten drei Jahrhunderten, Tübingen 1905= Darmstadt 1963.

HARNACK A., Das ursprüngliche Motiv der Abfassung von Märtyrer- und Heilungsakten in der Kirche, SPAW.PH 1910/1, 106–125.

HARRIS J., Constructing the Judge: Judicial Accountability and the Culture of Criticism in Late Antiquity, in: MILES R. (Hrsg.), Constructing Identities in Late Antiquity, London 1999, 214–233.

HARRIS J., Law and Empire in Late Antiquity, Cambridge 1999.

HARTMANN N., Märtyrer als „Opfer" – ein Diskurs am Rande des Vorstellbaren im 2. Jahrhundert, ZfR 17, 2009, 23–41.

HARVEY S. A., Scenting Salvation: Ancient Christianity and the Olfactory Imagination (The Transformation of the Classical heritage 42), Berkeley 2006.

HASLUCK F. W., The Forty, ABSA 19, 1912/13, 221–228.

HAUSSLEITER J., Zu dem Testament der vierzig Märtyrer zu Sebaste, NKZ 3, 1892, 978–988.

HEID S., Gebetshaltung und Ostung in frühchristlicher Zeit, RivAC 82, 2006 [2008], 347–404.

HEIKEL I. A., Quaestiones criticae de nonnullis scriptorum Graecorum locis, Commentationes Humanarum Litterarum 1/7, Helsinki 1926.

HEIM F., Les panégyriques des martyrs ou l'impossible conversion d'un genre littéraire, RScR 61, 1987, 105–128.

HEINTZE H.v., Studien zu den Portraits des 3. Jahrhunderts n. Chr., MDAI.R 64, 1957, 69–91, Taf. 13–16.

HEINZELMANN M., Gregor von Tours (538–594): „Zehn Bücher Geschichte". Historiographie und Gesellschaftskonzept im 6. Jahrhundert, Darmstadt 1994.

HEISER A., Die Paulusinszenierung des Johannes Chrysostomus: Epipheta und ihre Vorgeschichte (StTAC 70), Tübingen 2012.

HELGELAND, J., Christians and the Roman Army from Marcus Aurelius to Constantine, in: HAASE W. (Hrsg.), Religion (Vorkonstantinisches Christentum: Verhältnis zu römischem Staat und heidnischer Religion) (ANRW 2, 23/1), Berlin 1979, 724–834.

HELLMANNS W., Wertschätzung des Martyriums als eines Rechtfertigungsmittels in der altchristlichen Kirche bis zum Anfange des vierten Jahrhunderts, Breslau 1912.

HERRMANN P. – GÜNTHER W. – EHRHARDT N., Inschriften von Milet. Inschriften n. 1020–1580 (Milet 6/3), Berlin 2006.

HERZ P., Römischer Kaiserkult, in: RÜPKE J. (Hrsg.), Antike Religionsgeschichte in räumlicher Perspektive. Abschlussbericht zum Schwerpunktprogramm 1080 der Deutschen Forschungsgemeinschaft „Römische Reichsreligion und Provinzialreligion", Tübingen 2007, 198–200.

HEYDEN K., Die „Erzählung des Aphroditian". Thema und Variationen einer Legende im Spannungs- feld von Christentum und Heidentum (StAC 53), Tübingen 2009.

HILALI A., La mentalité religieuse des soldats de l'armée romaine d'Afrique. L'exemple des deux Syriens et Palmyréniens, in: BLOIS– FUNKE – HAHN, Impact (2006) 150–168.

HILHORST A., L'Ancien Testament dans la polémique du martyr Pionius, Aug. 22, 1982, 91–96.

HILHORST A., Heidenen, joden en christenen in Smyrna. De verdedigingsrede van de martelaar Pionius in de vervolging van Decius, Hermeneus 66, 1994, 160–166.

HILHORST A. (Hrsg.), De heiligenverering in de eerste eeuwen van het christendom, Nimwegen 1988.

HILLGRUBER M., Die pseudoplutarchische Schrift *De Homero* 1 (BzA 57), Stuttgart 1994.

HILLHORST T., Fourth Maccabees in Christian Martyrdom Texts, in: KROON C. – DEN HENGST D. (Hrsg.), Ultima Aetas. Time, Tense and Transience in the Ancient World. Studies in Honour of JAN DEN BOEFT, Amsterdam 2000,107–121.

HINARD F., Spectacle des exécutions et espace urbain, CEFR 79, 1984, 111–125.

HIRSCHFELD O., Zur Geschichte des Christenthums in Lugdunum vor Constantin, SPAW 1895/1, 381–409.

HIRSCHMANN V., Horrenda Secta. Untersuchungen zum frühchristlichen Montanismus und seinen Verbindungen zur paganen Religion Phrygiens (Historia Einzelschriften 179), Stuttgart 2005.

HIRSCHMANN V., Ungelöste Rätsel? Nochmals zur Grabschrift des Aberkios, ZPE 145, 2003, 133–139.

HIRSCHMANN V., Untersuchungen zur Grabschrift des Aberkios, ZPE 129, 2000, 109–116.
HOFFMANN M., Der Dialog bei den christlichen Schriftstellern der ersten vier Jahrhunderte (TU 96), Berlin 1966.
HOFIUS O., Außerkanonische Herrenworte, AcA 1/1, 2012, 184–189.
HOLL K., Gesammelte Aufsätze zur Kirchengeschichte 2: Der Osten, Tübingen 1928 = Darmstadt 1964.
HOLL K., Die Vorstellung vom Märtyrer und die Märtyrerakte in ihrer geschichtlichen Entwicklung, NJKA 33, 1914, 521–556 = HOLL, Aufsätze 2 (1928) 68–102.
HOLTZ G., Der Herrscher und der Weise im Gespräch. Studien zu Form, Funktion und Situation der neutestamentlichen Verhörgespräche und der Gespräche zwischen jüdischen Weisen und Fremdherrschern (ANTZ 6), Berlin 1996.
HOPKINS K., Death and Renewal: Sociological Studies in Roman History 2, Cambridge 1983.
HOPPENBROUWERS H. A.M., Recherches sur la terminologie du martyre de Tertullien à Lactance (LCP 15), Nimwegen 1961.
HOTZ S., Rituale im öffentlichen Diskurs griechischer Poleis der Kaiserzeit. Diss. Heidelberg 2005.
HUMMEL E. L., The Concept of Martyrdom According to St. Cyprian of Carthage, Washington 1946.
HUMPHREY J. H., Roman Circuses, London 1986.
HUNTER D. G., Clerical Celibacy and the Veiling of Virgins. New Boundaries in Late Ancient Christianity: The Limits of Ancient Christianity. FS R. A. MARKUS, Ann Arbor 1999, 139–152.
HUTTER M. – KLEIN W. – VOLLMER U. (Hrsg.), Hairesis. FS K. HOHEISEL (JAC.E 34), Münster 2002.
IRIARTE A., „Plumbum collo portare". Identity Plates in the Roman Army? Arma 8, 1996, 14–15.
JACQUES F. – SCHEID J., Rom und das Reich der Hohen Kaiserzeit 44 v. Chr. – 260 n. Chr. 1: Die Struktur des Reiches, München 1998.
JAKOBI R., Zwischen Authentizität und Intertextualität. Die Passio S. Maximiliani, WSt 117, 2004, 209–217.
JANIN R., Constantinople byzantine: développement urbain et répertoire topographique, Paris 1950.
JANIN R., La géographie ecclésiastique de l'empire byzantin 1. Les églises et les monastères, Paris 1953.
JENSEN A., Gottes selbstbewußte Töchter. Frauenemanzipation im frühen Christentum? (Theol. Frauenforsch. in Europa 9), Freiburg ²2002 = 2003.
JEREMIAS J., Heiligengräber in Jesu Umwelt (Mt 23,39; Lk 11,47). Eine Untersuchung zur Volksreligion der Zeit Jesu, Götttingen 1958.
JOHNSTON J. H. – GAYWARD A. (Hrsg.), The Cult of Saints in Late Antiquity and in the Middle Ages. Essays on the Contribution of PETER BROWN, Oxford 1999.

JONES A. H.M., The Later Roman Empire. A Social, Economic and Administrative Survey, 1–2, Oxford 1964 = Baltimore 1986.

JONES A. H.M. – MARTINDALE J. R. – MORRIS J. (Hrsg.), The Prosopography of the Later Roman Empire, Cambridge 1971 = 2000.

JOSTMANN CH., Sibilla Erithea Babilonica. Papsttum und Prophetie im 13. Jahrhundert (MGH Schriften 54), Hannover 2006.

JULLIAN C., Quelques remarques sur la lettre des chrétiens de Lyon, REA 13, 1911, 317–330.

JUNG J. H., Die Rechtsstellung der römischen Soldaten. Ihre Entwicklung von den Anfängen Roms bis auf Diokletian, in: TEMPORINI H. (Hrsg.), Recht (Materien [Forts.]) (ANRW 2, 14), Berlin 1982, 882–1013.

JUNKELMANN M., Familia gladiatoria. Die Helden des Amphitheaters, in: KÖHNE E. – EWIGLEBEN C. (Hrsg.), Caesaren und Gladiatoren. Die Macht der Unterhaltung im antiken Rom, Mainz 2000, 39–80.

KAHRSTEDT U., Die Märtyrerakten von Lugdunum (Eusebius h.e. V 1 f.f), RMP 68, 1913, 395–412.

Das Kalenderhandbuch von 354. Der Chronograph des Filocalus (hrsg. v. J. DIVJAK – W. WISCHMEYER) 2: Der Textteil – Listen der Verwaltung, Wien 2014.

KALINOWSKI A., Frühchristliche Reliquiare im Kontext von Kultstrategien, Heilserwartung und sozialer Selbstdarstellung (Spätantike – Frühes Christentum – Byzanz, Reihe B 32), Wiesbaden 2011.

KANT L. H., Earliest Christian Inscription, BiRe 17, 2001, 10–19.

KARLIN-HAYTER P., Passio of the XL Martyrs of Sebasteia. The Greek Tradition: The Earliest Account (BHG 1201), AnBoll 109, 1991, 249–304.

KARPINSKI P., Annua dies dormitionis. Untersuchungen zum christlichen Jahrgedächtnis der Toten auf dem Hintergrund antiken Brauchtums (EHS.T 300), Frankfurt 1987.

KARPP H. Die Stellung der Alten Kirche zu Kriegsdienst und Krieg, EvTh 17, 1957, 496–515.

KARPP H., Die Zahl der Scilitanischen Märtyrer, VigChr 15, 1961, 165–172.

KÄSEMANN E., An die Römer, HNT 8a, Tübingen 1973.

Katechismus der katholischen Kirche. Neuübersetzung aufgrund der Editio typica Latina, München 2005.

KAY N. M., Epigrams from the Anthologia Latina. Text, Translation and Commentary, London 2006.

KEARSLEY R. A., The Epitaph of Aberkios: The Earliest Christian Inscription?, NDIEC 6, 1992, 177–181.

KEHNSCHERPER G., Apokalyptische Redewendungen in der griechischen Passio des Presbyters Pionios von Smyrna, StPatr 12/1, 1975, 96–103.

KELLERMANN U., Das Danielbuch und die Märtyrertheologie der Auferstehung, in: VAN HENTEN, Entstehung (1989) 51–75.

KELLEY N., Philosophy as Training for Death. Reading the Ancient Martyr Acts as Spiritual Exercise, Church History 75, 2006, 723–747

Kennedy G. A., Progymnasmata: Greek Textbooks of Prose Composition and Rhetoric (Writings from the Greco-Roman World 10), 2003.

Keresztes P., Marcus Aurelius a Persecutor?, HThS 61, 1968, 321–341 (Übersetzung: War Marc Aurel ein Christenverfolger?, in: Klein R. [Hrsg.], Marc Aurel [WdF 550], Darmstadt 1979, 279–303).

Keresztes P., The Decian Libelli and Contemporary Literature, Latomus 35, 1975, 761–781.

Keresztes P., The Imperial Roman Government and the Christian Church I. From Nero to the Severi, in: Haase W. (Hrsg.), Religion (Vorkonstantinisches Christentum: Verhältnis zu römischem Staat und heidnischer Religion) (ANRW 2, 23/1), Berlin 1979, 247–315.

Keresztes P., Imperial Rome and the Christians: 1. From Herod the Great to about 200 A. D.; 2. From the Severi to Constantine the Great, Lanham 1989.

Keresztes P., The Massacre at Lugdunum in 177 A. D., Historia 16, 1967, 75–86 (Übersetzung: Das Christenmassaker von Lugdunum im Jahre 177, in: Klein R. [Hrsg.], Marc Aurel [WdF 550], Darmstadt 1979, 261–278).

Kevorkian R. H. – ter-Stepanian A., Manuscrits arméniens de la Bibliothèque nationale de France. Catalogue, Paris 1958.

Kienast D., Römische Kaisertabelle. Grundzüge einer römischen Kaiserchronologie, Darmstadt ⁵2011.

Kissel Th., Kriegsdienstverweigerung im römischen Heer, AW 27, 1996, 289–296.

Kitzler P., Passio Perpetuae and Acta Perpetuae: Between Tradition and Innovation, LFil 130, 2007, 1–19.

Klauck H.-J., Die antike Briefliteratur und das Neue Testament: ein Lehr- und Arbeitsbuch, Paderborn 1998.

Klauck H.-J., 4. Makkabäerbuch (JSHRZ 3/6), Gütersloh 1989.

Klauser Th., Ein altchristlicher Sarkophag als Ausgangspunkt einer hagiologischen Legendenbildung, JAC 10, 1967, 200 f.

Klauser Th., Christlicher Märtyrerkult, heidnischer Heroenkult und spätjüdische Heiligenverehrung, VAFLNW.G 91, Opladen 1960 = Ders., Gesammelte Arbeiten zur Liturgiegeschichte, Kirchengeschichte und Christlichen Archäologie (JAC.E 3 1974), 221–229.

Klauser Th., Noch einmal der Catervius-Sarkophag von Tolentino, JAC 11/12, 1968/1969, 116–123 = Ders., Gesammelte Arbeiten zur Liturgiegeschichte, Kirchengeschichte und Christlichen Archäologie, JAC.E 3 (1974) 393–402.

Klein R., Das frühe Christentum im römischen Staat, Darmstadt ²1982.

Klein R., Das Regenwunder im Quadenland. Vita des Marc Aurel 24,4 im Vergleich mit heidnischen und christlichen Quellen, in: Rosen K. (Hrsg.), Bonner Historia-Augusta-Colloquium 1986/89 (Ant. 4, 21), Bonn 1991, 117–138.

Klingshirn W. E., Defining the Sortes Sanctorum. Gibbon, Du Cange, and Early Christian Lot Divination, JECS 10, 2002, 77–130.

KLOSE D. O.A., Die Münzprägung von Smyrna in der römischen Kaiserzeit (Antike Münzen und geschnittene Steine 10), Berlin 1987.

KLOSTERMANN E., Origenes, Eusthatius von Antiochien und Gregor von Nyssa über die Hexe von Endor (KlT 83), Bonn 1912.

KNIPFING J. R., The Date of the Acts of Phileas and Philoromus, HThR 16, 1923, 198–203.

KNIPFING J. R., The Libelli of the Decian Persecution, HThR 16, 1923, 345–390.

KOEP L., Das himmlische Buch in Antike und Christentum (Theoph. 8), Bonn 1952.

KOLB F., Praesens Deus: Kaiser und Gott unter der Tetrarchie, in: DEMANDT A. – GOLTZ A. – SCHLANGE-SCHÖNINGEN H. (Hrsg.), Diokletian und die Tetrarchie. Aspekte einer Zeitenwende (Millennium-Studien 1), Berlin 2004, 27–37.

KÖTTING B., Die Aufnahme des Begriffs „Hiereus" in den christlichen Sprachgebrauch, in: BRECHT M. (Hrsg.), Text – Wort – Glaube. FS K. ALAND (AKG 50), Berlin 1980, 112–120 = KÖTTING, Ecclesia (1988) 356–364.

KÖTTING B., Darf ein Bischof in der Verfolgung die Flucht ergreifen?, in: DASSMANN E. – THRAEDE K. (Hrsg.), Vivarium. FS TH. KLAUSER (JAC.E 11), Münster 1984, 220–228 = KÖTTING, Ecclesia (1988) 536–548.

KÖTTING B., Ecclesia peregrinans. Das Gottesvolk unterwegs, Gesammelte Aufsätze 1 (MBTh 54/1), Münster 1988.

KÖTTING B., Martyrium und Provokation, in: Kerygma und Logos. FS C. Andresen, Göttingen 1980, 329–336 = KÖTTING, Ecclesia (1988) 231–238.

KÖTTING B., Peregrinatio religiosa. Wallfahrten in der Antike und das Pilgerwesen in der alten Kirche (FVK 33/34/35), Münster ²1980.

KÖTTING B., Die Stellung des Konfessors in der Alten Kirche, JAC 19, 1976, 7–23 = KÖTTING, Ecclesia (1988) 122–144.

KOZLOWSKI J. M., The Portrait of Commodus in Herodian's „History" (1,7,5–6) as the Source of Pionius' post mortem Description in „Martyrium Pionii" (22,2–4), VigChr 62, 2008, 35–42.

KRAABEL A.TH., The Diaspora Synagogue. Archaeological and Epigraphic Evidence since Sukenik: HAASE W. (Hrsg.), Religion (Judentum: Allgemeines; Palästinisches Judentum) (ANRW 2, 19/1), Berlin 1979, 477–510.

KRAUSE J.-U., Gefängnisse im römischen Reich (HABES 23), Stuttgart 1996.

KRAUSE J.-U., Staatliche Gewalt in der Spätantike: Hinrichtungen, in: ZIMMERMANN M. (Hrsg.), Extreme Formen von Gewalt in Bild und Text des Altertums (Münchener Studien zur Alten Welt 5), München 2009, 321–350.

KRIEGBAUM B., Kirche der Traditoren oder Kirche der Märtyrer. Die Vorgeschichte des Donatismus (IThS 16), Innsbruck 1986.

KRÜGER J., Nero: Der römische Kaiser und seine Zeit, Köln 2012.

KRUMEICH K. – SEELIGER H. R., Archäologie der antiken Bischofssitze 1: Spätantike Bischofsitze in Ägypten (Sprachen und Kulturen des christlichen Orients 15), Wiesbaden 2007.

KUHOFF W., Diokletian und die Epoche der Tetrarchie. Das römische Reich zwischen Krisenbewältigung und Neuaufbau (284–313 n. Chr.), Frankfurt a. M. 2001.

Kunkel W. – Wittmann R., Staatsordnung und Staatspraxis der Römischen Republik 2: Die Magistratur (HAW 10,3 2/2), München 1995.
Kurtz E., Hagiographische Lesefrüchte 5–6 (BNGJ 2), 1921, 277–281.
Kyle D. G., Spectacles of Death in Ancient Rome, London 1998.
Labahn M., Paulus – ein homo honestus et iustus. Das lukanische Paulusportrait von Act 27–28 im Lichte ausgewählter antiker Parallelen, in: Horn F. W. (Hrsg.), Das Ende des Paulus. Historische, theologische und literaturgeschichtliche Aspekte (BZNW 106), Berlin – New York 2001, 75–106.
Labriolle P. de, Le „mariage spirituel" dans l'antiquité chrétienne, RH 137, 1921, 204–225.
Labriolle P. de, Le style de la lettre des chrétiens de Lyon, dans Eusèbe, H. E.5,1–4, BALAC 3, 1913, 198–203.
Lallemand A., Le parfum des martyrs dans les Actes des martyrs de Lyon et le Martyre de Polycarpe, StPatr 16, 1985, 186–192.
Lambecius P., Commentariorum de augustissima bibliotheca Caesarea Vindobonensi, Bd. 4, Wien 1671.
Lamberigts M. – Van Deun P. (Hrsg.), Martyrium in Multidisciplinary Perspective. Memorial Louis Reekmans (BEThL 117), Löwen 1995.
Lampe P., Die stadtrömischen Christen in den ersten beiden Jahrhunderten (WUNT 2, 18) Tübingen ²1989.
Lanata G., Gli atti dei martiri come documenti processuali (Studi e testi per un Corpus Iudiciorum 1), Mailand 1973.
Lanata G., Gli atti del processo contro il centurione Marcello, Byz. 42, 1971, 509–522.
Lanata G., Note al Papiro Bodmer XX (Museum Philologum Londiniense 2), 1977, 207–226.
Lanata G., Processi contro cristiani nelli atti dei martiri, Turin ²1989 (2. veränd. Aufl. von Dies., Atti [1973]).
Landes Ch. – Kramérovskis V., (Hrsg.), Spectacula 2. Le théâtre antique et ses spectacles, Lattes 1992.
Lane Fox R., Pagans and Christians: In the Mediterranean World from the Second Century AD to the Conversion of Constantine, London 1986 = 2006.
Larsson Lovén L., Römische Frauen, Kleidung und öffentliche Identitäten, in: Tellenbach M. – Schulz R. – Wieczorek A., Die Macht der Toga. DressCode im Römischen Weltreich. Begleitband zur Sonderausstellung „Die Macht der Toga – Mode im Römischen Weltreich" im Roemer- und Pelizaeus-Museum Hildesheim in Kooperation mit den Reiss-Engelhorn-Museen, Mannheim 20. April 2013 bis 8. September 2013 (Publikation der Reiss-Engelhorn-Museen in Kooperation mit dem Roemer- und Pelizaeus-Museum 56), Regensburg 2013, 98–103.
Last H., The Study of the Persecution, JRS 27, 1937, 80–92.
Lausberg H., Handbuch der literarischen Rhetorik. Eine Grundlegung der Literaturwissenschaft, Stuttgart ³1990.

LAWLOR H. J. – OULTON J. E.L. (Hrsg.), Eusebius, The Ecclesiastical History and the Martyrs of Palestine 1, London 1927.
LAZZATI G., Note critiche al testo della „Passio SS. Perpetuae et Felicitatis", Aevum 30,1956, 30–35.
LAZZATI G., Gli sviluppi della letteratura sui martiri nei primi quattro secoli. Con appendice di testi, Turin 1956.
LE BLANT E., Les persécuteurs et les martyrs aux premiers siècles de notre ère, Paris 1893.
LE GOFF J., „Vita" et „pre-exemplum" dans le 2e livre des „Dialogues" de Grégoire le Grand, in: Hagiographie, cultures et sociétés, IVe-XIIe siècles. Actes du colloque organisé à Nanterre et à Paris 2–5 mai 1979 (Centre de recherches sur l'Antiquité tardive et le Haut Moyen Âge, Université de Paris X = Études Augustiniennes), Paris 1981, 105–120.
LEADBETTER W., A Libellus of the Decian Persecution, NewDocs 2, 1982, 180–185.
LEEMANS J., Celebrating the Martyrs. Early Christian Liturgy and the Martyr Cult in Fourth Century Cappadocia and Pontus, QuLi 82, 2001, 247–261.
LEEMANS J., Rez. L. GRIG, Making Martyrs (2004), Bryn Mawr Classical Review 2006.02.47.
LEEMANS J. – MAYER W. U. A. (Hrsg. u. übers.), „Let us die that we may live". Greek Homilies on Christian Martyrs from Asia Minor, Palestine and Syria (c.A. D. 350 – A. D. 450), London 2003.
LEEMANS J. – METTEPENIGEN J. (Hrsg.), More than a Memory: The Discourse of Martyrdom and the Construction of Christian Identity in the History of Christianity (ANL 51), Löwen 2005.
LEHMANN T., Paulinus Nolanus und die Basilica Nova in Cimitile/Nola (Spätantike – Frühes Christentum – Byzanz, Reihe B 19), Wiesbaden 2004.
LEHMANN T. (Hrsg.), Wunderheilungen in der Antike. Von Asklepios zu Felix Medicus. Begleitheft zur gleichnamigen Ausstellung der Humboldt-Universität zu Berlin und des Berliner Medizinhistorischen Museums der Charité, Berliner Medizinhistorisches Museum 10. November 2006–11. März 2007, Oberhausen 2006.
LEIGH GIBSON E., Jewish Antagonism or Christian Polemic: The Case of the Martyrdom of Pionios, Journal of Early Christian Studies 9/3, 2001, 339–358.
LEPELLEY C., Les cités de l'Afrique romaine au Bas-Empire 1, Paris 1979; 2, Paris 1982.
LESCHI L., Rapport sur des fouilles exécutées à Tipasa (Maurétanie Césarienne), BCTH.HP 1938–1940, 422–431.
LESCHI L., Note sur Tipasa: les fouilles de l'église de l'évêque Alexandre et de ses alentours, BCTH.HP 1941–1942, 355–370.
LEVY E., Die römische Kapitalstrafe (SHAW.PH 1930/31, 5), Heidelberg 1931 = DERS., Gesammelte Schriften 2, Köln 1963.
LIEBERMAN S., The Martyrs of Caesarea, Annuaire de l'institut de philologie et d'histoire orientales et slaves 7, 1939–1944, 395–446.

LIEBS D., Das ius gladii der römischen Provinzialgouverneure in der Kaiserzeit, ZPE 43, 1981, 217–223.

LIEBS D., Umwidmung: Nutzung der Justiz zur Werbung für die Sache ihrer Opfer in den Märtyrerprozessen der frühen Christen, in: AMELING W. (Hrsg.), Märtyrer und Märtyrerakten (Altertumswissenschaftliches Kolloquium 6), Stuttgart 2002, 19–46.

LIEBS D., Vor den Richtern Roms. Berühmte Prozesse der Antike, München 2007.

LIETZMANN H. – ALAND K., Zeitrechnung der römischen Kaiserzeit, des Mittelalters und der Neuzeit für die Jahre 1–2000 nach Christus (SG 1085), Berlin ³1956.

LIGHTFOOT J. B., The Apostolic Fathers 2/1, London ²1889.

LIMBERIS V., Architects of Piety. The Cappadocian Fathers and the Cult of the Martyrs, Oxford 2011.

LÖHR W. A., Der Brief der Gemeinden von Lyon und Vienne (Eusebius, h.e. V, 1–2[4]), in: PAPANDREOU D. – BIENERT W. A. – SCHÄFERDIEK K. (Hrsg.), Oecumenica et Patristica. FS W. SCHNEEMELCHER, Stuttgart 1989, 135–149.

LOHSE E., DER Brief an die Römer (KEKNT 4¹⁵), Göttingen 2003.

LÓPEZ VILAR J., Les Basíliques paleocristianes del suburbi occidental de Tarraco. El temple septentrional i el complex martirial de Sant Fructuós, 2 Bd. (Institut Català d'Arqueologia Classica. Sèrie documenta 4), Tarragona 2006.

LOPUSZANSKI G., La police romaine et les chrétiens, AnCl 20, 1951, 5–46.

LÖX M., Monumenta sanctorum. Rom und Mailand als Zentren des frühen Christentums: Märtyrerkult und Kirchenbau unter den Bischöfen Damasus und Ambrosius (Spätantike – Frühes Christentum – Byzanz, Reihe B 39) Wiesbaden 2013.

LUCIUS E., Anfänge des Heiligenkultes in der christlichen Kirche, Tübingen 1904 (franz.: Paris 1908).

LÜDTKE W. – NISSEN TH., Die Grabschrift des Aberkios. Ihre Überlieferung und ihr Text (S. Abercii vita supplementum), Leipzig 1910.

MACCOULL L. S.B. – WORP K. A., The Era of the Martyrs, in: CAPASSO M. – MESSERI SAVORELLI G. – PINTAUDI R. (Hrsg.), Miscellanea Papyrologica in occasione del bicentenario dell'edizione della Charta Borgiana 2 (Papyrologica Fiorentina 19), 1990, 375–408.

MACMULLEN R., Christianizing the Roman Empire (A. D. 100–400), New Haven 1984.

MACMULLEN R., Enemies of the Roman Order: Treason, Unrest and Alienation in the Empire, Cambridge Mass. 1966.

MACMULLEN R., Judical Savagery in the Roman Empire, Chiron 16, 1986, 147–166 = DERS., Changes in the Roman Empire. Essays in the Ordinary, Princeton 1990, 204–217.

MACMULLEN R., Paganism in the Roman Empire, New Haven 1981.

MACMULLEN R., Voting about God in Early Church Councils, New Haven 2006.

MAIER J.-L., Le dossier du donatisme 1. Des origines à la mort de Constance II (303–361) (TU 134), Berlin 1987.

MANDOUZE A., Prosopographie chrétienne du Bas-Empire 1: Prosopographie de l'Afrique chrétienne (303–553), Paris 1982.

MARAVAL P., The Earliest Phase of Christian Pilgrimage in the Near East (before the 7th Century), DOP 56, 2002, 63–74.

MARAVAL P., Lieux saints et pèlerinages d'Orient: Histoire et géographie des origines à la conquête arabe, Paris 1985.

MARAVAL P., Les prémiers développements du culte des XL Martyrs de Sébastée dans l'Orient byzantine et en Occident, VetChr 36, 1999, 193–209.

MARAVAL P., Songes et visions comme mode d'invention des reliques, Aug. 29, 1983, 583–599.

MARIN E., Nouvelles recherches sur Marusinac à Salone, in: Akten des XII. Internationalen Kongresses für christliche Archäologie, Bonn 22.-28. September 1991, Teil 2 (JAC.E 20/2 = SAC 52), Münster 1995, 1016–1023.

MARKSCHIES, CH., Gesund werden im Schlaf. Einige Rezepte aus der Antike, Berlin-Brandenburgische Akademie der Wissenschaften. Wiss. Ber. u. Abh. 12, 2006, 187–216 = BRANDENBURG H. – HEID ST. – MARKSCHIES CH., Salute e guarigione nella tarda antichità (SSAC 19), Vatikanstadt 2007, 165–198. = DERS., Antike ohne Ende, Berlin 2008, 62–99; 195–209.

MARROU H. I., Décadence romaine ou antiquité tardive? IIIe-IVe siècle, Paris 1977.

MARTIN A., Athanase d'Alexandrie et l'église d'Égypte au IVe siècle (328 -373) (CEFR 216), Rom 1996.

MARTIN J. B., Liste des martyrs de Lyon, BHDL 1, 1900, 22–26.

MARTIN J., Die Vita et Passio Cypriani, HJ 39, 1919, 674–712.

MATTEI P., Cyprien de Carthage, in: MANDOUZE A. U. A. (Hrsg), Histoire des saints et de la sainteté chrétienne 2. La semence des martyrs: 33–313, Paris 1987, 121–130.

MATTHEWS S., Perfect Martyr: The Stoning of Stephen and the Construction of Christian Identity, Oxford 2010.

MAYOL DE LUPÉ J. DE, Les actes des martyrs comme source de renseignements pour le langage et les usages des IIe et IIIe siècles, REL 17, 1939, 90–104.

MCGOWAN A., Ascetic Eucharists. Food and Drink in Early Christian Ritual Meals, Oxford 1999.

MCGOWAN A., Discipline and Diet: Feeding the Martyrs in Roman Carthage, HThR 96, 2003, 455–476.

MCCREADY W. O., Martyrdom: In Accordance with the Gospel, in: ASCOUGH R. S. (Hrsg.), Religious Rivalries and the Struggle for Success in Sardis and Smyrna (SCJud 14), Waterloo 2005, 141–155.

MCLARTY J., The Function of the Letter Form in Christian Martyrdom Accounts, in: HODKINSON O. – ROSENMEYER P. A. – BRACKE E. (Hrsg.), Epistolary Narratives in Ancient Greek Literature (Mn.S 359), Leiden 2013, 371–285.

MEHL A., Römische Geschichtsschreibung: Grundlagen und Entwicklung. Eine Einführung, Stuttgart 2001.

Meimaris Y. E. – Kritikakou K. – Bougia P., Chronological Systems in Roman-Byzantine Palestine and Arabia. The Evidence of the Dated Greek Inscriptions (Meletemata 17), Athen 1992.

Mendel G., Catalogue des sculptures grecques, romaines et byzantines. Musées impériaux ottomans 2, Konstantinopel 1913.

Mendels D., The Media Revolution of Early Christianity: An Essay on Eusebius' Ecclesiastical History, Michigan 1999.

Mercati G., Note di letteratura biblica e cristiana antica (StT 5), Rom 1901.

Meriç R. – Merkelbach R. u. a., Die Inschriften von Ephesos 7/1: Nr. 3001–3500 (Repertorium) (Inschriften griechischer Städte aus Kleinasien 17/1), Bonn 1981.

Merkelbach R., Grabepigramm und Vita des Bischofs Aberkios von Hierapolis, Epigraphica Anatolica 28, 1997, 125–139 = Ders., Philologica. Ausgewählte Kleine Schriften, Stuttgart 1997, 381–399.

Merkelbach R., Die ruhmvollen Blumenkohl-Ohren des Pionios von Smyrna, ZPE 76, 1989, 17 f.

Merkelbach R. – Stauber J., Steinepigramme aus dem griechischen Osten 3, München 2001.

Merkt A., Gewaltverarbeitung und Konfliktbewältigung im Medium des Visionsberichtes: Die Passio Perpetuae und die Apokalypse des Johannes, in: Verheyden J. – Nicklas T. – Merkt A. (Hrsg.), Ancient Christian Interpretations of „Violent Texts" in the Apokalypse (NTOA/StUNT 92), Göttingen 2011, 63–93.

Middleton P., Radical Martyrdom and Cosmic Conflict in Early Christianity (Library of New Testament Studies 307), London 2006.

Milinković M., Frühchristliche Reliquiare und Kapseln in Serbien, Mitteilungen zur christlichen Archäologie 19, 2013, 27–39.

Millar F., The Condemnation to Hard Labour in the Roman Empire from the Julio-Claudians to Constantine, PBSR 52, 1984, 124–147.

Millar F., The Emperor in the Roman World (31 BC – AD 337), Oxford 1977.

Millar F., The Imperial Cult and the Persecutions, in: Bickerman E. J. (Hrsg.), Le Culte des souverains dans l'empire romain. 7 exposés suivis de discussions, Vandoeuvre-Genève, 28 août-2 septembre 1972 (Entretiens sur l'antiquité classique 19), Genf 1973, 143–165.

Mioni E., Bibliothecae Divi Marci Venetiarum codices graeci manuscripti 2: Codices 300–625 (Indici e cataloghi, Nuova serie 6), Rom 1985.

Mitchell M. M., The Emergence of the Written Record, in: Dies. – Young F. M., The Cambridge History of Christianity 1, Cambridge 2006, 177–194.

Mitchell M. M., Looking for Abercius. Reimagining Contexts of Interpretation of the Earliest Christian Inscription, in: Brink L. – Green D., Commemorating the Dead. Texts and Artifacts in Context. Studies of Roman, Jewish and Christian Burials, Berlin 2008, 303–335.

Mitchell M. M., The Poetics and Politics of Christian Baptism in the Abercius Monument, in: Hellholm D. u. a. (Hrsg.), Ablution, Initiation, and Baptism. Late

Antiquity, Early Judaism, and Early Christianity (BhZNW 176/3), Berlin 2011, 1743–1778.1879–1884.

MITCHELL S., Anatolia. Land, Men, and Gods in Asia Minor, 2: The Rise of the Church, Oxford 1993 = 1995.

MITCHELL S., Maximinus and the Christians in A. D. 312: A New Latin Inscription, JRS 78, 1988, 105–124.

MOELLER W. O., The Trinci/Trinqui and the Martyrs of Lyon, Historia 21, 1972, 127.

MOHRMANN CH., Sacramentum dans les plus anciens textes chrétiens, HThR 47, 1954, 141–152 = DIES., Études sur le latin des chrétiens [1] (SeL 65), Rom 1958 = 1961, 233–244.

MOMMSEN TH., Christianity in the Roman Empire, Expositor 4/8, 1893, 1–7 = DERS., Gesammelte Schriften. Historische Schriften 3, Berlin 1910, 540–545.

MOMMSEN TH., Der Religionsfrevel nach römischem Recht, HZ 64 (= N. F. 28), 1890, 389–429 = DERS., Gesammelte Schriften. Juristische Schriften 3, Berlin 1907, 398–422.

MOMMSEN TH., Römisches Strafrecht, Leipzig 1899 = Aalen 1990.

MOMMSEN TH., Verzeichnis der römischen Provinzen aufgesetzt um 297, APAW.PH 1862, 489–538.

MONCEAUX P., Histoire littéraire de l'Afrique chrétienne depuis les origines jusqu'à l'invasion arabe: 1. Tertullien et les origines, Paris 1901 = Brüssel 1963; 2. Saint Cyprien et son temps, Paris 1902 = Brüssel 1963; 3. Le IVe siècle, d'Arnobe à Victorin, Paris 1905 = Brüssel 1963.

MONNSEN L. H., The Martyrdom Cycle in Santo Stefano Rotondo, Part One: AAAHP 8/2, 1982, 176–317; Part Two: AAAHP 8/3, 1983, 11–106.

MONTEVECCHI P., Nomen christianum, in: CANTALAMESSA R. – PIZZOLATO L. F. (Hrsg.), Paradoxos politeia. Studi patristici in onore di G. LAZZATI (SPMed 10), Mailand 1979, 485–500 = DIES., Bibbia e papiri. Luce dai papiri sulla bibbia greca (Estudis de papirología i filología bíblica 5), Barcelona 1999, 155–172.

MOREAU J., Observations sur l'Ὑπομνηστικὸν βιβλίον Ἰωσήππου, Byzantion 25–27, 1955–57, 241–276.

MOREU-REY E., L'antiga devoció a San Fruitós, Boletín arqueológico Tarraconense 4, 113/120, 1971/72, 245–252.

MOSS, C. R., On the Dating of Polycarp. Rethinking the Place of the Martyrdom of Polycarp in the History of Christianity, Early Christianity 2, 2010, 539–574.

MOSS C. R., Ancient Christian Martyrdom. Diverse Practices, Theologies, and Traditions, New Haven 2012.

MOSS, C. R., Nailing Down and Tying Up. Lessons in Intertextual Impossibility from the Martyrdom of Polycarp, VigChr 67, 2013, 117–136.

MOSS C. R., The Other Christs. Imitating Jesus in Ancient Christian Ideologies of Martyrdom, Oxford 2010.

MOSS, C. R., Polycarphilia and the Origins and Spread of Martyrdom, in: ROTHSCHILD C. K. – SCHRÖTER J. (Hrsg.), The Rise and Expansion of Christianity in the First Three Centuries of the Common Era (WUNT I 301), Tübingen, 2013, 401–418.

Motschmann C., Die Religionspolitik Marc Aurels (Hermes.E 88), Stuttgart 2002.
Müller S., „Ein Schlachtfest in der Mitte, damit das ganze Amphitheater es sieht" – Überlegungen zu den Motiven der Zuschauer bei den römischen *munera*, in: Günther L. M. – Oberweis M. (Hrsg.), Inszenierungen des Todes. Hinrichtungen – Martyrium – Schändung, Berlin 2006, 37–51.
Musurillo H., The Acts of the Pagan Martyrs (Acta Alexandrinorum), Oxford 1954.
Näf B., Städte und ihre Märtyrer. Der Kult der Thebäischen Legion (Par. 51), Fribourg 2011.
Naumann R. – Kantar S., Die Agora von Smyrna, in: Bittel K. (Hrsg.), Kleinasien und Byzanz. Gesammelte Aufsätze zur Altertumskunde und Kunstgeschichte. FS M. Schede (IF 17), Berlin 1950, 69–114; Taf. 20–48.
Nautin P., Lettres et écrivains chrétiens des IIe et IIIe siècles, Paris 1961.
Nesselrath Th., Kaiser Julian und die Repaganisierung des Reiches. Konzept und Vorbilder (JAC.E Kl.R. 9), Münster 2013.
Neymeyr U., Die christlichen Lehrer im zweiten Jahrhundert. Ihre Lehrtätigkeit, ihr Selbstverständnis und ihre Geschichte (VigChr Suppl. 4), Leiden 1989.
Niedermeyer H., Über antike Protokoll-Literatur, Göttingen 1918.
Nissen Th., Die Petrusakten und ein bardesanitischer Dialog in der Aberkiosvita, ZNW 9, 1908, 190–203.315–328.
Noga-Banai G., The Trophies of the Martyrs. An Art Historical Study of Early Christian Silver Reliquaries (Oxford Studies in Byzantium), Oxford 2008.
Nogrady A., Römisches Strafrecht nach Ulpian. Buch 7 bis 9 De officio proconsulis (Freiburger Rechtsgeschichtl. Abh. N. F. 52), Berlin 2006.
Nuber H.-U., Das Steinkastell Hofheim (Main-Taunus-Kreis), in: Studien zu den Militärgrenzen Roms 3. 13. Internationaler Limeskongress Aalen 1983 (Forsch. und Berichte zur Vor- u. Frühgesch. in Baden-Württemberg 20), Stuttgart 1986, 226–234.
Nussbaum O., Die Aufbewahrung der Eucharistie (Theoph. 29), Bonn 1979.
Nussbaum O., Die Bewertung von links und rechts in der römischen Liturgie, JAC 5, 1962, 158–171.
Oliver J. H. – Palmer R. E.A., Minutes of an Act of the Roman Senate, Hesperia 24, 1955, 320–349.
Orestanano R., La cognitio extra ordinem: una chimera, SDHI 46, 1980, 236–247.
Osborn H. F., Justin Martyr (BHTh 47), Tübingen 1973.
Ott J., Die Beneficiarier. Untersuchungen zu ihrer Stellung innerhalb der Rangordnung des römischen Heeres und zu ihrer Funktion (Historia Einzelschriften 92), Wiesbaden 1995.
Palmer A.-M., Prudentius on the Martyrs, Oxford 1989.
Papaconstantinou A., Au-delà de l'hagiographie: Réflexions sur les sources de l'histoire du culte des saints à Byzance, in: Caseau – Cheynet – Deroche, Pèlerinages (2006), 329–340.

PAPINI L., Fragments of the Sortes sanctorum from the Shrine of St. Collithus, in: FRANKFURTER, Pilgrimage (1998) 281–302.

PARMENTIER M., Incubatie in de antieke hagiografie, in: HILHORST, Heiligenverering (1988) 27–40.

PARTOENS G. – ROSKAM G. – VAN HOUDT T. (Hrsg.), Virtutis imago. Studies on the Conceptualization and Transformation of an Ancient Ideal, Löwen 2004.

PELLEGRINO M., Vita e martirio di San Cipriano, Alba 1955.

PERKINS J., Space, Place, Voice in the Acts of the Martyrs and the Greek Romance, in: MACDONALD D. R. (Hrsg.), Mimesis and Intertextuality in Antiquity and Christianity (Studies in Antiquity and Christianity), Harrisburg 2001, 117–137.

PERKINS J., The Suffering Self: Pain and Narrative Representation in Early Christian Era, London 1995.

PERLER O., Das vierte Makkabäerbuch, Ignatius von Antiochien und die ältesten Martyrerberichte, RivAC 25, 1949, 47–72 = DERS., Sapientia et Caritas. Gesammelte Aufsätze zum 90. Geburtstag (hrsg. v. D. VAN DAMME – O. WERMELINGER) (Par. 29), Fribourg 1990, 141–166.

PERNOT L., Saint Pionios, martyr et orateur, in: FREYBURGER G. – PERNOT L. (Hrsg.), Du héros païen au saint chrétien. Actes du colloque organisé par le C. A.R. R.A. Strasbourg, 1er-2 décembre 1995 (Collection des études augustiniennes, série antiquité 154), Paris 1997, 111–123.

PETERS E., Torture, Oxford 1985 (2. erw. Auflage Philadelphia 1996).

PETRUCIONE J. F., Prudentius' Use of Martyrological Topoi in Peristephanon (University Microfilms International 8600527), Diss.phil. Michigan, 1985.

PETZL G., Die Inschriften von Smyrna 2/2 (Inschriften griechischer Städte aus Kleinasien 24/2), Bonn 1990.

PEZZELLA S., Gli atti dei martiri. Introduzione e una storia dell'antica agiografia (Quaderni di SMSR), Rom 1965.

PFERDEHIRT B. – SCHOLZ M. (Hrsg.), Bürgerrecht und Krise. Die Constitutio Antoniniana 212 n. Chr. und ihre innenpolitischen Folgen (Mosaiksteine. Forschungen am Römisch-Germanischen Zentralmuseum 9), Mainz 2012.

PHILIPPART G., L'hagiographie comme littérature: concept récent et nouveaux programmes ? RSHum 251, 1998, 11–39.

PHILIPPART G., Les légendiers latins et autres manuscrits hagiographiques (TSMÂO 24–25), Turnhout 1977.

PIGANIOL A., Recherches sur les jeux romains. Notes d'archéologie et d'histoire religieuse (PFLUS 13), Straßburg 1923.

PIZZOLATO L. F., Cristianesimo e mondo in tre „passiones" dell'età degli Antonini, StPat 23, 1976, 501–519.

PLASS P., The Game of Death in Ancient Rome: Arena Sport and Political Suicide, Madison 1995.

PLÖTZ R., Der Apostel Jakobus in Spanien bis zum 9. Jahrhundert (GAKGS 30), Münster 1982, 19–145.

PLÜMACHER E., Τερατεία. Fiktion und Wunder in der hellenistisch-römischen Geschichtsschreibung und in der Apostelgeschichte, ZNW 89, 1998, 66–90, erweitert in: DERS., Geschichte und Geschichten. Aufsätze zur Apostelgeschichte und zu den Johannesakten (hrsg. v. J. SCHRÖTER – R. BRUCKER), Tübingen 2004, 33–83.

PLUMPE J. C., Mater Ecclesia. An Inquiry into the Concept of the Church as Mother in Early Christianity, Washington 1943.

POLLMANN K., Doctrina Christiana. Untersuchungen zu den Anfängen der christlichen Hermeneutik unter besonderer Berücksichtigung von Augustinus, De doctrina christiana (Par. 41), Fribourg 1996.

PORTMANN W., Zu den Motiven der diokletianischen Christenverfolgung, Historia 39, 1990, 212–248.

POSE E. R., A propósito de las actas y pasiones donatistas, SSRel 4, 1980, 59–77.

POTTER D., Martyrdom as Spectacle, in: SCODEL R. (Hrsg.), Theater and Society in the Classical World, Ann Arbor 1993, 53–88.

POTTER D., Performance, Power and Justice in the High Empire, in: SLATER W. J. (Hrsg.), Roman Theater and Society (E.Togo Salmon Papers 1), Ann Arbor 1996, 129–159.

PRATSCH TH., Der hagiographische Topos. Griechische Heiligenviten in mittelbyzantinischer Zeit (Millennium-Studien 6), Berlin 2005.

PREISENDANZ K. (Hrsg.), Papyri Graecae Magicae 1, Leipzig 1928 (2. verb. Auflage hrsg. v. von A. HENRICHS, Stuttgart 1973 = München 2001).

PREISIGKE F., Fachwörter des öffentlichen Verwaltungsdienstes Ägyptens in den griechischen Papyrusurkunden der ptolemäisch-römischen Zeit, Göttingen 1915.

PRETE S., „Confessioni Trinitarie" in alcuni Atti di martiri del sec. II (Giustino, Apollonio, Policarpo), Aug. 13, 1973, 469–482.

PRICE R. – GADDIS M., The Acts of the Council of Chalcedon 3 (Translated Texts for Historians 45), Liverpool 2005.

PRIESSNIG A., Die biographischen Formen der griechischen Heiligenlegenden in ihrer geschichtlichen Entwicklung, Phil. Diss. München, Münnerstadt 1921.

PUCCIARELLI E., I cristiani e il servizio militare. Testimonianze dei primi tre secoli (BPat 9), Florenz 1987.

QUASTEN J., Patrology 1: The beginnings of patristic literature from the Apostels' Creed to Irenaeus, Utrecht 1950 = Westminster 1995.

QUENTIN H., La liste des martyrs de Lyon de l'an 177, AnBoll 39, 1921, 113–138.

RAJAK T., Dying for the Law: The Martyr's Portrait in Jewish-Greek Literature, in: EDWARDS M. J. – SWAIN S. (Hrsg.), Portraits. Biographical Representation in the Greek and Latin Literature of the Roman Empire, Oxford 1997, 39–68.

RAMSAY W. M., Cities and Bishoprics of Phrygia 2, Oxford 1897.

RAPP C., „For next to God, you are my salvation": Reflections on the Rise of the Holy Man in Late Antiquity, in: JOHNSTON – GAYWARD, Cult (1999) 63–81.

Rauschen G., Monumenta minora saeculi secundi (FlorPatr 3), Bonn 1914.
Rebenich S., Wohltäter und Heilige. Von der heidnischen zur christlichen Patronage, in: Bauer F. A. – Zimmermann N. (Hrsg.), Epochenwandel? Kunst und Kultur zwischen Antike und Mittelalter (Zaberns Bildbände zur Archäologie), Mainz 2001, 27–35.
Rebillard E., Religion et sépulture. L'Église, les vivants et les morts dans l'Antiquité tardive (CeS 15), Paris 2003.
Rehm A. – Herrmann P., Die Inschriften von Milet. A: Inschriften n. 187–406 (Nachdr. aus den Bänden I 5 – II 3), B: Nachträge und Übersetzungen zu den Inschriften n. 1–406 (Milet 6,1), Berlin 1997.
Reichert A., Durchdachte Konfusion. Plinius, Trajan und das Christentum, ZNW 93, 2002, 227–250.
Reinbold W., Propaganda und Mission im ältesten Christentum. Eine Untersuchung zu den Modalitäten der Ausbreitung der frühen Kirche, Göttingen 2000.
Reitzenstein R., Bemerkungen zur Märtyrerliteratur: 2. Nachträge zu den Akten Cyprians, NGWG.PH 1919, 177–219.
Reitzenstein R., Ein donatistisches Corpus cyprianischer Schriften, NGWG.PH 1914, 85–92.
Reitzenstein R., Die Nachrichten über den Tod Cyprians. Ein philologischer Beitrag zur Geschichte der Märtyrerliteratur (SHAW.PH 14 Abhandlung), Heidelberg 1913, 12–17.
Reitzenstein R., Ein Stück hellenistischer Kleinliteratur, NGWG.PH 1904, 309–332.
Reymond E. A. E. – Barns J. W. B., Four Martyrdoms from the Pierpont Morgan Coptic Codices, Oxford 1973.
Reynaud J.-F., Lugdunum christianum. Lyon du IVe au VIIIe s.: topographie, nécropoles et édifices religieux (Documents d'archéologie de France 69), Paris 1998.
Reynaud J. F. – Richard F. (Hrsg.), L'abbaye d'Ainay – Des origines au XIIe siècle, Lyon 2008.
Rhee H., Early Christian Literature. Christ and Culture in the Second and Third Centuries, London 2005.
Ricci M. L., Topica pagana e topica cristiana negli Acta Martyrum, AMAT 28, 1964, 37–122.
Riddle D. W., The Martyrs: A Study of Social Control, Chicago 1931.
Riess W., Apuleius und die Räuber. Ein Beitrag zur historischen Kriminalitätsforschung (HABES 35), Stuttgart 2001.
Riess W., Gnade vor Recht oder der Ermessensspielraum des Rechtes in der römischen Kaiserzeit. Die Kontroverse zwischen De Robertis und Levy in sozialhistorischer und kulturvergleichender Perspektive, Historische Anthropologie 9, 2001, 462–470.
Ring Th.G., Augustins Deutung der „Sünde wider den Hl. Geist" in Mt 12,31f, Aug. 59, 2000, 65–84.
Rives J. B., The Decree of Decius and the Religion of Empire, JRS 89, 1999, 135–154.

Robert L., À travers l'Asie mineure. Poètes et prosateurs, monnaies grecques, voyageurs et géographie (BEFAR 239), Paris 1980.
Robert L., Hellenica. Recueil d'épigraphie, de numismatique et d'antiquités grecques 7. Inscriptions grecques de Lydie, Paris 1949.
Robert L., Le martyre de Pionios, prêtre de Smyrne (hrsg. v. G. W. Bowersock – C. P. Jones), Washington 1994.
Robert L., Nonnos et les monnaies d'Akmonia de Phrygie, JS 3/3–4, 1975, 153–192.
Robert L., Villes d'Asie mineure. Études de géographie ancienne, Paris ²1962.
Robert L., Une vision de Perpétue martyre à Carthage en 203, CRAI 126, 1982, 228–276.
Roberts M., Poetry and the Cult of the Martyrs. The Liber Peristephanon of Prudentius, Michigan 1993.
Robinson J. M., The Pachomian Monastic Library at the Chester Beatty Library and the Bibliothèque Bodmer, Manuscripts of the Middle East 5, 1990/91, 26–40.
Robinson O. F., The Criminal Law of Ancient Rome, London 1995.
Robinson O. F., The Repression of Christians in the Pre-Decian Period: A Legal Problem still, Irish Jurist 25–27, 1990–1992, 269–292.
Rollinger R. – Lang M. – Barta H. (Hrsg.), Strafe und Strafrecht in den antiken Welten unter Berücksichtigung von Todesstrafe, Hinrichtung und peinlicher Befragung (Philippika 51), Wiesbaden 2012.
Ronchey S., Gli atti dei martiri tra politica e letteratura, in: Storia di Roma 3/2, Turin 1993, 781–825.
Ronchey S., Indagine sul martirio di San Policarpo. Critica storica e fortuna agiografica di un caso giudiziario in Asia Minore Istituto storico Italiano per il Medio Evo. Nuovi Studi Storici 6), Rom 1990.
Ronning Ch., Herrscherpanegyrik unter Trajan und Konstantin. Studien zur symbolischen Kommunikation in der römischen Kaiserzeit (STAC 42), Tübingen 2007.
Rordorf W., Zum Problem des „großen Sabbats" im Polykarp- und Pioniusmartyrium, in: Dassmann E. – Frank K. S., Pietas. FS B. Kötting (JAC.E 8) Münster 1980, 245–249.
Rosen K., Passio Sanctae Crispinae, JAC 40, 1997, 106–125.
Rougé J. – Turcan R. (Hrsg.), Les Martyrs de Lyon (177), Lyon 20–23 septembre 1977 (Colloques Internationaux du CNRS 575), Paris 1978.
Ruffing K., Körperstrafen und Gesellschaft im Römischen Reich, in: Rollinger – Lang – Barta, Strafe (2012), 77–93.
Ruggiero F., Il problema del numero dei martiri Scilitani, CrSt 9, 1988, 135–152.
Ruinart Th., Abrégé de la vie de dom Jean Mabillon 1709 (hrsg. v. Th. Barbeau), Solesmes 2007.
Runesson A. – Binder D. D. – Olsson B., The Ancient Synagogue from Its Origins to 200 C. E. A Source Book, Leiden 2010.
Salomonson J. W., Représentation antique, tradition artisanale et interprétation moderne: Remarques sur les représentations de quelques documents africains

des IVe-Ve siècles, Miscellanea Historiae Ecclesiae 6/1 (Bibliotheque RHE 67), Brüssel 1983, 145–162.

SALOMONSON J. W., Voluptatem spectandi non perdat sed mutet: Observations sur l'iconographie du martyre en Afrique romaine, VNAW.L N. R. 98, Amsterdam 1979.

SAMUEL A. E., Greek and Roman Chronology. Calendars und Years in Classical Antiquity (HAW 1, 7), München 1972.

SANDERS G., Bijdrage tot de studie der latijnse metrische grafschriften van het heidense Rome. De begrippen „licht" en „duisternis" en verwante themata (VWAW.L 37), Brüssel 1960.

SANDERS G., Licht en duisternis in de christelijke grafschriften. Bijdrage tot de studie der latijnse metrische epigrafie van de vroegchristelijke tijd (VVAW.L 56), Brüssel 1965.

SANTALUCIA B., Verbrechen und ihre Verfolgung im antiken Rom, Lecce 1997.

SATO Y., Martyrdom and Apostasy, in: ATTRIDGE, H. W. – HATA G. (Hrsg.), Eusebius, Christianity, and Judaism (Studia Postbiblica 42), Leiden 1992, 619–634.

SAUGET J.-M., Pionio, BSS 10, 1968, 919–921.

SAUMAGNE CH., Les basiliques cypriennes, RAr 4 Ser. 14, 1909, 188–202.

SAUMAGNE CH., Saint Cyprien, évêque de Carthage, „Pape" d'Afrique 248–258. Contribution à l'étude des „persécutions" de Dèce et de Valérien, Paris 1975, 149–190.

SAUMAGNE CH. – MESLIN M., De la légalité du Procès de Lyon de l'année 177, in: HAASE W. (Hrsg.), Religion (Vorkonstantinisches Christentum: Verhältnis zu römischem Staat und heidnischer Religion) (ANRW 2, 23/1), Berlin 1979, 316–339.

SAXER V., Les „Actes des Martyrs anciens" chez Eusèbe de Césarée et dans les Martyrologies syriaques et hiéronymien, AnBoll 102, 1984, 85–95.

SAXER V., Afrique latine, in: PHILIPPART G. (Hrsg.), Hagiographies. Histoire internationale de la littérature hagiographique latine et vernaculaire en Occident des origines à 1550 (CChr.Hagiographies 1),Turnhout 1994, 25–95.

SAXER V., Atti dei martiri dei primi tre secoli, Padua ²1989.

SAXER V., Bible et hagiographie. Textes et thèmes bibliques dans les Actes des martyrs authentiques des premiers siècles, Bern 1986.

SAXER V., Morts, martyrs, reliques en Afrique chrétienne aux prémiers siècles. Les témoignages de Tertullien, Cyprien et Augustin à la lumière de l'archéologie africaine (ThH 55), Paris 1980.

SAXER V., Saints anciens d'Afrique du Nord, Rom 1979.

SAXER V., Die Ursprünge des Märtyrerkultes in Afrika, RQ 79, 1984, 1–11.

SAXER V., Zweck und Ursprung der hagiographischen Literatur in Nordafrika, TthZ 93, 1984, 65–74.

SCHADE K., Frauen in der Spätantike – Status und Repräsentation. Eine Untersuchung zur römischen und frühbyzantinischen Bildniskunst, Mainz 2003.

SCHANZ M. – HOSIUS C. – KRÜGER G., Geschichte der römischen Literatur bis zum Gesetzgebungswerk des Kaisers Justinian: 3. Die Zeit von Hadrian 117 bis auf Constantin 324, München ³1922 = 1969.

SCHÄUBLIN CH., Zwei Bemerkungen über Literatur in den neuen Augustinus-Briefen, MH 41, 1984, 54–61.

SCHEELE J., Zur Rolle der Unfreien in den römischen Christenverfolgungen. Diss. Tübingen 1970.

SCHEIDWEILER F., Zu der Schrift des Eusthatius über die Hexe von Endor, RMP 96, 1953, 319–329.

SCHENKE G., Ein koptischer Textzeuge der Acta Phileae, in: KNUF H. – LEITZ C. – RECKLINGHAUSEN D.V. (Hrsg.), Honi soit qui mal y pense. Studien zum pharaonischen, griechisch-römischen und spätantiken Ägypten. FS H.-J. THISSEN (OLA 194), Löwen 2010, 609–615.

SCHERRER P., Anmerkungen zum städtischen und provinzialen Kaiserkult: Paradigma Ephesus – Entwicklungslinien von Augustus bis Hadrian, in: THÜR, Priester (1997) 93–112.

SCHICK C., Per la questione del latino africano. Il linguaggio dei più antichi Atti dei martiri e di altri documenti volgarizzanti 1. La Passio Scillitanorum, RIL.L 96, 1962, 191–209.

SCHLUNK H. – HAUSSCHILD TH., Die Denkmäler der frühchristlichen und westgotischen Zeit (Hispania antigua [1]), Mainz 1978.

SCHMELZ G., Kirchliche Amtsträger im spätantiken Ägypten nach den Aussagen der griechischen und koptischen Papyri und Ostraka (APF.B 13), Leipzig 2002.

SCHMIDT CH., Der Liber Peristephanon des Prudentius als Kommentar authentischer Märtyrerberichte der lateinischen Tradition, Diss. theol. Bochum 2003.

SCHNEIDER A. B., Jüdisches Erbe in christlicher Tradition. Eine kanongeschichtliche Untersuchung zur Bedeutung und Rezeption der Makkabäerbücher in der Alten Kirche des Ostens, Diss. theol. Heidelberg 2000.

SCHNEIDER A. M., Sankt Euphemia und das Konzil von Chalkedon, in: GRILLMEIER A. – BACHT H. (Hrsg.), Das Konzil von Chalkedon. Geschichte und Gegenwart 1, Würzburg 1951, 291–302.

SCHRECKENBERG H., Die christlichen Adversus-Judaeos-Texte und ihr literarisches und historisches Umfeld (1.-11. Jh.) (EHS.T 172), Frankfurt ⁴1999.

SCHRENK S., Die „topographischen" Friese auf den Behangfragmenten mit Danielszene und Petrusszene in Berlin, in: HUTTER – KLEIN – VOLLMER, Hairesis (2002) 72–83.

SCHULTZE V., Altchristliche Städte und Landschaften 2: Kleinasien 2, Gütersloh 1926.

SCHWARTE K.-H., Die Christengesetze Valerians, in: ECK W. (Hrsg.), Religion und Gesellschaft in der römischen Kaiserzeit. FS F. VITTINGHOFF (Kölner historische Studien 35), Köln 1989, 103–163.

SCHWARTE K.-H., Diokletians Christengesetz, in: GÜNTHER R.– REBENICH ST. (Hrsg.), E fontibus haurire. FS H. CHANTRAINE (SGKA N. F. 1, 8), Paderborn 1994, 203–240.

SCHWARTE K.-H., Intentionen und Rechtsgrundlage der Christenverfolgung im Römischen Reich. Eine entwicklungsgeschichtliche Skizze, in: BECK H. – BOL P. C. (Hrsg.), Spätantike und frühes Christentum, Frankfurt 1983, 20–33.

SCHWARTZ E., Einleitungen, Übersichten und Register in: EUSEBIUS V. CAESAREA, Die Kirchengeschichte (hrsg. v. E. SCHWARTZ): Eusebius, Werke 2/3 (GCS 9/3), Berlin 1909 = (GCS N. F. 6/3), Berlin 1999.

SCHWARTZ E., De Pionio et Polycarpo, Göttingen 1905.

SCHWARTZ E., Die Quellen über den melitianischen Streit, NGWG.Ph 1905, 164–187 = DERS., Zur Geschichte des Athanasius (Gesammelte Schriften 3), Berlin 1959, 87–116.

SCHWARTZ J., Chronique d'Égypte 40, 1965.

SEECK O., Geschichte des Untergangs der antiken Welt 2, Anhang, Stuttgart ²1921 = Darmstadt 2000.

SEELIGER H. R., Die Ausbreitung der Thebäer-Verehrung nördlich und südlich der Alpen, in: WERMELINGER O. – BRUGGISSER PH. U. A., Mauritius und die Thebäische Legion. Akten des internationalen Kolloquiums Freiburg, Saint-Maurice, Martigny, 17.-20. September 2003 (Par. 49), Fribourg 2005, 211–225.

SEELIGER H. R., Bedrängte Frauen. Daphne und Susanna, in: RITTER A. M. – WISCHMEYER W. – KINZIG W. (Hrsg.), „... zur Zeit oder Unzeit". Studien zur spätantiken Theologie-, Geistes- und Kunstgeschichte. FS H. G. THÜMMEL (TASHT 9), Cambridge 2004, 185–194 und Taf. VII–XI (371–376).

SEELIGER H. R., „Das Geheimnis der Einfachheit". Bild und Rolle des Märtyrers in den Konflikten zwischen Christentum und römischer Staatsgewalt, in: GRAF F. W. – WIEGANDT K. (Hrsg.), Die Anfänge des Christentums, Frankfurt 2009, 339–372.

SEELIGER H. R., Die Geschichte der Katakombe „inter duos lauros" nach den schriftlichen Quellen, in: DECKERS J. G. – SEELIGER H. R. – MIETKE G., Die Katakombe „Santi Marcellino e Pietro". Repertorium der Malereien (RSCr 6), Münster 1987, 59–90.

SEELIGER H. R., Kaiser oder Kalif – wem sollte die Verweigerung Maximilians gelten und wer verehrte ihn? Zur neueren Diskussion um die Acta Maximiliani, in: MERKT A. – GRIESER H. (Hrsg.), Volksglaube im antiken Christentum. FS TH. BAUMEISTER, Darmstadt 2009, 176–186.

SEELIGER H. R., Palai martyres. Die Drei Jünglinge im Feuerofen als Typos in der spätantiken Kunst, Liturgie und patristischen Literatur, in: BECKER H. – KACZYNSKI R. (Hrsg.), Liturgie und Dichtung. Ein interdisziplinäres Kompendium 2 (PiLi 2), St. Ottilien 1983, 257–334.

SEELIGER H. R., Rez. G. BUSCHMANN, Martyrium Polycarpi (1994), ThRv 93, 1997, 24–26.

SEELIGER H. R., Rez. F. RUGGIERO, Scilitani (1991), JAC 37, 1994, 194–196.

SEELIGER H. R., Der Tertullusprozess. Zum Besitz christlicher Sklaven im 2. und 3. Jahrhundert, in: BELLEN H. – HEINEN H. (Hrsg.), Fünfzig Jahre Forschungen

zur Antiken Sklaverei an der Mainzer Akademie 1950–2000. Miscellanea zum Jubiläum (Forschungen zur Antiken Sklaverei 35), Stuttgart 2001, 365–380.

SELINGER R., The Mid-Third Century Persecutions of Decius and Valerian, Frankfurt a. M. ²2004.

SELINGER R., Die Religionspolitik des Kaisers Decius, Frankfurt a. M. 1994.

SELLEW PH., The Hundredfold Reward for Martyrs and Ascetics: Ps.-Cyprian, De centesima, sexagesima, tricesima (StPatr 36), Löwen 2001, 94–98.

SERRA VILARÓ J., Fructuós, Auguri i Eulogi, màrtir sants de Tarragona, Tarragona 1936.

SERRA VILARÓ J., San Prospero de Tarragona y sus discípulos refugiados en Italia en el año 711 (BHBB 2,16), Barcelona 1943.

SESTON W., À propos de la „Passio Marcelli Centurionis". Remarques sur les origines de la persécution de Dioclétien, in: Aux sources de la tradition chrétienne. Mélanges offerts à M.GOGUEL, Neuchâtel/Paris 1950, 239–246.

SHAHÎD I., The Martyrs of Najrân. New Documents (SHG 49), Brüssel 1971.

SHAW B. D., Body/Power/Identity: Passions of the Martyrs, Journal of Early Christian Studies, 1996, 269–312.

SHERWIN-WHITE A. N., The Early Persecutions and Roman Law again, JThS 3, 1952, 199–213 = DERS., The Letters of Pliny, Oxford 1966, 772–787.

SHERWIN-WHITE A. N., Roman Society and Roman Law in the New Testament, Oxford 1963 = 1965.

SIEBEN H. J., Voces: eine Bibliographie zu Wörtern und Begriffen aus der Patristik (BPatr.S 1), Berlin 1980.

SIKER J. S., Christianity in the Second and Third Centuries, in: ESLER Ph.F. (Hrsg.), The Early Christian World 1, London 2000, 231–257.

SIMONETTI M. (Hrsg.), Origene, Eustazio, Gregorio di Nissa, La maga di Endor (BPat 15), Firenze 1989.

SIMONETTI M., Qualche osservazione a proposito dell'origine degli Atti dei martiri, REAug 2, 1956, 40–57.

SIMONETTI M., Studi agiografichi (Studi e saggi 2), Rom 1955.

SINISCALCO P., Bibbia e letteratura cristiana d'Africa nella „Passio S. Maximiliani", in: Forma Futuri. FS M. PELLEGRINO, Turin 1975, 595–613.

SINISCALCO P., Massimiliano: un obiettore di coscienza del tardo impero. Studi sulla „Passio S. Maximiliani" (Historica, Politica, Philosophica. Il pensiero antico, studi e testi 8), Turin 1974.

SIZGORICH TH., „Not easily were stones joined by the strongest bonds pulled asunder": Religious Violence and Imperial Order in the Later Roman World, JECS 15, 2007, 75–101.

SMELIK K. A.D., The Witch of Endor. 1 Samuel 28 in Rabbinic and Christian Exegesis till 800 A. D., VigChr 33, 1979, 160–179.

SMITH LEWIS A., Select Narratives of Holy Women from the Syro-antiochene or Sinai Palimpsest as Written Above the Old Syriac Gospels by John The Stylite of Beth-Mari-Qanūn in A. D. 778. Translation (Studia sinaitica 10), London 1900.

SODEN H.v., Die Cyprianische Briefsammlung. Geschichte ihrer Entstehung und Überlieferung (TU 3), Leipzig 1904.

SOMMER M., Römische Geschichte II. Rom und sein Imperium in der Kaiserzeit (KTA 458), Stuttgart 2009.

SORDI M., La data del martirio di Policarpo e di Pionio e il rescritto di Antonino Pio, RSCI 15, 1961, 277–285.

SORDI M., I „Nuovi decreti" di Marco Aurelio contro i cristiani, StRo 9, 1961, 365–378 (Übersetzung: Die „neuen Verfolgungen" Marc Aurels gegen die Christen, in: KLEIN R. [Hrsg.], Marc Aurel [WdF 550], Darmstadt 1979, 176–196).

SPEIGL J., Der römische Staat und die Christen. Staat und Kirche von Domitian bis Commodus, Amsterdam 1970.

SPEYER W., Büchervernichtung und Zensur des Geistes bei Heiden, Juden und Christen (Bibliothek des Buchwesens 7), Stuttgart 1981.

SPEYER W., Zu den Vorwürfen der Heiden gegen die Christen, JAC 6, 1963, 129–135 = DERS., Frühes Christentum und antikes Strahlungsfeld, WUNT 50, Tübingen 1989, 7–13, Nachtrag 493.

SPIECKERMANN H., Martyrium und die Vernunft des Glaubens. Theologie als Philosophie im Vierten Makkabäerbuch, NAWG.PH, 2004, 69–86.

STAATS R., Der theologiegeschichtliche Hintergrund des Begriffs „Tatsache", ZThK 70, 1973, 316–345.

STÄDELE A., Einleitung, in: Laktanz, De mortibus persecutorum. Die Todesarten der Verfolger (übers. u. eingel. v. A. STÄDELE = FC 31), Turnhout 2003, 7–88.

STECK O. H., Israel und das gewaltsame Geschick der Propheten. Untersuchungen zur Überlieferung des deuteronomistischen Geschichtsbildes im Alten Testament, Spätjudentum und Urchristentum (WUNT 23), Neukirchen-Vluyn 1967.

STEIN M., Die Inschriften aus dem Daniel- und dem Petrusstoff in Berlin, in: HUTTER – KLEIN – VOLLMER, Hairesis (2002) 84–98.

STELZENBERGER J., Syneidesis, conscientia, Gewissen (AMT 5), Paderborn 1963.

STEWART Z., Greek Crowns and Christian Martyrs, in: LUCCHESI E. – SAFFREY H. D. (Hrsg.), Mémorial ANDRÉ-JEAN FESTUGIÈRE. Antiquité païenne et chrétienne (Cahiers d'Orientalisme 10), Genf 1984, 119–124.

STEWART-SYKES A., The Life of Polycarp. An Anonymous Vita from Third-Century Smyrna, Sidney 2002.

STREETER J., Introduction: de Ste. Croix on Persecution, in: DE STE. CROIX, Persecution (2006), 3–34.

STROBEL A., Ursprung und Geschichte des frühchristlichen Osterkalenders (TU 121), Berlin 1977.

STUDER B., Schola christiana: die Theologie zwischen Nizäa (325) und Chalzedon (451), Paderborn 1998.

Swift L. J., War and the Christian Conscience I. The Early Years, in: Haase W. (Hrsg.), Religion (Vorkonstantinisches Christentum: Verhältnis zu römischem Staat und heidnischer Religion) (ANRW 2, 23/1), Berlin 1979, 835–868.

Talbert R. J.A. (Hrsg.), Map-by-Map Directory 2 (Barrington Atlas of the Greek and Roman world), Princeton 2000.

Taveirne M., Das Martyrium als imitatio Christi. Die literarische Gestaltung der spätantiken Märtyrerakten und -passionen nach der Passion Christi, ZAC 18, 2014, 167–203.

Thomas G., La condition sociale de l'Église de Lyon en 177, in: Rougé – Turcan, Martyrs (1978) 93–106

Thomasson B. E., Die Statthalter der römischen Provinzen Nordafrikas von Augustus bis Diocletianus 1, Lund 1960.

Thomasson B. E., Fasti africani. Senatorische und ritterliche Amtsträger in den römischen Provinzen Nordafrikas von Augustus bis Diokletian (Skrifter utgivna av Svenska Institutet i Rom, 1,53), Stockholm 1996.

Thome F., Historia contra Mythos. Die Schriftauslegung Diodors von Tarsus und Theodors von Mopsuestia im Widerstreit zu Kaiser Julians und Salustius' allegorischem Mythenverständnis (Hereditas 24), Bonn 2004.

Thompson J. W., The Alleged Persecution of the Christians at Lyons in 177, AJT 16, 1912, 359–384.

Thonemann P., Abercius of Hierapolis: Christianisation and social memory in Late Antique Asia Minor, in: Dignas B. – Smith R. R.R., Historical and Religious Memory in the Ancient World, Oxford 2012, 257–282.

Thonemann P., Amphilochius of Iconium and Lycaonian Ascetism, JRS 101, 2011, 185–205.

Thonemann P., The Maeander Valley. A Historical Geography From Antiquity to Byzantium, Cambridge 2011.

Thraede K., Noch einmal: Plinius d. J. und die Christen, ZNW 95, 2004, 102–128.

Thümmel H. G., Polykarp und kein Ende: Zum Polykarp-Martyrium, ZAC 16/3, 2012, 550–553.

Thür H. (Hrsg.), „... und verschönerte die Stadt". Ein ephesischer Priester des Kaiserkultes in seinem Umfeld (ÖAI Sonderschriften 27), Wien 1997.

Tilley M. A., Donatist Martyr Stories. The Church in Conflict in Roman North Africa (Translated Texts for Historians 24), Liverpool 1996.

Tilley M. A., Scripture as an Element of Social Control: Two Martyr Stories of Christian North Africa, HThR 83, 1990, 383–397.

Tilly M., Einführung in die Septuaginta, Darmstadt 2005.

Tornau Ch., Zwischen Rhetorik und Philosophie. Augustins Argumentationstechnik in De Civitate Dei und ihr bildungsgeschichtlicher Hintergrund (UALG 82), Berlin 2006.

Toso d'Arenzano R., Prospero di Tarragona, BSS 10, 1968, 1212f.

TRIEBEL L., Die angebliche Synagoge der makkabäischen Märtyrer in Antiochia am Orontes, ZAC 9, 2005, 464–495.
TROUBNIKOFF A., Les Martyrs de Lyon et leurs temps, Paris 1986.
TURCAN R., L'autel de Rome et d'Auguste „Ad Confluentem", in: TEMPORINI H. (Hrsg.), Künste (ANRW 2, 12/1), Berlin 1982, 607–644.
TURNER E. G., A Passage in the „Apologia" of Phileas, JThS.NS 17, 1966, 404 f.
ULRICH J., Euseb HistEccl III 14–20 und die Frage nach der Christenverfolgung unter Domitian, ZNW 89, 1996, 269–288.
ULRICH J., Das Glaubensbekenntnis „Justins" in den Acta Iustini AB 2 (StPatr 39), Löwen 2006, 455–460.
URNER H., Die außerbiblische Lesung im Gottesdienst (VEGL 6), Göttingen 1952.
USENER, H., Der heilige Tychon (Sonderbare Heilige, Texte und Untersuchungen 1), Leipzig 1907.
USENER H., Kleine Schriften 1–4, Leipzig 1912–1914.
UTRO U., Virga, in: BISCONTI F. (Hrsg.), Temi di iconografia paleocristiana (SSAC 13), Vatikanstadt 2000, 300–302.
VAN DAM R., Becoming Christian. The Conversion of Roman Cappadocia, Philadelphia 2003.
VAN DAM R., Families and Friends in Late Roman Cappadocia. Philadelphia 2003.
VAN DEN EYNDE S., „A Testimony to the Non-Believers, A Blessing to the Believers". The Passio Perpetuae and the Construction of a Christian Identity, in: LEEMANS – METTEPENIGEN, Memory (2005) 23–44.
VAN DER HORST P. W., Juden und Christen in Aphrodisias im Licht ihrer Beziehungen in anderen Städten Kleinasiens, in: VAN AMERSFOORT J. – VAN ORT J., Juden und Christen in der Antike, Kampen 1990, 125–143.
VAN HENTEN J. W. (Hrsg.), Die Entstehung der jüdischen Martyrologie (StPB 38), Leiden 1989.
VAN HENTEN J. W., The Martyrs as Heroes of the Christian People: Some Remarks on the Continuity between Jewish and Christian Martyrology with Pagan Analogies, in: LAMBERIGTS – VAN DEUN, Martyrium (1995) 303–322.
VAN MINNEN P., The Earliest Account of a Martyrdom in Coptic, AnBoll 113, 1995, 13–38.
VAN UYTFANGHE M., La controverse biblique et patristique autour du miracle, et ses répercussions sur l'hagiographie dans l'Antiquité tardive et le haut Moyen-Âge latin, in: Hagiographie, cultures et sociétés, IVe-XIIe siècles. Actes du colloque organisé à Nanterre et à Paris 2–5 mai 1979 (Centre de recherches sur l'Antiquité tardive et le Haut Moyen Âge, Université de Paris X), Paris 1981, 205–233.
VAN UTYFANGHE M., L'hagiographie: Un „genre" chrétien ou antique tardif? AnBoll 111, 1993, 135–188.
VEYNE P., Païens et chrétiens devant la gladiature, MEFRA 111, 1999, 883–917.

Villani A., Origenes als Schriftsteller. Ein Beitrag zu seiner Verwendung von Prosopoiie, mit einigen Beobachtungen über die prosopologische Exegese, Adamantius 14, 2008, 130–149.

Vismara C., Sangue e arena. Iconografie di supplizi in margine a „Du châtiment dans la cité", Dialoghi di archeologia 5/2, 1987, 135–155.

Vismara C., Il supplizio come spettacolo (Vita e costumi dei Romani antichi. Museo della civiltà romana 11), Rom 1990.

Vittinghoff F., Christianus sum – Das „Verbrechen" von Außenseitern der römischen Gesellschaft, Historia 33, 1984, 331–357.

Voisin J.-L., Monter au Capitole. Remarques à propos de l'édit de Dèce de 250, in: Romanité et cité chrétienne. Permanences et mutations, intégration et exclusion du Ier au VIe siècle. Mélanges Yvette Duval (De l'archéologie à l'histoire), Paris 2000, 197–218.

Voss B. R., Der Dialog in der frühchristlichen Literatur (STA 9), München 1970.

Waldherr G. H., Nero. Eine Biografie, Regensburg 2005.

Waldner K., Ignatius' Reise von Antiochia nach Rom: Zentralität und lokale Vernetzung im christlichen Diskurs des 2. Jahrhunderts, in: Cancik H. – Schäfer A. – Spickermann W. (Hrsg.), Zentralität und Religion. Zur Formierung urbaner Zentren im Imperium Romanum, Tübingen 2006, 95–121.

Waldner K., Märtyrer als Propheten: Divination und Martyrium im christlichen Diskurs des ersten und zweiten Jahrhunderts, in: Cancik H. – Rüpke J. (Hrsg.), Die Religion des Imperium Romanum. Koine und Konfrontation, Tübingen 2009, 299–311.

Waldner K., Märtyrer und Sophisten als religiöse Virtuosen? Zur performance religiösen Wissens in der römischen Kaiserzeit, ZfR 17, 2009, 5–21.

Waldner K., Die Topographie des Martyriums: Frühchristliche Märtyrerakten im lokalen Kontext der kaiserzeitlichen Kultur, in: Cancik H. – Rüpke J. (Hrsg.), Römische Reichsreligion und Provinzialreligion. Globalisierungs- und Regionalisierungsprozesse in der antiken Religionsgeschichte, Erfurt 2003, 68–78.

Ward-Perkins J. B., Memoria, Martyr's Tomb and Martyr's Church, JThS N. S. 17, 1966, 20–37.

Weeber K.-W., Alltag im Alten Rom. Ein Lexikon, Düsseldorf ⁵2000.

Weeber K.-W., Panem et circenses. Massenunterhaltung als Politik im antiken Rom, Mainz ²1999.

Weidemann K., Spätantike Bilder des Heidentums und Christentums, Mainz 1990.

Weiss A., Rez. T. Binder, Semen (2005), Historische Literatur 4, 2006, 4–6.

Wesch-Klein G., Soziale Aspekte des römischen Heerwesens in der Kaiserzeit (Heidelberger althistor. Beitr. u. epigraph. Stud. 28), Stuttgart 1998, 172–178.

Wessely Ch., Les plus anciens monuments du christianisme écrit sur papyrus, PO 4, 1908, 97–210.

Whittaker M., Jews and Christians: Graeco-Roman Views (CCWJCW 6), Cambridge 1984.

WIERSCHOWSKI L., Der Lyoner Märtyrer Vettius Epagathus. Zum Status und zur Herkunft der ersten gallischen Christen, Historia 47, 1998, 426–453.

WILKEN R. L., Die frühen Christen. Wie die Römer sie sahen, Graz 1986.

WINIARCZYK M., Euhemeros von Messene. Leben, Werk und Nachwirkung (BzA 157), München 2002.

WINKELMANN, F., Albert Ehrhard und die Erforschung der griechisch-byzantinischen Hagiographie (TU 111), Berlin 1971.

WIPSZYCKA E., On the governor's jurisdiction during the persecution of Christians, in: Au-delà des frontiers. Mélanges de droit romain offerts à WITOLD WOŁODKIEWIECZ, Bd. 2, Warschau 2000, 1077–1083.

WIPSZYCKA E., Les papyrus documentaires concernant l'Église d'avant le tournant constantinien. Un bilan des vingt dernières années (Atti del XXII Congresso Internazionale di Papirologia 2), Florenz 2001, 1307–1330.

WIRBELAUER E., Aberkios, der Schüler des reinen Hirten, im römischen Reich des 2. Jahrhunderts, Historia 51, 2002, 359–382.

WISCHMEYER W., Die Aberkiosinschrift als Grabepigramm, JAC 23, 1980, 22–47.

WISCHMEYER W., Die Bedeutung des Sukzessionsgedankens für eine theologische Interpretation des donatistischen Streits, ZNW 70, 1979, 68–85.

WISCHMEYER W., Der Bischof im Prozess. Cyprian als episcopus, patronus, advocatus und martyr vor dem Prokonsul, in: BASTIAENSEN A.A.R. (Hrsg.), Fructus centesimus. Mélanges G. J. M. BARTELINK (IP 19), Steenbrugge 1989, 363–371.

WISCHMEYER W., Cyprianus Episcopus 2. Der 2. Teil der Acta Cypriani, in: BARTELINK G. J.M. – HILHORST A. – KNEEPKES C. H., Eulogia. Mélanges A.A.R. BASTIAENSEN (IP 24), Steenbrugge 1991, 407–419.

WISCHMEYER W., Hoc usque in pridie muneris egi – Autobiographien als kirchengeschichtliche Quellen, WJTh 2, 1998, 143–156.

WISCHMEYER W., M. Iulius Eugenius. Eine Fallstudie zum Thema „Christen und Gesellschaft im 3. und 4. Jahrhundert", ZNW 81, 1990, 225–246.

WISCHMEYER W., Die Tafeldeckel der christlichen Sarkophage konstantinischer Zeit in Rom (RQSuppl. 40), Freiburg 1982.

WISCHMEYER W., Von Golgatha zum Ponte Molle. Studien zur Sozialgeschichte der Kirche im dritten Jahrhundert (FKDG 49), Göttingen 1992.

WISCHMEYER W., Vtip, irónia, satira v Aacta Acacii [= Witz, Ironie, Satire in den Acta Acacii], in: KIŠŠ I. U. A. (Hrsg.), Humor a teológia, Bratislava 2003, 94–97.

WLOSOK A., Märtyrerakten und Passionen, in: HERZOG R. – SCHMIDT P. (Hrsg.), HLL 4, München 1997, § 472.1–9, 419–432.

WLOSOK A., Die Rechtsgrundlagen der Christenverfolgungen der ersten zwei Jahrhunderte, Gymnasium 66, 1959, 14–32 = DIES. in: KLEIN R. (Hrsg.), Das frühe Christentum im römischen Staat, Darmstadt 1971, 275–301.

WLOSOK A., Rom und die Christen. Zur Auseinandersetzung zwischen Christentum und römischem Staat (Der altsprachliche Unterricht 13, Beih. 1), Stuttgart 1970.

WLOSOK A., Pseudo-Cyprianus, Quod idola dii non sunt, HLL 4, 1997, 583 f: § 481.3.

WOHLEB L., Die Überlieferung des Pionios-Martyriums, RQ 37, 1929, 173–177.

WOODS D., St Maximilian of Tebessa and the Jizya, in: DEFOSSE P. (Hrsg.), Hommages CARL DEROUX 5, Christianisme et Moyen-Âge. Néolatin et survivance de la latinité (Latomus 279), Brüssel 2003, 266–276.

WOODS D., The Origin of the Cult of St. Theagenes of Parium, GOTR 44, 1999, 371–417.

YATES J., Augustine's Appropriation of Cyprian the Martyr-Bishop against the Pelagians, in: LEEMANS – METTEPENIGEN, Memory (2005) 119–135.

YSEBAERT J., Greek Baptismal Terminology. Its Origins and Early Developement (GCP 1), Nimwegen 1962.

ZEILLER J., L'égalité et l'arbitraire dans les persécutions contre les chrétiens, AnBoll 67, 1949, 49–54.

ZGUSTA L., Kleinasiatische Ortsnamen, Heidelberg 1984.

ZUCKERMAN C., Two Reforms of the 370s: Recruiting Soldiers and Senators in the Divided Empire, RÉByz 56, 1998, 79–139.

ZWIERLEIN O., Die Urfassungen der Martyria Polycarpi et Pionii und das Corpus Polycarpianum 1: Editiones criticae; 2: Textgeschichte und Rekonstruktion. Polykarp, Ignatius und der Redaktor Ps.-Pionius (UALG 116), Berlin 2014.

Index

Prosopographie

Biblische Namen

Aaron 140f
Abraham 156f 276f
Adam 282f
Ananias 210f
Antiochus 21 25
Azarias 210f
Daniel 7 378f
David 430f 450f
Eleazar 21 24f
Esther 152f
Habakuk 414f
Haggai 354f
Haman 152f
Herodes 29
Hosea 424f
Isaak 276f
Jakob 276f
Jakobus 61
Johannes 73
Jona 378f
Lukas 19
Maria (Mutter Jesu) 118f 125 289
Maria (Magdalena) 296f
Misael 210f
Mose 138–141 211 234f 417
Nebukadnezzar 379
Noa 142f 375
Paulus 6 24 42 61 94f 99 169 208f 234f 238–245 252f 269 352f 374f 409 421 427 457 460f 465f
Petrus 42 239 465
Salomon 138f
Samuel 156–159
Saul 156–159
Simon Magus 465
Simson 343
Stephanus 7 76f 83 141 169
Susanna 152f

Antike Namen[1]

Aberkios 407–468
Acacius 13 44 273–290
Aelius 204 206f
Aemilianus 203f 206–209 212–215 220
Aemilianus Dexter, Nummius 207
Aetios 292 294f 300f 303
Agamemnon 143
Agathangelus 274 284f
Akakios 300f
Aklomis (Aquilinus) 371
Alcibiades 48 76f 81
Alexander 42 68f 81 131 144f 176 407 461 466
Alexander d. Gr. 161
Alexandros 300f
Al-Walid I. 400
Ambrosius von Mailand 33 155 319
Ammonios 294f 300f
Ampelius 312f 316f 336f 356
Anastasius 42
Anaxarchos 160f
Angias 300f
Anolinus 390f
Antoninus 117 410 (s. auch Marc Aurel)
Antoninus Pius 364–367 382
Antonius Polemon, M. 137 176
(Annius) Anul(l)inus 308 312f 318f 324–327 332f 335f 338–343 355f 391

---

[1] Gegebenenfalls im Alphabet nach dem Gentilnamen eingeordnet.

Anytos 160f
Apollinarius von Hierapolis 459
Apollonius s. Apollinarius von Hierapolis
Aquilina 300f
Aquilinus 88 94f
Areadne/Maria 23 361 367 372–377 380–385
Arios 241
Aristides 160f
Asklepiades 131 136f 148f 162f 174
Asklepios 143
Aspasius Paternus 184 186–189
Athanasios 300f
Athanasius von Alexandrien 155 241
Attalus 48 56f 64–69 76f 81
Augurius 203–209 217–219
Augustalis 204 208f
Augustinus von Hippo 8 18 30 33 91 98f 155 181 183 193 200f 220f 359 464
Augustus 83 367
Aurelius 204 206f
Avirkios Markellos 459 s. Aberkios
Babylon 204 212f
Barchasanes 411 456f
Bardesan 437
Bardesanes s. Barchesanes
Barlaam 14
Basilius II. 177
Basilius von Caesarea 303
Basilla 300f
Bassianus 410 442–445
Bassus 188f 206f
Berectina 318f
Berectina Secunda 325
Bibianus 300f
Biblis 48 58f 81
Bikratios 300f
Blandina 23 48 56f 59 64f 70f 81 84
Bruttius Praesens, C. 90f
Caecilia 308 318 f (s. auch Matrona)
Caecilianus 43 307f 316f 339 348–351 356f
Caecilius Numa, M. 444f
Caesar 82
Calistus 200
Candidus 42
Cassianus 316f
Catervius 461
Cassius Dio 391 400
Charito 103f 106–113 116–119
Chariton 103f 106–113 116–119

Choudion 300f
Chrispina 43
Chromatius von Aquileia 1
Cicero 19 21
Cittinus 88 90–95 98f
Claudius Euxenos, Tiberius 429
Claudius Pollio, Quintus 429
Claudius Rufinus Sophistes 160–163 173 176
Clautus 317f
Clemens von Alexandrien 176
Commodus 317
Condianus, Sextus Quintilius 90f
Constantius 394f
Cornelianus 410 442–445 448f 451–455
Cornelius 36 444f
Cornelius Lentulus Spinther, P. 410 415 444f
Crescens 125
Crispina 402
Culcianus 225 230–257 262f 269
Cyprian von Karthago 11 13 33f 36 39 42f 100 153 181–202 259 269 285 351 388 397–399 402–405 464
Cyriacus 441
Cyrus 8
Dacianus 318f
Damian 8
Dativus 307f 312f 316–321 324–331 349 356
Dativus von Badis 198
Decius 31 34–36 38 134f 170–173 274 276f 279 286–289
Deltius Gratus 171
Demetrios von Thessaloniki 43
Dio Cassius s. Cassius Dio
Diogenes 298f
Diokletian 6 30 42 231 281 302 314f 367 391 395 401 457
Dion 387 390–395
Dometianos 300f
Domitius 32
Domna 300–302
Domnos 298–301
Donata 88 90–95 99
Donatilla 402
Donatus 204 206f
Ekdikios 300f
Eleutherus von Rom 48 78–81
Elionides 371
Elpidios (Lutanius Elpidius?) 298f

Emeritus   308 316f 330–333 335
Empedokles   283
Ps.-Ephräm   155
Euelpistos   103f 106–111 114–119
Euhemeros   281
Euktemon   131 158–163 174
Eulogius   203–209 217–219
Eunoikos   292 296f 300f 304
Euphemia von Chalkedon   45
Eusebius von Caesarea   1f 13 16 26 28f 47 77 79–82 84 172–174 177 261 268 270 323 459 466
Eutychianos   150f
Eutychios   292 294f 300f 303
Euxeinianius Publius (Pollio)   410 428f 432–437 442f 445–447 466
Eva   316f
Fabius Victor   387 390–393 398f
Faustina (II.), Annia Galeria   410f 440f 451–453 455
Faustus   318f
Felicitas   IX 31 34
Felix   42 44 88 94f 204 208 211 308f 312f 316–319 334–337 356
Felix von Bagai   198
Festucius   204 206f
Fileyas   s. Phileas von Thmuis
Flavia Politta   147
Flavios   300f
Florus   403 405
Fortunatianus   308f 324f 327 342f
Fructuosus   43 45 203–222
Fundanus von Abitinae   308 317–319
Gaios   300f
Galeria Faustina, Annia   s. Faustina (II.), Annia Galeria
Galeria Lucilla, Annia   s. Lucilla, Annia Galeria
Galerius Maximus   184 188–193 196f
Gallienus   184 186f 192–195 206f
Generosa   88 94f
Genesios   300f
Germanicus   28
Givalius   316f
Gordian   131 146f 382
Gordios (Lutanius Gordius?)   294–303
Gordius   362 366f
Gorgonios   300f
Gregor von Cordoba   1
Gregor von Nyssa   303

Gregor von Tours   45 53 81 84
Hadrian   364–367 382 395
Helianos   300f
Heliodorus   1
Heraklios   300f
Herennius   277
Hesychios   298–301
Hierax   103f 106–111 114–119
Hieronymus   1f
Ps.-Hieronymus   2f
Hilarianus   308f 316f 344f
Homer   65 138f 145 369
Honorata   318f
Hostilianus   277
Hyperechios (Lutanius Hyperechius?)   298f
Ianuaria   88 94f 309 316–319
Ianuarius   316f
Ignatius von Antiochia   9
Iles   298–301
Iohannes   300f
Irenäus von Lyon   78–81
Iulia   300f
Iunius Rusticus, Q.   104 106–117 125
Iustinus   216–219
Jakobus   17 77
Johannes (Märtyrer)   8
Johannes Chrysostomos   155 421
Josaphat   14
Ps.-Joseph   173
Josephus   19
Julian Apostata   18 411 454f
Julianus   184 196f
Julius Proculus, Quintilianus   131 164–167 170f
Justin   22 44 103–127
Justinus   401
Kandidos   300f
Karl d. Gr.   200
Kelsos   73
Klaudios   300f
Konstantin   2 37 289 339 457
Kosmas   8
Krispinos   294–299 302
Krispos   300–303
Kyriakos   298f
Kyrilla   300f
Kyrillos   294f 300f
Kyrion   300f
Laetantius   88 94f

Laktanz 32 402
Leocadius 53
Leontios 300f
Lepidos 158–163
Liberianos 103f 106–111 114f
Licinius 26 302 391
Limnos 131 136f 150f 176
Livius 19
Lucilla 43
Lucilla, Annia Galeria 410 440f
Lucius 17
Lucius Verus 107 409f 414f 440f 443
Lukian 19
Lukian von Antiochia 268
Lutanius Crispus 299
Lysimachos 300f
Macrobius Candidatus 42 184 196f
Magnus 298f
Maior 318f
Makedonia 131 136f 150f
Manilius Fuscus 147
Marcianus 274 276–287
Marc Aurel 48 83 107 116f 135 172 408–410 414f 429 440–443 450f
Margarita 317–319
Maria (Tochter des Saturninus) 309 316f
Maria (Areadne)/Maria ancilla s. Areadne/Maria
Marianus 17
Markion 411 437 454f 466
Markos 294f 300–302
Martialis 211 216f
Martin von Tours 395
Martinus 112f 317f
Matrona (matrona Caecilia?) 318f
Maturus 48 56f 64f
Maxentius 395
Maxima 402
Maximian 42 231 314f 367 394f
Maximianus 316f
Maximilian 201 387–406
Maximilian von Lorch 405
Maximinus Daja 268f
Maximus 44 204 206f 298f 336f 395
Meletios 292 294f 298–303
Meletos 160f
Meliton 300f
Menander 274 284f
Mensurius 307f 348f 352f 356–358

Messius Quintus Traianus 171
Metrodoros 28 131 166f
Michael 7
Monnica 8
Montanus 17 76f
Mygdonius 204 212f
Myrtinus 108f
Nartzalus 88 90f 94f 98
Nemesianus von Thubunae 198
Nero 30
Nikagoras 362 368f 383
Nikallos 300f
Nikokreon 161
Novatus 44
Nummius Tuscus s. Tuscus
Octavius Felix 308 316f
Onqelos bar Qaloniqos 157
Origenes 176
Paese 6–8
Paion 103f 106–111 114–119
Pantaleon 100 216f
Paulinus von Nola 404
Pelagia von Antiochia 18
Pelagius 200
Pelusius 318f
Perpetua IX 31 34 71
Petrulus Hirrutus 345
Phileas von Thmuis 13 45 223–271
Philippos 298f
Philokomos 362 378f
Philoktemon 300f
Philoromos 223 259–261 268 270
Phragellion 420 f (s. auch Aberkios)
Phrygella 410 428–431
Phrynichos 443
Pierios 225 230f 241
Pionios 9 24 31 129–179
Ps.-Pionios 28 172f
Piso 274 284f
Pistis 465
Placimus 379
Platon 237 244f
Plinius d.J. 30f 37 39 96f
Polemon 131 136–139 144–149 158f 176 (s. auch Antonius Polemon, M.)
Politta 131 146f 148f 175 (s. auch Flavia Politta)
Pollentius 204 206f
Pollio s. Claudius Pollio

Polybius 19
Polykarp IX 1 16 23 28f 83 98 134–137 172f 176
Pompeiana 388 396f 403
Pompeianus 308 325 328f 343 388 390f 397
Pomponia 316f 325
Ponticus 48 70f 81
Pontius 181 193 199
Pothinus von Lyon 48 60f 63 81 84
Prima 316f
Priskos 300f
Procopius 216–219
Proidos 292 294f 302
Proklianos 298f
Proklos 300f
Prudentius 204 211 213 220f
Publius (Dolabella) 409 414f 418f
Publius, Euxinianus s. Euxeinianius Publius (Pollio)
Quintilianus s. Julius Proculus, Quintilianus
Quintus 316f 336f
Regiola 318f
Restituta 316f 319 324f
Riglos 300f
Rogatianus 204 206f 316f 336f
Rogatus 316f
Rufinos 300f
Rufinus 47 59 177 261 268 270
Rufinus Sophistes s. Claudius Rufinus Sophistes
Rufos 300f
Rusticus, Q. Iunius s. Iunius Rusticus, Q.
Sabina/Theodotē 131 136f 146–149 160–163 174f
Sakerdon 300f
Sallust 19
Sanctus von Vienne 48 56f 64f
Saprikios 294f 300f 303
Saturnina 316f
Saturninus 41f 307–309 312f 316–319 322f 328–331 336–339 344f 356 359 (s. auch Vigellius Saturninus, P.)
Sebastian 39
Secunda 88 90–95 316–319 324f 402
Senator s. Dativus
Severianos 300f
Sextus 184 188–191 196f
Silanus 44
Symeon Metaphrastes 14 409 437 464f 468

Sisinios 300f
Smaragdos 300f
Sokrates 22 160f 248f 269
Speratus 88 90–95 97–100
Spinther s. Cornelius Lentulus Spinther, P.
Stephanus 4 26 55 76f 96
Struwwelpeter s. Petrulus Hirrutus
Susanna 300f
Susanne 7
Tacitus 19 30 281
Tatian 375
Tazelita 308 320f 323–325 331
Telica 316f
Terentius 131 162f
Tertullian 9 75 91 97 99 126 176 277 404 421
Tertullus 34 362 364–371 382–384
Thascius Cyprianus s. Cyprian von Karthago
Theagenes von Parium 391 400f
Thekla 6f 341 384 457
Thelica 321
Theodor von Euchaïta 400
Theodor von Mopsuestia 157
Theodora von Alexandria 18
Theodosius 1
Theodotē s. Sabina
Theodotus 48 76f
Theodoulos 300f
Theoktistos 300f
Theophilos 131 158f 300f
Timaios 237
Titus 157
Trajan 31 37 96 173 187
Trophimion 410 448f
Trophimos 449
Tryphon 300–302
Tuscus 188f 390f
Tychon 43
Ulpian 32
Ursula 6
Valerian 34f 37 104 116–119 184 186f 192–195 206f 220
Valerianus Quintianus 388 390f
Valerios 300f
Valerius 410 442–447
Vales 298–301
Vestia 88 90–95
Vettius Epagathus 48 52f
Vettius Gratus 170f

Veturius 88 94f
Vibia Perpetua 341
Victor s. Fabius Victor
Victor von Octavu 198
Victoria 9 23 308f 318f 324–329 331 340f
Victorianus 316–319

Vigellius Saturninus, P. 88 90–95 97–99
Vincentius 316f
Vologesus (Vologaises III. [IV.]?) 410 440f
Xanthios 300f
Zacharias 52f
Zelicentius 391

Geographie

Abitinae 307–309 316f 320f 324–327 349 358f
Africa 5 34 91 200 312f 391 400 405
Africa proconsularis 91 391
Agros 411 436f 452–455
Agros Thermon 411 454f 467
Ägypten 4 6 8 30 140f
Ahat 429
Alexandria 6 225 228f 251
Algerien 391
Anasartha 7
Anatolien 288
Antiochia 25 153 410f 442f 454f
Apameia 411 454f
Aquileia 13
Arles 100
Armenia minor 302
Asia 48 50f 78–80 149 165 170f 410 415 426f
Atlantik 36
Ätna 142f
Attalia 410 448f
Aulon 411 456f
Aulon Chorion 457
Bethlehem 1
Bir Ftouha 399
Bousiris 6
Brindisi 410 444f
Byzantion 410 444f
Caesarea 2 303 391
Capodimonte 214f 217 221
Chadouthb 292 298f
Chalkedon 45 383 466f
Charisphone 292 298f
Cherchel 391
Chimaira 143
Chora 7

Chouhoua el-Bâtin 317
Cilicia prima 457
Cilicia secunda 457
Cirta 349
Cumae 279
Curubis 184 186–189 198
Damaskus 466
Daphne 410 442f
Deir Ali 466
Dekapolis 142f
Delphi 279
Edessa 457
Endor 157 175
Ephesus 158f 369 381 383 410 419 440f 445
Euphrat 411 454f 460f 465
Europa 466
Fayum 6
Galatia 457
Gallien 44 50f 68f 78f 359
Genua 214f 221
Gomorra 154f
Großphrygien 410 426f
Gurdo 147
Haidra 42
Hessen 401
Hierapolis 10 137 409–411 414f 429 442–445 453–455 457 459–461 465–467
Hippo 4 19
Hispania 221
Hispania citerior 207
Hofheim 401
Ibora 292 303
Ikonium 114f
Ionisches Meer 444f
Isauria 457
Italien 200 214f

Jerusalem 116f 234f 447
Jordan 142f
Judäa 140 143
Kanopos 8
Kappadokien 108f 114f 292
Karien 410 426f
Karine 150f
Karthago 5 31 42f 45 88 90f 97 100 184 186f 198 200f 269 308f 312f 318f 324f 327 331 339 348f 388 397–399 403
Katalonien 221
Kaukasus 36
Kilikien 411 456f
Klaros 279
Kleinasien 4 45 176 289
Kleinphrygien 409 414f 442f 456f
Köln 6
Konstantinopel 43 177 385 409
Konya 115
Kreta 280f
Kyrene 25
Latium 42
Lenaios 4
Leontopolis 235
Lugdunum s. Lyon
Lycia et Pamphylia 457
Lydien 142f 410 426f
Lykaonien 411 456f
Lykien 142f 288
Lyon 13 16 23 45 47–85   100 267 383
Lyon, St-Martin d'Ainay 84
Lysias 459
Magnesia 445
Mailand 1f 8 42 221
Mauretania 391
Mauretania Sitifensis 99
Meles 138f
Melitene 290
Menouthis 8
Mesopotamien 454f
Milet 137 455
Neochorena 379
Nikomedien 268 410 444f
Nil 235
Nisibis 409 411 454f 460f 465
Nizäa 124
Nola – Cimitile 44
Nordafrika 13 34 42f 45 98 183 200 308 345 359 400

Numidien 391
Nyssa 303
Olympos 143
Orontes 443 455
Palästina 2 143
Pamphylien 274 286–289 369 448f
Pegor 141
Peloponnes 410 444f
Pentapolis 459
Pergamon 48 56f
Perge 369
Phantow 6
Phrygien 48 50f 76–80 108f 114f 151 274 362 365 369 383 410f 415 444f 454f 467
Phrygia Pacatiana 365 427
Prygia Prima 427
Phrygia Salutaria 364f 383 415
Phrygia Secunda 415
Phydela 292 298f
Pisidien 383 411 456f
Portus 410 446f
Prymnessos 362 365f 369 383–385
Ravenna 215
Rhein 410 440f 450f
Rhône 48 50f 72f 82 84
Rom 2 4–6 30 36 42–44 48 51 78–80 83 100 104 106–109 112f 118f 126 200 409–411 438–441 444–453 460f 465f
Sagalassos 383
Salona-Manastirine 42
Sardis 147
Sareim 292 294f 298f 302–304
Schwarzes Meer 71
Sci(l)lium 91 98
Sci(l)li 34 87f 91 98
Sebaste 44 292f 302 304
Serbien 43
Sirmium 383
Sizilien 142f
Smyrna 28 31 131 134f 137–139 143f 145 148 151 159 161 164f 169 172 176 410 442f 445
Sodom 154f
Südgallien 48
Süğlü 365
Synada 410f 415 444f 456f
Syrien 7 385 411 443 454f 460f 465f
Tarragona 43 204 206f 214f 220–222

Tebessa   43 387 389–391
Thmuis   225 228f 231 251 268 270
Tipasa   42
Tolentino   461
Trajanopolis   274 285
Totes Meer   142f
Türkei   115 365

Tyrrenia   442f
Upenna   42 359
Utica   198
Vienne   16 45 47–51 55–57 80 83f
Ximaroi   292 300–303
Zelon   292 294f 302
Zypern   161

Biblische, apokryphe, rabbinische Schriften

Altes Testament

Gen
3,5   437
3,15   215
19   155

Ex
3,4f   211
3,6   277
7,5   417
7,17   417
14,16   417
15,24   141
16,2   141
20,11   247
22,19   233
23,5   139
25,17–22   279
32,4   141

Num
6,3–5   77
12,8   141
14,2   141
14,27   141
16,3   141
21,5   141
25,1–3   141
25,1   141

Dtn
6,5   247
22,4   139
29,22   155

Jos
22,17   141

Ri
13,5   343
16,17   343

1 Sam (1 Reg)
28   157
28,7f   156
28,11   157
28,19   159

1 Kön
19,10   155
19,14   155

2 Kön
19,15   267

1 Chr (1 Par)
10,13   156

Est
3,15   153

2 Makk
2,26   313
5–7   24
6,18–7,42   21
6,23   327
6,27   25
6,31   25
7   25

7,3   25
7,9   25
7,20–41 71
7,27   25
7,38   27
7,39   25
10,26 51
14,37–46 53

Ps (nach LXX und Vg.)
10,5   297
13,3   281
17,3   277
18,11 279
20,5   77
21,17 379
30,4   277
30,6   169
30,18 327 329 331 335
44,2   283
44,14 63
52,4   281
67,19 115
68,5   451
70,19 213
79,9–16 153
90,13 215
98,1   267
102,3 251
105,19 141
105,21 213
105,25 141
105,28 141
105,37f 141
105,39 141
106,6–40 141
106,16 417
110,10 93
114,8 431
120,1f 379
145,5f 247
145,6 147 187

Spr
11,31 141
17,3   215
24,17 139

Sir
2,2   421

Jes
1,9   155
1,11 233
1,13 233
1,15 155
6,1f 279
11,4 417
37,16 267
40,6f 297
53,2 59
53,5 59
53,12 393
59,1f 155
59,17 215

Jer
7,31 141
11,19 365
11,20 435
19,5 141
27,2 137

Bar
4,26 153

Ez
10,1 279
16,25–34 141
23,39 141
33,11 67

Dan
1,6f 211
3   26
3,13–26 211
3,92 379
3,94 379
13,1–64 153

Hos
9,4   354f
9,10 141
10,13 425

Am
8,11 153

Hab
2,18   415   417

Hag
2,12–15 354

Sach
9,9   447

Neues Testament

Mt
3,12   141   155
4,23   251
4,25   143
5,12   155
5,13   155
5,20   155
5,37   239
5,44   323
7,1   281
7,6   153
7,13   169
7,15   439
10,8   451
10,15 par   155
10,19f   211
10,21   153
10,23   421
10,33   283
11,5   243   249
11,28   425
12,18   107
12,31   155
12,50   343
13,8   397   403
13,39   163
13,47–50   141
16,16   393
16,19   75
19,18   93
19,29   397   403
20,19   251
21,5   447
21,7   447
22,2–14   69   71
22,11–13   63
22,21 par   97
22,37   247
23,15   354f
23,37   155

24,30   283
25,5   153
25,31–46   55
25,41   299
26,53   339
27,26   111
27,34   209
27,57–61 par   26

Mk
3,28f   155
3,35   343
5,9   439
5,15   439
5,20   143
7,31   143
7,37   251
12,26 par   277
12,30   247
13,8 par   267
13,12   153
15,15   111
15,23   209
16,5   215

Lk
1,5   53
1,6   53
3,17   141   155
6,27–29   91
7,22   243   249
7,36–50   63
10,20   395
10,27   247
12,10   155
12,11f   22
13,24   169
13,34   155
14,34f   155
15,22   215

17,34f 55
18,8 153
22,31 155
22,43 159
23,34 323
23,43 209
23,46 169

Joh
1,14 283
1,17 283
1,29 365
3,16 383
3,18 383
6,52 393
7,38 59
9,1–12 429
10,1–16 463
10,12 427
13,15 243
14,16 53
14,26 53 329
15,26 53
16,2 57
16,7 53
17,12 69
19,1 111
19,28f 209
19,38–42 26
19,38 399
20,1–18 297

Apg
2,11 213
2,19 111
2,29 421
3,15 75
3,26 107
4,12 339
4,13 421
4,24 147 207 247
4,31 69
7 141
7,39–41 141
7,39 141
7,52 155
7,54 73
7,55 261
7,59 169

7,60 77
9,15 209
12,5 75
13,25 377
14,3 283
14,15 147
14,19 421
15,20 61
15,29 61
16,4 107
16,9f 466
17,24 247
20,24 377
20,32 283
21,10f 137
22,4 241
26,1 139
26,7 75
28,31 421

Röm
2,1 281
3,6 239
3,27f 365
3,31 239
5,11 313
6,2 239
6,15 239
7,7 239
7,13 239
8,17 263
8,18 51
8,38f 375
9,1 375
9,14 239
9,29 155
11,1 239
11,3 155
11,11 239
12,8 159
12,13 135
12,14 91
13,1–7 97 277
13,14 67
15,17 313
16,2 159
16,20 215

1 Kor
1,8 169
1,13 213
1,27f 57
1,31 313
2,9 209
3,13 111
4,9 65
4,12 151
6,15 239
7,22 365
7,29 299
7,36–38 149
9,25 211
10,10 141
11,4–14 343
15,6 427
15,31 313
15,38–48 283
15,45 282

2 Kor
2,15 63
3,3 335
3,18 261 427
5,10 115
6,7 283
6,13–18 352f
7,4 421
10,4 313
10,17 313
11,14f 159

Gal
1,4 251
1,13 241
1,15 393
2,2–10 61
2,9 51
2,17 239
3,13 167
3,27 67
3,31 239
4,19 153 267
4,26 117
5,1–2 9
5,15 155
6,2 365
6,4 77
6,14 239 313

Eph
1,4 169 213
1,13 283
1,22 435
3,1 295
4,8 115
4,15 435
5,23b 435
6,6 393
6,14–17 319
6,17 215

Phil
1,21 377
1,26 313
1,28 51
1,29f 24
2,6–8 59 268
2,6 75
2,9f 243
3,3 313
3,6 241
3,14 295
4,3 285

Kol
1,15–18 383
1,16 373
2,10 435
2,14 299

1 Thess
1,9 137
2,9 151
2,15 155
5,3 267
5,8 215
5,12 159

2 Thess
2,4 51
2,9 51
2,14 393

1 Tim
1,3 367
1,16 59
1,18 313
2,5 169
2,6 251

3,15 57
5,17 159
6,3 367
6,12 24 115
6,15 93
6,16 93
6,17 147

2 Tim
1,11 209
2,12 315
4,7 24 377

Tit
1,7 169
2,14 251
3,1–3 277
3,14 159

Hebr
4,12 319 435
10,26 141
10,32f 51
11,10 107
12,1 295

Jak
1,18 283
5,12 239

1 Petr
1,4 211
1,14 425
1,19 365
1,24 297
2,13–17 277
2,17 93 97
3,9 91
4,5 283
4,11 111
4,18 141
5,6 75
5,8 263

2 Petr
1,8 67
1,15 135
3,12 111

1 Joh
3,16 55
4,17 115
4,20f 299

Jud
25 111

Offb
1,5 75
1,6 111
1,8 267
2,10 397
3,5 215 285 395 415
3,14 75
3,18 215 415
3,24 83
5,12 365
5,13 111
6,1–8 381
6,11 215
7,14 215
9,7 27
12,2 267
12,3f 153
14,4 55
16,6 155
16,14 27
17,8 285
17,14 93
18,24 155
19,14 319
19,16 93
20,8 27
21,2 63
21,6 267
22,11 73
22,13 267
22,14 215
22,18f 351

Apokryphen

4 Makk
5   21
5,10   161
5,27   137
6   21
6,10   25
6,22–24   25
8–18   24
8,1–9,9   21
8,13   25
8,24   161
9,12   25
9,22   26
9,30   25
10,5–10   25
10,10   25
10,11   25
11,4   25
11,10f   25
11,12   23 25
11,17–19   25
13,9f   26
14,5   26
16,3   26
16,13   26
16,21   26
17,1ff   24
17,13   26
17,21   24
18,5   24
21   25

Rabbinische Schriften

Mischnatraktat Giṭṭin
65b-57a   157

Antike Autoren und Werke

Antike nichtchristliche Literatur

Chronographus anni CCCLIV
XVIII kal. Octob.   200

Cicero
De inventione
1, 19,27   18
1, 24,34–25,3b   21
Epistulae ad familiares
5, 11,3   281

Codex Iustinianus
9, 18,2   281 289

Codex Theodosianus
6, 4,32   402
7, 13,3   393
7, 13,7   391 402

7, 18,3   402
9, 17,7   44 303
10, 22,4   393
16, 5,34   289

Digesta
1, 18,13   37
49, 16,4 § 1   395
50, 1,26   38

Dio Cassius
Historia romana
72,8–10   319

Diodor
Bibliotheca historica
14, 65,4   421

Epiktet
Dissertationes
4, 7,6   339

Florus
Epitomae
2,14   287

Historia Augusta
Vita Marci Antonini
8,6   443
24,4   319
Vita Veri
7,7   441

Homer
Odyssea
22,412   139

Iulius Victor
Ars rhetorica
3,1   281

Julian Apostata
Epistulae
89b, 103b   18

Macrobius
Saturnalia
1,17   279

Marc Aurel
Ad se ipsum
11,3   339

Ovid
Metamorphoses
1,452–567   279
10,162–219   279

Paulus
Sententiae receptae
5, 23,18   99

Philo
De praemiis et poenis
23   375

Platon
Res publica
6,507D-509B   433

Plinius d. J.
Epistulae
10,96–97 31 37
10,96   339
10, 96,2   96
10, 96,3   39 95 97 167
10, 96,4   91
10, 96,5   31
10, 96,7   96 283
10, 96,9f   97
10,97   187
10, 97,2   96

Plutarch
Vitae X oratorum
837 E   157

Pseudo-Plutarch
De Homero
2,2   139

Quintilian
Institutionis oratoriae libri XII
3, 7,6   21
3, 7,10–18   21
8, 3,61–70   19

Rhetorica ad Herennium
1, 9,16   18
4, 49,62–50,63   21

Seneca
Ad Lucilium epistulae morales
23,1   91
41,1   91

Sueton
De vita Caesarum
Claudius
25,4   51

Tacitus
Annales
15, 44,2–5   30
15, 44,4   39

Vegetius
Epitoma rei militaris
1, 5,1   391 393
1, 8,1   393
2, 5,1   393

Vergil
Aeneis
9,106   287

Antike christliche Literatur

Acta Acacii
2   23
5,5   13 297

Acta Cypriani
1,2   5 207 393
1,4   285
3,4   393
3^1,5   402
3^1,6   5 95
3^2,3   5 95 183
3^2,6   22
4   42
4,1   397 399
4,3   24 26 395 397 399
5,4   402f
21,3   399

Acta Iustini
A 2,5   5 22
B   16
B 2,5   22
C 1,2   24
C 1,3   24
C 2,3f   22
C 6,2   26

Acta Marcelli
rec.M 5   397
rec.N 4   397

Acta Maximiliani
1,2   59 373
2,8   24
3   200
3,1   5 95
3,3   24 197
3,4   43

Acta Pauli et Theclae
22   211
34   341
44f   384

Acta purgationis Felicis
f. 27b   391

Actus Vercellenses
21f   465

Ad Diognetum
2,8   65
3,5   65

Ambrosius von Mailand
De virginibus
2, 4,22–33   18

Apologia Phileae
Be
6   5 147
7,1–5   23
12f   22
Bo
12   147

Athanasius
Apologia ad Constantium
33   165
Apologia contra Arianos
89   435

Athenagoras
De resurrectione mortuorum
3–4   73
Legatio pro Christianis
3   55
21,5   279
32   55

Augustinus von Hippo
De civitate dei
18,52   30
Confessiones
6, 2,2   8
Epistulae
29*   18
Quaestiones Euangeliorum
2, 51,1   18
Sermones
37   99
37,23   99
155   91 99
273,2   210
273,3   208
229D = Denis 16   99
299E = Guelf. 30   99
299F = Lambot 9   93 99
309,4   183
335E = Lambot 7   359

Breviarium Hipponense
tit. 36d   4

Cassiodor
In psalmos
108 conclusio   215

Pseudo-Chromatius s. Pseudo-Hieronymus

Chronicon paschale
236. Ol.   125

Clemens von Alexandria
Protrepticus
5   147
Quis dives salvetur
40,3   299

Concilium Arelatense a. 314
can. 14 (13)   313 323

Concilium Carthaginense a. 345/8
can. 3   317

Concilium Hipponense a. 393
can. 5   4

Confessiones Abitinensium
1,2   24
2,2   24
2,5   24
5,4   24
6,5   26
7,1   23
7,3   9
8,1   24
9   391
9,1   24
9,4   26
13,1   24
15,6   39
16,2   24
17,14   24
18,9   24
19,1   10
22,2   27

Cyprian von Karthago
Ad Fortunatum
11   399
De mortalitate
26   397
Epistulae
8,1   193
10,1–2   313
10, 2,3   211
12, 2,1   33
15,1   313
28,1–2   313
39, 3,1   34
55, 9,1   36
55, 9,2   36
76   198
77   198
77, 2,1   198
81   183
81,1   198
Quod idola non dii sunt
15   395 402
Testimonia ad Quirinum
2,13   393

Pseudo-Cyprian
De laude martyrii
4   5

Cyrill von Alexandria
Commentarius in Ioannem
8 (Fragm. in 12,27f) 119

Didache
8,1 209
9,2f 107
10,2f 107

Epiphanius von Salamis
Expositio fidei
24,2 135

Eusebius von Caesarea
De vita Constantini
3,64f 289
Historia ecclesiastica
1,36 80
1,62 80
2,1 80
2,6 80
2, 23,5 77
3,1 80
4, 11,7 79
4, 15,3 28
4, 15,4–14 28
4, 15,7 29
4, 15,8 28
4, 15,15–45 28
4, 15,24f 26
4, 15,46 28 167 172
4, 15,47 135 174 177
4, 15,48 167
4, 22,3 79
4, 30,1 437
5, prooem. 1 75 79
5, 1,11 169
5, 2,8 82
5, 5,1–3 319
5, 5,9 79
5, 6,4 79
5,16–19 459
5, 16,1 151
5, 16,3 466
5,22 79
7, 32,26f 231
8, 2,3–13,7 26
8, 2,4–5 315
8, 9,7–10,11 268

8, 9,7 261
8, 10,8 229
8, 13,7 268
9, 1,5 377
10, 6,5 339
De martyribus Palaestinae (syriace)
2 9

Gregor von Nazianz
Carmina dogmatica
10,36 119

Gregor von Nyssa
Sermones
2 303

Gregor von Tours
Historia Francorum
1,29 61
1,31 53
3,15 207
Liber in gloria martyrum
48 81 84

Hermas
Sim.
9, 6,2 427
9, 11,4 427
9,16 427

Hieronymus
De viris illustribus
78 268
In epistulam Pauli ad Galatas
3,1 281

Pseudo-Hieronymus
Epistulae suppositiciae
48 1
49 2

Hippolyt
In Danielem
1,14f 153
1,20f 153
1,25 153
1,29 153
2,33 379

Ignatius von Antiochia
Ad Philadelphios
1,1   61
Ad Romanos
6,1   135
6,3   26
Ad Smyrnaeos
8,2   137

Irenaeus von Lyon
Adversus haereses
3, 11,9   155

Josephus (christianus)
Libellus memorialis
139   173

Justin der Märtyrer
Apologiae
1, 20,4   111
1, 57,1   111
1, 60,8   111
1, 65,1–3   427
2, 7,2   375
2, 7,3   111
Dialogus cum Tryphone
2–8   107
9,1   22
47,5   299
132,1   141

Lactantius
De mortibus persecutorum
12,1–15,4   315
21   99
21,3–22,5   35
Divinae institutiones
5, 11,19   32

Martyrium Apollonii
2   147

Martyrium Areadnes
3   147
9   23
10   143
14   22 26
15   161

16   27
18   27

Martyrium Carpi, Papyli et Agathonicae
rec. graeca
37f   167
44   167
rec. lat.
2,4   165
3,5   165

Martyrium Cononis
4,6   155

Martyrium Lugdunensium
1,4–6   27
1,11   169
1,14   23
1,25   24
1,31   26
1,32   27
1,41   26 211
1,42   24
1,55   23 26
2,2   26
2,5   26
5, 3,2–5   10

Martyrium Paesis et Theclae (coptice)
85ʳ I – 86ʳ I   7
85ᵛ II   9

Martyrium Pionii
2   23
4,5   10
4,7   10
4,11   10
4,17   27
4,23   375
8,2   5
8,3   187
9,6   5 22
13,3   10
14,1   10
16,3   5 22
19,8   5 22
19,11   5
21,9   22

22,2f 24
22,3 9

Martyrium Polycarpi
praef. 137
1,1 23 28f
1,1a 28
1,1b-7,3 28
1,1b-2,2a 29
1,1b 29
1,2 313
2,1 29
2,2a 29
2,2c-3 29
2,2f 29
3,1 28
3,2 28
4,1 29
5,1 421
6,2–7,1a 29
7,2 29
8,1–19,1a 28
8,1 29 135
8,2 28f
9,2 28
10,1 161
11,2 28
12,1 29 139
13f 167
13,2 28
13,3 29
14,1 28
14,3 28
15,2 28
16,1 28
16,2 135 137
17,1 29 211
17,2 73
17,3 313
18 26
18,3 135 313
19,1 28f
19,2 29
21 135
22,3 23 172

Martyrologium Hieronymianum
III Non. Febr. 270

Minucius Felix
Octavius
9 55
28,10 209

Origenes
Contra Celsum
1,1 55
3,43 281
5,14 73
De principiis
3, 2,5 313
Dialogus cum Heraclide
7 169

Orosius
Historiae adversum paganos
7, 2,9–27,14 30

Passio Bonosi et Maximiliani
2 391

Passio Felicis episcopi Tubzacensis
31 91

Passio Fructuosi, Augurii et Eulogii
C 2 43
2,4 5 22
4,2 26
6 26

Passio Mariani et Iacobi
6 201

Passio Montani et Lucii
21 201

Passio Perpetuae
1,1 19 277
4,7 215
6,3 147
6,4 393
10,11 215
10,15 163
12,1 215
13,3 183
16 61
18,1 24 397
18,2 341

18,7   215
20   197
20,1f   71
rec. graeca 10   163

Passio Scillitanorum
1   39
11   5 167 184 193
14   5 41 395 397
15   397
16   111

Passio Theagenis
1   391
3   401
7f   401

Passio Victoris
7   197

Paulinus von Nola
Epistulae
8, 3,11f   404
8, 25,3   404
20,3   285

Pontius
Vita Cypriani
11,1   199

Prudentius
Peristephanon 6 (In honorem Fructuosi)
6   204 220f
6,14   206f
6,52–60   209
6,55   208
6,85–87   211
6,121–129   220
6,121   213
6,136–141   220
6,139   215

Registri ecclesiae Carthaginensis
tit. 46   4

Rufinus von Aquileia
Eusebii historia ecclesiastica
4, 15,47   177

5, 1,40   267
8, 9,8   259 261 268

Sulpicius Severus
Vita sancti Martini
2,5   395

Synodus Gangrensis
can. 17   343

Tatian
Oratio ad Graecos
8,9   279
39,4   375

Tertullian
Ad martyrias
3   313
Ad nationes
1, 4,15   9
2, 2,5   91
Ad Scapulam
3,4   98f
4,3   38
4,6   319
4,8   98
Adversus Marcionem
5, 14,11   91
Adversus Praxean
1,6   91
Apologeticum
2,8   39
5,6   319
7,1   55
16,9f   169
27,2   39
30,1   277
32,2   91
38,3   93
50   313
50,3   167
50,15   39
De anima
15,5   283
20,3   281
De corona
2,1   75
11   404

De fuga in persecutione
10   313
De idololatria
19   404
19,2   404
De ieiunio
10   209
De oratione
14   211
19,1   209
De pudicitia
13   183
De virginibus velandis
3,3   384
Scorpiace
12,10   319

Testamentum XL Martyrum Sebastorum
1,1   24
1,5   287
2,1f   27

Theophilus von Antiochia
Ad Autolycum
3, 19,3   375

Traditio apostolica
3 Ep   107
4 L   107

Victor von Tunnuna
Chronica
136   399

Vita Abercii
1   383
1,1   107
4   24
30–32   8
44–65   8
69   8
74   8

www.ingramcontent.com/pod-product-compliance
Lightning Source LLC
Chambersburg PA
CBHW080751300426
44114CB00020B/2697